JavaScript von Kopf bis Fuß

Michael Morrison

Deutsche Übersetzung von
Stefan Fröhlich

Beijing · Cambridge · Köln · Sebastopol · Taipei · Tokyo

Die Informationen in diesem Buch wurden mit größter Sorgfalt erarbeitet. Dennoch können Fehler nicht vollständig ausgeschlossen werden. Verlag, Autoren und Übersetzer übernehmen keine juristische Verantwortung oder irgendeine Haftung für eventuell verbliebene Fehler und deren Folgen. D.h., wenn Sie beispielsweise ein Kernkraftwerk unter Verwendung dieses Buchs betreiben möchten, tun Sie dies auf eigene Gefahr.

Kommentare und Fragen können Sie gerne an uns richten:

O'Reilly Verlag
Balthasarstr. 81
50670 Köln
Tel.: 0221/9731600
Fax: 0221/9731608
E-Mail: kommentar@oreilly.de

1. Auflage 2008

Die Originalausgabe erschien 2008 unter dem Titel
Head First JavaScript bei O'Reilly Media, Inc.

Bei der Erstellung dieses Buchs wurden keinerlei Kuschelsteine, Strichmännchen oder Macho-Kinogänger verletzt. Nur ich, aber ich kann damit umgehen … ich bin robust.

Bibliografische Information Der Deutschen Bibliothek
Die Deutsche Bibliothek verzeichnet diese Publikation in der
Deutschen Nationalbibliografie; detaillierte bibliografische Daten
sind im Internet über *http://dnb.ddb.de* abrufbar.

Übersetzung und deutsche Bearbeitung: Stefan Fröhlich, Berlin
Lektorat: Inken Kiupel, Köln
Korrektorat: Sibylle Feldmann, Düsseldorf
Satz: Conrad Neumann, München
Umschlaggestaltung: Ellie Volckhausen, Boston
Produktion: Andrea Miß, Köln
Belichtung, Druck und buchbinderische Verarbeitung: Media-Print, Paderborn

ISBN 978-3-89721-861-1

Dieses Buch ist auf 100% chlorfrei gebleichtem Papier gedruckt..

Für die Leute von Netscape, die vor langer Zeit im vergangenen Jahrhundert davon träumten, dass das Web viel mehr sein könnte als ein großes Onlinebuch mit ein paar verlinkten Seiten, die von sich aus nichts **machten**.

Andererseits haben sie sich auch dieses schreckliche `<blink>`-Tag einfallen lassen ... Habt den Mut zu träumen, aber übertreibt es bitte nicht!

Der Autor von »JavaScript von Kopf bis Fuß«

Michael Morrison hat mit Computern herumgebastelt, seit er seinen ersten PC hatte: einen TI-99/4A samt hochergonomischer Tastatur, hypermodernem Schwarz-Weiß-TV-»Monitor« und einem putzigen Kassettenspeichersystem. Seither hat er kräftig an einigen anderen Computern herumgebastelt. Aber er sehnt noch immer jene Tage zurück, da er zwischen dramatischen Football-Spielen im Hinterhof auf seinem guten alten TI Parsec spielte.

Mittlerweile ist Michael ausgewachsen und widmet sich erwachseneren Interessen, z.B. der Entwicklung interaktiver Webapplikationen ... und Skateboarden. Zerschrammt, aufgeschürft und oft auch humpelnd geht er technische Herausforderungen mit demselben Draufgängertum an wie Risikosportarten. Nachdem er einige Videospiele entwickelt, Spielzeuge erfunden, Computerbücher geschrieben und zahlreiche Onlinekurse entwickelt hatte, fühlte sich Michael endlich bereit dazu, *JavaScript von Kopf bis Fuß* anzugehen. Seither traut er seinen Gefühlen nicht mehr über den Weg.

Wie sich herausstellte, ist man nie wirklich dazu bereit, ein *Von Kopf bis Fuß*-Buch zu schreiben. Bestenfalls ist man bereit, die rote Pille einzuwerfen und die *Von Kopf bis Fuß*-Matrix zu betreten. Seit er von der anderen Seite wieder aufgetaucht ist, zu den körperlichen Kratzern um einige intellektuelle Schrammen reicher, sieht Michael Lernen (und Lehren) nicht mehr mit den gleichen Augen. Und freut sich darüber! Gerade im Moment sitzt er mit seiner Frau am gemeinsamen Koi-Teich und reflektiert die Wunder des interaktiven Webs.

Über den Übersetzer dieses Buchs

Stefan Fröhlich ist freier Übersetzer für IT-Fachliteratur und Software-Entwickler. Schon vor dem ersten Flaum im Gesicht sprach er fließend Assembler und bastelte an seinem Computer herum, was das Zeug hielt – und das lange, bevor irgendjemand etwas von grafischen Benutzeroberflächen oder Web 2.0 gehört hatte. »Faszinierend« war für ihn immer schon die Entwicklung komplexer Daten- und Klassenmodelle und der dazugehörigen intuitiven Benutzeroberflächen.

Nach einem kurzen Ausflug als Journalist bei einer Tageszeitung gründete Stefan eine Firma für Software-Entwicklung und Internetsicherheit, die ihn während des Internet-Hypes auf Trab hielt – natürlich nicht ohne eine gehörige Portion DHTML und Javascript. Für O'Reilly hat Stefan bereits *HTML mit CSS & XHTML von Kopf bis Fuß* übersetzt.

Wenn er gerade einmal nicht am Rechner sitzt, geht Stefan mit Begeisterung einer weiteren großen Leidenschaft nach, der Improvisation auf seinem Lieblingsinstrument mit sechs Saiten. Der Nachname verpflichtet: Frei nach dem Motto »Fröhlich zu sein, bedarf es wenig«, zieht er am liebsten mit Laptop und Gitarre durch die Welt.

Weitere JavaScript-Bücher von O'Reilly

JavaScript – Das umfassende Referenzwerk

JavaScript – kurz & gut

Einführung in JavaScript

Webdesign mit JavaScript und Ajax

JavaScript & DHTML Cookbook

Weitere Bücher aus unserer *Von-Kopf-bis-Fuß*-Reihe

Ajax von Kopf bis Fuß

HTML mit CSS und XHTML von Kopf bis Fuß

Java von Kopf bis Fuß

Objektorientierte Analyse und Design von Kopf bis Fuß

Entwurfsmuster von Kopf bis Fuß

Servlets and JSP von Kopf bis Fuß

SQL von Kopf bis Fuß

Softwareentwicklung von Kopf bis Fuß

C# von Kopf bis Fuß

Der Inhalt (im Überblick)

Der Inhalt (jetzt ausführlich)

Einführung

Ihr Gehirn und JavaScript. Sie versuchen, etwas zu lernen, und Ihr Hirn tut sein Bestes, damit das Gelernte nicht hängen bleibt. Es denkt nämlich: »Wir sollten lieber ordentlich Platz für wichtigere Dinge lassen, z.B. für das Wissen darüber, welche Tiere einem gefährlich werden könnten oder dass es eine ganz schlechte Idee ist, nackt Snowboard zu fahren.« Tja, wie schaffen wir es nun, Ihr Gehirn davon zu überzeugen, dass Ihr Leben davon abhängt, etwas über JavaScript zu wissen?

1 Das interaktive Web

Auf die virtuelle Welt reagieren

Die Nase voll von einem Web aus nichts als passiven Seiten?

Alles schon gehabt. Das nennt man Bücher. Und sie sind für eine Menge Dinge gut – Lesen, Lernen ... aber eben nicht **interaktiv**. Und genauso wenig interaktiv ist das Web ohne ein bisschen JavaScript. Klar können Sie ein Formular übermitteln und mit ausgefuchstem HTML- und CSS-Code tricksen, aber unterm Strich spielen Sie nur *Immer Ärger mit Bernie* auf einer leblosen Webseite. Echte, lebendige **Interaktivität** erfordert **ein bisschen mehr Grips** und **etwas mehr Arbeit** ... aber es **lohnt sich!**

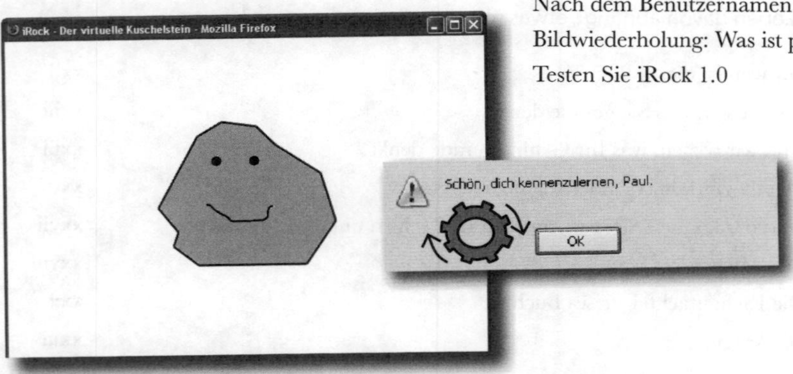

2 Daten speichern

Alles hat seinen Platz

In der realen Welt übersehen Menschen oft, wie wichtig es ist, für alles den rechten Platz zu haben. Aber nicht in JavaScript. Da gibt es den Luxus begehbarer Schränke und den Vorzug von Dreiergaragen einfach nicht. In JavaScript **hat alles seinen festen Platz**, und dafür sind Sie jetzt zuständig. Es geht um **Daten** – wie sie **dargestellt** werden, wie sie **gespeichert** werden und wie Sie sie **wiederfinden**, nachdem Sie sie abgelegt haben. Als Speicherspezialist für JavaScript können Sie einer Rumpelkammer von JavaScript-Daten mit einer Armee von Etiketten und Ablagen zu Leibe rücken.

3 Den Client erforschen

Browserforschung

Manchmal muss JavaScript wissen, was in der Welt um Sie herum vor sich geht. Anfangs sind Ihre Skripten nur Code in einer Webseite, aber letztendlich leben sie in einer Welt, die der Browser oder der Client erschaffen hat. **Intelligente Skripten** müssen oft mehr über die Umgebung erfahren, in der sie laufen. Dazu müssen sie **mit dem Browser kommunizieren.** Ob es darum geht, die Bildschirmgröße herauszufinden oder auf die Stopptaste des Browsers zuzugreifen – Skripten können eine Menge davon profitieren, wenn sie ihre Beziehung zum Browser vertiefen.

4 Entscheidungen treffen

Wenn eine Abzweigung kommt, folgen Sie ihr

Im Leben dreht sich alles um Entscheidungen. Stehen bleiben oder weitergehen, gerührt oder geschüttelt, Deal oder Gerichtsverfahren ... ohne die Fähigkeit, Entscheidungen zu treffen, würden wir nie etwas erreichen. In JavaScript ist es auch so – **durch Entscheidungen können Skripten zwischen verschiedenen Aktionen wählen.** ***Entscheidungen erzählen die »Story« Ihrer Skripten weiter***, denn selbst die banalsten Skripten haben irgendeine Geschichte. Traue ich dem, was die Benutzerin eingegeben hat, und buche ihren Trip mit der Nessie-Expedition? Oder prüfe ich lieber nochmals, ob sie nicht in Wirklichkeit nur eine Busfahrt nach Loch Ness möchte? Sie haben die Wahl!

DIE ABENTEUER EINES STRICHMÄNNCHENS

Schleifen

Auf die Gefahr, mich zu wiederholen

Manche sagen, Wiederholungen seien die Würze des Lebens.

Sicher, etwas Neues und Interessantes ist bestimmt aufregend, aber es sind die kleinen, sich wiederholenden Dinge, die uns durch den Tag bringen. Zwanghafte Handhygiene, ein nervöser Tick, bei jeder verdammten Mail, die Sie bekommen, auf »Allen antworten« klicken ... Okay, vielleicht sind Wiederholungen in der realen Welt nicht ganz so großartig, aber in der JavaScript-Welt können sie extrem praktisch sein. Sie werden überrascht sein, wie oft Sie in einem Skript **Codeteile mehrmals ausführen** müssen. Und genau da entfaltet die Macht der Schleifen ihren Glanz. Ohne **Schleifen** würden Sie eine Menge Zeit damit vergeuden, unnötig viel Code zu kopieren und einzufügen.

Frei

sitz_frei.png

Besetzt

sitz_besetzt.png

Gewählt

sitz_gewaehlt.png

6 Funktionen

Reduzieren, Wiederverwenden, Recyceln

Gäbe es in JavaScript eine Umweltbewegung, würde sie von Funktionen angeführt. Mit Funktionen können Sie JavaScript-Code effizienter machen. Und ja, wiederverwendbarer. Funktionen sind aufgabenorientiert, gut für die Codeorganisation und exzellente Problemlöser. Klingt nach allen Voraussetzungen für einen guten Lebenslauf! Abgesehen von ganz einfachen Exemplaren profitieren alle Skripten von einer funktionalen Reorganisation. Auch wenn es schwierig ist, die CO^2-Bilanz der durchschnittlichen Funktion zu beziffern, so leisten sie dennoch ihren Beitrag, um Skripten so umweltfreundlich wie möglich zu machen.

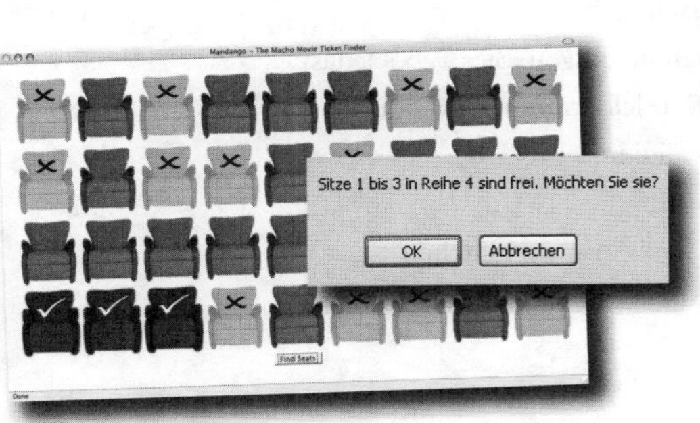

Formulare und Validierung

Dem Benutzer alles entlocken

Sie müssen nicht höflich oder hinterhältig sein, um mit JavaScript Daten über den Benutzer zu erhalten. Aber Sie müssen vorsichtig sein. Menschen haben diese eigenartige Tendenz, Fehler zu machen. Deshalb ***können Sie sich nicht*** immer darauf verlassen, dass die Daten in Onlineformularen ***korrekt*** oder gültig sind. Da kommt JavaScript ins Spiel. Indem Sie **Formulardaten** während der Eingabe **durch den entsprechenden JavaScript-Code schleusen**, können Sie **Webapplikationen zuverlässiger** machen und **Last vom Server nehmen**. Wir müssen ***die kostbare Bandbreite für wichtigere Dinge sparen*** wie Stuntvideos und hübsche Playmates.

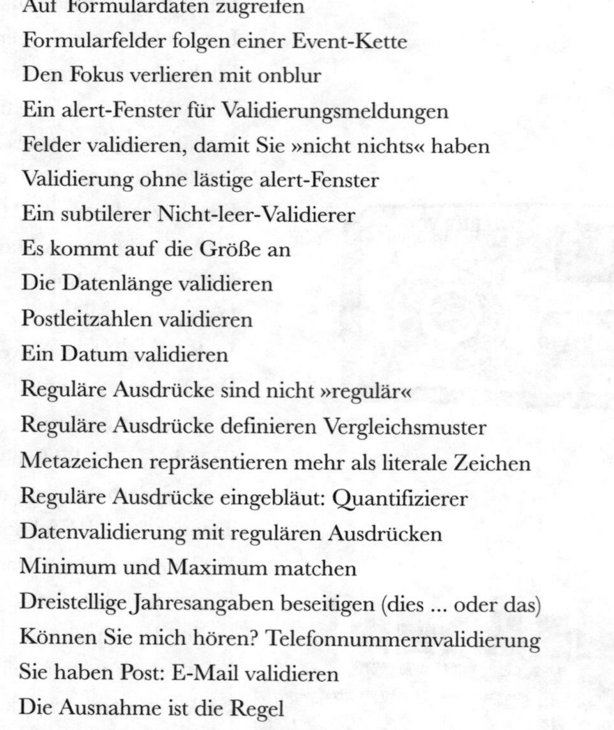

8 Die Seite zähmen

HTML fein würfeln mit dem DOM

Den Webseiteninhalt mit JavaScript zu steuern ist ziemlich ähnlich wie Backen. Natürlich ohne das Chaos danach ... und leider auch ohne die essbare Belohnung. Aber: Sie erhalten den ***vollen Zugriff auf die HTML***-Zutaten einer Webseite und, noch wichtiger, die Fähigkeit, das Rezept der Seite zu ***ändern***. Mit **JavaScript können Sie den HTML-Code einer Webseite** nach Herzenslust manipulieren. Das eröffnet viele interessante Möglichkeiten, und alles dank einer ***Sammlung von Standardobjekten*** namens **DOM** (Document Object Model, Dokument-Objekt-Modell).

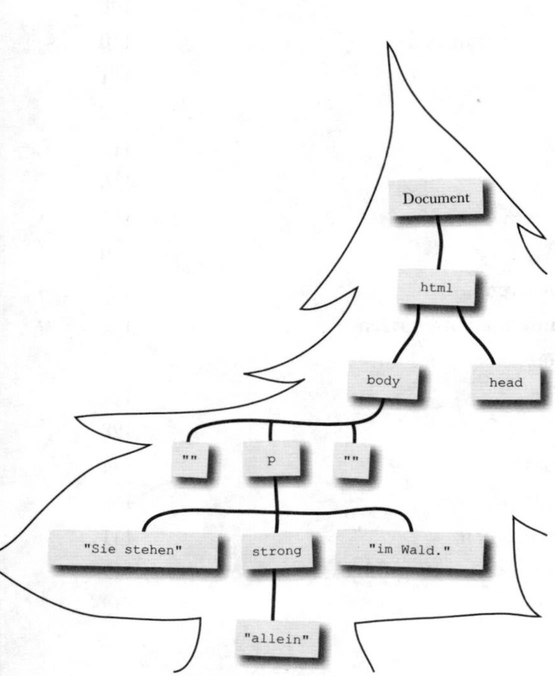

Daten zum Leben erwecken

9 Objekte als Frankensteindaten

JavaScript-Objekte sind nicht halb so grausig, wie der liebe Doktor Sie glauben macht. Aber sie sind insofern interessant, als sie verschiedene Teile der JavaScript-Sprache kombinieren, sodass sie zusammen mächtiger sind als die Einzelteile. **Objekte kombinieren Daten mit Aktionen** und schaffen so einen neuen **Datentyp**, der sehr viel »lebendiger« ist als die Daten, die Sie bisher gesehen haben. Dabei entstehen ***Arrays, die sich selbst sortieren können***, ***Strings, die sich selbst durchsuchen***, und Skripten, die haarig werden und den Mond anheulen! Okay, Letzteres vielleicht nicht, aber Sie verstehen, worauf wir hinauswollen ...

Daten

```
var wer;
var was;
var wann;
var wo;
```

\+

Aktionen

```
function anzeigen (was, wann, wo) {
   ...
}
function versenden (wer) {
   ...
}
```

=

Objekt

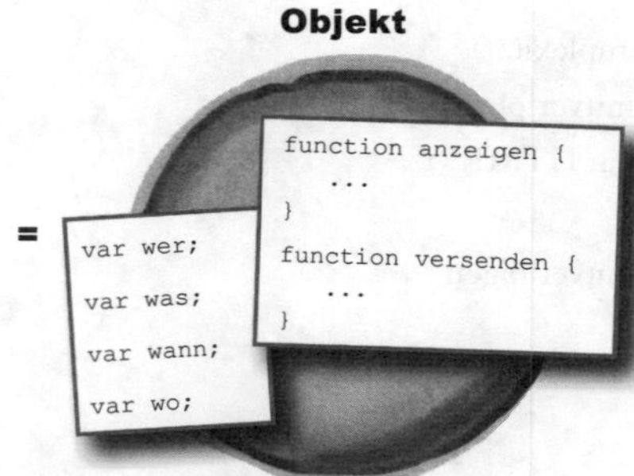

Benutzerdefinierte Objekte erstellen

10 Jedem das Seine mit benutzerdefinierten Objekten

JavaScript gewährt keine Geld-zurück-Garantie, aber Sie können definitiv machen, was Sie wollen. Benutzerdefinierte Objekte sind das JavaScript-Äquivalent eines entkoffeinierten, großen, dreifachen, extra heißen, extra feinen, marmorierten Mocca macchiato ohne Sahne und ohne Schaum. Das nennen wir einen benutzerdefinierten Kaffee! Und mit benutzerdefinierten JavaScript-Objekten können Sie Code brühen, der genau das macht, was Sie wollen, während Sie die Vorteile von Eigenschaften und Methoden genießen. Das Resultat ist wiederverwendbarer, objektorientierter Code, der die JavaScript-Sprache effektiv erweitert ... extra für Sie!

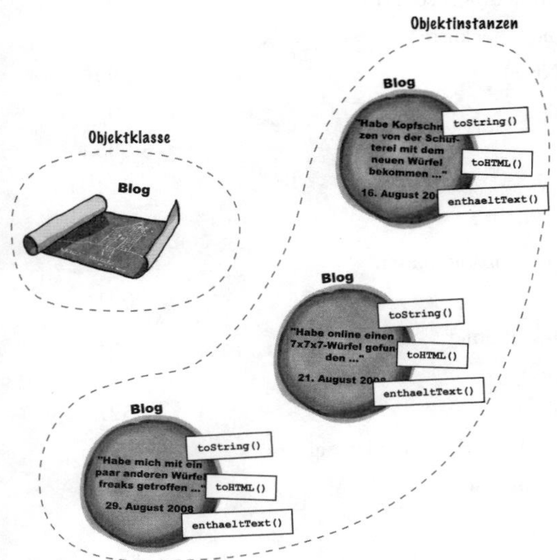

11 Bugs zur Strecke bringen

Gute Skripten schief gewickelt

Selbst die besten JavaScript-Pläne gehen manchmal schief.

Wenn das passiert – und das wird es –, dürfen Sie keine Panik bekommen. Die besten JavaScript-Entwickler sind nicht die, die keine Fehler machen ... das sind die Lügner. Nein, die besten JavaScript-Entwickler sind diejenigen, die die von ihnen gemachten **Bugs erfolgreich aufspüren und ausmerzen.** Noch wichtiger ist es, dass erstklassige JavaScript-Bug-Bekämpfer **gute Programmiergewohnheiten entwickeln**, wodurch selbst die hinterhältigsten und miesesten Bugs minimiert werden. **Ein bisschen Prävention kann Sie weit bringen.** Aber Bugs kommen nun mal vor, und Sie brauchen ein ganzes Arsenal von Waffen, um sie zu bekämpfen!

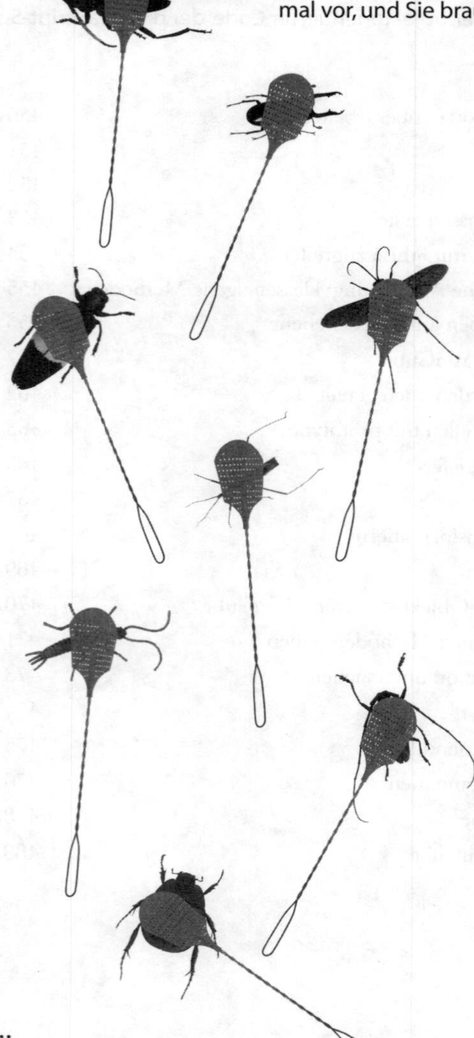

12 Dynamische Daten

Empathische Webapplikationen

Das moderne Web ist ein sehr interaktiver Ort, an dem Seiten nach Lust und Laune des Benutzers reagieren sollen. Oder zumindest ist das der Traum vieler Webuser und Entwickler. JavaScript spielt dabei eine entscheidende Rolle mit einer Programmiertechnik namens **Ajax**, die einen Mechanismus bietet, mit dem der »Touch« von Webseiten dramatisch geändert werden kann. Mit Ajax verhalten sich Webseiten eher wie vollwertige Applikationen, da sie **Daten schnell und dynamisch laden und speichern** und damit **in Echtzeit auf den Benutzer eingehen können.** Und das ohne jede Seitenaktualisierung oder Browsertrickserei.

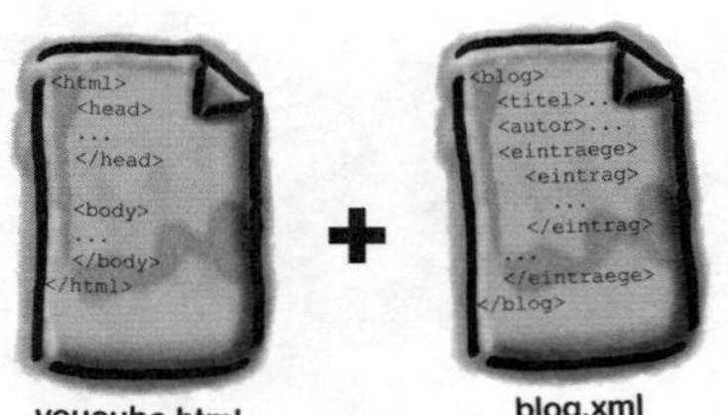

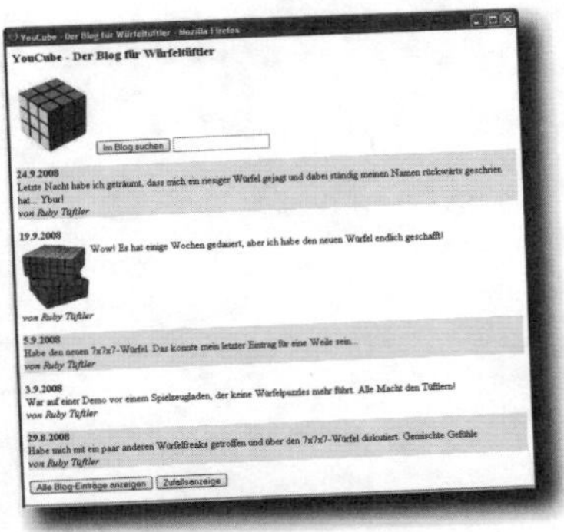

Wie man dieses Buch benutzt

Einführung

Ich kann kaum glauben, dass sie ***das*** in ein Buch über JavaScript aufgenommen haben

In diesem Abschnitt beantworten wir die brennende Frage: »Warum HABEN sie das in ein Buch über JavaScript aufgenommen?«

Für wen ist dieses Buch?

Wenn Sie alle folgenden Fragen mit »Ja« beantworten können ...

1. Haben Sie Zugang zu einem Computer mit einem Webbrowser, einem Texteditor und einer Internetverbindung?
2. Möchten Sie **lernen, verstehen** und sich danach auch daran **erinnern, wie Sie Webseiten erstellen, die nur so sprühen vor lebendiger Energie und das Web zu einer wahrhaft interaktiven Erfahrung machen?**
3. Ist Ihnen eine **anregende Unterhaltung beim Abendessen** lieber als **trockene, langweilige Vorlesungen**?

Wir helfen Ihnen zu lernen, wie Sie JavaScript-Code schreiben, der Webseiten alle möglichen coolen Dinge machen lässt, die mit HTML allein nicht möglich sind.

... dann ist dieses Buch für Sie.

Wer sollte eher die Finger von diesem Buch lassen?

Wenn Sie eine der folgenden Fragen mit »Ja« beantworten können ...

1. Ist das Erstellen von Webseiten **völliges Neuland** für Sie?

   (Sie brauchen kein HTML-Guru zu sein, sollten aber grundsätzlich verstehen, wie Webseiten mit HTML und CSS funktionieren und wie Sie sie online stellen.)
2. Haben Sie den schwarzen Gürtel, neunter Dan, in Skript-Fu und suchen in Wahrheit ein JavaScript-**Referenzbuch**?
3. Haben Sie **Angst, etwas neues auszuprobieren**? Hätten Sie lieber eine Wurzelbehandlung, als Streifen mit Karos zu mischen? Glauben Sie, dass ein technisches Buch nicht ernst zu nehmen ist, wenn JavaScript-Code darin vermenschlicht wird?

Dieses Buch ist eine ausgezeichnete Fortsetzung von HTML mit CSS & XHTML von Kopf bis Fuß. Ziehen Sie es sich unbedingt rein, wenn Sie Ihr HTML aufpolieren möchten.

... dann ist dieses Buch bestimmt nichts für Sie.

[Anmerkung der Marketing-Abteilung: Dieses Buch ist goldrichtig für jeden, der eine Kreditkarte besitzt.]

Wir wissen, was Sie gerade denken.

»Kann das *wirklich* ein seriöses JavaScript-Buch sein?«

»Was ist mit all den Abbildungen?«

»Kann ich das auf diese Art wirklich *lernen*?«

Und wir wissen, was Ihr *Gehirn* gerade denkt.

Ihr Gehirn denkt, DAS HIER ist wichtig.

Ihr Gehirn lechzt nach Neuem. Es ist ständig dabei, Ihre Umgebung abzusuchen, und es *wartet* auf etwas Ungewöhnliches. So ist es nun einmal gebaut, und es hilft Ihnen zu überleben.

Heutzutage ist es weniger wahrscheinlich, dass Sie von einem Tiger verputzt werden. Aber Ihr Gehirn hält immer noch Ausschau. Man weiß ja nie.

Also, was macht Ihr Gehirn mit all den gewöhnlichen, normalen Routinesachen, denen Sie begegnen? Es tut alles in seiner Macht stehende, damit es dadurch nicht bei seiner *eigentlichen* Arbeit gestört wird: Dinge zu erfassen, die wirklich *wichtig* sind. Es gibt sich nicht damit ab, die langweiligen Sachen zu speichern, sondern lässt diese gar nicht erst durch den »Dies-ist-offensichtlich-nicht-wichtig«-Filter.

Woher *weiß* Ihr Gehirn denn, was wichtig ist? Nehmen Sie an, Sie machen einen Tagesausflug und ein Tiger springt vor Ihnen aus dem Gebüsch: Was passiert dabei in Ihrem Kopf und Ihrem Körper?

Neuronen feuern. Gefühle werden angekurbelt. *Chemische Substanzen durchfluten Sie.*

Und so weiß Ihr Gehirn:

Dies muss wichtig sein! Vergiss es nicht!

Aber nun stellen Sie sich vor, Sie sind zu Hause oder in einer Bibliothek. In einer sicheren, warmen, tigerfreien Zone. Sie lernen. Bereiten sich auf eine Prüfung vor. Oder Sie versuchen, irgendein schwieriges Thema zu lernen, von dem Ihr Chef glaubt, Sie bräuchten dafür eine Woche oder höchstens zehn Tage.

Da ist nur ein Problem: Ihr Gehirn versucht Ihnen einen großen Gefallen zu tun. Es versucht dafür zu sorgen, dass diese *offensichtlich* unwichtigen Inhalte nicht knappe Ressourcen verstopfen. Ressourcen, die besser dafür verwendet würden, die wirklich *wichtigen* Dinge zu speichern. Wie Tiger. Wie die Gefahren des Feuers. Oder dass Sie nie wieder in Shorts snowboarden sollten.

Und es gibt keine einfache Möglichkeit, Ihrem Gehirn zu sagen: »Hey, Gehirn, vielen Dank, aber egal, wie langweilig dieses Buch auch ist und wie klein der Ausschlag auf meiner emotionalen Richterskala gerade ist, ich *will* wirklich, dass du diesen Kram behältst.«

Wir stellen uns unseren Leser als einen *aktiv* Lernenden vor.

Also, was ist nötig, damit Sie etwas *lernen*? Erst einmal müssen Sie es *aufnehmen* und dann dafür sorgen, dass Sie es *nicht wieder vergessen*. Es geht nicht darum, Fakten in Ihren Kopf zu schieben. Nach den neuesten Forschungsergebnissen der Kognitionswissenschaft, der Neurobiologie und der Lernpsychologie gehört zum Lernen viel mehr als nur Text auf einer Seite. Wir wissen, was Ihr Gehirn anmacht.

Einige der Lernprinzipien dieser Buchreihe:

Bilder einsetzen. An Bilder kann man sich viel besser erinnern als an Worte allein und lernt so viel
effektiver (bis zu 89% Verbesserung bei Abrufbarkeits- und Lerntransferstudien). Außerdem wer-
den die Dinge dadurch verständlicher. **Text in oder neben die Grafiken setzen,** auf die sie sich
beziehen, anstatt darunter oder auf eine andere Seite. Die Leser werden auf den Bildinhalt
bezogene Probleme dann mit *doppelt* so hoher Wahrscheinlichkeit lösen können.

Document
html
body
head
""
p
""
"Sie stehen"
strong
"im Wald."
"allein"

Verwenden Sie einen gesprächsorientierten Stil mit persönlicher Ansprache.
Nach neueren Untersuchungen haben Studenten nach dem Lernen bei Tests
bis zu 40% besser abgeschnitten, wenn der Inhalt den Leser direkt in der ersten
Person und im lockeren Stil angesprochen hat statt in einem for-
malen Ton. Halten Sie keinen Vortrag, sondern erzählen Sie Geschich-
ten. Benutzen Sie eine zwanglose Sprache. Nehmen Sie sich selbst nicht
zu ernst. Würden *Sie* einer anregenden Unterhaltung beim Abendessen mehr Aufmerksamkeit
schenken oder einem Vortrag?

onfocus!

onblur!

Bringen Sie den Lernenden dazu, intensiver nachzudenken. Mit anderen Worten:
Falls Sie nicht aktiv Ihre Neuronen strapazieren, passiert in Ihrem Gehirn nicht viel.
Ein Leser muss motiviert, begeistert und neugierig sein und angeregt werden, Pro-
bleme zu lösen, Schlüsse zu ziehen und sich neues Wissen anzueignen. Und dafür
brauchen Sie Herausforderungen, Übungen, zum Nachdenken anregende Fragen
und Tätigkeiten, die beide Seiten des Gehirns und mehrere Sinne einbeziehen.

Ziehen Sie die Aufmerksamkeit des Lesers auf sich – und behalten Sie sie. Wir alle haben schon Erfah-
rungen dieser Art gemacht: »Ich will das wirklich lernen, aber ich kann einfach nicht über Seite 1 hinaus wach
bleiben.« Ihr Gehirn passt auf, wenn Dinge ungewöhnlich, interessant, merkwürdig, auffällig, unerwartet sind.
Ein neues, schwieriges, technisches Thema zu lernen muss nicht langweilig sein. Wenn es das nicht ist, lernt
Ihr Gehirn viel schneller.

Sprechen Sie Gefühle an. Wir wissen, dass Ihre Fähigkeit, sich an etwas zu
erinnern, wesentlich von dessen emotionalem Gehalt abhängt. Sie erin-
nern sich an das, was Sie *bewegt*. Sie erinnern sich, wenn Sie etwas
fühlen. Nein, wir erzählen keine herzzerreißenden Geschichten
über einen Jungen und seinen Hund. Was wir erzählen, ruft
Überraschungs-, Neugier-, Spaß- und Was-soll-das?-Emotionen hervor
und dieses Hochgefühl, das Sie beim Lösen eines Puzzles empfinden oder wenn
Sie etwas lernen, was alle anderen schwierig finden. Oder wenn Sie merken, dass Sie
etwas können, was dieser »Ich-bin-ein-besserer-Techniker-als-du«-Typ aus der Tech-
nikabteilung *nicht kann*.

Ich glühe! Bitte stell die Heizung ab. Oder spüre ich die Wirkung lokaler Erwärmung?

Metakognition: Nachdenken übers Denken

Wenn Sie wirklich lernen möchten, und zwar schneller und nachhaltiger, dann schenken Sie Ihrer Aufmerksamkeit Aufmerksamkeit. Denken Sie darüber nach, wie Sie denken. Lernen Sie, wie Sie lernen.

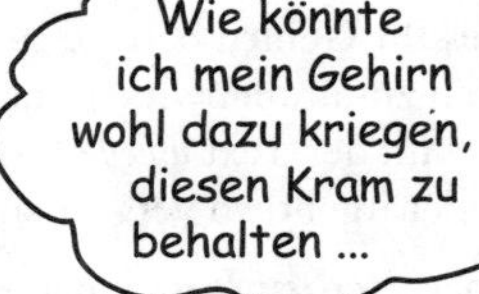

Die Meisten von uns haben in ihrer Jugend keine Kurse in Metakognition oder Lerntheorie gehabt. Es wurde von uns *erwartet,* dass wir lernen, aber nur selten wurde uns auch *beigebracht,* wie man lernt.

Wir nehmen aber an, dass Sie wirklich lernen möchten, wie Sie interaktive Webseiten erstellen, die begeistern. Und wahrscheinlich möchten Sie nicht viel Zeit aufwenden. Und Sie wollen sich an das *erinnern,* was Sie lesen, und es anwenden können. Und deshalb müssen Sie es *verstehen.* Wenn Sie so viel wie möglich von diesem Buch profitieren wollen oder von *irgendeinem anderen* Buch oder einer anderen Lernerfahrung, übernehmen Sie Verantwortung für Ihr Gehirn. Ihr Gehirn im Zusammenhang mit *diesem* Lernstoff.

Der Trick besteht darin, Ihr Gehirn dazu zu bringen, neuen Lernstoff als etwas wirklich Wichtiges anzusehen. Als entscheidend für Ihr Wohlbefinden. So wichtig wie ein Tiger. Andernfalls stecken Sie in einem dauernden Kampf, in dem Ihr Gehirn sein Bestes gibt, um die neuen Inhalte davon abzuhalten, hängen zu bleiben.

Wie bringen Sie also Ihr Gehirn dazu, JavaScript für so wichtig zu halten wie einen Tiger?

Da gibt es den langsamen, ermüdenden Weg oder den schnelleren, effektiveren Weg. Der langsame Weg geht über bloße Wiederholung. Natürlich ist Ihnen klar, dass Sie lernen und sich sogar an die langweiligsten Themen erinnern *können,* wenn Sie sich die gleiche Sache immer wieder einhämmern. Wenn Sie nur oft genug wiederholen, sagt Ihr Gehirn: »Er hat zwar nicht das *Gefühl,* dass das wichtig ist, aber er sieht sich dieselbe Sache *immer und immer wieder* an – dann muss sie wohl wichtig sein.«

Der schnellere Weg besteht darin, **alles zu tun, was die Gehirnaktivität erhöht**, vor allem verschiedene Arten von Gehirnaktivität. Eine wichtige Rolle dabei spielen die auf der vorhergehenden Seite erwähnten Dinge – alles Dinge, die nachweislich helfen, dass Ihr Gehirn *für* Sie arbeitet. So hat sich z.B. in Untersuchungen gezeigt: Wenn Wörter *in* den Abbildungen stehen, die sie beschreiben (und nicht irgendwo anders auf der Seite, z.B. in einer Bildunterschrift oder im Text), versucht Ihr Gehirn herauszufinden, wie die Wörter und das Bild zusammenhängen, und dadurch feuern mehr Neuronen. Und je mehr Neuronen feuern, umso größer ist die Chance, dass Ihr Gehirn mitbekommt: Bei dieser Sache lohnt es sich aufzupassen und vielleicht auch, sich daran zu erinnern.

Ein lockerer Sprachstil hilft, denn Menschen tendieren zu höherer Aufmerksamkeit, wenn ihnen bewusst ist, dass sie ein Gespräch führen – man erwartet dann ja von ihnen, dass sie dem Gespräch folgen und sich beteiligen. Das Erstaunliche daran ist: Es ist Ihrem Gehirn ziemlich egal, dass die »Unterhaltung« zwischen Ihnen und einem Buch stattfindet! Wenn der Schreibstil dagegen formal und trocken ist, hat Ihr Gehirn den gleichen Eindruck wie bei einem Vortrag, bei dem in einem Raum passive Zuhörer sitzen. Nicht nötig, wach zu bleiben.

Aber Abbildungen und ein lockerer Sprachstil sind erst der Anfang ...

Das haben WIR getan:

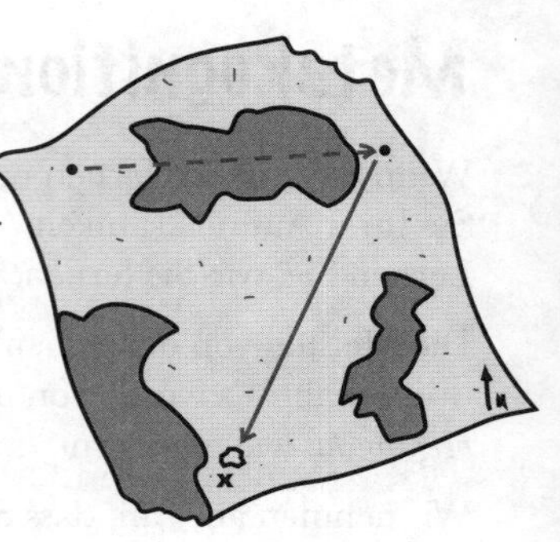

Wir haben ***Bilder*** verwendet, weil Ihr Gehirn auf visuelle Eindrücke eingestellt ist, nicht auf Text. Soweit es Ihr Gehirn betrifft, sagt ein Bild *wirklich* mehr als 1.024 Worte. Und dort, wo Text und Abbildungen zusammenwirken, haben wir den Text *in* die Bilder eingebettet, denn Ihr Gehirn arbeitet besser, wenn der Text *innerhalb* der Sache steht, auf die er sich bezieht, und nicht in einer Bildunterschrift oder irgendwo vergraben im Text.

Wir haben ***Redundanz*** eingesetzt, d.h. dasselbe auf *unterschiedliche* Art und mit verschiedenen Medientypen ausgedrückt, damit Sie es über *mehrere Sinne* aufnehmen. Das erhöht die Chance, dass die Inhalte an mehr als nur einer Stelle in Ihrem Gehirn verankert werden.

Wir haben Konzepte und Bilder in ***unerwarteter*** Weise eingesetzt, weil Ihr Gehirn auf Neuigkeiten programmiert ist. Und wir haben Bilder und Ideen mit zumindest *etwas* ***emotionalem*** *Charakter* verwendet, weil Ihr Gehirn darauf eingestellt ist, auf die Biochemie von Gefühlen zu achten. An alles, was ein *Gefühl* in Ihnen auslöst, können Sie sich mit höherer Wahrscheinlichkeit erinnern, selbst wenn dieses Gefühl nicht mehr ist als ein bisschen ***Belustigung, Überraschung*** oder ***Interesse.***

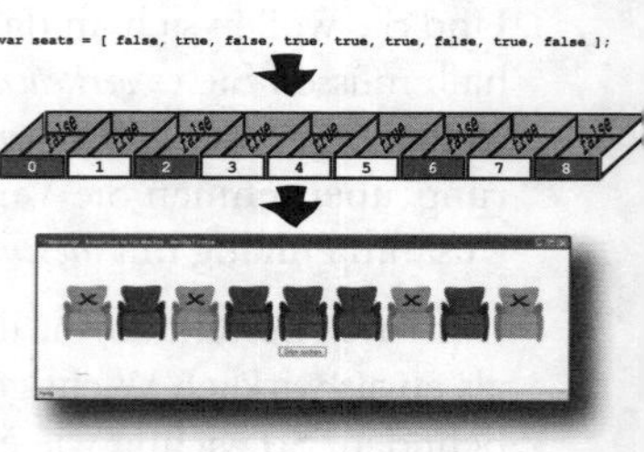

Wir haben einen ***umgangssprachlichen Stil*** mit direkter Anrede benutzt, denn Ihr Gehirn ist von Natur aus aufmerksamer, wenn es Sie in einer Unterhaltung wähnt als wenn es davon ausgeht, dass Sie passiv einer Präsentation zuhören – sogar dann, wenn Sie *lesen.*

Wir haben mehr als 80 ***Aktivitäten*** für Sie vorgesehen, denn Ihr Gehirn lernt und behält von Natur aus besser, wenn Sie Dinge ***tun,*** als wenn Sie nur darüber *lesen.* Und wir haben die Übungen zwar anspruchsvoll, aber doch lösbar gemacht, denn so ist es den meisten Lesern am liebsten.

Wir haben ***mehrere unterschiedliche Lernstile*** eingesetzt, denn vielleicht bevorzugen *Sie* ein Schritt-für-Schritt-Vorgehen, während jemand anders erst einmal den groben Zusammenhang verstehen und ein Dritter einfach nur ein Code-Beispiel sehen möchte. Aber ganz abgesehen von den jeweiligen Lernvorlieben profitiert *jeder* davon, wenn er die gleichen Inhalte in unterschiedlicher Form präsentiert bekommt.

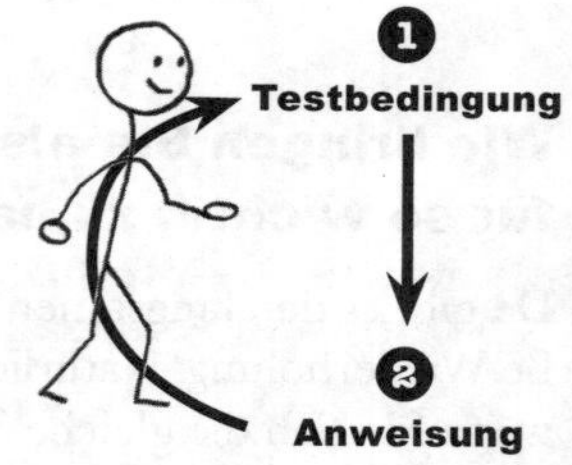

Wir liefern Inhalte für ***beide Seiten Ihres Gehirns,*** denn je mehr Sie von Ihrem Gehirn einsetzen, umso wahrscheinlicher werden Sie lernen und behalten und umso länger bleiben Sie konzentriert. Wenn Sie mit einer Seite des Gehirns arbeiten, bedeutet das häufig, dass sich die andere Seite des Gehirns ausruhen kann; so können Sie über einen längeren Zeitraum produktiver lernen.

Und wir haben ***Geschichten*** und Übungen aufgenommen, die ***mehr als einen Blickwinkel repräsentieren,*** denn Ihr Gehirn lernt von Natur aus intensiver, wenn es gezwungen ist, selbst zu analysieren und zu beurteilen.

Wir haben ***Herausforderungen*** eingefügt: in Form von Übungen und indem wir ***Fragen*** stellen, auf die es nicht immer eine eindeutige Antwort gibt, denn Ihr Gehirn ist darauf eingestellt, zu lernen und sich zu erinnern, wenn es an etwas *arbeiten* muss. Überlegen Sie: Ihren *Körper* bekommen Sie ja auch nicht in Form, wenn Sie nur die Leute auf dem Sportplatz *beobachten.* Aber wir haben unser Bestes getan, um dafür zu sorgen, dass Sie – wenn Sie schon hart arbeiten – an den *richtigen* Dingen arbeiten. Dass Sie ***nicht einen einzigen Dendriten darauf verschwenden,*** ein schwer verständliches Beispiel zu verarbeiten oder einen schwierigen, mit Fachbegriffen gespickten oder übermäßig gedrängten Text zu analysieren.

Wir haben ***Menschen*** eingesetzt. In Geschichten, Beispielen, Bildern usw. – denn *Sie sind* ein Mensch. Und Ihr Gehirn schenkt *Menschen* mehr Aufmerksamkeit als *Dingen.*

Wir haben einen ***80/20***-Ansatz benutzt. Wir gehen davon aus, dass dies nicht Ihr einziges Buch sein wird, wenn Sie ein genialer Webentwickler werden wollen. Deshalb besprechen wir nicht *alles.* Nur das, was Sie wirklich *brauchen* werden.

Und das können SIE tun, um sich Ihr Gehirn untertan zu machen

So, wir haben unseren Teil der Arbeit geleistet. Der Rest liegt bei Ihnen. Diese Tipps sind ein Anfang; hören Sie auf Ihr Gehirn und finden Sie heraus, was bei Ihnen funktioniert und was nicht. Probieren Sie neue Wege aus.

1. **Immer langsam. Je mehr Sie verstehen, umso weniger müssen Sie auswendig lernen.**
Lesen Sie nicht nur. Halten Sie inne und denken Sie nach. Wenn das Buch Sie etwas fragt, springen Sie nicht einfach zur Antwort. Stellen Sie sich vor, dass Sie das wirklich jemand *fragt.* Je gründlicher Sie Ihr Gehirn zum Nachdenken zwingen, umso größer ist die Chance, dass Sie lernen und behalten.

2. **Bearbeiten Sie die Übungen. Machen Sie selbst Notizen.**
Wir haben sie entworfen, aber wenn wir sie auch für Sie lösen würden, wäre dass, als ob jemand anderes Ihr Training für Sie absolviert. Und sehen Sie sich die Übungen *nicht einfach nur an.* **Benutzen Sie einen Bleistift.** Es deutet vieles darauf hin, dass körperliche Aktivität *beim* Lernen den Lernerfolg erhöhen kann.

3. **Lesen Sie die Abschnitte »Es gibt keine Dummen Fragen«.**
Und zwar alle. Das sind keine Zusatzanmerkungen – ***sie gehören zum Kerninhalt!*** Überspringen Sie sie nicht.

4. **Lesen Sie dies als Letztes vor dem Schlafengehen. Oder lesen Sie danach zumindest nichts *Anspruchsvolles* mehr.**
Ein Teil des Lernprozesses (vor allem die Übertragung in das Langzeitgedächtnis) findet erst statt, *nachdem* Sie das Buch zur Seite gelegt haben. Ihr Gehirn braucht Zeit für sich, um weitere Verarbeitung zu leisten. Wenn Sie in dieser Zeit etwas Neues aufnehmen, geht ein Teil dessen, was Sie gerade gelernt haben, verloren.

5. **Trinken Sie Wasser. Viel.**
Ihr Gehirn arbeitet am besten in einem schönen Flüssigkeitsbad. Austrocknung (zu der es schon kommen kann, bevor Sie überhaupt Durst verspüren) beeinträchtigt die kognitive Funktion.

6. **Reden Sie drüber. Laut.**
Sprechen aktiviert einen anderen Teil des Gehirns. Wenn Sie etwas verstehen wollen oder Ihre Chancen verbessern wollen, sich später daran zu erinnern, sagen Sie es laut. Noch besser: Versuchen Sie es jemand anderem laut zu erklären. Sie lernen dann schneller und haben vielleicht Ideen, auf die Sie beim bloßen Lesen nie gekommen wären.

7. **Hören Sie auf Ihr Gehirn.**
Achten Sie darauf, Ihr Gehirn nicht zu überladen. Wenn Sie merken, dass Sie etwas nur noch überfliegen oder dass Sie das gerade erst Gelesene vergessen haben, ist es Zeit für eine Pause. Ab einem bestimmten Punkt lernen Sie nicht mehr schneller, indem Sie mehr hineinzustopfen versuchen; das kann sogar den Lernprozess stören.

8. **Aber bitte mit *Gefühl!***
Ihr Gehirn muss wissen, dass es *um etwas Wichtiges geht.* Lassen Sie sich in die Geschichten hineinziehen. Erfinden Sie eigene Bildunterschriften für die Fotos. Über einen schlechten Scherz zu stöhnen ist *immer noch* besser, als gar nichts zu fühlen.

9. **Tun Sie's einfach!**
Es gibt nur eine Möglichkeit, JavaScript zu lernen: **viel JavaScript-Code schreiben**. Und genau das werden Sie in diesem Buch tun. Überblättern Sie die JavaScript-Übungen nicht einfach – ein großer Teil des Lernprozesses geschieht, wenn Sie Probleme lösen, selbst ungewöhnliche wie Strichmännchenabenteuer, die Mandango-Kinositzsuche für Machos und den YouCube-Blog. Bleiben Sie immer bei einer Übung und bringen Sie sie zum Laufen, bevor Sie weiterblättern. Sollten Sie schon immer von einem interaktiven Webprojekt geträumt haben, scheuen Sie sich nicht, es während dieses Buchs zu entwickeln, und in Ihre funkelnagelneue Tasche voller JavaScript-Programmiertricks zu packen.

Lies Mich

Dieses Buch ist kein Nachschlagewerk, sondern soll Ihnen etwas beibringen. Wir haben bewusst alles weggelassen, was an irgendeiner Stelle des Buchs hinderlich für den Lernprozess sein könnte. Wenn Sie das Buch das erste Mal durcharbeiten, müssen Sie am Anfang anfangen, denn das Buch macht bestimmte Annahmen darüber, was Sie schon gesehen und gelernt haben.

Wir erklären JavaScript nach dem Grundsatz »So viel wie nötig«.

Wenn Sie die gesammelte Geschichte von JavaScript suchen, dann suchen Sie weiter, dieses Buch wird Ihnen nicht dabei helfen. Unser Ziel ist es, Ihnen zu zeigen, wie Sie lässige und praktische Dinge in JavaScript machen. Und die Interaktivität von Webseiten so hochschrauben, damit sie zu interaktiven **Webapplikationen** werden, die Leute **erleben** möchten. Wir verzichten auf Formalitäten und zeigen nur die JavaScript-Konzepte, die Sie brauchen, um echte Dinge zu tun, in Echtzeit. Echt.

Wir behandeln nicht jede versteckte Nuance von JavaScript.

Zwar hätten wir alle JavaScript-Anweisungen, Objekte, Events und Schlüsselwörter in dieses Buch packen können. Wir haben uns aber gedacht, dass Sie lieber ein halbwegs tragbares Buch möchten, das Sie auch ohne Gabelstapler vom Schreibtisch zum Fitnessstudio transportieren können. Klar, Lesen ist ein gutes Training, aber dann sollten Sie auch in einen schweißfesten Kuli investieren! Wir konzentrieren uns auf die Teile von JavaScript, die Sie kennen müssen. Die, die Sie 95 Prozent der Zeit verwenden werden. Und wenn Sie mit diesem Buch fertig sind, haben Sie auch das Selbstvertrauen, jene mysteriöse Methode nachzuschlagen, die Sie brauchen, um dieses Hammerskript zu schreiben, von dem Sie gerade unter der Dusche geträumt haben.

Nachdem JavaScript eine riesige Bibliothek mit wiederverwendbarem Code enthält, ist es wichtig zu verstehen, wann Sie es mit Standard-JavaScript-Code zu tun haben und wann mit benutzerdefiniertem Code, den Sie selbst erstellen. Jedes Mal, wenn Sie das Wort »benutzerdefiniert« lesen, bedeutet das, dass der Code von Ihnen selbst geschrieben wird und nicht standardmäßig Teil von JavaScript ist.

Wir möchten Sie ermuntern, mehr als einen Browser mit diesem Buch zu verwenden.

Obwohl alle modernen Webbrowser JavaScript unterstützen, gibt es manchmal subtile Unterschiede, wie sie bestimmten JavaScript-Code behandeln. Daher empfehlen wir Ihnen, sich mindestens zwei aktuelle Browser auszusuchen und damit Ihre Skripten zu testen. Wir finden, dass Firefox derzeit der allerbeste Browser zum Aufspüren von Fehlern in JavaScript-Code ist, aber letztlich müssen Ihre Skripten auf einer Vielzahl verschiedener Browser konsistent laufen. Zögern sie nicht, sich von Ihren Freunden, Familienmitgliedern, Kollegen und hochqualifizierten Haustieren beim Testen Ihrer Skripten helfen zu lassen.

Die Übungen sind NICHT optional.

Die Übungen und sonstigen Aktivitäten sind keine Extras, sondern wichtige Bestandteile des Buchs. Einige sollen Ihnen helfen, das Gelernte zu verinnerlichen oder zu verstehen, in einigen anderen sollen Sie anwenden, was Sie gelernt haben. ***Überspringen Sie die Übungen auf keinen Fall.*** Die Kreuzworträtsel sind das Einzige, was Sie nicht machen *müssen*. Aber sie haben den Vorteil, dass Ihr Gehirn die Worte in einen anderen Kontext stellt. Auch die Seitenfalter sind optional, wenn es Ihnen widerstrebt, diese kostbaren Seiten zu knicken. Aber Sie verpassen etwas, wenn Sie es lassen.

Die Wiederholungen sind gewollt und auch wichtig.

Eine Besonderheit der Reihe »Von Kopf bis Fuß« liegt darin, dass wir wollen, dass Sie den Inhalt *wirklich* verstehen. Und wir wollen, dass Sie sich an das Gelernte erinnern können, wenn Sie das Buch zu Ende gelesen haben. Die meisten Referenzbücher stellen Wiederholung und Erinnerung nicht in ihren Mittelpunkt, aber Ziel dieses Buchs ist das *Lernen*. Sie werden also dem einen oder anderen Konzept mehr als einmal begegnen.

Die Beispiele sind so schlank wie möglich gehalten.

Unsere Leser sagen uns immer wieder, dass es frustrierend ist, sich durch 200 Zeilen Beispielcode zu kämpfen, um die beiden Zeilen zu finden, auf die es ankommt. Die meisten Beispiele werden je nach Kontext so klein wie möglich gehalten, so dass der Teil, den Sie lernen sollen, klar und übersichtlich ist. Nicht alle Beispiele sind stabil, vollständig oder voll funktionsfähig – es geht vor allem darum, Ihnen etwas zu verdeutlichen.

Wir haben alle Beispieldateien ins Internet gestellt, Sie können sie von unserer Verlagswebsite herunterladen:

http://examples.oreilly.de/german_examples/hfjavascriptger/

Zu den Kopfnuss-Übungen gibt es keine Lösungen.

Für einige gibt es keine richtige Lösung. Bei anderen ist es wiederum Teil der Lernerfahrung zu entscheiden, ob und wann Ihre Antworten richtig sind. Wieder andere Kopfnüsse enthalten Tipps, die Ihnen die richtige Richtung weisen.

Die Fachgutachter

Unsere Gutachter:

Alex Lee studiert Managementinformationssysteme an der University of Houston. Hobbys: Videospiele, Joggen und nachts lange aufbleiben, um neue Programmiersprachen zu lernen.

TW Scannell aus Sisters, Oregon, doktert seit 1995 an Bits herum und ist derzeit Ruby on Rails-Entwickler.

Elaine Nelson gestaltet seit fast 10 Jahren Websites. Wie Sie zu ihrer Mutter meinte, ist ein Abschluss in Englisch eben in jedem Bereich praktisch. Elaines neueste Träumereien und Besessenheiten finden Sie unter elainenelson.org.

Fletcher Moore ist Webentwickler und Designer am Georgia Tech. In seiner Freizeit ist er passionierter Radler, Musiker, Gärtner und Fan von den Red Sox. Er lebt in Atlanta mit Frau Katherine, Tochter Sailor und Sohn Satchel.

Anthony T. Holdener III ist Entwickler von Webapplikationen und Autor von *Ajax: The Definitive Guide* (O'Reilly).

Zachary Kessin programmiert im Web seit der Zeit, als Steine noch weich und Dreck eine brandneue Idee waren, also seit ungefähr 15 Jahren. Er lebt mit seiner Frau und seinen drei Kindern in Israel.

Katherine St. John ist Privatdozentin für Informatik und Mathematik an der City University of New York. Sie forscht vor allem auf dem Gebiet der Bioinformatik und über Zufallsstrukturen.

Stephen Tallent lebt in Nashville, Tennessee, und beschäftigt sich in erster Linie mit der Entwicklung von Sportapplikationen sowie dem Chaos, kleine Kinder aufzuziehen. Wenn er nicht gerade mit den zuvor genannten Aufgaben schwer beschäftigt ist, geht er Skateboarden oder bereitet seine Zweitkarriere als Schnellkoch vor.

Danksagung

Meiner Lektorin:

Können Sie sich noch daran erinnern, als Sie in der Grundschule irgendein Kind am anderen Ende des Landes (oder der Welt) als Brieffreund/in zugeteilt bekommen haben und dann in Briefen Ihr Leben mit diesem Kind teilen sollten? Nun, **Catherine Nolan** wurde meine *Von Kopf bis Fuß*-Brieffreundin, als wir mit diesem Projekt anfingen. Wir kommunizierten mit Telefonen, Chat-Clients, E-Mails, Faxgeräten und allem anderen, was OMG, LOL und meinen persönlichen Favoriten akzeptiert: BHH (Bless Her Heart). Durch die Arbeit wurde Catherine viel mehr als meine Onlinekollegin für kognitives JavaScript-Lernen: Sie wurde eine Freundin. Es ist nicht alltäglich, dass sich ein »geschäftlicher« Anruf von JavaScript zu Jam-Bands zu Umbauarbeiten und wieder zurück schlängelt. Es war mir ein Vergnügen, durch die Höhen und Tiefen dieses verrückten Prozesses mit einem vollendeten Profi zu gehen. Danke, Catherine! Du hast ein paar Martinis gut bei mir!

Catherine Nolan, ebenfalls Phish- und Dewey Decimal-Afficionado.

Bei O'Reilly:

Puh, es ist schon schwer genug meiner Begeisterung für das *Von Kopf bis Fuß*-Team Ausdruck zu verleihen. Aber ich versuch's.

Lou Barr, Designgöttin.

Brett McLaughlin hat mich im *Von Kopf bis Fuß*-Trainingslager den Psychoerziehungswölfen zum Fraß vorgeworfen und nicht mehr locker gelassen. Dieser Typ meint es mit dem Reverse Engineering des Lernprozesses genauso ernst wie mit Gitarren. Sicher geht er nicht mal ins Bett, ohne sich zu Fragen »Was ist meine Motivation?« Sein unermüdliches Engagement macht diese Bücher so fantastisch. Danke, Brett!

Brett McLaughlin, Von Kopf bis Fuß-Expeditionsleiter und Blues Man.

Lou Barr wurde meine zweite virtuelle Brieffreundin während dieses Projekts sowie mein Kulturführer für die subtilen Unterschiede zwischen den USA. und England (ihrer Heimat). Ich glaube, sie ist nur eine Leihgabe an uns aus dem Design-Himmel. Das Layout dieses Buchs wäre ohne ihre Zauberei einfach unmöglich gewesen.

Sanders Kleinfeld agiert heimlicher, aber seine Präsenz ist immer fühlbar. Er sorgt dafür, dass die Produktion geschmeidig läuft und kommt immer genau dann mit dieser unfassbaren »guten Idee« an, wenn man sie am dringendsten braucht.

Ich will auch das restliche O'Reilly-Team in der Abteilung »Dankeschön« nicht vergessen. **Laurie Petrycki** hat mir genug vertraut, grünes Licht für das Projekt zu geben, **Caitrin McCullough** verwaltet eine Super-Support-Website (*www.headfirstlabs.com*) und **Keith McNamara** füllt die Lücken mit militärischer Präzision. Vielen Dank!

Zu guter Letzt verdienen **Kathy Sierra** und **Bert Bates** vielleicht sogar das größte Dankeschön für ihre unglaubliche Vision mit der *Head First-/Von Kopf bis Fuß*-Reihe. Es ist ein echtes Privileg, dabei zu sein ...

1 Das interaktive Web

Auf die virtuelle Welt reagieren

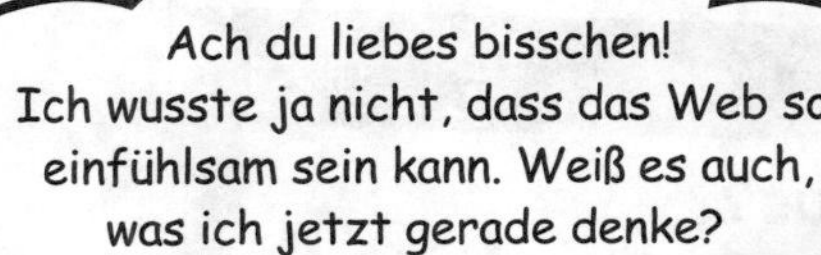

Die Nase voll von einem Web aus nichts als passiven Seiten?

Alles schon gehabt. Das nennt man Bücher. Und sie sind für eine Menge Dinge gut – Lesen, Lernen ... aber eben nicht **interaktiv**. Und genauso wenig interaktiv ist das Web ohne ein bisschen JavaScript. Klar können Sie ein Formular übermitteln und mit ausgefuchstem HTML- und CSS-Code tricksen, aber unterm Strich spielen Sie nur *Immer Ärger mit Bernie* auf einer leblosen Webseite. Echte, lebendige **Interaktivität** erfordert **ein bisschen mehr Grips** und **etwas mehr Arbeit** ... aber es ***lohnt sich!***

Das (Online-)Volk hat Bedürfnisse

Okay, wir wissen, dass das Web virtuell ist. Aber die Menschen, die im Web surfen, sind nun mal real und haben reale Bedürfnisse. Zum Beispiel das Rezept für ein Überflieger-Zitronen-sorbet suchen, ihren Lieblingssong von den Goldenen Zitronen runterladen oder vielleicht sogar ein neues Haus kaufen. Glücklicherweise kann das Web ziemlich differenziert sein, wenn es um die Priorität Ihrer Bedürfnisse geht!

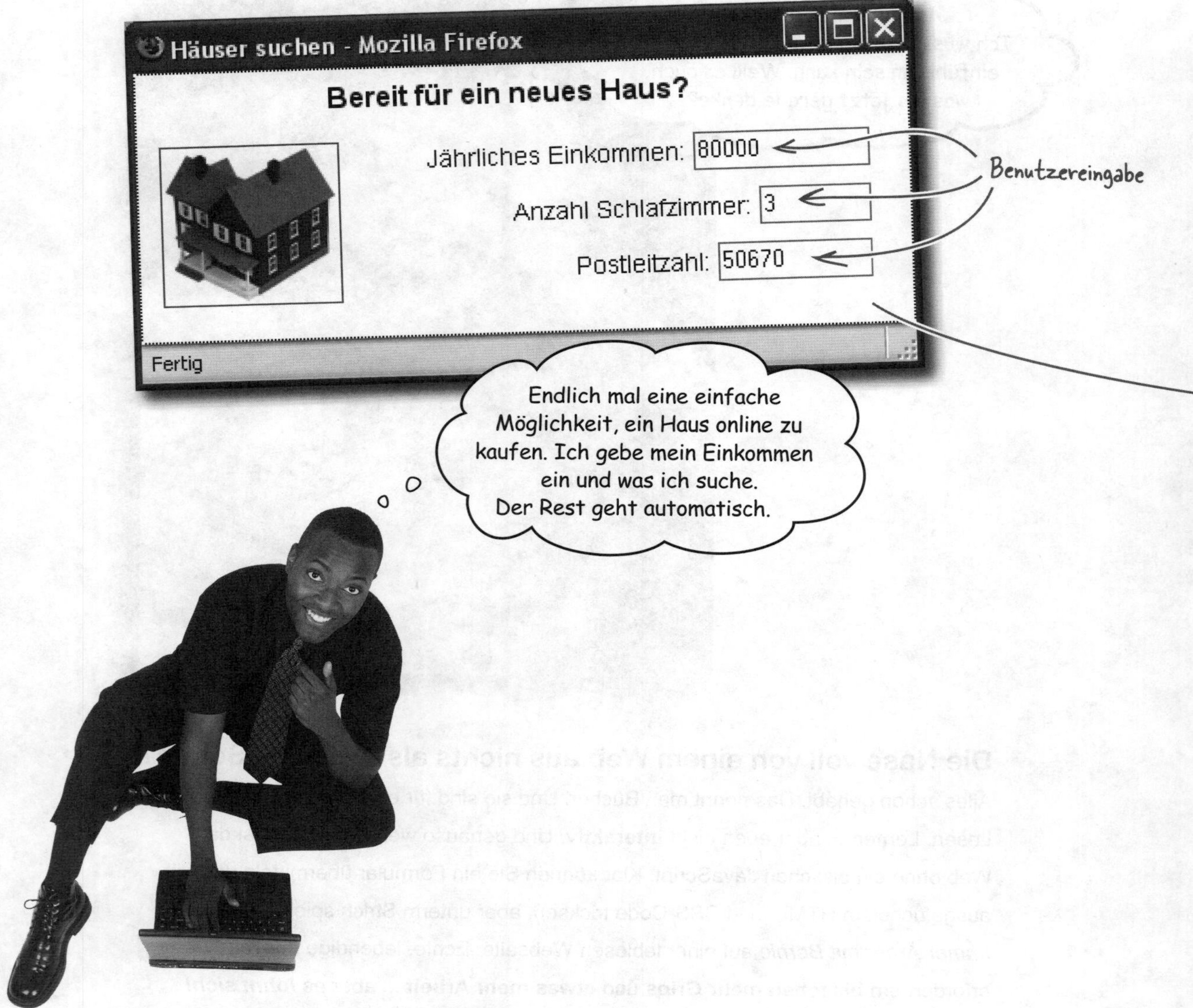

Als ob man mit einer Wand redet ... nichts passiert

Das Web ist nicht immer so interaktiv, wie es sein könnte. Manchmal kann es richtig kalt und gefühllos sein, von der Außenwelt abgeschottet und taub für die Bedürfnisse seiner vielen Benutzer. Wenigstens irgendeine Antwort erwartet man schon, wenn man seine Daten eingibt ... aber nichts passiert. Nehmen Sie's nicht persönlich, das statische Web kann einfach nicht anders.

JavaScript gibt Kontra

JavaScript legt den Schalter um, der eine Webseite interaktiv werden lässt. Dadurch können Webseiten auf Ihre Bedürfnisse eingehen, Eingaben verarbeiten und Ihre geheimsten Wünsche erfüllen. Okay, das ist vielleicht ein wenig übertrieben, aber JavaScript macht aus einer Webseite eine interaktive Anwendung – und das ist schon viel im Vergleich zu einer statischen, leblosen Seite!

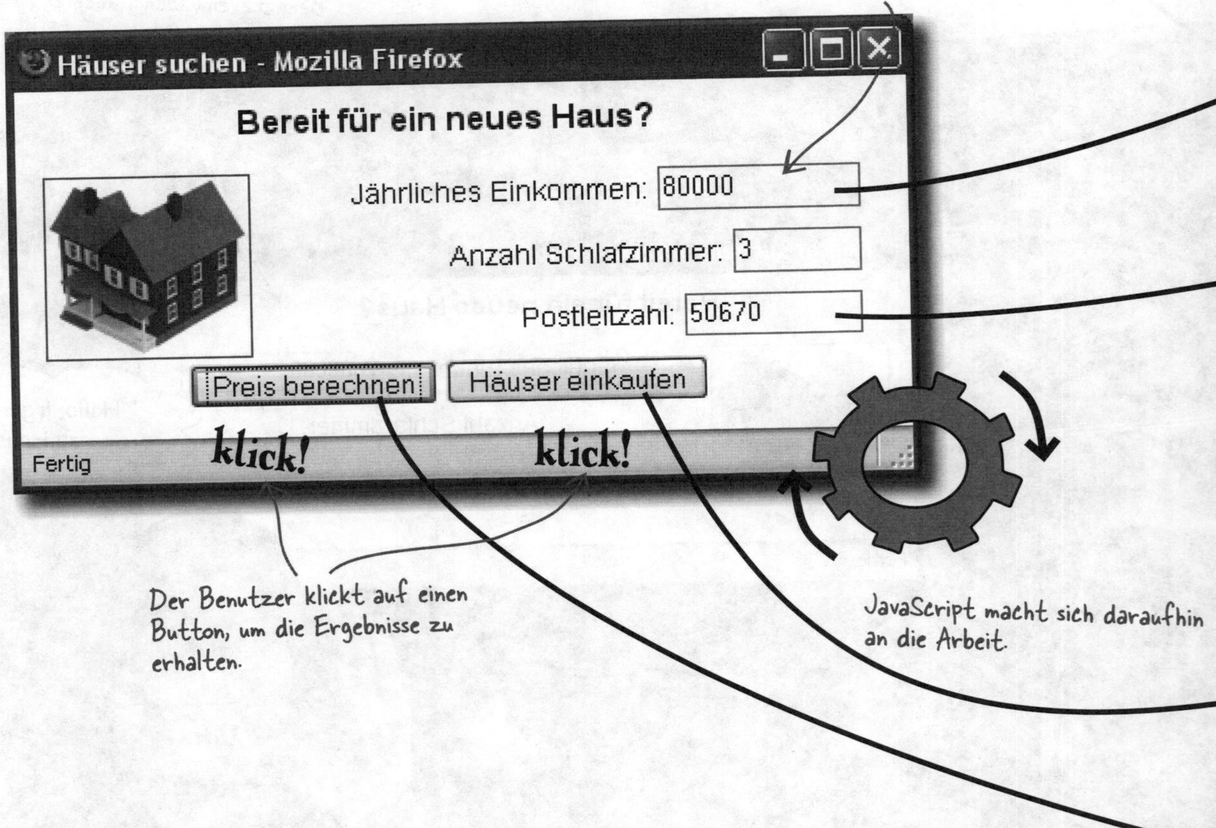

JavaScript haucht einer Webseite Leben ein, indem es auf Benutzereingaben reagiert.

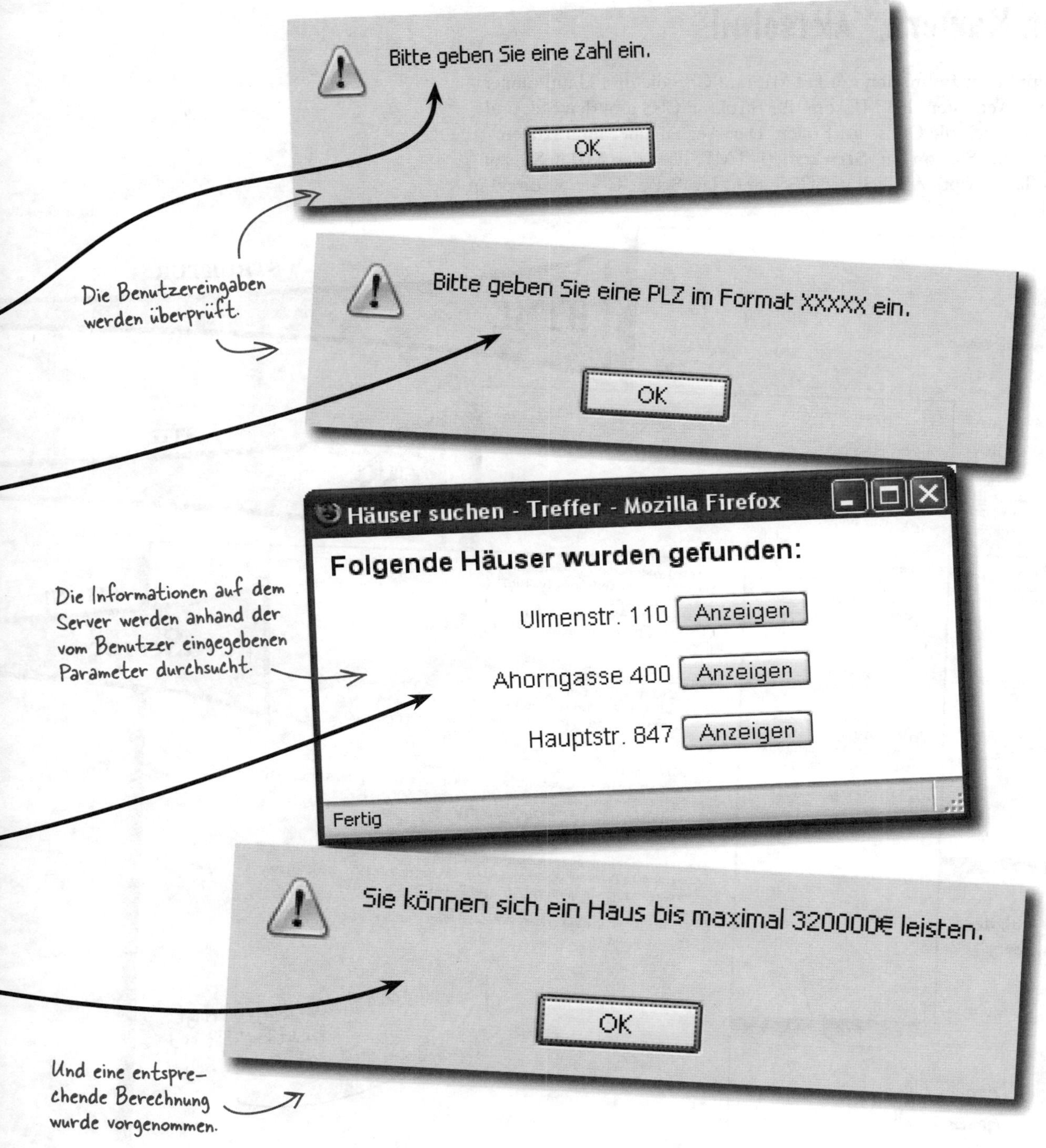
Bitte geben Sie eine Zahl ein.
OK
Die Benutzereingaben werden überprüft.
Bitte geben Sie eine PLZ im Format XXXXX ein.
OK
Häuser suchen - Treffer - Mozilla Firefox
Folgende Häuser wurden gefunden:
Ulmenstr. 110
Anzeigen
Ahorngasse 400
Anzeigen
Hauptstr. 847
Anzeigen
Fertig
Die Informationen auf dem Server werden anhand der vom Benutzer eingegebenen Parameter durchsucht.
Sie können sich ein Haus bis maximal 320000€ leisten.
OK
Und eine entsprechende Berechnung wurde vorgenommen.

Licht, Kamera, Inter-Äktschn!

JavaScript bildet zusammen mit HTML und CSS die drei Hauptpfeiler moderner Webseiten. HTML sorgt für Struktur, CSS gibt den Stil, und JavaScript bringt die Chose ins Rollen. Der Weg zu einer interaktiven Webseite führt Sie von der **Struktur** (HTML) über den **Stil** (CSS) zur **Aktion** (JavaScript). Ähnlich wie CSS, steht JavaScript-Code oft direkt in der Webseite.

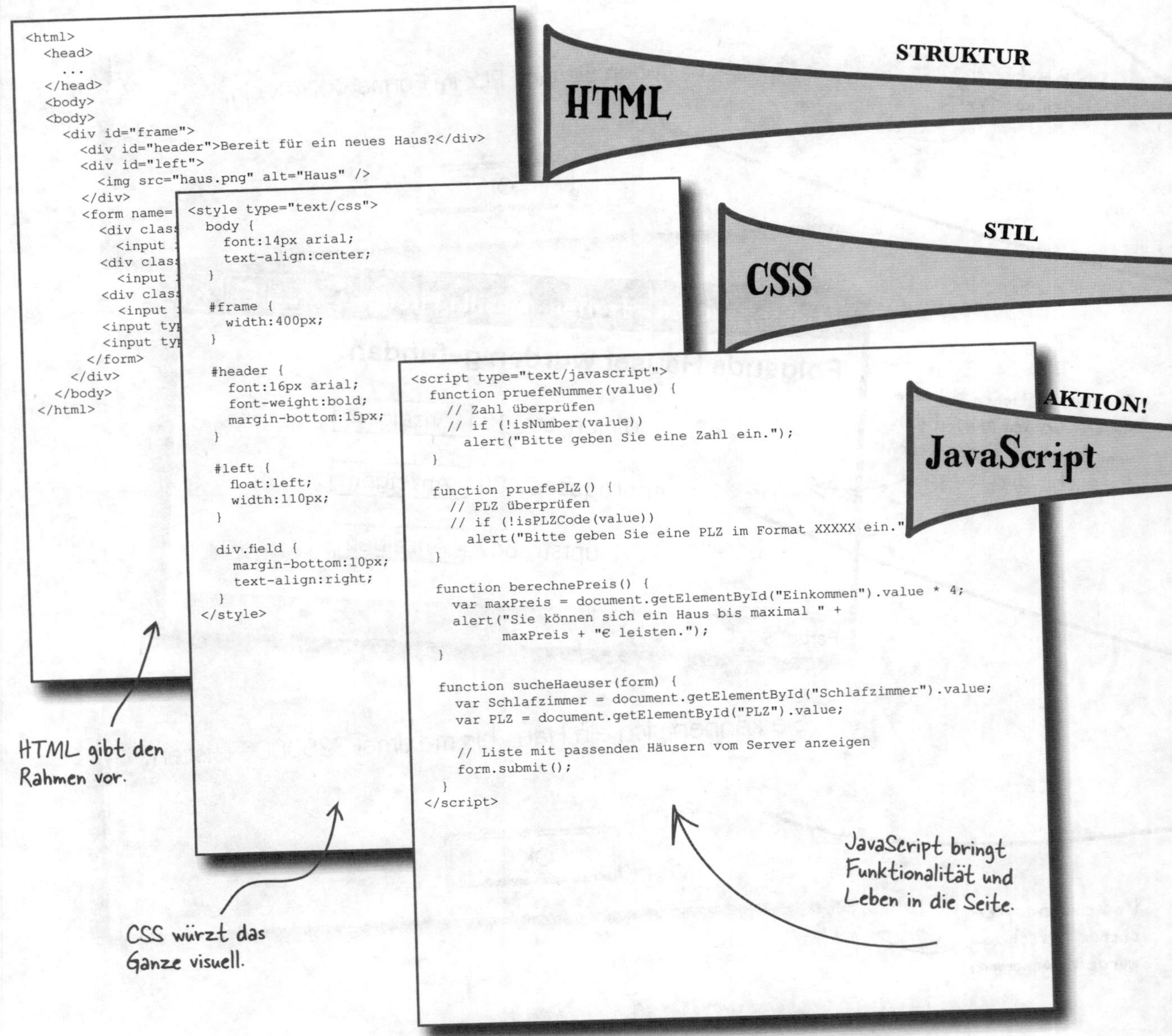

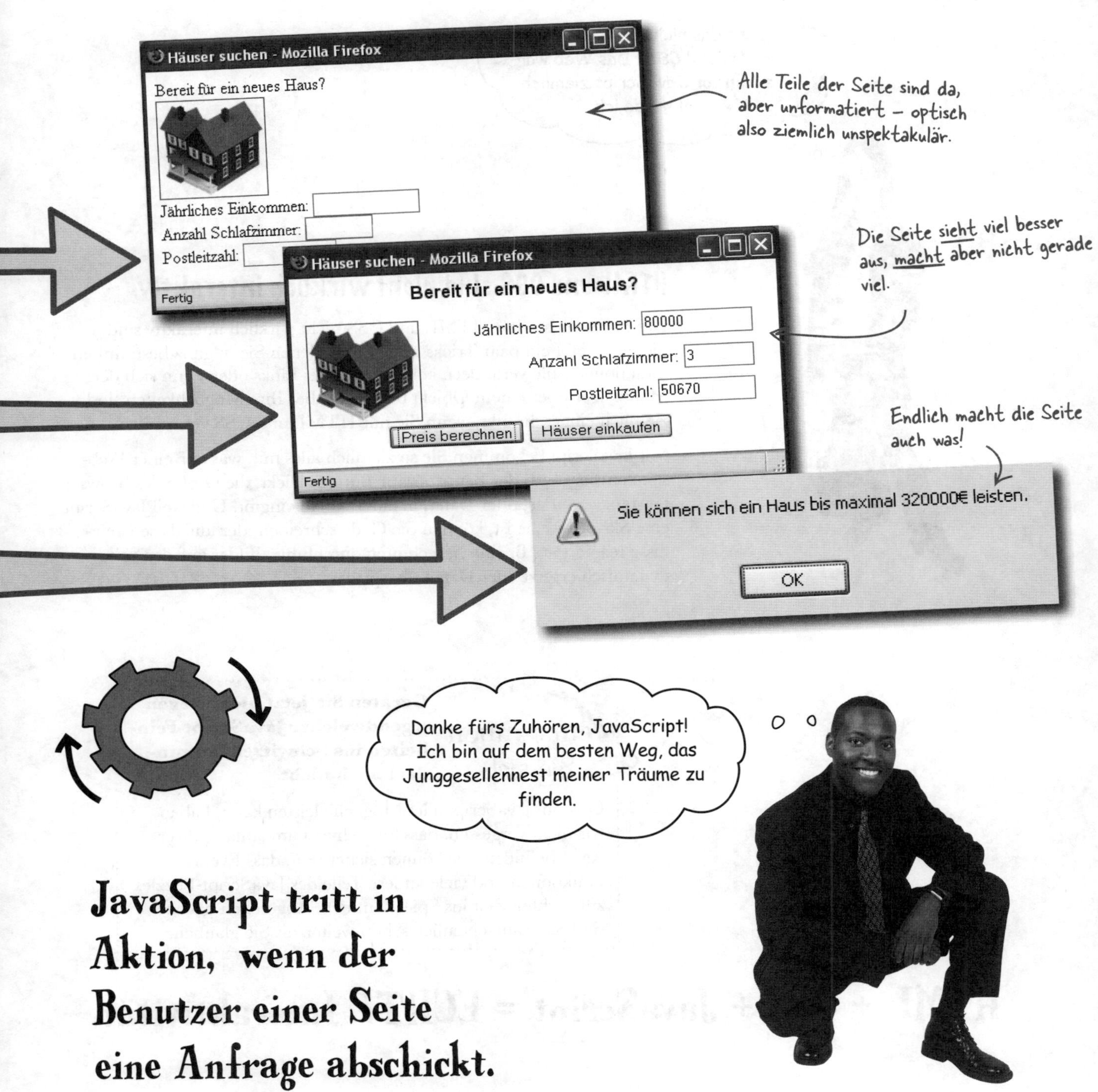

JavaScript tritt in Aktion, wenn der Benutzer einer Seite eine Anfrage abschickt.

HTML und CSS sind nicht wirklich interaktiv

Das Problem ist, dass HTML und CSS nicht wirklich interaktiv sind. Sicher, es gibt ein paar Tricks in CSS, mit denen Sie in ganz bestimmten Situationen Stile verändern können, z.B. bei Links oder wenn sich der Mauszeiger über einem Objekt befindet. Aber Ihre Möglichkeiten sind ziemlich eingeschränkt, wenn Sie nur HTML und CSS verwenden.

Mit JavaScript bekommen Sie so ziemlich alles mit, was auf einer Webseite passiert – ob der Benutzer auf Buttons klickt, die Größe des Browserfensters verändert oder Daten in ein Textfeld eingibt. Und weil JavaScript eine Skriptsprache ist, können Sie Code schreiben, der auf diese Ereignisse reagiert – z.B. eine Berechnung durchführt, Bilder auf der Seite dynamisch ersetzt oder Daten überprüft.

Geraten Sie jetzt nicht wegen irgendwelcher JavaScript-Feinheiten ins Schwitzen, zumindest noch nicht.

Obwohl JavaScript alles Mögliche leisten kann, haben wir nicht vergessen, dass Sie sich erst am Anfang Ihrer Reise befinden. Sie können sicher sein, dass Events, Funktionen und viele andere Teile des JavaScript-Puzzles zur rechten Zeit ins Spiel kommen. Abgesehen davon sind Sie wahrscheinlich schon weiter, als Sie glauben.

HTML + CSS + JavaScript = ECHTE Interaktivität

Spitzen Sie Ihren Bleistift

Sie wissen bereits mehr, als Sie denken. Werfen Sie einen Blick auf den Code der Webseite für die Häusersuche und schreiben Sie auf, was die eingekreisten JavaScript-Blöcke machen. Auch Raten ist erlaubt.

```
<html>
  <head>
    <title>Häuser suchen</title>
    <script type="text/javascript">
      function pruefeZahl(value) {
        // Zahl überprüfen
        // if (!isNumber(value))
          alert("Bitte geben Sie eine Zahl ein.");
      }

      function pruefePLZ(value) {
        // PLZ überprüfen
        // if (!isPLZCode(value))
          alert("Bitte geben Sie eine PLZ im Format XXXXX ein.");
      }

      function berechnePreis() {
        var maxPreis = document.getElementById("Einkommen").value * 4;
        alert("Sie können sich ein Haus bis maximal " + maxPreis + "€
        leisten.");
      }

      function sucheHaeuser(form) {
        var Schlafzimmer = document.getElementById("Schlafzimmer").value;
        var PLZ = document.getElementById("PLZ").value;

        // Liste mit passenden Häusern vom Server anzeigen
        form.submit();
      }
    </script>
  </head>

  <body>
  <div id="frame">
    <div id="header">Bereit für ein neues Haus?</div>
    <div id="left">
      <img src="haus.png" alt="Haus" />
    </div>
    <form name="Bestellformular" action="treffer.html" method="POST">
      <div class="field">Jährliches Einkommen:
        <input id="Einkommen" type="text" size="12"
          onblur="pruefeNummer(this.value)"/></div>
      <div class="field">Anzahl Schlafzimmer:
        <input id="Schlafzimmer" type="text" size="6"
          onblur="pruefeZahl(this.value)"/></div>
      <div class="field">Postleitzahl:
        <input id="PLZ" type="text" size="10"
          onblur="pruefePLZ(this.value)"/></div>
      <input type="button" value="Preis berechnen"
        onclick="berechnePreis();" />
      <input type="button" value="Häuser einkaufen"
        onclick="sucheHaeuser(this.form);" />
    </form>
  </div>
</body>
```

....

....

....

....

....

....

....

....

....

....

....

....

....

....

....

Spitzen Sie Ihren Bleistift Lösung

Sie wissen bereits mehr, als Sie denken. Werfen Sie einen Blick auf den Code der Webseite für die Häusersuche und schreiben Sie auf, was die eingekreisten JavaScript-Blöcke machen. Auch Raten ist erlaubt.

```
<html>
  <head>
    <title>Häuser suchen</title>
    <script type="text/javascript">
      function pruefeZahl(value) {
        // Zahl überprüfen
        // if (!isNumber(value))
          alert("Bitte geben Sie eine Zahl ein.");
      }

      function pruefePLZ(value) {
        // PLZ überprüfen
        // if (!isPLZCode(value))
          alert("Bitte geben Sie eine PLZ im Format XXXXX ein.");
      }

      function berechnePreis() {
        var maxPreis = document.getElementById("Einkommen").value * 4;
        alert("Sie können sich ein Haus bis maximal " + maxPreis + "€
        leisten.");
      }

      function sucheHaeuser(form) {
        var Schlafzimmer = document.getElementById("Schlafzimmer").value;
        var PLZ = document.getElementById("PLZ").value;

        // Liste mit passenden Häusern vom Server anzeigen
        form.submit();
      }
    </script>
  </head>

  <body>
  <div id="frame">
    <div id="header">Bereit für ein neues Haus?</div>
    <div id="left">
      <img src="haus.png" alt="Haus" />
    </div>
    <form name="Bestellformular" action="treffer.html" method="POST">
      <div class="field">Jährliches Einkommen:
        <input id="Einkommen" type="text" size="12"
          onblur="pruefeZahl(this.value)"/></div>
      <div class="field">Anzahl Schlafzimmer:
        <input id="Schlafzimmer" type="text" size="6"
          onblur="pruefeZahl(this.value)"/></div>
      <div class="field">Postleitzahl:
        <input id="PLZ" type="text" size="10"
          onblur="pruefePLZ(this.value)"/></div>
      <input type="button" value="Preis berechnen"
        onclick="berechnePreis();" />
      <input type="button" value="Häuser einkaufen"
        onclick="sucheHaeuser(this.form);" />
    </form>
  </div>
  </body>
</html>
```

Fordert den Benutzer auf, eine fünfstellige PLZ einzugeben: XXXXX.

Berechnet den Höchstpreis für das Haus als das Vierfache des Einkommens.

Überprüft, ob in das Feld für das Einkommen auch wirklich eine Zahl eingegeben wurde.

Der Wert des Eingabefelds PLZ.

Berechnet den Höchstpreis für das Haus, wenn der Benutzer auf den Button »Preis berechnen« klickt.

Sagen Sie dem Browser mit dem <script>-Tag, dass Sie JavaScript schreiben

Im Moment schreiben wir JavaScript direkt in die HTML-Seite, so wie Sie es auf der vorigen Seite gesehen haben. Als Erstes müssen Sie den Webbrowser wissen lassen, dass wir ihn anstelle von HTML mit JavaScript füttern ... und da kommt das <script>-Tag ins Spiel.

Ein <script>-Tag können Sie an jeder beliebigen Stelle in HTML einfügen, aber am besten im <head> unserer Webseite:

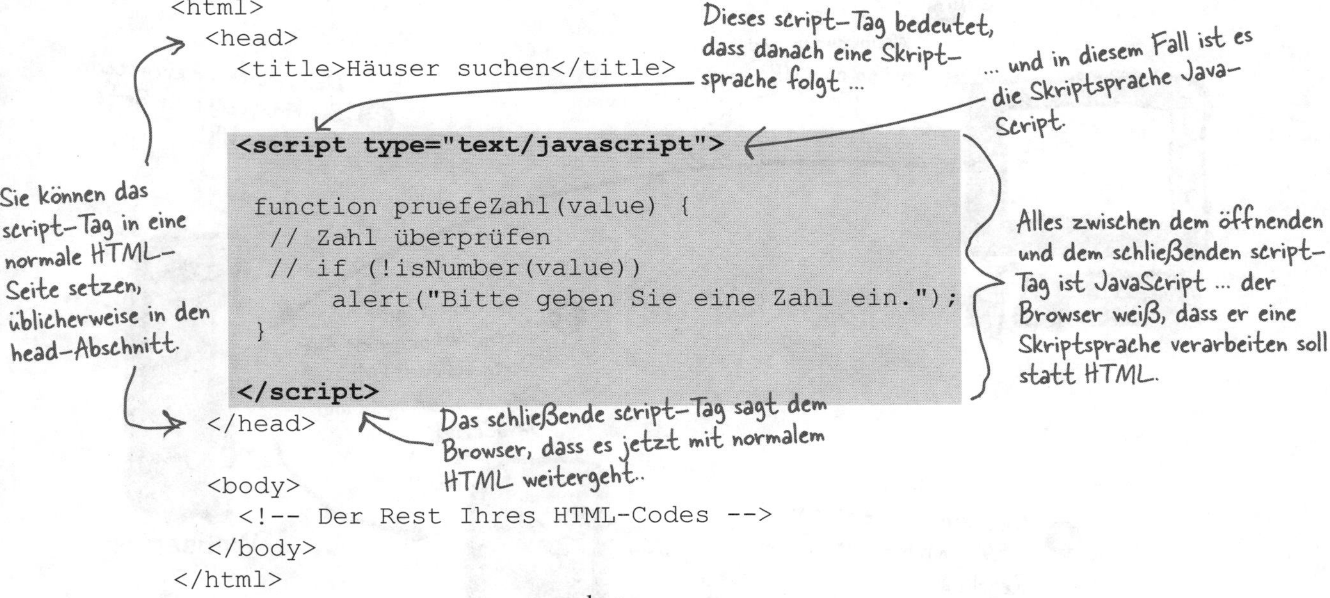


```
<html>
  <head>
    <title>Häuser suchen</title>

    <script type="text/javascript">

      function pruefeZahl(value) {
        // Zahl überprüfen
        // if (!isNumber(value))
            alert("Bitte geben Sie eine Zahl ein.");
      }

    </script>
  </head>

  <body>
    <!-- Der Rest Ihres HTML-Codes -->
  </body>
</html>
```

Es gibt keine Dummen Fragen

F: Also ist alles, was ich in das <script>-Tag schreibe, JavaScript?

A: Nicht unbedingt ... das `<script>`-Tag sagt dem Browser, dass eine Skriptsprache folgt, aber es muss nicht JavaScript sein. Erst das Attribut `type="text/javascript"` teilt dem Browser explizit mit, dass Sie ihm JavaScript liefern.

F: Also gibt es auch andere Skriptsprachen, die ich verwenden kann?

A: Absolut. Von Microsoft gibt es einige Varianten wie VBScript (eine Skriptversion von Visual Basic) sowie deren Variante von Ajax namens ASP.NET AJAX. Wir sagen noch mehr zu Ajax in Kapitel 12. Und Sie können noch einige andere Skriptsprachen verwenden. Aber in diesem Buch bleiben wir bei `text/javascript`.

F: Müssen meine <script>-Elemente im <head> der HTML-Seite stehen?

A: Gute Frage. Sie können `<script>`-Elemente überall in Ihre Webseite schreiben ... aber es wird allgemein als schlechter Stil angesehen, sie irgendwo anders als in den `<head>` der Webseite zu setzen. Das ist, als würden Sie CSS mitten hineinpacken... Üblicherweise ist es besser, JavaScript abzutrennen, und der `<head>` Ihrer Seite ist perfekt dafür.

Ihr Webbrowser kennt HTML, CSS UND JavaScript

Sie wissen bereits, dass ein Webbrowser HTML anzeigen kann. Und Sie können dem Browser mit CSS sagen, wie er die verschiedenen HTML-Elemente anzeigen soll. Stellen Sie sich JavaScript einfach als eine weitere Möglichkeit vor, mit dem Browser zu sprechen ... aber statt ihm zu sagen, wie er etwas anzeigen soll (wie in HTML oder CSS), geben Sie ihm Befehle, die er ausführen muss.

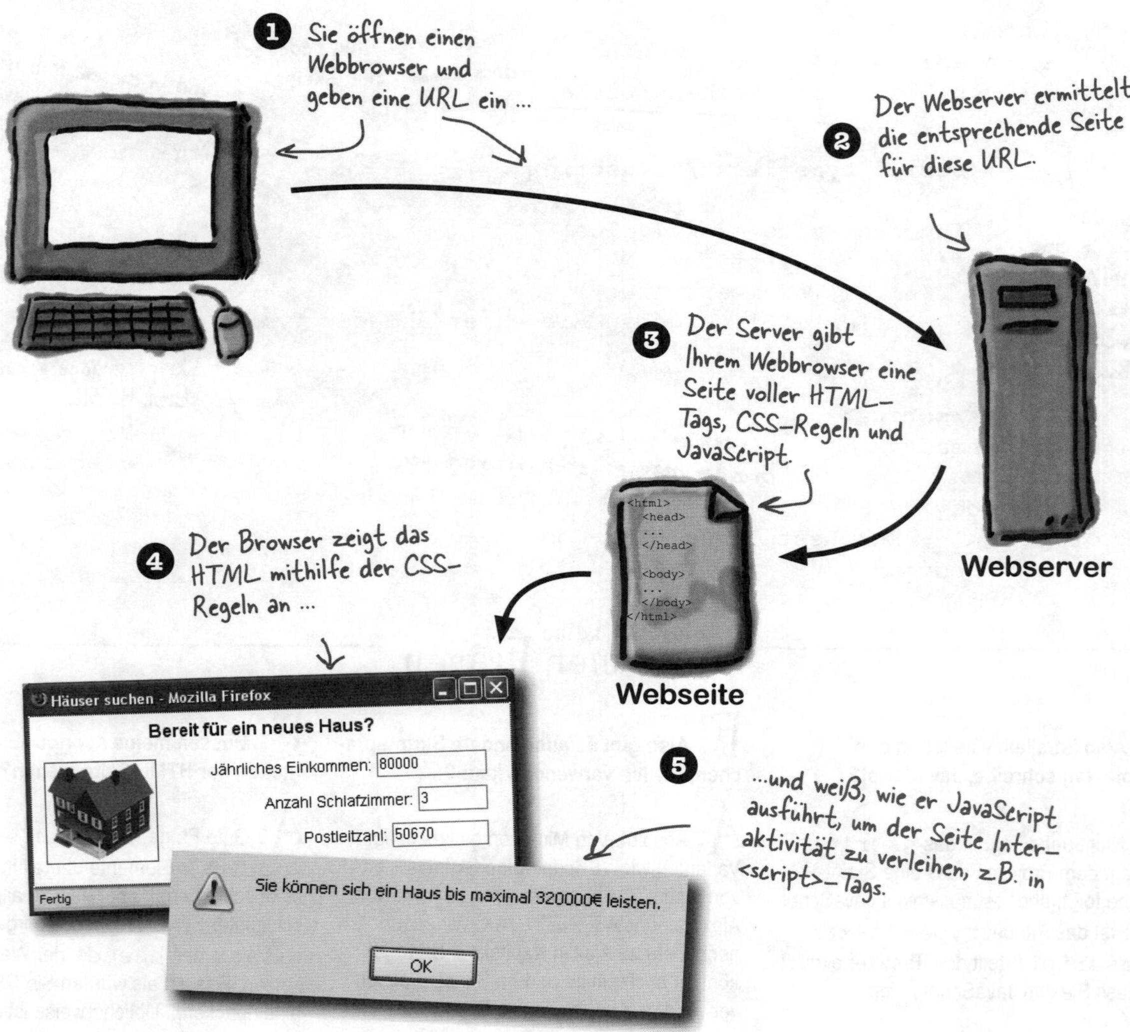

Es gibt keine Dummen Fragen

F: Wie führen Webbrowser JavaScript-Code aus?

A: Webbrowser enthalten eine spezielle Software, einen JavaScript-Interpreter, dessen Aufgabe darin besteht, den JavaScript-Code in einer Seite auszuführen. Vielleicht haben Sie ja schon gehört, dass JavaScript eine *interpretierte* Sprache ist, im Gegensatz zu einer *kompilierten* Sprache. Kompilierte Sprachen wie C++ oder C# müssen erst von einem Programm namens Compiler in eine ausführbare Programmdatei konvertiert werden. JavaScript-Programme brauchen nicht kompiliert zu werden, weil der JavaScript-Code direkt vom Browser interpretiert wird.

F: Wie weise ich eine Webseite an, JavaScript-Code auszuführen?

A: Meistens wird JavaScript-Code dann ausgeführt, wenn innerhalb der Seite etwas geschieht, z.B. die Seite geladen wird oder der Benutzer einen Button anklickt. Mit einem JavaScript-Mechanismus, den man als »Event« bezeichnet, können Sie JavaScript-Code ausführen lassen, wenn in der Seite etwas von Bedeutung geschieht.

F: Ist JavaScript mit Blick auf die Sicherheitsprobleme im Web sicher?

A: Im Wesentlichen ja. JavaScript wurde von Grund auf so entwickelt, dass bösartiger Code möglichst wenig Schaden anrichten kann. Beispielsweise ist es mit JavaScript nicht möglich, Dateien auf der Festplatte zu lesen oder zu schreiben. Dadurch wird das Gefahrenpotenzial vieler Viren und ähnlichem bösartigem Code drastisch reduziert. Natürlich können Sie fehlerhaften JavaScript-Code schreiben, der es zu einem eher zweifelhaften Vergnügen macht, eine Webseite zu besuchen. Aber es ist ziemlich unwahrscheinlich, dass Sie den Benutzer mit JavaScript in ernsthafte Schwierigkeiten bringen. Fürs Protokoll: Browser-Bugs und gewitzte Hacker haben natürlich immer wieder Wege gefunden, die JavaScript-Sicherheit zu unterlaufen, es ist also keineswegs wasserdicht.

F: Dieses `<script>`-Tag im Code für die Häusersuche ... Ist das HTML oder JavaScript?

A: Das `<script>`-Tag selbst ist HTML. Es dient dazu, den Skriptcode in den HTML-Code einzubetten. Der Code **innerhalb** des `<script>`-Tags ist JavaScript. Da das `<script>`-Tag mehrere Skriptsprachen unterstützt, geben Sie mit dem `type`-Attribut an, dass es sich um JavaScript handelt.

F: Ich kenne interaktive Webseiten, z.B. mit Formularen, die überprüfen, ob ein korrektes Datum eingegeben wurde, und anscheinend ohne JavaScript auskommen. Ist das möglich?

A: Ja. Es gibt Interaktivität auch in Webseiten ohne JavaScript, aber das ist oft ineffizient und klobig. Die Überprüfung der Daten in einem Formular kann beispielsweise bei der Übermittlung der Daten auf dem Webserver geschehen. Aber dann müssen Sie das gesamte Formular übermitteln und warten, bis der Webserver die Überprüfung vornimmt und das Ergebnis als neue Seite zurückliefert. Da können Sie das Formular genauso gut mit Papier und Bleistift auswerten! Mit JavaScript läuft die Interaktivität komplett im Browser ab, ohne eine neue Seite zu laden und ohne das unnötige Hin- und Herreichen von Daten zum Server. Außerdem kann eine Menge von dem, was an Interaktivität mit JavaScript möglich ist, sonst nur mit Browsererweiterungen von Drittanbietern gemacht werden.

ÜBUNG

Bestimmen Sie, welche Codeteile standardmäßig in JavaScript enthalten sind und welche von einem Programmierer für die Webseite zur Häusersuche erstellt wurden.

`alert`	JavaScript/Programmierer	`onblur`	JavaScript/Programmierer
`berechnePreis`	JavaScript/Programmierer	`onclick`	JavaScript/Programmierer
`PLZ`	JavaScript/Programmierer	`sucheHaeuser`	JavaScript/Programmierer
`var`	JavaScript/Programmierer	`value`	JavaScript/Programmierer

LÖSUNGEN ZU DEN ÜBUNGEN

Bestimmen Sie, welche Codeteile standardmäßig in JavaScript enthalten sind und welche von einem Programmierer für die Webseite zur Häusersuche erstellt wurden.

```
<head>
  <title>Häuser suchen</title>
  <script type="text/javascript">
    function pruefeZahl(value) {
      // Zahl überprüfen
      // if (!isNumber(value))
      alert("Bitte geben Sie eine Zahl ein.");
    }
    function pruefePLZ(value) {
      // PLZ überprüfen
      // if (!isPLZCode(value))
      alert("Bitte geben Sie eine PLZ im Format XXXXX ein.");
    }
    function berechnePreis() {
      var maxPreis = document.getElementById("Einkommen").value * 4;
      alert("Sie können sich ein Haus bis maximal " + maxPreis + "€
      leisten.");
    }
    function sucheHaeuser(form) {
      var Schlafzimmer = document.getElementById("Schlafzimmer").
                         value;
      var PLZ = document.getElementById("PLZ").value;

      // Liste mit passenden Häusern vom Server anzeigen
      form.submit();
    }
  </script>
</head>

<body>
  <div id="frame">
    <div id="header">Bereit für ein neues Haus?</div>
    <div id="left">
      <img src="haus.png" alt="Haus" />
    </div>
    <form name="Bestellformular" action="treffer.html" method="POST">
      <div class="field">Jährliches Einkommen:
        <input id="Einkommen" type="text" size="12"
          onblur="pruefeZahl(this.value)"/></div>
      <div class="field">Anzahl Schlafzimmer:
        <input id="Schlafzimmer" type="text" size="6"
          onblur="pruefeZahl(this.value)"/></div>
      <div class="field">Postleitzahl:
        <input id="PLZ" type="text" size="10"
          onblur="pruefePLZ(this.value)"/></div>
      <input type="button" value="Preis berechnen"
        onclick="berechnePreis();" />
      <input type="button" value="Häuser einkaufen"
        onclick="sucheHaeuser(this.form);" />
    </form>
  </div>
</body>
```

Die Pop-up-Box, die eine ungültige Zahl anzeigt.
`alert` — **JavaScript**/Programmierer

Eigener Code, der den Preis des Hauses berechnet.
`berechnePreis` — JavaScript/**Programmierer**

Reserviert Speicherplatz für eine Dateneinheit.
`var` — **JavaScript**/Programmierer

Eigener Code, der passende Häuser sucht.
`sucheHaeuser` — JavaScript/**Programmierer**

`PLZ` — JavaScript/**Programmierer**
Ein Speicherort für die vom Benutzer eingegebene PLZ.

`onblur` — **JavaScript**/Programmierer
Gibt an, dass der Benutzer zum nächsten Eingabefeld gewechselt hat.

`value` — **JavaScript**/Programmierer
Der aktuelle Wert des Eingabefelds für die PLZ.

`onclick` — **JavaScript**/Programmierer
Gibt an, dass der Button »Häuser einkaufen« angeklickt wurde.

Des Menschen bester virtueller Freund ... braucht IHRE Hilfe

Gerade dabei, sich auf den Lorbeeren einer erfolgreichen HTML- und CSS-Schlacht auszuruhen, werden Sie in das Büro Ihres Chefs gerufen, um sich seine neueste Erfindung anzusehen: den iRock. Das virtuelle Haustier löst Begeisterungsstürme auf den Spielzeugmessen aus, aber die Betatester sind unzufrieden mit dem Onlinekuscheltier.

Die Benutzer klicken auf den Stein und erwarten, dass irgendetwas Besonderes passiert ... aber damit hat Ihr Chef nicht gerechnet. Jetzt liegt es an Ihnen, den **iRock interaktiv zu machen** und den Ruhm einzuheimsen ... oder mit Pauken und Trompeten samt iRock baden zu gehen.

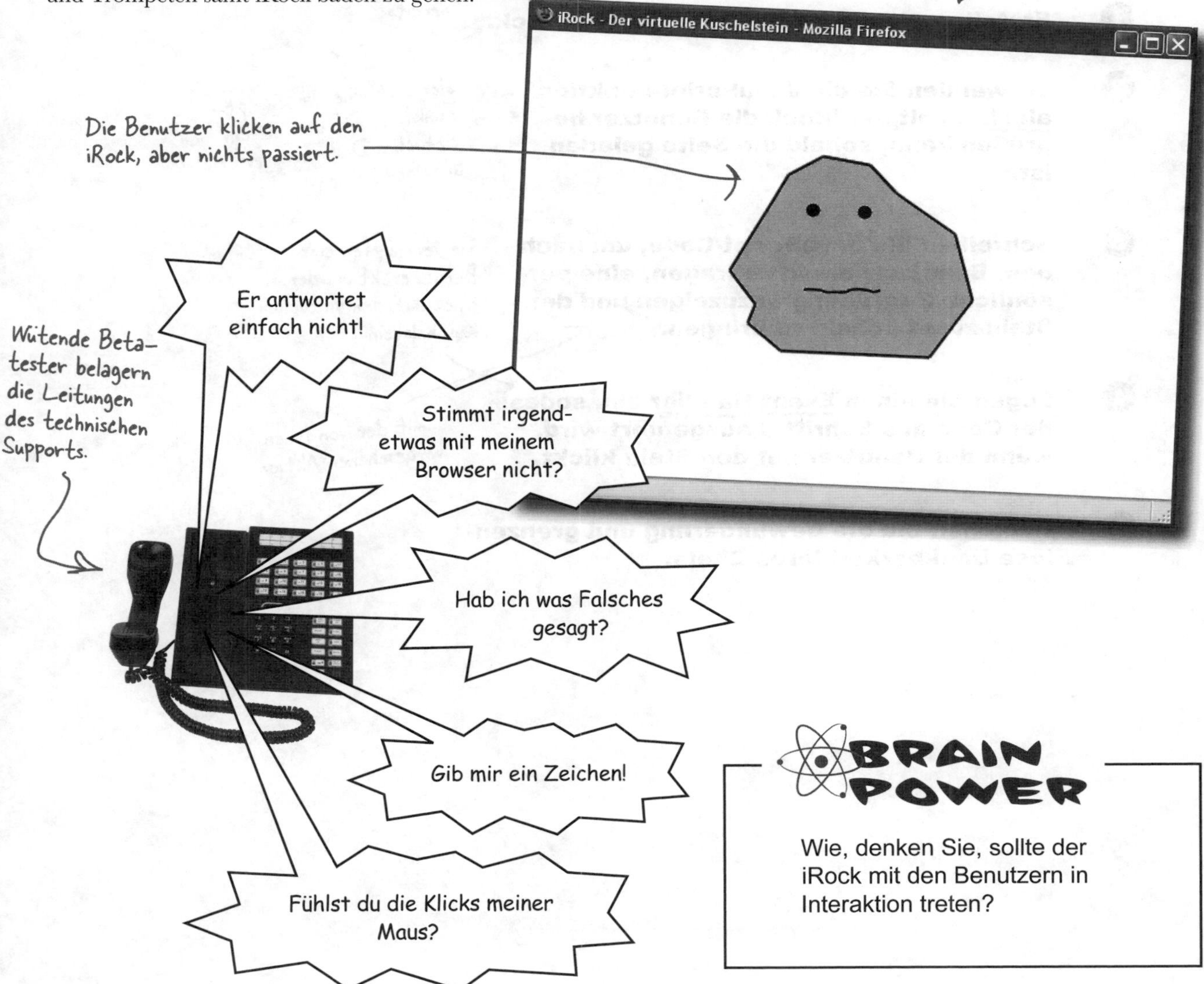

BRAIN POWER

Wie, denken Sie, sollte der iRock mit den Benutzern in Interaktion treten?

Der iRock wird interaktiv

Es ist nicht nur Ihre Aufgabe, den iRock interaktiv zu machen, Sie müssen dabei auch ein bisschen JavaScript lernen. Aber keine Sorge, in kürzester Zeit wird Ihr Kuschelstein Pfötchen geben können.

Damit werden Sie den Rest des Kapitels verbringen:

1. **Erstellen Sie die HTML-Seite für den iRock.** ← Das können Sie bereits.

2. **Verwenden Sie die JavaScript-Funktion alert, damit der iRock die Benutzer begrüßen kann, sobald die Seite geladen ist.** ← alert ist eine JavaScript-Funktion, mit der Sie ein einfaches Dialogfenster anzeigen können.

3. **Schreiben Sie JavaScript-Code, um nach dem Benutzernamen zu fragen, eine persönliche Begrüßung anzuzeigen und den Stein zum Lächeln zu bringen.**

4. **Fügen Sie einen Event-Handler ein, sodass der Code aus Schritt 3 ausgeführt wird, wenn der Benutzer auf den Stein klickt.**

   Sie verknüpfen eine Benutzeraktion, den Klick auf den virtuellen Kuschelstein...

   ...mit der von Ihnen vorgesehenen Aktion.

5. **Genießen Sie die Bewunderung und grenzenlose Dankbarkeit Ihres Chefs.**

Die iRock-Webseite erstellen

Sie können sich gar keine einfachere HTML-Seite vorstellen als den iRock. Tippen Sie das folgende HTML in Ihren Lieblingseditor ein und speichern Sie es unter `iRock.html` ab. Die Bilder können Sie von der Verlagswebsite unter *http://examples.oreilly.de/german_examples/hfjavascriptger* herunterladen.

Die HTML-Seite für den Kuschelstein ist genauso langweilig wie der Stein ... Kein Wunder, dass der Chef Ihre Hilfe braucht.

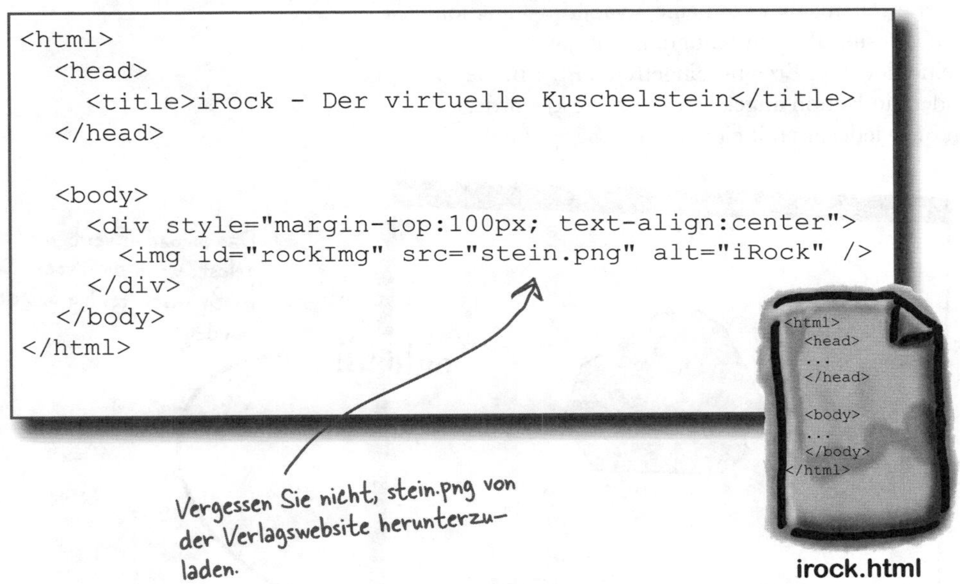

```
<html>
  <head>
    <title>iRock - Der virtuelle Kuschelstein</title>
  </head>

  <body>
    <div style="margin-top:100px; text-align:center">
      <img id="rockImg" src="stein.png" alt="iRock" />
    </div>
  </body>
</html>
```


Testlauf

Speichern und testen Sie Ihre iRock-Seite, bevor Sie weitermachen. Überzeugen Sie sich, dass Ihre Seite genau wie unsere aussieht, denn gleich bringen wir Interaktivität ins Spiel – mit JavaScript, versteht sich.

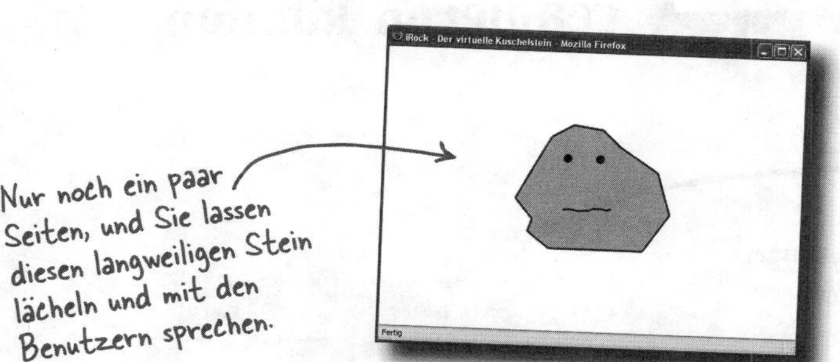

Es gibt keine Dummen Fragen

F: Ist das CSS im <div>-Tag?

A: Na klar, gut gemerkt!

F: Ich dachte, es sei keine gute Idee, CSS in eine HTML-Seite zu schreiben. Wie kommt's?

A: Geben Sie's zu: Sie haben HTML mit CSS & XHTML von Kopf bis Fuß gelesen, oder? Ja, Sie haben recht. Es ist besser, CSS in ein `<style>`-Tag in den `<head>` Ihrer Seite zu setzen oder in ein externes Stylesheet. Aber Ihr Chef ist nicht gerade ein großer Programmierer vor dem Herrn. Außerdem macht es dieses erste Beispiel wesentlich einfacher. Aber nur zu, wenn Sie Ihr eigenes externes Stylesheet für den iRock schreiben möchten, unseren Segen haben Sie.

JavaScript-Events: Der iRock bekommt eine Stimme

Wenn wir den Benutzer per JavaScript begrüßen möchten, sobald die Seite geladen ist, müssen wir zwei Hürden nehmen: Wir müssen wissen, wann die Seite vollständig geladen wurde und wie wir eine Begrüßung anzeigen, die der Benutzer auch sehen kann.

Die erste Herausforderung besteht darin, auf ein Event zu reagieren (das `page load`-Event), bei der zweiten geht es um eine JavaScript-Funktion, das »alert«-Dialogfenster. *Events* sind Benachrichtigungen in JavaScript, die Ihnen mitteilen, dass ein relevantes Ereignis eingetreten ist, z.B. die Seite geladen (`onload`) oder ein Button angeklickt (`onclick`) wurde. Auf solche Events können Sie wiederum mit eigenem JavaScript-Code reagieren.

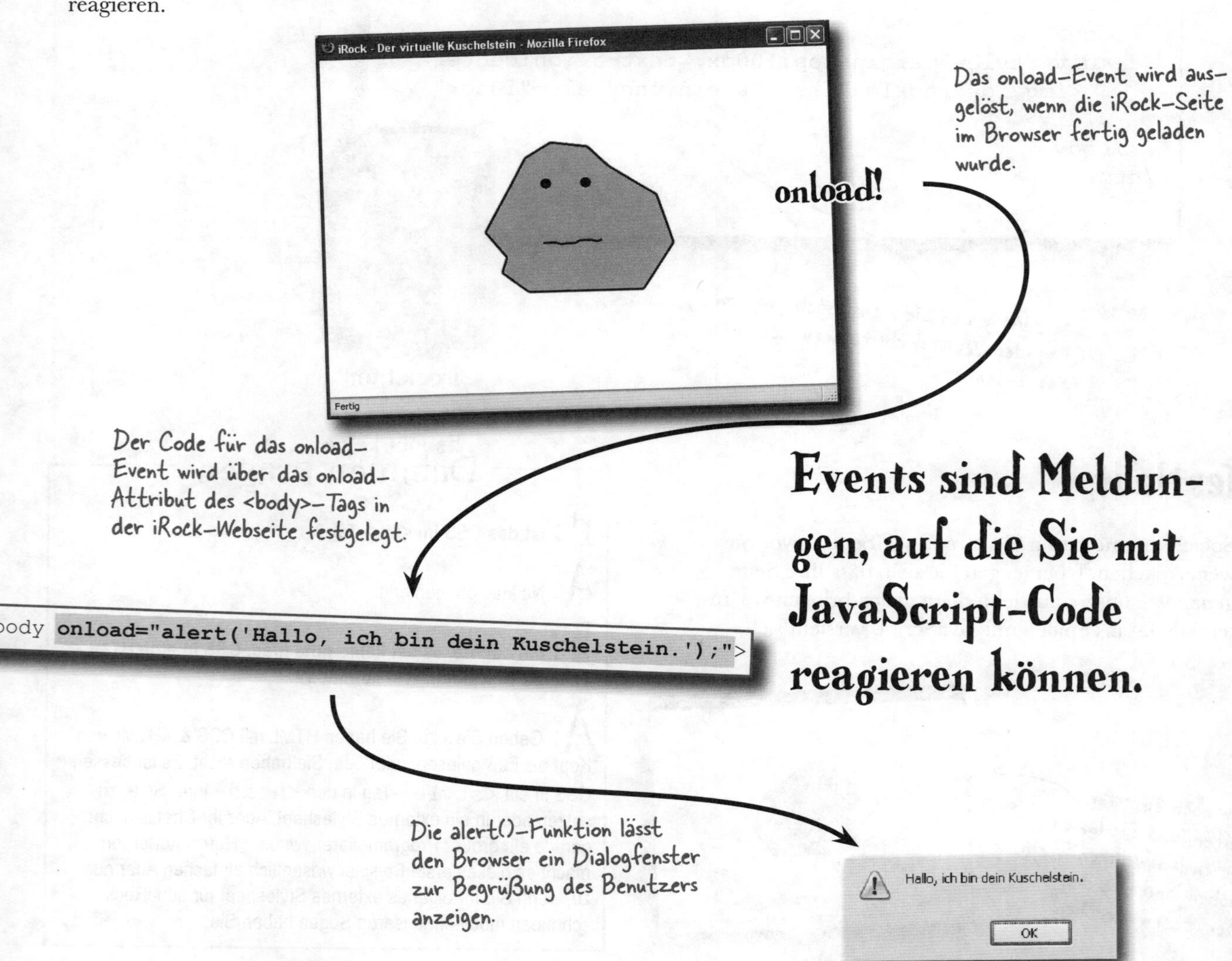

Events sind Meldungen, auf die Sie mit JavaScript-Code reagieren können.

Eine Funktion zum »Alarmieren« des Benutzers

Ein **alert** (Alarm) in JavaScript ist ein Pop-up-Fenster, in dem Sie dem Benutzer Informationen geben können. Um ein solches Fenster anzuzeigen, müssen Sie Code schreiben, der die JavaScript-Funktion `alert()` aufruft und den Text übergibt, den Sie anzeigen möchten. *Funktionen* sind mehrfach aufrufbare JavaScript-Codeblöcke zum Erledigen häufiger Aufgaben, z.B. zum Anzeigen von Informationen in einem Pop-up-Fenster.

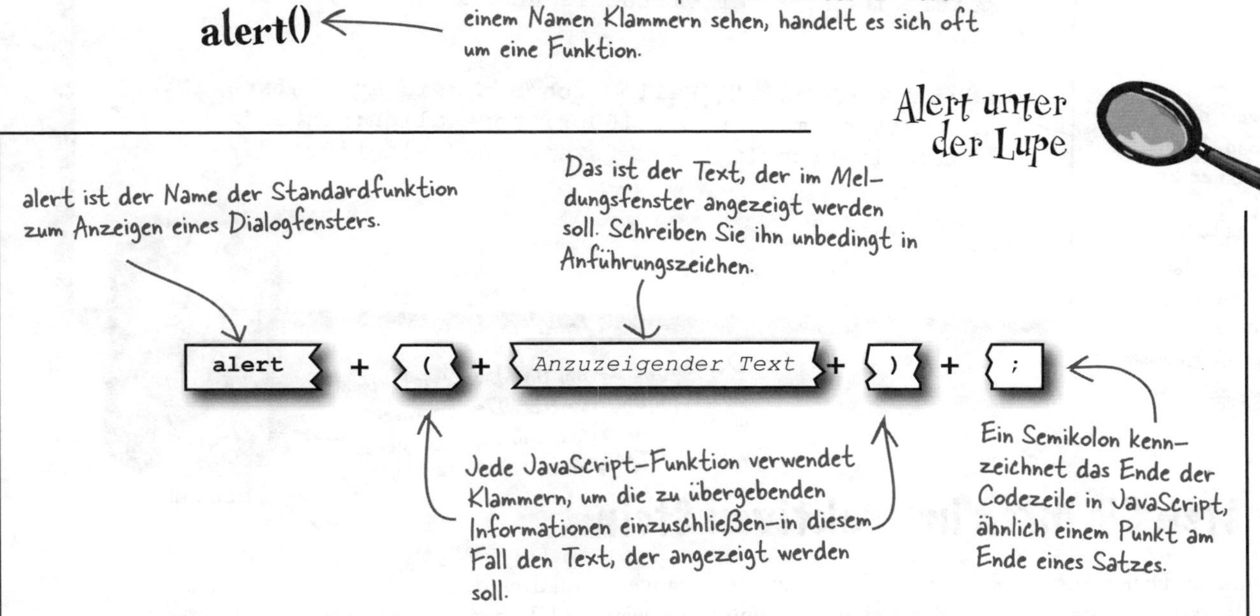

Alles zusammen ergibt eine vollständige Zeile JavaScript-Code, die eine Funktion aufruft, um den Begrüßungstext in einem Dialogfenster anzuzeigen:

```
alert('Hallo, ich bin dein Kuschelstein.');
```

Der anzuzeigende Text wird in Apostrophe oder Anführungszeichen gesetzt.

Funktionen sind mehrfach aufrufbare Codeteile zum Erledigen häufig anfallender Aufgaben.

Lassen Sie sich von den Events nicht stressen!

Wenn Ihnen dieses ganze Event-Zeug zu viel ist, machen Sie sich keine Sorgen. Events werden sich Ihnen Stück für Stück erschließen und mehr Sinn ergeben, je länger Sie das Buch durcharbeiten.

Die iRock-Begrüßung

Um die Benutzer zu begrüßen, wenn Sie die iRock-Seite laden, müssen Sie also einen `onload`-Event-Handler einfügen und eine Begrüßung mithilfe der `alert()`-Funktion einfügen. Geben Sie diese JavaScript-Zeile in `irock.html` ein:

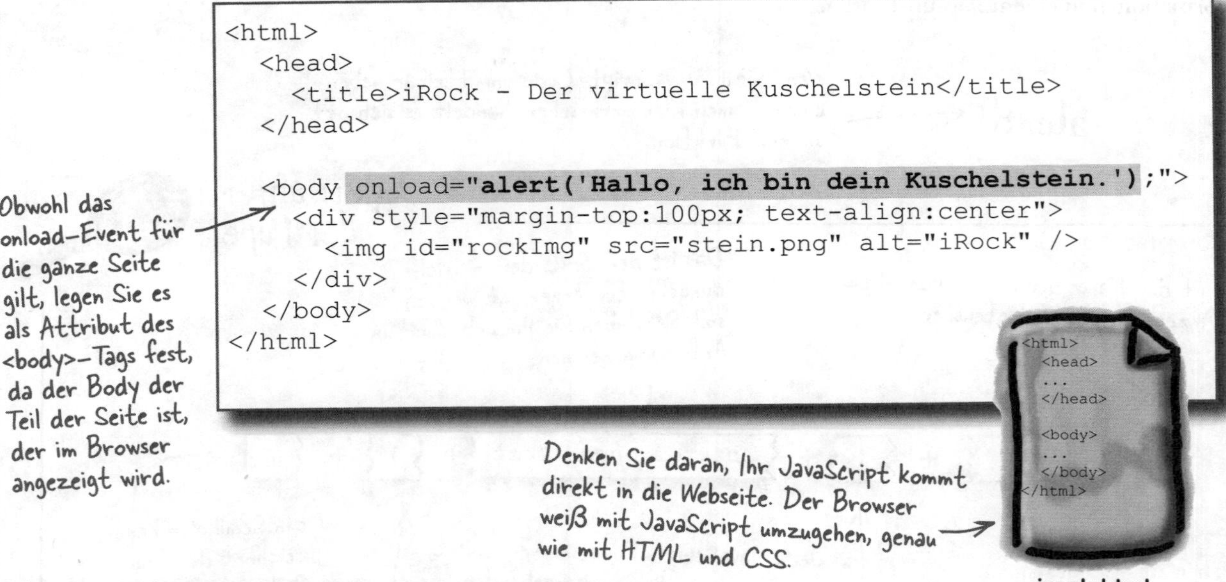

```
<html>
  <head>
    <title>iRock - Der virtuelle Kuschelstein</title>
  </head>

  <body onload="alert('Hallo, ich bin dein Kuschelstein.');">
    <div style="margin-top:100px; text-align:center">
      <img id="rockImg" src="stein.png" alt="iRock" />
    </div>
  </body>
</html>
```


Testen Sie Ihren interaktiven Stein

Dank des Dialogfensters ist die iRock-Seite jetzt eine Nuance interaktiver, da als Reaktion auf das `onload`-Event eine Begrüßung angezeigt wird. Laden Sie irock.html in Ihrem Webbrowser und schauen Sie, was passiert:

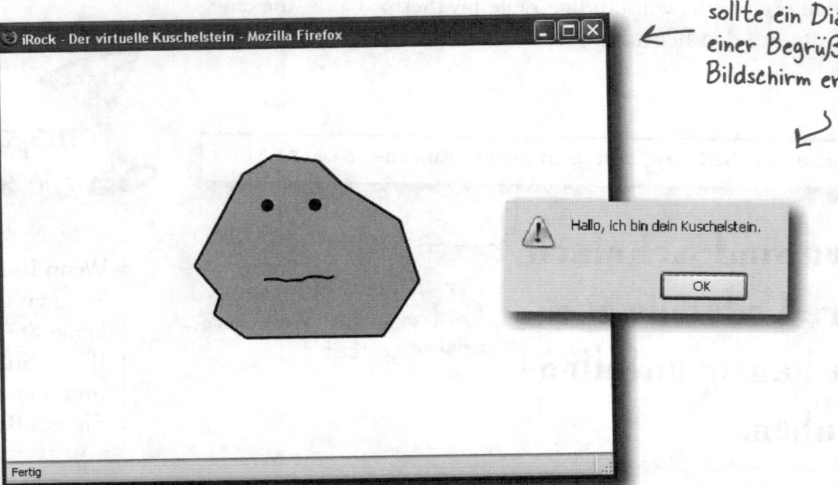

Es gibt keine Dummen Fragen

F: Woher kommen Events?

A: Obwohl Events vom Benutzer in Gang gesetzt werden, kommen sie letztendlich vom Browser. Beispielsweise ist eine gedrückte Taste ein Event, das vom Benutzer ausgelöst wird, aber der Browser muss die Informationen über das Event zusammenstellen (z.B. welche Taste gedrückt wurde) und dann an eine Funktion übergeben, die für dieses Event festgelegt wurde.

F: Was geschieht mit Events, die mit keinem Code verknüpft sind?

A: Wenn ein Baum umfällt und niemand in der Nähe ist, der es hören könnte, macht das Ganze dann Krach? Genau so ist es mit Events. Wenn Sie auf ein Event nicht reagieren, macht der Browser einfach weiter, als wäre nichts geschehen. Anders gesagt: Der Seite, die gerade geladen wird, ist es völlig egal, ob Sie auf `onload` reagieren oder nicht.

F: Haben Sie nicht gesagt, dass JavaScript-Code in <script>-Tags gehört?

A: Normalerweise ist das so. Aber Sie können den Code auch direkt in den Event-Handler schreiben, wie wir es beim `onload`-Event getan haben. Und wenn Sie nur eine Zeile JavaScript ausführen müssen wie beim iRock, ist das doch wesentlich einfacher.

F: Gibt es andere eingebaute Funktionen wie alert()?

A: Ja, viele. `alert()` ist nur die Spitze eines ganzen Eisbergs von eingebautem, mehrfach aufrufbarem JavaScript-Code. Auf unserer JavaScript-Reise werden wir noch viele Standardfunktionen kennen lernen. Gegen Endes des Buchs werden Sie sogar Ihre eigenen Funktionen schreiben.

F: Warum werden im `onload`-Code für den iRock Anführungszeichen und Apostrophe gemischt?

A: In HTML und JavaScript muss eine Zeichenfolge geschlossen werden, bevor Sie eine neue anfangen können ... außer Sie verwenden ein anderes Begrenzungszeichen (Anführungszeichen oder Apostroph). In den Fällen, in denen JavaScript-Code in einem HTML-Attribut steht (Text innerhalb von Text), müssen Sie also Anführungszeichen und Apostrophe mischen, um dieses Problem zu umgehen. Es ist egal, welches Zeichen Sie für das Attribut oder den JavaScript-Text verwenden, Sie müssen lediglich konsistent vorgehen. Vielleicht macht ein Beispiel mit Anführungszeichen und Apostropen in unserer Sprache die Sache etwas klarer: Der iRock meint: »Der Benutzer klickte und sagte ›Hallo.‹«

Punkt für Punkt

- Mit Events können Sie auf Ereignisse in Webseiten mit JavaScript-Code reagieren.
- Das `onload`-Event wird ausgelöst, wenn eine Seite fertig geladen ist.
- Sie können auf das `onload`-Event reagieren, indem Sie das `onload`-Attribut des `<body>`-Tags festlegen.
- Mit Funktionen können Sie JavaScript-Code in mehrfach aufrufbaren Modulen zusammenfassen.
- Manchen Funktionen müssen Sie für die Ausführung Informationen übergeben.
- Die `alert()`-Funktion ist eine JavaScript-Standardfunktion, die Text in einem kleinen Pop-up-Fenster anzeigt.

WER MACHT WAS?

Ordnen Sie den folgenden JavaScript-Ausdrücken die jeweilige Funktion zu.

onload	Textmeldung in einem Pop-up-Fenster anzeigen
()	Markiert das Zeilenende in JavaScript-Code.
alert	Tritt ein, wenn die Webseite fertig geladen ist.
;	Umschließt die einer Funktion übergebenen Informationen.

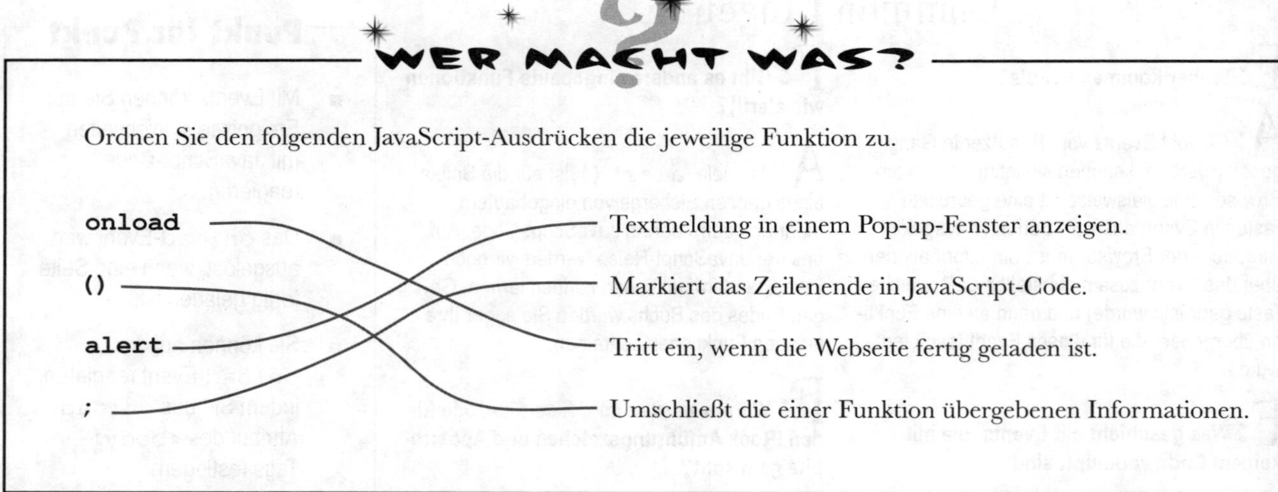

Jetzt machen wir den iRock wirklich interaktiv

Sie sind mit der Interaktivität des iRock schon ein bisschen vorangekommen, aber es gibt noch mehr zu tun, bis der virtuelle Kuschelstein Kunden für sich gewinnen kann ... Erinnern Sie sich noch an unsere Checkliste?

1. ~~**Erstellen Sie die HTML-Seite für den iRock.**~~ ← Fertig!

2. ~~**Verwenden Sie die JavaScript-Funktion alert, damit der iRock die Benutzer begrüßen kann, sobald die Seite geladen ist.**~~ ← Das haben wir auch geschafft.

3. **Schreiben Sie JavaScript-Code, um nach dem Benutzernamen zu fragen, eine persönliche Begrüßung anzuzeigen und den Stein zum Lächeln zu bringen.**

4. **Fügen Sie einen Event-Handler ein, sodass der Code aus Schritt 3 ausgeführt wird, wenn der Benutzer auf den Stein klickt.**

5. **Genießen Sie die Bewunderung und grenzenlose Dankbarkeit Ihres Chefs.**

Interaktive Kommunikation hat ZWEI Richtungen

Unser Stein sagt jetzt zwar Hallo, aber der Benutzer kann damit wenig anfangen. Wir wollen, dass unser Stein den Benutzern auch *antwortet*. Mit ein bisschen JavaScript wird der iRock zu einem anschmiegsamen Haustier, das erstaunlich gesellig und geradezu freundlich sein kann, indem es seinen Gesichtsausdruck wechselt und sein Herrchen mit Namen anspricht!

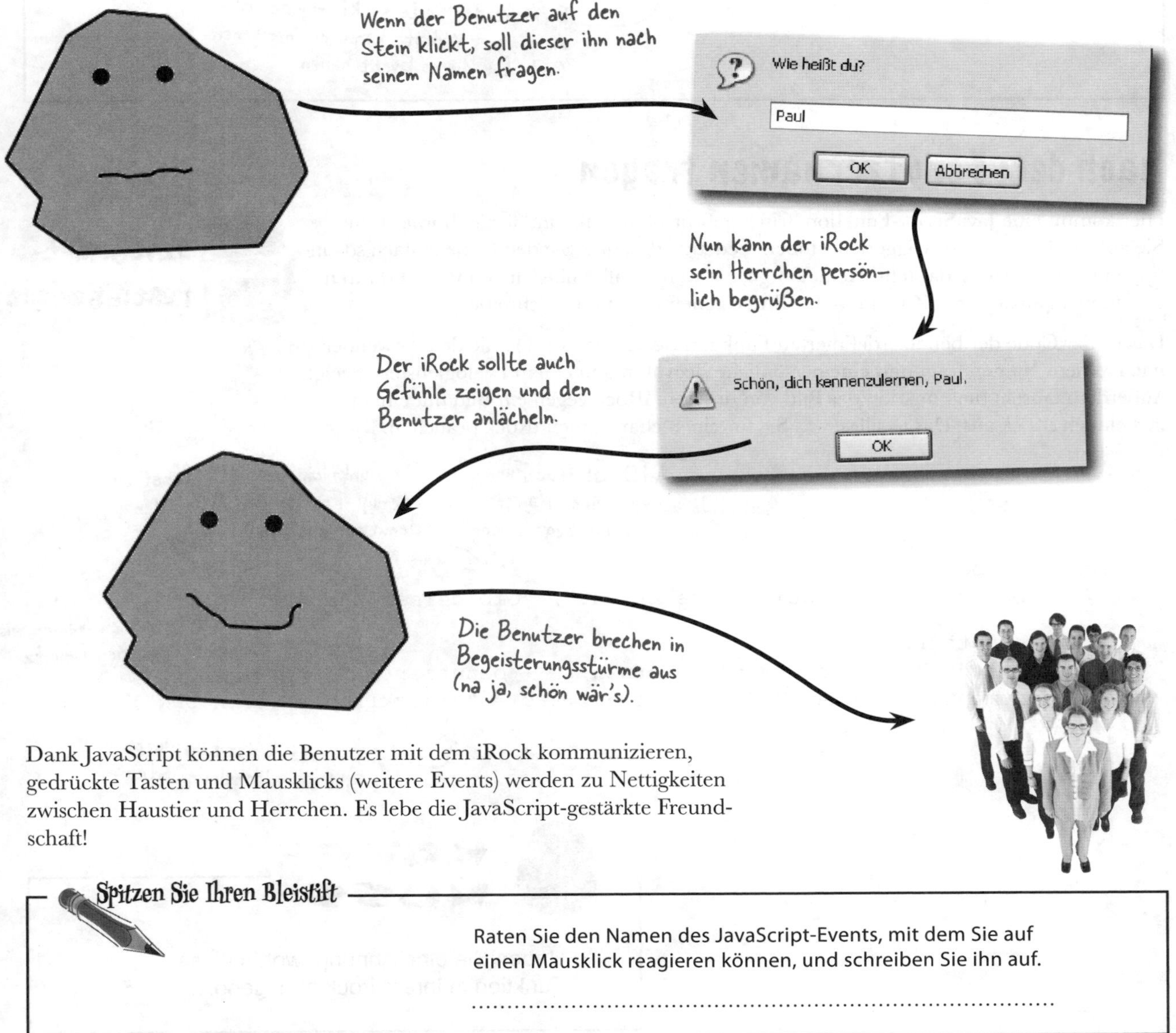

Dank JavaScript können die Benutzer mit dem iRock kommunizieren, gedrückte Tasten und Mausklicks (weitere Events) werden zu Nettigkeiten zwischen Haustier und Herrchen. Es lebe die JavaScript-gestärkte Freundschaft!

Spitzen Sie Ihren Bleistift

Raten Sie den Namen des JavaScript-Events, mit dem Sie auf einen Mausklick reagieren können, und schreiben Sie ihn auf.

....

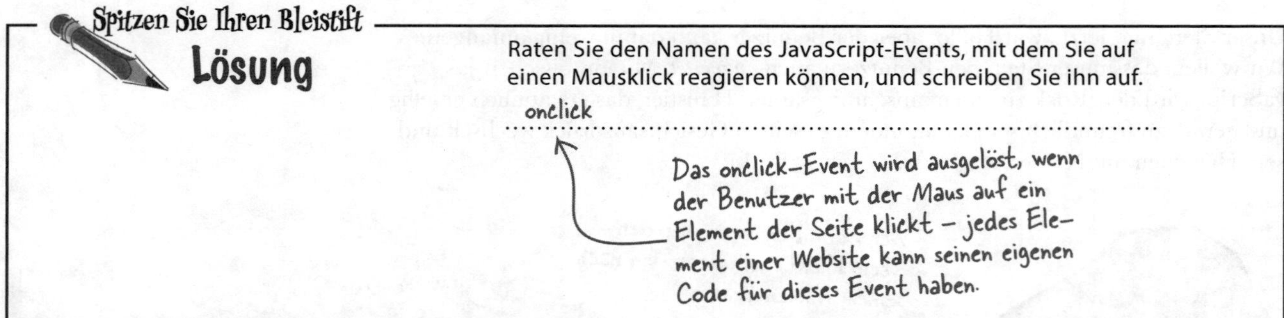

Nach dem Benutzernamen fragen

Hier kommt eine JavaScript-Funktion, frisch gebrutzelt und fix und fertig. Immer wenn Sie auf ein JavaScript-Fertiggericht stoßen, bedeutet das, dass Sie den Code einfach so eintippen können, wie er da steht. Keine Sorge, Sie werden alles über diesen Code erfahren und in nicht allzu ferner Zukunft selbst Ihre eigenen Funktionen schreiben.

Das ist der Code der benutzerdefinierten Funktion `begruessen()`, die den Anwender nach seinem Namen fragt und eine persönliche Begrüßung in einem Dialogfenster anzeigt. Außerdem tauscht die Funktion das Bild von unserem iRock gegen ein Bild mit einem lächelnden iRock aus. Das ist alles, was Sie für einen charmanten iRock brauchen.

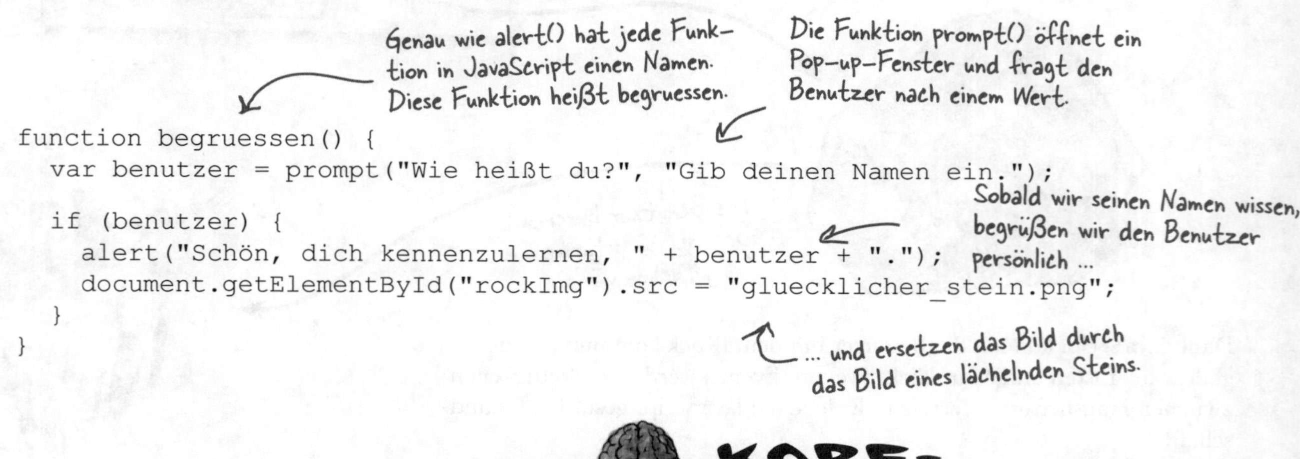


```
function begruessen() {
  var benutzer = prompt("Wie heißt du?", "Gib deinen Namen ein.");

  if (benutzer) {
    alert("Schön, dich kennenzulernen, " + benutzer + ".");
    document.getElementById("rockImg").src = "gluecklicher_stein.png";
  }
}
```

Haben Sie eine Ahnung, wohin diese Funktion in Ihrem irock.html gehört?

JavaScript-Magneten

Im Code für den benutzerfreundlichen iRock fehlen einige entscheidende Teile. Können Sie die fehlenden Stellen eintragen und die Seite vervollständigen?

Tipp: Sie sind sich nicht sicher? Tippen Sie Ihre Antworten einfach in irock.html und testen Sie sie.

```
<html>
  <head>
    <title>iRock - Der virtuelle Kuschelstein</title>

    < ............... type="text/javascript">
      function begruessen() {
        var benutzer = prompt("Wie heißt du?", "Gib deinen Namen ein.");

        if (benutzer) {
          alert("Schön, dich kennenzulernen, " + benutzer + ".");
          document.getElementById("rockImg").src = "gluecklicher_stein.png";
        }
      }
    </script>
  </head>

  <body .............=" .............( ..................................................);">
    <div style="margin-top:100px; text-align:center">

     <img id="rockImg" src="stein.png" alt="iRock" style="cursor:pointer"
       .............=" .........................;" />
    </div>
  </body>
</html>
```

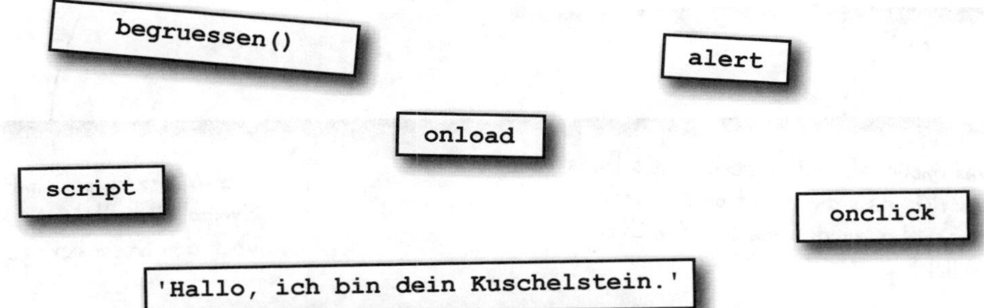

JavaScript-Magneten, Lösung

Im Code für den benutzerfreundlichen iRock fehlen einige entscheidende Teile. Ihre Aufgabe war es, die fehlenden Stellen einzutragen.

JavaScript-Funktionen werden im <script>-Tag platziert, das in den <head> der Seite gehört.

Über das type-Attribut des <script>-Tags wird der Typ der Skriptsprache angegeben, in diesem Fall JavaScript.

```
<html>
  <head>
    <title>iRock - Der virtuelle Kuschelstein</title>

    <script type="text/javascript">
      function begruessen() {
        var benutzer = prompt("Wie heißt du?", "Gib deinen Namen ein.");

        if (benutzer) {
          alert("Schön, dich kennenzulernen, " + benutzer + ".");
          document.getElementById("rockImg").src = "gluecklicher_stein.png";
        }
      }
    </script>
  </head>

  <body onload="alert('Hallo, ich bin dein Kuschelstein.');">
    <div style="margin-top:100px; text-align:center">

     <img id="rockImg" src="stein.png" alt="iRock" style="cursor:pointer"
       onclick="begruessen();" />
    </div>
  </body>
</html>
```

Das onload-Event-Attribut des <body>-Tags bindet das Dialogfenster mit der Begrüßung in die Seite ein.

Den Stein durch einen glücklichen Stein ersetzen.

Das onclick-Event-Attribut des Bilds bewirkt, dass die Funktion begruessen() aufgerufen wird, wenn auf den Stein geklickt wird.

Der Mauszeiger nimmt das Symbol einer Hand an, wenn er über den Stein bewegt wird.

Bildwiederholung: Was ist passiert?

Ein bisschen JavaScript hat eine Menge geändert und den iRock um einiges liebenswerter gemacht. Schauen wir uns in der Wiederholung an, welche Änderungen wir gemacht haben und wie sie die Seite veränderten.

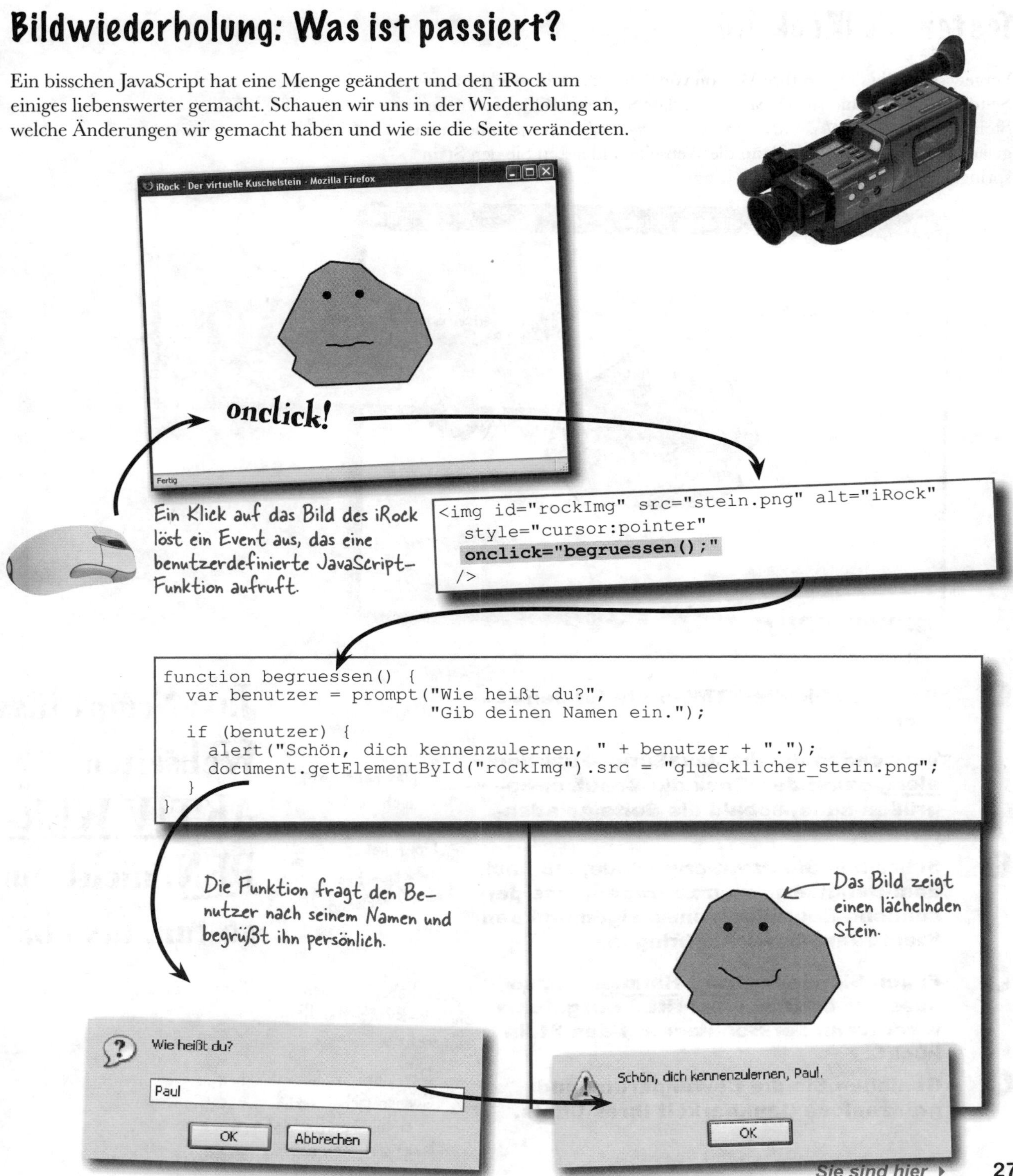

Testen Sie iRock 1.0

Vergewissern Sie sich, ob Ihre Version von `irock.html` wie die auf Seite 27 aussieht, und stellen Sie sicher, dass Sie beide Bilder von unserem Stein von *http://examples.oreilly.de/german_examples/hfjavascriptger* heruntergeladen haben. Öffnen Sie dann die Webseite und lassen Sie den Stein springen:

1. ~~Erstellen Sie die HTML-Seite für den iRock.~~ ← Fertig!

~~Verwenden Sie die JavaScript-Funktion alert, damit der iRock die Benutzer begrüßen kann, sobald die Seite geladen ist.~~ ← Das haben wir auch fertig.

3. ~~Schreiben Sie JavaScript-Code, um nach dem Benutzernamen zu fragen, eine persönliche Begrüßung anzuzeigen und den Stein zum Lächeln zu bringen.~~ ← Dort haben wir die Funktion begruessen() verwendet.

4. ~~Fügen Sie einen Event-Handler ein, sodass der Code aus Schritt 3 ausgeführt wird, wenn der Benutzer auf den Stein klickt.~~ ← Dafür haben wir den onclick-Event-Handler eingesetzt.

5. **Genießen Sie die Bewunderung und grenzenlose Dankbarkeit Ihres Chefs.** ← Der Chef ist überglücklich ... Können Gehaltserhöhung und Breitbildmonitor da noch lange auf sich warten lassen?

JavaScript lässt Webseiten AKTIV WERDEN, nicht nur so tun, als ob.

JavaScript-Kreuzworträtsel

Nehmen Sie sich ein wenig Zeit, lehnen Sie sich zurück und geben Sie Ihrer rechten Gehirnhälfte etwas zu tun. Ihr täglich Kreuzworträtsel – alle Lösungswörter stammen aus diesem Kapitel.

Waagerecht

5. Der Browser versucht, Sie wissen zu lassen, dass gerade etwas passiert ist.
6. Wenn Sie das nicht möchten, können Sie gleich bei HTML und CSS bleiben.
8. Fügen Sie diesem Attribut eines HTML-Elements etwas JavaScript-Code hinzu, um auf einen Mausklick zu reagieren.

Senkrecht

1. Name des Code-Blocks, der den iRock etwas liebenswerter macht.
2. Signalisiert, dass eine Webseite fertig geladen wurde.
3. Rufen Sie diese Funktion auf, um dem Benutzer Text anzuzeigen.
4. Mehrfach aufrufbarer JavaScript-Code, der häufig auftretende Aufgaben erledigt.
7. Das »Online-Haustier zum Wohlfühlen«.

JavaScript-Kreuzworträtsel, Lösung

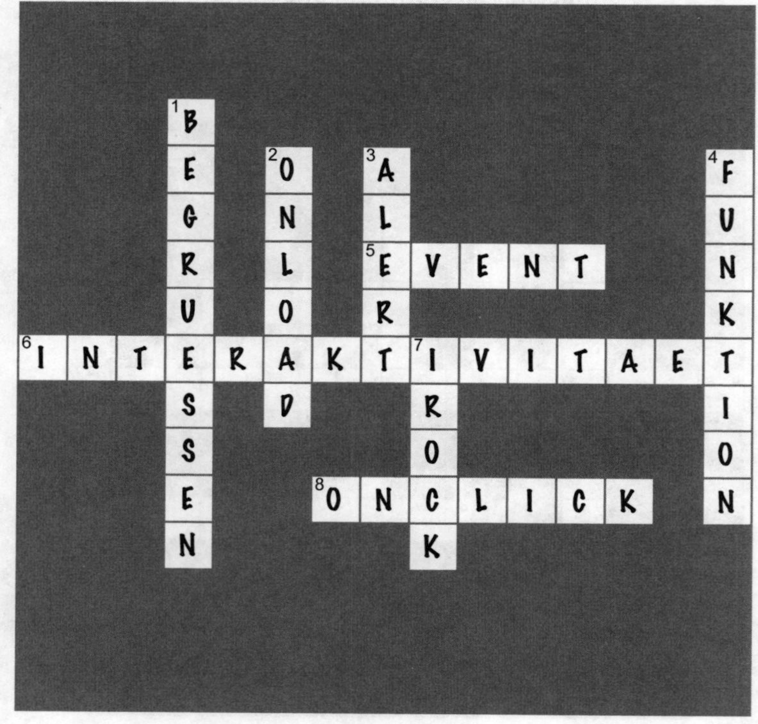

Seitenfalter

Falten Sie die Seite vertikal so, dass die beiden Gehirne zusammenkommen und das Rätsel lösen.

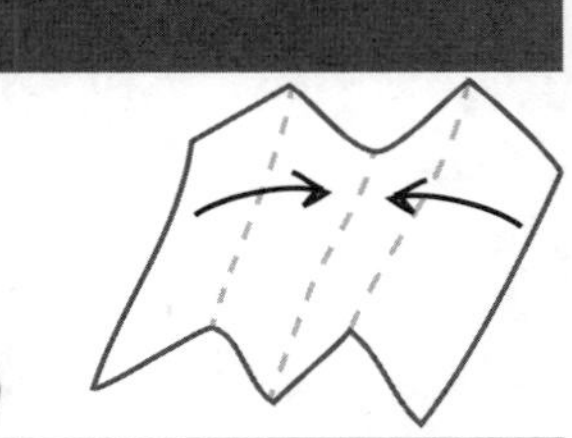

Was bringt JavaScript in Webseiten?

Zwei Welten begegnen sich!

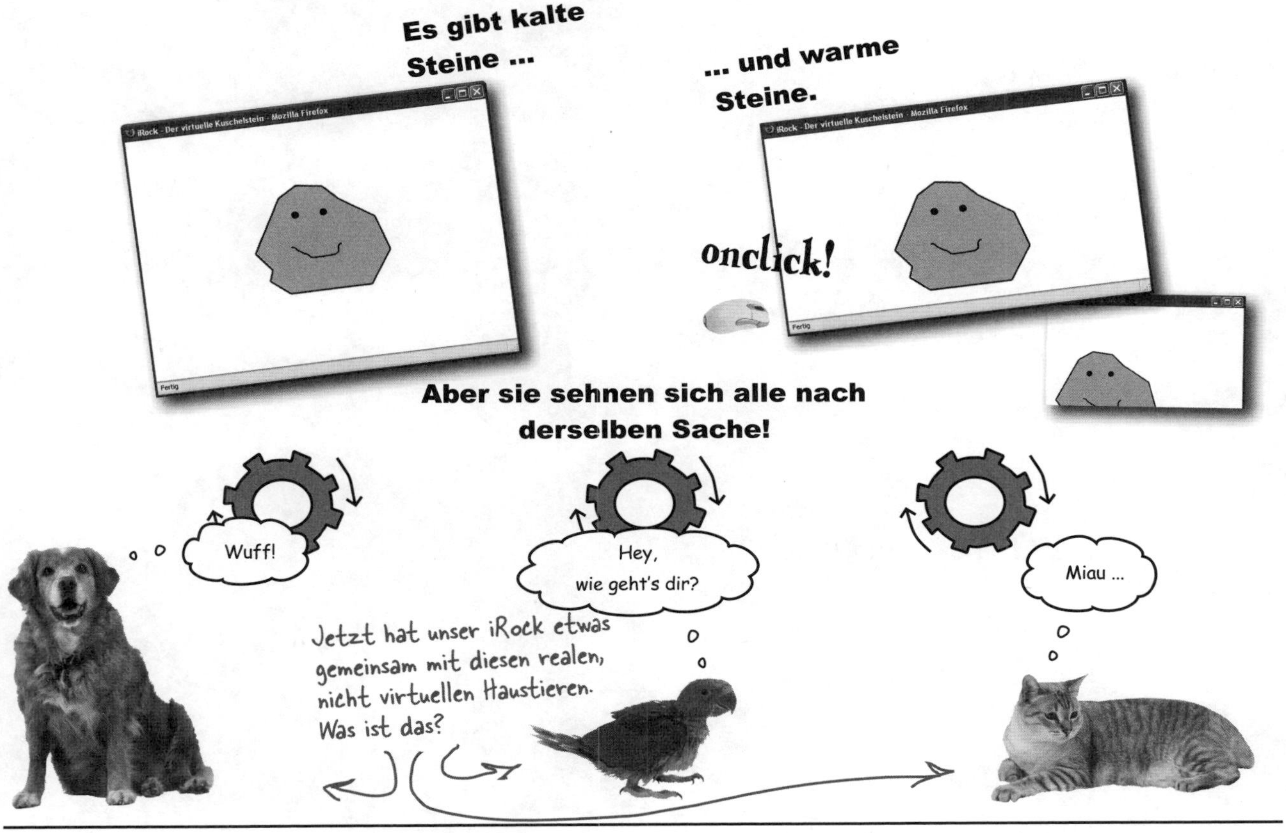

Es gibt kalte Steine ...
... und warme Steine.
iRock - Der virtuelle Kuschelstein - Mozilla Firefox
Fertig
onclick!
Aber sie sehnen sich alle nach derselben Sache!
Wuff!
Hey, wie geht's dir?
Miau ...
Jetzt hat unser iRock etwas gemeinsam mit diesen realen, nicht virtuellen Haustieren. Was ist das?

Nach der Antwort im Internet zu suchen, wäre eine vergebliche Aktion. Verbringen Sie lieber viel Zeit mit Benutzern. Webseiten lieben das.

2 Daten speichern

Alles hat seinen Platz

In der realen Welt übersehen Menschen oft, wie wichtig es ist, für alles den rechten Platz zu haben. Aber nicht in JavaScript. Da gibt es den Luxus begehbarer Schränke und den Vorzug von Dreiergaragen einfach nicht. In JavaScript **hat alles seinen festen Platz**, und dafür sind Sie jetzt zuständig. Es geht um **Daten** – wie sie ***dargestellt*** werden, wie sie ***gespeichert*** werden und wie Sie sie ***wiederfinden***, nachdem Sie sie abgelegt haben. Als Speicherspezialist für JavaScript können Sie einer Rumpelkammer von JavaScript-Daten mit einer Armee von Etiketten und Ablagen zu Leibe rücken.

Ihre Skripten können Daten speichern

So ziemlich jedes Skript muss auf die eine oder andere Art mit Daten hantieren, also üblicherweise Daten im Speicher ablegen. Der JavaScript-Interpreter im Webbrowser ist dafür verantwortlich, kleine Speicherbereiche für die JavaScript-Daten beiseite zu schaffen. Ihre Aufgabe besteht wiederum darin, genau anzugeben, **um was für Daten es sich handelt** und **wie Sie sie verwenden möchten**.

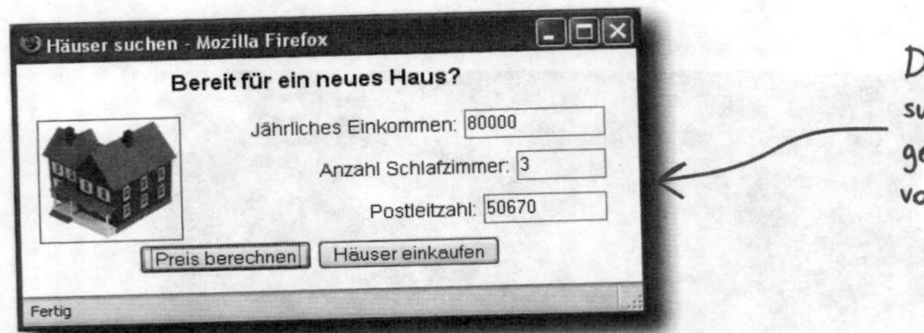

Die Informationen für die Häusersuche müssen alle innerhalb des Skripts gespeichert werden, das die Berechnung vornimmt.

Skripten verwenden gespeicherte Daten für Berechnungen und **merken** sich Informationen über den Benutzer. Ohne die Fähigkeit, Daten zu speichern, könnten Sie niemals ein neues Haus finden oder Ihren iRock näher kennenlernen.

Der Name, den der Benutzer auf der iRock-Seite eingibt, wird gespeichert, sodass das Skript eine persönliche Begrüßung anzeigen kann.

KOPF-NUSS

Stellen Sie sich die verschiedenartigen Informationen vor, mit denen Sie es in der realen Welt tagtäglich zu tun haben. Inwiefern gleichen sie sich, worin unterscheiden sie sich? Wie würden Sie diese verschiedenen Datenhäppchen organisieren?

Skripten denken in Datentypen

Sie können Daten aus der Alltagswelt organisieren und kategorisieren, ohne darüber nachzudenken: Namen, Zahlen, Musik usw. JavaScript kategorisiert Skriptdaten in **Datentypen**. Datentypen sind der Schlüssel, mit dem Sie Informationen aus Ihrem Gehirn in JavaScript abbilden können.

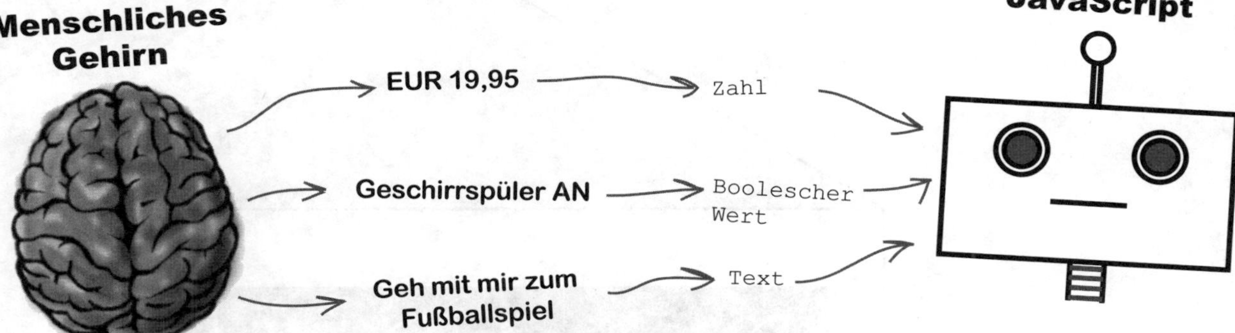

JavaScript kennt drei grundlegende Datentypen: Text, Zahl und Boolescher Wert.

Text

Textdaten sind einfach eine Folge von Zeichen, so wie der Name Ihres Lieblings-Frühstücksmüslis. Text besteht normalerweise aus Wörtern oder Sätzen, aber nicht zwingend. Auch als **Strings** bekannt, tritt JavaScript-Text immer innerhalb von Anführungszeichen ("") oder Apostrophen ('') auf.

Zahl

Als Zahlen werden numerische Daten wie Gewicht oder Anzahl von Dingen gespeichert. JavaScript-Zahlen können Ganzzahlen (2 Kilo) oder Dezimalzahlen (2,5 Kilo) sein.

Boolescher Wert

Boolesche Daten können immer nur zwei Zustände haben – **wahr** oder **falsch**. Also verwenden Sie einen Booleschen Wert für alles, was zwei mögliche Einstellungen haben kann, wie ein Toaster mit einem Ein-/Ausschalter. Boolesche Werte tauchen ständig auf und können Ihnen dabei helfen, Entscheidungen zu treffen. Wir werden uns damit in Kapitel 4 noch eingehender beschäftigen.

Datentypen **beeinflussen** die Art und Weise, wie Sie im JavaScript-Code mit den Daten arbeiten. Die alert-Funktion zeigt beispielsweise nur Text an, keine Zahlen. Entsprechend werden Zahlen hinter den Kulissen in Text umgewandelt, bevor sie angezeigt werden.

Spitzen Sie Ihren Bleistift

Suchen Sie alles heraus, was mit einem JavaScript-Datentyp abgebildet werden kann, und schreiben Sie auf, um welchen Typ es sich handelt.

THE LEFT BANK
TODAY'S RATE
2.5%
1206
HARRY'S
BARBER SHOP
1204
SPECIAL
$5.99
DON'T
WALK
WALK
WEBVILLE
E4RL5

Spitzen Sie Ihren Bleistift

Lösung

Sie sollten alle Informationen finden, die JavaScript abbilden kann, und den jeweiligen Typ aufschreiben, den JavaScript verwenden würde.

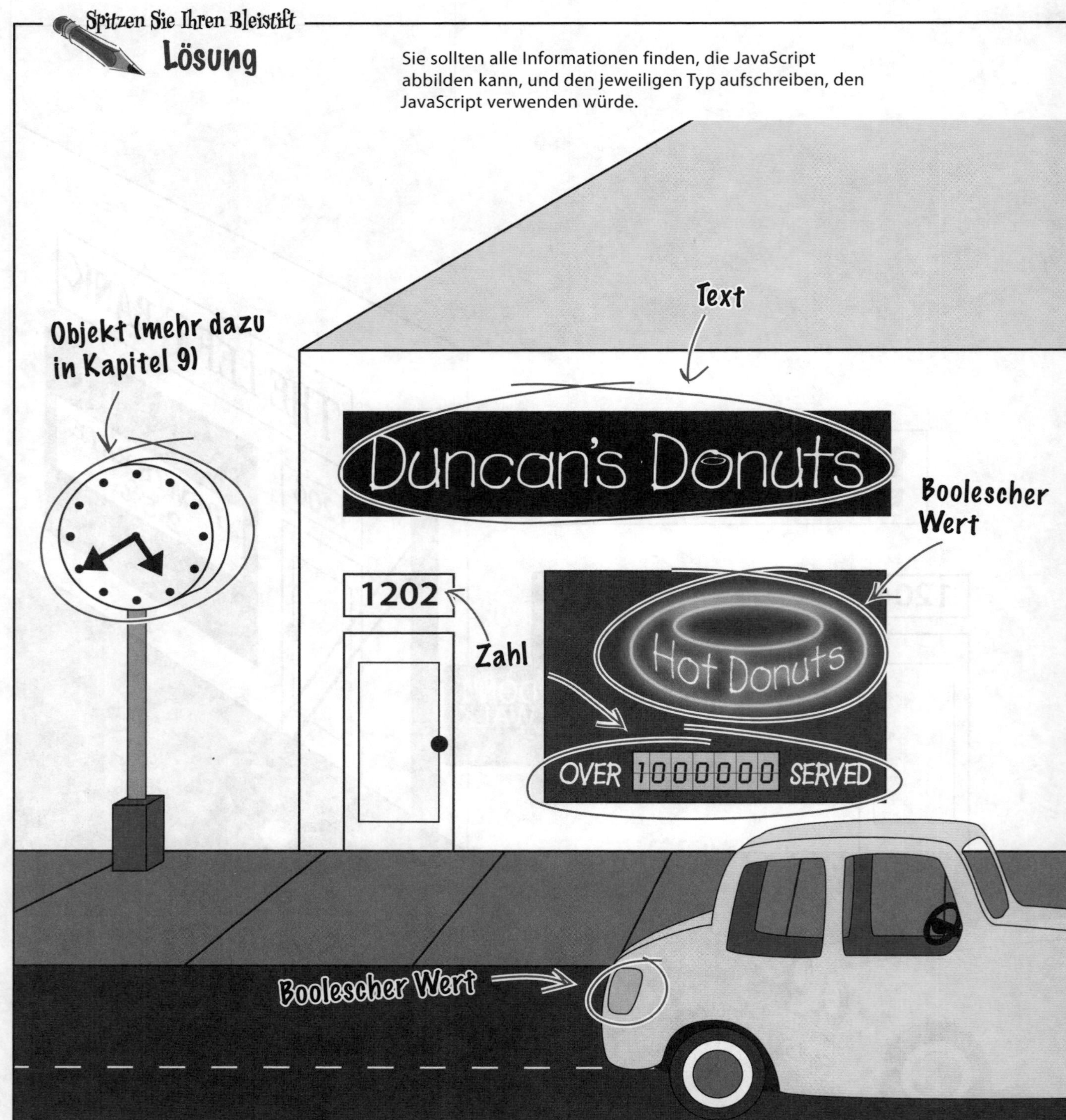

Text
HARRY'S
BARBER SHOP
1204
Zahl
SPECIAL
$5.99
Boolescher Wert
DON'T
WALK
WALK
Zahl
1206
Text
THE LEFT BANK
TODAY'S RATE
Zahl
Boolescher
Wert
Zahl (für jeden
Zustand eine andere)
WEBVILLE
E4RL5
Text (wenn Zahlen und Text
gemischt werden, wird
IMMER Text verwendet)

Konstanten bleiben GLEICH, Variablen können sich ÄNDERN

Beim Speichern von Daten in JavaScript geht es nicht nur um den **Typ**, sondern auch um den **Zweck**. Was haben Sie mit den Daten vor? Oder, genauer gesagt, werden sich die Daten innerhalb Ihres Skripts **verändern**? Diese Frage entscheidet darüber, ob Sie Ihren Datentyp in JavaScript als *Variable* oder *Konstante* wählen. ***Eine Variable ändert sich während der Verarbeitung des Skripts, eine Konstante verändert ihren Wert dagegen nicht.***

Variable Daten können sich ändern – konstante Daten bleiben gleich.

Konstante

Variable

9.631.418 km² – eine Konstante (außer Sie warten, bis sich die tektonischen Platten der Erde verschieben).

300 Millionen Einwohner – eine Variable, da die Bevölkerung der USA weiter zunimmt.

24 Stunden hat ein Tag – für die Menschen eine Konstante, auch wenn der Mond einen anderen Rhythmus hat.

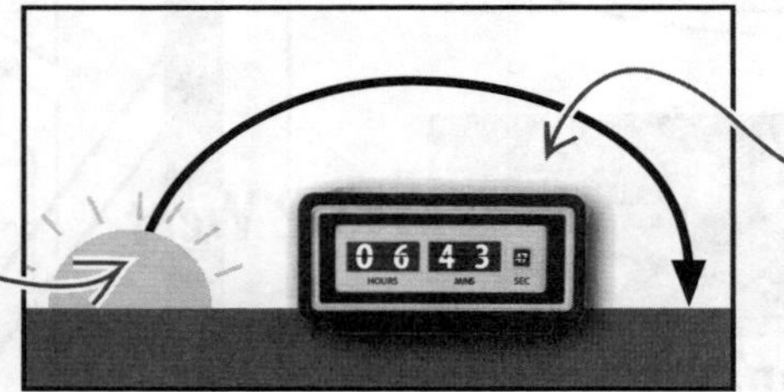

Sonnenaufgang um 6:43 Uhr – eine Variable, da die Sonne jeden Tag zu einer anderen Zeit aufgeht.

Die URL einer Website lautet www.duncansdonuts.com – eine Konstante, außer das Geschäft mit den Donuts nimmt eine dramatische Wendung.

324 Besucher – eine Variable, da ständig neue Besucher auf die Seite kommen und sich die Zahl dadurch ändert.

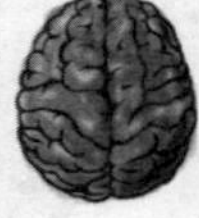

KOPF-NUSS

Welche anderen Informationen könnten sowohl als Variablen als auch als Konstanten abgebildet werden?

Spitzen Sie Ihren Bleistift

Kreisen Sie alle Daten bei Duncan's Donuts ein und geben Sie an, ob es sich um eine Variable oder eine Konstante handelt.

Spitzen Sie Ihren Bleistift

Lösung

Ihre Aufgabe war es, alle Variablen und Konstanten zu finden.

Kamingespräche

Heute Abend: **Variable und Konstante steigen zum Thema Datenspeicherung in den Ring.**

Variable:

Wenn es um die Speicherung von Daten geht, biete ich die größtmögliche Flexibilität. Du kannst meinen Wert ändern, wie du willst. Ich kann in einem Moment diesen Wert haben, im nächsten einen anderen – das nenne ich Freiheit!

Konstante:

Und ich nenne das wankelmütig! Mein Motto ist: Nimm einen Wert an und bleib dabei. Meine kompromisslose Konsistenz macht mich für Programmierer so wertvoll ... sie wissen die Zuverlässigkeit von Daten zu schätzen, die bis zum Ende durchhalten.

Variable:

Sicher, aber dein störrischer Widerstand gegen Veränderung ist in den Situationen sinnlos, in denen Daten verschiedene Werte annehmen müssen. Der Countdown für einen Raketenstart muss nun mal von 10 auf 0 heruntergezählt werden. Komm damit mal klar!

Konstante:

So, du denkst wohl, *du* bist die einzige Möglichkeit zur Datenspeicherung in wichtigen Anwendungen, hmm? Das stimmt nicht! Wie, denkst du wohl, kommt die Rakete jemals auf die Startrampe? Weil jemand so schlau war, das Startdatum konstant festzulegen. Zeig mir eine variable Deadline, und ich zeige dir ein Projekt, das den Zeitplan garantiert nicht einhält.

Variable:

Na klar! Wie kannst du nur so dreist sein, Flexibilität schlechtzumachen. Verstehst du nicht, dass Veränderung eine gute Sache sein kann, insbesondere wenn du Benutzereingaben speichern, etwas berechnen oder Ähnliches willst?

Konstante:

Je mehr sich Dinge ändern, umso mehr bleibt alles beim Alten. Und warum soll sich überhaupt etwas ändern? Such dir gleich zu Beginn einen guten Wert und bleib dabei. Wie tröstlich ist die Gewissheit, dass ein Wert nicht verändert werden kann – weder aus Versehen noch anderweitig.

Variable:

Dann sind wir wohl darin einer Meinung, dass wir nicht einer Meinung sind.

Konstante:

Ehrlich gesagt, war ich nie deiner Meinung.

Variablen haben anfangs keinen Wert

Eine Variable ist ein **Speicherort** mit einem **eindeutigen Namen**, wie ein Etikett auf einer Schachtel, in der Sie etwas aufbewahren. Sie legen eine Variable mit dem JavaScript-Schlüsselwort `var` zusammen mit dem Namen der neuen Variablen an. Ein **Schlüsselwort** ist ein Wort, das in JavaScript für eine bestimmte Aufgabe reserviert ist – z.B. um eine Variable anzulegen.

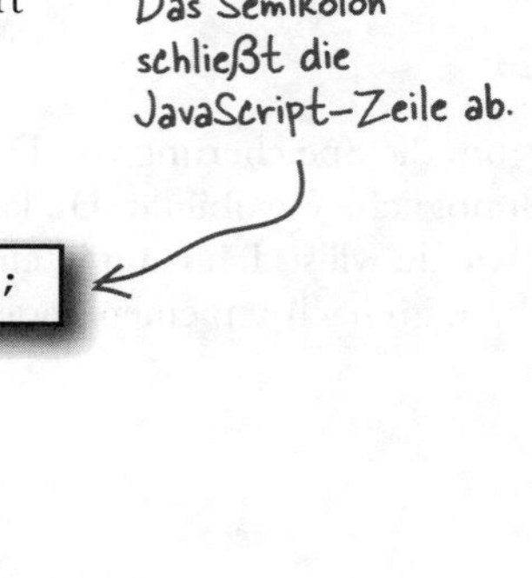

Wenn Sie eine Variable mit dem `var`-Schlüsselwort anlegen, ist sie zunächst leer .... sie hat keinen Wert. Das ist auch wunderbar, solange Sie nicht versuchen, ihren Wert zu lesen, bevor Sie einen zugewiesen haben. Das wäre so, als würden Sie einen Song auf Ihrem MP3-Player hören wollen, bevor Sie ihn draufkopiert haben.

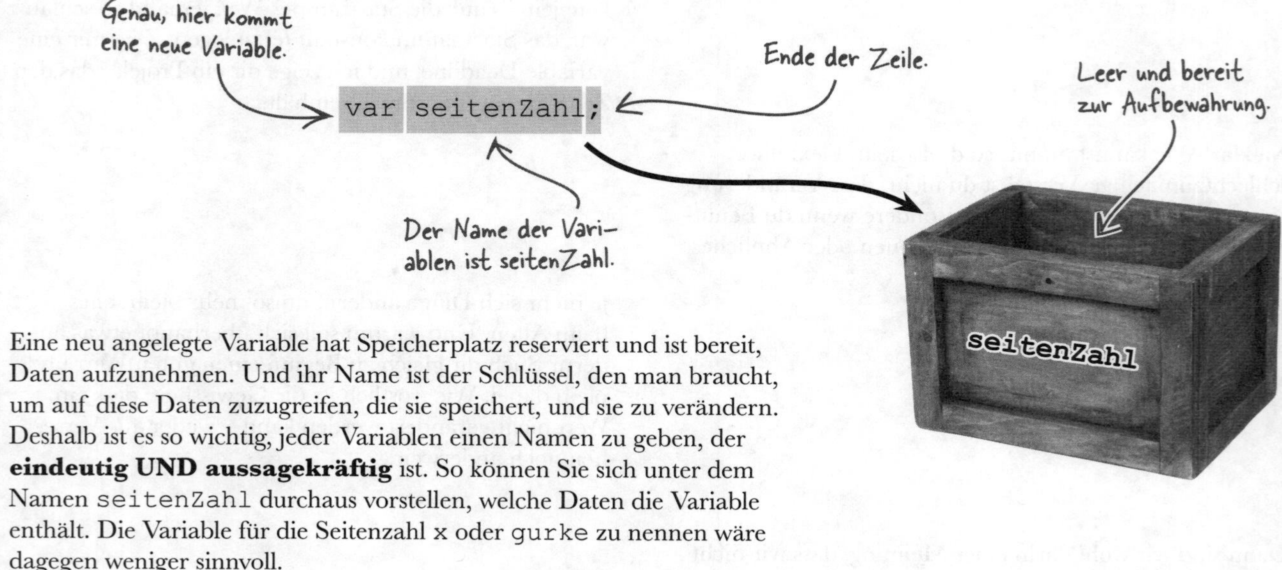

Eine neu angelegte Variable hat Speicherplatz reserviert und ist bereit, Daten aufzunehmen. Und ihr Name ist der Schlüssel, den man braucht, um auf diese Daten zuzugreifen, die sie speichert, und sie zu verändern. Deshalb ist es so wichtig, jeder Variablen einen Namen zu geben, der **eindeutig UND aussagekräftig** ist. So können Sie sich unter dem Namen `seitenZahl` durchaus vorstellen, welche Daten die Variable enthält. Die Variable für die Seitenzahl `x` oder `gurke` zu nennen wäre dagegen weniger sinnvoll.

Variablen mit "=" initialisieren

Sie müssen Variablen nicht ohne Anfangswert anlegen. Meistens ist es von Vorteil, einer Variablen bereits beim Anlegen einen Wert zu geben. Das nennt man **Initialisieren**. Dazu müssen Sie beim Erstellen der Variablen nur ein kleines bisschen zusätzlichen Code hinzufügen:

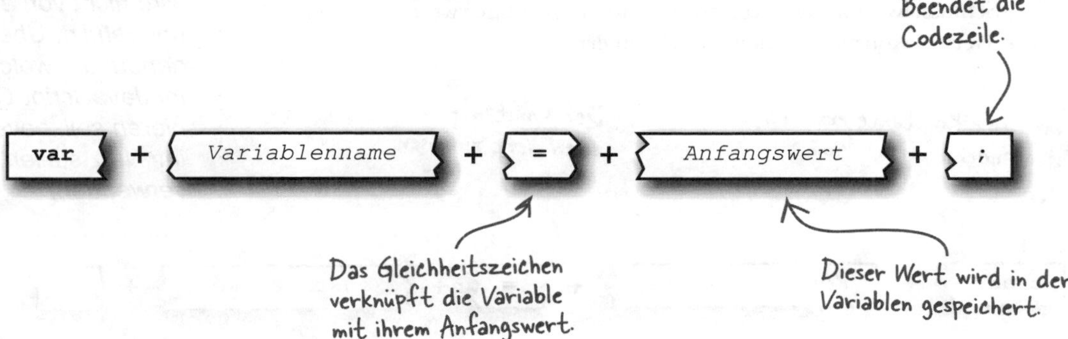

Im Gegensatz zu ihrem leeren Gegenstück kann eine initialisierte Variable sofort verwendet werden ... sie hat bereits einen Wert gespeichert. Um bei dem Beispiel zu bleiben: Ihr neuer MP3-Player enthält bereits Musik – Sie können gleich nach dem Auspacken Musik hören.

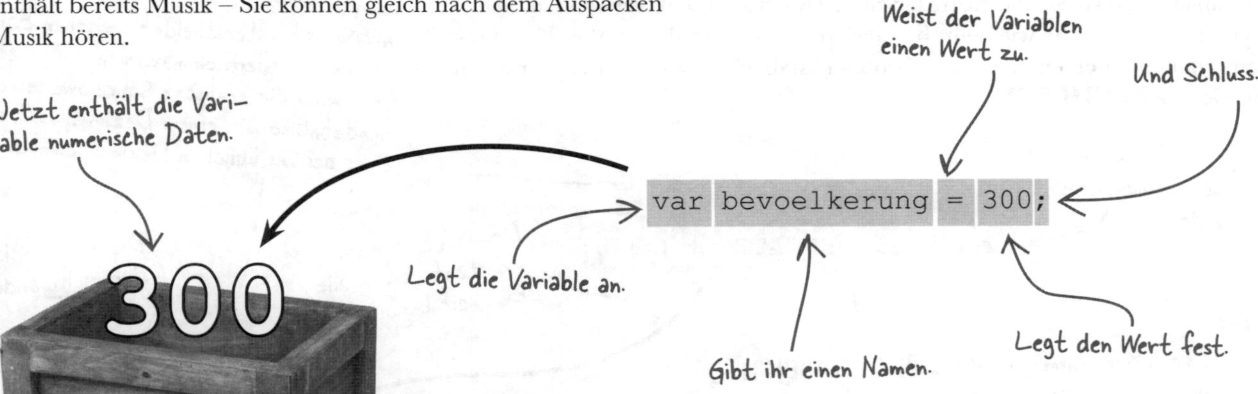

Erinnern Sie sich an die Datentypen? Was diese Skriptzeile zusätzlich macht: Sie weist den Datentyp der Variablen **automatisch** zu. In diesem Fall erstellt JavaScript die Variable `bevoelkerung` als Zahl, weil Sie den numerischen Anfangswert 300 angeben. Wenn Sie der Variablen irgendwann einen anderen Typ zuweisen, ändert sich der Datentyp der Variablen den neuen Daten entsprechend. Meistens macht JavaScript das automatisch; es gibt aber auch Fälle, in denen Sie explizit vorgehen und sogar in einen anderen Datentyp konvertieren müssen ... aber dazu kommen wir etwas später.

Konstanten sind beständig

Beim Initialisieren einer Variablen geht es darum, ihren **ersten** Wert festzulegen – und nichts kann diesen Wert davon abhalten, sich **später** zu ändern. Um Daten zu speichern, die sich niemals ändern können, benötigen Sie eine Konstante. Konstanten werden genau wie initialisierte Variablen angelegt, aber mit dem `const`-Schlüsselwort anstelle von `var`. Und der »Anfangswert« wird ein **konstanter** Wert ... Konstanten meinen es eben ernst!

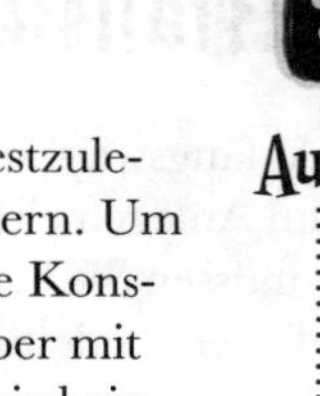

Nicht alle Browser unterstützen das Schlüsselwort const.

Das `const`-Schlüsselwort ist relativ neu in JavaScript und wird nicht von allen Browsern unterstützt. Überprüfen Sie genau, auf welchen Browsern Ihr JavaScript-Code funktionieren soll, bevor Sie Skripten ins Netz stellen, die `const` verwenden.

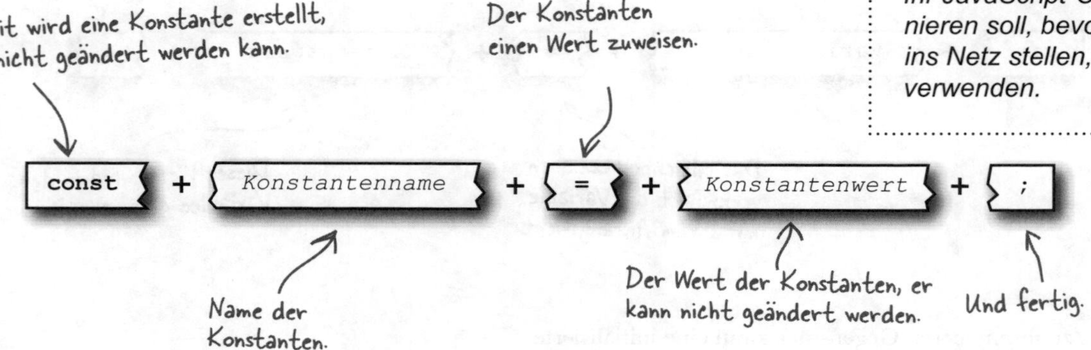

Der große Unterschied zwischen dem Anlegen einer Konstanten und einer Variablen ist, dass Sie das `const`-Schlüsselwort statt `var` verwenden. Die Syntax ist die gleiche wie beim Initialisieren einer Variablen. Aber Konstanten erhalten oft einen Namen in Großbuchstaben, um sie von den Variablen im Code **ABZUHEBEN**.

JavaScript unterscheidet zwischen Ganzzahlen und Gleitkommazahlen. Für Letztere wird die englische Schreibweise verwendet, also mit einem Dezimalpunkt statt eines bei uns üblichen Dezimalkommas.

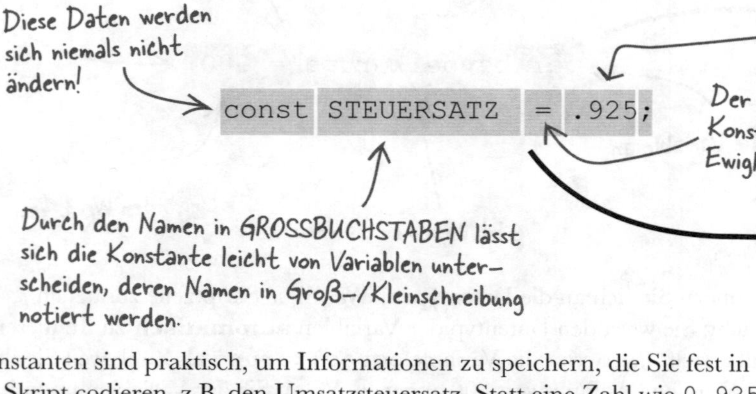

Diese Daten können sich nicht ändern.

Konstanten sind praktisch, um Informationen zu speichern, die Sie fest in ein Skript codieren, z.B. den Umsatzsteuersatz. Statt eine Zahl wie `0.925` zu verwenden, ist der Code viel leichter verständlich, wenn Sie eine Konstante mit einem aussagekräftigen Namen wie `STEUERSATZ` einsetzen. Und sollten Sie den Wert im Skript ändern müssen, können Sie das an der Stelle machen, an der die Konstante definiert wird, statt jede Zeile zu ändern, in der der jeweilige Wert verwendet wird (was unter Umständen ganz schön kompliziert werden könnte).

Konstanten können auch nicht verändert werden, zumindest nicht ohne Texteditor.

Es stimmt, dass Konstanten nicht verändert werden können, während ein Skript **ausgeführt wird** ... aber nichts kann *Sie* davon abhalten, den Wert einer Konstanten zu ändern, wenn sie erstellt wird. Aus der Sicht Ihres Skripts ist eine Konstante absolut unveränderlich, Sie dagegen können den Wert an der Stelle ändern, an der Sie die Konstante erstellt haben. Ein Steuersatz kann sich also nicht ändern, während ein Skript ausgeführt wird, aber Sie können den Steuersatz im Initialisierungscode ändern, und die neue Konstante hat von da an Gültigkeit im Skript.

Entscheiden Sie, ob die folgenden Informationen Variablen oder Konstanten sein sollen, und schreiben Sie den Code, um sie zu erstellen und gegebenenfalls zu initialisieren.

- Die aktuelle Temperatur, die anfangs unbekannt ist.
- Der Umrechnungsfaktor von Menschenjahren in Hundejahre (1 Menschenjahr = 7 Hundejahre).
- Der Countdown für einen Raketenstart (von 10 bis 0).
- Der Preis für einen leckeren Donut (50 Cent).

....

....

....

....

LÖSUNGEN ZU DEN ÜBUNGEN

Sie sollten entscheiden, ob die folgenden Informationen Variablen oder Konstanten sein sollen, und den Code schreiben, um sie zu erstellen und gegebenenfalls zu initialisieren.

 Die aktuelle Temperatur, die anfangs unbekannt ist.

 Der Umrechnungsfaktor von Menschenjahren in Hundejahre (1 Menschenjahr = 7 Hundejahre).

 Der Countdown für einen Raketenstart (von 10 bis 0).

 Der Preis für einen leckeren Donut (50 Cent).

```
var temp;
```

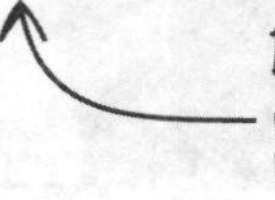

Die Temperatur wechselt ständig, und der Wert ist unbekannt. Also brauchen wir eine leere Variable.

```
const MENSCHZUHUND = 7;
```

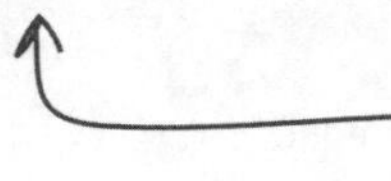

Der Umrechnungsfaktor ändert sich nicht, also ist eine Konstante sinnvoll.

```
var countdown = 10;
```

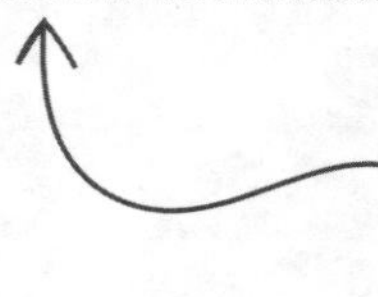

Der Countdown geht von 10 auf 0, ist also eine Variable und muss mit dem Anfangswert (10) initialisiert werden.

```
var donutPreis = 0.50;  oder  const DONUTPREIS = 0.50;
```

Wenn sich der Donutpreis ständig ändert, empfiehlt sich eine Variable, die mit dem aktuellen Preis initialisiert wird ...

... oder aber der Preis bleibt fix, dann muss eine Konstante mit diesem Preis festgelegt werden.

Es gibt keine Dummen Fragen

F: Wenn ich für Daten keinen Datentyp angebe, woher weiß JavaScript dann, um welchen Typ es sich handelt?

A: Im Gegensatz zu manch anderen Programmiersprachen können Sie in JavaScript nicht explizit den Typ einer Konstanten oder Variablen setzen. Stattdessen wird der Typ **implizit ermittelt**, wenn Sie den Wert festlegen. Dadurch sind JavaScript-Variablen sehr flexibel, da ihre Datentypen wechseln können, wenn ihnen andere Werte zugewiesen werden. Wenn Sie zum Beispiel einer Variablen mit dem Namen `x` die Zahl 17 zuweisen, ist die Variable eine Zahl. Weisen Sie anschließend `x` den Text »Siebzehn« zu, wechselt der Variablentyp zu einem String.

F: Warum soll ich mich überhaupt um Datentypen kümmern, wenn der Datentyp in JavaScript ohnehin automatisch ermittelt wird?

A: Weil es viele Situationen gibt, in denen Sie sich nicht nur auf das automatische Datentyp-Handling von JavaScript verlassen können. Wenn Sie zum Beispiel eine Zahl als Text gespeichert haben, mit der Sie eine Berechnung durchführen möchten, müssen Sie den Texttyp zuerst in einen Zahlentyp konvertieren, bevor Sie mathematische Operationen damit vornehmen können. Umgekehrt müssen Sie eine Zahl erst zu Text konvertieren, bevor Sie sie in einem alert-Fenster anzeigen können. JavaScript führt die Konvertierung von Zahlen zu Text zwar automatisch durch, aber unter Umständen nicht so, wie Sie möchten.

F: Kann ich eine Variable uninitialisiert lassen, wenn ich ihren Wert anfangs nicht weiß?

A: Natürlich. Durch die Initialisierung sollen Probleme umgangen werden, die entstehen können, wenn Sie auf eine Variable zugreifen, die keinen Wert hat. Aber manchmal wissen Sie den Wert einer Variablen einfach nicht, wenn Sie sie anlegen. In diesem Fall müssen Sie dafür sorgen, dass die Variable initialisiert wird, bevor Sie sie verwenden. Und merken Sie sich schon mal, dass Sie eine Variable auch immer auf einen »Leerwert« setzen können: `""` für Text, `0` für Zahlen und `false` für Boolesche Werte. Dadurch können Sie das Risiko aus der Welt schaffen, versehentlich auf uninitialisierte Daten zuzugreifen.

F: Gibt es eine Eselsbrücke dafür, wann ich eine Variable verwende und wann eine Konstante?

A: Es ist zwar einfach zu sagen, dass Konstanten sich nicht ändern können und Variablen schon, aber das ist nicht alles. Oft werden Sie anfangs für alles Variablen verwenden und später feststellen, dass Sie für einige dieser Variablen Konstanten nutzen können. Aber selbst dann ist es eher selten, dass Sie eine Variable in eine Konstante ändern können. Wahrscheinlich verwenden Sie einfach an mehreren Stellen die gleiche feste Zahl oder Zeichenkette, z.B. eine Begrüßung oder einen Umrechnungsfaktor. Statt den Text oder die Zahl immer wieder einzugeben, erstellen Sie eine Konstante und verwenden diese. Wenn Sie dann jemals den Wert ändern müssen, können Sie das an einer zentralen Stelle in Ihrem Code tun.

F: Was passiert mit den Skriptdaten, wenn die Seite neu geladen wird?

A: Die Skriptdaten werden auf den Anfangswert zurückgesetzt, als wäre das Skript noch nie ausgeführt worden. Wenn eine Webseite neu geladen wird, ist das für das Skript so, als würde es zum ersten Mal ausgeführt.

Datentypen werden festgelegt, wenn der Wert der Variablen oder Konstanten gesetzt wird.

Punkt für Punkt

- Skriptdaten werden normalerweise von einem der drei grundlegenden Datentypen repräsentiert: **Text**, **Zahl** oder **Boolescher Wert**.
- Eine **Variable** ist ein Datenwert, der sich während der Ausführung eines Skripts **ändern** kann.
- Eine **Konstante** ist eine Information, die sich **nicht ändern kann**.
- Mit dem `var`-Schlüsselwort können Sie **Variablen erstellen**, mit `const` können Sie **Konstanten erstellen**.
- Der **Datentyp** von JavaScript-Daten wird festgelegt, wenn Sie diesen **einen Wert zuweisen**. Der Typ von Variablen kann sich ändern.

Was macht einen Namen aus?

Variablen, Konstanten und andere Syntaxkonstruktionen in JavaScript werden in Skripten mit eindeutigen Namen gekennzeichnet, die man **Bezeichner** nennt. JavaScript-Bezeichner sind wie die Namen von realen Personen, aber nicht so flexibel (mehrere Menschen können den gleichen Namen haben, JavaScript-Variablen dagegen nicht). Neben der Eindeutigkeit innerhalb eines Skripts müssen Bezeichner einige weitere in JavaScript geltende Gesetze befolgen:

Ein Bezeichner muss aus mindestens einem Zeichen bestehen.

Das erste Zeichen eines Bezeichners muss ein Buchstabe, Unterstrich (_) oder ein Dollarzeichen ($) sein.

Jedes nachfolgende Zeichen kann ein Buchstabe, ein Unterstrich (_), ein Dollarzeichen ($) oder eine Zahl sein.

Leerzeichen und andere Sonderzeichen außer _ und $ sind an keiner Stelle eines Bezeichners zulässig.

Wenn Sie einen JavaScript-Bezeichner für eine Variable oder Konstante wählen, geben Sie einer Information einen Namen, die üblicherweise innerhalb des Skripts auch eine **Bedeutung** hat. Es reicht also nicht aus, die Gesetze für die Bezeichnerwahl einzuhalten. Sie sollten auch versuchen, den Daten im jeweiligen Kontext einen aussagekräftigen Namen zu geben, damit sie sofort **erkennbar** sind.

Manchmal reicht natürlich auch ein einfaches x – nicht alle Daten haben einen Zweck, der sich ohne Weiteres beschreiben lässt.

Wenn es um Bezeichner geht, dulde ich keine Gesetzesbrecher.

Sheriff J.S. Justice, ein Mann des Gesetzes mit Leib und Seele.

Bezeichner sollten aussagekräftig sein, damit die Daten leicht zu erkennen sind – und natürlich legal ...

Legale und illegale Variablen- und Konstantennamen

5bis10

Nicht legal: keine Zahlen am Anfang.

vorName

Legal: Lauter Buchstaben, so ist es recht.

top100

Legal: Die Zahlen stehen nicht am Anfang, also gibt es ein Okay.

ka_chow

Legal: Buchstaben und Unterstriche sind in Ordnung.

!schuldig

Nicht legal: Am Anfang darf kein Sonderzeichen außer _ oder $ stehen.

_strengGeheim

Legal: Überhaupt kein Problem, mit einem Unterstrich zu beginnen – manche Leute wenden das als Technik an, um Variablen von besonderer Bedeutung hervorzuheben.

$total

Legal: Auch wenn es etwas seltsam aussieht, darf ein Dollarzeichen das erste Zeichen sein.

ÜBUNG

Die Backwarenzauberer von Duncan's Donuts suchen ein Design für Werbemützen. Leider wissen sie nicht, dass einige der Designs die JavaScript-Regeln für Bezeichner verletzen. Kreuzen Sie jene Mützen an, deren Aufdruck in JavaScript nichts bringt.

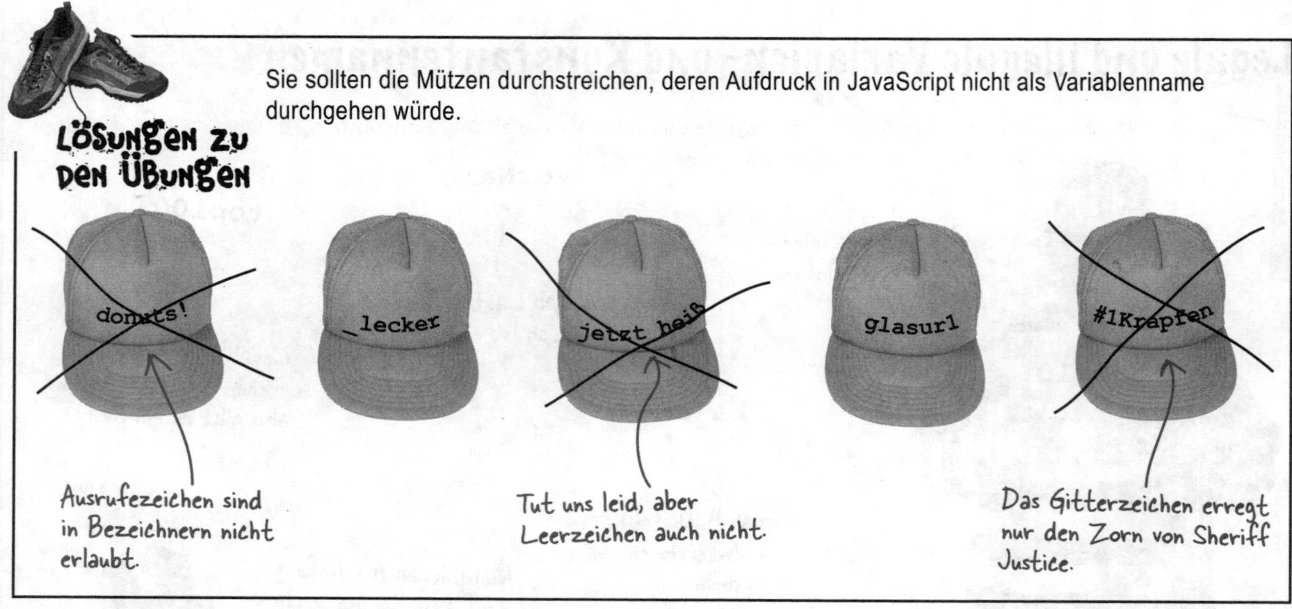

CamelCase für Variablennamen

Obwohl es in JavaScript keine Gesetze dafür gibt, wie Sie Ihre Bezeichnernamen wählen, herrschen in der JavaScript-Community einige **inoffizielle** Standards. Einer davon ist die Verwendung von **CamelCase** (»KamelSchrift«, weil die Großbuchstaben mitten im Wort an Kamelhöcker erinnern), dem Mischen von Groß- und Kleinbuchstaben innerhalb von Bezeichnern, die aus mehr als einem Wort bestehen (wie gesagt, keine Leerzeichen in Variablennamen). Für Variablen wird üblicherweise **kleines** camelCase verwendet, bei der das erste Wort ausschließlich aus Kleinbuchstaben besteht und alle folgenden Wörter mit einem Großbuchstaben beginnen.

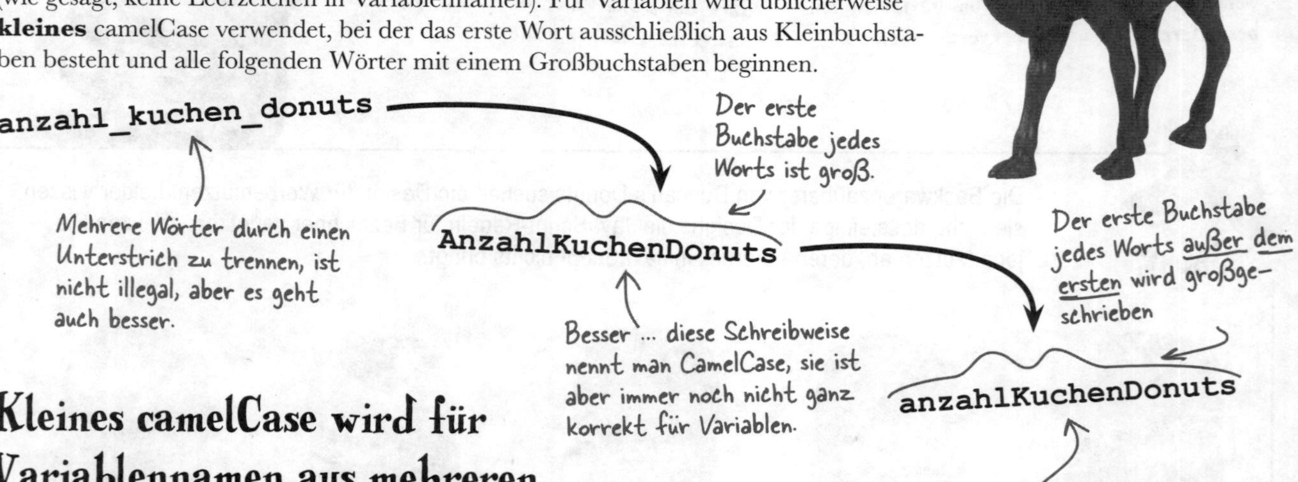

Kleines camelCase wird für Variablennamen aus mehreren Wörtern verwendet.

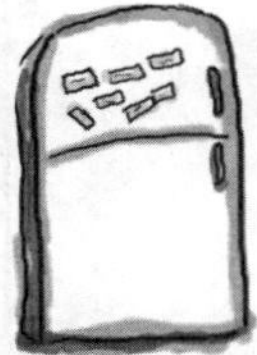

JavaScript-Magneten

Die Magneten mit den Bezeichnern wurden von den Variablen und Konstanten getrennt, die sie bei Duncan's Donuts repräsentieren. Ordnen Sie jeder Variablen/Konstanten den korrekten Magneten zu und lassen Sie die Magneten mit illegalen Namen aus. Bonuspunkte gibt es, wenn Sie auch die Datentypen richtig erkennen.

Anzahl der heute verkauften Tassen Kaffee

Name des Mitarbeiters des Monats

Die Menge Mehl für einen Stapel Donuts

Rekordhalter für die meisten während eines Besuchs gegessenen Eclairs

Status der Alarmanlage

Gewerbesteuernummer zum Abführen der Umsatzsteuer

`mitarbeiter*des*Monats`
`tassen-kaffee`
`Mitarbeiter des Monats`
`MEHLPROSTAPEL`
`alarmStatus`
`Steuer#`
`alarm_status`
`STEUERNUMMER`
`eclairREKORDHALTER`
`anzahlTassen`
`eclairRekord`
`eclairSieger!`
`mitarbeiterDesMonats`
`ALARM-STATUS`
`menge mehl`
`#Tassen`

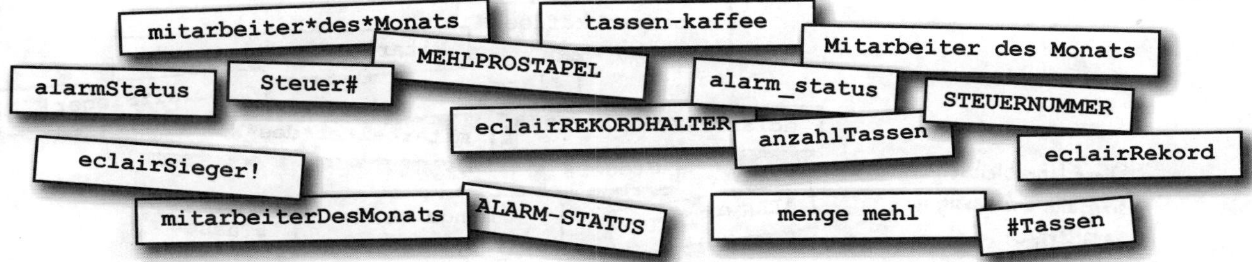

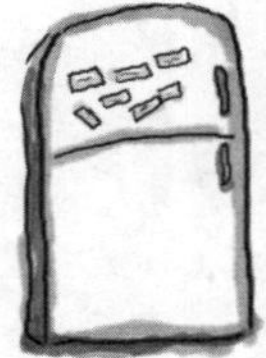

JavaScript-Magneten, Lösung

Die Magneten mit den Bezeichnern wurden von den Variablen und Konstanten getrennt, die sie bei Duncan's Donuts repräsentieren. Ordnen Sie jeder Variablen/Konstanten den korrekten Magneten zu und lassen Sie die Magneten mit illegalen Namen aus. Bonuspunkte gibt es, wenn Sie auch die Datentypen richtig erkennen.

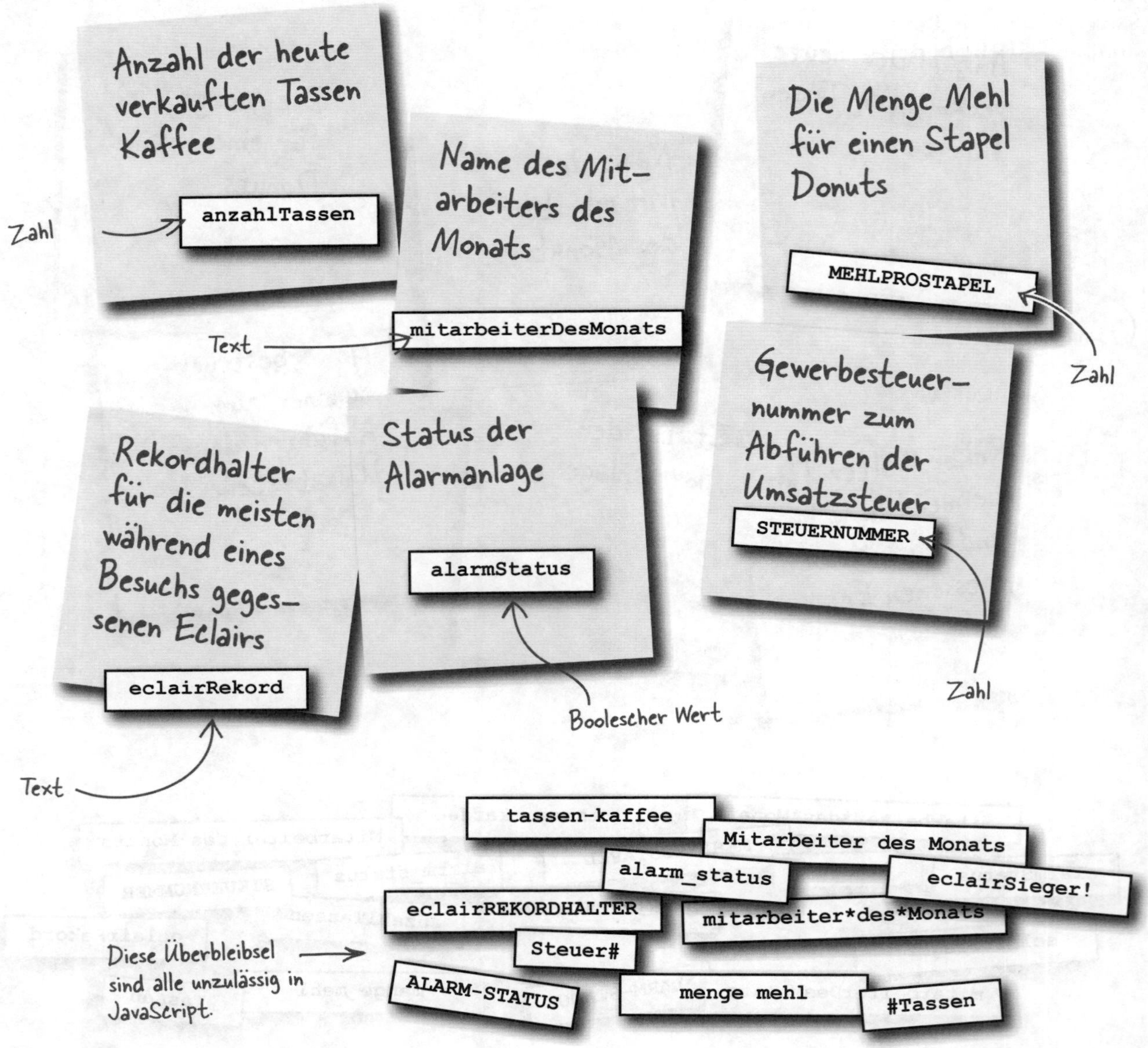

Anzahl der heute verkauften Tassen Kaffee

`anzahlTassen` ← Zahl

Name des Mitarbeiters des Monats

`mitarbeiterDesMonats` ← Text

Die Menge Mehl für einen Stapel Donuts

`MEHLPROSTAPEL` ← Zahl

Gewerbesteuernummer zum Abführen der Umsatzsteuer

`STEUERNUMMER` ← Zahl

Rekordhalter für die meisten während eines Besuchs gegessenen Eclairs

`eclairRekord` ← Text

Status der Alarmanlage

`alarmStatus` ← Boolescher Wert

Diese Überbleibsel sind alle unzulässig in JavaScript. →

`tassen-kaffee`
`Mitarbeiter des Monats`
`alarm_status`
`eclairSieger!`
`eclairREKORDHALTER`
`mitarbeiter*des*Monats`
`Steuer#`
`ALARM-STATUS`
`menge mehl`
`#Tassen`

Der nächste große Schritt (mit den Donuts)

Vielleicht kennen Sie Duncan's Donuts, aber Sie kennen Duncan noch nicht und haben auch nichts von seinen großen Plänen gehört, den Donut-Markt zu erschüttern. Duncan will das Geschäft mit »heißen Donuts« auf die nächste Stufe heben ... es online stellen! Seine Geschäftsidee: **Donuts – Immer zur rechten Zeit**. Sie geben Ihre Bestellung online auf und tragen die genaue Abholzeit ein, und die **heiße Ware** erwartet Sie exakt zu dieser Zeit. **Sie müssen dafür sorgen, dass die Benutzer die erforderlichen Daten eingeben und anschließend den Gesamtbetrag samt Steuer berechnen.**

JavaScript verarbeitet die Benutzereingaben und berechnet Steuer und Gesamtbetrag.

Hallo, ich bin Duncan. Dieses Online-Bestellsystem wird ROCKEN!

Der Donut Blaster 3000.

x 12

Heiß und pünktlich!

Die Webseite für Duncan's Donuts planen

Bei der Verarbeitung der Donut-Bestellung in Echtzeit müssen Sie überprüfen, ob die erforderlichen Daten (richtig) in das Bestellformular eingegeben wurden, und anhand dieser Daten den Gesamtbetrag der Bestellung berechnen. Summe und Zwischensumme werden **sofort während** der Eingabe der Daten berechnet, damit der Benutzer den Gesamtpreis **unmittelbar** mitverfolgen kann. Mit dem Button »Bestellen« wird die fertige Bestellung abgeschickt, was aber nichts mit JavaScript zu tun hat ... darum kümmern wir uns an dieser Stelle nicht.

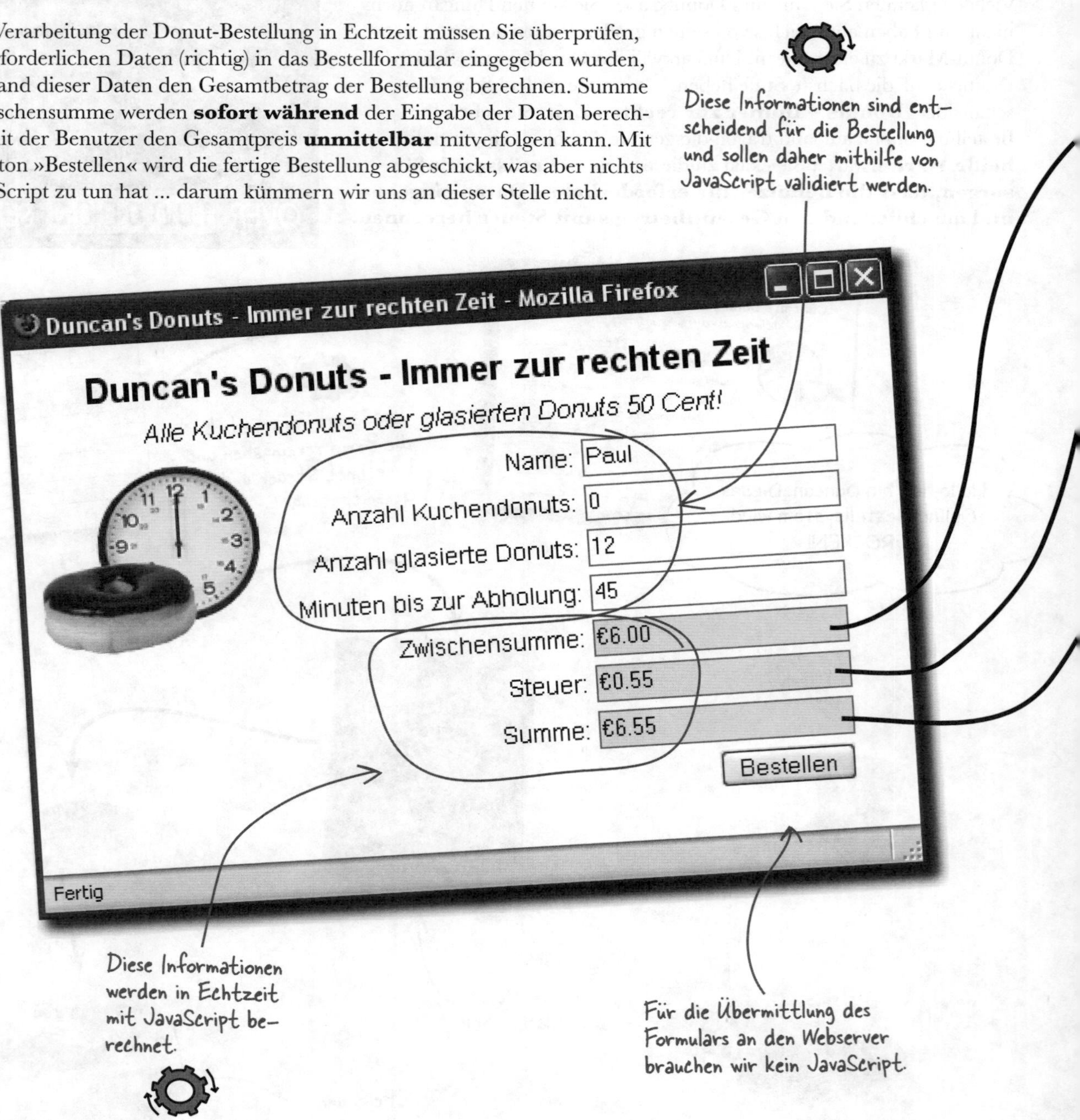

Diese Informationen sind entscheidend für die Bestellung und sollen daher mithilfe von JavaScript validiert werden.

Duncan's Donuts - Immer zur rechten Zeit - Mozilla Firefox

Duncan's Donuts - Immer zur rechten Zeit

Alle Kuchendonuts oder glasierten Donuts 50 Cent!

Name: Paul

Anzahl Kuchendonuts: 0

Anzahl glasierte Donuts: 12

Minuten bis zur Abholung: 45

Zwischensumme: €6.00

Steuer: €0.55

Summe: €6.55

Bestellen

Fertig

Diese Informationen werden in Echtzeit mit JavaScript berechnet.

Für die Übermittlung des Formulars an den Webserver brauchen wir kein JavaScript.

Die Zwischensumme errechnet sich aus der Anzahl der Donuts multipliziert mit dem Preis pro Donut:

(Anzahl Kuchendonuts + Anzahl glasierte Donuts) x Preis pro Donut

Die Zwischensumme multipliziert mit dem Steuersatz ergibt die Steuer:

Zwischensumme x Steuersatz

Die Summe ergibt sich aus Zwischensumme plus Steuer:

Zwischensumme + Steuer

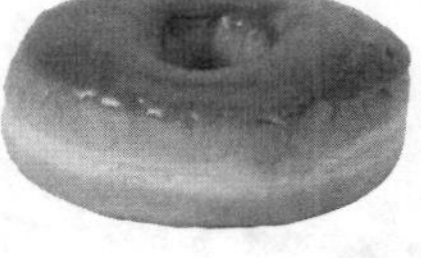

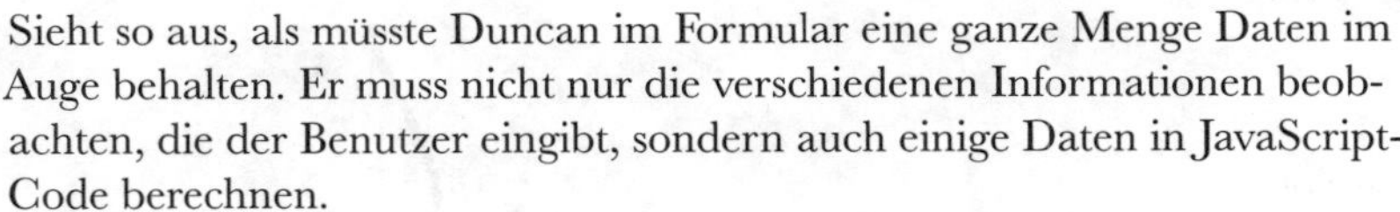

Sieht so aus, als müsste Duncan im Formular eine ganze Menge Daten im Auge behalten. Er muss nicht nur die verschiedenen Informationen beobachten, die der Benutzer eingibt, sondern auch einige Daten in JavaScript-Code berechnen.

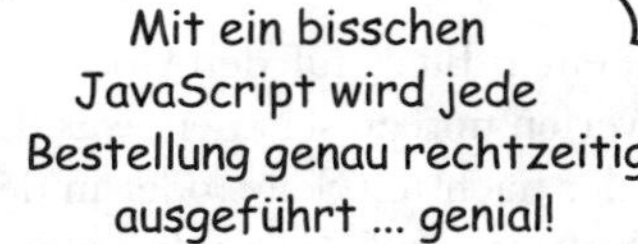

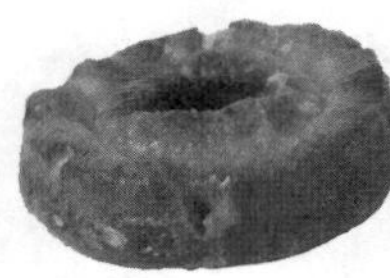

Welche Variablen und Konstanten brauchen Sie für diese Berechnungen? Wie sollen sie heißen?

Ein erster Versuch mit den Donut-Kalkulationen

Duncan hat versucht, das JavaScript für die Berechnungen selbst zu schreiben, aber er kommt nicht weiter. Sobald der Benutzer die Anzahl der Donuts eingibt, geht es bei den Berechnungen drunter und drüber. Sie ergeben den Wert €NaN, was keinen Sinn ergibt. Schlimmer noch, die Bestellungen werden nicht ausgeführt. Die Kunden sind nicht gerade begeistert von Duncans technischem »Fortschritt«.

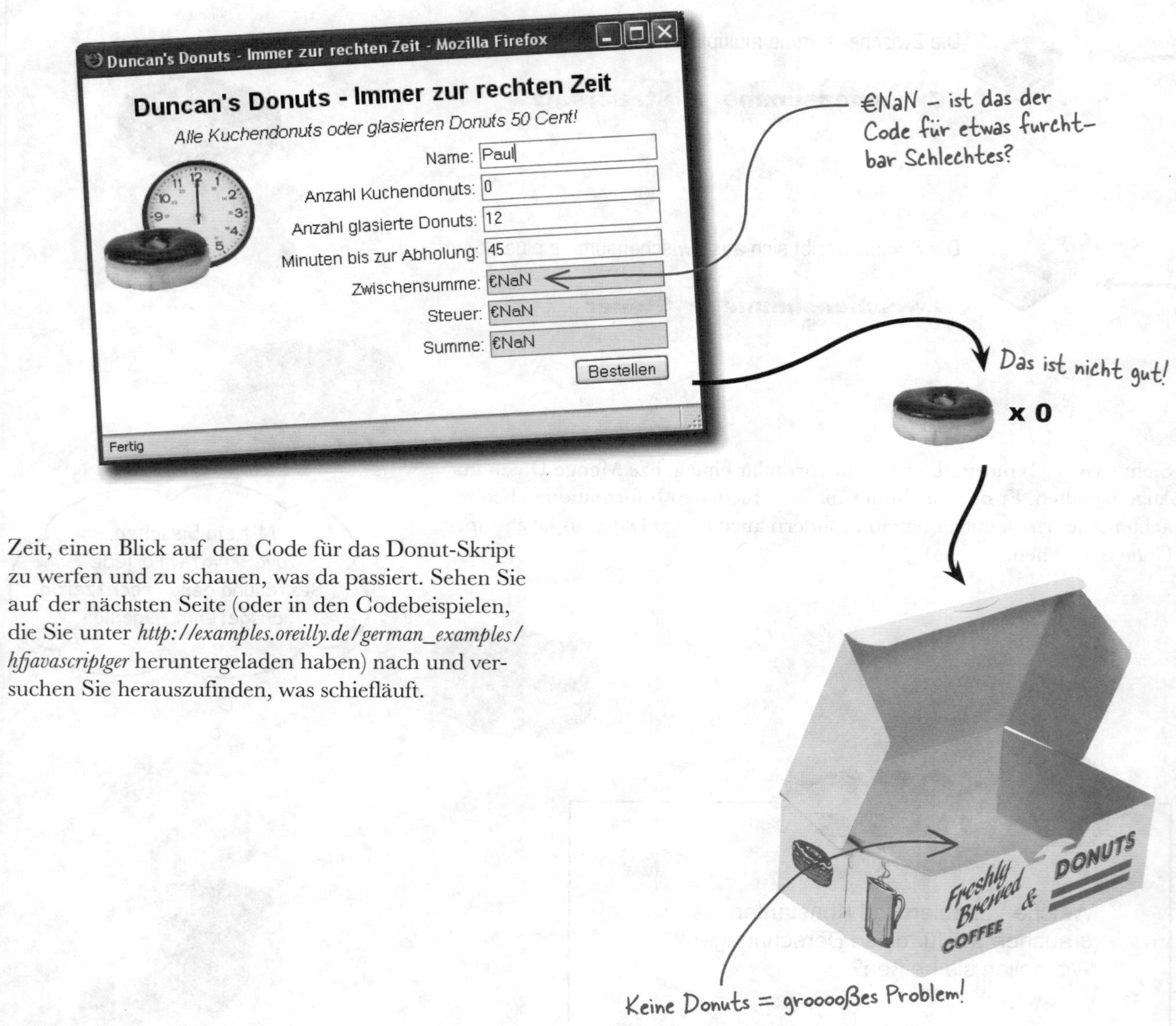

Zeit, einen Blick auf den Code für das Donut-Skript zu werfen und zu schauen, was da passiert. Sehen Sie auf der nächsten Seite (oder in den Codebeispielen, die Sie unter *http://examples.oreilly.de/german_examples/hfjavascriptger* heruntergeladen haben) nach und versuchen Sie herauszufinden, was schiefläuft.

Dieser Code wird aufgerufen, um die Zwischensumme und die Summe der Bestellung zu aktualisieren.

Nachdem die Daten, die der Benutzer eingibt, richtig aussehen, muss etwas mit den Konstanten nicht stimmen.

Dieser Code bestätigt dem Benutzer die Bestellung und übermittelt sie an den Server.

Die Bestellung wird aktualisiert, wenn sich die Anzahl der jeweiligen Donuts ändert.

Die Bestellung wird abgeschickt, wenn auf den Button >>Bestellen<< geklickt wird.

```
<html>
  <head>
    <title>Duncan's Donuts - Immer zur rechten Zeit</title>
    <link rel="stylesheet" type="text/css" href="donuts.css" />
    <script type="text/javascript">
     function bestellungAktualisieren(){
      const STEUERSATZ;
      const DONUTPREIS;
      var anzahlKuchenDonuts = document.getElementById("kuchendonuts").value;
      var anzahlGlasierteDonuts = document.getElementById("glasiertedonuts").value;
      var zwischenSumme = (anzahlKuchenDonuts + anzahlGlasierteDonuts)
                          * DONUTPREIS;
      var steuer = zwischenSumme * STEUERSATZ;
      var summe = zwischenSumme + steuer;
      document.getElementById("zwischensumme").value = "€" + zwischenSumme.toFixed(2);
      document.getElementById("steuer").value = "€" + steuer.toFixed(2);
      document.getElementById("summe").value = "€" + summe.toFixed(2);
     }
     function bestellungAbschicken(form) {
      // Bestellung an den Server übermitteln
      form.submit();
     }
    </script>
  </head>
  <body>
    <div id="frame">
      ...
      <form name="bestellformular" action="donuts.php" method="POST">
        ...
        <div class="field">
        Anzahl Kuchendonuts: <input type="text" id="kuchendonuts" name="kuchendonuts"
          value="" onchange="bestellungAktualisieren();" />
        </div>
        <div class="field">
        Anzahl glasierte Donuts: <input type="text" id="glasiertedonuts"
        name="glasiertedonuts" value="" onchange="bestellungAktualisieren();" />
        </div>
        ...
        <div class="field">
        <input type="button" value="Bestellen"
         onclick="bestellungAbschicken(this.bestellformular);" />
        </div>
      </form>
    </div>
  </body>
</html>
```

Spitzen Sie Ihren Bleistift

Schreiben Sie auf, was Ihrer Meinung nach in Duncans Donut-Skript schiefläuft.

....

....

Schreiben Sie auf, was Ihrer Meinung nach in Duncans Donut-Skript schiefläuft.

Die beiden Konstanten STEUERSATZ und DONUTPREIS werden nicht initialisiert. Die darauf basierenden Berechnungen können also nicht durchgeführt werden.

Okay, ich verstehe, dass eine Konstante immer denselben Wert hat, aber wie kann sie dann nicht initialisiert sein?

Sie sollten eine Konstante nie deinitialisieren.

Sie können eine Konstante deinitialisieren, indem Sie ihr nie einen Wert zuweisen, aber das ist eine **äußerst schlechte Idee**. Wenn Sie eine Konstante beim Anlegen nicht initialisieren, endet sie im Niemandsland: Sie hat keinen Wert, und, viel schlimmer, **Sie können ihr auch keinen zuweisen**. Eine nicht initialisierte Konstante ist im Wesentlichen ein **Programmierfehler**, auch wenn Sie der Browser das im Normalfall nicht wissen lässt.

Initialisieren Sie Konstanten immer gleich, wenn Sie sie anlegen.

Initialisieren Sie Ihre Daten … sonst …

Wenn Sie Daten nicht initialisieren, gelten sie als *nicht definiert*, was lediglich ein origineller Ausdruck dafür ist, dass sie keinen Wert haben. Das heißt nicht, dass sie wertlos sind. Es bedeutet nur, dass sie keine Daten enthalten – zunächst. Problematisch wird es, wenn Sie versuchen, Variablen oder Konstanten zu verwenden, die nicht initialisiert wurden.

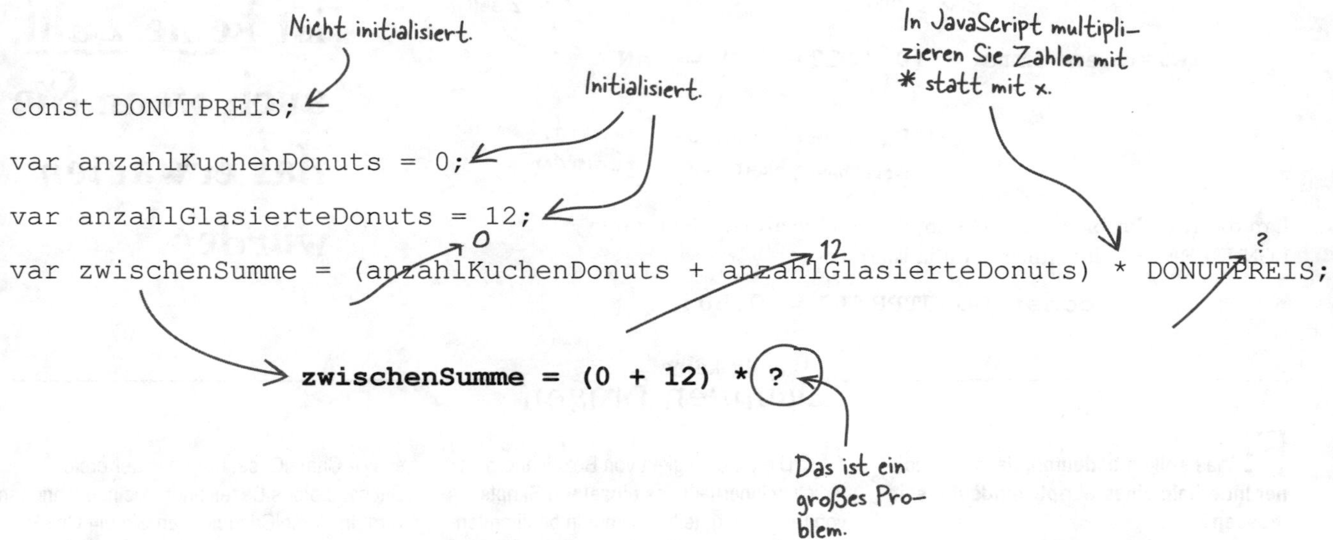

Die Konstante DONUTPREIS ist **nicht initialisiert**, d.h., sie hat **keinen Wert**. JavaScript hat einen eigenen Wert für diesen »wertlosen« Zustand: `undefined` (nicht definiert). Das ist ungefähr so, als würde Ihre Mailbox »Keine Nachrichten« melden, wenn keine Nachrichten vorliegen. »Keine Nachrichten« ist technisch gesehen auch eine Nachricht, aber sie meldet eben das **Nichtvorhandensein von Nachrichten**. So ist es auch mit `undefined` – es zeigt das **Nichtvorhandensein von Daten** an.

Daten sind nicht definiert, wenn sie keinen Wert haben.

Sie haben keine Nachrichten.

Keine Daten, also nicht definiert.

DONUTPREIS

NaN ist KEINE Zahl

Genau so wie `undefined` einen bestimmten **Zustand** von Daten bezeichnet, gibt es einen weiteren wichtigen Wert, der einen Sonderfall bei JavaScript-Variablen anzeigt: `NaN`. `NaN` bedeutet »**Not a Number**« (keine Zahl). Das ist der Wert, den die Variable `zwischenSumme` erhält, da nicht genügend Informationen für die Berechnung vorliegen. Anders gesagt: Sie haben einen fehlenden Wert als Zahl verwendet ... und haben `NaN` erhalten.

```
zwischenSumme = (0 + 12) * ? = NaN
```

Eine Zahl

Keine Zahl!

Da dieser Wert nicht definiert ist, kann die Berechnung nicht ausgeführt werden.

Der Wert NaN ist keine Zahl, auch wenn Sie das erwarten würden.

Um das `NaN`-Problem zu beheben, müssen Sie also die Konstante `DONUTPREIS` beim Anlegen initialisieren:

```
const DONUTPREIS = 0.50;
```

Es gibt keine Dummen Fragen

F: Was soll es bedeuten, dass Bezeichner innerhalb eines Skripts eindeutig sein müssen?

A: Der Sinn eines Bezeichners besteht ja gerade darin, als eindeutiger Name zu dienen, anhand dessen Sie eine Informationseinheit innerhalb eines Skripts *identifizieren* können. In der alltäglichen Welt ist es überhaupt nicht ungewöhnlich, dass mehrere Menschen den gleichen Namen haben ... Aber Menschen können nun mal mit solchen »Namenskollisionen« umgehen und trotzdem erkennen, wer wer ist. JavaScript kann mit Mehrdeutigkeiten nicht umgehen und ist deshalb darauf angewiesen, dass Sie verschiedene Informationen sorgfältig durch *unterschiedliche* Namen unterscheiden. Und das tun Sie, indem Sie sicherstellen, dass alle Bezeichner in Ihrem Skript eindeutig sind.

F: Muss jeder Bezeichner insgesamt eindeutig sein oder nur eindeutig innerhalb eines bestimmten Skripts?

A: Die Eindeutigkeit von Bezeichnern ist lediglich innerhalb des **einzelnen** Skripts von Bedeutung, teilweise nur in bestimmten Abschnitten eines Skripts. Bedenken Sie aber, dass Skripten für große Webapplikationen ziemlich umfangreich werden und über viele Dateien verteilt sein können. In diesem Fall wird es schon schwierig, die Eindeutigkeit aller Bezeichner sicherzustellen. Die gute Nachricht: Es ist nicht allzu anspruchsvoll, die Bezeichner in Ihren eigenen Skripten eindeutig zu halten, wenn Sie die Namen so anschaulich wie möglich wählen.

F: Ich verstehe immer noch nicht so recht, wann ich CamelCase und wann ich kleines camelCase verwenden soll. Wo ist der Unterschied?

A: CamelCase (das erste Wort beginnt mit einem Großbuchstaben) gilt nur für die Namen von JavaScript-Objekten, auf die wir in Kapitel 9 zu sprechen kommen. Das »kleineCamelCase« wird für Variablen und Funktionen verwendet und funktioniert genau so wie CamelCase, nur dass der erste Buchstabe des Bezeichners kleingeschrieben wird. In CamelCase nennen Sie ein Objekt `Donut`, während Sie mit kleinem camelCase eine entsprechende Funktion `holeDonut()` und eine Variable `anzahlDonuts` nennen. Für Konstanten gibt es keine so hübschen Namen – die werden nur in Großbuchstaben geschrieben.

F: Werden Boolesche Werte und Textdaten als NaN angesehen?

A: Theoretisch ja, da sie definitiv keine Zahlen sind. Aber in der Praxis nein. Sinn und Zweck von `NaN` ist es anzuzeigen, dass eine Zahl nicht das ist, wofür Sie sie halten. `NaN` ist nicht so sehr eine allgemeine Beschreibung für JavaScript-Daten, sondern ein Fehlerindikator für Zahlentypen. Typischerweise begegnet Ihnen `NaN` nur, wenn Sie Berechnungen durchführen, die Zahlen erwarten, aber aus irgendeinem Grund nicht numerische Daten erhalten.

In der Zwischenzeit bei Duncan's ...

Bei Duncan's Donuts hat sich die Lage noch mehr verschlimmert. Statt leerer Schachteln wimmelt es nur noch so vor lauter Donuts – irgendwie schießt jede Bestellung übers Ziel hinaus. Duncan wird mit Beschwerden über Donut-Überschwemmungen und Gebäckgaunerei überhäuft.

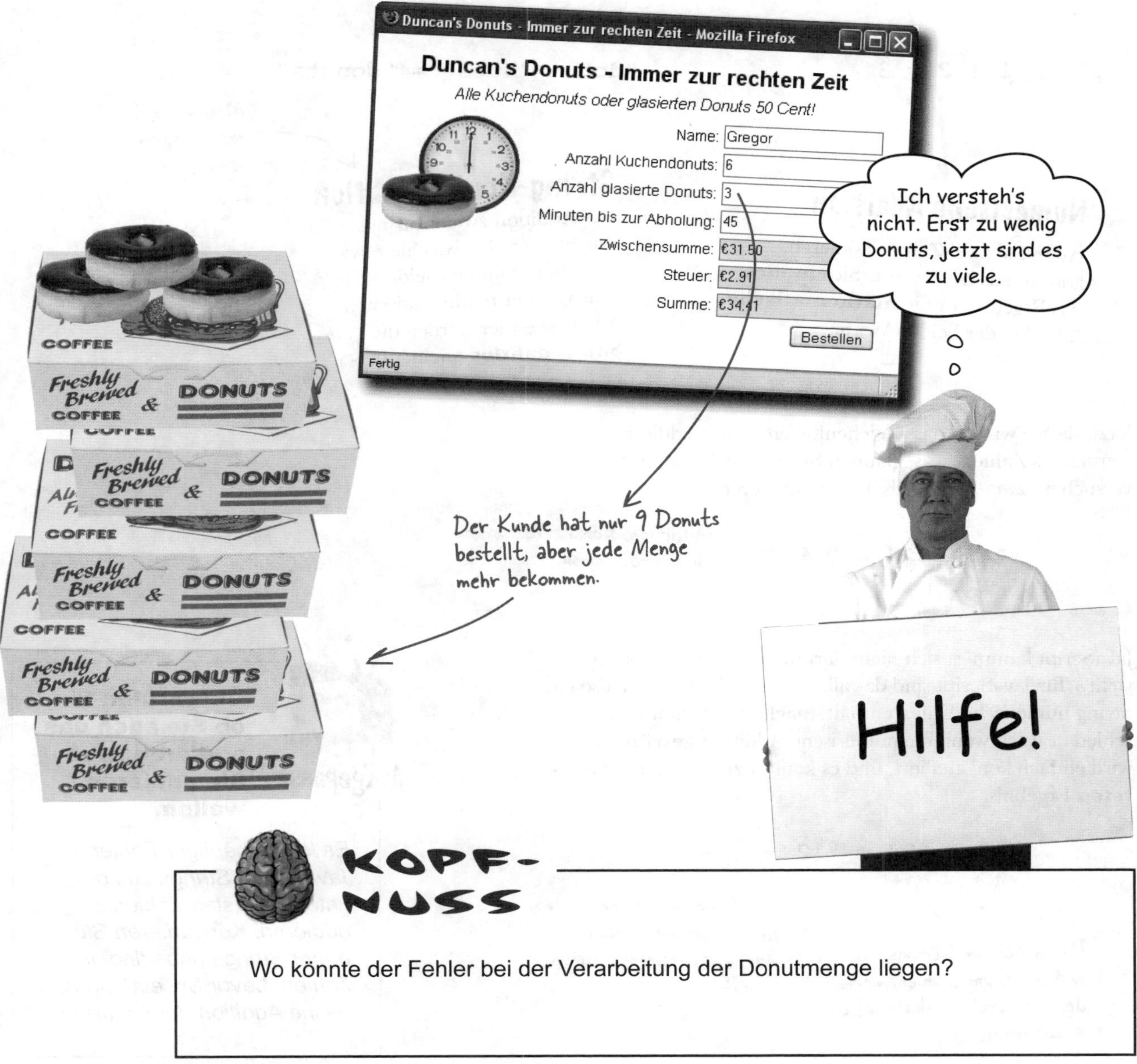

KOPF-NUSS

Wo könnte der Fehler bei der Verarbeitung der Donutmenge liegen?

Sie können mehr als nur Zahlen addieren

In JavaScript entscheidet der **Kontext** über alles. Genauer gesagt, kommt es darauf an, welche **Art** von Daten Sie in Ihrem Code manipulieren, nicht nur darauf, was Sie damit **machen**. Selbst etwas so Simples wie die Addition zweier Informationen kann je nach **Typ** der beteiligten Daten sehr unterschiedliche Ergebnisse liefern.

```
1 + 2 = 3
```

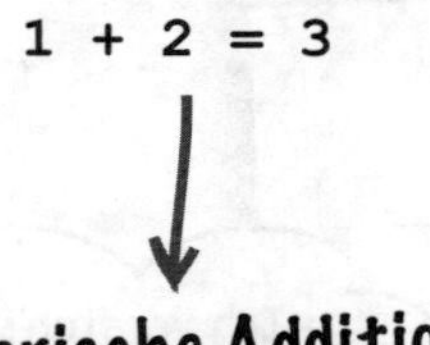

Numerische Addition

Wenn Sie zwei Zahlen addieren, kommt das heraus, was Sie erwarten – das Ergebnis ist die **mathematische** Addition der beiden Werte.

```
"do" + "nuts" = "donuts"
```

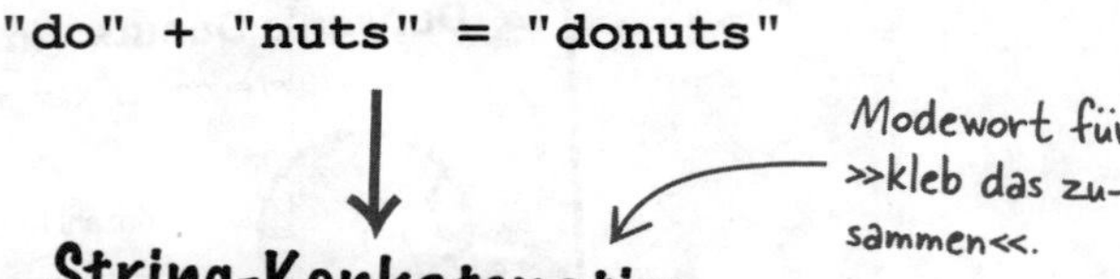

String-Konkatenation

Die Addition zweier Strings macht auch das, was Sie erwarten, aber es unterscheidet sich sehr von der mathematischen Addition – hier werden die Strings **nahtlos** aneinandergefügt.

Jetzt, da Sie wissen, dass Zeichenfolgen anders addiert werden als Zahlen, was, glauben Sie, geschieht, wenn Sie versuchen, zwei Zahlen als Text zu addieren?

```
"1" + "2" = ?
```

Addition, Konkatenation – was wird es wohl?

JavaScript kümmert sich nicht darum, was in einem String steht – für JavaScript sind das alles nur Zeichen. Wenn also ein String numerische Daten enthält, macht das keinen Unterschied ... Auch wenn die numerische Addition **gewünscht** ist, wird einfach konkateniert, und es kommt zu einem **unerwarteten** Ergebnis.

```
"1" + "2" = "12"
```

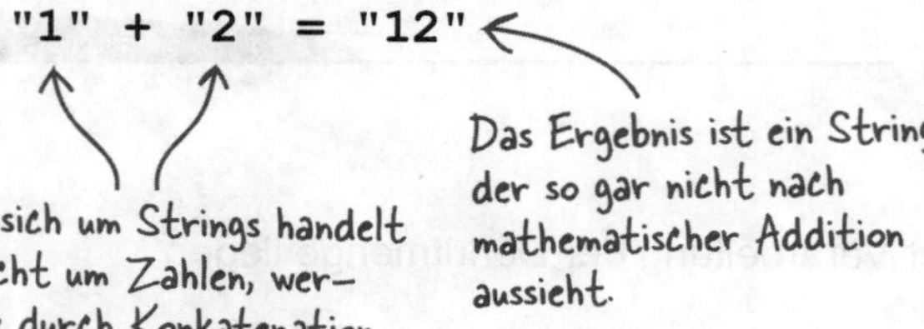

Aufgepasst

Überprüfen Sie, ob Sie auch das addieren, was Sie addieren wollen.

Es ist ein häufiger Fehler in JavaScript, Strings zu konkatenieren statt Zahlen zu addieren. Konvertieren Sie daher Strings unbedingt in Zahlen, bevor Sie eine numerische Addition durchführen.

parseInt() und parseFloat() konvertieren Text in eine Zahl

Abgesehen von dem Problem bei Addition/Konkatenation, gibt es durchaus Situationen, in denen es legitim und notwendig ist, mathematische Operationen mit einer Zahl durchzuführen, die Sie als String gespeichert haben. In solchen Fällen müssen Sie den String in eine Zahl **konvertieren**, **bevor** Sie numerische Operationen damit durchführen. JavaScript bietet zwei praktische Funktionen für diese Art von Konvertierung:

`parseInt()`

Übergeben Sie dieser Funktion einen String, und sie konvertiert ihn zu einer Ganzzahl.

`parseFloat()`

Übergeben Sie dieser Funktion einen String, und sie konvertiert ihn in eine Fließkommazahl (Dezimalzahl).

Beide Standardfunktionen erwarten einen String und liefern nach der Konvertierung eine Zahl zurück:

parseInt() macht aus "1". eine 1.

```
parseInt("1") + parseInt("2") = 3
```

Diesmal ist das Ergebnis die mathematische Addition von 1 und 2.

Der String "2" wird zur Zahl 2 konvertiert.

Beachten Sie, dass die Funktionen `parseInt()` und `parseFloat()` nicht **garantiert** funktionieren. Das Ergebnis ist immer nur so gut wie die Daten, die Sie übergeben. Beide werden ihr bestes geben, Strings in Zahlen umzuwandeln, aber Sie müssen auch Strings übergeben, die **nur** numerische Zeichen enthalten.

```
parseFloat("€31.50") = NaN
```

Dieser Code macht Probleme, weil das €-Zeichen die Funktion verwirrt.

Überraschung! Das Ergebnis ist »Not a Number«.

Entspannen Sie sich

Machen Sie sich keine Sorgen, wenn dieses Funktionszeug Sie immer noch ein bisschen verwirrt.

Sie werden die Formalitäten über Funktionen noch erfahren – für den Moment müssen Sie nur wissen, dass Sie Funktionen Informationen übergeben können und dafür etwas zurückbekommen.

Warum werden zu viele Donuts bestellt?

Sehen Sie sich das Donut-Bestellformular genau an. Wir sollten herausfinden können, warum fälschlicherweise so viele Donuts bestellt werden ...

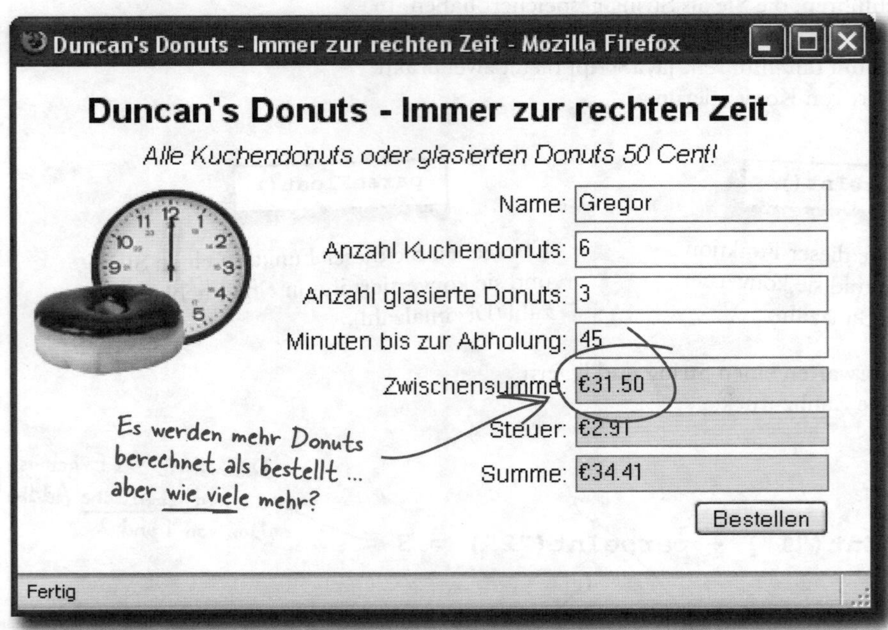

Wir dividieren die Zwischensumme durch den Preis für ein Donut ... und wissen, wie viele Donuts bestellt werden.

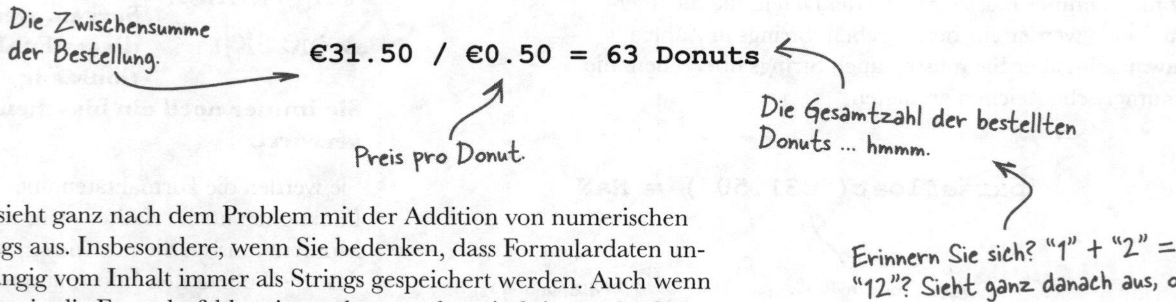

Das sieht ganz nach dem Problem mit der Addition von numerischen Strings aus. Insbesondere, wenn Sie bedenken, dass Formulardaten unabhängig vom Inhalt immer als Strings gespeichert werden. Auch wenn Zahlen in die Formularfelder eingegeben werden, sind sie aus der Sicht von JavaScript einfach nur Text. Also müssen wir lediglich die Strings in echte Zahlen konvertieren, um zu verhindern, dass statt der numerischen Addition eine String-Konkatenation durchgeführt wird.

Spitzen Sie Ihren Bleistift

Verwenden Sie die Codeteile unten, um die Inhalte der Formularfelder mit den Donutmengen zu lesen. Schreiben Sie die fehlenden Codezeilen in Duncans Funktion `bestellungAktualisieren()`, sodass die Donutmengen von Strings in Zahlen konvertiert werden.

```
document.getElementById("kuchendonuts").value
```

Dieser Code ruft die vom Benutzer ins Formular eingegebene Anzahl der Kuchendonuts ab.

Dieser Code liest die Anzahl der glasierten Donuts, die der Benutzer ins Formular eingegeben hat.

```
document.getElementById("glasiertedonuts").value
```

```
function bestellungAktualisieren(){
  const STEUERSATZ = 0.16;
  const DONUTPREIS = 0.50;
  var anzahlKuchenDonuts =

    ............................................................
  var anzahlGlasierteDonuts =

    ............................................................
  if (isNaN(anzahlKuchenDonuts))
    anzahlKuchenDonuts = 0;
  if (isNaN(anzahlGlasierteDonuts))
    anzahlGlasierteDonuts = 0;
  var zwischenSumme = (anzahlKuchenDonuts + anzahlGlasierteDonuts) * DONUTPREIS;
  var steuer = zwischenSumme * STEUERSATZ;
  var summe = zwischenSumme + steuer;
  document.getElementById("zwischensumme").value = "€" + zwischenSumme.toFixed(2);
  document.getElementById("steuer").value = "€" + steuer.toFixed(2);
  document.getElementById("summe").value = "€" + summe.toFixed(2);
}
```

Spitzen Sie Ihren Bleistift

Lösung

Verwenden Sie die Codeteile unten, um die Inhalte der Formularfelder mit den Donutmengen zu lesen. Schreiben Sie die fehlenden Codezeilen in Duncans Funktion `bestellungAktualisieren()`, sodass die Donutmengen von Strings in Zahlen konvertiert werden.

```
document.getElementById("kuchendonuts").value
```

```
document.getElementById("glasiertedonuts").value
```

Da beide Zahlen Ganzzahlen sind, verwenden wir parseInt() für die Konvertierung.

```
function bestellungAktualisieren(){
  const STEUERSATZ = 0.16;
  const DONUTPREIS = 0.50;
  var anzahlKuchenDonuts =
      parseInt(document.getElementById("kuchendonuts").value);
  var anzahlGlasierteDonuts =
      parseInt(document.getElementById("glasiertedonuts").value);
  if (isNaN(anzahlKuchenDonuts))
    anzahlKuchenDonuts = 0;
  if (isNaN(anzahlGlasierteDonuts))
    anzahlGlasierteDonuts = 0;
  var zwischenSumme = (anzahlKuchenDonuts + anzahlGlasierteDonuts) * DONUTPREIS;
  var steuer = zwischenSumme * STEUERSATZ;
  var summe = zwischenSumme + steuer;
  document.getElementById("zwischensumme").value = "€" + zwischenSumme.toFixed(2);
  document.getElementById("steuer").value = "€" + steuer.toFixed(2);
  document.getElementById("summe").value = "€" + summe.toFixed(2);
}
```

Die Funktion toFixed() rundet die Euro-Beträge auf zwei Dezimalstellen.

Punkt für Punkt

- Auch wenn es keine strikte Anforderung in JavaScript ist, ist es dennoch eine sinnvolle Programmierkonvention, **Konstanten** in **GROSSBUCHSTABEN** und **Variablen** in **kleinem camelCase** zu schreiben.
- **Initialisieren Sie Konstanten immer** beim Anlegen und Variablen immer sobald wie möglich.
- Wenn eine Variable nicht initialisiert ist, bleibt sie **undefiniert**, bis ihr ein Wert zugewiesen wird.
- `NaN` steht für **»Not a Number«** (Keine Zahl) und gibt an, dass eine Dateneinheit keine Zahl ist, obwohl erwartet wird, dass sie eine ist.
- String-Konkatenation unterscheidet sich stark von der mathematischen Addition, obwohl beide das bekannte Pluszeichen (+) verwenden.
- Die Standardfunktionen `parseInt()` und `parseFloat()` werden verwendet, um **Strings in Zahlen umzuwandeln**.

Sie haben das Problem gefunden ...

Duncan ist außer sich vor Freude über die Verbesserungen, die Sie am JavaScript-Code gemacht haben. Endlich erhält er korrekte Bestellungen ... und das Geschäft boomt.

Natürlich ist es riskant, davon auszugehen, dass ein paar schnelle Änderungen Ihre Probleme für alle Zeiten lösen. Manchmal lauern unerwartete Gefahren von außen!

Donut-Sabotage

Duncan hat ein neues Problem: einen hinterhältigen Konkurrenten namens Frank. Frank gehört der Hotdog-Laden auf der anderen Straßenseite, und neuerdings bietet er einen Breakfast Dog an. Gemeinerweise wendet Frank einen miesen Trick an: Er schickt sinnlose Donutbestellungen ohne Namen ab. Also haben wir jetzt Bestellungen ohne Kunden – und das ist nicht gut.

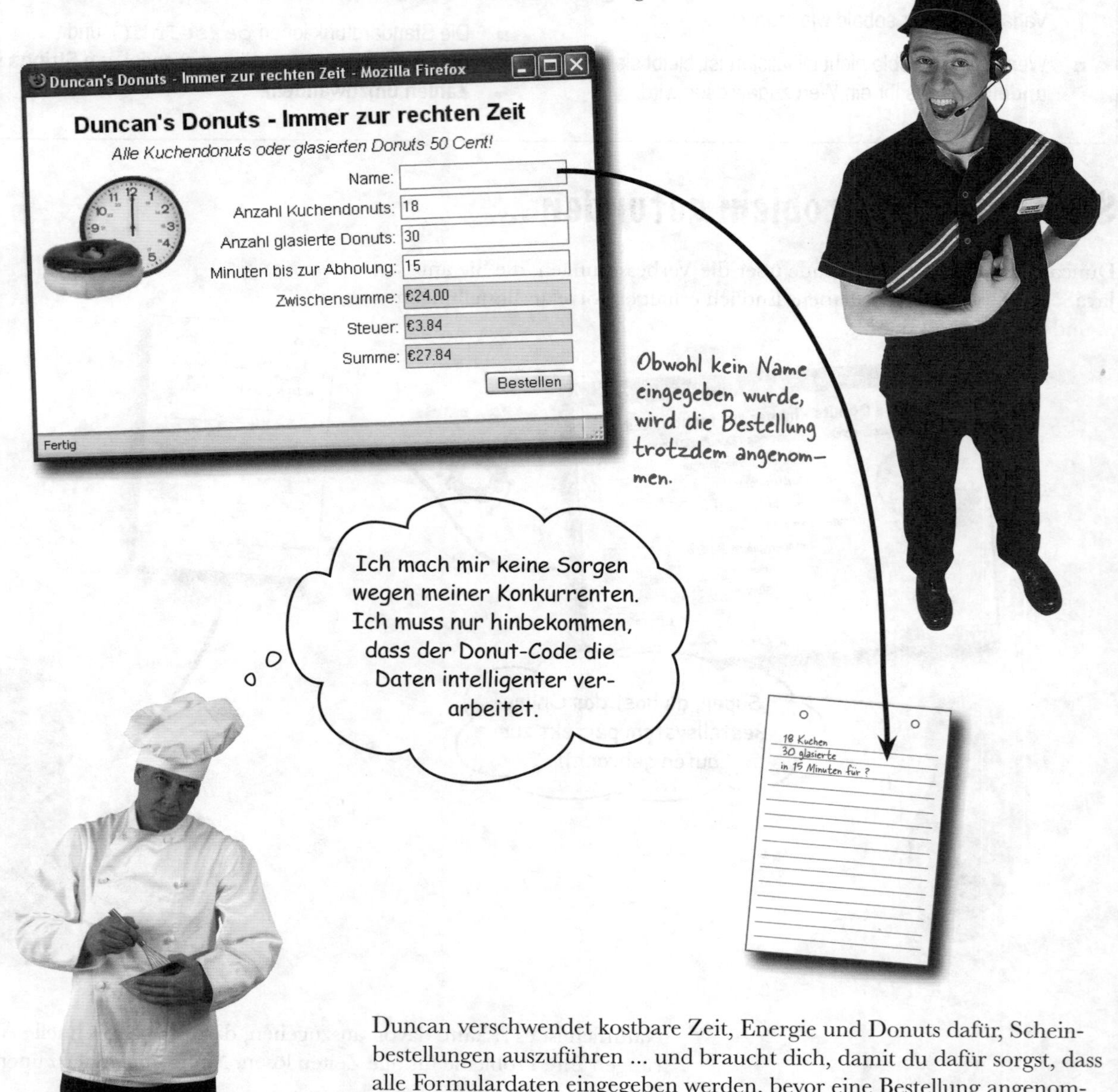

Duncan verschwendet kostbare Zeit, Energie und Donuts dafür, Scheinbestellungen auszuführen ... und braucht dich, damit du dafür sorgst, dass alle Formulardaten eingegeben werden, bevor eine Bestellung angenommen wird.

Mit getElementById() Formulardaten lesen

Sie müssen einen Weg finden, die Daten aus der Webseite zu lesen und ihre Gültigkeit zu überprüfen. Der Schlüssel, um auf ein Element einer Webseite mit JavaScript zuzugreifen, ist das `id`-Attribut des jeweiligen HTML-Tags:

```
<input type="text" id="kuchendonuts" name="kuchendonuts" />
```

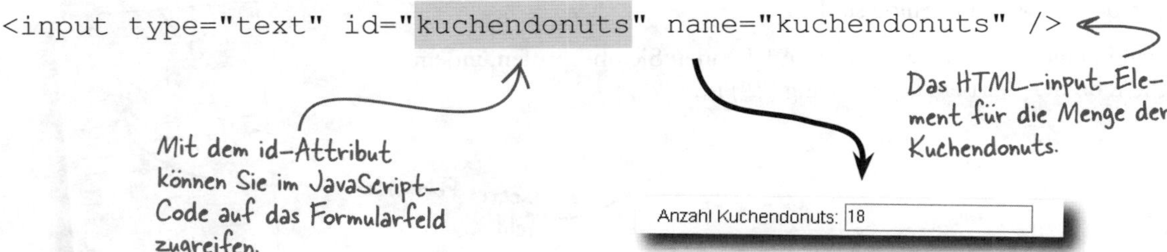

In JavaScript können Sie mit einer Funktion namens `getElementById()` ein Element einer Webseite anhand seiner ID abrufen. Diese Funktion liest nicht die Daten eines Elements direkt, sondern liefert Ihnen das HTML-Feld selbst als Objekt. Über die `value`-Eigenschaft des Felds können Sie dann auf die Daten zugreifen.

Technisch gesehen, ist getElementById() eine Methode des document-Objekts und keine Funktion.

`document.getElementById()`

Übergeben Sie der Methode die ID eines Elements auf einer Webseite, und Sie erhalten das Element selbst zurück, über das Sie anschließend auf die Webdaten zugreifen können.

Die getElementById()-Methode gehört zum document-Objekt.

Entspannen Sie sich

Kommen Sie wegen der Objekte, Eigenschaften und Methoden jetzt nicht ins Schwitzen!

JavaScript unterstützt einen hoch entwickelten Datentyp, den man als Objekt bezeichnet und mit dem Sie einige richtig coole Sachen anstellen können. In Wahrheit ist die Sprache JavaScript selbst nur eine Handvoll Objekte. Wir erklären noch eine ganze Menge mehr über Objekte in diesem Buch – im Moment müssen Sie nur wissen, dass eine Methode fast dasselbe wie eine Funktion und eine Eigenschaft fast dasselbe wie eine Variable ist.

```
document.getElementById("kuchendonuts")

document.getElementById("kuchendonuts").value
```

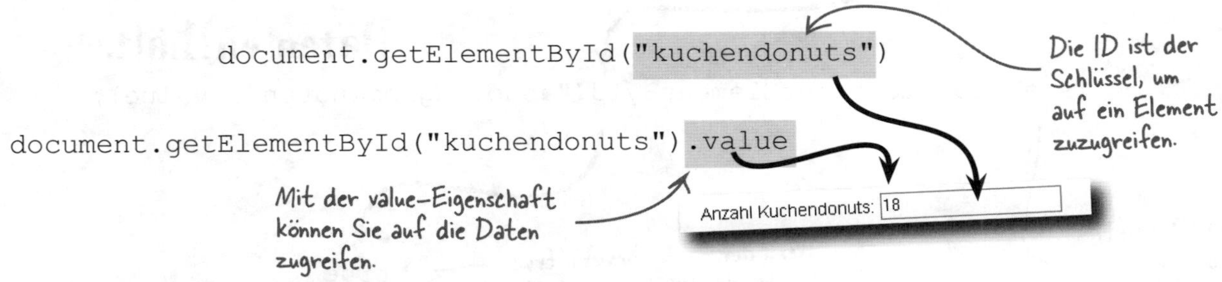

Mit diesem Code gewappnet, können Sie nun in Duncans Formular sicherstellen, dass eine Bestellung nur angenommen wird, wenn die Felder nicht leer sind.

Die Daten des Webformulars validieren

Sie müssen sicherstellen, dass ein Name in das Donutformular eingegeben wird. Außerdem kann es ein Problem geben, wenn die Anzahl der Minuten bis zur Abholung nicht eingegeben wird. Schließlich geht es ja gerade darum, die Donuts genau pünktlich fertig zu haben. Am besten sorgen Sie dafür, dass beide Daten angegeben werden und gültig sind.

Ob die Daten in einem Formularfeld leer sind, können Sie überprüfen, indem Sie nachsehen, ob der Wert ein leerer String (`""`) ist.

Donutbestellung.

18 Kuchen
30 glasierte
In NaN Minuten für ?

Name:

Leeres Formularfeld.

```
document.getElementById("name").value
```

```
""
```

Wenn der Wert ein leerer String ist, haben wir ein Problem.

Wenn der Wert des name-Felds ein leerer String ist, wissen Sie, dass die Bestellung abgebrochen und der Benutzer nach seinem Namen gefragt werden soll. Dasselbe gilt für das Feld abholunginminuten, außerdem ist es hier sinnvoll, noch einen Schritt weiterzugehen und nachzusehen, ob die Daten in diesem Feld eine Zahl sind. Die eingebaute Funktion `isNaN()` macht's möglich – Sie übergeben ihr einen Wert, und die Funktion sagt Ihnen, ob der Wert keine Zahl (`true`) oder doch eine Zahl (`false`) ist.

Ein leerer String weist darauf hin, dass ein Feld keine Daten enthält.

Minuten bis zur Abholung: fünfzehn

Falsche Formulardaten – das ist keine Zahl.

```
isNaN(document.getElementById("abholunginminuten").value);
```

isNaN() prüft, ob ein Wert keine Zahl ist.

Wenn der Rückgabewert true ist, ist der Wert keine Zahl, und die Bestellung kann nicht angenommen werden.

```
true
```

JavaScript-Magneten

Die Validierung des Namens und der Minuten bis zur Abholung soll in der Funktion `bestellungAbschicken()` geschehen. Stellen Sie den Code mithilfe der Magneten so fertig, dass er die Eingabe der beiden Daten sicherstellt und überprüft, ob die Minuten als Zahl eingegeben wurden. Sie brauchen jeden Magneten, manche davon mehr als einmal.

Mit »if« überprüfen Sie, ob eine Bedingung erfüllt ist, und führen eine entsprechende Aktion durch: Wenn das zutrifft, dann tu etwas.

Hier wird auf Gleichheit geprüft – ist eine Sache gleich einer anderen?

Das bedeutet, dass bereits eine von zwei Bedingungen zur Aktion führt: Wenn dies ODER jenes, dann tu etwas.

```
function bestellungAbschicken() {
  if (.......................................................................... == ..........)
    alert("Sie müssen Ihren Namen angeben, bevor Sie Ihre Bestellung abschicken.");
  else if (..................................................................... == ..........||
    ........................................................................................)
    alert("Sie müssen angeben, in wie viel Minuten Sie die Donuts abholen, " +
      "bevor Sie Ihre Bestellung abschicken.");
  else
    // Bestellung an den Server übermitteln
    form.submit();
}
```

`"abholunginminuten"` `"name"` `.` `)` `document` `(` `""` `isNaN` `value` `getElementById`

JavaScript-Magneten, Lösung

Die Validierung des Namens und der Minuten bis zur Abholung soll in der Funktion `bestellungAbschicken()` geschehen. Stellen Sie den Code mithilfe der Magneten so fertig, dass er die Eingabe der beiden Daten sicherstellt und überprüft, ob die Minuten als Zahl eingegeben wurden. Sie brauchen jeden Magneten, manche davon mehr als einmal.

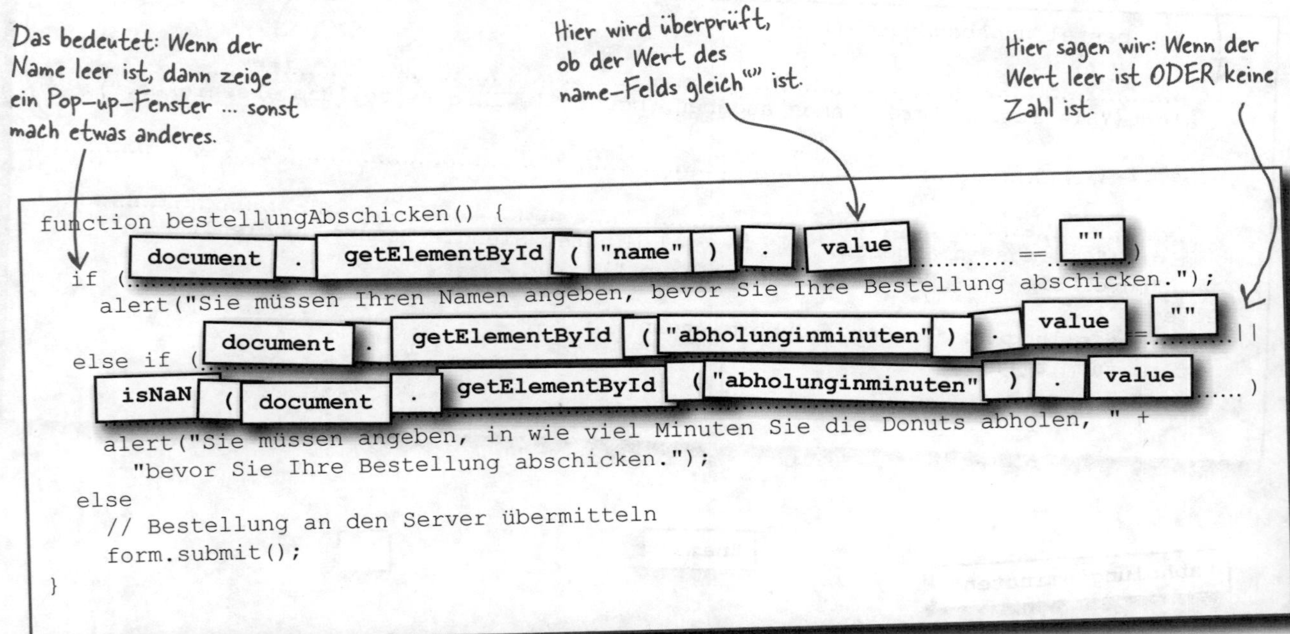


```
function bestellungAbschicken() {
  if (document.getElementById("name").value == "")
    alert("Sie müssen Ihren Namen angeben, bevor Sie Ihre Bestellung abschicken.");
  else if (document.getElementById("abholunginminuten").value == "" ||
    isNaN(document.getElementById("abholunginminuten").value))
    alert("Sie müssen angeben, in wie viel Minuten Sie die Donuts abholen, " +
      "bevor Sie Ihre Bestellung abschicken.");
  else
    // Bestellung an den Server übermitteln
    form.submit();
}
```

Sie haben Duncan's Donuts gerettet ... wieder mal!

Das neue und verbesserte Donutformular mit Datenvalidierung hat Franks Teigwarensabotage ein Ende bereitet und die Seite auch für echte Kunden stabiler gemacht. Mit JavaScript die Integrität der Benutzereingaben zu gewährleisten ist ein doppelter Gewinn, vor allem im halsbrecherischen Frühstücksbusiness!

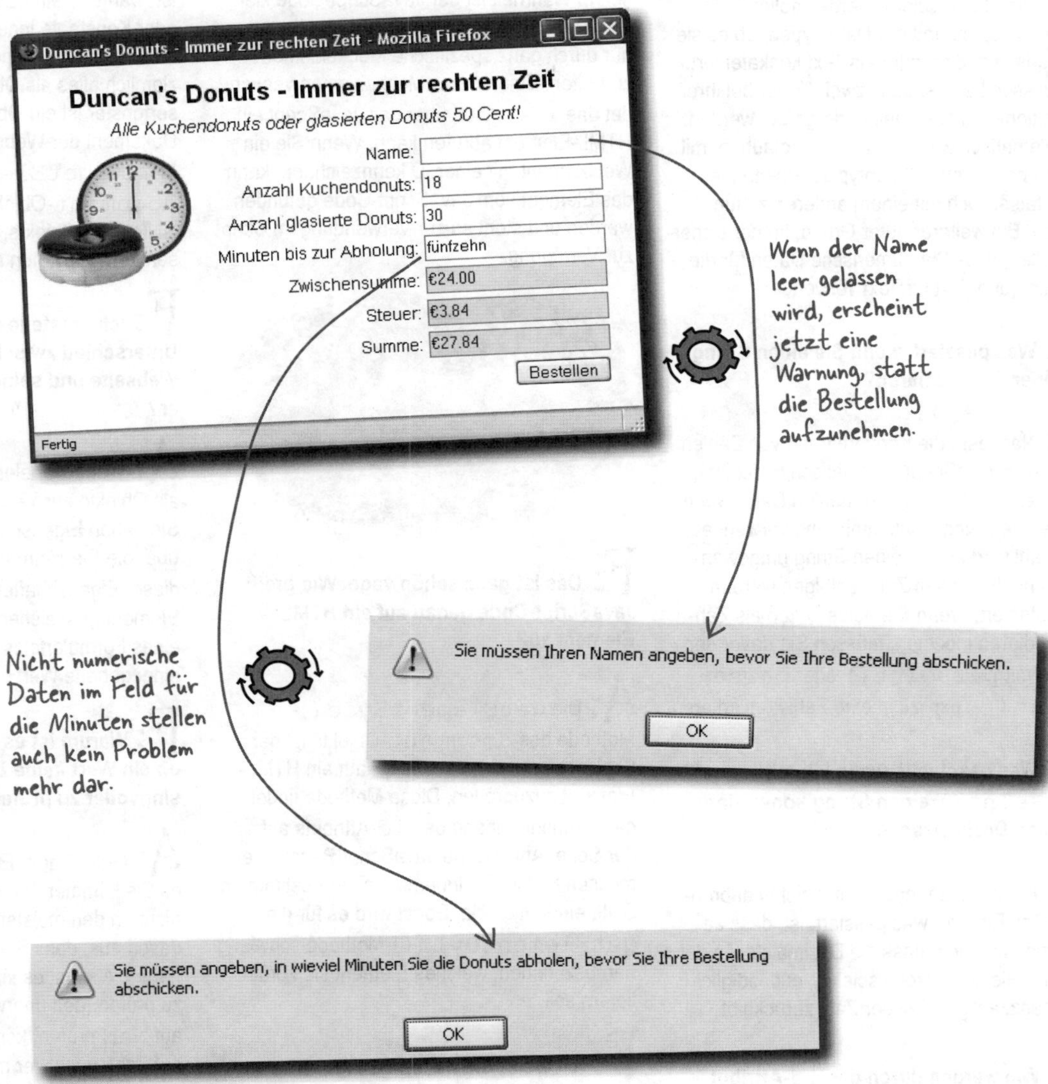

Es gibt keine Dummen Fragen

F: Woher weiß das Pluszeichen (+), ob es addieren oder konkatenieren soll?

A: Wie viele Dinge in JavaScript, richtet sich diese Funktionalität nach dem Kontext. Das Pluszeichen sieht sich die beiden Dinge an, die »addiert« werden sollen, und entscheidet anhand der Datentypen, ob es sie numerisch addiert oder als Text konkateniert. Sie wissen bereits, dass zwei Wörter bei ihrer »Addition« nahtlos aneinandergefügt werden. Problematisch wird es, wenn Sie glauben, mit einem bestimmten Datentyp zu arbeiten, es aber tatsächlich mit einem anderen zu tun haben. Ein weiterer guter Grund, immer sicherzustellen, dass Sie numerische Daten für die Addition und Text für Text verwenden.

F: Was passiert, wenn Sie einen String zu einer Zahl addieren?

A: Nachdem die Konvertierung von Zahlen zu Text in JavaScript automatisch geschieht, wird bei der Mischung der beiden Datentypen immer die String-Konkatenierung verwendet. Die Zahl wird also in einen String umgewandelt, und die beiden Zeichenfolgen werden konkateniert. Wenn Sie beide Daten als Zahlen addieren möchten, müssen Sie davor den String mit `parseInt()` oder `parseFloat()` explizit in eine Zahl konvertieren.

F: Was geschieht, wenn ich mit `parseInt()` einen String konvertiere, der eine Dezimalzahl enthält?

A: Keine Sorge, dabei kann nichts anbrennen. Das Einzige, was passiert, ist, dass JavaScript annimmt, dass die Dezimalstellen der Zahl für Sie keine Rolle spielen, und lediglich den ganzzahligen Teil der Zahl zurückgibt.

F: Wie werden durch das `id`-Attribut in HTML die Webelemente mit JavaScript-Code verknüpft?

A: Stellen Sie sich das `id`-Attribut als das Portal vor, durch das der JavaScript-Code auf den HTML-Inhalt zugreift. Wenn manche Menschen sagen, dass JavaScript-Code auf einer Webseite ausgeführt wird, meinen sie nicht die Webseite selbst, sondern den Browser. In Wahrheit ist der JavaScript-Code klar vom HTML-Code getrennt und kann darauf nur durch ganz spezifische Mechanismen zugreifen. Einer dieser Mechanismen verwendet das `id`-Attribut, über das JavaScript ein HTML-Element abrufen kann. Wenn Sie ein Webelement mit einer ID kennzeichnen, kann das Element vom JavaScript-Code gefunden werden und steht so zur Verwendung im Skript zur Verfügung.

F: Das ist ganz schön vage. Wie greift JavaScript-Code genau auf ein HTML-Element zu?

A: Die `getElementById()`-Methode des `document`-Objekts ist der Schlüssel, um von JavaScript auf ein HTML-Element zuzugreifen. Diese Methode findet das Element anhand des `id`-Attributs auf der Seite. Ähnlich wie JavaScript-Bezeichner müssen HTML-IDs innerhalb einer bestimmten Seite eindeutig sein. Sonst wird es für die `getElementById()`-Methode schwierig herauszufinden, welches Element sie zurückliefern soll.

F: Ich weiß, Sie haben gesagt, dass wir in Kapitel 9 mehr über Objekte sprechen, aber sie sind nun schon mehrmals aufgetaucht. Was sind Objekte?

A: Wir nehmen das ein bisschen vorweg, aber nicht weitersagen! Objekte sind ein erweiterter JavaScript-Datentyp, der Funktionen, Konstanten und Variablen in einer logischen Einheit kombiniert. Eine Methode ist einfach eine Funktion, die Teil eines Objekts ist, während eine Eigenschaft eine Variable oder Konstante innerhalb eines Objekts ist. Praktisch gesehen, bildet JavaScript so ziemlich alles als Objekt ab – das Browserfenster ist ein Objekt, genau wie das Dokument der Webseite. Deshalb muss die Methode `getElementById()` über das `document`-Objekt aufgerufen werden – sie ist Teil des Objekts, das die Webseite repräsentiert. Okay, nun aber zurück zu Kapitel 2 ...

F: Ich verstehe noch immer nicht den Unterschied zwischen dem Element einer Webseite und seinem Wert. Worin besteht er?

A: Webseitenelemente stehen in JavaScript als Objekte zur Verfügung. Das bedeutet, Sie haben Eigenschaften und Methoden, über die Sie sie manipulieren können. Eine dieser Eigenschaften ist `value`, die den im Element gespeicherten Wert enthält. Der *value* eines Formularfelds ist z.B. der in das Feld eingegebene Wert.

F: Warum ist es interessant zu wissen, ob ein Wert *keine* Zahl ist? Wäre es nicht sinnvoller zu prüfen, *ob* es eine Zahl ist?

A: Gute Frage. Es kommt darauf an, warum es Sie kümmert, ob ein Wert eine Zahl ist oder nicht. In den meisten Fällen gehen Sie wohl davon aus, dass Sie es mit einer Zahl zu tun haben. Also ist es sinnvoll, auf die Ausnahme zu prüfen (den unerwarteten Fall). Indem Sie auf `NaN` prüfen, können Sie Code in Bezug auf Zahlen stabiler machen und hoffentlich eigenartige Berechnungen mit nicht numerischen Daten verhindern.

Intuitiv auf Benutzereingaben reagieren

Nachdem Duncan keine Brände mehr löschen muss, möchte er nun das Bestellformular benutzerfreundlicher machen. Genau so, wie das Schild »Hot Donuts« an der Ladenfront die Passanten direkt anspricht, möchte er, dass auch das Onlineformular **intuitiver** funktioniert. Duncan weiß, dass Donuts typischerweise im Dutzend bestellt und serviert werden. Nur wenige Menschen bestellen 12 oder 24 Donuts – sie bestellen ein oder zwei Dutzend. Duncan möchte, dass die Benutzer ihre Daten auf möglichst natürliche Weise in das Donutformular eingeben können.

Allerdings berücksichtigt es das Skript derzeit nicht, wenn der Benutzer das Wort »Dutzend« bei der Donutmenge eingibt.

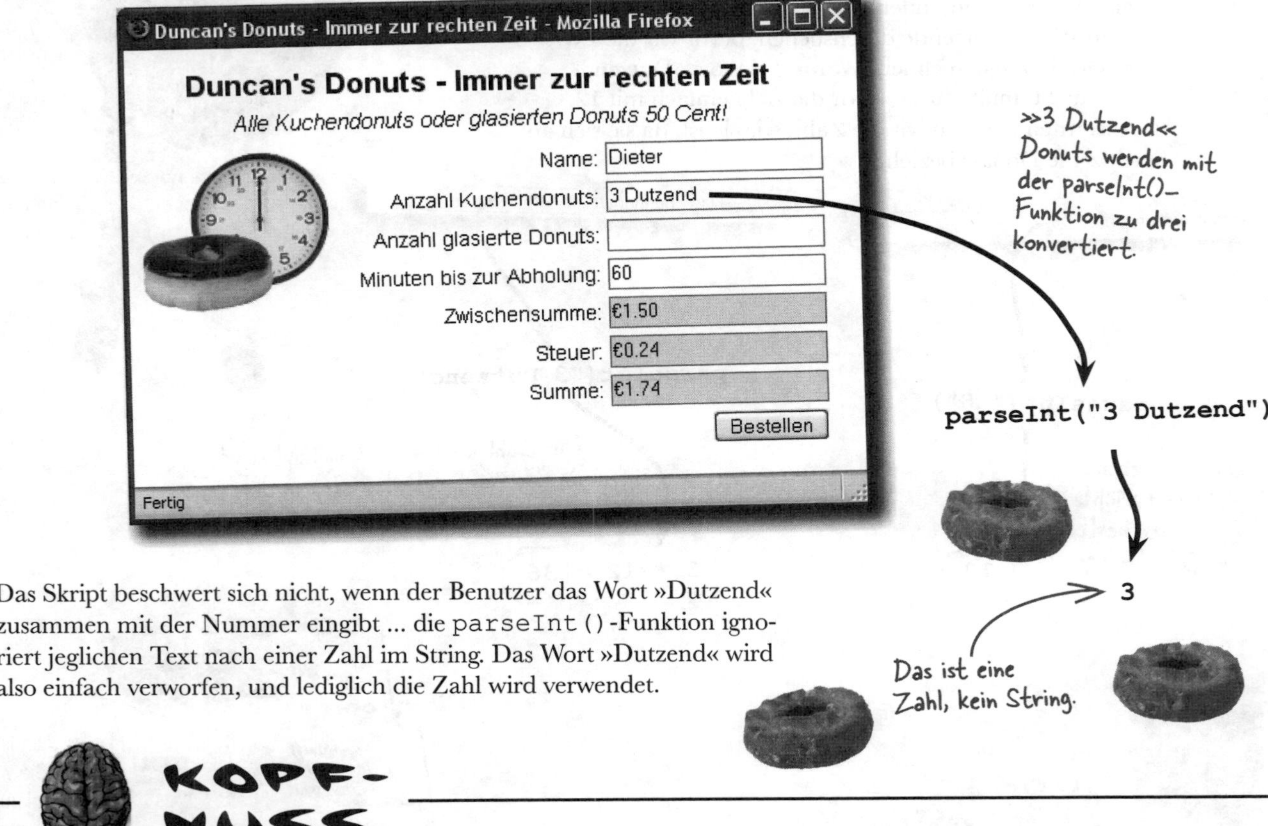

Das Skript beschwert sich nicht, wenn der Benutzer das Wort »Dutzend« zusammen mit der Nummer eingibt ... die `parseInt()`-Funktion ignoriert jeglichen Text nach einer Zahl im String. Das Wort »Dutzend« wird also einfach verworfen, und lediglich die Zahl wird verwendet.

KOPF-NUSS

Ist es möglich, dass das Donutskript sowohl die Eingabe einer Zahl als auch die einer Zahl **und** des Worts »Dutzend« erlaubt? Und, wenn ja, wie?

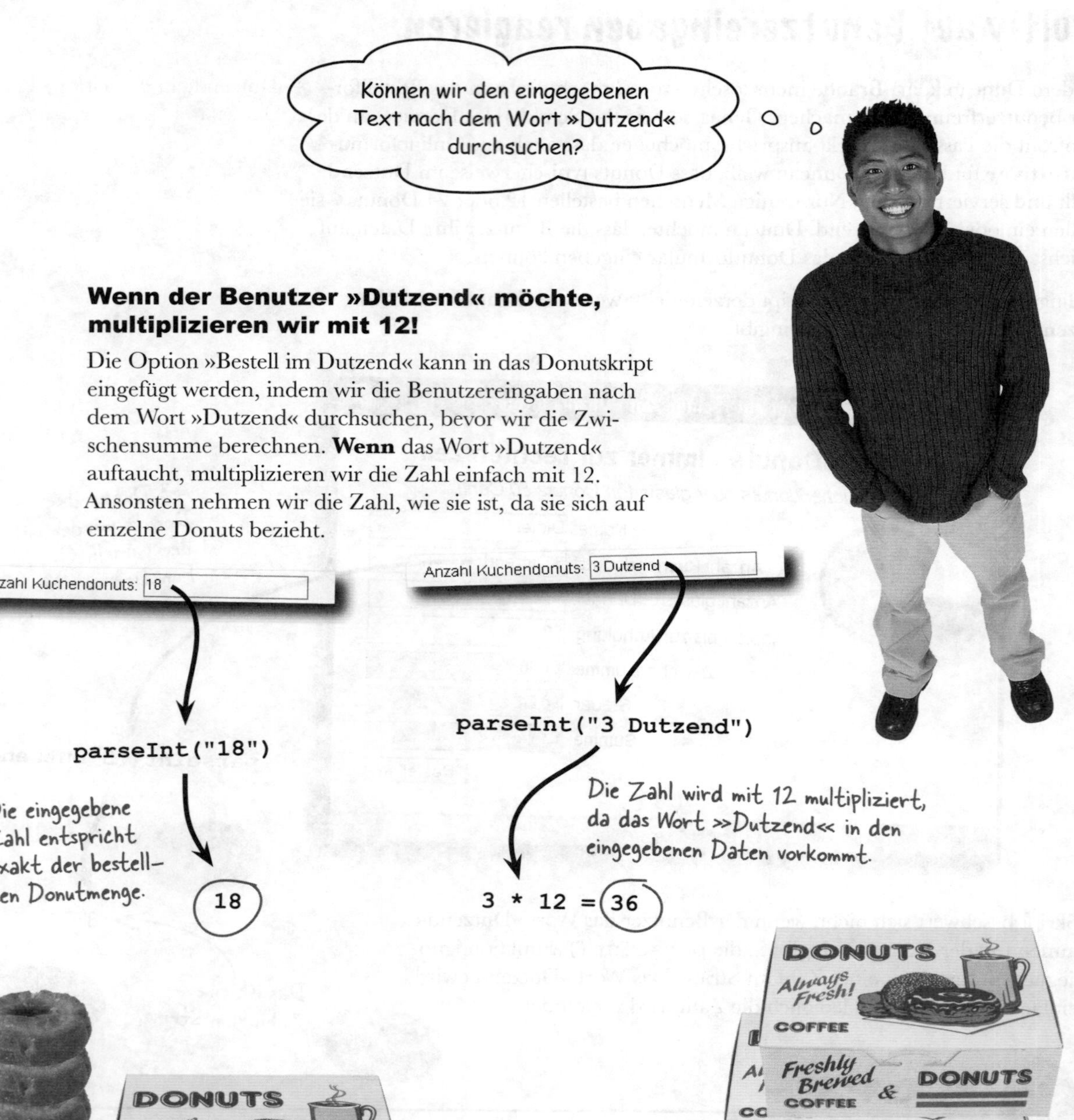

Wenn der Benutzer »Dutzend« möchte, multiplizieren wir mit 12!

Die Option »Bestell im Dutzend« kann in das Donutskript eingefügt werden, indem wir die Benutzereingaben nach dem Wort »Dutzend« durchsuchen, bevor wir die Zwischensumme berechnen. **Wenn** das Wort »Dutzend« auftaucht, multiplizieren wir die Zahl einfach mit 12. Ansonsten nehmen wir die Zahl, wie sie ist, da sie sich auf einzelne Donuts bezieht.

Die benutzerdefinierte Funktion `donutsParsen()` ist für die Verarbeitung der eingegebenen Donutmenge zuständig. Zunächst werden die Daten zu einer Zahl konvertiert, dann überprüft das Skript, ob das Wort »Dutzend« in den eingegebenen Daten vorkommt. Wenn ja, wird die Anzahl der Donuts mit 12 multipliziert.

```
function donutsParsen(donutString) {
  anzahlDonuts = parseInt(donutString);
  if (donutString.indexOf("Dutzend") != -1)
    anzahlDonuts *= 12;
  return anzahlDonuts;
}
```

Es wird überprüft, ob das Wort »Dutzend« in den eingegebenen Daten vorkommt.

Multipliziere die Anzahl Donuts mit 12.

Dutzende von Donuts parsen

Die Funktion `donutsParsen()` wird in der Funktion `bestellungAktualisieren()` aufgerufen, also wenn Zwischensumme und Summe anhand der Benutzereingaben berechnet werden.

Initialisiere die beiden Konstanten.

Lies die Anzahl Donuts aus dem Formularfeld.

```
function bestellungAktualisieren() {
  const STEUERSATZ = 0.16;
  const DONUTPREIS = 0.50;
  var anzahlKuchenDonuts = donutsParsen(document.getElementById("kuchendonuts").value);
  var anzahlGlasierteDonuts = donutsParsen(document.getElementById("glasiertedonuts").value);
  if (isNaN(anzahlKuchenDonuts))
    anzahlKuchenDonuts = 0;
  if (isNaN(anzahlGlasierteDonuts))
    anzahlGlasierteDonuts = 0;
  var zwischenSumme = (anzahlKuchenDonuts + anzahlGlasierteDonuts) * DONUTPREIS;
  var steuer = zwischenSumme * STEUERSATZ;
  var summe = zwischenSumme + steuer;
  document.getElementById("zwischensumme").value = "€" + zwischenSumme.toFixed(2);
  document.getElementById("steuer").value = "€" + steuer.toFixed(2);
  document.getElementById("summe").value = "€" + summe.toFixed(2);
}
```

Wenn die eingegebene Anzahl Donuts keine Zahl ist, setze sie auf 0.

Berechne Zwischensumme, Steuer und Summe.

Zeige die €-Beträge auf der Seite an.

Runde die Beträge auf zwei Dezimalstellen (Cent).

Online-Donuts – ein durchschlagender Erfolg!

Alles bestens! Duncans Idee mit den »Donuts – Immer zur rechten Zeit« ist in einer JavaScript-gestützten Seite vollständig umgesetzt, die die vom Benutzer eingegebenen Bestellungen sorgfältig überprüft.

JavaScript-Kreuzworträtsel

Daten werden nicht immer in JavaScript-Code gespeichert. Manchmal werden sie in den Zeilen und Spalten eines Kreuzworträtsels abgelegt, wo sie darauf warten, von Ihnen entdeckt zu werden.

Waagrecht

2. Eine Information, deren Wert sich ändern kann.
3. Eine Dateneinheit mit einem Wert vom Typ An/Aus wird als dieser Datentyp gespeichert.
7. Die JavaScript-Standardfunktion zum Konvertieren eines Strings in eine Ganzzahl.
8. 3.14, 11 und 5280 gehören zu diesem Datentyp.
9. Wenn der Wert einer Variablen oder Konstanten nicht gesetzt ist, bezeichnet JavaScript diese als..........
12. Der eindeutige Name zum Verweisen auf eine Dateneinheit.
13. Dateneinheit, deren Wert sich nicht ändern kann.

Senkrecht

1. Wenn Sie den Wert einer Variablen beim Anlegen festlegen, ... Sie sie.
2. Die Überprüfung, ob die vom Benutzer eingegebenen Daten korrekt sind, nennt man ....
4. Eine Programmierkonvention für die Schreibweise von Bezeichnern mit einer Mischung aus Groß- und Kleinbuchstaben, z.B. SoHeißeIch.
5. Das JavaScript-Schlüsselwort zum Anlegen einer Konstanten.
6. Das JavaScript-Schlüsselwort zum Anlegen einer Variable.
10. Ist keine Zahl.
11. Der Datentyp zum Speichern von Buchstaben, Worten und Sätzen.

JavaScript-Kreuzworträtsel, Lösung

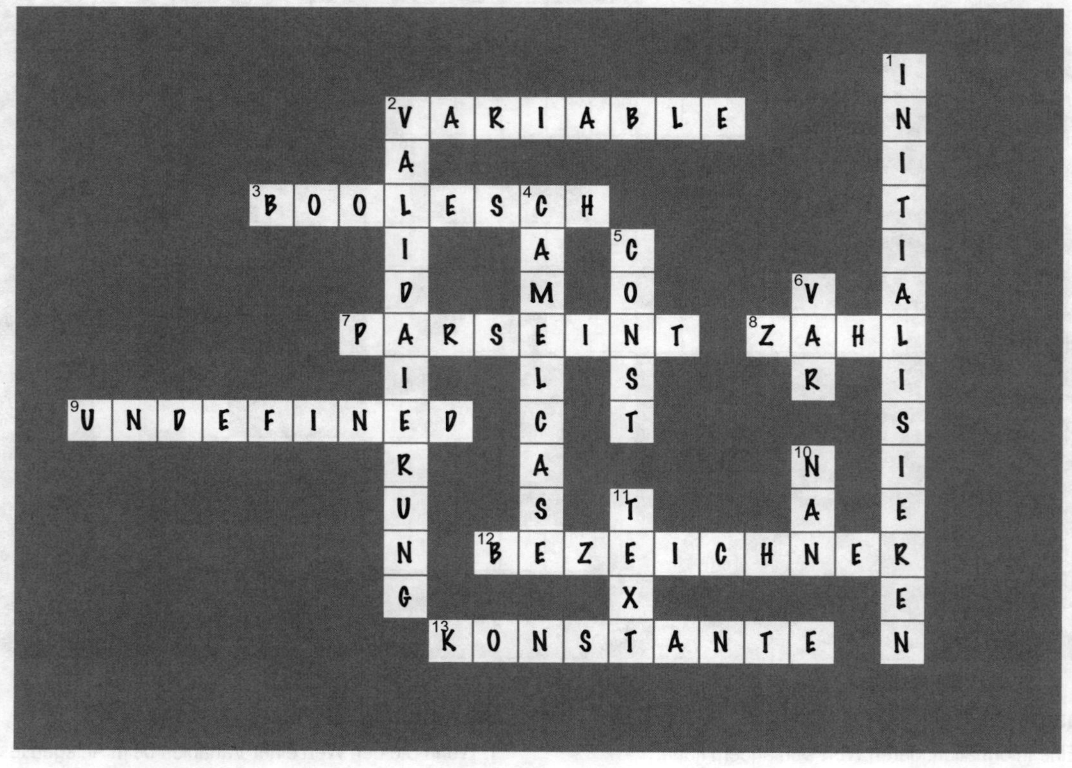

Seitenfalter

Falten Sie die Seite vertikal so, dass die beiden Gehirne zusammenkommen und das Rätsel lösen.

Was wünschen wir uns alle für unsere Skriptdaten?

Zwei Welten begegnen sich!

Es gibt eine Menge Dinge, die ich mir für meine Skriptdaten wünsche, aber eins liegt mir besonders am Herzen.

Lecker.

SHERIFF

Hot Donuts

OVER 1000000 SERVED

Benutzereingaben sind genau die Daten, denen Sie nicht vertrauen sollten. Sie können nicht davon ausgehen, dass Benutzer alle Daten richtig eingeben. Für eine sichere Speicherung benötigen Sie JavaScript.

3 Den Client erforschen

Browserforschung

Manchmal muss JavaScript wissen, was in der Welt drum herum vor sich geht. Anfangs sind Ihre Skripten nur Code in einer Webseite, aber letztendlich leben sie in einer Welt, die der Browser oder der Client erschaffen hat. **Intelligente Skripten** müssen oft mehr über die Umgebung erfahren, in der sie laufen. Dazu müssen sie **mit dem Browser kommunizieren**. Ob es darum geht, die Bildschirmgröße herauszufinden oder auf die Stopptaste des Browsers zuzugreifen – Skripten können eine Menge davon profitieren, wenn sie ihre Beziehung zum Browser vertiefen.

Clients, Server und JavaScript

Wenn Sie auf einen Hyperlink klicken oder eine URL in Ihren Webbrowser eingeben, fordert der Browser die Seite von einem Webserver an, der sie dann zurück an den Browser oder Web**client** sendet. JavaScript kommt erst kurz vor dem Moment ins Spiel, in dem der Browser die Seite anzeigt. Zusammen mit dem Webbrowser schafft es der JavaScript-Code auf der Seite, **auf Benutzeraktionen zu reagieren** und bei Bedarf **die Seite anzupassen**. Den Teil des Browsers, der den JavaScript-Code ausführt, nennt man den JavaScript-**Interpreter**.

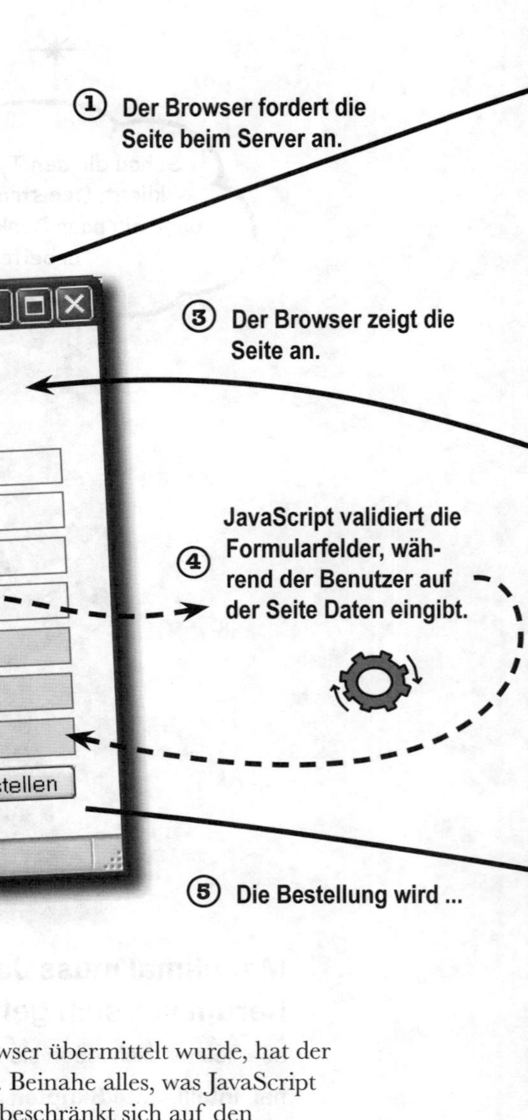

Sobald eine Seite an den Browser übermittelt wurde, hat der Server nicht mehr viel zu tun. Beinahe alles, was JavaScript von diesem Zeitpunkt an tut, beschränkt sich auf den Browser. Dadurch kann die Seite **schneller reagieren**, da sie nicht warten muss, bis der Server Daten verarbeitet und zurücksendet. Deshalb bezeichnet man JavaScript als **Clientsprache**.

Seite anfordern

```
GET / HTTP/1.1
Host: www.duncansdonuts.com
Connection: close
Accept-Encoding: gzip
Accept: image/gif, image/x-xbitmap, image/jpeg, image/pjpeg, ...
Accept-Language: en-us
User-Agent: Mozilla/5.0 (Macintosh; U; Intel Mac OS X; en-US; rv:1.8.1.7) ...
```

HTML sagt, was auf der Seite ist.

Seite wird gesendet

```
<html>
  <head>
    <title>Duncan's Donuts - Immer zur rechten Zeit</title>
    <link rel="stylesheet" type="text/css" href="donuts.css" />
    <script type="text/javascript">
      function bestellungAktualisieren() {
        ...
      }

      function donutsParsen(donutString) {
        ...
      }

      function bestellungAbschicken() {
        ...
      }
    </script>
  </head>

  <body>
    <div id="frame">
      <div class="heading">Duncan's Donuts - Immer zur rechten Zeit</div>
      <div class="subheading">Alle Kuchendonuts und glasierten Donuts 50 Cent!</div>
        <img src="donuttime.png" alt="Just-In-Time Donuts" />
      </div>
      <div id="right">
        ...
      </div>
    </div>
  </body>
</html>
```

CSS macht die Seite hübscher.

JavaScript macht die Seite interaktiv, in diesem Fall werden die Benutzereingaben validiert.

Server

(2) **Der Server sendet als Antwort die Seite.**

(5) **... abgeschickt ...**

(5) **... an den Server.**

Fallen Ihnen andere Aufgaben ein, die besser auf dem Client als auf dem Server ausgeführt werden?

Was kann der Browser für Sie tun?

Ihr Webbrowser ist als **Client** dafür zuständig, **JavaScript-Code auszuführen**, wodurch Skripten auf die Clientumgebung zugreifen können. So kann ein Skript Breite und Höhe des Browserfensters oder die Chronik der besuchten Webseiten abrufen. Andere interessante Browserfunktionen, die in JavaScript zur Verfügung stehen, umfassen einen Timermechanismus, der ähnlich wie ein Wecker arbeitet, sowie den Zugriff auf Cookies, in denen Sie Daten speichern können, die sogar erhalten bleiben, wenn Sie die Seite verlassen oder den Browser schließen.

Browsermaße

Browsermaße umfassen verschiedene Maße bezüglich der Größe des Browserfensters, des sichtbaren Teils der Webseite und sogar Informationen über Browserhersteller und -version.

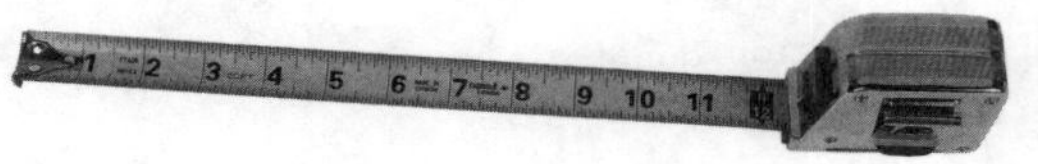

Browserchronik

Die Browserchronik ist die Liste der zuletzt besuchten Seiten. Mit JavaScript können Sie auf diese Liste zugreifen und den Browser auf eine der Seiten umleiten, damit also praktisch Ihre eigenen Navigationssteuerelemente für den Browser erstellen.

Timer

Timer ermöglichen Ihnen, JavaScript-Code nach Ablauf einer bestimmten Zeit ausführen zu lassen.

Cookies

Cookies sind wie Variablen, die vom Browser auf der Festplatte des Benutzers gespeichert werden, sodass sie auch dann erhalten bleiben, wenn die Browsersitzung beendet ist. Wenn Sie eine Webseite verlassen und später zurückkehren, sind die Daten also immer noch da.

Diese Funktionen sind längst nicht alles, was der Client Ihren Skripts zu bieten hat. Aber Sie bekommen einen Eindruck davon, wie weit die Möglichkeiten von JavaScript reichen, weit über das hinaus, was Sie auf einer Seite sehen. Es gibt unzählige Situationen, in denen es hilfreich ist, **über den Seitenrand hinauszusehen** und ein bisschen Hilfe vom Browser anzunehmen.

Es gibt keine Dummen Fragen

F: Also ist JavaScript Teil des Clients?

A: Ja. Webbrowser mit JavaScript-Unterstützung enthalten einen JavaScript-Interpreter, der den Code auf einer Seite liest und ausführt.

F: Wenn JavaScript-Code auf dem Client läuft, wie verhält er sich dem Server gegenüber?

A: JavaScript-Code hat üblicherweise keine direkte Verbindung mit einem Webserver, da er ausschließlich auf dem Client ausgeführt wird. Mit JavaScript werden oft Webdaten abgefangen, wenn sie vom Server an den Browser weitergeleitet werden. Allerdings ist es möglich, Skripten zu schreiben, die Informationen vom Server anfordern und diese Informationen verarbeiten und anzeigen. Diese Skripttechnik nennt man Ajax, wir sprechen darüber in Kapitel 12.

F: Kann ich mit JavaScript den Client steuern?

A: Ja und nein. Obwohl die Webbrowser Sie mit JavaScript auf gewisse Teile der Clientumgebung zugreifen lassen, gewähren sie JavaScript aus Sicherheitsgründen keine uneingeschränkte Freiheit. Beispielsweise lassen die meisten Browser ohne die Bestätigung des Benutzers Skripten keine Fenster öffnen oder schließen.

Der iRock ist zu glücklich

Erinnern Sie sich noch an den iRock? Ihr JavaScript war so ein Erfolg, dass es von Alan, einem jungen Unternehmer, gekauft wurde. Aber er hat Sie zurückgeholt, weil es einige Probleme gibt ... Die Benutzer sind davon genervt, dass der iRock **ständig glücklich** ist. Klar wollen wir alle glückliche Haustiere, aber der iRock scheint ein ziemlich beschränktes emotionales Repertoire zu haben.

Einmal angeklickt, grinse ich für immer!

Nichts gegen ein Haustier, das immer glücklich ist, aber die Benutzer möchten es einen Tick realistischer. Ich schätze, du musst den Code noch mal überarbeiten ...

Alan, der neue iRock-Besitzer. Er hat tiefe Taschen und viel Geld zum Ausgeben ... möglicherweise für dich!

Der iRock wird den **Erwartungen der Benutzer** nicht gerecht. Ein virtuelles Haustier soll sich schließlich so weit wie möglich wie ein reales Haustier verhalten. Es liegt an Ihnen auszuknobeln, wie Sie das **Verhalten** des iRock **realistischer machen**. Und es scheint, als hätte der Webbrowser einige Lösungen für dieses Problem parat ...

Der iRock muss mehr reagieren

Überlegen wir uns einige mögliche Verhaltensweisen für den iRock, um unseren Stein **realistischer** und **ansprechender** zu gestalten. Und natürlich **interaktiver**. Idealerweise sollte der iRock mehr auf den Benutzer **reagieren**, wenn wir das Repertoire seiner Emotionen erweitern.

Laden Sie den aktuellen Code für iRock 2.0 von http://examples.oreilly.de/german_examples/hfjavascriptger herunter.

Wütend

Der iRock wird immer wieder ohne ersichtlichen Grund wütend, der Besitzer muss ihn beruhigen.

Deprimiert

Der iRock weint jedes Mal, wenn Sie die Seite schließen. Also muss der Benutzer die Seite geöffnet lassen, um zu verhindern, dass der Stein einen Zusammenbruch erleidet.

Einsam

Der iRock wird einsam, wenn er allein gelassen wird. Der Benutzer muss ihn regelmäßig anklicken, um ihm Aufmerksamkeit zu schenken.

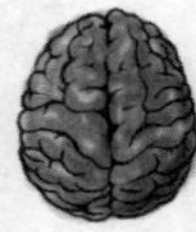

KOPF-NUSS

Welche Verhaltensweisen sind für den iRock sinnvoll? Wie würden Sie das jeweilige Verhalten mit JavaScript im iRock implementieren?

Mir gefällt die Idee von einem Stein, der nach einer Weile einsam wird, genau wie ein reales Haustier. Können wir das Verhalten des iRock irgendwie zeitabhängig ändern?

JavaScript lässt Sie wissen, wenn der Benutzer etwas macht ... und wenn er nichts macht.

Die Idee mit dem Stein, der vereinsamt, ist interessant. Der Benutzer wird, ohne dass er ein übermäßiges schlechtes Gewissen bekommt, dazu animiert, mit dem Stein zu interagieren, und wird dafür mit einer **positiven Reaktion** durch den iRock **belohnt**. Wir müssen also irgendwie mit JavaScript den Gemütszustand des iRock zeitabhängig ändern. Wir warten eine Weile und verändern dann den Zustand des iRock, wenn der Benutzer ihn bis dahin nicht angeklickt hat.

Timer knüpfen Aktionen an abgelaufene Zeit

In JavaScript können Sie **Timer** verwenden, die wie ein Wecker funktionieren: Sie sagen dem Timer, wie lange er warten soll. Und wenn die Zeit abgelaufen ist, wird ein bestimmter Code ausgeführt. Im Gegensatz zu einem richtigen Wecker werden JavaScript-Timer jedoch ausgelöst, **wenn eine bestimmte Zeitspanne abgelaufen ist**, nicht **zu einer bestimmten Zeit**. Das ist aber kein Problem. Es bedeutet lediglich, dass Sie mit **Zeitverzögerungen** arbeiten statt mit exakten Tageszeiten.

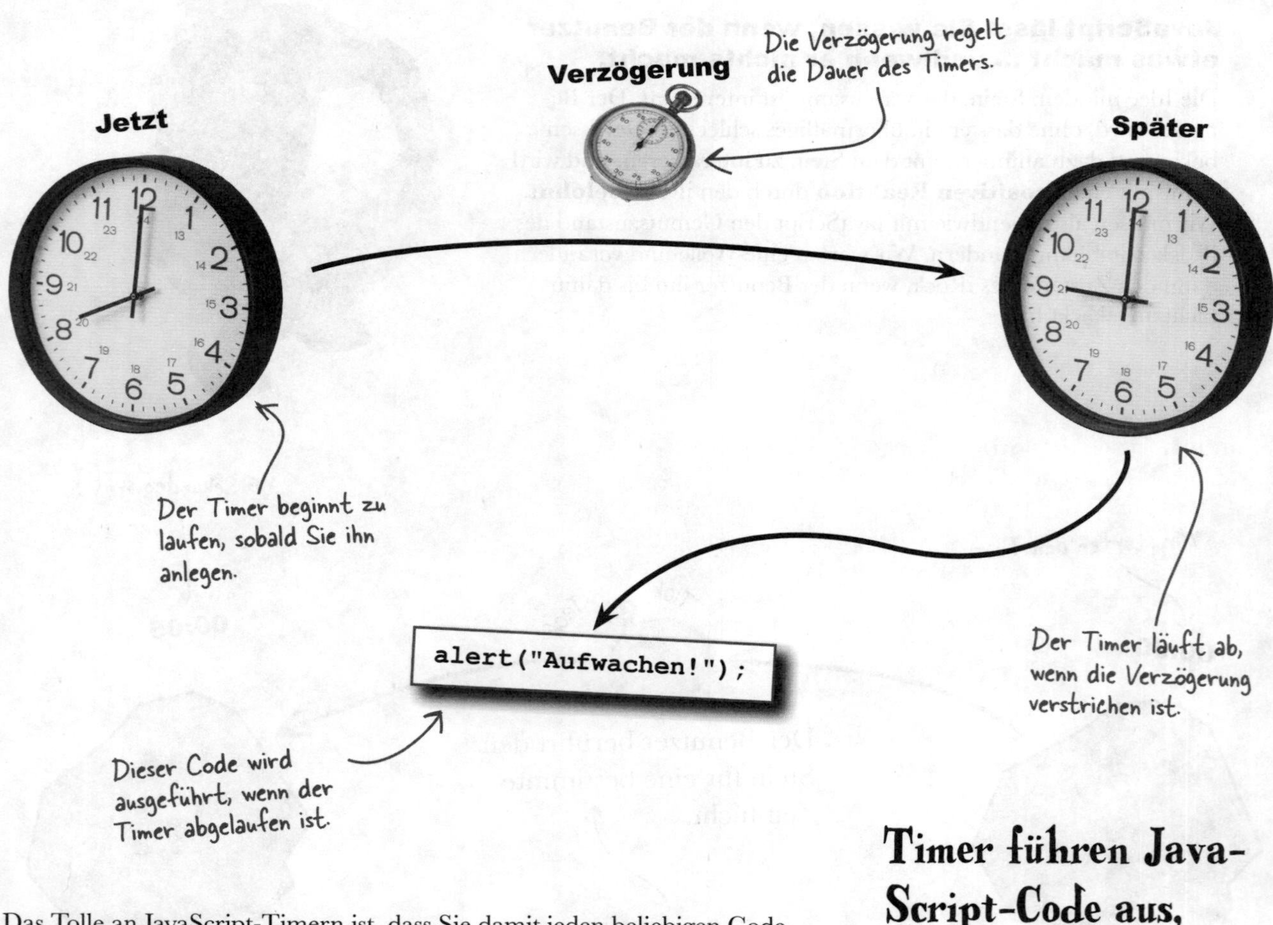

Timer führen JavaScript-Code aus, nachdem eine gewisse Zeit verstrichen ist.

Das Tolle an JavaScript-Timern ist, dass Sie damit jeden beliebigen Code ausführen können, wenn die Zeit abgelaufen ist. Manche Webseiten mit sich regelmäßig ändernden Daten verwenden Timer, um sich nach einer Weile selbst zu aktualisieren, andere wiederum, um festzustellen, dass der Benutzer eine gewisse Zeit nicht mehr reagiert hat.

Timer Schritt für Schritt

Die beiden wesentlichen Schritte zum Einrichten eines Timers in JavaScript sind: 1) die **Laufzeit** einrichten und 2) dem Timer mitteilen, **welcher Code ausgeführt werden soll**, wenn die Zeit abgelaufen ist. Der Timer beginnt in dem Moment zu ticken, in dem Sie ihn stellen.

Die Laufzeit wird in **Millisekunden** angegeben, das ist ein Tausendstel einer Sekunde. Multiplizieren Sie die gewünschte Anzahl in Sekunden mit 1.000, um die Anzahl in Millisekunden herauszufinden. 2 Sekunden sind z.B. 2.000 Millisekunden.

Eine Meldung anzeigen.

```
alert("Aufwachen!");
```

```
aktualisieren(); setTimeout(aktualisieren, 120000);
```

Die Webseite aktualisieren. Noch einen Timer setzen.

Der Code, der nach Ablauf der Zeit ausgeführt wird, kann beliebiger JavaScript-Code sein: eine einzelne Anweisung, mehrere (durch Semikola getrennte) Anweisungen oder der Aufruf einer Standard- oder einer eigenen Funktion.

Wenn ein normaler JavaScript-Timer abgelaufen ist und der Code ausgeführt wurde, ist der Timer fertig, kaputt. Diesen Typ nennt man **One-Shot**-Timer, weil er den jeweiligen Code genau **einmal** ausführt. Sie können aber auch einen **Intervall**-Timer erstellen, der statt einer einmaligen Verzögerung **mehrere** Intervalle ablaufen lässt. Ein Intervall-Timer ruft den Code **immer wieder** nach jedem Intervall auf, bis Sie ihn stoppen. Intervall-Timer haben sicher ihre Berechtigung, aber der Einsamkeits-Timer für den iRock ist eindeutig ein One-Shot-Timer.

Der Timer läuft ab, ich werde traurig ... das war's.

Ordnen Sie die folgenden Intervalle ihrem Äquivalent in Millisekunden zu.

500 ms	5 Minuten
300.000 ms	5 Sekunden
5.000 ms	1/2 Sekunde

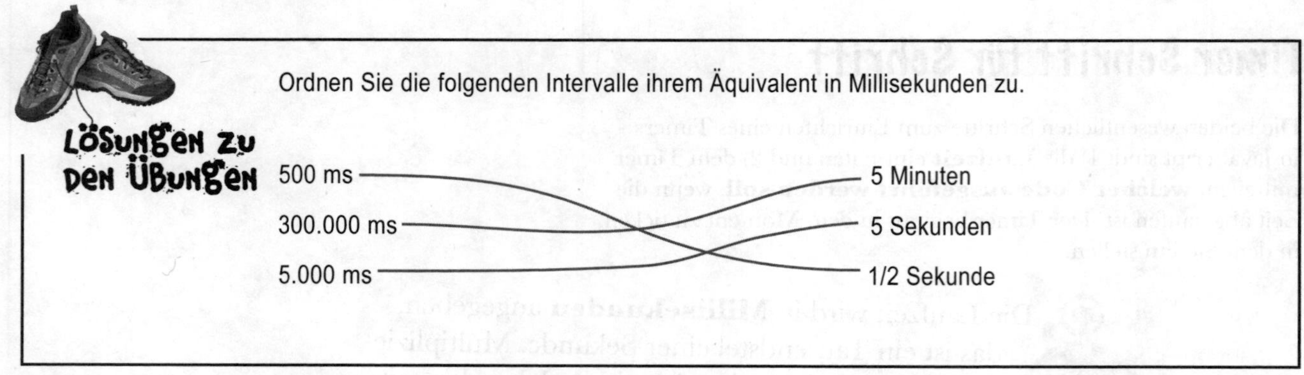

Einen Timer mit setTimeout() stellen

Die eingebaute JavaScript-Funktion für (One-Shot-)Timer heißt `setTimeout()`. Die beiden Informationen, die Sie übergeben müssen, sind die **Timerverzögerung** und der **Code, der ausgeführt** werden soll, wenn der Timer abgelaufen ist (den Code finden Sie unter *http://examples.oreilly.de/german_examples/hfjavascriptger*). Hier ein Beispiel:

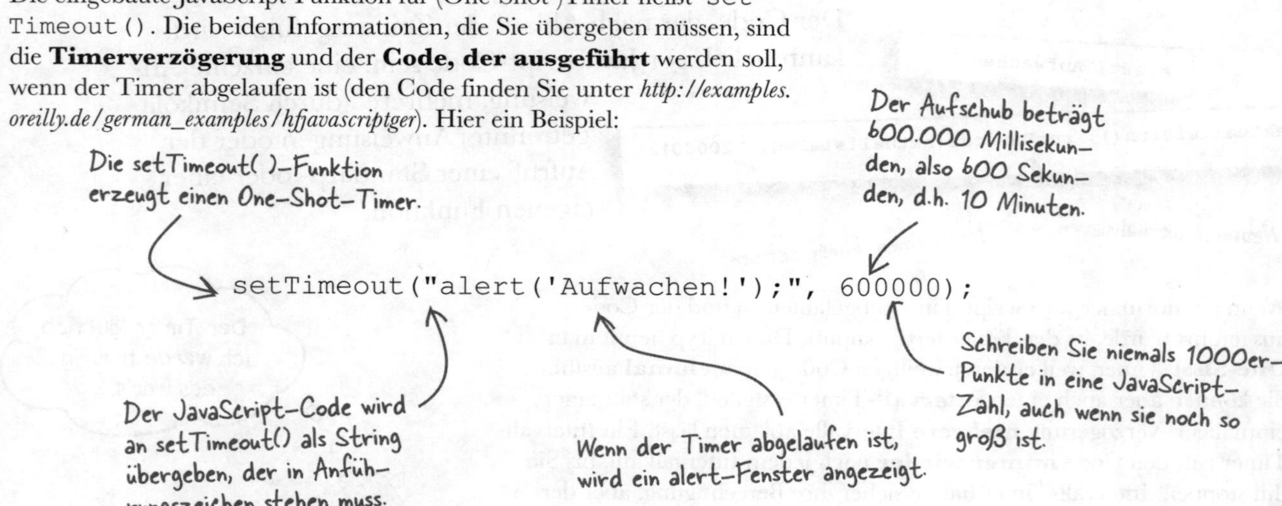

Dieser Aufruf der `setTimeout()`-Funktion legt einen Timer an, der 10 Minuten wartet und dann ein alert-Fenster anzeigt.

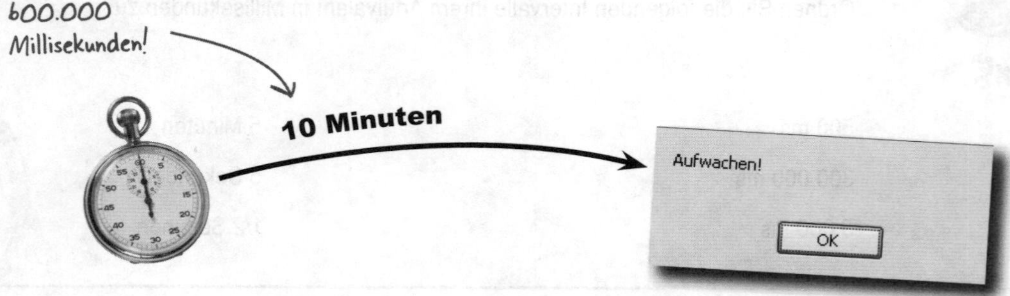

Genauer hingeguckt: die setTimeout()-Funktion

Das ist die allgemeine Form der `setTimeout()`-Funktion:

Schließen die beiden Funktionsargumente ein.

```
setTimeout + ( + Timer-Code + , + Aufschub + );
```

- Code, der ausgeführt wird, wenn der Timer abgelaufen ist.
- Trennt die beiden Funktionsargumente.
- Der Aufschub in Millisekunden.
- Beendet die Anweisung.

Einen Intervall-Timer stellen Sie fast genauso wie einen One-Shot-Timer, nur dass Sie statt `setTimeout()` die `setInterval()`-Funktion verwenden. Beim Intervall-Timer wird der Code **immer wieder** ausgeführt, sobald das Timer-Intervall erneut abgelaufen ist:

```
var timerID = setInterval("alert('Aufwachen!');", 600000);
```

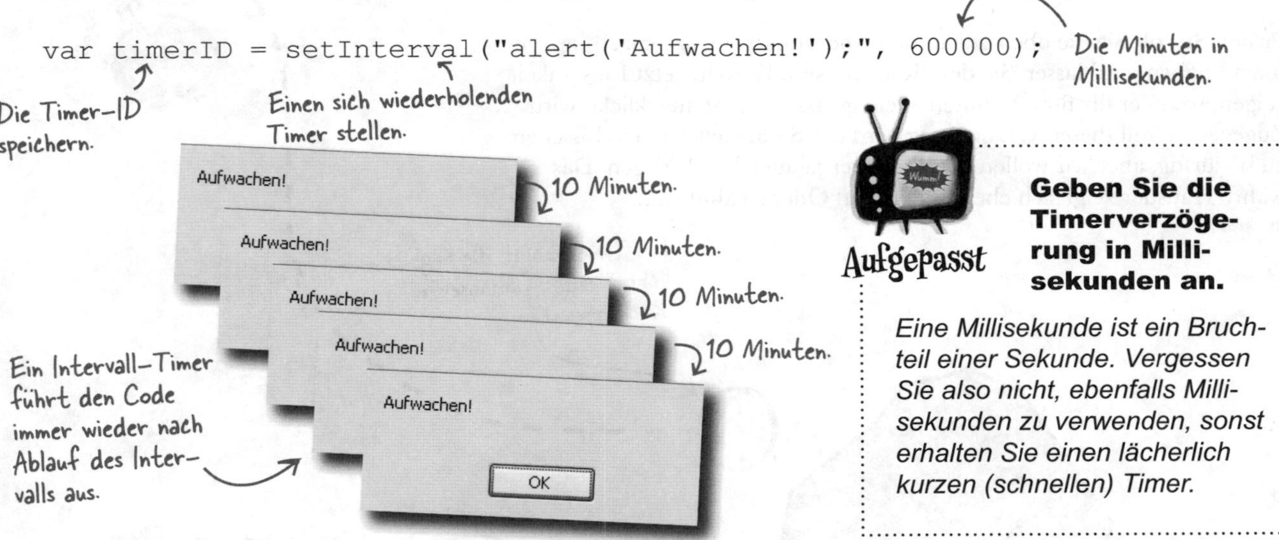

Geben Sie die Timerverzögerung in Millisekunden an.

Eine Millisekunde ist ein Bruchteil einer Sekunde. Vergessen Sie also nicht, ebenfalls Millisekunden zu verwenden, sonst erhalten Sie einen lächerlich kurzen (schnellen) Timer.

Spitzen Sie Ihren Bleistift

Schreiben Sie den Code, der das iRock-Bild nach 5 Minuten von glücklich in einsam tauscht. Tipp: Die Element-ID des iRock-Bilds ist `rockImg`, der Name des einsamen Bilds stein.png.*

Testen Sie, ob dieser Code in Ihrer Version von irock.html funktioniert, bevor Sie umblättern.

....

....

* Laden Sie diese Datei von http://examples.oreilly.de/german_examples/hfjavascriptger herunter.

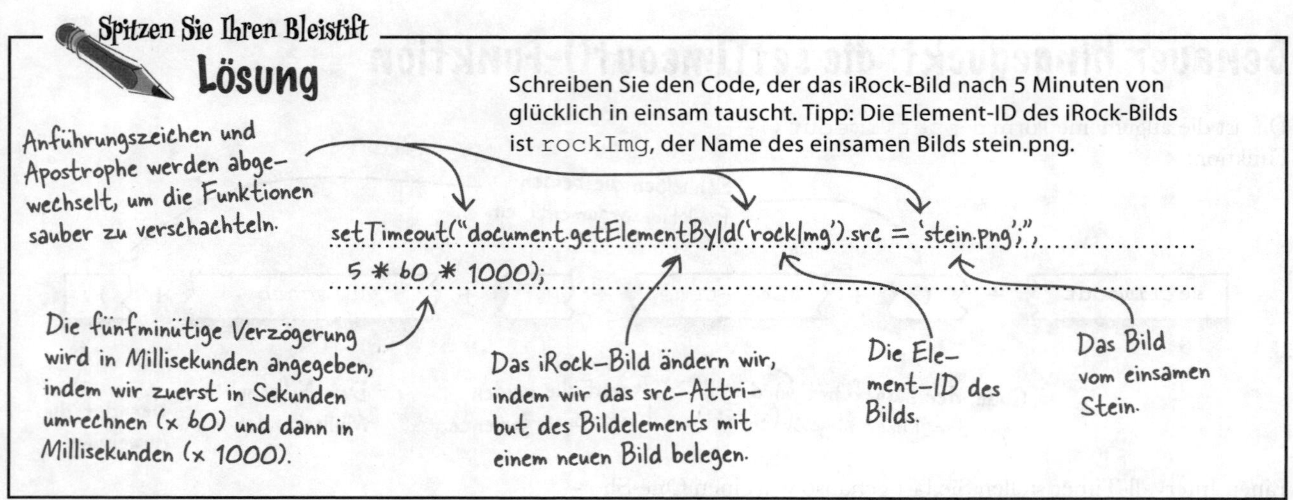

Jetzt wird der iRock einsam!

Prüfen Sie, ob Sie die oben genannten Änderungen in `irock.html` gemacht haben, und lassen Sie den iRock rocken. Er sollte jetzt Einsamkeit zeigen, wenn er für fünf Minuten allein gelassen (nicht angeklickt) wird. Zugegeben, mit dieser Verzögerung wird der Stein vielleicht ein bisschen zu bedürftig, aber wir wollen den Benutzer ja auch beschäftigen. Das wahre Haustier zeigt sich eben in der Not! Oder so ähnlich ...

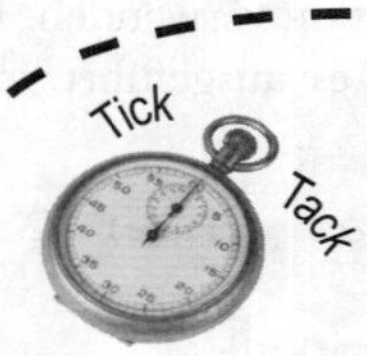

Tick Tack

Ein Timer zählt die »glückliche Zeit« für unseren iRock herunter.

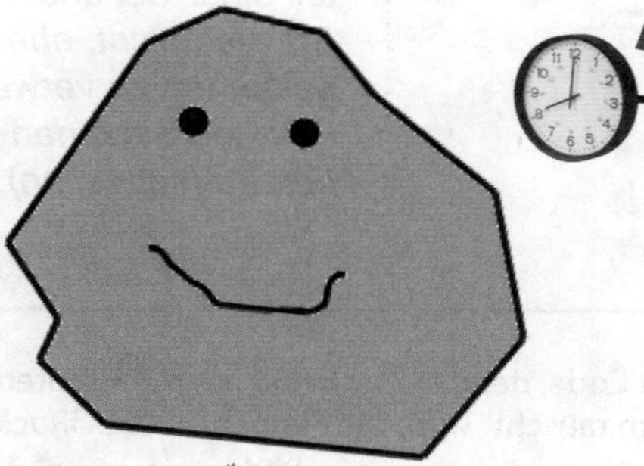

Das Glück ist nun vergänglich für den iRock, das ist viel realistischer.

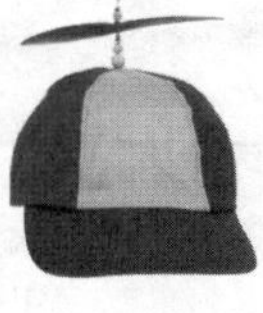

Freak-Futter

Sie können die Gemütsschwankungen des iRock beschleunigen, indem Sie die `setTimeout()`-Funktion mit einer kürzeren Verzögerung aufrufen. Das ist eine gute Möglichkeit, das Skript ohne das lästige Warten zu testen.

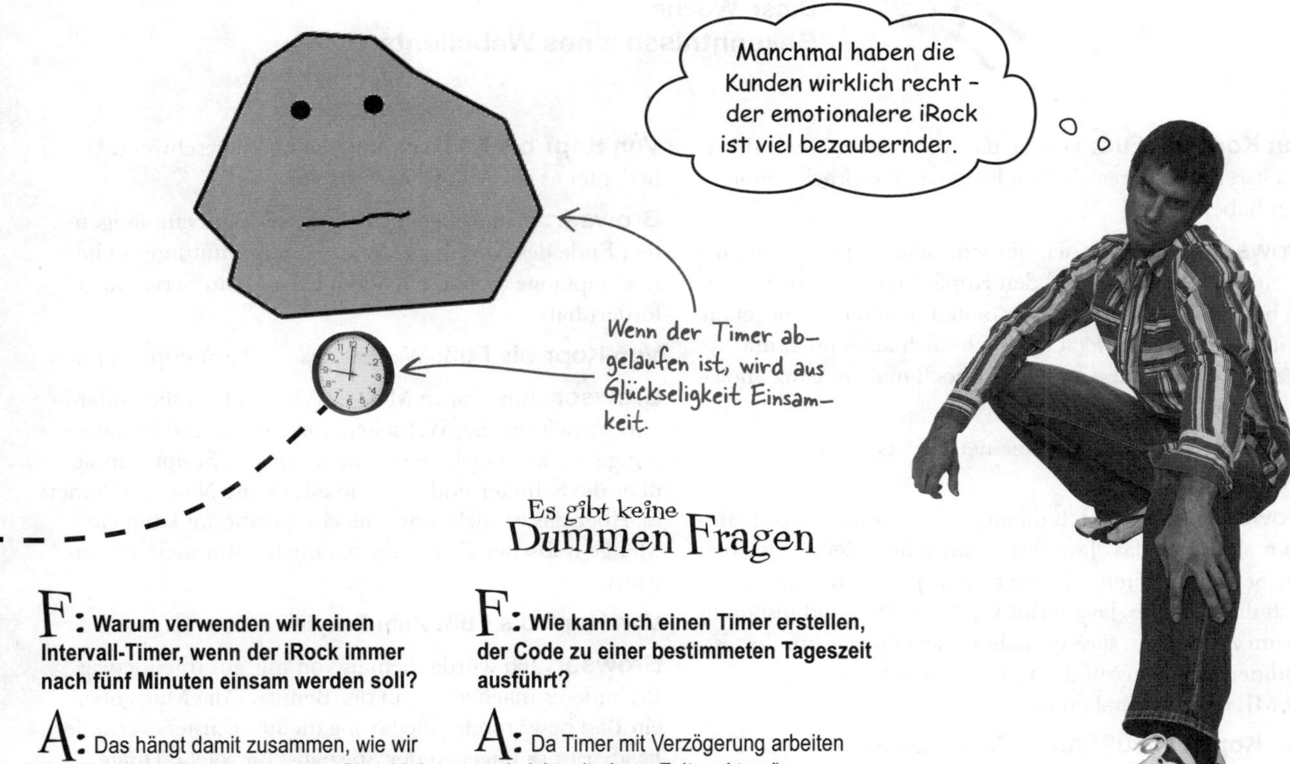

Es gibt keine Dummen Fragen

F: Warum verwenden wir keinen Intervall-Timer, wenn der iRock immer nach fünf Minuten einsam werden soll?

A: Das hängt damit zusammen, wie wir den One-Shot-Timer verwenden. Obwohl der Stein periodisch einsam wird, geschieht das nur, wenn er zuvor eine glückliche Phase hatte. Der Timer wird beim Anklicken gestellt, und wenn er fünf Minuten später abgelaufen ist, wird der Stein einsam und bleibt es auch, bis man ihn wieder anklickt. Das klingt nicht gerade nach einem Intervall-Timer, oder? Der funktioniert anders – er würde alle fünf Minuten ausgelöst, ganz egal, was der Benutzer macht.

F: Was passiert, wenn der Benutzer den Browser schließt, bevor der Timer abläuft?

A: Nichts. Der JavaScript-Interpreter wird beendet, wenn der Browser geschlossen wird, und jeglicher JavaScript-Code wird gestoppt, inklusive noch nicht abgelaufener Timer.

F: Wie kann ich einen Timer erstellen, der Code zu einer bestimmeten Tageszeit ausführt?

A: Da Timer mit Verzögerung arbeiten und nicht mit einem Zeitpunkt, müssen Sie die Tageszeit in eine Verzögerung umrechnen. Beispielsweise können Sie die aktuelle Zeit vom gewünschten Zeitpunkt subtrahieren. Dafür benötigen Sie die Hilfe des JavaScript-`Date`-Objekts, das Sie in Kapitel 9 kennenlernen werden.

F: Ich habe eine Seite mit Daten, die sich verändern, und möchte sie alle 15 Minuten aktualisieren. Wie geht das?

A: Stellen Sie mit der `setInterval()`-Funktion einen Intervall-Timer mit 15 Minuten, das sind 900.000 Millisekunden (15 x 60 x 1000). Der Timer-Code muss die Seite aktualisieren, was Sie mit der `reload()`-Methode des `location`-Objekts tun können:

```
location.reload();
```

Der Timer löst nun alle 15 Minuten die Aktualisierung aus. Natürlich könnten Sie auch mit Ajax (Kapitel 12) die Daten dynamisch laden, statt die Seite zu aktualisieren.

F: Ich verstehe, dass ein Intervall-Timer kontinuierlich abläuft. Aber wie kann ich ihn stoppen?

A: Die Funktion `clearInterval()` löscht Intervall-Timer, die mit `setInterval()` angelegt wurden. Sie müssen `clearInterval()` die ID des zu löschenden Intervall-Timers übergeben, die zuvor von der `setInterval()`-Funktion beim Anlegen des Timers zurückgegeben wurde. Ja, Funktionen können Informationen zurückgeben! Wenn Sie den Rückgabewert von `setInterval()` speichern, z.B. in `timerID`, übergeben Sie ihn einfach an `clearInterval()`, um den Timer wieder zu löschen: `clearInterval(timerID)`.

Der Browser im Gespräch

Diese Woche:
Bekenntnisse eines Webclients

Von Kopf bis Fuß: Danke, dass Sie sich während Ihres arbeitsreichen Tages die Zeit für unser Gespräch genommen haben.

Browser: In der Tat, ich bin sehr beschäftigt! Als wenn ich mit HTML, CSS und den Kopfschmerzen, die mir die beiden beim Rendern der Seiten bereiten, nicht schon genug zu tun hätte. Jetzt muss ich mich auch noch mit JavaScript herumärgern. Das ist noch mal ein ganz anderes Getier.

Von Kopf bis Fuß: Was meinen Sie? Ist JavaScript wild und ungezähmt?

Browser: Äh, nein. Ich meinte »Getier« nicht wörtlich. Ich meinte nur, dass JavaScript eine ganze Reihe bestimmer Schwierigkeiten mit sich bringt. Jetzt habe ich auch noch die Aufgabe, JavaScript-Code zu lesen und inständig darum zu bangen, dass es nicht schlecht programmiert ist. Und den Code auszuführen, während ich ein Auge auf HTML und CSS haben muss.

Von Kopf bis Fuß: Aha. Wie vertragen sich die drei?

Browser: Glücklicherweise ist das mein geringstes Problem. Die drei arbeiten normalerweise gut zusammen, auch wenn JavaScript gelegentlich übermütig wird und ein bisschen HTML verhackstückt. Leider kann ich da nicht viel machen, weil ich meinen Job meistens so machen muss, wie es mir gesagt wird.

Von Kopf bis Fuß: Also avancieren Sie ein bisschen zum Jasager?

Browser: Das könnte man wahrscheinlich sagen, aber genau genommen ist es einfach so, dass ich Konsistenz über alles schätze. Ich arbeite genau nach Vorgabe. Mein Job besteht darin, den Code genau so auszuführen, wie ihn mir der Server liefert.

Von Kopf bis Fuß: Selbst wenn Sie wissen, dass er falsch ist?

Browser: Ich gebe mein Bestes, Probleme zu beheben, wenn ich sie sehe, aber das ist eine undankbare Aufgabe. Außerdem ist das das Thema für einen anderen Tag (Kapitel 11). Ich dachte, wir sprechen über meine Rolle als Webclient.

Von Kopf bis Fuß: Stimmt, ich bin abgeschweift. Was bedeutet es also, ein Client zu sein?

Browser: Primär bedeutet es, dass ich am empfangenden Ende des Kanals zur Webseitenübermittlung stehe. Ich empfange Seiten, nachdem ich sie vom Server angefordert habe.

Von Kopf bis Fuß: Was hat das mit JavaScript zu tun?

Browser: Eine ganze Menge. Während ich die undankbare Arbeit mache, Webseiten anzuzeigen und Benutzereingaben zu verarbeiten, schaut mir JavaScript ständig über die Schulter und steckt in alles seine Nase und ändert es. Aber das ist nicht nur schlecht. JavaScript kann eine Menge hübscher Dinge, die ich mich selbst nicht trauen würde.

Von Kopf bis Fuß: Zum Beispiel?

Browser: Ich würde niemals von mir aus irgendetwas Besonderes machen, wenn der Benutzer die Maus über ein Bild bewegt oder die Größe meines Fensters verändert. JavaScript ist dagegen der Spezialist für solche Dinge. Es ist keine große Sache für ein Skript, die Darstellung einer Seite zu ändern oder den Inhalt an Benutzeränderungen anzupassen. Und für mich ist das okay, weil der JavaScript-Code seitenweise ausgeführt wird, also immer nur für eine bestimmte Seite oder Website gilt.

Von Kopf bis Fuß: Sie sprechen über JavaScript, als wäre es jemand anders. Sind nicht in Wahrheit Sie selbst JavaScript?

Browser: Beides. JavaScript ist sicherlich ein Teil von mir, aber Sie können es sich auch als ein anderes Wesen vorstellen, da es auf den Client (mich) nur über eine beschränkte Schnittstelle Zugriff hat. Ich gebe JavaScript keinen uneingeschränkten Zugriff. Das wäre unverantwortlich, da ich keinen Einfluss darauf habe, wer die Skripten schreibt.

Von Kopf bis Fuß: Verstanden. Danke, dass Sie die Sache mit dem Client ein wenig für uns beleuchtet haben.

Browser: Aber gerne.

Viele Bildschirmgrößen, viele Beschwerden

Alan hat gerade das Geld für die Gemütsveränderungen am iRock bezahlt, als schon wieder eine Beschwerdewelle von frustrierten Benutzern anrollt. Anscheinend ist die **Größe** des iRock nicht gerade einheitlich. Manche Benutzer beklagen das »Schrumpfstein-Syndrom«, während andere von Angstzuständen aufgrund von »Riesengesteinsformationen« berichten. Du genießt Alans Vertrauen. Also Zeit, ~~mehr Kohle zu machen~~ den iRock noch mal zu verbessern.

Mit dem document-Objekt die Breite des Clientfensters ermitteln

Das Problem mit dem jetzigen iRock kommt daher, dass sich die Größe des Steins nicht mit der Größe des Browserfensters ändert. Das geht nur so lange gut, bis Sie sich die **dramatischen Größenunterschiede** der Browser auf den verschiedenen webfähigen Computern vor Augen halten: von **winzigen tragbaren Geräten** bis hin zu Desktopcomputern mit **gigantischen Monitoren**. Sie brauchen eine Möglichkeit, die Größe des Browserfensters zu überprüfen, die Sie dann als Maßstab heranziehen können, um **die Größe des Steins anzupassen**.

Das Clientfenster ist nur der Teil des Browserfensters, der die Webseite zeigt.

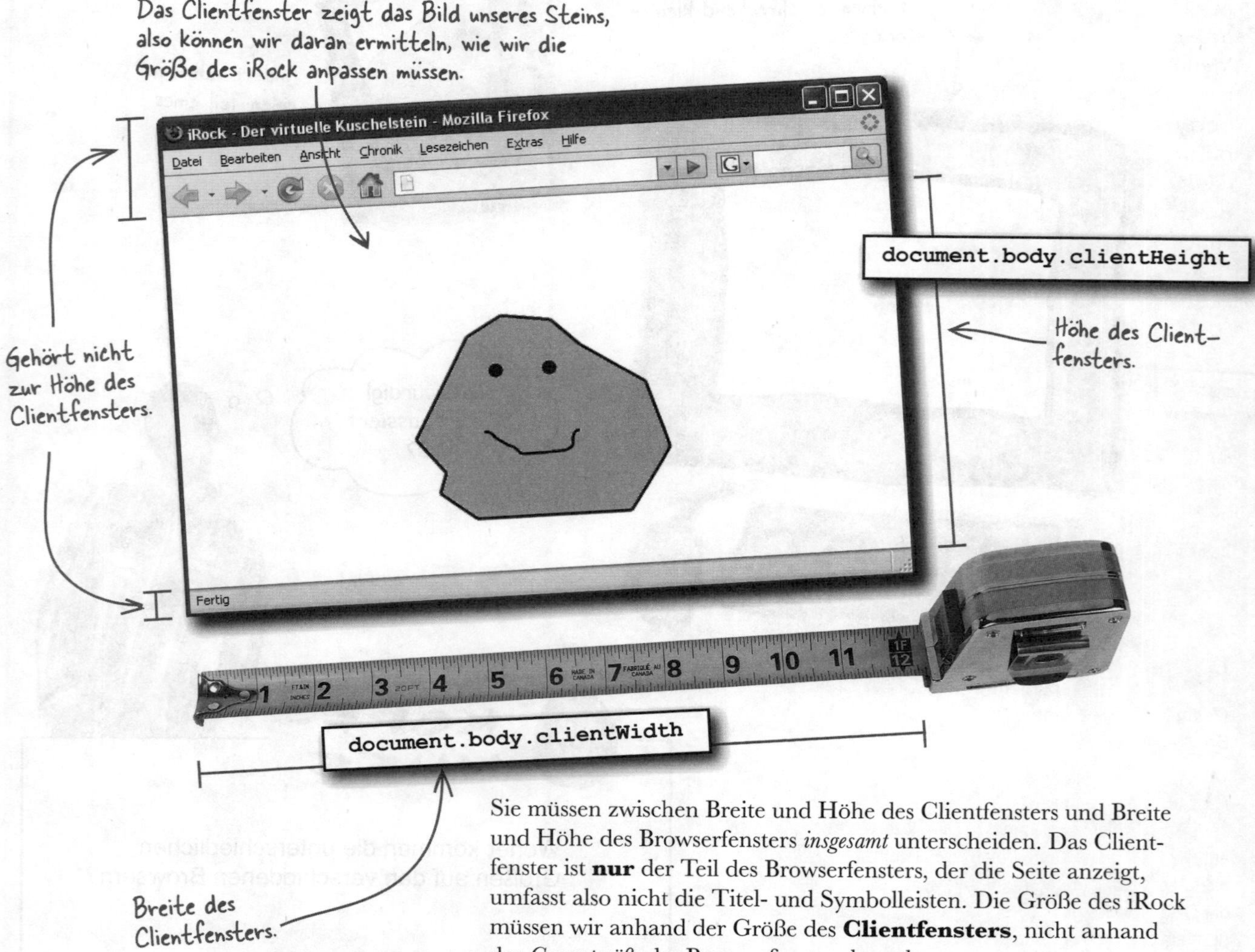

Sie müssen zwischen Breite und Höhe des Clientfensters und Breite und Höhe des Browserfensters *insgesamt* unterscheiden. Das Clientfenster ist **nur** der Teil des Browserfensters, der die Seite anzeigt, umfasst also nicht die Titel- und Symbolleisten. Die Größe des iRock müssen wir anhand der Größe des **Clientfensters**, nicht anhand der *Gesamtgröße* des Browserfensters berechnen.

Mit den Eigenschaften des document-Objekts die Breite des Clientfensters bestimmen

Die Größe des Clientfensters hängt eng mit der Webseite zusammen, auf die Sie in JavaScript mit dem document-Objekt zugreifen. Das ist dasselbe Objekt, mit dem Sie auch auf die Elemente einer Seite mit der getElementById()-Methode zugegriffen haben. Die Eigenschaften body.clientWidth und body.clientHeight des Dokuments enthalten Breite und Höhe des Clientfensters.

document

Das document-Objekt repräsentiert die Webseite.

```
<html>
  <head>
    <title>iRock - Der virtuelle Kuschelstein</title>
    <script type="text/javascript">
      var benutzer;
      function begruessen() {
        alert('Hallo, ich bin dein Kuschelstein.');
      }
      function steinAngefasst() {
        if (benutzer) {
          alert("Das gefällt mir, " + benutzer + ". Danke.");
        }
        else {
          benutzer = prompt("Wie heißt du?", "Gib deinen Namen ein.");
          if (benutzer)
            alert("Schön, dich kennenzulernen, " + benutzer + ".");
        }
        document.getElementById("rockImg").src = "gluecklicher_stein.png";
        setTimeout("document.getElementById('rockImg').src = 'stein.png';",
          5 * 60 * 1000);
      }
    </script>
  </head>

  <body onload="begruessen();">
    <div style="margin-top:100px; text-align:center">
      <img id="rockImg" src="stein.png" alt="iRock" style="cursor:pointer"
        onclick="steinAngefasst();" />
    </div>
  </body>
</html>
```

document.body

Der Body des Dokuments repräsentiert den sichtbaren Teil der Seite, einschließlich Höhe und Breite des Clientfensters.

Es gibt keine Dummen Fragen

F: Nur um sicherzugehen: Was ist der Unterschied zwischen einem Webclient, einem Browser, einem Clientfenster und einem Browserfenster?

A: Tja, das kann verwirrend sein. Allgemein wird im Web ein Browser als Webclient bezeichnet, weil er beim Übertragen von Webseiten auf der Clientseite steht. Innerhalb des Browsers bedeutet »Client« allerdings etwas anderes: den Bereich des Browserfensters, in dem die Seite angezeigt wird. Somit ist das Clientfenster der Bereich innerhalb des Browserfensters, der das andere Zeug wie Titel-, Symbol- und Scrollleisten usw. nicht beinhaltet.

F: Warum ist das Clientfenster der Maßstab, um die Größe des iRock anzupassen?

A: Das Clientfenster bietet dafür den besseren Maßstab, da es den tatsächlich verfügbaren Platz angibt, in dem das Bild angezeigt wird. Dadurch werden die schwer kalkulierbaren Unterschiede ausgeschlossen, die sich durch zusätzliche Symbolleisten und Fenstergrößen der Browser von verschiedenen Herstellern auf den verschiedenen Betriebssystemen ergeben. Safari auf dem Mac kann z.B. eine andere Browserfenstergröße als Firefox unter Windows haben, selbst wenn der Teil für die Anzeige – das Clientfenster – bei beiden gleich ist.

Höhe und Breite des iRock festlegen

Die Größe des Clientfensters zu wissen ist nicht sonderlich nützlich, wenn wir im iRock-Skript nicht auch **die Größe des iRock ändern** können. Glücklicherweise können Sie mit JavaScript und ein bisschen CSS (selbst wenn CSS nicht Ihrem Stil entspricht) die Größe eines Bilds tunen. Mit den Eigenschaften `width` und `height` eines Bildelements können Sie nicht nur ermitteln, wie groß ein Bild ist, sondern auch die Größe des Bilds bei Bedarf dynamisch ändern.

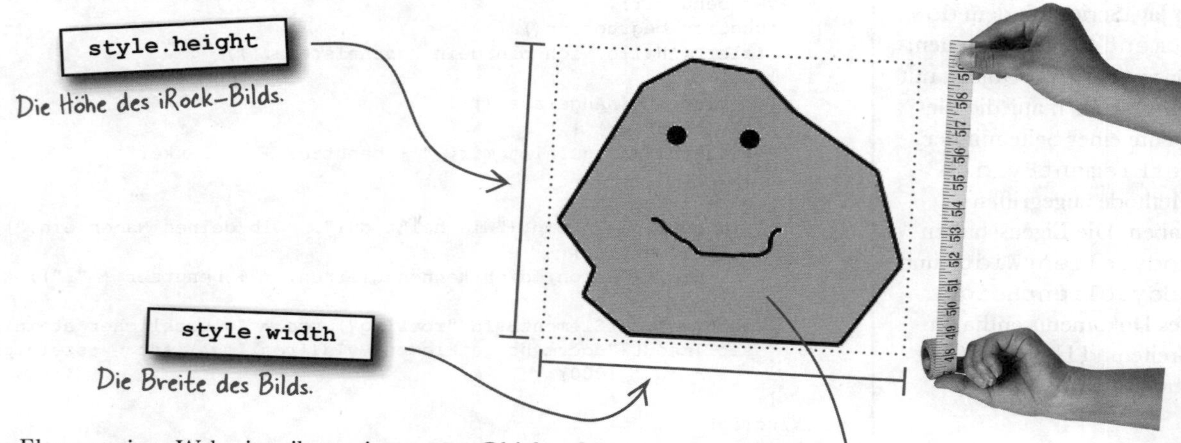

Für jedes Element einer Webseite gibt es ein `style`-Objekt, also können Sie auf Breite und Höhe jedes Teils einer Webseite zugreifen. Um aber auf die Stileigenschaften zuzugreifen, müssen Sie zunächst das Webseitenelement selbst abrufen, in diesem Fall das Bild vom Stein (falls noch nicht geschehen, laden Sie's von *http://examples.oreilly.de/german_examples/hfjavascriptger* herunter). Dafür benötigen wir die praktische `getElementById()`-Methode des `document`-Objekts:

Der HTML-Code für das Bild vom Stein ist der Schlüssel zu den Stileigenschaften des Bilds.

```
<img id="rockImg" src="stein.png" alt="iRock" ... />
```

```
document.getElementById("rockImg").style.height
```

Dieser Code greift auf die Höhe des Bilds zu.

Um die Größe des iRock-Bilds zu ändern, legen Sie einfach die `width`- oder die `height`-Eigenschaft fest. Es reicht, **nur eine der beiden** Eigenschaften festzulegen, die andere wird **automatisch skaliert**, um die **Proportionen** beizubehalten.

Die Höhe des Bilds auf 100 Pixel festlegen.

```
document.getElementById("rockImg").style.height = "100px";
```

Die Breite müssen Sie nicht ändern ... sie wird skaliert und proportional zur neuen Höhe angepasst.

Den iRock an die Seitengröße anpassen

Wir haben immer noch keine Formel, um die Größe des iRock-Bilds der Größe des Clientfensters entsprechend zu berechnen. Da sich die Steingröße **proportional** zur Größe des Clientfensters ändern soll, werden wir die Steingröße **prozentual** zur Größe des Clientfensters festlegen.

Aber sollen wir die Steingröße von der Breite oder der Höhe des Clientfensters abhängig machen? Nachdem Browser tendenziell eher **vertikal** beschränkt sind, ist es sicherer, sich bei der Steingröße an der **Höhe** des Clientfenster zu orientieren.

Die Höhe des Clientfensters.

```
(clientWindowHeight - 100) * 0.9 = steinHoehe
```

100 Pixel.

90% vom vertikalen Rest.

Diese Kalkulation berücksichtigt einen vertikalen Abstand des Steins zum Seitenrand (100 Pixel) und legt dann die Größe des Steins auf 90% (0.9) dessen fest, was übrig bleibt. Manchmal muss man bei solchen Berechnungen ein wenig herumtüfteln, bis man die beste Lösung findet. Sie müssen Ihren iRock ausprobieren und selbst sehen, wie es funktioniert ... aber zuerst schreiben wir mal den Code.

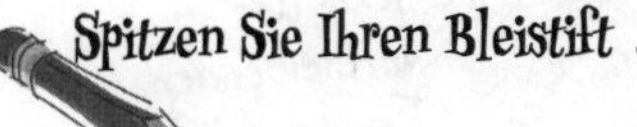

Spitzen Sie Ihren Bleistift

Schreiben Sie den Code für die `steinAnpassen()`-Funktion, die das Bild der Größe des Clientfensters entsprechend anpassen soll. Fügen Sie auch Code in den onload-Event-Handler ein, damit `steinAnpassen()` zusätzlich zu `begruessen()` aufgerufen wird.

```
    function steinAnpassen() {

    ...................................................................

    ...................................................................
    }
  ...
  <body onload= .......................................................... >
  ...
  </body>
```

Spitzen Sie Ihren Bleistift – Lösung

Sie sollten den Code für die Funktion `steinAnpassen()` schreiben und auch Code zum onload-Event-Handler hinzufügen, um `steinAnpassen()` aufzurufen. Sorgen Sie ebenfalls dafür, dass `begruessen()` weiterhin aufgerufen wird!

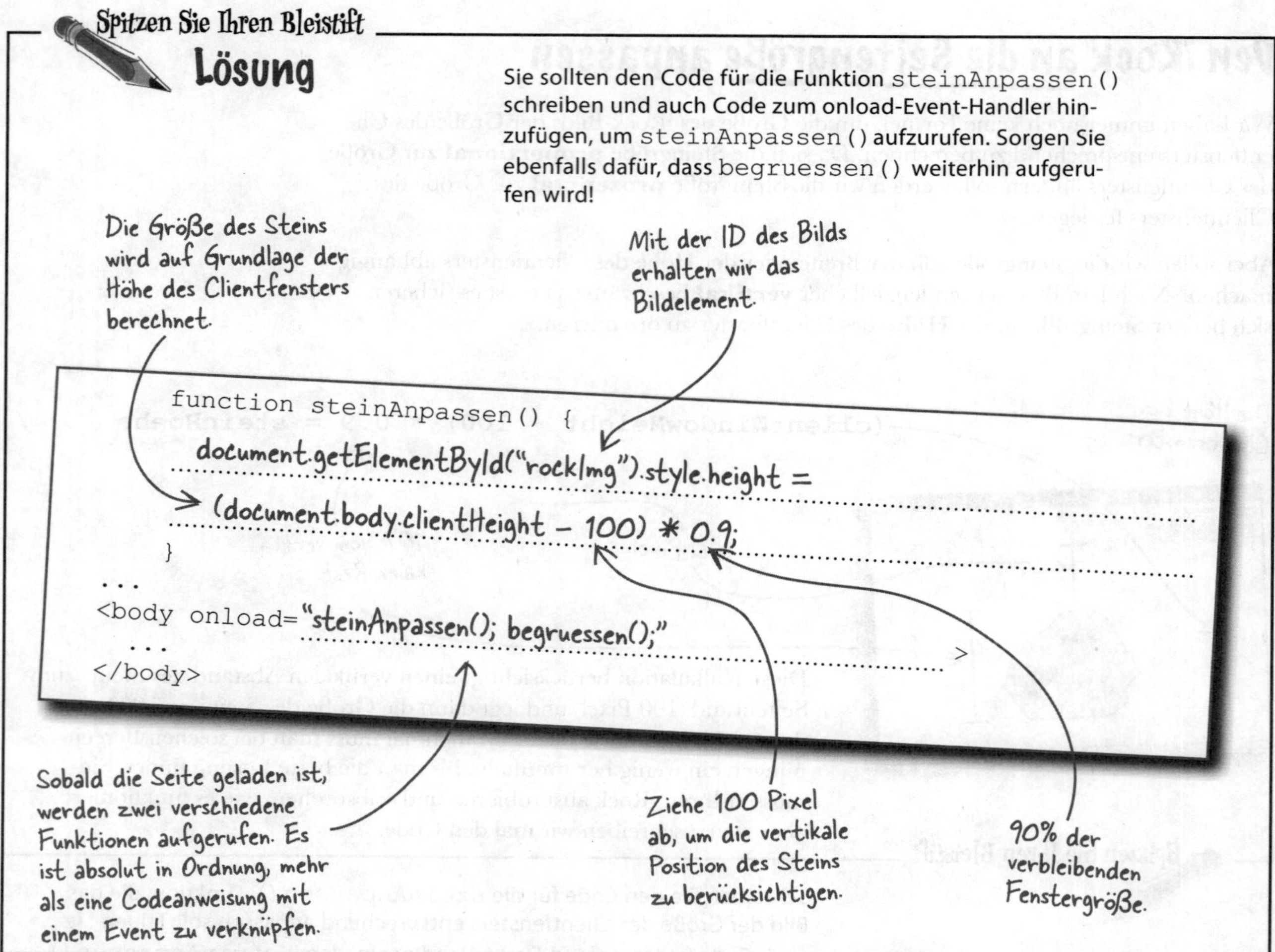

Punkt für Punkt

- Mit der `setTimeout()`-Funktion können Sie einen **One-Shot-Timer** erstellen, der JavaScript-Code ausführt, nachdem eine gewisse Zeitspanne abgelaufen ist.
- Um einen Timer zu erstellen, der ein bestimmtes Intervall wiederholt, verwenden Sie `setInterval()`. Dadurch wird ein **Intervall-Timer** angelegt.
- Geben Sie die Timerverzögerung immer in Millisekunden an, also in Tausendstelsekunden.
- Webseitenelemente haben ein `style`-Objekt, mit dem Sie Stileigenschaften wie `width` und `height` festlegen können.
- Das Clientfenster ist der Teil des Browserfensters, der die Webseite anzeigt – und sonst gar nichts.
- Auf Breite und Höhe des Clientfensters können Sie mit den Eigenschaften `body.clientWidth` und `body.clientHeight` des `document`-Objekts zugreifen.

Ihr iRock ... mausert sich!

Dank Ihrer Codeänderungen hat sich der iRock dahin entwickelt, dass er sich an jede Browserumgebung anpassen kann. Aktualisieren Sie `iRock.html` (verfügbar unter *http://examples.oreilly.de/german_examples/hfjavascriptger*), damit es so wie auf Seite 104 aussieht, und laden Sie es in verschiedenen Browsern mit unterschiedlichen Fenstergrößen. Wenn Sie möchten, können Sie es auch auf Ihrem brandneuen iPhone ausprobieren!

Die Größe des Steins ist nun je nach Größe des Browserfensters unterschiedlich.

Die Benutzer melden keine Probleme mit ihren Haustieren mehr, und Alan ist fast schon so weit, Ihnen tonnenweise Aktienoptionen zu geben. Alle sind glücklich ... für den Moment.

Es gibt keine Dummen Fragen

F: Ich verstehe immer noch nicht den Sinn der 100 in der Berechnung der Größe des iRock-Bilds. Was soll das?

A: Der HTML-/CSS-Code für die iRock-Seite platziert das Bild 100 Pixel unterhalb des Seitenrands, damit es nicht am oberen Rand des Clientfensters klebt. Die Kalkulation trägt dieser ästhetischen Positionierung Rechnung, indem der 100-Pixel-Offset subtrahiert wird, bevor die Höhe des Steins als Prozentsatz (90%) der Höhe des Clientfensters beziffert wird. Die 100 Pixel sind keine Zauberei, sondern positionieren den Stein nur zufällig in den meisten Browsern an einer guten Stelle.

F: Kann ich die Größe von allem, was ich will, mit den CSS-Stileigenschaften `width` und `height` ändern?

A: So ziemlich. Dadurch bekommen Sie hoffentlich eine Ahnung davon, wie mächtig JavaScript bei der Manipulation von Webinhalten sein kann. Im Fall des iRock-Skripts liegt die Macht darin, die Größe des Clientfensters zu ermitteln und als Basis für die Größenänderung eines Bilds zu verwenden.

F: Warum ändern wir die Bildgröße des iRock nicht einfach mit JavaScript-Code im Head der Seite, sondern mit dem `onload`-Event?

A: Das liegt daran, dass der Inhalt der Webseite nicht geladen ist, bevor das `onload`-Event ausgelöst wird. Wenn Ihr JavaScript-Code wie der iRock-Code auf Elemente der Seite zugreift, können Sie den Code nicht vor dem `onload`-Event ausführen.

Aber was passiert mit dem iRock, wenn sich die Größe des Browserfensters ändert? Bleibt die Größe des Bilds dann nicht gleich?

Stimmt, die Größe des Steins ist nicht dynamisch.

Manche Benutzer werden zwangsläufig die Größe ihres Browserfensters ändern, aber der iRock ändert seine Größe nicht, wenn das geschieht. Das wird den Benutzern gar nicht schmecken. Die Größe des Steins wird nur im `onload`-Event angepasst, wenn die Seite zum ersten Mal geladen wird. Von da an bleibt die Größe gleich. Damit stehen wir wieder am Anfang:

Die Größe des Steins ändert sich nicht, wenn sich die Größe des Browserfensters ändert.

onresize wird ausgelöst, wenn sich die Browsergröße ändert

Damit die Bildgröße des Steins proportional zum Clientfenster des Browsers bleibt, muss Ihr Skript erkennen, wenn der Benutzer die Größe des Browserfensters ändert. Das wird über ein Event namens `onresize` kommuniziert. Das `onresize`-Event wird jedes Mal ausgelöst, wenn sich die Größe des Browserfensters ändert – genau das, was Sie brauchen, um die Größe des Steins anzupassen.

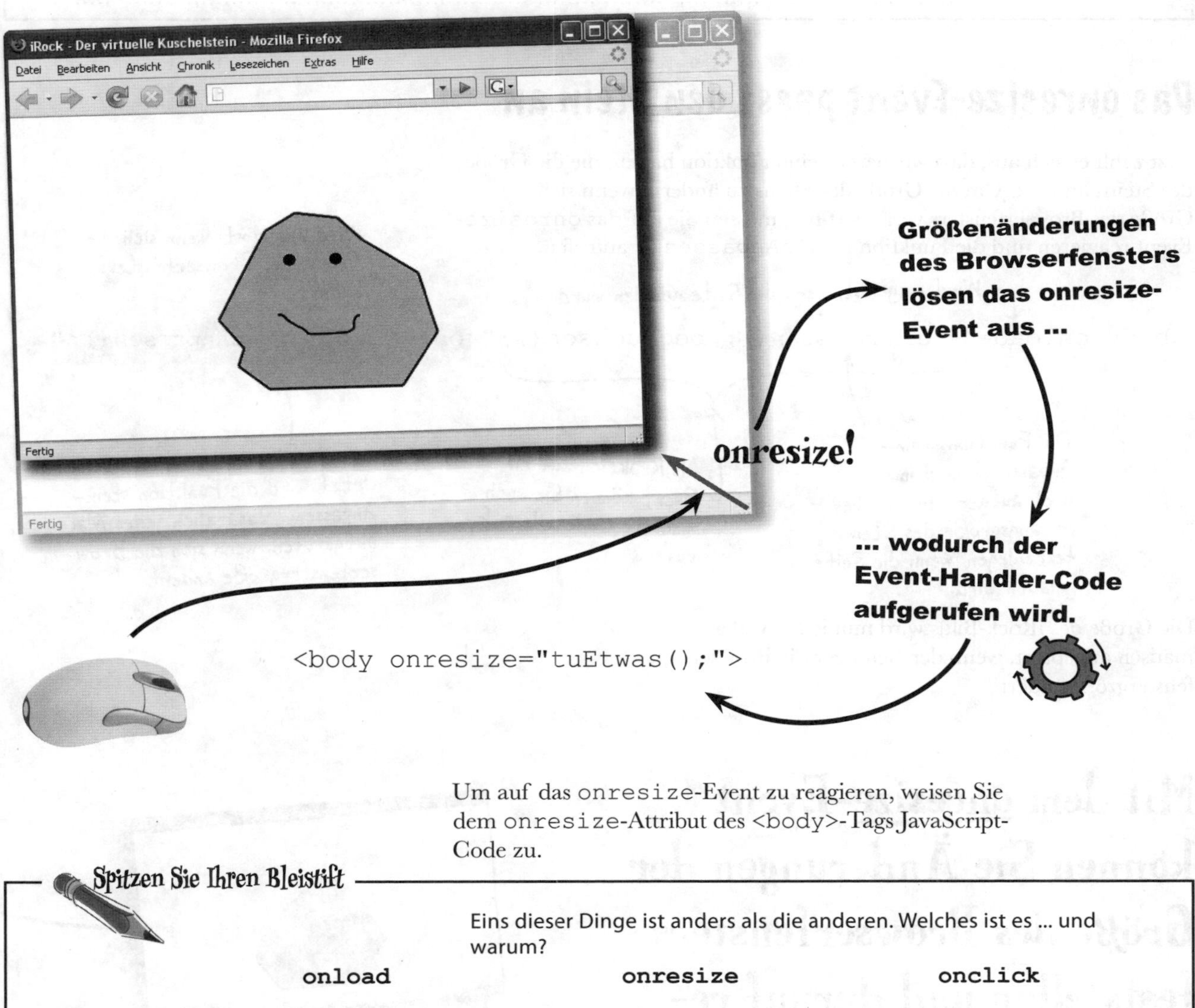

Um auf das `onresize`-Event zu reagieren, weisen Sie dem `onresize`-Attribut des `<body>`-Tags JavaScript-Code zu.

Spitzen Sie Ihren Bleistift

Eins dieser Dinge ist anders als die anderen. Welches ist es ... und warum?

onload **onresize** **onclick**

....

....

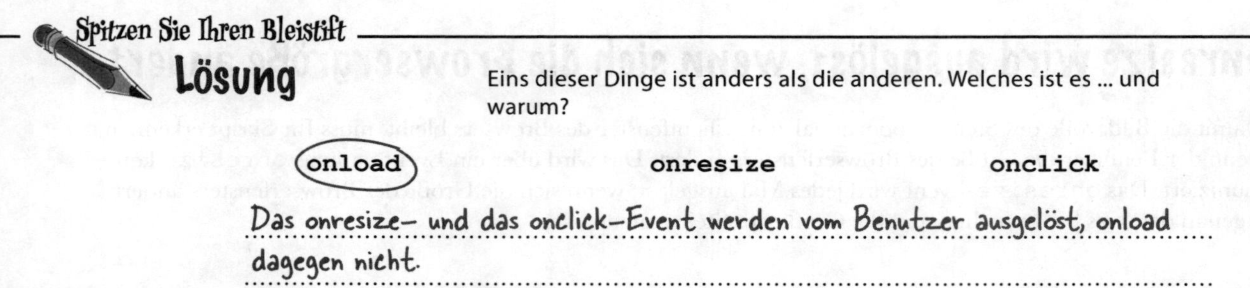

Das onresize-Event passt den Stein an

Jetzt zahlt es sich aus, dass wir bereits eine Funktion haben, die die Größe des Steins anpasst. Um die Größe des Steins zu ändern, wenn sich die Größe des Browserfensters verändert hat, müssen Sie auf das `onresize`-Event reagieren und die Funktion `steinAnpassen()` aufrufen.

Wird ausgelöst, wenn die Seite geladen wurde.

Wird ausgelöst, wenn sich die Größe des Browserfensters ändert.

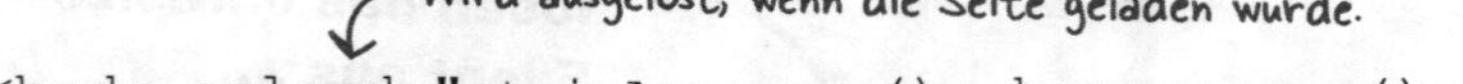

```
<body onload="steinAnpassen(); begruessen();" onresize="steinAnpassen();">
```

Die Funktion steinAnpassen() wird immer noch aufgerufen, um die Anfangsgröße des Steins festzulegen, wenn die Seite geladen wird.

Als Reaktion auf ein Event können Sie auch mehrere Codeteile aufrufen.

Jetzt wird die Funktion steinAnpassen() zusätzlich jedes Mal aufgerufen, wenn sich die Browserfenstergröße ändert.

Die Größe des iRock-Bilds wird nun jedes Mal automatisch angepasst, wenn der Benutzer die Browserfenstergröße ändert.

Mit dem onresize-Event können Sie Änderungen der Größe des Browserfensters feststellen und darauf reagieren.

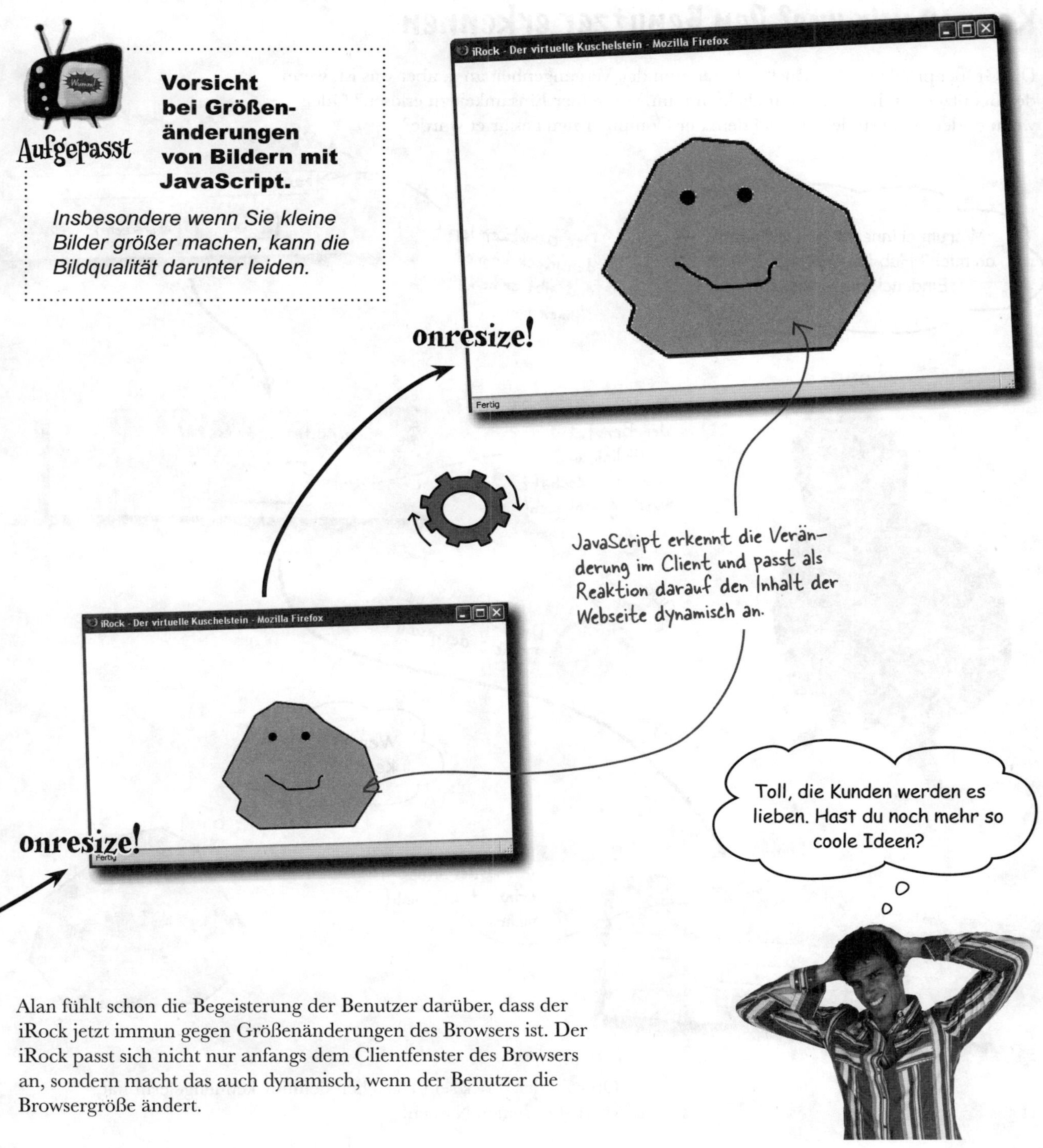

Alan fühlt schon die Begeisterung der Benutzer darüber, dass der iRock jetzt immun gegen Größenänderungen des Browsers ist. Der iRock passt sich nicht nur anfangs dem Clientfenster des Browsers an, sondern macht das auch dynamisch, wenn der Benutzer die Browsergröße ändert.

Kennen wir uns? Den Benutzer erkennen

Die Größenprobleme des iRock gehören nun der Vergangenheit an ... aber was ist, wenn der Benutzer den iRock öfter anklickt, um ihn von seiner Einsamkeit zu erlösen? Oder wenn er den Stein streichelt, nachdem der Computer neu gestartet wurde?

Warum erinnerst du dich nicht an mich? Hab ich denn gar keinen Eindruck hinterlassen?

Wie heißt du?

Paul

OK Abbrechen

Der Benutzer lernt den iRock kennen und gibt seinen Namen ein.

Der iRock begrüßt den Benutzer persönlich, und eine Freundschaft wurde geschlossen!

Schön, dich kennenzulernen, Paul.

OK

Tick Tack

Die Zeit vergeht, Dinge ändern sich ...

Wer ist Paul? Kenn ich ihn?

Wie heißt du?

OK Abbrechen

... und der iRock erinnert sich nicht mehr.

Obwohl der iRock sein Herrchen definitiv kennengelernt hat, vergisst er seinen Namen!

Die Lebensdauer eines Skripts

Der Gedächtnisschwund des iRock hängt mit der Lebensdauer des Skripts zusammen, die sich auf die in den Skriptvariablen gespeicherten Daten auswirkt.

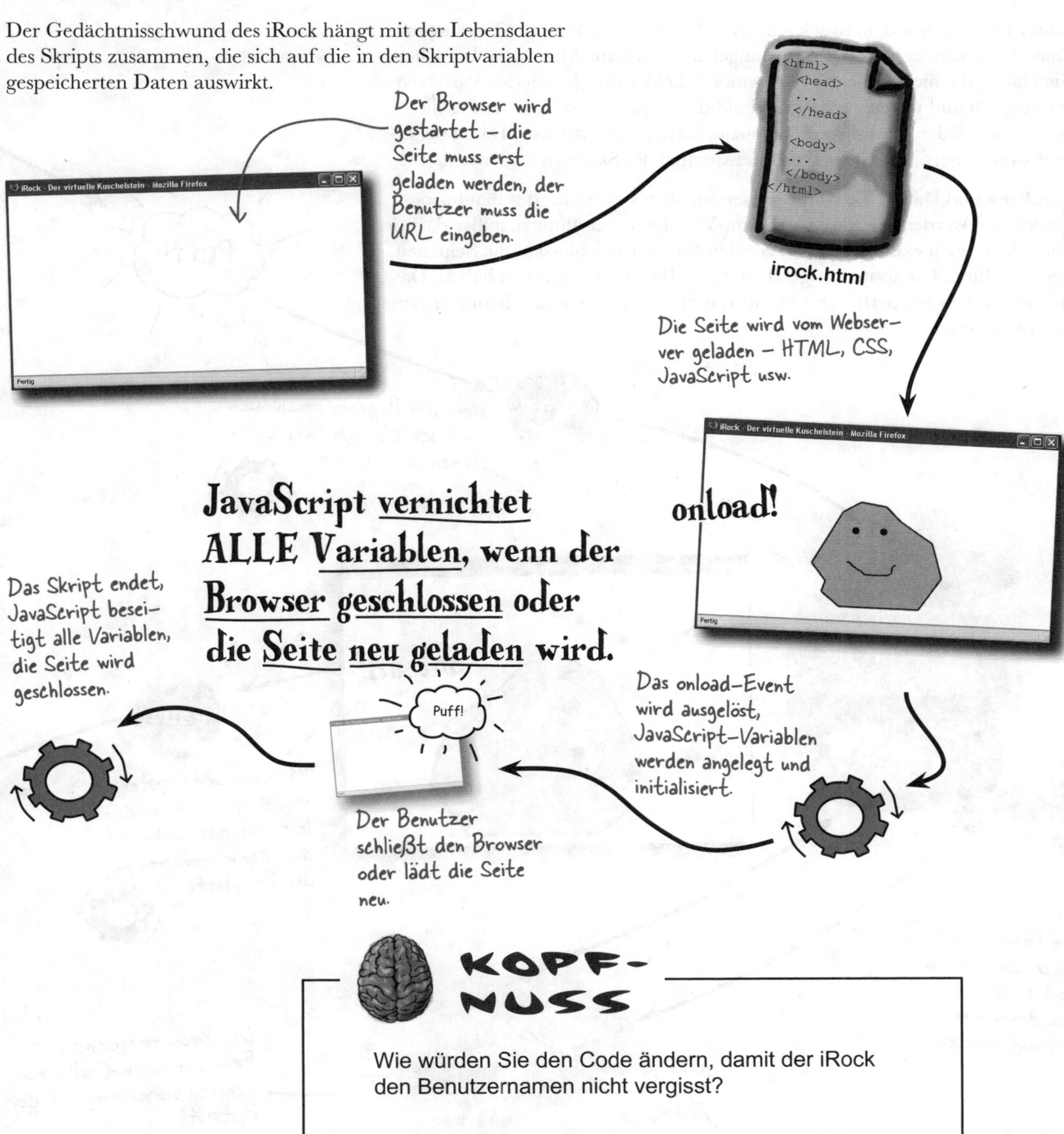

KOPF-NUSS

Wie würden Sie den Code ändern, damit der iRock den Benutzernamen nicht vergisst?

Cookies überleben Ihr Skript

Unser Problem mit dem iRock hat einen Namen, man nennt es **Persistenz**. Genauer gesagt, geht es um den Mangel an Persistenz. Manchmal brauchen Sie Daten, die nicht einfach verschwinden. Leider sind JavaScript-Variablen vergänglich und werden zerstört, sobald der Browser geschlossen oder die Seite neu geladen wird. Browser-Cookies bieten einen Ausweg, Daten persistent zu speichern, sodass sie die Lebensspanne des Skripts überdauern.

Cookies sind Daten, die vom Browser auf dem Computer des Benutzers gespeichert werden. Sie sind JavaScript-Variablen sehr ähnlich, außer dass sie auch dann noch existieren, wenn Sie den Browser geschlossen, die Seite neu geladen, Ihren Computer ausgeschaltet und Ihr Haus umgebaut haben. Das macht Cookies zur perfekten Lösung, um im iRock-Skript den Benutzernamen abzuspeichern.

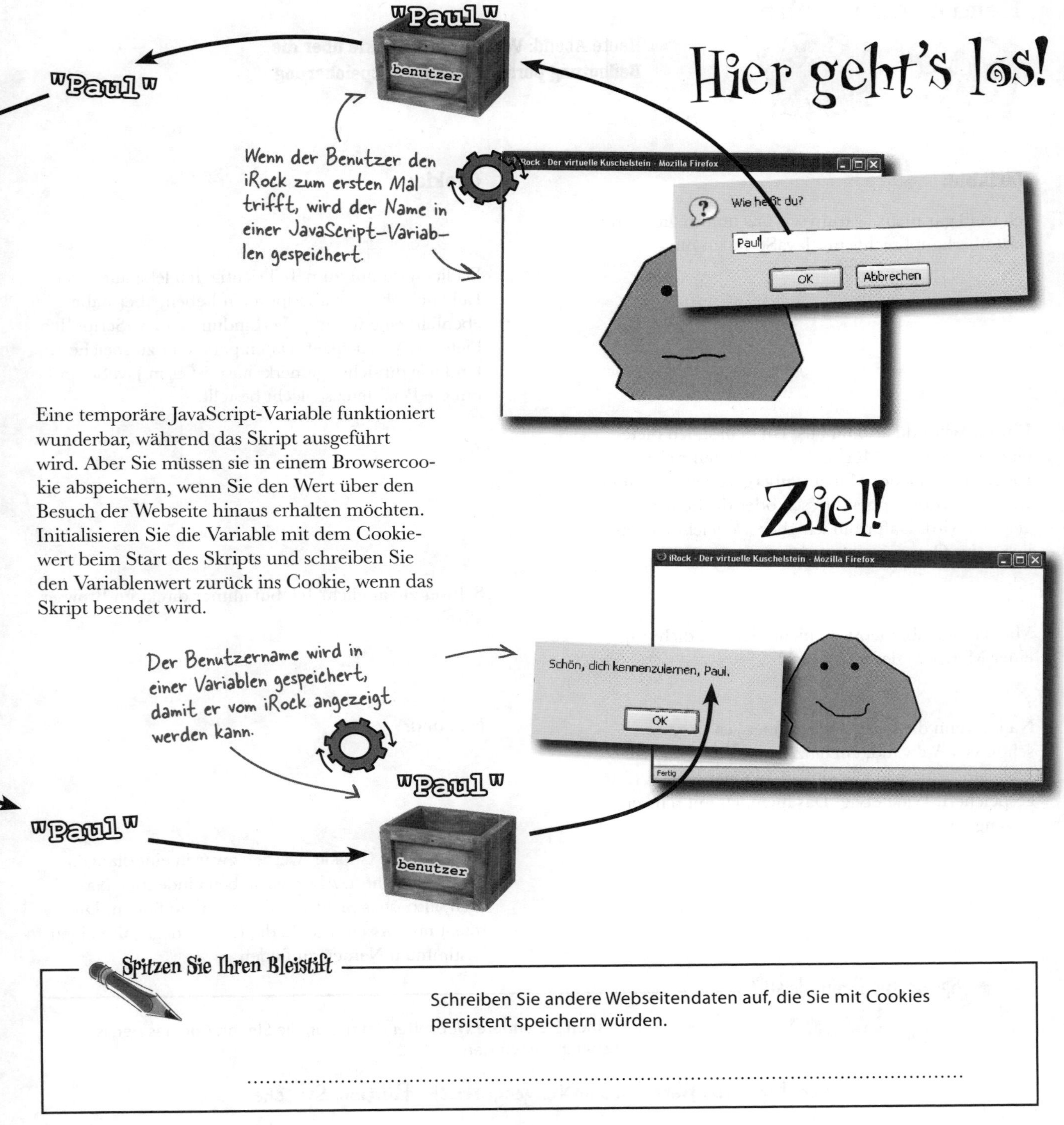

Eine temporäre JavaScript-Variable funktioniert wunderbar, während das Skript ausgeführt wird. Aber Sie müssen sie in einem Browsercookie abspeichern, wenn Sie den Wert über den Besuch der Webseite hinaus erhalten möchten. Initialisieren Sie die Variable mit dem Cookiewert beim Start des Skripts und schreiben Sie den Variablenwert zurück ins Cookie, wenn das Skript beendet wird.

Spitzen Sie Ihren Bleistift

Schreiben Sie andere Webseitendaten auf, die Sie mit Cookies persistent speichern würden.

....

Kamingespräche

Heute Abend: **Variable und Cookie über die Bedeutung persistenter Datenspeicherung**

Variable:

Ich weiß gar nicht, warum wir uns unterhalten – du hast überhaupt nichts mit JavaScript zu tun.

Cookie:

Da liegst du nur zum Teil richtig. Ich lebe auf jeden Fall auch ohne JavaScript mein Leben, aber habe ebenfalls eine wichtige Verbindung zu JavaScript. Ich biete die Möglichkeit, Daten persistent zu speichern. Und wie du sicher gemerkt hast, ist es in JavaScript um die Persistenz schlecht bestellt.

Variable:

Darauf willst du also hinaus. Du denkst, ich biete eine zweitklassige Möglichkeit zur Datenspeicherung, weil ich jedes Mal eins übergezogen bekomme, wenn der Browser geschlossen oder die Seite neu geladen wird. Dafür bin ich aber *sehr* leicht zugänglich ... im Gegensatz zu anderen.

Cookie:

Schwer zugänglich? Ich bin immer direkt im Browser, allzeit bereit.

Variable:

Mag ja sein, aber lebst du nicht dicht an dicht mit einer Menge anderer Cookies?

Cookie:

Ja ... und?

Variable:

Na ja, wenn die Gerüchte stimmen, ist es ganz schön viel Aufwand, ein einzelnes Cookie nachzuschlagen ... ihr seid alle einfach in einer langen Liste gespeichert. Wie nervig! Das mein ich mit schwer zugänglich.

Cookie:

Nun gut, wir Cookies werden zwar in einer langen Liste gespeichert. Aber wir haben eindeutige Namen, also ist es nicht schwierig, uns zu finden. Du musst nur wissen, wie du die Liste zerlegst, um einen bestimmten Namen zu finden.

Spitzen Sie Ihren Bleistift – Lösung

Schreiben Sie andere Webseitendaten auf, die Sie mit Cookies persistent speichern würden.

Benutzer-ID, Warenkorbinhalt, geografische Position, Sprache

Variable:

Richtig, das ist das Problem mit dir. Um auf mich zuzugreifen, brauchst man keine Listen oder sonst was. Ruf einfach meinen Namen ... und da bin ich!

Cookie:

Hör auf zu singen, ich hab schon verstanden. Aber es geht doch darum: Wenn du etwas in mir speicherst, vergesse ich es nie. Auch wenn der Browser geschlossen oder die Seite neu geladen wird. Ich bin unvergänglich ... Außer der Benutzer löscht alle Cookies. Aber das ist was anderes.

Variable:

Unvergänglichkeit ist toll, aber löst keine Alltagsprobleme. Unterm Strich sind es gar nicht so viele Daten, die ewig haltbar sein müssen. Es ist effizienter, Daten temporär zu speichern und sie wieder gehen zu lassen, wenn du mit ihnen fertig bist. Da komme ich ins Spiel. Ich bin das ultimative temporäre Speichermedium für Skriptdaten.

Cookie:

Mir egal ... du unterschätzt, wie wichtig permanente Datenspeicherung sein kann. Warst du nie verblüfft, dass du selbst Tage später in einen Warenkorb schauen kannst und wie durch Zauberei noch alles drin ist? So etwas ist nur mit mir möglich!

Variable:

Interessant. Aber was glaubst du, wie die Artikel in den Einkaufswagen gekommen sind? Die meisten Einkaufswagen speichern während des Einkaufs temporäre Daten. Ich bin genauso wichtig ... vielleicht sogar wichtiger. Auch wenn ich tendenziell schneller vergesse.

Cookie:

Es klingt fast so, als ob wir einander ergänzen. Dabei habe ich Dich immer als meinen Untergang gesehen.

Variable:

Ich glaube, du hast recht. Wir lösen unterschiedliche Probleme und sollten nicht in Konkurrenz zueinander stehen. Obwohl ich zugeben muss, dass ich den leichten Zugriff auf mich immer noch besser finde als deine persistente Speicherung.

Cookie:

Du brauchst immer das letzte Wort, hm? Der Klügere gibt nach. Ich weiß doch, dass du das ganze Gespräch ohnehin vergessen hast, sobald diese Seite umgeblättert wird.

Variable:

Welches Gespräch?

Cookie:

Eben.

Für kleine Informationen wie den Benutzernamen brauchen Sie den Server nicht.

Ach ja, der Server. Ja, der Server ist durchaus brauchbar, um Daten persistent zu speichern, aber für kleine Informationshappen ist das eher zu viel des Guten. Daten auf dem Server zu speichern erfordert Programmieraufwand auf dem Server und ein Speichermedium, z.B. eine Datenbank. Serverprogrammierung und Datenbankspeicherung sind etwas übertrieben für das bisschen Daten, das Sie für ein simples Clientskript persistent halten möchten, wie den Benutzernamen im iRock-Skript.

Mit Cookies können Sie Daten persistent ohne jegliches Zutun des Servers auf dem Client speichern. Nicht nur das, die Benutzer haben auch selbst die Möglichkeit, Cookiedaten mit dem Browser zu löschen, wenn sie die Informationen loswerden möchten, die Webseiten persistent gespeichert haben. Mit auf dem Server gespeicherten Daten ist das nicht möglich.

Cookies haben einen Namen, einen Wert ... und ein Verfallsdatum

Ein Cookie speichert eine einzelne Dateneinheit unter einem eindeutigen Namen, ähnlich einer Variablen. Im Gegensatz zu einer Variablen hat ein Cookie außerdem ein Verfallsdatum. Wenn das Verfallsdatum erreicht ist, wird das Cookie zerstört. In Wahrheit sind Cookies also nicht wirklich dauerhaft, sie leben einfach nur **länger** als Variablen. Sie können ein Cookie auch ohne Verfallsdatum erstellen, aber dann verhält es sich einfach wie eine JavaScript-Variable – es wird gelöscht, wenn der Browser geschlossen wird.

Cookies werden auf dem Computer des Benutzers als eine große lange Zeichenkette gespeichert, die einer Website (oder Domain) zugeordnet ist. Jedes Cookie wird vom nächsten mit einem Semikolon (`;`) abgetrennt. Die Semikola sind der Schlüssel, um die Cookieliste zu durchsuchen und ein einzelnes Cookie zu extrahieren.

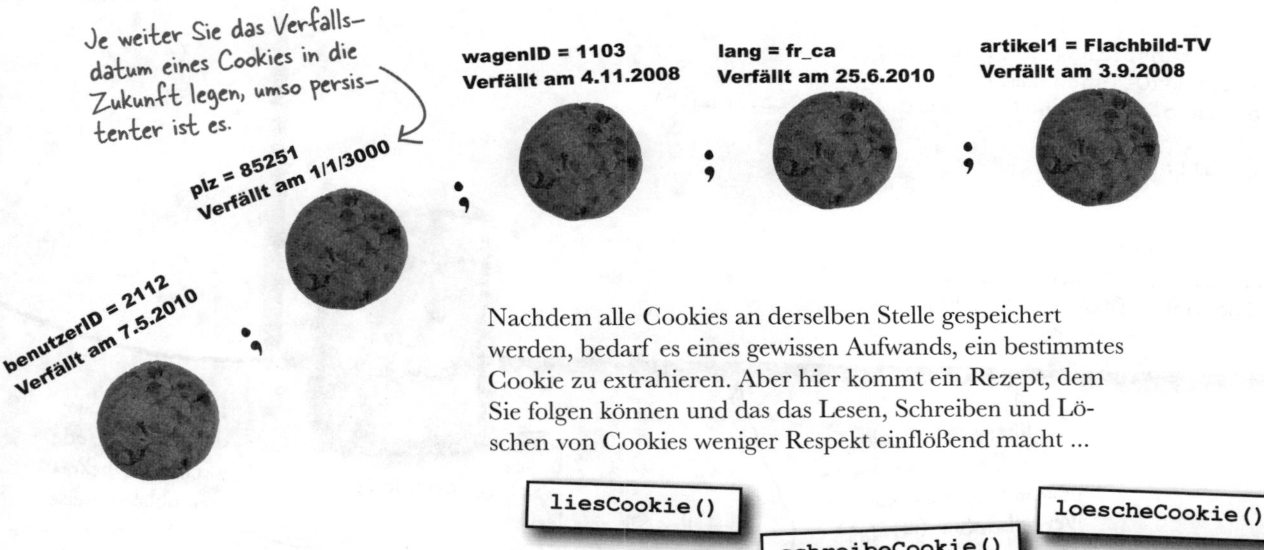

Nachdem alle Cookies an derselben Stelle gespeichert werden, bedarf es eines gewissen Aufwands, ein bestimmtes Cookie zu extrahieren. Aber hier kommt ein Rezept, dem Sie folgen können und das das Lesen, Schreiben und Löschen von Cookies weniger Respekt einflößend macht ...

`liesCookie()` `schreibeCookie()` `loescheCookie()`

Hier kommt der Code für drei Cookiehilfsfunktionen, mit denen Sie Cookies ganz einfach schreiben, lesen und löschen können. Manchmal ist es am schlausten, sich auf der Arbeit anderer auszuruhen. Nehmen Sie dieses Rezept (von *http://examples.oreilly.de/german_examples/hfjavascriptger*) und machen Sie das Beste aus diesen hausgemachten Cookiefunktionen.

Es ist in Ordnung, wenn Sie das nicht alles verstehen ... Sie werden es verstehen, wenn Sie am Ende des Buchs angekommen sind.

Das Verfallsdatum wird als die Zahl der Tage angegeben, die das Cookie persistent sein soll.

```
function schreibeCookie(name, wert, tage) {
  // Standardmäßig gibt es kein Verfallsdatum, also temporäres Cookie
  var verfallsDatum = "";

  // Werden Tage bis zum Verfallsdatum angegeben, ist das Cookie persistent
  if (tage) {
    var datum = new Date();
    datum.setTime(datum.getTime() + (tage * 24 * 60 * 60 * 1000));
    verfallsDatum = "; expires=" + datum.toGMTString();
  }

  // Cookie mit Namen, Wert und Verfallsdatum festlegen
  document.cookie = name + "=" + wert + verfallsDatum + "; path=/";
}

function liesCookie(name) {
  // Angegebenes Cookie finden und den Wert zurückliefern
  var suchName = name + "=";
  var cookies = document.cookie.split(';');
  for(var i=0; i < cookies.length; i++) {
    var c = cookies[i];
    while (c.charAt(0) == ' ')
      c = c.substring(1, c.length);
    if (c.indexOf(suchName) == 0)
      return c.substring(suchName.length, c.length);
  }
  return null;
}

function loescheCookie(name) {
  // Angegebenen Cookie löschen
  schreibeCookie(name, "", -1);
}
```

Hier wird das Verfallsdatum berechnet, indem die Anzahl der Tage in Millisekunden konvertiert und diese Zahl zur aktuellen Zeit addiert wird.

Die Cooklieliste wird in einzelne Cookies aufgeteilt, die durch Semikola voneinander getrennt werden.

Sie löschen ein Cookie, indem Sie es ohne Wert und mit abgelaufenem Verfallsdatum (–1 Tag) schreiben.

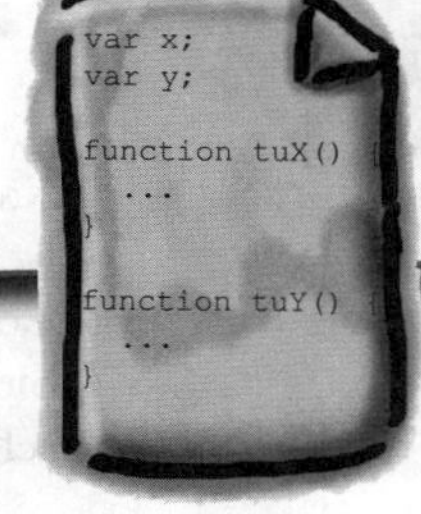

cookie.js

Erstellen Sie eine leere Datei, nennen Sie sie cookie.js und fügen Sie diesen Code ein.

Dateien, die nur JavaScript-Code enthalten, bekommen üblicherweise die Dateierweiterung .js.

JavaScript kann AUSSERHALB von Webseiten leben

Wenn JavaScript-Code in einer eigenen Datei gespeichert wird, müssen Sie ihn in die Webseiten **importieren**, für die Sie den Code verwenden möchten. In diesem Fall müssen Sie die Cookiefunktionen in `cookie.js` in `iRock.html` importieren. Das machen Sie mit einer Variation des `<script>`-Tags:

Vergessen Sie das schließende </script>-Tag nicht.

```
<script type="text/javascript" src="cookie.js"></script>
```

Für JavaScript-Code ist der Typ immer text/javascript.

Der Name der Datei, die den Skriptcode enthält, endet üblicherweise mit .js.

TUN SIE'S! Machen Sie diese Ergänzung in Ihrem iRock.html und sorgen Sie dafür, dass cookie.js im selben Verzeichnis liegt.

Wenn Sie externen Skriptcode in eine Seite importieren, wird der gesamte JavaScript-Code aus der Skriptdatei innerhalb des `<script>`-Tags so in den HTML-Code eingefügt, als hätten Sie den Code direkt in die Webseite geschrieben. Immer wenn Sie Code schreiben, der in mehr als einer Seite verwendet werden kann, ist es empfehlenswert, ihn in eine externe Datei zu schreiben und in die jeweiligen Seiten zu importieren.

```
<html>
  <head>
   <title>iRock - Der virtuelle Kuschelstein</title>
   <script type="text/javascript" src="cookie.js"></script>
   <script type="text/javascript">
    var benutzer;

    function steinAnpassen() {
      document.getElementById("rockImg").style.height =
        (document.body.clientHeight - 100) * 0.9;
    }

    function begruessen() {
```

Der importierte Skriptcode wird beim Laden der Seite hier eingefügt.

ÜBUNG

Schreiben Sie auf, welche Vorteile es hat, mehrfach verwendbaren Code in einer externen Datei zu speichern.

....

....

LÖSUNGEN ZU DEN ÜBUNGEN

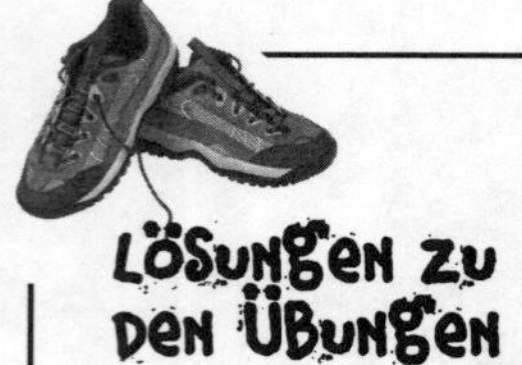

Schreiben Sie auf, welche Vorteile es hat, mehrfach verwendbaren Code in einer externen Datei zu speichern.

Wiederverwendung von Code, leichter zu pflegen, weil an einem Ort, bessere Organisation

Benutzer mit einem Cookie begrüßen

Wir brauchen eine mit Cookies aufgepeppte Version des iRock-Skripts, die den Benutzer persönlich begrüßt, wenn der Name bereits in einem Cookie gespeichert wurde. Falls nicht, gibt es eine einfache, unpersönliche Begrüßung – das Beste aus zwei Welten!

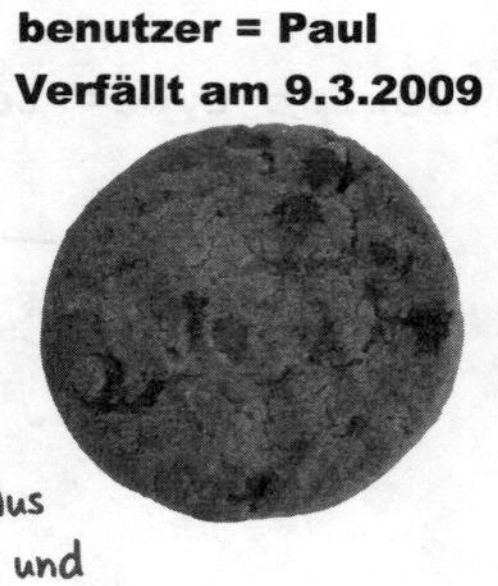

benutzer = Paul
Verfällt am 9.3.2009

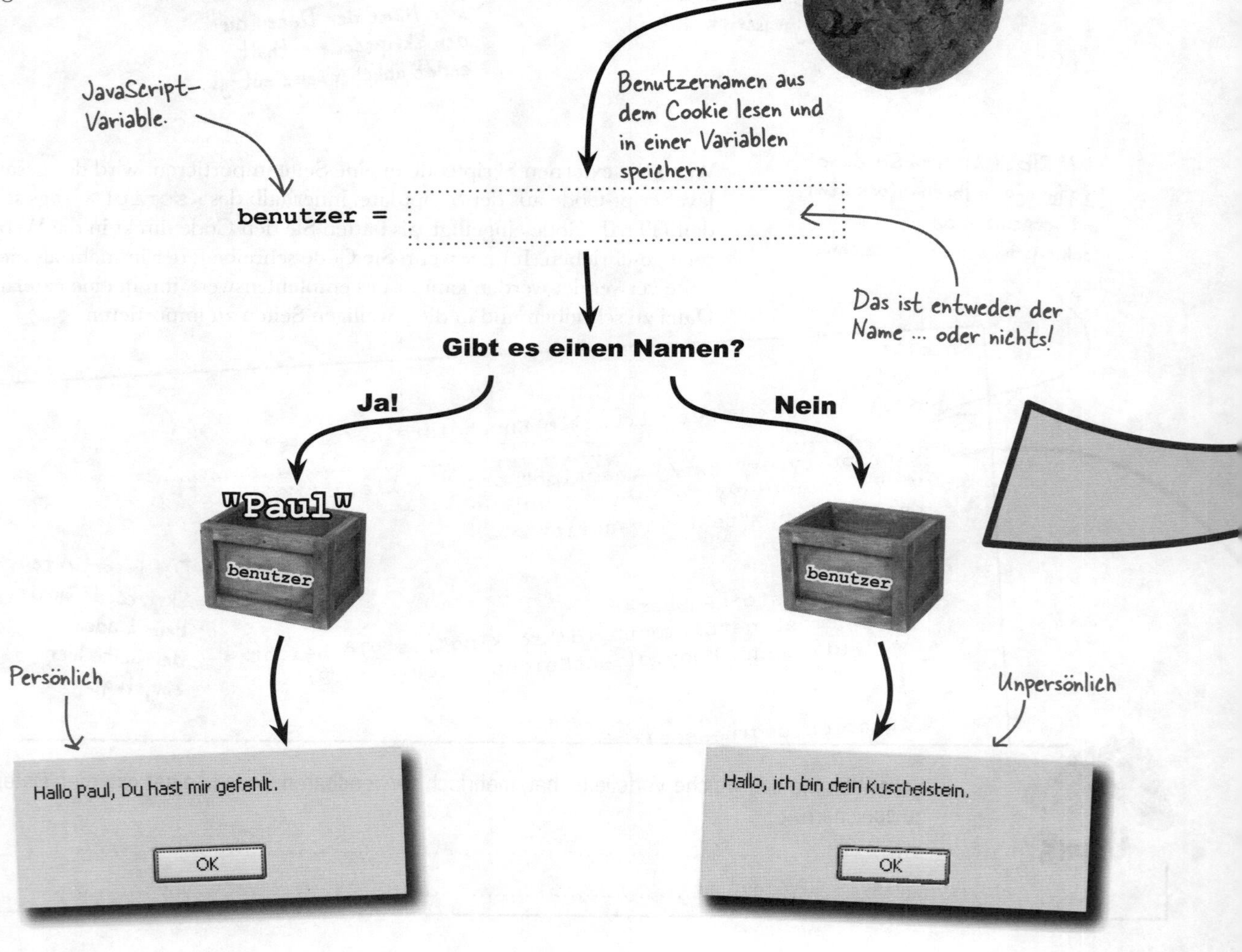

JavaScript-Variable.
Benutzernamen aus dem Cookie lesen und in einer Variablen speichern
benutzer =
Das ist entweder der Name … oder nichts!
Gibt es einen Namen?
Ja!
Nein
"Paul"
benutzer
benutzer
Persönlich
Unpersönlich
Hallo Paul, Du hast mir gefehlt.
OK
Hallo, ich bin dein Kuschelstein.
OK

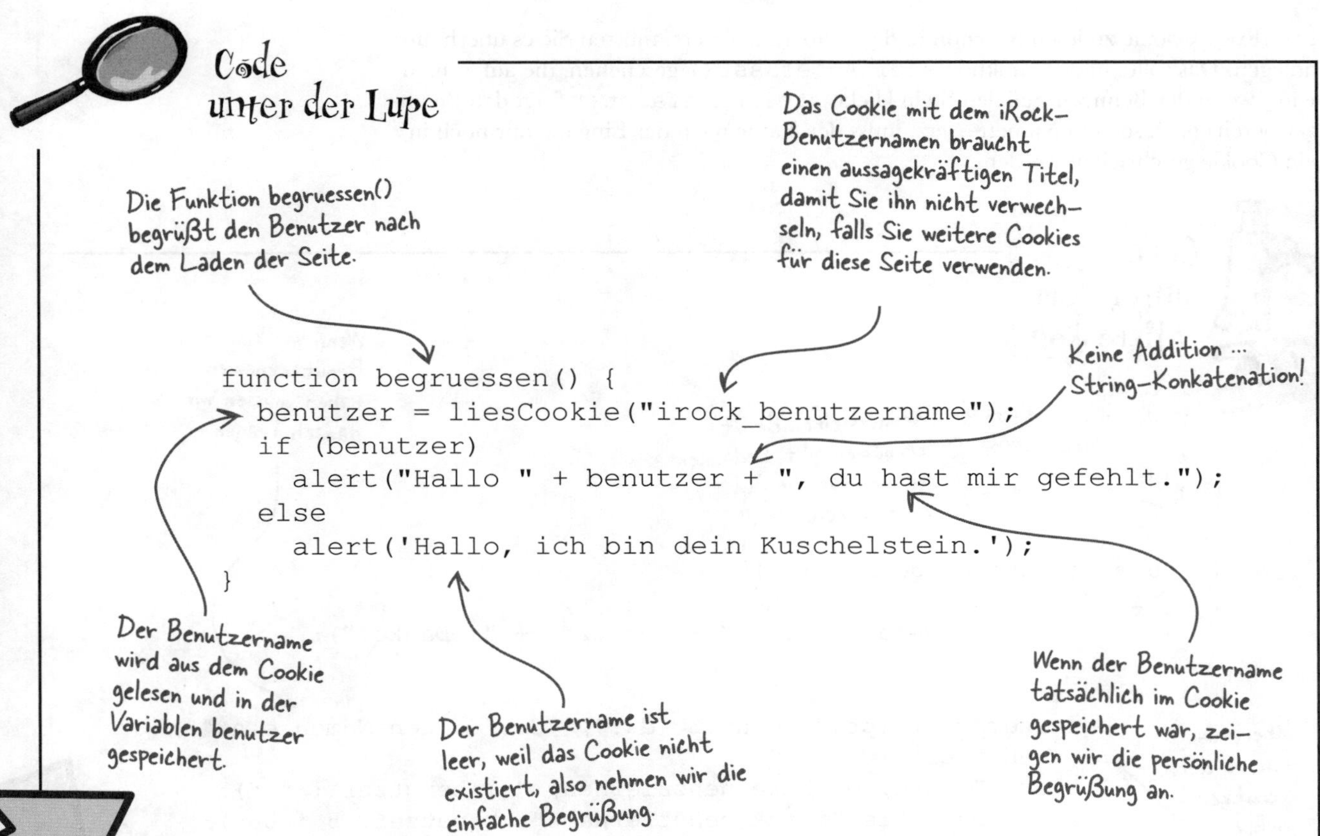


```
function begruessen() {
  benutzer = liesCookie("irock_benutzername");
  if (benutzer)
    alert("Hallo " + benutzer + ", du hast mir gefehlt.");
  else
    alert('Hallo, ich bin dein Kuschelstein.');
}
```

begruessen() jetzt mit Cookies

Was tatsächlich in der Funktion `begruessen()` vor sich geht, ist ein Datenduett, gesungen von einer Variablen und einem Cookie. Der Benutzername wird aus dem Cookie gelesen und in der Variablen gespeichert. Aber Sie können sich nicht darauf verlassen, dass das Cookie einen Namen enthält ... Was wäre, wenn das Skript zum ersten Mal ausgeführt wird und der Benutzer noch keinen Namen eingegeben hat? Darum überprüft der Code, ob die Variable wirklich einen Namen aus dem Cookie erhalten hat. Und dieser Test entscheidet darüber, ob wir den Benutzer mit oder ohne Namen begrüßen.

Vergessen Sie nicht, das Cookie zu schreiben

Das iRock-Cookie zu lesen ist schön und gut, aber zuallererst müssen Sie es überhaupt anlegen. Das sollte in der Funktion `steinAngefasst()` geschehen, die aufgerufen wird, wenn der Benutzer auf den Stein klickt. `steinAngefasst()` fragt den Benutzer bereits nach seinem Namen – jetzt muss der Name nach der Eingabe nur noch in ein Cookie geschrieben werden.

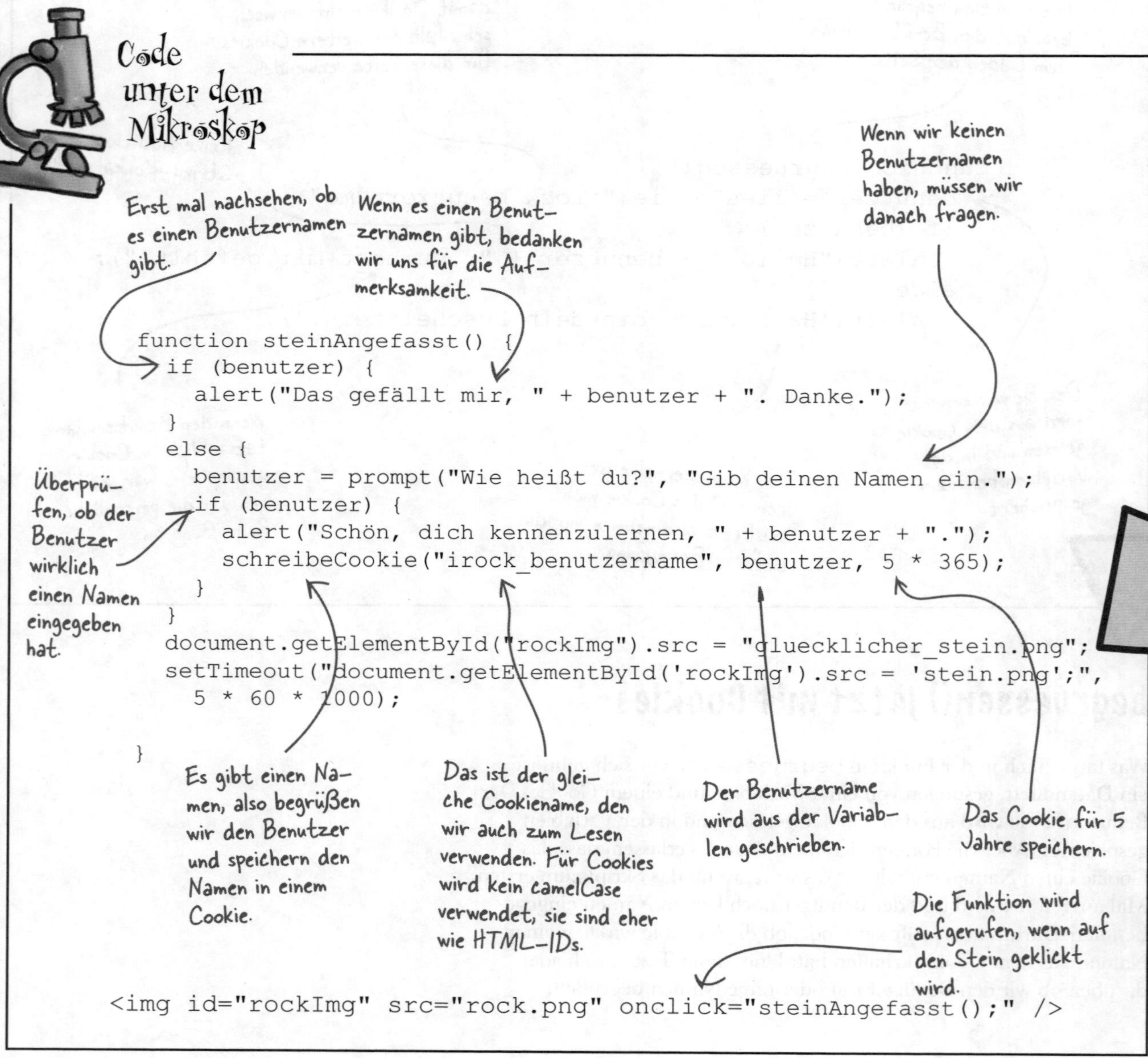


```
function steinAngefasst() {
  if (benutzer) {
    alert("Das gefällt mir, " + benutzer + ". Danke.");
  }
  else {
    benutzer = prompt("Wie heißt du?", "Gib deinen Namen ein.");
    if (benutzer) {
      alert("Schön, dich kennenzulernen, " + benutzer + ".");
      schreibeCookie("irock_benutzername", benutzer, 5 * 365);
    }
  }
  document.getElementById("rockImg").src = "gluecklicher_stein.png";
  setTimeout("document.getElementById('rockImg').src = 'stein.png';",
    5 * 60 * 1000);

}

<img id="rockImg" src="rock.png" onclick="steinAngefasst();" />
```

In vielerlei Hinsicht spielt `steinAngefasst()` die umgekehrte Rolle der Funktion `begruessen()`, zumindest in Bezug auf die Cookies. Der Benutzername wird eingegeben, in einer Variablen gespeichert und in ein Cookie geschrieben.

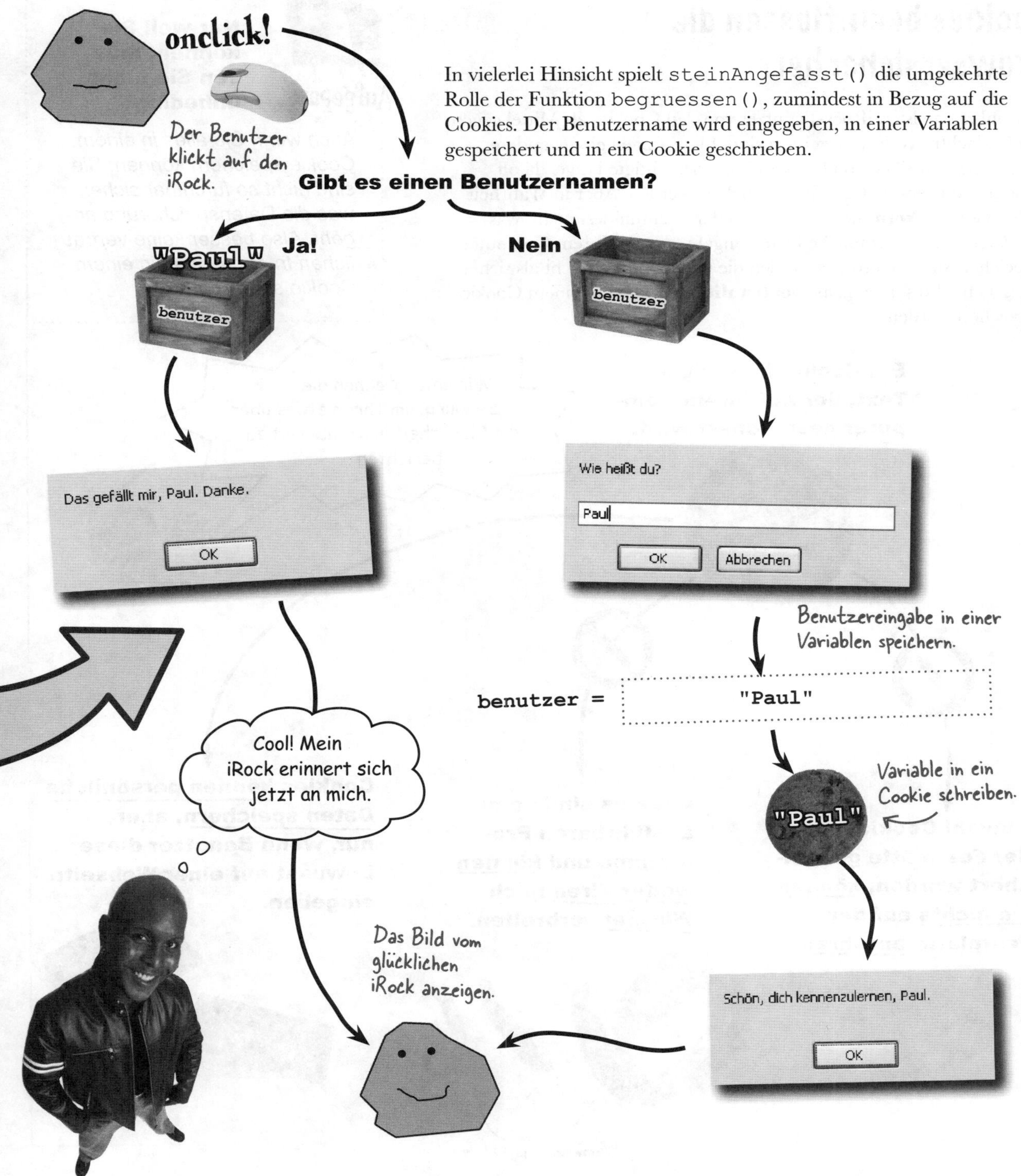

Cookies beeinflussen die Browsersicherheit

Obwohl die meisten iRock-Benutzer von den Cookies als Mittel gegen den Gedächtnisverlust begeistert sind, hinterfragen einige andere die Sicherheitsrisiken von Cookies. Eine berechtigte Frage, da oft persönliche Daten in Cookies gespeichert werden. Aber in Wahrheit stellen Cookies **kein** Sicherheitsrisiko dar ... zumindest nicht, was den Zugriff auf vertrauliche Daten angeht, die auf Ihrem Computer gespeichert sind. Allerdings werden die Cookies selbst nicht als sicher angesehen, also sollten keine **vertraulichen** Daten in einem Cookie gespeichert werden.

Aufgepasst

Nur weil Sie können, müssen Sie nicht unbedingt.

Auch wenn Sie alles in einem Cookie speichern können: Sie sind nicht so furchtbar sicher, was die Datenspeicherung angeht. Also besser keine vertraulichen Informationen in einem Cookie speichern.

Ein Cookie ist lediglich Text, der auf Ihrem Computer gespeichert wird.

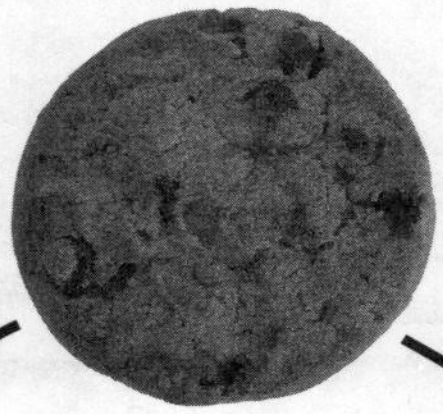

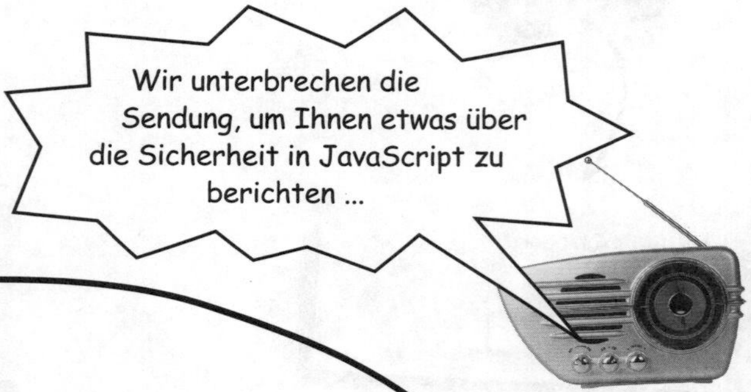

Wir unterbrechen die Sendung, um Ihnen etwas über die Sicherheit in JavaScript zu berichten ...

Obwohl Cookies auf der Festplatte gespeichert werden, können sie nichts auf der Festplatte anrühren.

Cookies sind keine ausführbaren Programme und können weder Viren noch Würmer verbreiten.

Cookies können persönliche Daten speichern, aber nur, wenn Benutzer diese bewusst auf einer Webseite eingeben.

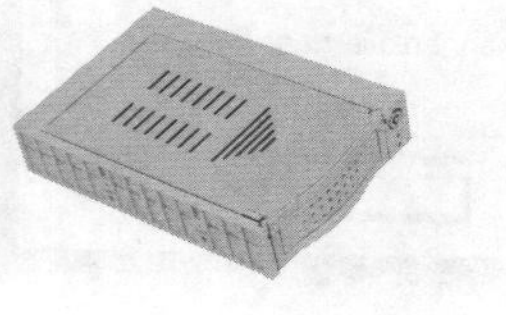

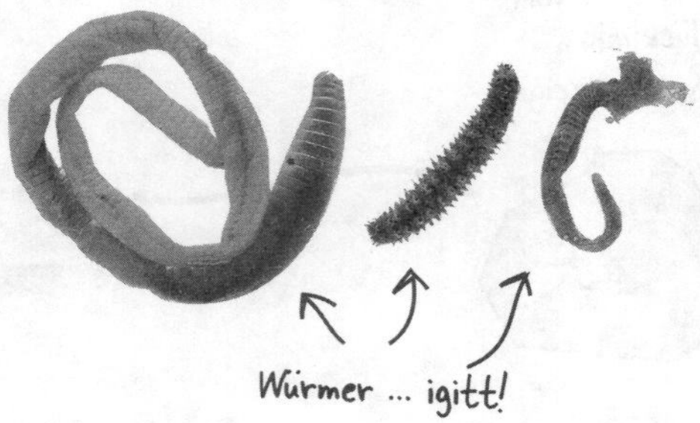

Würmer ... igitt!

Es gibt keine Dummen Fragen

F: Werden Cookies immer auf der Festplatte gespeichert?

A: Nein. Auch wenn die überwiegende Mehrheit der Browser das tut, haben nicht alle Browser Zugriff auf eine Festplatte. Tragbare Geräte verwenden beispielsweise keine Festplatten, sondern spezielle Speichermedien. In diesem Fall verwendet der Browser diesen Speicher zum Speichern von Cookies. Aus Sicht des Browsers (und Ihrer Skripten) behalten Cookies aber ihren Wert, ganz egal, auf welchem Medium sie hinter den Kulissen gespeichert werden.

F: Woher weiß ich, ob ein Cookiename eindeutig ist?

A: Cookienamen müssen nur innerhalb einer bestimmten Webseite eindeutig sein. Das liegt daran, dass Cookies immer in Bezug auf die Website und die Seite gespeichert werden, auf der sie geschrieben werden. Die Seite ist quasi Teil des Cookienamens. Kurz gesagt: Sorgen Sie einfach dafür, dass Ihre Cookies innerhalb einer Seite oder Website eindeutig sind.

F: Werden Cookiedaten browserübergreifend gespeichert?

A: Nein. Jeder Browser verwaltet seine eigene Cookiedatenbank. Die Cookies des Internet Explorer sind also nicht in Firefox oder Opera sichtbar.

F: Wenn Cookies so praktisch sind, warum werden dann überhaupt Daten auf dem Server gespeichert?

A: Zum einen eignen sich Cookies nur zum Speichern relativ kleiner Texte (unter 4 KByte). Das ist eine wichtige Beschränkung von Cookies. Bedeutender ist die Tatsache, dass Cookies nicht sonderlich effizient sind – Sie möchten nicht ständig größere Mengen davon lesen und schreiben müssen. Dafür gibt es richtige Datenbanken, und Datenbanken liegen typischerweise auf dem Server. Während Cookies also toll zum Speichern kleiner Datenmengen sind, für die Sie keinen Datenbankspeicher auf dem Server reservieren möchten, sind sie nicht die Antwort auf sämtliche Speicherbedürfnisse. Und sie sind auch nicht gerade ideal zum Speichern vertraulicher Daten, da bei der Entwicklung Sicherheit nicht an erster Stelle stand.

F: Gibt es eine Möglichkeit, ein permanentes Cookie anzulegen?

A: Nein. Ob es Ihnen gefällt oder nicht, jedes Cookie hat ein Verfallsdatum. Das Konzept eines Cookies ist nicht die Langzeitspeicherung von Daten, sondern eher die mittelfristige Datenhaltung. Cookies sind also dafür gedacht, Daten für Tage, Wochen und Monate zu speichern. Wenn Sie es mit Daten zu tun haben, die Sie länger vorhalten müssen, sollten Sie sie vielleicht auf dem Server speichern. Es ist nicht so, dass ein Cookie Daten nicht jahrelang speichern könnte, es ist nur sehr wahrscheinlich, dass der Benutzer in der Zwischenzeit einen neuen Computer kauft, den Browser neu installiert oder anderweitig die Cookiedaten löscht.

F: Genug von Cookies ... gibt es einen Haken beim Speichern von JavaScript-Code in externen Dateien?

A: Nicht wirklich. Bedenken Sie aber, dass externer Code dazu gedacht ist, ihn leichter wiederverwenden und pflegen zu können, wenn Sie ihn in mehreren Seiten nutzen. Wenn der Code nur in einer Seite auftaucht, haben Sie nichts davon, ihn in eine externe Datei auszulagern – außer die Seite ist extrem unübersichtlich und Sie lagern den Code aus, um nicht verrückt zu werden.

Punkt für Punkt

- **Cookies** sind **Textdaten**, die vom Browser auf dem Benutzercomputer gespeichert werden.
- Mit Cookies können Skripten **Daten speichern**, die einen **einzelnen Webbesuch** überdauern können.
- Jedes Cookie hat ein **Verfallsdatum**, nach dessen Ablauf es vom Browser vernichtet wird.
- Sie können Skriptcode in eine **externe Datei** auslagern, wodurch der Code leichter wiederzuverwenden und zu pflegen ist.
- Cookies **können nicht auf die Festplatte zugreifen** oder **Viren verbreiten**, können aber persönliche Daten speichern, die auf Webseiten eingegeben werden.

Ein Leben ohne Cookies

Ob nun aus Sicherheitsgründen oder aufgrund beschränkter Browser, manche iRock-Benutzer kommen nicht in den Genuss des cookiegestützten iRock, weil in ihrem Browser keine Cookies verfügbar sind. Das ist ein großes Problem, da das iRock-Skript davon ausgeht, dass jeder Browser Cookies unterstützt. Schön und gut, dass der iRock für sein Gedächtnis Cookies braucht, aber es ist nicht akzeptabel, dass cookielose Benutzer nicht einmal erfahren, dass sie nicht in den vollen iRock-Genuss kommen.

Die gute Nachricht: Der Browser hat eine Boolesche Eigenschaft, die angibt, ob Cookies verfügbar sind. Die Eigenschaft `cookieEnabled` ist Teil des `navigator`-Objekts, das JavaScript mit Informationen über den Browser versorgt.

```
navigator.cookieEnabled
```

Spitzen Sie Ihren Bleistift

Schreiben Sie den fehlenden Code, um in den Funktionen `begruessen()` und `steinAngefasst()` zu überprüfen, ob Cookies unterstützt werden. Fügen Sie zudem in `steinAngefasst()` den fehlenden Code ein, um den Benutzer darüber zu informieren, dass keine Cookies verfügbar sind.

```
function begruessen() {

  ......................................................................
    benutzer = liesCookie("irock_benutzername");
      if (benutzer)
        alert("Hallo " + benutzer + ", du hast mir gefehlt.");
      else
        alert('Hallo, ich bin dein Kuschelstein.');
}

function steinAngefasst() {
  if (benutzer) {
    alert("Das gefällt mir, " + benutzer + ". Danke.");
  }
  else {
    benutzer = prompt("Wie heißt du?", "Gib deinen Namen ein.");
    if (benutzer) {
      alert("Schön, dich kennenzulernen, " + benutzer + ".");
      ......................................................................
        schreibeCookie("irock_username", userName, 5 * 365);
      else

      ......................................................................
    }
  }
  document.getElementById("rockImg").src = "gluecklicher_stein.png";
  setTimeout("document.getElementById('rockImg').src = 'stein.png';",
    5 * 60 * 1000);

}
```

Schreiben Sie den fehlenden Code, um in den Funktionen `begruessen()` und `steinAngefasst()` zu überprüfen, ob Cookies unterstützt werden. Fügen Sie zudem in `steinAngefasst()` den fehlenden Code ein, um den Benutzer darüber zu informieren, dass keine Cookies verfügbar sind.

Wenn Cookies unterstützt werden, lies den Benutzernamen aus dem Cookie.

```
function begruessen() {
  if (navigator.cookieEnabled)
    benutzer = liesCookie("irock_benutzername");
      if (benutzer)
        alert("Hallo " + benutzer + ", du hast mir gefehlt.");
      else
        alert('Hallo, ich bin dein Kuschelstein.');
}

function steinAngefasst() {
  if (benutzer) {
    alert("Das gefällt mir, " + benutzer + ". Danke.");
  }
  else {
    benutzer = prompt("Wie heißt du?", "Gib deinen Namen ein.");
    if (benutzer) {
      alert("Schön, dich kennenzulernen, " + benutzer + ".");
      if (navigator.cookieEnabled)
        schreibeCookie("irock_username", userName, 5 * 365);
      else
        alert("Dein Browser unterstützt keine Cookies. Deshalb kann ich mich später leider nicht an dich erinnern.");
    }
  }
  document.getElementById("rockImg").src = "gluecklicher_stein.png";
  setTimeout("document.getElementById('rockImg').src = 'stein.png';",
    5 * 60 * 1000);
}
```

Wenn Cookies unterstützt werden, schreib den Cookie mit dem Benutzernamen.

Den Benutzer darauf hinweisen, dass die fehlende Cookieunterstützung den iRock einschränkt.

Schreiben Sie die Funktionen in Ihrem irock.html entsprechend um und testen Sie sie.

Es gibt keine Dummen Fragen

F: Lässt sich auch anhand von Typ und Version des Browsers ermitteln, ob Cookies durch den Client unterstützt werden?

A: Die Erkennung des Browsers ist ein steiniger Weg für Skripten, der letztendlich zu unzuverlässigen Ergebnissen führt. Sie können nicht wirklich auf das vertrauen, was Ihnen Browser über sich selbst sagen, wenn es um Versionsinformationen geht. Insofern ist die Eigenschaft `navigator.cookieEnabled` die einzige wirklich zuverlässige Möglichkeit zu überprüfen, ob Cookies unterstützt werden.

Mit den Benutzern reden … das ist besser als nichts

Es gibt keine überzeugende Möglichkeit, Cookies zu simulieren, wo es keine gibt. Umso wichtiger ist es also für die Benutzerzufriedenheit, die schlechten Nachrichten auf ansprechende Weise zu überbringen.

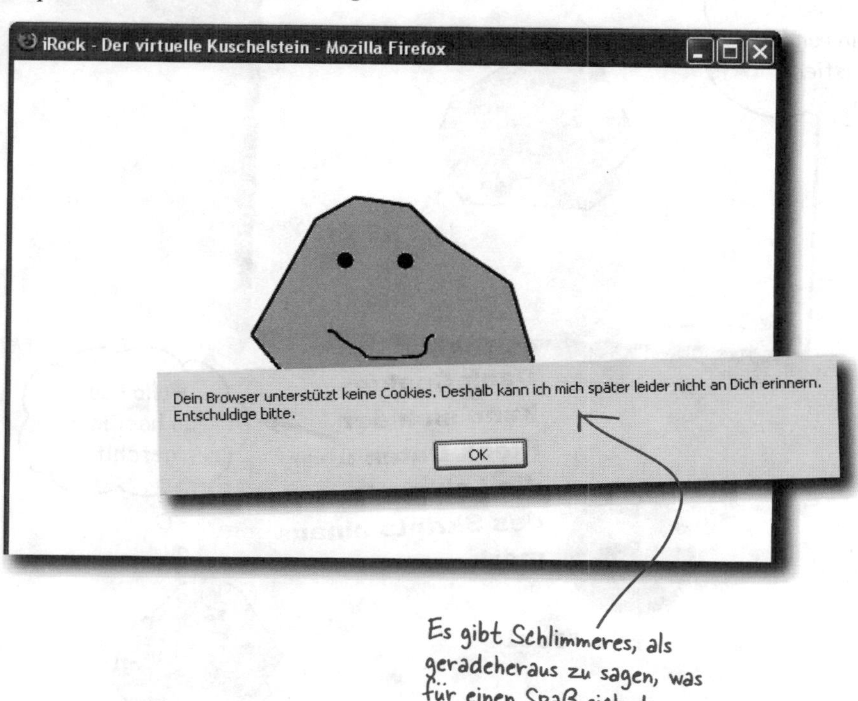

Es gibt Schlimmeres, als geradeheraus zu sagen, was für einen Spaß sich der Benutzer entgehen lässt.

Alan ist wieder glücklich … und Sie um einen netten Scheck reicher.

Dieser iRock ist eines JavaScript-Königs würdig

Sie haben sich wirklich die Sohlen Ihrer JavaScript-Stiefel abgelaufen mit all dem Code, der nötig war, um den iRock erfolgreich zu machen. Aufgrund der Mithilfe des Benutzers ist der iRock jetzt deutlich emotionaler, hat seine Größeninkonsistenzen verloren und sogar sein Gedächtnis verbessert!

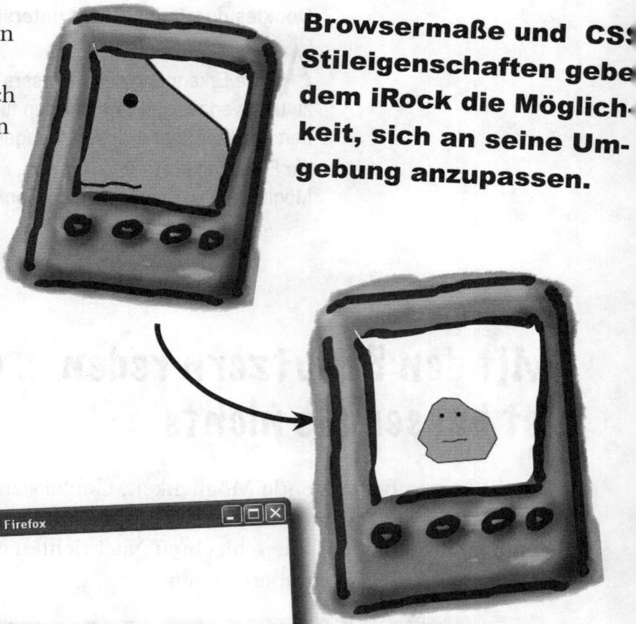
Browsermaße und CS
Stileigenschaften gebe
dem iRock die Möglich-
keit, sich an seine Um-
gebung anzupassen.

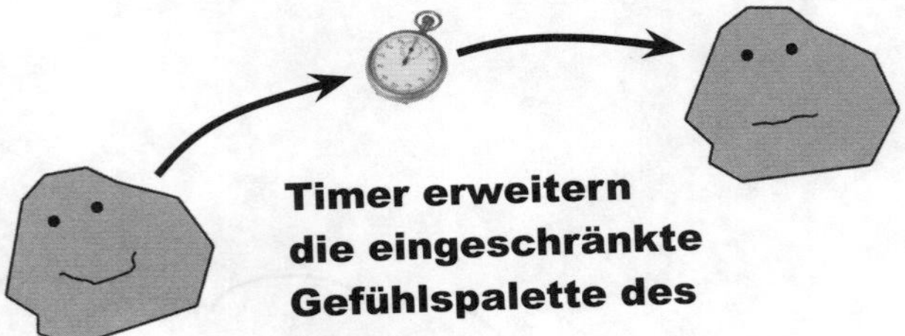
Timer erweitern die eingeschränkte Gefühlspalette des iRock.

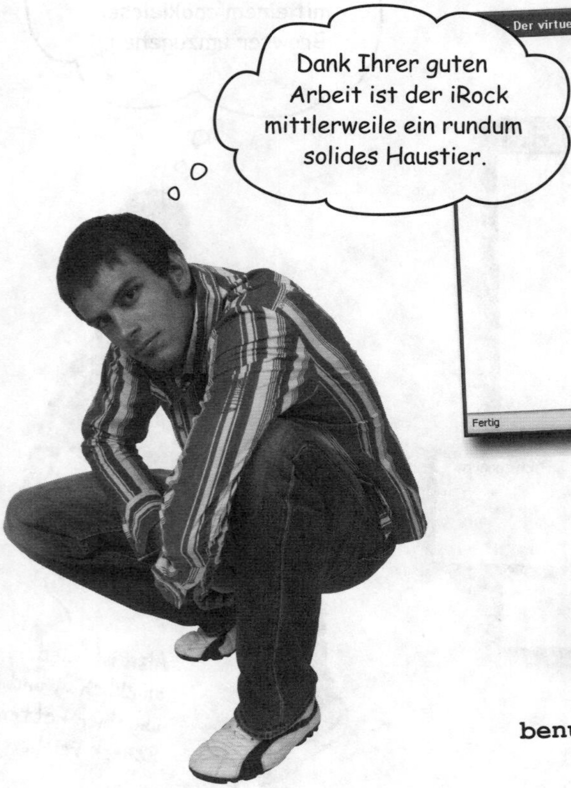
Dank Ihrer guten Arbeit ist der iRock mittlerweile ein rundum solides Haustier.

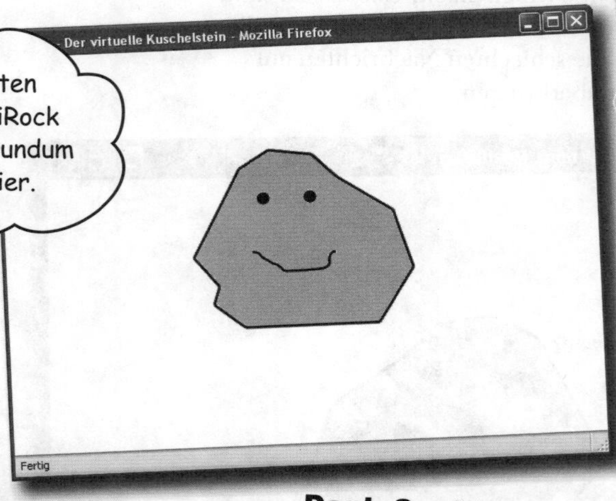
Der virtuelle Kuschelstein - Mozilla Firefox
Fertig

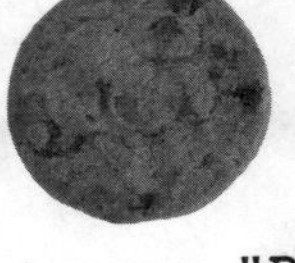
benutzer = "Paul"

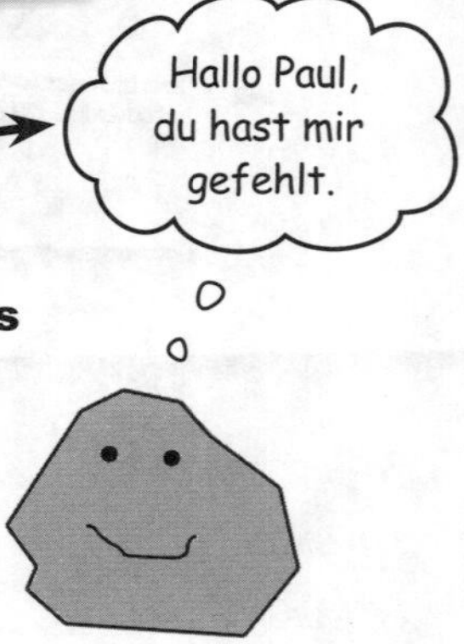
Dank Cookies kann sich der iRock Daten über die Lebensdauer des Skripts hinaus merken.
Hallo Paul, du hast mir gefehlt.

JavaScript-Kreuzworträtsel

Nehmen Sie sich ein wenig Zeit, lehnen Sie sich zurück und geben Sie Ihrer rechten Gehirnhälfte etwas zu tun. Ihr täglich Kreuzworträtsel – alle Lösungswörter stammen aus diesem Kapitel.

Waagerecht

4. Dieser Timertyp führt Code immer wieder aus.
5. Cookies können das nicht verbreiten.
7. Wenn Daten erhalten bleiben, nachdem das Skript beendet ist, nennt man sie ....
10. Anderer Name für Webbrowser.
11. Diese Funktion erstellt einen One-Shot-Timer.
12. Eine tausendstel Sekunde.

Senkrecht

1. Ein Cookie hat Name, Wert und ....
2. Für die Verwaltung der Cookieliste zuständig.
3. Wenn sich die Größe des Browserfensters ändert, wird dieses Event ausgelöst.
6. Das tun Sie, wenn Sie in einer Webseite auf externen JavaScript-Code verweisen.
8. JavaScript-Mechanismus, mit dem Sie Code ausführen können, nachdem eine bestimmte Zeitspanne abgelaufen ist.
9. Wird verwendet, um Informationen auf dem Client zu speichern, die Sie später brauchen können.

JavaScript-Kreuzworträtsel, Lösung

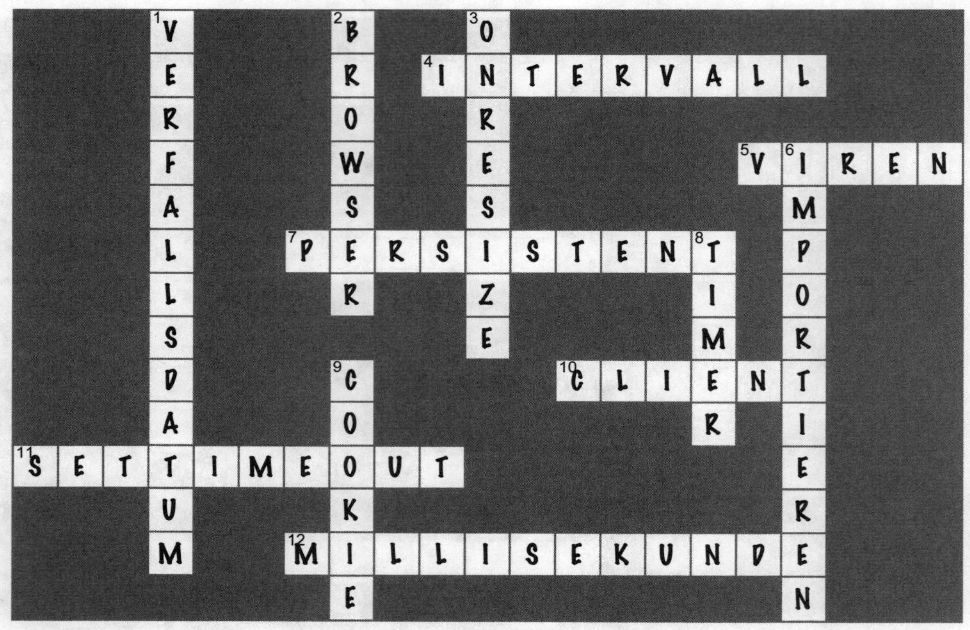

Seitenfalter

Falten Sie die Seite vertikal so, dass die beiden Gehirne zusammenkommen und das Rätsel lösen.

Was kümmert JavaScript der Client?

Zwei Welten begegnen sich!

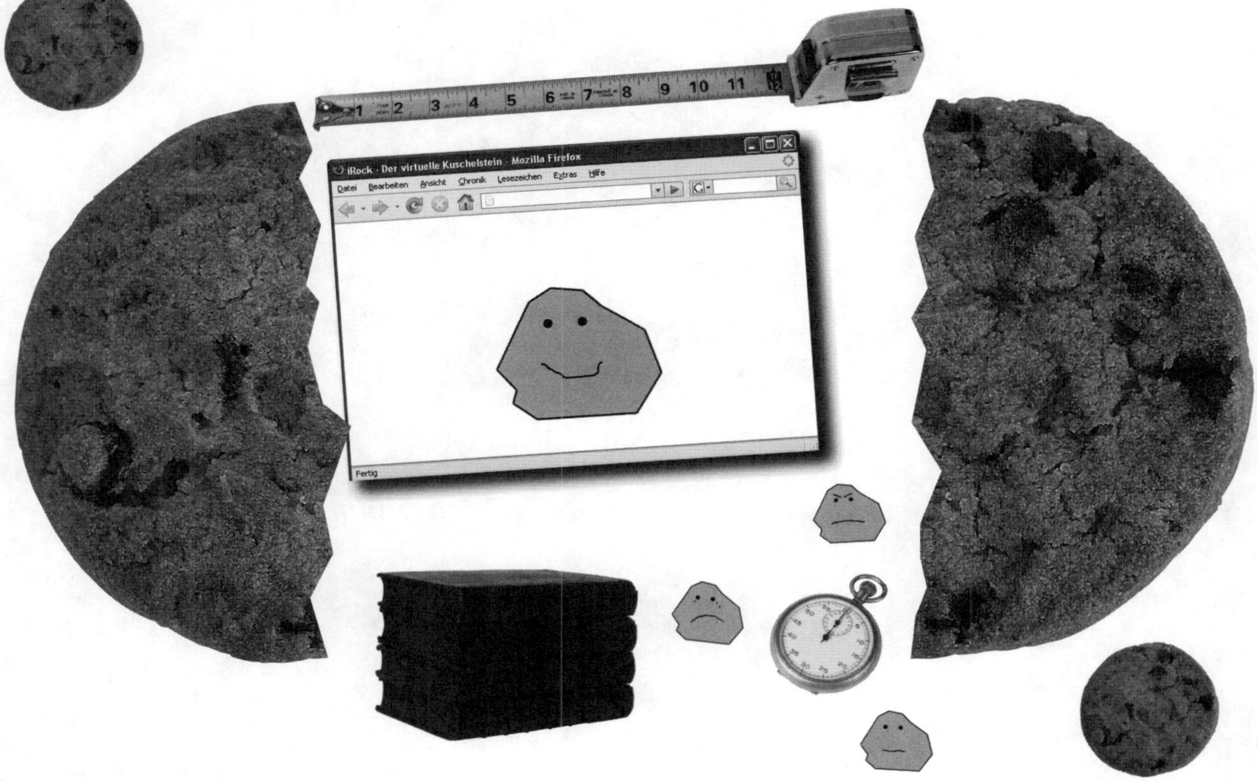

Der Client ist die Umgebung, in der der JavaScript-Code ausgeführt wird. JavaScript lebt gewissermaßen im Browser. Der Server hat nämlich nichts zu schaffen mit den Cookies!

4 Entscheidungen treffen

Wenn eine Abzweigung kommt, folgen Sie ihr

Im Leben dreht sich alles um Entscheidungen. Stehen bleiben oder weitergehen, gerührt oder geschüttelt, Deal oder Gerichtsverfahren ... ohne die Fähigkeit, Entscheidungen zu treffen, würden wir nie etwas erreichen. In JavaScript ist es auch so – **durch Entscheidungen können Skripten zwischen verschiedenen Aktionen wählen**. ***Entscheidungen erzählen die »Story« Ihrer Skripten weiter***, denn selbst die banalsten Skripten haben irgendeine Geschichte. Traue ich dem, was die Benutzerin eingegeben hat, und buche ihren Trip mit der Nessie-Expedition? Oder prüfe ich lieber nochmals, ob sie nicht in Wirklichkeit nur eine Busfahrt nach Loch Ness möchte? Sie haben die Wahl!

Glückskandidat, kommen Sie zu mir!

In der heutigen Sendung der spannenden neuen Gameshow, *Mach deinen Deal!*, wird jeden Moment der glückliche Kandidat ausgewählt!

Obwohl Sie sicher schon aus lauter Vorfreude auf Eriks heldenhafte Deals auf Ihrem Sitz hin- und herrutschen, lautet die entscheidende Frage: Woher wusste der Moderator, dass er Erik als den glücklichen Kandidaten verkünden würde?

Wer die Wahl hat, muss sich entscheiden

Klar, es steht hier auf seiner Karte! Aber Sie sehen es als selbstverständlich an, dass der Moderator eine **Entscheidung** anhand des Namens auf der Karte treffen kann. Weil er ein Mensch ist und Menschen ausgezeichnet darin sind, Informationen zu verarbeiten und Entscheidungen zu treffen. Wäre der Moderator aber ein Skript, sähe das alles nicht so einfach aus.

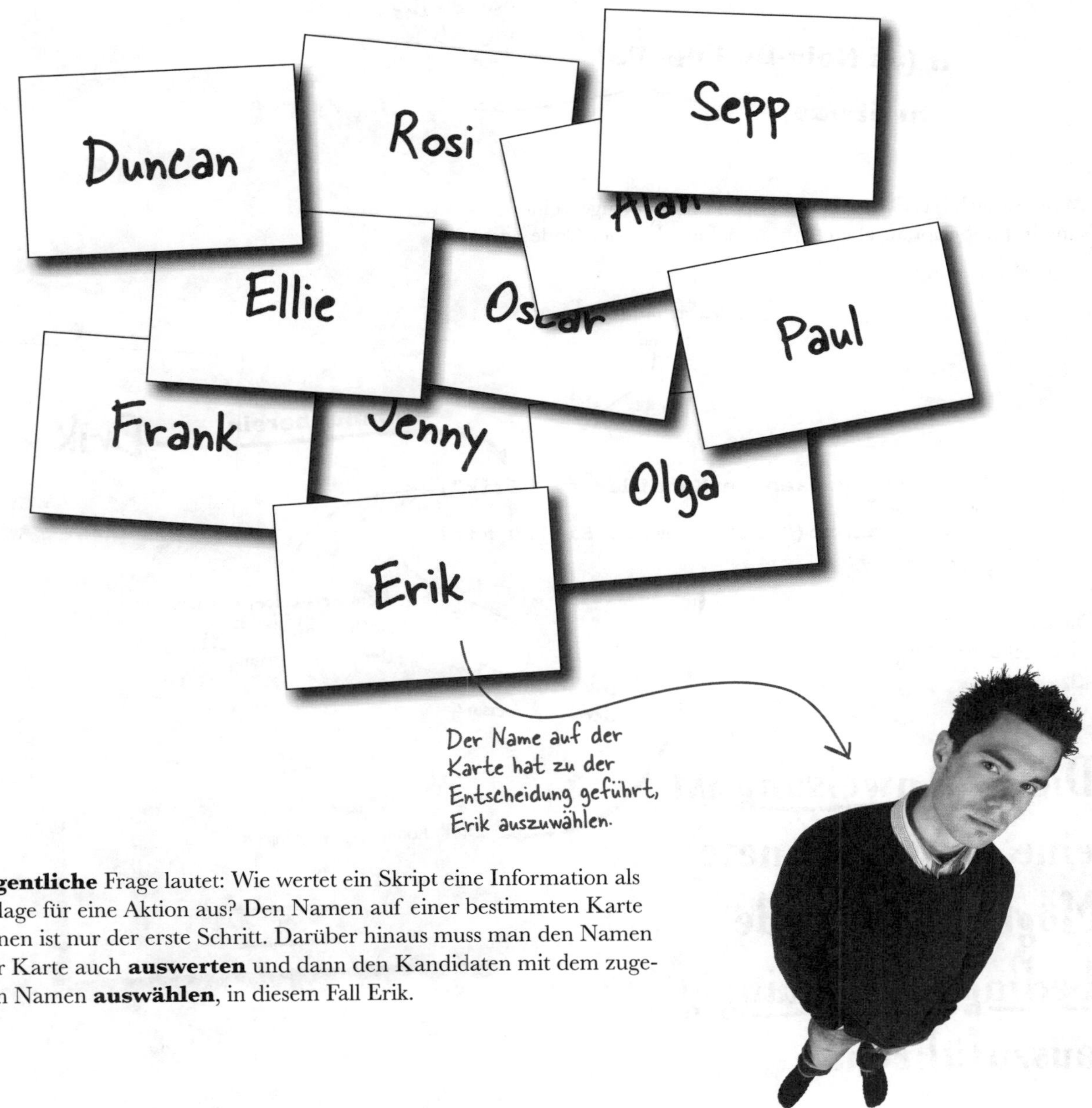

Die **eigentliche** Frage lautet: Wie wertet ein Skript eine Information als Grundlage für eine Aktion aus? Den Namen auf einer bestimmten Karte zu kennen ist nur der erste Schritt. Darüber hinaus muss man den Namen auf der Karte auch **auswerten** und dann den Kandidaten mit dem zugehörigen Namen **auswählen**, in diesem Fall Erik.

Wenn dies zutrifft ... dann tu jenes

JavaScript ist ziemlich geschickt darin, Informationen zu verarbeiten und Entscheidungen zu treffen. Eine Möglichkeit hierfür ist die `if`-Anweisung, mit der Sie einfache Entscheidungen treffen und einer Bedingung entsprechend JavaScript-Code ausführen können.

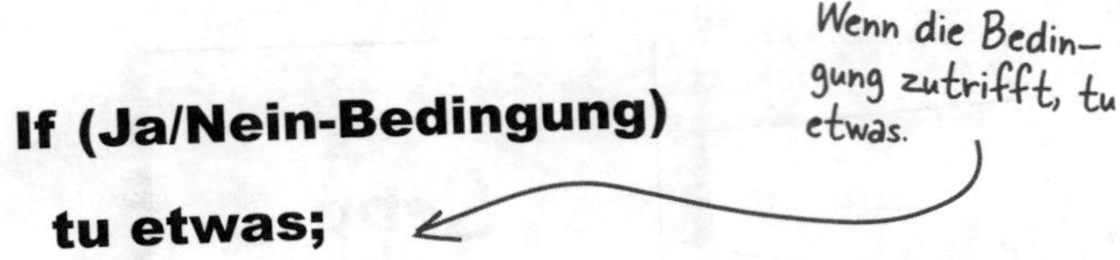

Wenn Sie sich das Gameshow-Beispiel mit den Augen einer `if`-Anweisung in JavaScript ansehen, kommt dabei folgender Code heraus:

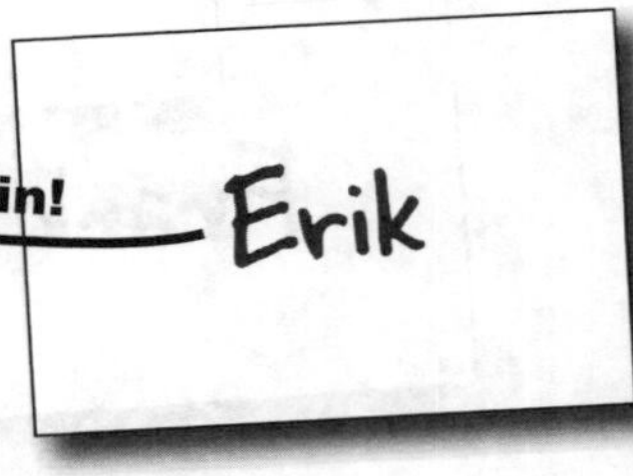

```
if (gewaehlterKandidat == "Erik")
   alert("Erik, kommen Sie zu mir!");
```

Prüft, ob zwei Dinge gleich sind.

Stimmt überein!

Erik

Die Ja/Nein-Bedingung steht immer in Klammern.

Kein Semikolon, das ist noch nicht das Ende der if-Anweisung.

Das ist das Ende der if-Anweisung.

Erik, kommen Sie zu mir!

OK

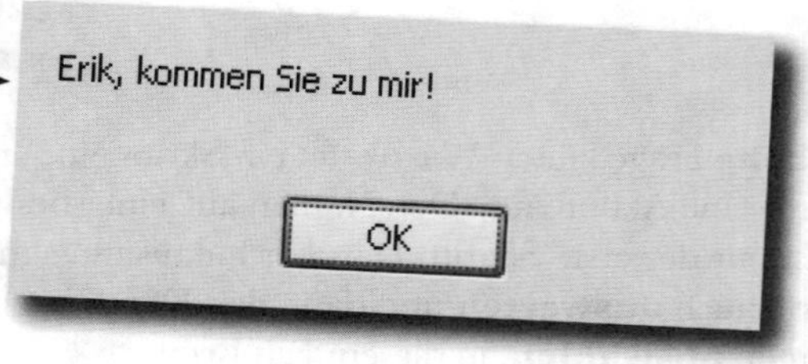

Die if-Anweisung ist eine ausgezeichnete Möglichkeit, Code bedingungsabhängig auszuführen.

if-Anweisungen testen eine Bedingung – und schreiten zur Tat

Jede `if`-Anweisung folgt dem gleichen Schema. Sie haben dieses Schema schon beim iRock kennengelernt, aber wir gehen es nochmals Schritt für Schritt durch:

Dieser Code MUSS true oder false ergeben.

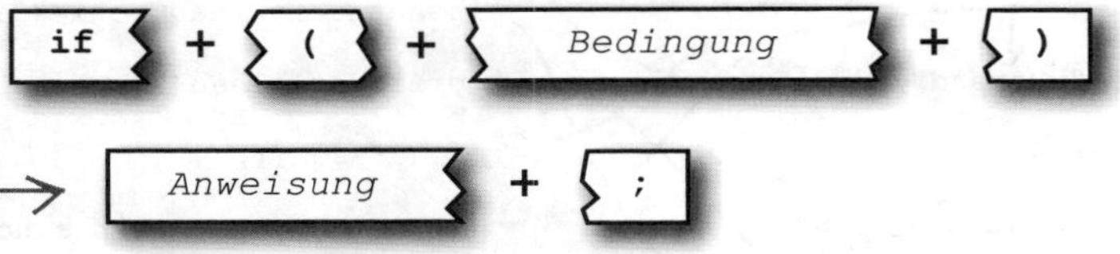

```
if + ( + Bedingung + )
    Anweisung + ;
```

Rücken Sie den Code ein, um ihn besser lesbar zu machen. Die eingerückte Anweisung gehört noch zum »if«.

Es gibt ein paar Dinge beim Aufbau der `if`-Anweisung zu beachten. Sie können nur ein Codesegment ausführen, und das sollte direkt unter dem Wort `if` und der Bedingung eingerückt stehen. Es ist zwar nicht verpflichtend, aber sehr zu empfehlen, diesen Code einzurücken. So können Sie schneller erkennen, dass er zur `if`-Anweisung gehört. Hier sehen Sie die nötigen Schritte, um mit einer `if`-Anweisung eine Entscheidung zu treffen:

1. Schreiben Sie die Bedingung in Klammern.
2. Rücken Sie die darauf folgende Codezeile mit ein paar Leerzeichen ein.
3. Schreiben Sie den Code, der ausgeführt werden soll, wenn die Bedingung erfüllt ist

Ordnen Sie die `if`-Anweisungen den entsprechenden Aktionen zu.

`if (hungrig)`	`anzahlDonuts *= 12;`
`if (countDown == 0)`	`benutzer = readCookie("irock_benutzername");`
`if (donutString.indexOf("Dutzend") != -1)`	`preisVerleihen();`
`if (testErgebnis > 90)`	`geheEssen();`
`if (!schuldig)`	`alert("Houston, wir sind abgehoben.");`
`if (gewinner)`	`alert("Sie ist unschuldig!");`
`if (navigator.cookieEnabled)`	`note = "A";`

Ordnen Sie die if-Anweisungen den entsprechenden Aktionen zu.

Lösungen zu den Übungen

```
if (hungrig)
if (countDown == 0)
if (donutString.indexOf("Dutzend") != -1)
if (testErgebnis > 90)
if (!schuldig)
if (gewinner)
if (navigator.cookieEnabled)
```

```
anzahlDonuts *= 12;
benutzer = readCookie("irock_benutzername");
preisVerleihen();
geheEssen();
alert("Houston, wir sind abgehoben.");
alert("Sie ist unschuldig!");
note = "A";
```

Wahr, wenn der String das Wort »Dutzend« enthält.

Wahr, wenn der Browser Cookies unterstützt.

!schuldig bedeutet NICHT schuldig, also trifft schuldig nicht zu.

Und was soll ich tun, wenn es mehr als eine Möglichkeit gibt?

Tu dies ... oder jenes.

Immer wenn Sie gerade denken, dass JavaScript alles abdeckt, taucht irgendetwas Ungewöhnliches auf. Mehrere Auswahlmöglichkeiten sind im Leben aber nichts Ungewöhnliches: Schoko oder Vanille, entkoffeiniert oder normal ... Meistens bietet eine Auswahl eine Möglichkeit ***oder*** eine andere. Deshalb kann die if-Anweisung so optimiert werden, dass sie eine Entscheidung zwischen zwei Möglichkeiten trifft und entsprechend eine von zwei Aktionen vornimmt ... manchmal sogar mehr.

Mit *if* zwischen zwei Dingen wählen

Mit einem kleinen Trick können Sie mit der `if`-Anweisung zwischen zwei Ergebnissen wählen. Bei *»Mach deinen Deal!«* quält sich Erik gerade mit einer solchen Entscheidung. Er muss sich zwischen zwei Alternativen für die eine oder die andere entscheiden.

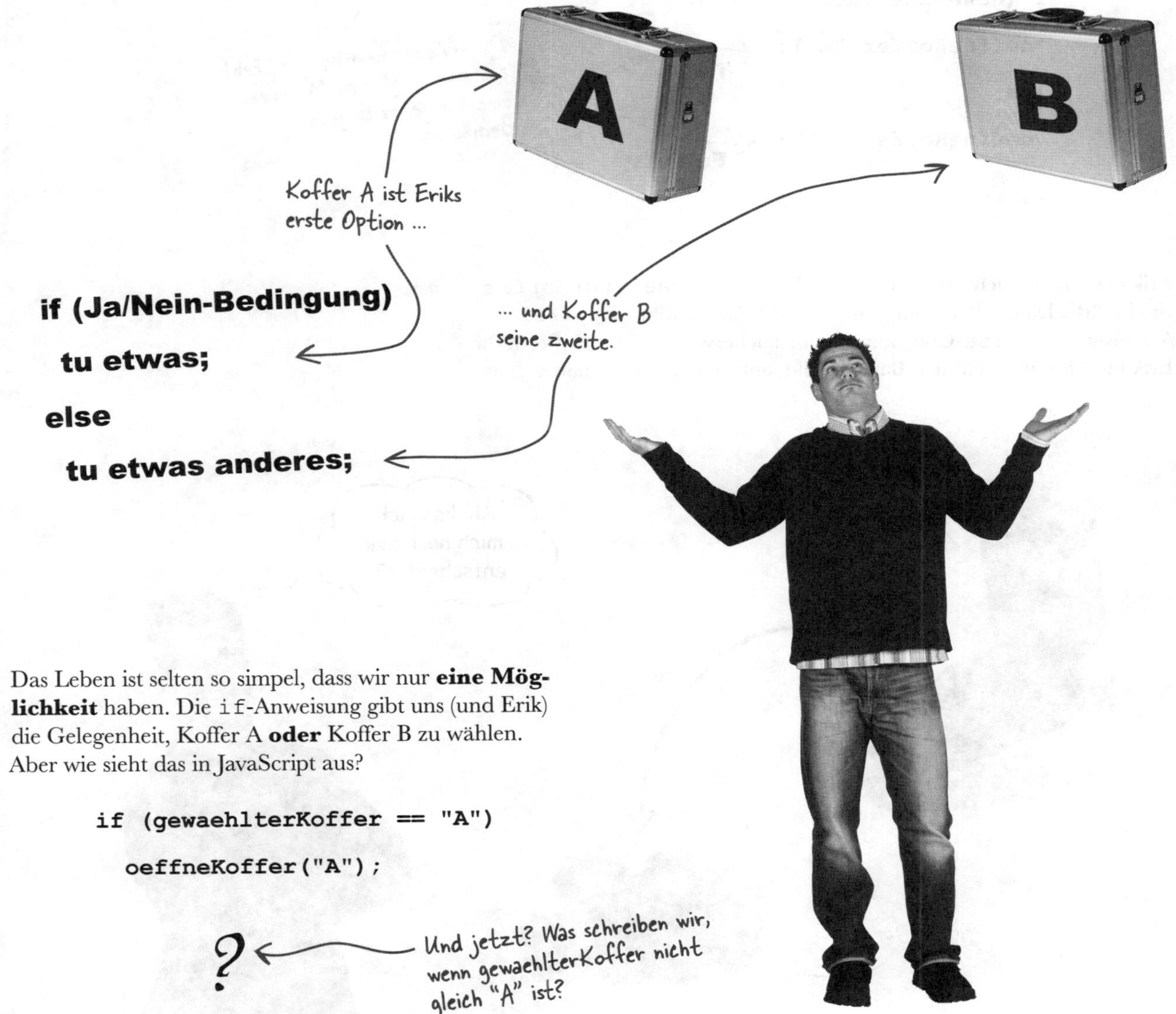

Das Leben ist selten so simpel, dass wir nur **eine Möglichkeit** haben. Die `if`-Anweisung gibt uns (und Erik) die Gelegenheit, Koffer A **oder** Koffer B zu wählen. Aber wie sieht das in JavaScript aus?

```
if (gewaehlterKoffer == "A")
  oeffneKoffer("A");

?
```

Und jetzt? Was schreiben wir, wenn gewaehlterKoffer nicht gleich "A" ist?

Sie haben mit if mehrere Möglichkeiten

Wenn Sie eine `if`-Anweisung für mehr als eine Aktion verwenden, verwandeln Sie sie in eine `if/else`-Anweisung. Dadurch können Sie anderen Code ausführen lassen, wenn die Bedingung nicht erfüllt ist. So als würden Sie sagen: **Wenn** (if) die Bedingung erfüllt ist, führe den ersten Codeteil aus, **wenn nicht** (***else***), führe den anderen Code aus.

```
if (gewaehlterKoffer == "A")
  oeffneKoffer("A");
else
  oeffneKoffer("B");
```

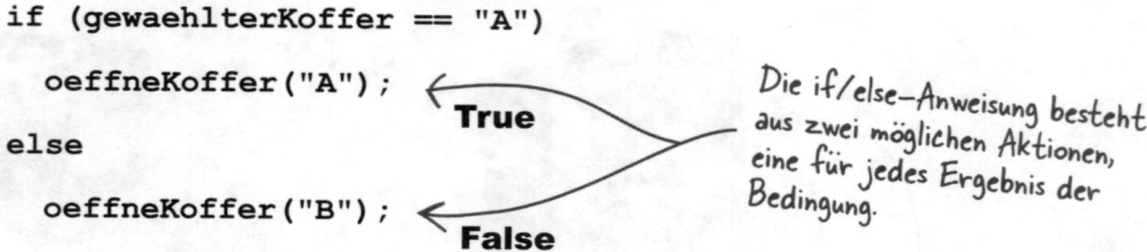

Erik entscheidet sich für Koffer B, die Variable `gewaehlterKoffer` ist also "B". Da die Bedingung nicht zutrifft (false), führt die `if/else`-Anweisung den `else`-Code aus. Unglücklicherweise bringt Koffer B für Erik nur Donuts, nicht den Batzen Geld, auf den er gehofft hatte.

Ein else für Ihre if-Anweisung

Die `if/else`-Anweisung wird ganz ähnlich wie die `if`-Anweisung formatiert. Hängen Sie einfach das Schlüsselwort `else` zusammen mit dem Code dran, der ausgeführt werden soll, wenn die Bedingung nicht erfüllt ist:

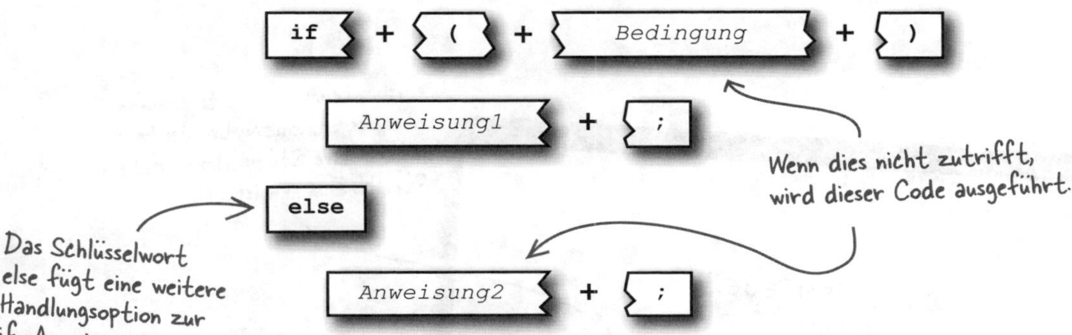

Führen Sie diese Schritte aus, um Ihre `if`-Anweisung um eine zweite Option zu erweitern:

1. Das `else`-Schlüsselwort kommt hinter die erste Anweisung.
2. Rücken Sie die nächste Codezeile für eine bessere Lesbarkeit mit ein paar Leerzeichen ein.
3. Schreiben Sie den Code, der ausgeführt werden soll, wenn die Bedingung nicht erfüllt ist.

Es gibt keine Dummen Fragen

F: Warum kommt hinter den Klammern der `if`-Anweisung kein Semikolon?

A: In der Regel endet in JavaScript jede Anweisung mit einem Semikolon, und die `if`-Anweisung macht da keine Ausnahme. Die `if`-Anweisung besteht nicht nur aus `if (`*`Bedingung`*`)`, sondern auch aus dem Code, der ausgeführt werden soll, wenn die Bedingung zutrifft. *Dieser* Code endet mit einem Semikolon. Da Sie jetzt wissen, was eine `if`-Anweisung ausmacht, sehen Sie also, dass die `if`-Anweisung durchaus mit einem Semikolon endet.

F: Was passiert, wenn die Bedingung nicht erfüllt ist und die `if`-Anweisung keine `else`-Klausel hat?

A: Gar nichts. In diesem Fall führt die Bedingung buchstäblich ins Leere.

F: Kann ich auch mehrere `else` verwenden, um zwischen mehr als zwei möglichen Aktionen zu wählen?

A: Ja. Natürlich können Sie eine `if/else`-Anweisung so aufbauen, dass sie mehr als zwei Ergebnisse unterstützt, aber dafür reicht es nicht aus, zusätzliche `else`-Klauseln hinzuzufügen. Sie müssen ganze `if/else`-Anweisungen ineinander verschachteln, was schnell hässlich werden kann, wenn Sie eine komplexe Entscheidung mit vielen verschiedenen Aktionen abbilden. Der Ansatz mit `if/else` ist nicht falsch, aber JavaScript bietet eine bessere Struktur für solche Fälle, die `switch/case`-Anweisung, die Sie etwas später in diesem Kapitel kennenlernen werden.

Ein Abenteuer epischen Ausmaßes

Ellie schreibt eine interaktive Abenteuergeschichte mit dem Titel »Abenteuer eines Strichmännchens«. In ihrem Projekt geht es bei jeder Wendung der Story um Entscheidungen, und sie hofft, dass die JavaScript-Entscheidungstechniken die Probleme lösen, die sie bisher davon abgehalten haben, das Abenteuer online zu stellen.

Ellie möchte in ihrem Online-Strichmännchenabenteuer den Spieler durch die Story wandern lassen, indem sie ihm an jeder Station zwei Entscheidungsmöglichkeiten bietet. Sie können dem Beispiel folgen, wenn Sie die Dateien von *http://examples.oreilly.de/german_examples/hfjavascriptger* herunterladen.

Der Schauplatz für das Abenteuer

Die Story für das Strichmännchenabenteuer ist eine Reihe von Szenen, wobei jede Szene aus einem Bild und einer Beschreibung besteht. Das Entscheidende: In jeder Szene müssen sich die Spieler zwischen zwei Wegen entscheiden, die zu jeweils anderen Szenen führen.

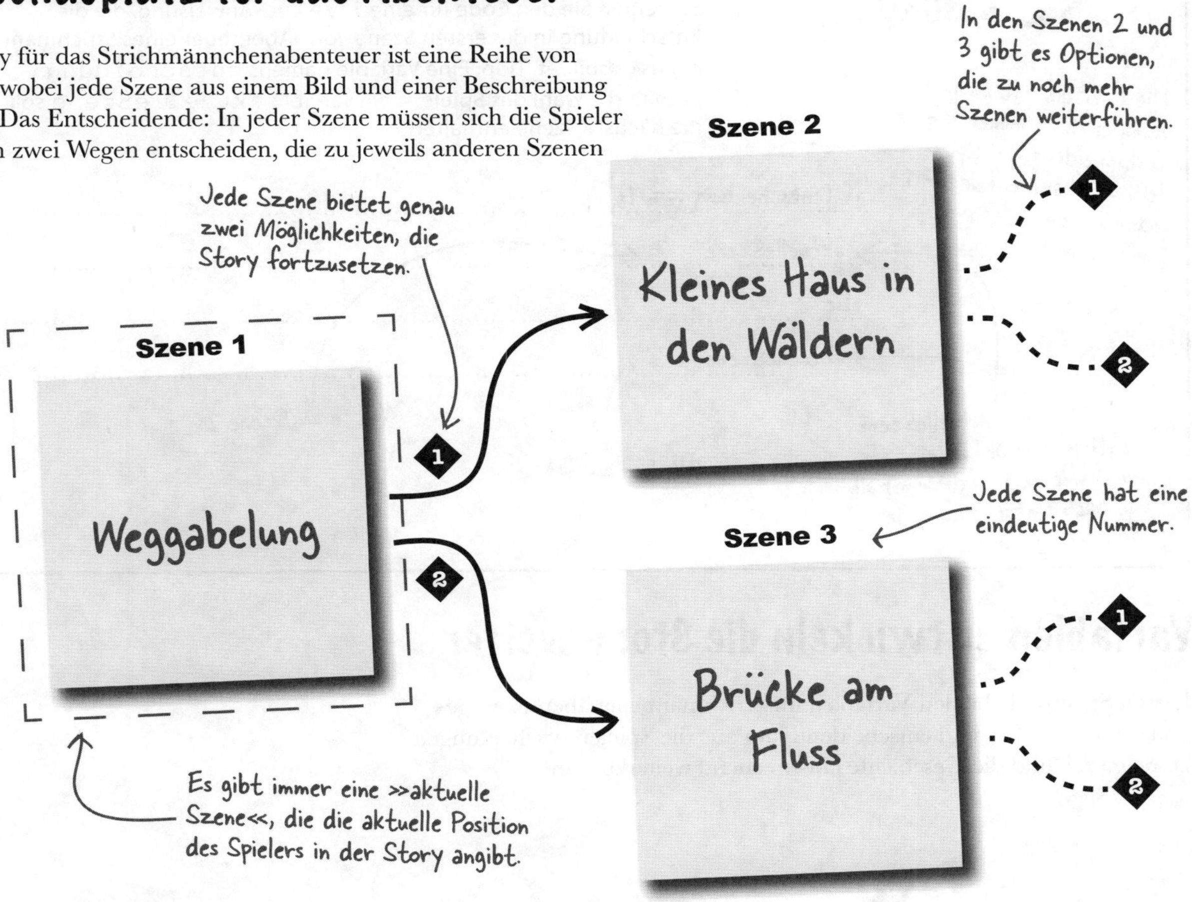

Jede Szene bietet genau zwei Möglichkeiten, die Story fortzusetzen.

In den Szenen 2 und 3 gibt es Optionen, die zu noch mehr Szenen weiterführen.

Szene 1

Weggabelung

1

2

Szene 2

Kleines Haus in den Wäldern

1

2

Jede Szene hat eine eindeutige Nummer.

Szene 3

Brücke am Fluss

1

2

Es gibt immer eine »aktuelle Szene«, die die aktuelle Position des Spielers in der Story angibt.

Spitzen Sie Ihren Bleistift

Schreiben Sie den Code für eine `if/else`-Anweisung, die die Entscheidung in der ersten Szene von »Abenteuer eines Strichmännchens« abbildet. Tipp: Eine Variable namens `entscheidung` enthält die Wahl des Spielers, die Variable `aktuelleSzene` soll die nächste Szene enthalten.

....

....

....

....

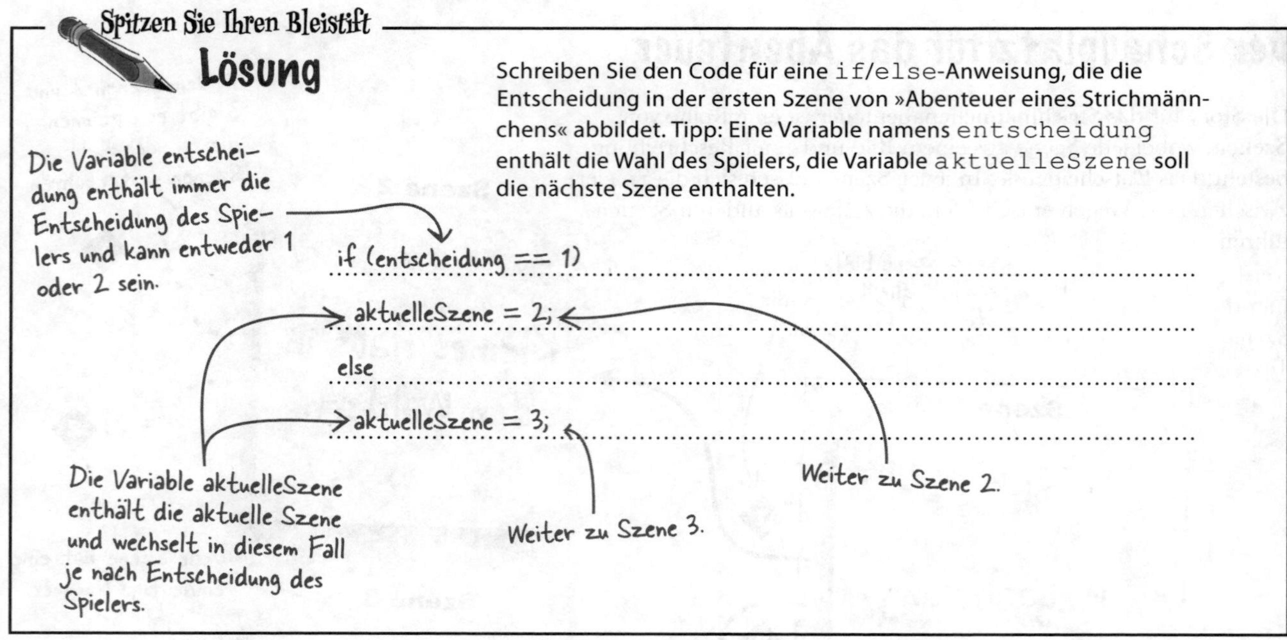

Schreiben Sie den Code für eine `if/else`-Anweisung, die die Entscheidung in der ersten Szene von »Abenteuer eines Strichmännchens« abbildet. Tipp: Eine Variable namens `entscheidung` enthält die Wahl des Spielers, die Variable `aktuelleSzene` soll die nächste Szene enthalten.

```
if (entscheidung == 1)
  aktuelleSzene = 2;
else
  aktuelleSzene = 3;
```

Variablen entwickeln die Story weiter

Lassen Sie uns die beiden Variablen im Strichmännchenabenteuer genauer ansehen. Sie sind entscheidend, um auf die Spielerentscheidungen zu reagieren und die Geschichte entsprechend weiterzuführen.

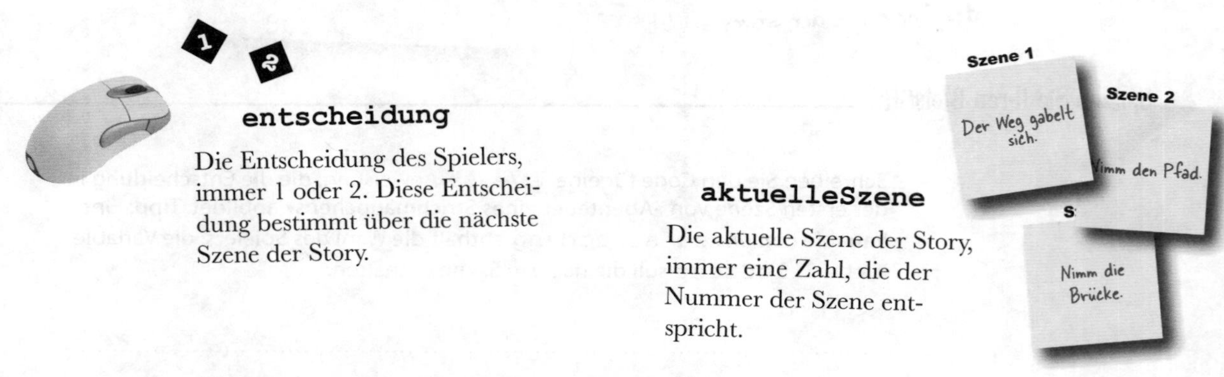

`entscheidung`

Die Entscheidung des Spielers, immer 1 oder 2. Diese Entscheidung bestimmt über die nächste Szene der Story.

`aktuelleSzene`

Die aktuelle Szene der Story, immer eine Zahl, die der Nummer der Szene entspricht.

Die Variablen `entscheidung` und `aktuelleSzene` speichern zusammen die Entscheidung des Spielers und führen die Geschichte entsprechend weiter. Dieser Vorgang wiederholt sich Szene für Szene, während sich die Geschichte entfaltet – alles dank der `if/else`-Anweisung.

Aber ein Teil der Geschichte fehlt

Die `if/else`-Anweisung funktioniert wunderbar für die Logik der verschiedenen Entscheidungen im Strichmännchenabenteuer, aber leider wird bisher nicht die ganze Geschichte erzählt. Zu jeder Szene gehören ein Bild **und** eine Textbeschreibung. Sowohl das Bild als auch die Beschreibung sollen angezeigt werden, wenn die Geschichte weitergeht. Wenn wir die Nummer der aktuellen Szene ändern, reicht das zwar aus, um das Szenenbild zu wechseln, aber es hilft uns leider nicht bei der Textbeschreibung weiter.

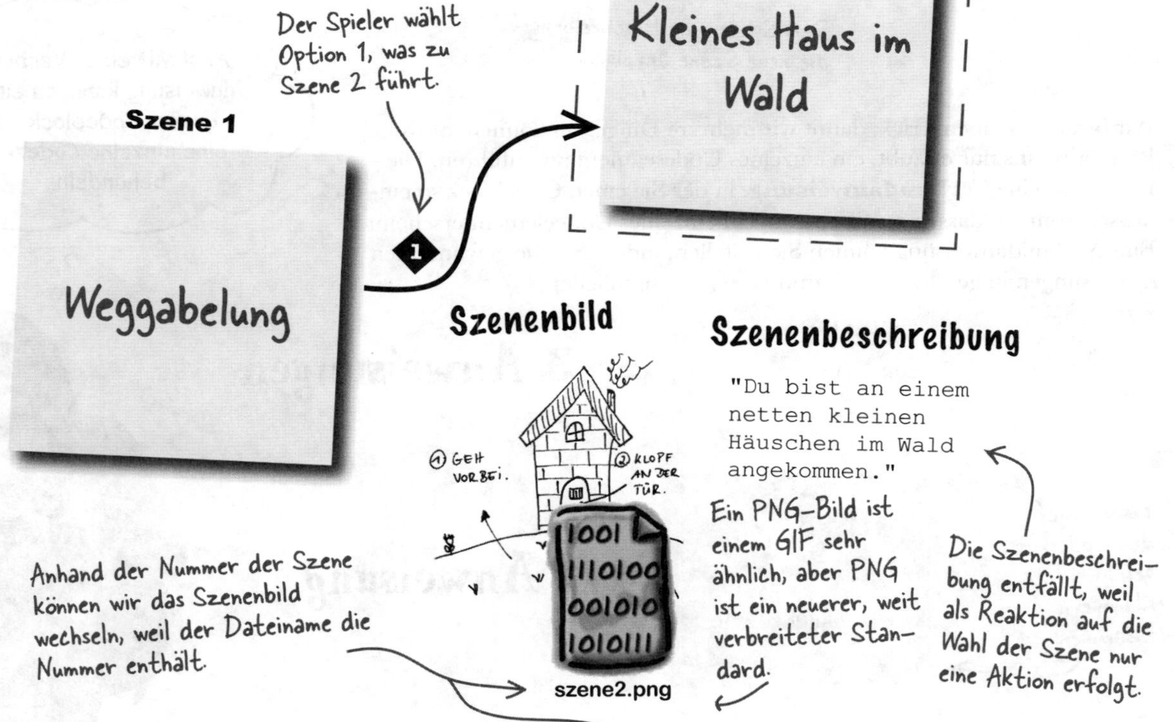

Die »neue« aktuelle Szene.

Szene 2

Kleines Haus im Wald

Der Spieler wählt Option 1, was zu Szene 2 führt.

Szene 1

Weggabelung

1

Szenenbild

① GEH VORBEI.

② KLOPF AN DER TÜR.

1001
1110100
001010
1010111

szene2.png

Szenenbeschreibung

"Du bist an einem netten kleinen Häuschen im Wald angekommen."

Ein PNG-Bild ist einem GIF sehr ähnlich, aber PNG ist ein neuerer, weit verbreiteter Standard.

Die Szenenbeschreibung entfällt, weil als Reaktion auf die Wahl der Szene nur eine Aktion erfolgt.

Anhand der Nummer der Szene können wir das Szenenbild wechseln, weil der Dateiname die Nummer enthält.

```
document.getElementById("szenenbild").src = "szene" + aktuelleSzene + ".png";
```

Da Sie für jeden Teil der `if/else`-Anweisung nur ein Codesegment ausführen können, sind Sie im Moment auch auf eine einzelne Aktion beschränkt. Anders gesagt: Sie haben nicht die Möglichkeit, ein Bild **und** eine Beschreibung anzuzeigen.

Wie können wir mit mehr als einer Aktion auf eine Entscheidung reagieren?

Verstärken Sie Ihre JavaScript-Bemühungen

Ellie muss mehrere Dinge in jedem Abschnitt des `if/else`-Codes tun können. Sie muss sowohl die Nummer der Szene als auch die Szenenbeschreibung ändern, sodass die folgenden beiden Codezeilen die Story weiterführen können:

Das Szenenbild für die neu gewählte Szene.

```
document.getElementById("szenenbild").src = "szene" + aktuelleSzene + ".png";
alert(beschreibung);
```

Dem Spieler die Beschreibung für die neue Szene anzeigen.

Aha! Mit einer Verbundanweisung kann ich einen großen Codeblock wie eine einzelne Codezeile behandeln.

Wir brauchen einen Trick, damit wir mehrere Dinge tun können, obwohl JavaScript uns nur erlaubt, ein einzelnes Codesegment auszuführen. Die Lösung ist eine **Verbundanweisung**, in der Sie einen Codeblock so einfasssen können, dass er im Skript wie ein einzelnes Codeelement erscheint. Eine Verbundanweisung können Sie erstellen, indem Sie die gewünschten Anweisungen in geschweifte Klammern ({ }) einschließen.

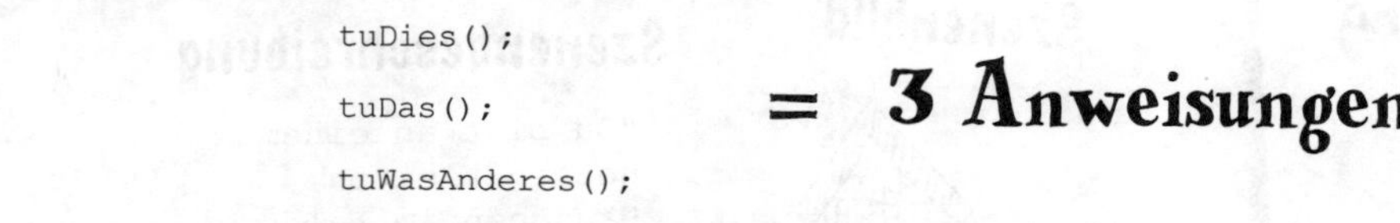


```
{
  tuDies();
  tuDas();
  tuWasAnderes();
}
```

= 1 Anweisung

Fassen Sie den Code mit geschweiften Klammern zusammen.

Mit einer Verbundanweisung können Sie `if/else`-Anweisungen basteln, die mehr als eine Aufgabe pro Handlungszweig erledigen.

```
if (gewaehlteTür == "A") {
  preis = "Donuts";
  alert("Sie haben eine Schachtel Donuts
         gewonnen!");
}
else {
  preis = "Kuschelstein";
  alert("Sie haben einen Kuschelstein gewonnen!");
}
```

Mehrere Aktionen in jedem Handlungszweig der if/else-Anweisung.

Es gibt keine Dummen Fragen

F: Wie wird in »Abenteuer eines Strichmännchens« durch die Variablen die Geschichte weitergeführt?

A: Die Variable `aktuelleSzene` enthält immer die Nummer der aktuellen Szene. In jeder Szene wird ein Bild und eine Szenenbeschreibung angezeigt, und der Spieler wird vor die Entscheidung zwischen zwei weiteren Szenen gestellt. Die Variable `entscheidung` enthält die Entscheidung des Spielers, 1 oder 2. Hat der Spieler gewählt, wird anhand von `entscheidung` in Verbindung mit `aktuelleSzene` die nächste Szene bestimmt. Genauer gesagt, wird das Szenenbild entsprechend dem neuen Wert von `aktuelleSzene` geändert und die Szenenbeschreibung in einem alert-Fenster angezeigt.

F: Was ist so spannend daran, dass eine Verbundanweisung mehrere Anweisungen in eine quetscht?

A: Das ist deshalb wichtig, weil JavaScript größtenteils für einzelne Anweisungen strukturiert ist. Es ist wie mit einer Airline, die Sie exakt zwei Handgepäckstücke mitnehmen lässt. Nichts kann Sie davon abhalten, jede Menge Zeug in diese Taschen zu stopfen, solange Sie sich auf die beiden beschränken. Verbundanweisungen sind insofern wie Handgepäck, weil Sie viele Anweisungen in einen Behälter packen können, der vom Rest des Skripts als einzelne Anweisung **wahrgenommen wird**.

F: Warum enden Verbundanweisungen nicht mit einem Semikolon?

A: Semikola sind für einzelne Anweisungen reserviert, nicht für Verbundanweisungen. Also müssen die einzelnen Anweisungen in einer Verbundanweisung mit einem Semikolon enden, aber nicht die Verbundanweisung selbst.

F: Ist eine Funktion eine Verbundanweisung?

A: Gute Frage! Und die Antwort lautet Ja. Sicher haben Sie gemerkt, dass der Code in einer Funktion in geschweiften Klammern zusammengefasst ist. Für den Moment können Sie sich Funktionen als große Verbundanweisungen vorstellen, mit denen Sie Daten austauschen können.

Spitzen Sie Ihren Bleistift

Schreiben Sie den Code für die erste `if/else`-Entscheidung im Strichmännchenabenteuer neu. Verwenden Sie diesmal eine Verbundanweisung, um sowohl die Nummer der Szene als auch die Szenenbeschreibung festzulegen.

....

....

....

....

....

....

....

....

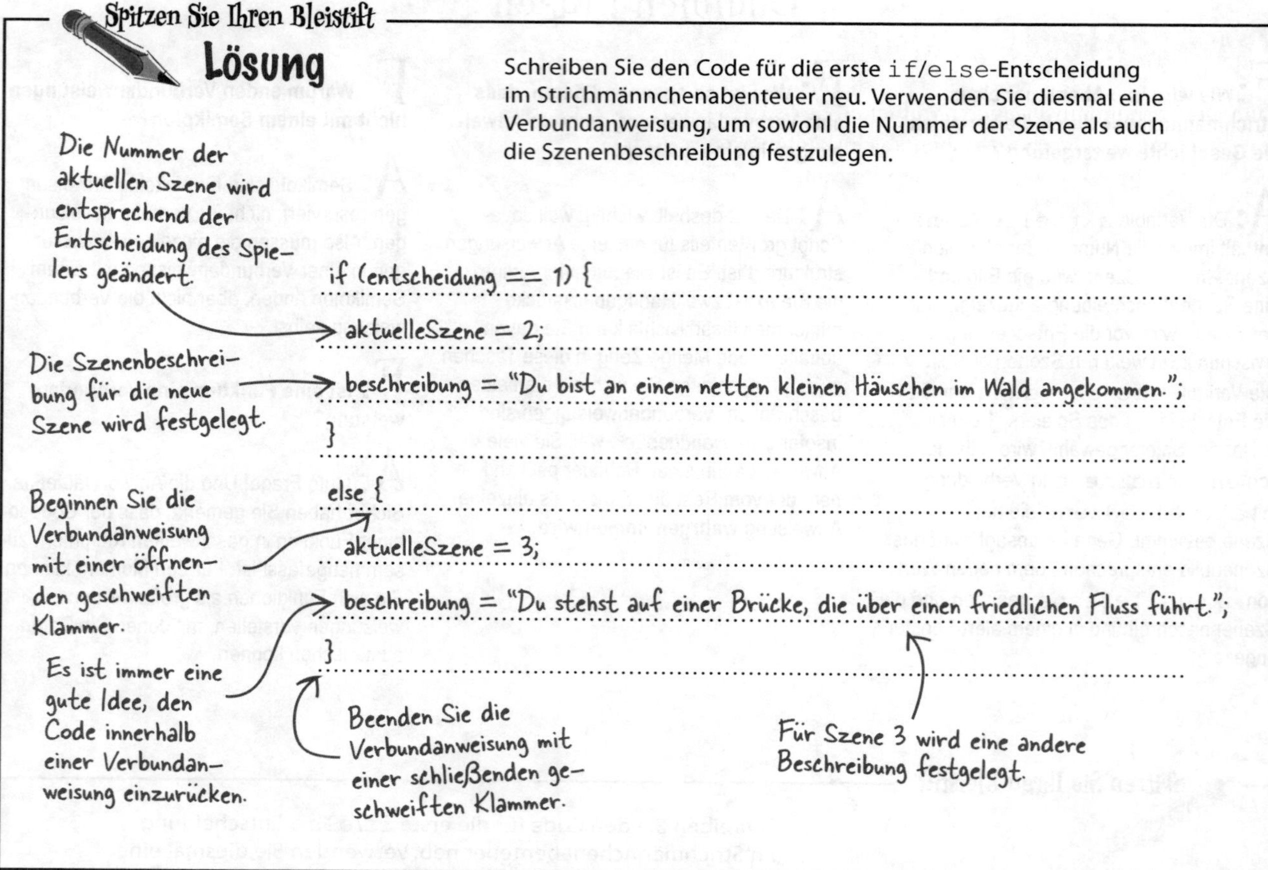

Punkt für Punkt

- Verwenden Sie die `if`-Anweisung, um ein einzelnes JavaScript-Codesegment bedingungsabhängig auszuführen.
- Die Bedingung einer `if`-Anweisung muss immer true oder false ergeben.
- Verwenden Sie die `if/else`-Anweisung, um bedingungsabhängig eines von zwei verschiedenen JavaScript-Codesegmenten auszuführen.
- Verwenden Sie eine Verbundanweisung, um mehrere JavaScript-Codezeilen anstatt einer einzelnen Codeeinheit auszuführen.
- Eine Verbundanweisung erstellen Sie, indem Sie mehrere einzelne Anweisungen mit geschweiften Klammern (`{}`) zusammenfassen.
- Mit Verbundanweisungen können Sie in den Aktionsteilen der `if`- und `if/else`-Anweisungen mehr als eine Aktion durchführen.

Das Abenteuer beginnt

Ein paar Verbundanweisungen, mit einer `if/else`-Entscheidung kombiniert, machen aus »Abenteuer eines Strichmännchens« den Beginn einer interaktiven Online-Story. Sie ist auf dem besten Weg, ein ausgewachsenes Online-Abenteuer zu werden!

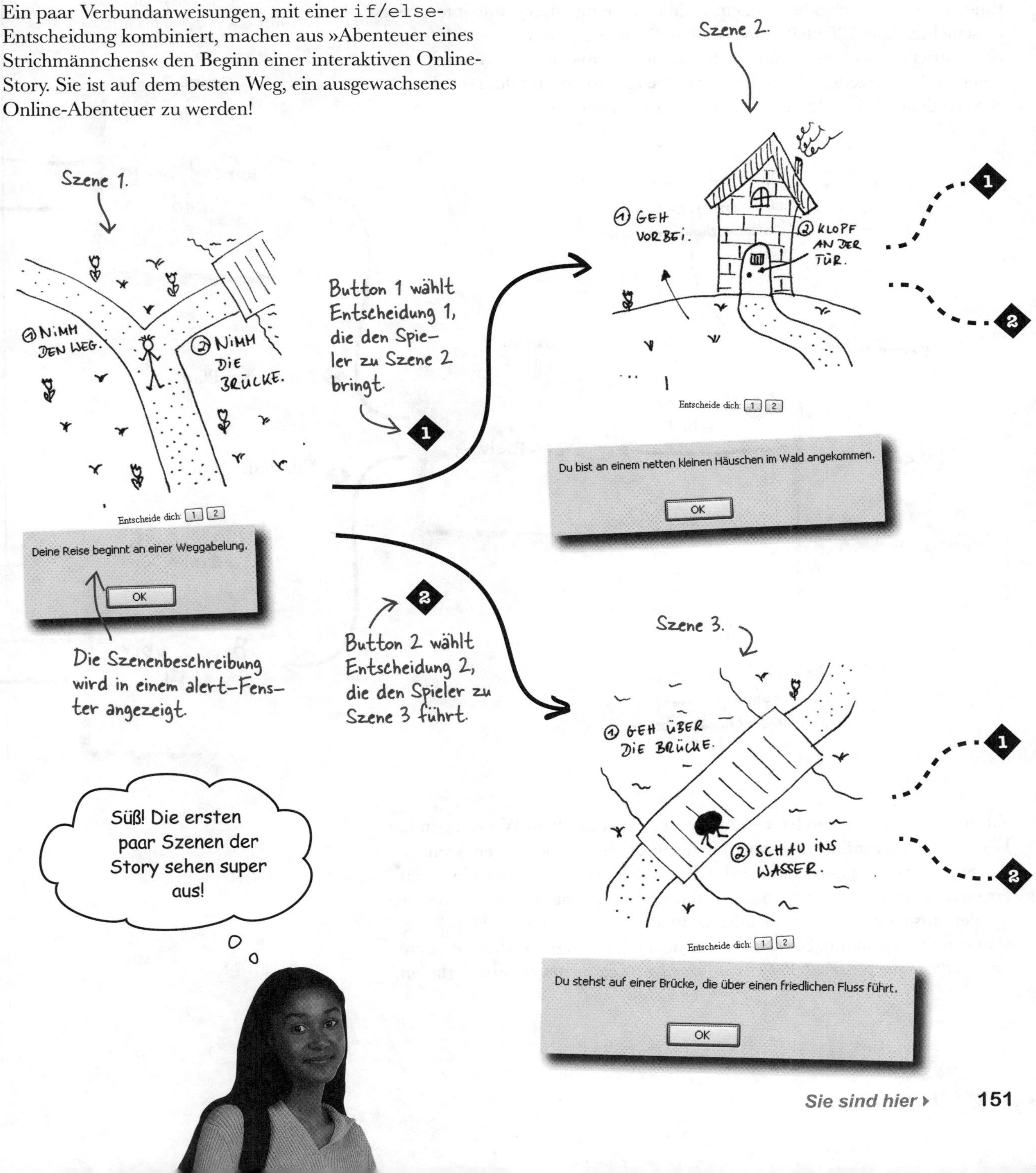

Szene 1.

① NIMM DEN WEG.

② NIMM DIE BRÜCKE.

Entscheide dich: 1 2

Deine Reise beginnt an einer Weggabelung.

OK

Die Szenenbeschreibung wird in einem alert-Fenster angezeigt.

Button 1 wählt Entscheidung 1, die den Spieler zu Szene 2 bringt.

Button 2 wählt Entscheidung 2, die den Spieler zu Szene 3 führt.

Szene 2.

① GEH VORBEI.

② KLOPF AN DER TÜR.

Entscheide dich: 1 2

Du bist an einem netten kleinen Häuschen im Wald angekommen.

OK

Szene 3.

① GEH ÜBER DIE BRÜCKE.

② SCHAU INS WASSER.

Entscheide dich: 1 2

Du stehst auf einer Brücke, die über einen friedlichen Fluss führt.

OK

Süß! Die ersten paar Szenen der Story sehen super aus!

Und nun der Rest des Abenteuers

Eine einzelne Entscheidung macht wohl kaum eine interessante interaktive Geschichte. Aber Ellie hat einige weitere Szenen geplant, die »Abenteuer eines Strichmännchens« um einiges spannender machen. Zusammen ergeben dieses Szenen einen **Entscheidungsbaum**, mit dem Sie die verschiedenen Wege durch das Abenteuer abbilden können.

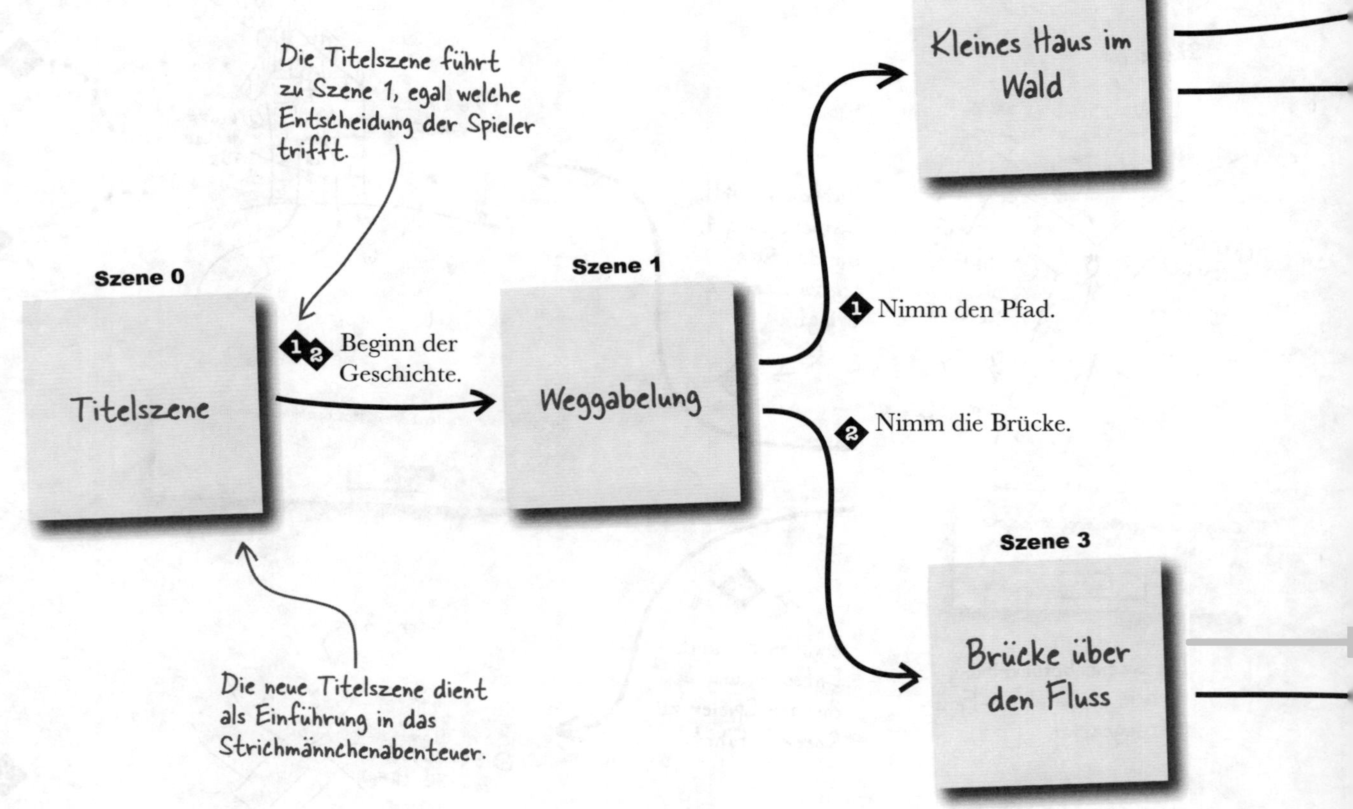

Szene 2

Kleines Haus im Wald

Die Titelszene führt zu Szene 1, egal welche Entscheidung der Spieler trifft.

Szene 0

Titelszene

1 2 Beginn der Geschichte.

Szene 1

Weggabelung

1 Nimm den Pfad.

2 Nimm die Brücke.

Szene 3

Brücke über den Fluss

Die neue Titelszene dient als Einführung in das Strichmännchenabenteuer.

Zusätzlich zu den neuen Szenen mit weiteren verzwickten Wendungen hat Ellie eine neue Einführungsszene hinzugefügt, die vor der ersten Szene der Story (Szene 1) angezeigt wird. Diese Titelszene (Szene 0) ist insofern einzigartig, als sie immer zu Szene 1 führt, unabhängig davon, wie sich die Spieler entscheiden. So gesehen ist Szene 0 noch kein Teil der Handlung, sondern der Vorspann. Sie können die neuen Szenen sowie den Vorspann unter *http://examples.oreilly.de/german_examples/hfjavascriptger* herunterladen.

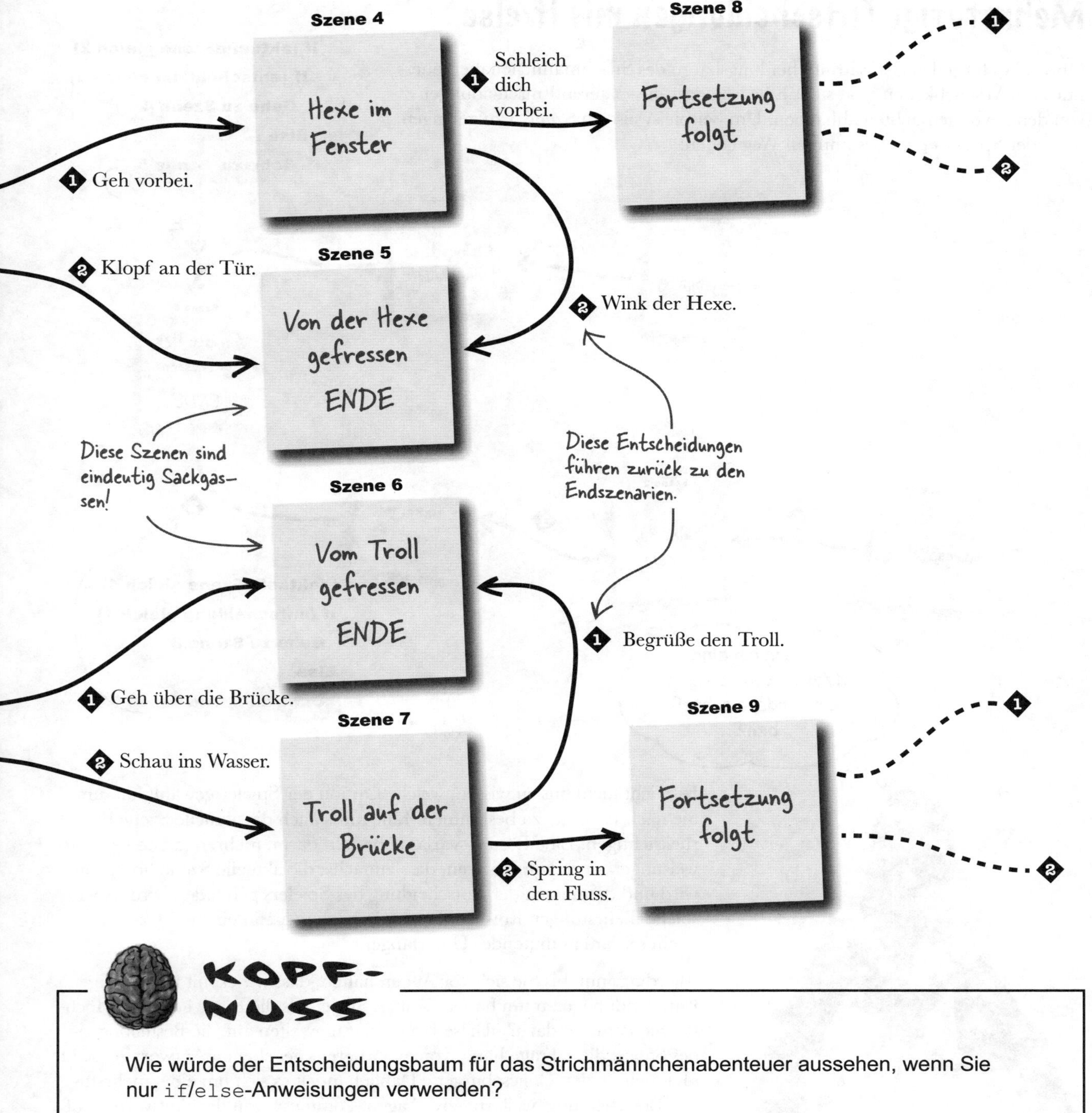

KOPF-NUSS

Wie würde der Entscheidungsbaum für das Strichmännchenabenteuer aussehen, wenn Sie nur `if`/`else`-Anweisungen verwenden?

Mehrstufige Entscheidungen mit if/else

Obwohl es für jeden Ast im Entscheidungsbaum des Strichmännchenabenteuers nur zwei Möglichkeiten gibt, stellt Ellie fest, dass die späteren Entscheidungen von den zuvor gemachten abhängen. Um beispielsweise zu Szene 5 zu gelangen, muss der Spieler einen bestimmten Weg gehen:

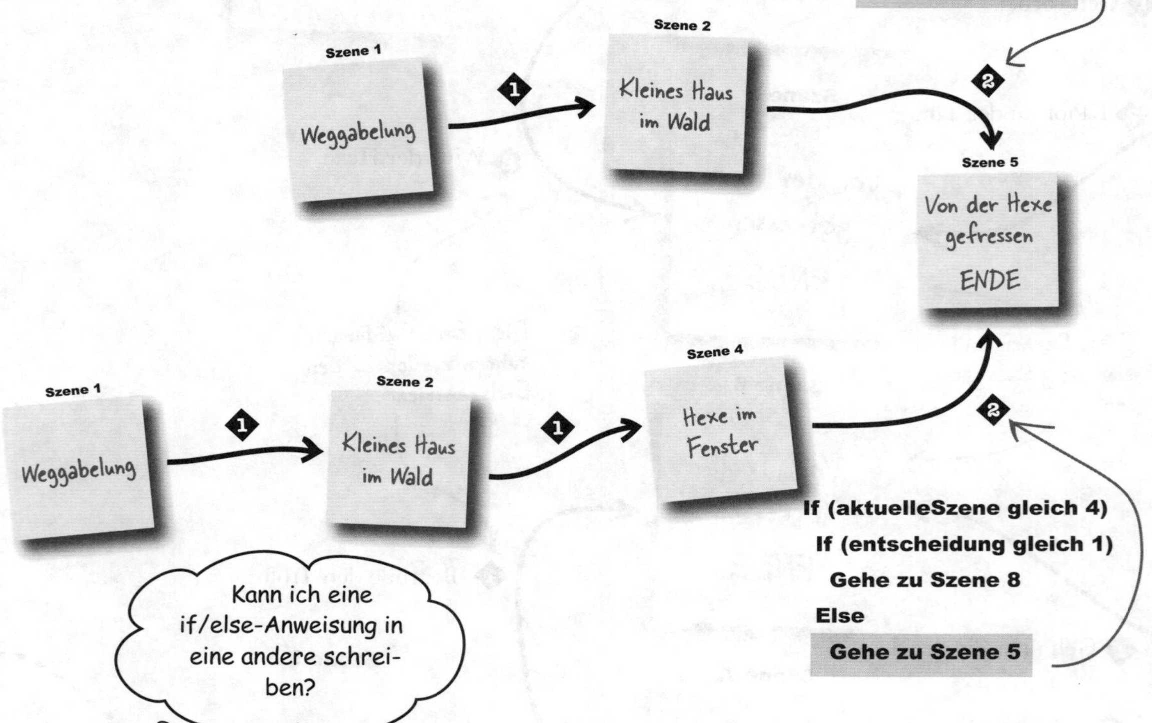

Es reicht nicht aus zu wissen, welche Option der Spieler gewählt hat, um die nächste Szene zu bestimmen. Ellie muss auch die aktuelle Szene berücksichtigen. Eine Lösungsvariante besteht darin, mehrere `if/else`-Anweisungen so zu kombinieren, dass zunächst die aktuelle Szene überprüft wird und dann nach der Entscheidung des Spielers gehandelt wird. Aber solche mehrstufigen Entscheidungen haben ein `if` in einem `if` zur Folge ... ein seltsam anmutendes Unterfangen.

Allerdings nur, bis Sie sich vor Augen halten, dass wir es mit mehrstufigen Entscheidungen zu tun haben. Haben Sie jemals die Frage gehört: »Möchten Sie Pommes dazu?« Diese Frage folgt nur selten auf die Bestellung eines Salats, diese Frage hängt von einer bereits gegebenen Antwort ab, z.B.: »Ich nehme den Cheeseburger.« Dabei handelt es sich um eine mehrstufige Entscheidung, weil spätere Fragen (Pommes?) von den Antworten auf vorangegangene Fragen (Cheeseburger oder Salat?) abhängen.

Ein if darf in einem anderen if stehen

Es ist absolut zulässig in JavaScript, ein `if` in ein `if` zu schreiben. Vergessen Sie nicht, dass eine `if`-Anweisung nur eine Anweisung ist, in diesem Fall der Aktionsteil eines anderen `if`. Anders ausgedrückt: Es ist völlig in Ordnung, eine Frage auf eine Frage zu stellen. Ein `if` innerhalb eines anderen `if` nennt man **verschachtelte** `if`-Anweisung.

```
if (bestellung == "cheeseburger") {
  if (willPommes)
    bestellung += " pommes";
}
else if (bestellung == "salat") {
  if (willFrucht)
    bestellung += " frucht";
}
```

Die geschachtelten if-Anweisungen kommen nur ins Spiel, wenn die äußeren if-Anweisungen true ergeben.

Eine Schnellschreibweise für bestellung = bestellung + ... Das Ergebnis lautet dann Salat und Frucht oder Cheeseburger und Pommes.

Spitzen Sie Ihren Bleistift

Schreiben Sie den Code des Entscheidungsbaums für Szene 0 und Szene 1 des Strichmännchenabenteuers – mit verschachtelten `if`- und `if/else`-Anweisungen, falls nötig.

....

....

....

....

....

....

....

....

....

....

....

....

....

....

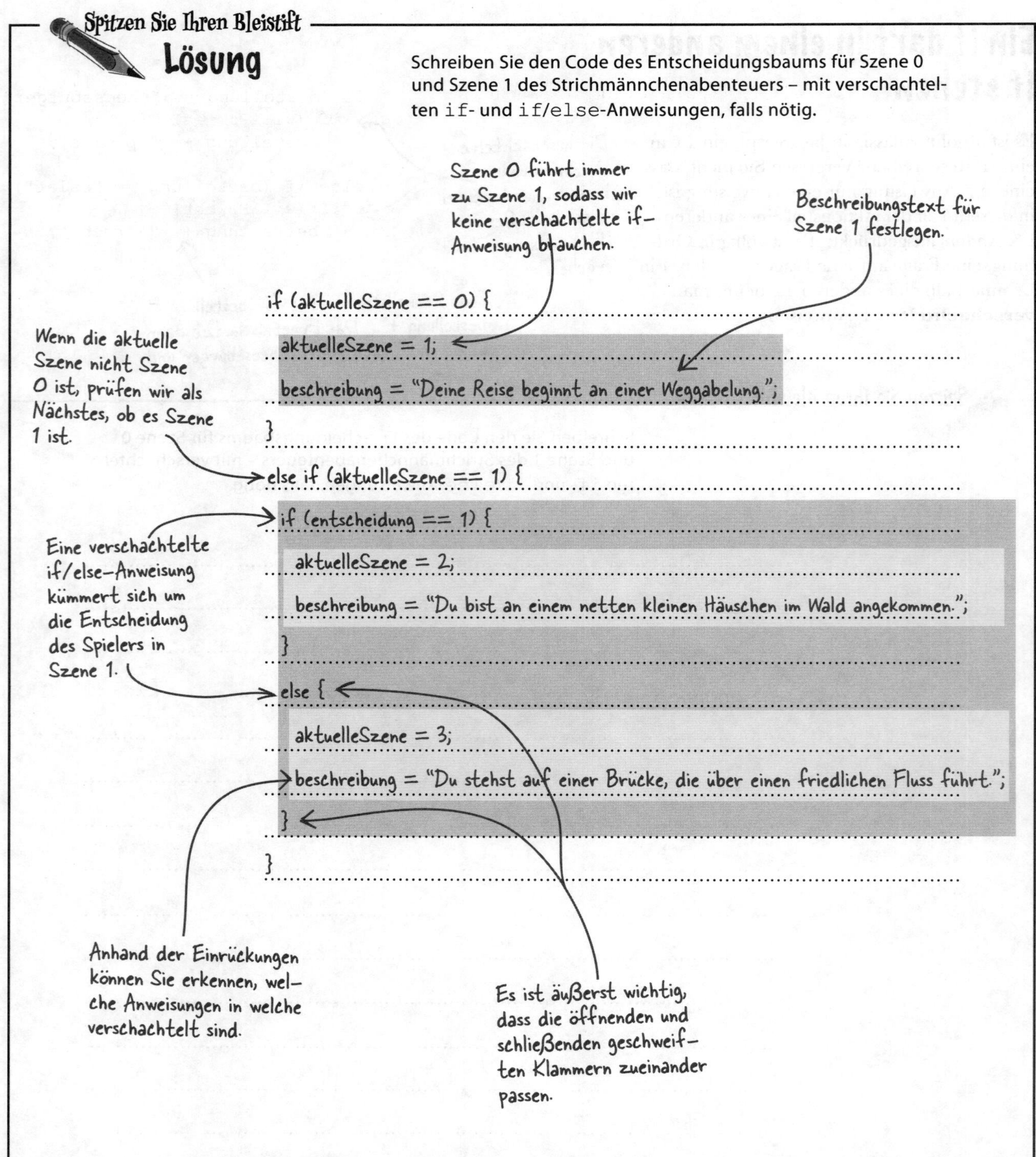
Spitzen Sie Ihren Bleistift
Lösung
Schreiben Sie den Code des Entscheidungsbaums für Szene 0 und Szene 1 des Strichmännchenabenteuers – mit verschachtelten if- und if/else-Anweisungen, falls nötig.
Szene 0 führt immer zu Szene 1, sodass wir keine verschachtelte if-Anweisung brauchen.
Beschreibungstext für Szene 1 festlegen.
if (aktuelleSzene == 0) {
aktuelleSzene = 1;
beschreibung = "Deine Reise beginnt an einer Weggabelung.";
}
Wenn die aktuelle Szene nicht Szene 0 ist, prüfen wir als Nächstes, ob es Szene 1 ist.
else if (aktuelleSzene == 1) {
if (entscheidung == 1) {
aktuelleSzene = 2;
beschreibung = "Du bist an einem netten kleinen Häuschen im Wald angekommen.";
}
Eine verschachtelte if/else-Anweisung kümmert sich um die Entscheidung des Spielers in Szene 1.
else {
aktuelleSzene = 3;
beschreibung = "Du stehst auf einer Brücke, die über einen friedlichen Fluss führt.";
}
}
Anhand der Einrückungen können Sie erkennen, welche Anweisungen in welche verschachtelt sind.
Es ist äußerst wichtig, dass die öffnenden und schließenden geschweiften Klammern zueinander passen.

Ihre Funktionen steuern die Seiten

Mit zwei Buttons (»1« und »2«) auf der Webseite des Strichmännchen-abenteuers navigieren die Spieler durch die Story. Wenn sie auf einen der beiden klicken, wird die Funktion `szenenWechsel()` aufgerufen, um entsprechend dem angeklickten Button in die nächste Szene zu wechseln.

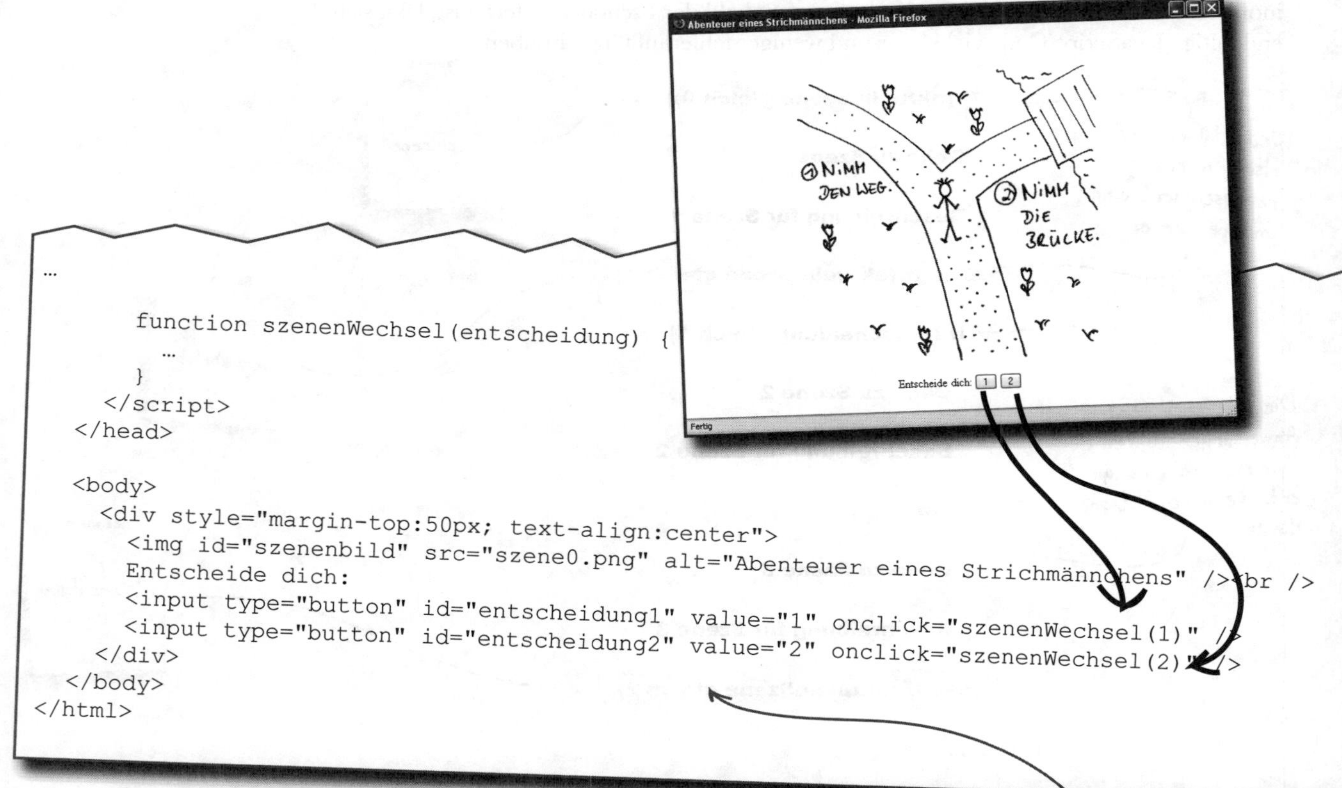


```
...

      function szenenWechsel(entscheidung) {
        ...
      }
    </script>
  </head>

  <body>
    <div style="margin-top:50px; text-align:center">
      <img id="szenenbild" src="szene0.png" alt="Abenteuer eines Strichmännchens" /><br />
      Entscheide dich:
      <input type="button" id="entscheidung1" value="1" onclick="szenenWechsel(1)" />
      <input type="button" id="entscheidung2" value="2" onclick="szenenWechsel(2)" />
    </div>
  </body>
</html>
```

Die Funktion `szenenWechsel()` erwartet als einziges Argument die Entscheidung des Spielers (»1« oder »2«). Diese Information ist alles, was die Funktion braucht, um die Szene zu wechseln. Bei näherer Betrachtung macht `szenenWechsel()` Folgendes:

1. Die Variable `aktuelleSzene` auf die neue Szene aktualisieren.
2. Die Variable `beschreibung` mit der neuen Szenenbeschreibung belegen.
3. Das Szenenbild dem Wert von `aktuelleSzene` entsprechend wechseln und die Szenenbeschreibung anzeigen.

Mit Pseudocode das Abenteuer entwerfen

Ellie hat eine ziemlich genaue Vorstellung davon, wie sie die Funktion `szenenWechsel()` gestalten muss, um den Entscheidungsbaum für das Strichmännchenabenteuer mit JavaScript-Code zu implementieren. Aber durch die überwältigende Anzahl von Entscheidungen kann es beim Programmieren ganz schön verwirrend werden. Daher ist es manchmal hilfreich, den Entscheidungsbaum zunächst in Pseudocode zu schreiben – einer saloppen, leicht lesbaren und äußerst inoffiziellen Variante, Skriptcode zu schreiben. Sobald der Pseudocode fertig ist, lässt sich der endgültige JavaScript-Code viel klarer und weniger fehleranfällig schreiben.

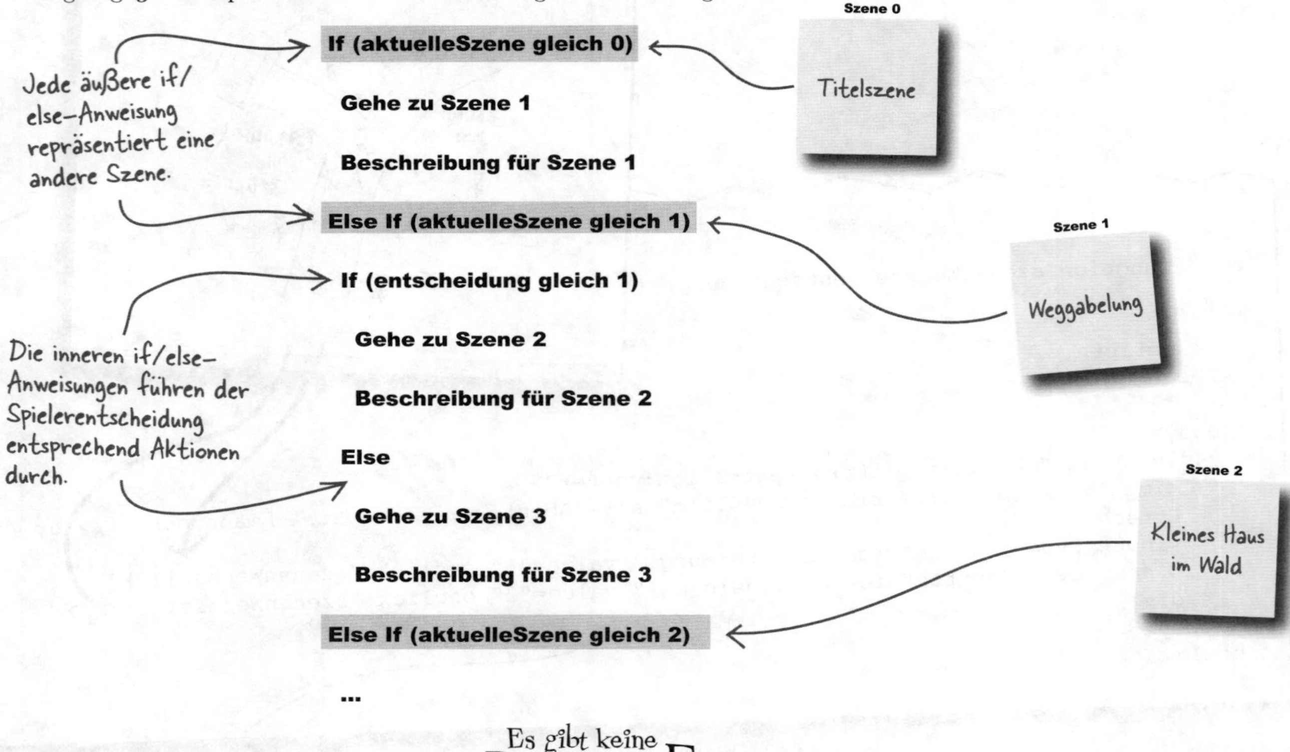

Es gibt keine Dummen Fragen

F: Pseudocode sieht fast wie JavaScript-Code aus. Wofür das Ganze?

A: Wir möchten den Vorgang vereinfachen, einen komplexen Entscheidungsbaum in JavaScript-Code zu übersetzen, und gleichzeitig das Fehlerrisiko minimieren. Da Pseudocode nicht so detailliert ist wie JavaScript-Code, können Sie sich auf die Logik konzentrieren, wie eine Szene zur nächsten führt, statt darauf achten zu müssen, dass jede geschweifte Klammer und jedes Semikolon an der richtigen Stelle steht. Sobald Sie mit Pseudocode vertraut sind, erfolgt die Übersetzung in JavaScript-Code fast automatisch.

F: Muss ich geschweifte Klammern verwenden, um `if`-Anweisungen ineinander zu verschachteln?

A: Nein. Wenn Sie nur eine einzelne `if`-Anweisung in eine andere `if`-Anweisung ohne weiteren Code verschachteln, kann es einfacher sein, die geschweiften Klammern wegzulassen, da Sie *technisch gesehen* keine Verbundanweisung brauchen. Allerdings kann es bei komplex verschachtelten `if`-Anweisungen vorteilhaft sein, geschweifte Klammern zu verwenden, um die Struktur deutlicher zu machen.

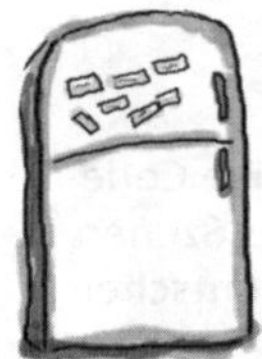

JavaScript-Magneten

In der Funktion `szenenWechsel()` für das Strichmännchenabenteuer fehlen einige Codestellen. Ergänzen Sie den fehlenden Code mit den Magneten unter Zuhilfenahme des Szenendiagramms von Seite 152. Beachten Sie, dass nicht der gesamte Code für die Szenenentscheidungen gezeigt wird – einige Szenen haben wir absichtlich weggelassen.

```
function szenenWechsel(entscheidung) {
  var beschreibung = "";

 ............(aktuelleSzene == 0) {
    aktuelleSzene =........;
    beschreibung = "Deine Reise beginnt an einer Weggabelung.";
  }
  ...
  ......................(aktuelleSzene == 3) {
    ........(entscheidung == 1) {
      aktuelleSzene = ........;
      beschreibung = "Leider lebt ein Troll am anderen Ende der Brücke, " +
        "der dich zum Mittagessen verspeist hat.";
    }
    ........   {
      aktuelleSzene =........;
      beschreibung = "Während du ins Wasser starrst, kommt ein riesiger Troll.";
    }
  }
  ......................(aktuelleSzene == 4) {
    if (entscheidung == 1) {
      aktuelleSzene = ........;
    }
    ............ {
      aktuelleSzene = ........;
      beschreibung = "Tut mir leid, aber du bist als Zutat in den Eintopf der" +
                     " Hexe gewandert.";
    }
  }
  ...
  document.getElementById("szenenbild").src = "Szene" + aktuelleSzene + ".png";
  alert(beschreibung);
}
```

6 1 8 7 5

if if if if

else else else else

JavaScript-Magneten, Lösung

In der Funktion `szenenWechsel()` für das Strichmännchenabenteuer fehlen einige Codestellen. Ergänzen Sie den fehlenden Code mit den Magneten unter Zuhilfenahme des Szenendiagramms von Seite 152. Beachten Sie, dass nicht der gesamte Code für die Szenenentscheidungen gezeigt wird – einige Szenen haben wir absichtlich weggelassen.

```
function szenenWechsel(entscheidung) {
  var beschreibung = "";

  if (aktuelleSzene == 0) {
    aktuelleSzene = 1;
    beschreibung = "Deine Reise beginnt an einer Weggabelung.";
  }
  ...
  else if (aktuelleSzene == 3) {
    if (entscheidung == 1) {
      aktuelleSzene = 6;
      beschreibung = "Leider lebt ein Troll am anderen Ende der Brücke, " +
        "der Sie zum Mittagessen verspeist hat.";
    }
    else {
      aktuelleSzene = 7;
      beschreibung = "Während du ins Wasser starrst, kommt ein riesiger Troll.";
    }
  }
  else if (aktuelleSzene == 4) {
    if (entscheidung == 1) {
      aktuelleSzene = 8;
    }
    else {
      aktuelleSzene = 5;
      beschreibung = "Tut mir leid, aber du bist als Zutat in den Eintopf der" +
                     " Hexe gewandert.";

    }
  }
  ...
  document.getElementById("szenenbild").src = "Szene" + aktuelleSzene + ".png";
  alert(beschreibung);
}
```

Auf geht's zum Strichmännchenabenteuer

Das Skript für das Strichmännchenabenteuer bildet jetzt den gesamten Entscheidungsbaum ab, sodass Sie verschiedene Wege durch die Story nehmen können. Das ist einer davon:

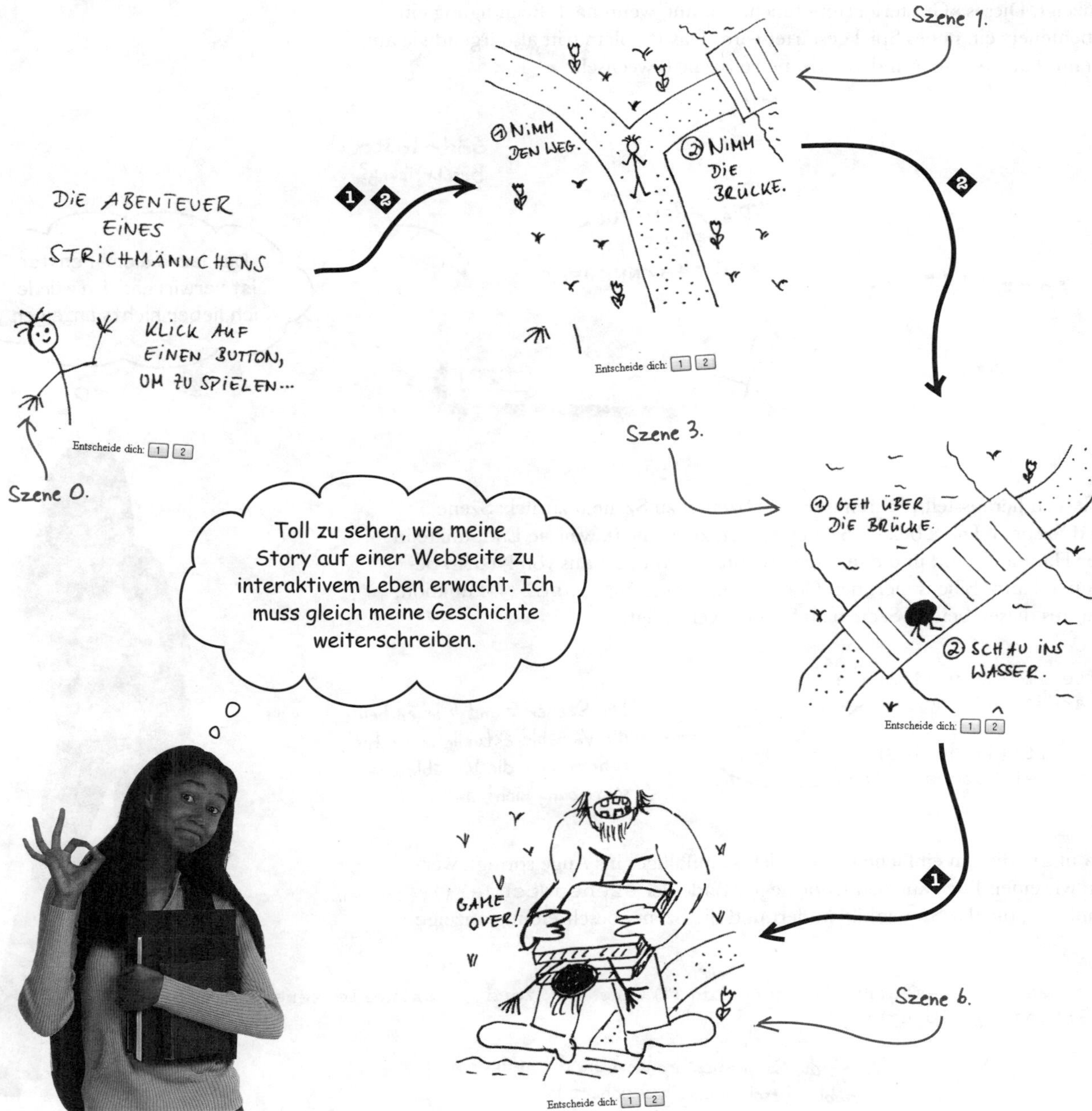

Strichmännchenungleichheit

Leider stößt Ellie bereits auf ein erstes Problem bei ihrem Strichmännchenabenteuer. Nachdem sie die Seite an ein paar Freunde zum Testen weitergegeben hat, haben einige von einem seltsamen Fenster berichtet, das eine leere Meldung anzeigt. Dieses »Geisterfenster« taucht nur auf, wenn nach Beendigung eines Abenteuers ein neues Spiel gestartet wird. Das Problem tritt also irgendwie auf, wenn man von einer anderen Szene zu Szene 0 wechselt.

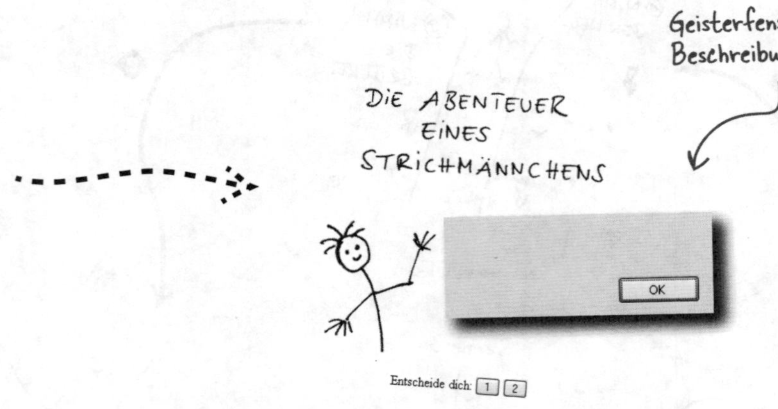

Das leere alert-Fenster ist verwirrend. Da würde ich lieber nichts anzeigen.

Wie sich herausstellt, führen nur zwei Szenen zu Szene 0 zurück: Szene 5 und Szene 6. Diese beiden Szenen führen zu Szene 0, weil sie Endpunkte in der Handlung sind und damit das Abenteuer von dort aus von Neuem beginnen kann. Ellie isoliert den Code in der `szenenWechsel()`-Funktion, der aus diesen beiden Szenen zu Szene 0 verzweigt:

```
else if (aktuelleSzene == 5) {
  aktuelleSzene = 0;
}
else if (aktuelleSzene == 6) {
  aktuelleSzene = 0;
}
```

Die Szenen 5 und 6 legen beide die Variable aktuelleSzene fest, rühren aber die Variable beschreibung nicht an.

Da uns in diesem einfachen Code nichts Auffälliges ins Auge springt, werfen wir einen Blick auf den Code gegen Ende der `szenenWechsel()`-Funktion, die das Szenenbild ändert und die Szenenbeschreibung anzeigt:

```
document.getElementById("szenenbild").src = "Szene" + aktuelleSzene + ".png";
alert(beschreibung);
```

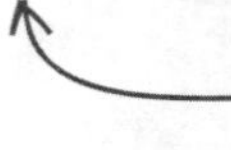

Zeigt die Szenenbeschreibung an, die in der Variablen beschreibung gespeichert ist.

!= Psst, ich habe nichts zu sagen ...

Problematisch am Strichmännchenabenteuer-Code ist, dass immer ein alert-Fenster mit der Szenenbeschreibung angezeigt wird – selbst wenn es keine Beschreibung gibt, wie z.B. für Szene 0, in der ein neues Abenteuer startet. Aber wie können wir feststellen, ob die Variable `beschreibung` auch Text enthält?

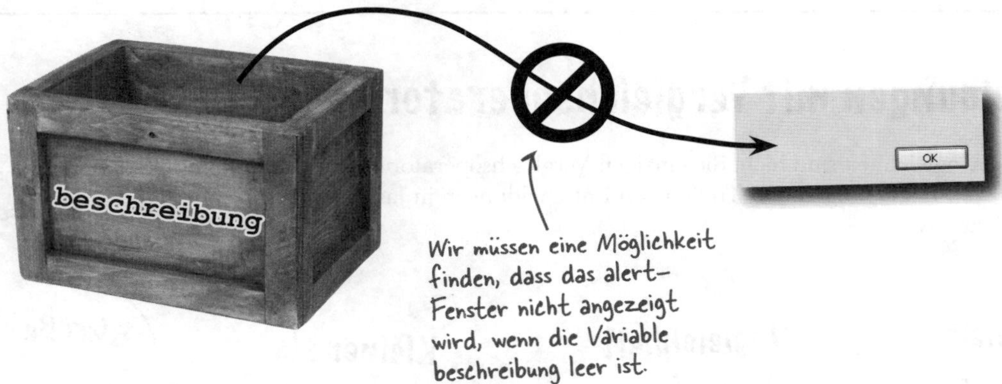

Für die Lösung müssen wir also überprüfen, ob die Variable `beschreibung` leeren Text (`""`) enthält, bevor wir das alert-Fenster anzeigen. Anders gesagt, zeigen wir das alert-Fenster nur an, wenn die Variable `beschreibung` **ungleich** einem leeren String ist. Zugegeben, das klingt, als pirschten wir uns von hinten an das Problem heran. Aber bedenken Sie, dass wir eine Bedingung dafür suchen, wann wir das alert-Fenster anzeigen können.

Genau wie Sie mit dem Gleichheitsoperator (==) prüfen können, ob zwei Elemente gleich sind, können Sie mit dem Ungleichheitsoperator (!=) überprüfen, ob sich zwei Elemente unterscheiden.

Das trifft für jede Szene außer Szene 6 zu.

```
if (aktuelleSzene != 6)
  alert("Glücklicherweise wurden Sie nicht von dem Troll verspeist.");
```

Spitzen Sie Ihren Bleistift

Schreiben Sie den Code neu, der im Strichmännchenabenteuer die Szenenbeschreibung im alert-Fenster anzeigt. Sorgen Sie dafür, dass das alert-Fenster nur angezeigt wird, wenn die Beschreibung auch tatsächlich Textdaten enthält.

....

....

Spitzen Sie Ihren Bleistift

Lösung

Schreiben Sie den Code neu, der im Strichmännchenabenteuer die Szenenbeschreibung im alert-Fenster anzeigt. Sorgen Sie dafür, dass das alert-Fenster nur angezeigt wird, wenn die Beschreibung auch tatsächlich Textdaten enthält.

```
if (beschreibung != "")
  alert(beschreibung);
```

Die Bedingung trifft nur zu, wenn beschreibung keinen Leerstring enthält.

Entscheidungen mit Vergleichsoperatoren

Gleichheit und Ungleichheit sind nicht die einzigen Vergleichsoperatoren, die sich beim Erstellen von Bedingungen und Treffen von Entscheidungen in JavaScript-Code als nützlich erweisen.

Gleichheit

`x == y`

True, wenn x GLEICH y, sonst false.

Ungleichheit

`x != y`

True, wenn x UNGLEICH y, sonst false.

Kleiner als

`x < y`

True, wenn x KLEINER ALS y, sonst false.

Größer als

`x > y`

True, wenn x GRÖSSER ALS y, sonst false.

Negation

`!x`

False, wenn x gleich true; true, wenn x gleich false.

Kleiner gleich

`x <= y`

True, wenn x KLEINER GLEICH y, sonst false.

Größer gleich

`x >= y`

True, wenn x GRÖSSER GLEICH y, sonst false.

JavaScript-Operatoren wie diese Vergleichsoperatoren werden verwendet, um **Ausdrücke** zu bilden, in denen JavaScript-Codeelemente zu einem einzelnen Wert zusammengeführt werden. Ausdrücke mit Vergleichsoperatoren haben ein Boolesches Ergebnis (true/false), wodurch sie sehr praktisch für die Entscheidungslogik in `if/else`-Anweisungen sind.

Aufgepasst

= und == sind zwei paar Schuhe.

Passen Sie auf, dass Sie == verwenden, wenn Sie zwei Werte vergleichen möchten, nicht =. Ansonsten weisen Sie den einen Wert dem anderen zu und erzeugen damit alle möglichen neuen und ungewöhnlichen Fehler.

Es gibt keine Dummen Fragen

F: Warum verwendet der Negationsoperator nur einen Wert?

A: Während die meisten Vergleichsoperatoren zwei Operanden erwarten, benötigt der Negationsoperator nur einen. Seine Aufgabe ist sehr einfach: den Wert des Operanden umzukehren. Aus `true` wird `false` und aus `false` wird `true`.

F: Wir haben den Negationsoperator auch auf Werte angewendet, die keine Vergleiche waren. Wie funktioniert das?

A: Code, der den Negationsoperator auf einen nicht vergleichenden Wert anwendet, macht sich die Eigenheit zunutze, wie JavaScript die »Wahrheit« eines Werts bestimmt. Wenn Sie einen nicht vergleichenden Wert verwenden, wenn eigentlich ein Vergleich erwartet wird, wird jeder Wert außer `null`, `0` oder `""` automatisch als `true` interpretiert. Anders ausgedrückt, aus einer vergleichenden Perspektive wird das Vorhandensein von Daten als `true` bewertet. Wird der Negationsoperator also auf einen nicht verleichenden Wert angewendet, werden `null`, `0` und `""` zu `true` negiert, während alle anderen Werte `false` ergeben.

F: Moment mal, was ist null?

A: `null` ist ein spezieller JavaScript-Wert, der das Nichtvorhandensein von Daten repräsentiert und vor allem im Kontext mit Objekten vorkommt, die wir in Kapitel 9 und 10 besprechen.

Der folgende Code kann einen **positiven** Kommentar über das Strichmännchenabenteuer anzeigen. Welche Werte müssen die Variablen `a`, `b`, `c` und `d` haben, um die Nachricht entsprechend zusammenzusetzen?

```
var quote = "";

if (a != 10)
  quote += "Manche";
else
  quote += "Ich";
if (b == (a * 3)) {
  if (c < (b / 6))
    quote += " hab keine Lust auf";
  else if (c >= (b / 5))
    quote += " vergessen";
  else
    quote += " liebe";
}
else {
  quote += " hassen";
}
if (!d) {
  quote += " das Strichmännchen-";
}
else {
  quote += " das Schnick, Schnack, Schnuck-";
}

alert(quote + "Abenteuer!");
```

a = ...

b = ...

c = ...

d = ...

LÖSUNGEN ZU DEN ÜBUNGEN

Der folgende Code kann einen **positiven** Kommentar über das Strichmännchenabenteuer anzeigen. Welche Werte müssen die Variablen a, b, c und d haben, um die Nachricht entsprechend zusammenzusetzen?

```
var quote = "";

if (a != 10)
  quote += "Manche";
else
  quote += "Ich";
if (b == (a * 3)) {
  if (c < (b / 6))
    quote += " hab keine Lust auf";
  else if (c >= (b / 5))
    quote += " vergessen";
  else
    quote += " liebe";
}
else {
  quote += " hassen";
}
if (!d) {
  quote += " das Strichmännchen-";
}
else {
  quote += " das Schnick, Schnack, Schnuck-";
}

alert(quote + "Abenteuer!");
```

a muss 10 sein.

b muss 10 × 3 sein.

c muss gleich 5 sein.

d muss false sein, damit !d true ist.

a = 10

b = 30

c = 5

d = false

Der positive Kommentar, den wir sehen wollten.

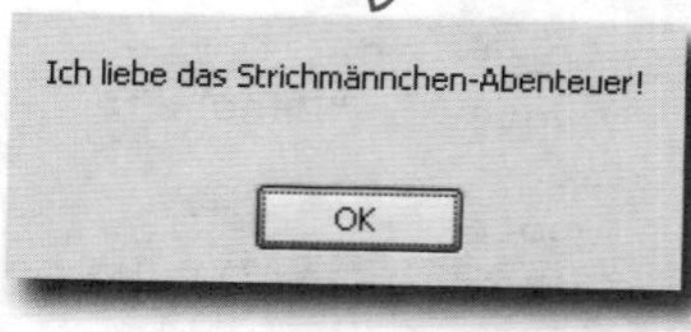

Ich liebe das Strichmännchen-Abenteuer!

OK

Kommentare, Platzhalter und Dokumentation

Das Strichmännchenabenteuer ist ein gutes Beispiel für ein Skript mit unvollendeten Codeteilen, da die Geschichte noch geschrieben wird. Zum Beispiel lauten die Szenen 8 und 9 »Fortsetzung folgt« und brauchen noch Ellies kreative Zuwendung. Es ist hilfreich, Bereiche mit unfertigem Code mit Platzhaltern als Notizen zu versehen, damit Sie nicht vergessen, die Details später einzufügen. Mit **Kommentaren** können Sie in JavaScript Ihren Code mit Notizen zu versehen, ohne dass die Ausführung des Codes dadurch beeinflusst wird.

Ein Kommentar beginnt mit zwei Schrägstrichen.

`//` + `Kommentar`

Der Kommentartext kann völlig beliebig sein – er wird vom JavaScript-Interpreter komplett ignoriert.

JavaScript-Kommentare beginnen mit //

Ein mit // angelegter Kommentar reicht von den Schrägstrichen bis zum Zeilenende. Um einen Kommentar als Platzhalter zu erstellen, schreiben Sie nach den Schrägstrichen eine Notiz dazu, dass weiterer Code folgt.

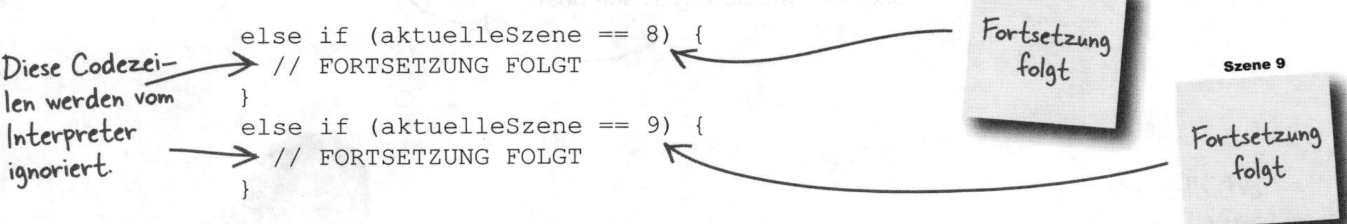

Kommentare dienen nicht nur als Platzhalter. Sie werden häufig verwendet, um Code zu dokumentieren, sodass er besser organisiert und leichter verständlich ist. Nur weil Sie **jetzt** wissen, wie ein bestimmter Codeteil funktioniert, bedeutet das noch lange nicht, dass Sie sich später genau daran erinnern können. Außerdem kann es sein, dass andere an Ihrem Code weiterarbeiten, und diejenigen können sicherlich auch von Ihren Notizen profitieren.

Dieser Kommentar erklärt die Variableninitialisierung.

```
// Aktuelle Szene mit Szene 0 initialisieren (Intro)
var aktuelleSzene = 0;
```

Die Initialisierung der Variablen `aktuelleSzene` im Strichmännchenabenteuer ist dank des detaillierten Kommentars klarer. Ein ähnlicher Kommentar könnte die Initialisierung der Variablen `beschreibung` erklären.

```
// Szenentext löschen
var beschreibung = "";
```

Auch hier klärt ein Kommentar darüber auf, was im darauf folgenden Code geschieht.

Wenn Sie einen Kommentar über mehrere Zeilen schreiben möchten, erstellen Sie einen mehrzeiligen Kommentar.

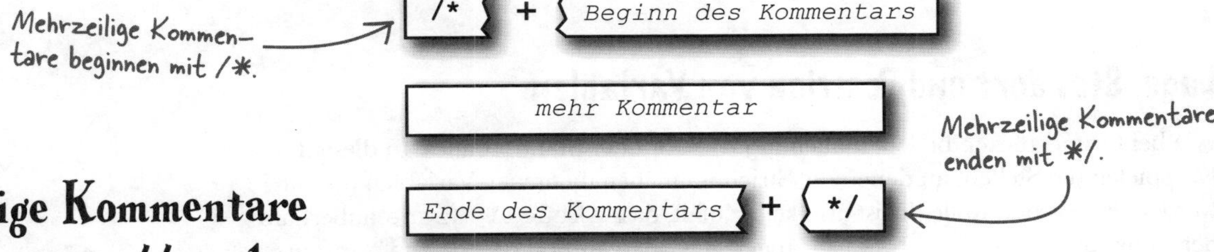

Einzeilige Kommentare beginnen mit //, mehrzeilige schließen Sie in /* und */ ein.

Ein mehrzeiliger Kommentar kann beliebig lang sein, Sie müssen ihn lediglich mit /* beginnen und mit */ abschließen.

```
/* Diese drei Zeilen Code sind ein
   großer Kommentar. Wirklich, ganz im Ernst.
   Kein Scherz, das ist immer noch der Kommentar. */
```

Moment mal. Die Kommentare klingen sinnvoll, aber ich verstehe nicht, warum die Variablen aktuelleSzene und beschreibung an verschiedenen Stellen angelegt werden. Was soll das?

aktuelleSzene wird außerhalb der Funktion szenenWechsel() angelegt.

```
<script type="text/javascript">
  // Aktuelle Szene mit Szene 0 initialisieren (Intro)
  var aktuelleSzene = 0;

  function szenenWechsel(entscheidung) {
    // Szenentext löschen
    var beschreibung = "";
    ...
  }
</script>
```

beschreibung wird in szenenWechsel() erstellt.

Lage, Standort und Position von Variablen

Wie bei Grundstücken bedeutet auch in JavaScript der Standort alles. In diesem Fall spielen die Stellen, an denen die Strichmännchenabenteuer-Variablen erstellt werden, eine große Rolle. Es ist also kein Zufall, dass `aktuelleSzene` außerhalb der Funktion `szenenWechsel()` angelegt wird, während `beschreibung` innerhalb der Funktion erstellt wird. Der Grund dafür ist der **Geltungsbereich**, der sowohl über die Lebensdauer einer Variablen entscheidet als auch darüber, welcher Code darauf zugreifen kann.

Geltungsbereich und Kontext: wo Daten lebendig sind

In JavaScript bezieht sich der Geltungsbereich auf den **Kontext von Daten**, also darauf, wo Daten existieren und wie auf sie zugegriffen werden kann. Je nach Geltungsbereich sind manche Daten überall in einem Skript zugänglich, während andere Daten auf einen bestimmten Codeblock beschränkt sind, z.B. auf eine Funktion. Hier ein Beispiel für Variablen an verschiedenen Stellen:

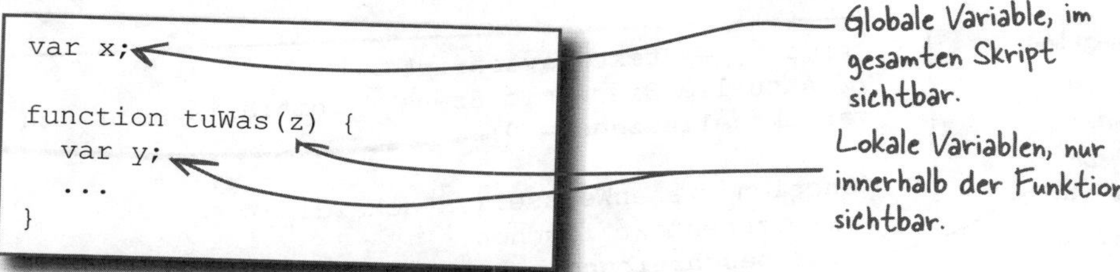

In diesem Code ist x eine **globale** Variable, da sie nicht in einer Funktion oder einem anderen Codeblock erstellt wird und daher im gesamten Skript sichtbar ist. Außerdem »lebt« x während der gesamten Ausführung des Skripts. Im Gegensatz zu x ist y eine **lokale** Variable, deren Sichtbarkeit auf den Code der `tuWas()`-Funktion beschränkt ist. Also existiert y nur, während die `tuWas()`-Funktion ausgeführt wird – sie wird beim Start der Funktion angelegt und beim Beenden der Funktion vernichtet.

So weit, so gut, aber wo bleibt z, das Argument der Funktion `tuWas()`? Wie sich herausstellt, agieren Funktionsargumente einfach als lokale Variablen, die bereits initialisiert sind. Also hat z denselben Geltungsbereich wie y, ist also nur innerhalb der Funktion zugänglich.

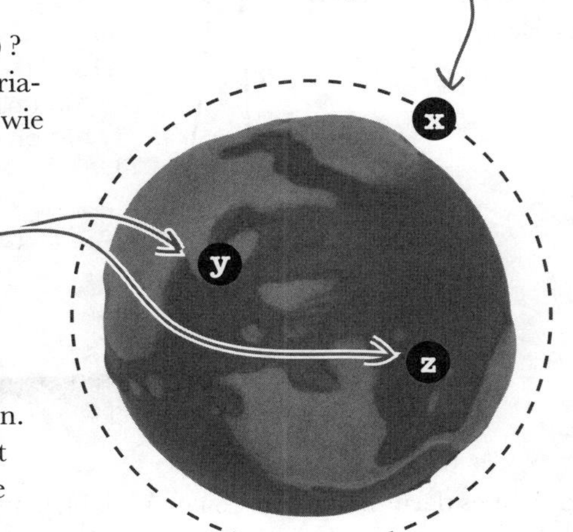

Bei der Datensichtbarkeit sollten Sie nach dem Motto »so wenig wie möglich« verfahren, sprich den Zugriff so weit wie möglich beschränken. Dadurch vermeiden Sie, dass Daten versehentlich durch Code geändert werden, der nichts damit zu tun hat. In der Praxis sollten Sie also lokale Variablen verwenden, wann immer es möglich ist.

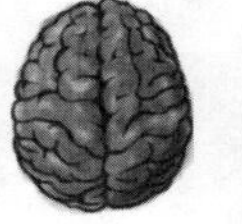

KOPF-NUSS

Wie passen globale und lokale Variablen in den Code für das Strichmännchenabenteuer?

Überprüfen Sie die Abenteuervariablen

Blicken wir zurück zu den Variablen im Strichmännchenabenteuer. Mit unserem Verständnis für lokale und globale Variablen können wir jetzt nachvollziehen, warum die Variablen an den jeweiligen Stellen angelegt werden.

Der Wert der Variablen beschreibung wird bei jedem Durchlauf der Funktion szenenWechsel() gesetzt, funktioniert also bestens als lokale Variable.

Der Wert der Variablen aktuelleSzene muss zwischen den Aufrufen der Funktion szenenWechsel() erhalten bleiben, wir brauchen also eine globale Variable.

```
<script type="text/javascript">
  // Aktuelle Szene mit Szene 0 initialisieren (Intro)
  var aktuelleSzene = 0;

  function szenenWechsel(entscheidung) {
    // Szenentext löschen
    var beschreibung = "";

    if (aktuelleSzene == 0) {
      aktuelleSzene = 1;
      beschreibung = "Deine Reise beginnt an einer Weggabelung.";
    }
    else if (aktuelleSzene == 1) {
      if (entscheidung == 1) {
        aktuelleSzene = 2
        beschreibung = "Sie sind an einem netten kleinen ...";
      }
      else {
        aktuelleSzene = 3;
        beschreibung = "Du stehst auf einer Brücke, die ...";
      }
    }
    else if (aktuelleSzene == 2) {
      ...
  }
</script>
```

Hier geht es darum, den Wert einer Variablen auch außerhalb des Geltungsbereichs der Funktion `szenenWechsel()` zu erhalten. Die Variable `beschreibung` wird zu Beginn der Funktion gelöscht, ihr Wert muss also nicht außerhalb der Funktion erhalten bleiben. Die Variable `aktuelleSzene` wird dagegen in mehreren `if/else`-Bedingungen geprüft, ihr Wert *muss* also zwischen den einzelnen Aufrufen der Funktion erhalten bleiben. **Unterm Strich kann beschreibung also lokal angelegt werden, aber aktuelleSzene muss in diesem Beispiel global sein.**

Wo existieren meine Daten?

Sollte der Geltungsbereich für Sie immer noch verwirrend sein, stellen Sie sich die verschiedenen Teile eines Skripts als eigenständige Bereiche vor, in denen Daten existieren können. Das Strichmännchenabenteuer-Skript hat z.B. unterschiedliche Geltungsbereiche, in denen Sie Daten speichern können.

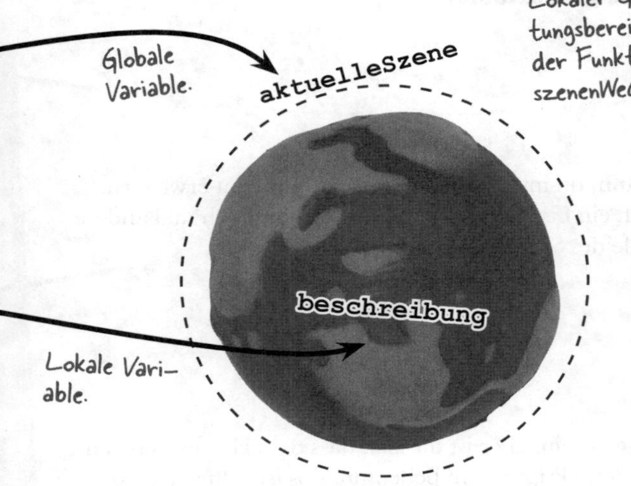

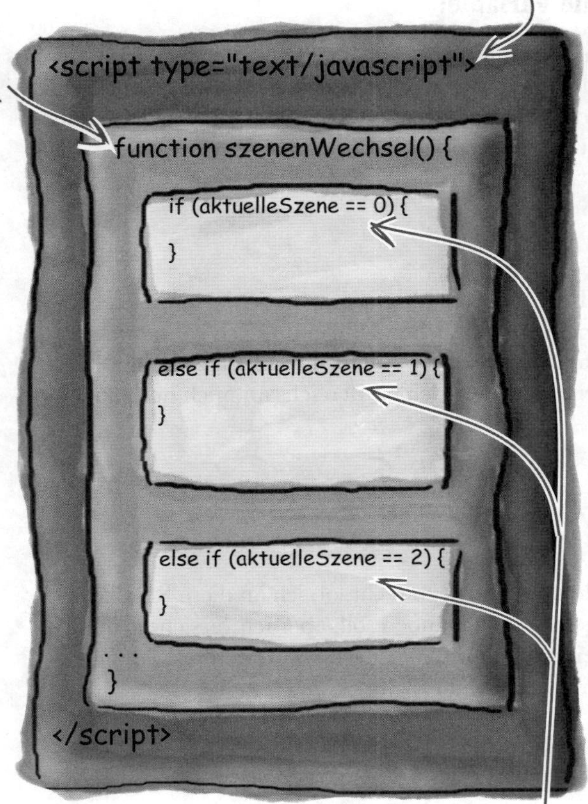

Es gibt einen globalen Geltungsbereich zum Anlegen globaler Variablen, alles andere ist lokal. Alles, was auf globaler Ebene erstellt wird, ist für das gesamte Skript sichtbar, während lokale Daten nur im jeweils eingeschränkten Geltungsbereich zugänglich sind.

Es gibt keine Dummen Fragen

F: Ich hab da ein paar Daten, welchen Variablentyp soll ich verwenden: lokal oder global?

A: Das hängt davon ab, wie Sie die Daten verwenden. Aber da Sie gefragt haben: Die Faustregel ist, alle Variablen lokal anzulegen und nur diejenigen global zu machen, die als lokale Variablen nicht funktionieren.

Kamingespräche

Heute Abend: **Lokale Variable und globale Variable diskutieren die Bedeutung des Wohnorts beim Ansiedeln von Daten.**

Lokale Variable:

Ich finde es hilfreich, mich auf das zu konzentrieren, was um mich herum geschieht. Ich weiß ehrlich gesagt nichts über das, was außerhalb meiner Gegend geschieht, und das ist auch gut so.

Globale Variable:

Mann, du musst wirklich deinen Horizont erweitern. Geh ein bisschen reisen und schau dir auch mal andere Teile des Skriptuniversums an.

Lokale Variable:

Das klingt zwar verführerisch, aber ich mag die Sicherheit meiner gemütlichen Umgebung. Ich kann mich entspannt zurücklegen, weil ich weiß, dass niemand von außerhalb meines kleinen Bereichs an mich herankann.

Globale Variable:

Mag ja sein, aber ist dir klar, dass dein kleines Leben im großen Skriptsystem bedeutungslos ist? Du wirst jedes Mal, wenn deine kleine Welt kommt und geht, angelegt und vernichtet. Ich habe Durchhaltevermögen. Solange das Skript da ist, bin ich auch da.

Lokale Variable:

Aua! Ich weiß nicht so recht, ob ich an diese Reinkarnationsgeschichten glauben soll, aber ich versichere dir, ich bin genauso gut im Speichern von Daten wie du. Ich zeige mich eben nur nicht jedem.

Globale Variable:

Das ist okay. Und ich gebe zu, dass ich das eine oder andere Mal missbraucht wurde. Aber meine Sonnenseite, dass ich um jeden Preis meinen Wert behalte, hat die Schwierigkeiten aufgewogen. Wenn Skripten Daten brauchen, die sich an ihren Wert erinnern können und überall zugänglich sind, kommen sie zu mir.

Lokale Variable:

Und wenn Codebereiche in einem Skript Informationen für sich behalten möchten, kommen sie zu mir wegen meines Händchens für Diskretion.

Globale Variable:

Klingt gut, aber ich bevorzuge Zugänglichkeit und Persistenz statt Diskretion zu jeder Zeit.

Lokale Variable:

Und deshalb sind wir immer noch beide nützlich für die Menschen.

Es gibt keine Dummen Fragen

F: Was passiert, wenn richtiger JavaScript-Code in einem Kommentar platziert wird?

A: Nichts! Kommentare werden vom JavaScript-Interpreter vollständig ignoriert. Also wird alles, was Sie in einen Kommentar schreiben, übersehen, wenn der Interpreter den Skriptcode ausführt. Deshalb können Kommentare auch dazu verwendet werden, einzelne Codepassagen vorübergehend zu deaktivieren, wenn Sie ein Problem aufspüren oder einen anderen Programmieransatz ausprobieren möchten.

F: Kann am Ende einer JavaScript-Codezeile ein einzeiliger Kommentar stehen?

A: Ja. In diesem Fall wird der Code auch ausgeführt, da er nicht Teil des Kommentars ist. Einzeilige Kommentare nehmen nicht unbedingt eine ganze Zeile in Anspruch – der Kommentar reicht nur vom `//` bis zum Zeilenende. Wenn das `//` auf Code folgt, wird der Code davor also unproblematisch ausgeführt.

F: Warum enden Kommentare nicht mit einem Semikolon?

A: Weil sie keine JavaScript-Anweisungen sind. Kommentare sind Etiketten, die Code lediglich beschreiben oder zusätzliche Informationen liefern – wie Fußnoten in einem Buch. Wichtig ist, sich zu merken, dass der JavaScript-Interpreter alle Kommentare ignoriert – Kommentare gelten nur für das menschliche Gehirn, nicht für JavaScript.

F: Was bedeutet »auf Skriptebene« in Bezug auf globale Variablen?

A: Mit »Skriptebene« ist die oberste Ebene des Skriptcodes gemeint, also direkt innerhalb des `<script>`-Tags. »Auf Skriptebene« bedeutet, dass sich etwas außerhalb von Funktionen oder anderen Codeblöcken befindet. Daher ist alles global, was auf Skriptebene angelegt wird, hat dieselbe Lebensdauer wie das Skript selbst und ist für den gesamten Code in der Seite zugänglich.

F: Ist eine Variable lokal, wenn ich sie innerhalb einer Verbundanweisung anlege?

A: Ja. Eine Verbundanweisung schafft einen eigenen Geltungsbereich. Deshalb hat alles, was Sie innerhalb einer Verbundanweisung erstellen, seinen lokalen Geltungsbereich innerhalb dieses Blocks. Solche Variablen können Sie sich auch als temporäre Variablen vorstellen, da sie jedes Mal angelegt und zerstört werden, wenn der Ablauf des ausgeführten Skripts die Verbundanweisung durchläuft.

F: Geltungsbereich, Ablauf, Ausführung ... Ist diese Sache mit lokalen und globalen Variablen wirklich so kompliziert, wie sie klingt?

A: Nicht wirklich. Wichtig ist, dass Sie sich merken, dass lokale Variablen perfekt zum Speichern temporärer Informationen sind, die Sie nicht außerhalb von Funktionen oder anderen Codeeinheiten verwenden. Benötigen Sie Daten für die gesamte Lebensspanne eines Skripts, sollten Sie sie als globale Variablen anlegen. Erstaunlicherweise sind die meisten Skriptdaten temporärer, als Sie glauben. Sie werden daher viel mehr lokale Variablen verwenden als globale.

Lokale Variablen speichern temporäre Informationen, globale Variablen werden für die Lebensdauer eines Skripts gespeichert.

Punkt für Punkt

- **Kommentare** sind eine ausgezeichnete Möglichkeit, auf noch zu schreibenden Code hinzuweisen.
- Scheuen Sie sich nicht, Ihren Code mit vielen Kommentaren zu dokumentieren, damit er leicht zu verstehen ist.
- Einen **einzeiligen Kommentar** beginnen Sie mit zwei Schrägstrichen (`//`).
- **Mehrzeilige Kommentare** beginnen mit `/*` und enden mit `*/`.
- Globale Variablen werden auf Skriptebene erstellt, außerhalb von Funktionen oder anderen Codeblöcken, und bleiben für die **Lebensdauer des Skripts** erhalten.
- Lokale Variablen werden innerhalb von Codeblöcken angelegt (und vernichtet) und sind nur innerhalb dieses Codes zugänglich.
- Lokale Variablen sind gegenüber globalen Variablen **vorzuziehen**, da der Zugriff darauf stärker beschränkt ist.

Fünf an der Zahl

Erinnern Sie sich an Erik, den Gameshow-Kandidaten vom Anfang dieses Kapitels? Anscheinend ist er die Donuts losgeworden und in eine spätere Runde von *»Mach Deinen Deal!«* vorgerückt. Jetzt sieht er sich einer wirklich schwierigen Entscheidung gegenüber ... Er muss eine aus fünf Möglichkeiten wählen.

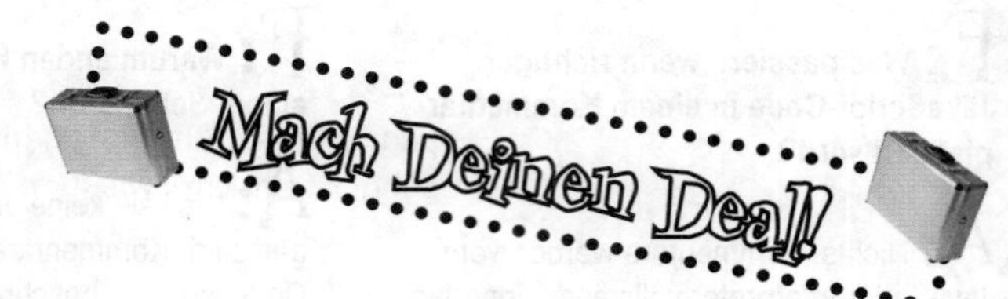

A B C D E

Oje, ich könnte wirklich Hilfe brauchen bei dieser Entscheidung.

KOPF-NUSS

Wie würden Sie in JavaScript eine Entscheidung zwischen fünf Möglichkeiten programmieren?

Fünf an der Zahl

Gute Idee! Obwohl die `if/else`-Anweisung darauf ausgelegt ist, zwischen zwei Alternativen zu entscheiden, können wir mehrere ineinander verschachteln, um zwischen so vielen Dingen zu wählen, wie wir möchten.

```
if (gewaehlterKoffer == "A")
  oeffneKoffer("A");
else if (gewaehlterKoffer == "B")
  oeffneKoffer("B");
else if (gewaehlterKoffer == "C")
  oeffneKoffer("C");
else if (gewaehlterKoffer == "D")
  oeffneKoffer("D");
else if (gewaehlterKoffer == "E")
  oeffneKoffer("E");
```

Dieser Code funktioniert, aber um zum letzten Fall vorzudringen, müssen alle vorherigen Bedingungen geprüft werden, was nicht gerade effizient ist.

Verschachteltes if/else ist kompliziert

Die verschachtelten `if/else`-Anweisungen funktionieren wunderbar ... sind aber nicht effizient. Vor allem, weil sie nicht für Entscheidungen zwischen mehr als zwei Möglichkeiten gedacht sind. Das werden Sie merken, wenn Sie sämtliche Booleschen Bedingungen durchgehen, die nötig sind, um zum letzten Fall E vorzudringen. Alle fünf Testbedingungen müssen ausgewertet werden, das ist nicht effizient.

Wäre es nicht traumhaft, wenn man zwischen mehr als zwei Dingen wählen könnte, ohne all diese umständlichen if/else-Anweisungen durchlaufen zu müssen?

Switch-Anweisungen haben viele Fälle

Die switch/case-Anweisung wählt effizient zwischen mehr als zwei Dingen.

JavaScript kennt eine Anweisung zum Fällen einer Entscheidung zwischen vielen Optionen. Im Gegensatz zur `if/else`-Anweisung, die wirklich besser dazu geeignet ist, zwischen **zwei Dingen** zu wählen, können Sie mit der `switch/case`-Anweisung effizient zwischen einer beliebigen **Zahl von Dingen** wählen. Schauen wir uns Eriks Dilemma mit den Augen einer `switch/case`-Anweisung an:

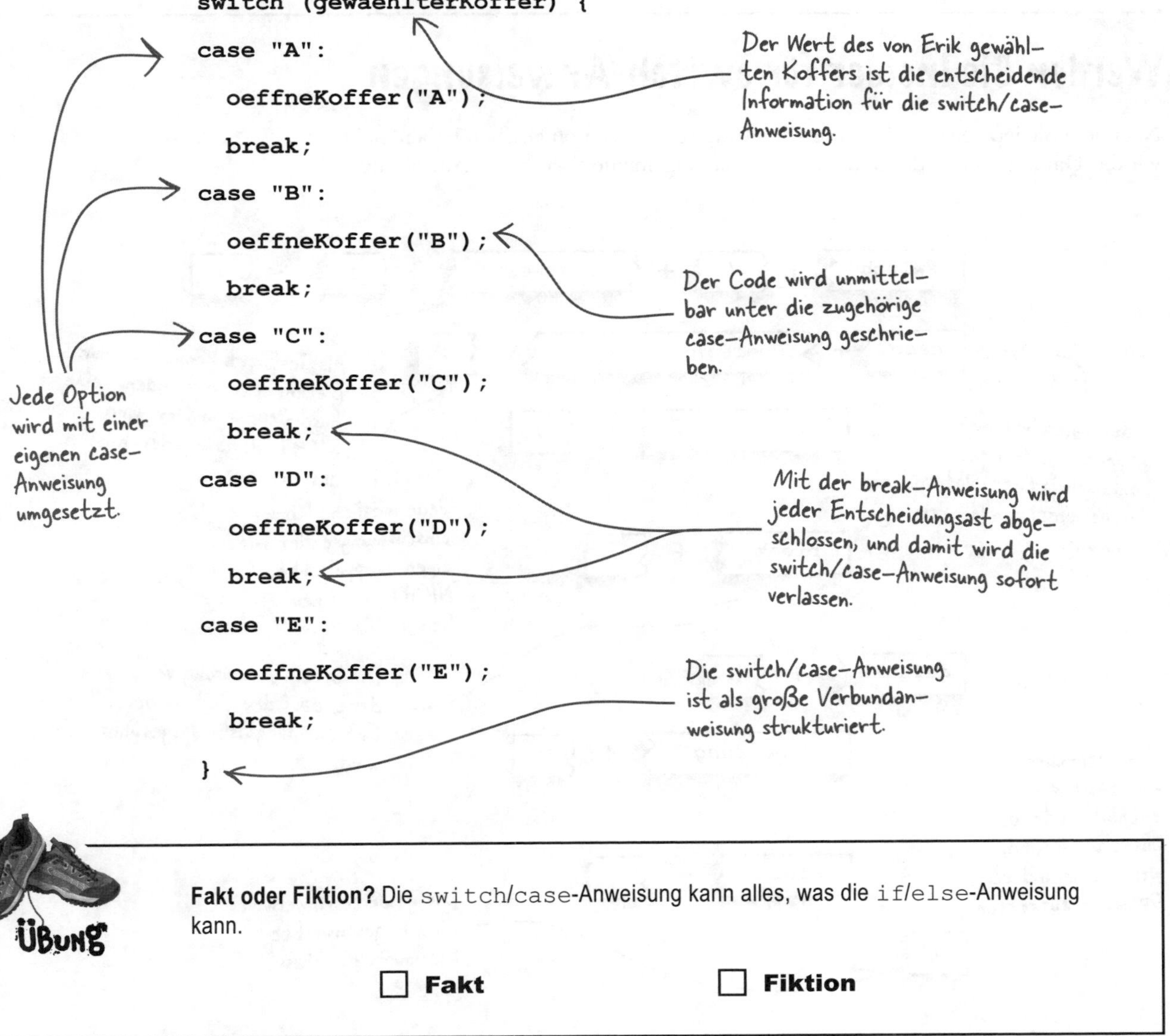


```
switch (gewaehlterKoffer) {
case "A":
  oeffneKoffer("A");
  break;
case "B":
  oeffneKoffer("B");
  break;
case "C":
  oeffneKoffer("C");
  break;
case "D":
  oeffneKoffer("D");
  break;
case "E":
  oeffneKoffer("E");
  break;
}
```

ÜBUNG

Fakt oder Fiktion? Die `switch/case`-Anweisung kann alles, was die `if/else`-Anweisung kann.

☐ **Fakt** ☐ **Fiktion**

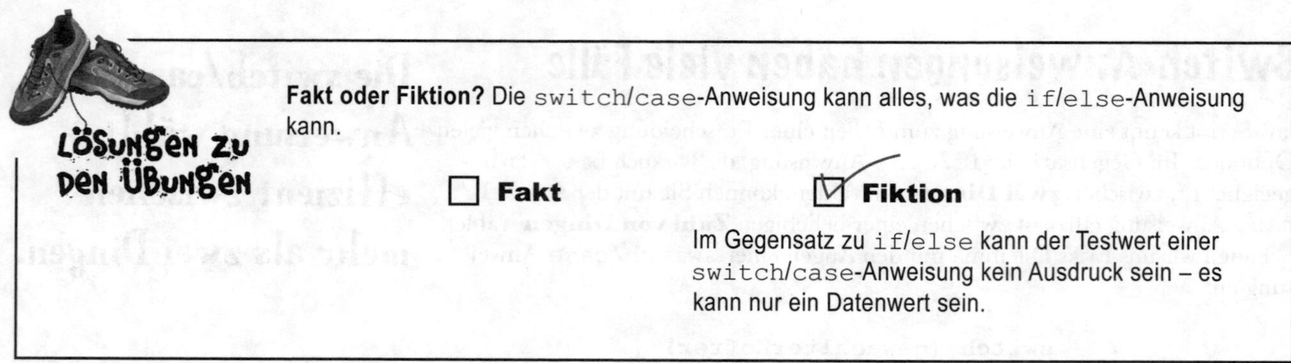

Fakt oder Fiktion? Die `switch/case`-Anweisung kann alles, was die `if/else`-Anweisung kann.

☐ **Fakt** ☑ **Fiktion**

Im Gegensatz zu `if/else` kann der Testwert einer `switch/case`-Anweisung kein Ausdruck sein – es kann nur ein Datenwert sein.

Werden Sie Insider für switch-Anweisungen

Nachdem Sie jetzt eine `switch/case`-Anweisung in Aktion gesehen haben, nehmen wir das Ganze auseinander und sehen uns das allgemeine Format der Anweisung an.

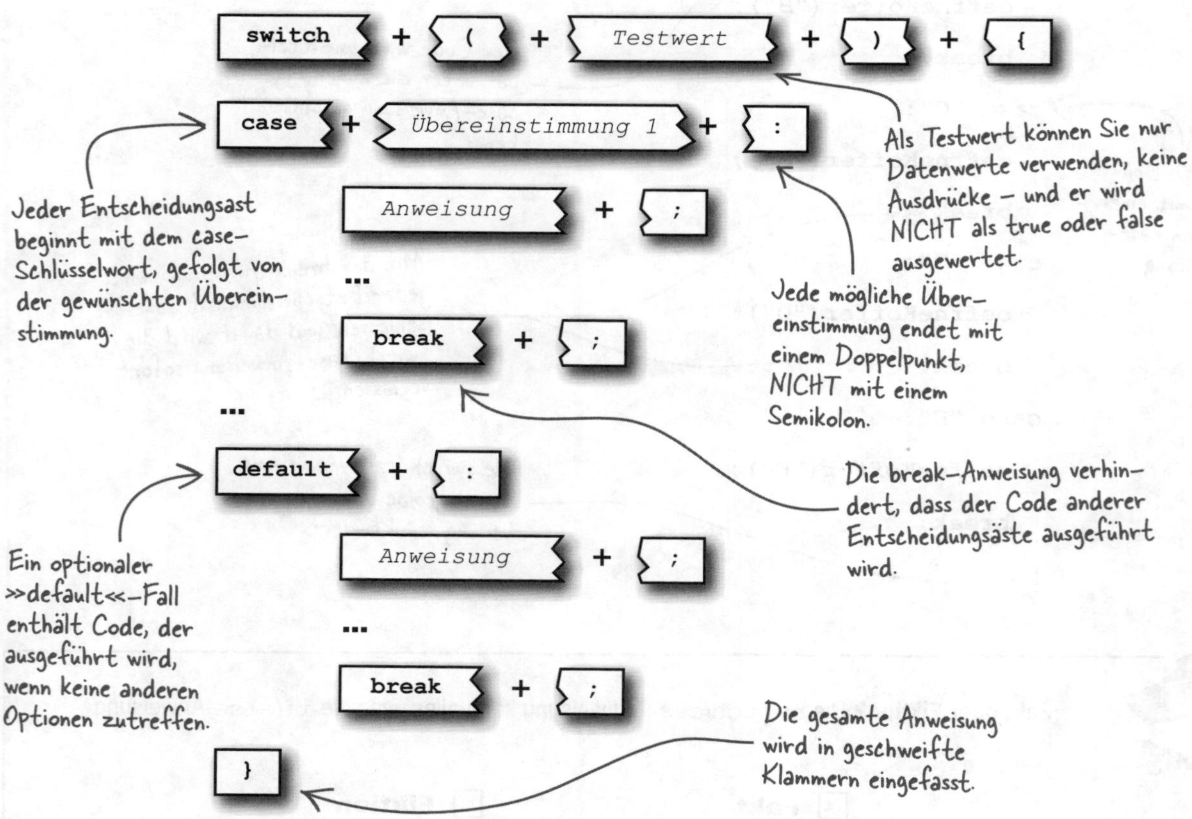

```
switch + ( + Testwert + ) + {
case + Übereinstimmung 1 + :
    Anweisung + ;
    ...
    break + ;
...
default + :
    Anweisung + ;
    ...
    break + ;
}
```

Jeder Entscheidungsast beginnt mit dem case-Schlüsselwort, gefolgt von der gewünschten Übereinstimmung.

Als Testwert können Sie nur Datenwerte verwenden, keine Ausdrücke – und er wird NICHT als true oder false ausgewertet.

Jede mögliche Übereinstimmung endet mit einem Doppelpunkt, NICHT mit einem Semikolon.

Die break-Anweisung verhindert, dass der Code anderer Entscheidungsäste ausgeführt wird.

Ein optionaler »default«-Fall enthält Code, der ausgeführt wird, wenn keine anderen Optionen zutreffen.

Die gesamte Anweisung wird in geschweifte Klammern eingefasst.

switch/case-Anweisung: Schreiben Sie eine

Zugegeben, eine `switch/case`-Anweisung zu schreiben ist vertrackter als eine `if/else`-Anweisung, aber umso effizienter, wenn es mehr als zwei Möglichkeiten gibt. Und so geht's:

1. Setzen Sie den Testwert in Klammern und beginnen Sie die Verbundanweisung ({).
2. Schreiben Sie die `case`-Übereinstimmung, gefolgt von einem Doppelpunkt (:).
3. Schreiben Sie den Code, der ausgeführt werden soll, wenn eine **Übereinstimmung** vorliegt. Es können auch mehrere Codezeilen sein – Sie brauchen dafür keine Verbundanweisung.
4. Fügen Sie eine `break`-Anweisung ein und denken Sie an das Semikolon (;).
5. Optional können Sie einen Default für den Fall hinzufügen, dass es keine Übereinstimmungen gibt.
6. Schließen Sie die Verbundanweisung (}).

Es gibt keine Dummen Fragen

F: Eine `switch/case`-Anweisung trifft die Entscheidung nicht anhand eines true/false-Ausdrucks?

A: Stimmt. Im Gegensatz zur `if`- oder `if/else`-Anweisung verwendet `switch/case` einen Testwert, um die Entscheidung zu fällen. Dadurch sind mehr als zwei Optionen möglich.

F: Also ist jeder `case`-Fall ein Vergleich mit dem Testwert?

A: Ja. Das Prinzip ist, dass Sie eine Variable als Testwert verwenden und dann für die jeweiligen Möglichkeiten explizite Werte nutzen.

F: Was passiert, wenn Sie die `break`-Anweisungen in `switch/case` weglassen?

A: Es kann zu unerwarteten Ergebnissen kommen. Die `break`-Anweisungen dienen dazu, die Codesegmente einer `switch/case`-Anweisung voneinander abzutrennen. Ohne sie wird der gesamte Aktionscode als ein großer Block ausgeführt, was das Prinzip der mehreren Möglichkeiten zunichte macht. Wenn es eine Übereinstimmung in einer `switch/case`-Anweisung gibt, wird der auf den zutreffenden `case` folgende Code bis zur nächsten `break`-Anweisung ausgeführt. Erst dann wird die `switch/case`-Anweisung verlassen.

Aufgepasst

Zur Sicherheit: break.

Vermeiden Sie, dass Code versehentlich ausgeführt wird, indem Sie jeden `switch-case`-Fall mit einer a break-Anweisung abschließen.

Switch im Gespräch

Interview der Woche: Macher und Entscheidungsträger

Von Kopf bis Fuß: Freut mich, dass Sie mit uns plaudern. Wie würden Sie sich in einem Wort beschreiben?

Switch: Wählerisch.

Von Kopf bis Fuß: Würden Sie das näher erläutern?

Switch: Ich mache es möglich, zwischen vielen verschiedenen Dingen zu wählen. Obwohl es in manchen Situationen um einfache Schwarz-Weiß- Entscheidungen geht, gibt es eine Reihe von Situationen, in denen mehr Nuancen erforderlich sind. Dann komme ich ins Spiel.

Von Kopf bis Fuß: Aber manche behaupten, If könnte dasselbe, teilweise sogar mit weniger Code?

Switch: Das mag sein. Sie können ein Stück Holz auch mit einem Hammer zerkleinern, wenn Sie lange genug draufhauen. Ich persönlich würde lieber eine Säge nehmen. Jeder hat seine Spezialität, und meine liegt darin, effizient zwischen mehreren Dingen zu entscheiden. Ich habe nichts gegen If, aber er ist eben für einen anderen Job besser geeignet.

Von Kopf bis Fuß: Sie sprechen von Effizienz. Sagen Sie uns, wo die Effizienz am stärksten in Ihre Arbeit einfließt.

Switch: Nun, ich bin dafür strukturiert, eine Entscheidung basierend auf dem Wert einer Dateneinheit zu treffen. Ich prüfe diese Information lediglich auf verschiedene mögliche Übereinstimmungen, um festzustellen, welcher Code ausgeführt werden soll. Das war's. Ich bemühe mich nicht, Ausdrücke auszuwerten, und ich brauche auch keine Verschachtelung oder irgendwas anderes Putziges, um zwischen den verschiedenen Ergebnissen zu unterscheiden. Wenn Sie anhand eines Werts eine schnelle Entscheidung brauchen, bin ich Ihr Mann!

Von Kopf bis Fuß: Erzählen Sie uns von Ihrem Freund Break. Wir haben gehört, dass Sie überhaupt nicht ohne ihn auskommen?

Switch: Das stimmt. Ohne Break wäre es ganz schön schwer, weil ich keine Chance hätte, die verschiedenen Aktionscodesegmente voneinander zu trennen. Break gibt mir Bescheid, wenn ein Codesegment fertig ausgeführt ist, sodass ich aussteigen kann, ohne versehentlich anderen Code auszuführen.

Von Kopf bis Fuß: Verstehe. Was ist mit Case, Sie stehen sich doch auch sehr nahe, oder?

Switch: Sehr. Case und ich haben eine sehr enge Beziehung. In erster Linie, weil Case mir alle möglichen Übereinstimmungen mit einem vorhandenen Testwert sagt. Ohne Case hätte ich keine Grundlage, auf der ich Entscheidungen treffen könnte.

Von Kopf bis Fuß: Also legt Case die verschiedenen möglichen Übereinstimmungen dar, und Sie entscheiden anhand dieser Übereinstimmungen, was zu tun ist. Aber was passiert, wenn es keine Übereinstimmung gibt?

Switch: Kommt darauf an. Wenn kein spezieller Code für diesen Fall hinzugefügt wurde, passiert gar nichts. Aber dank meines Freunds Default kann ein anderer Codeblock ausgeführt werden, wenn keine Übereinstimmung gefunden ist.

Von Kopf bis Fuß: Wow, das wusste ich nicht. Wie vertragen sich Default und Case?

Switch: Wunderbar. Sie steigen sich nicht auf die Füße, weil sie nie in Konkurrenz zueinander stehen. Case kümmert sich um die Übereinstimmungen, Default um die Situationen, in denen gar nichts passt. Unter uns gesagt, glaube ich, Case ist erleichtert, dass es Default gibt, weil er sonst nervös wird, wenn es keine Übereinstimmungen gibt.

Von Kopf bis Fuß: Verstehe. Unsere Zeit geht zu Ende. Irgendwelche Gedanken zum Abschied, bevor Sie gehen?

Switch: Klar. Denken Sie daran, dass nichts schlimmer ist als Unentschlossenheit. Keiner mag Schwätzer. Nur weil es viele Möglichkeiten gibt, ist das noch lange kein Grund, das Handtuch zu werden. Rufen Sie mich, und ich werde alles dafür geben, die Entscheidung zu treffen, die für Ihr Skript am besten ist.

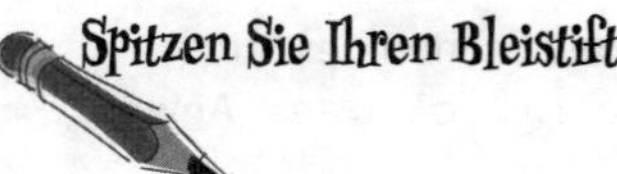

Schreiben Sie den Code für die ersten beiden Szenen des Strichmännchenabenteuers so um, dass Sie eine `switch`/`case`-Anweisung anstelle von `if`/`else` verwenden.

```
...
if (aktuelleSzene == 0) {
  aktuelleSzene = 1;
  beschreibung = "Deine Reise beginnt an einer Weggabelung.";
}
else if (aktuelleSzene == 1) {
  if (entscheidung == 1) {
    aktuelleSzene = 2
    beschreibung = "Du bist an einem netten kleinen Häuschen im Wald angekommen.";
  }
  else {
    aktuelleSzene = 3;
    beschreibung = "Du stehst auf einer Brücke, die über einen friedlichen Fluss führt.";
  }
}
...
```

Das ist die Originalversion des Codes mit if/else.

Schreiben Sie den Code für die ersten beiden Szenen des Strichmännchenabenteuers so um, dass Sie eine `switch/case`-Anweisung anstelle von `if/else` verwenden.

```
...
if (aktuelleSzene == 0) {
  aktuelleSzene = 1;
  beschreibung = "Deine Reise beginnt an einer Weggabelung.";
}
else if (aktuelleSzene == 1) {
  if (entscheidung == 1) {
    aktuelleSzene = 2
    beschreibung = "Du bist an einem netten kleinen Häuschen im Wald angekommen.";
  }
  else {
    aktuelleSzene = 3;
    beschreibung = "Du stehst auf einer Brücke, die über einen friedlichen Fluss führt.";
  }
}
...
```

Das ist die Originalversion des Codes mit if/else.

```
switch (aktuelleSzene) {
  case 0:
    aktuelleSzene = 1;
    beschreibung = "Deine Reise beginnt an einer Weggabelung.";
    break;
  case 1:
    if (entscheidung == 1) {
      aktuelleSzene = 2
      beschreibung = "Du bist an einem netten kleinen Häuschen im Wald angekommen.";
    }
    else {
      aktuelleSzene = 3;
      beschreibung = "Du stehst auf einer Brücke, die über einen friedlichen Fluss führt.";
    }
    break;
  ...
}
```

Die neue Szene und den Beschreibungstext festlegen, genau wie in der Fassung mit if/else.

Jeder case-Fall entspricht einer Szenennummer.

Innerhalb der einzelnen Fälle ist es weiterhin sinnvoll, if/else für die Entscheidung des Spielers zu verwenden.

Die verbleibenden Szenen folgen einer ähnlichen Struktur.

Schließen Sie die switch/case-Anweisung mit einer }.

Strichmännchenabenteuer mit switch: Testlauf

Nachdem Ellie die Entscheidungslogik für das Strichmännchenabenteuer komplett überarbeitet hat, juckt es sie in den Fingern, das Ergebnis zu begutachten. Die Änderungen sind sofort erkennbar, wenn Sie durch das Abenteuer steuern ...

Moment mal, nichts sieht anders aus! Die `switch/case`-Änderungen am Strichmännchenabenteuer wirken sich nur auf die Struktur des Codes aus, nicht auf das Erscheinungsbild. Ein Beispiel dafür, wie sich manche Codeänderungen nur hinter den Kulissen abspielen ... im wahrsten Sinne des Wortes!

Die Story geht weiter ...

Das Strichmännchenabenteuer steht noch ganz am Anfang seiner Geschichte. Für eine wirklich interessante Online-Anwendung fehlt noch einiges an kreativer Geschichtenerzählkunst, Strichmännchengestaltung und jede Menge JavaScript-Code. Wohin möchten Sie das Ganze führen?

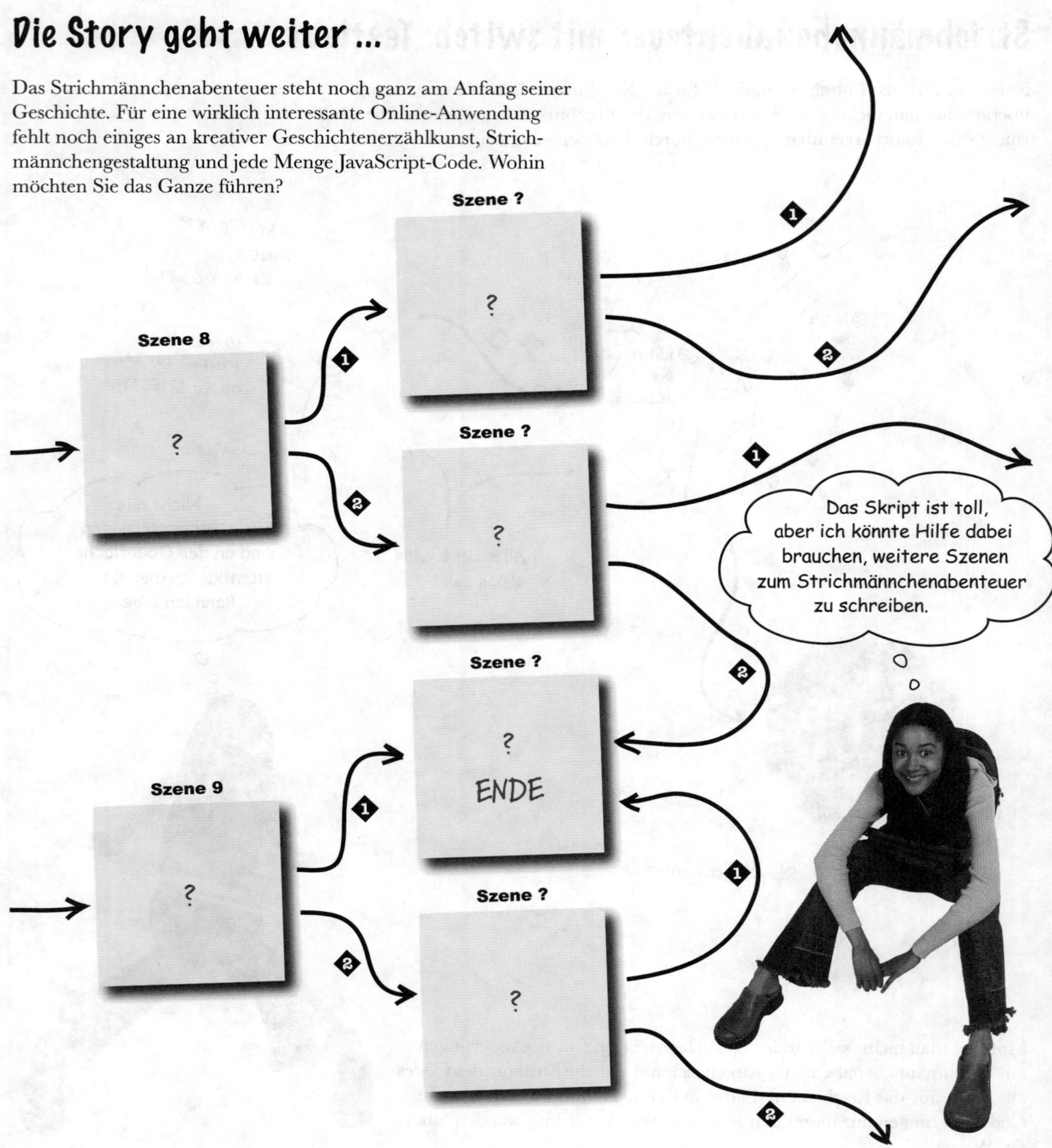

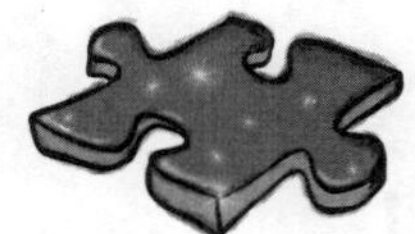

JavaScript-Kreuzworträtsel

Zur Abwechslung mal eine leichte Entscheidung: Zeit für eine Pause und ein kleines Kreuzworträtsel? Na klar!

Waagerecht

3. Wenn Sie ihn zuerst schreiben, ist es leichter, komplexen JavaScript-Code zu schreiben.
7. Eine Variable mit eingeschränktem Geltungsbereich.
8. Mit dieser Anweisung können Sie ein Codesegment bedingungsabhängig ausführen.
9. Mach dies, ... mach das.
10. Eine solche Anweisung besteht aus mehreren Anweisungen.
11. So wird Code ausgeführt, wenn er Teil einer if/else-Anweisung ist.
14. Diese Operatoren liefern ein true/false-Ergebnis.

Senkrecht

1. Wenn eine if-Anweisung in einer anderen steht, nennt man das ....
2. Damit können Sie eine Guppe komplexer Entscheidungen visualisieren.
4. != prüft auf ......
5. Das verwenden Sie zum Dokumentieren Ihres Codes.
6. Jeder Entscheidungsast in einer switch-Anweisung hat so etwas.
12. Eine Anweisung, mit der Sie anhand des Werts einer Information eine Entscheidung fällen können.
13. Das gesamnte Skript hat Zugriff auf solche Variablen.

JavaScript-Kreuzworträtsel, Lösung

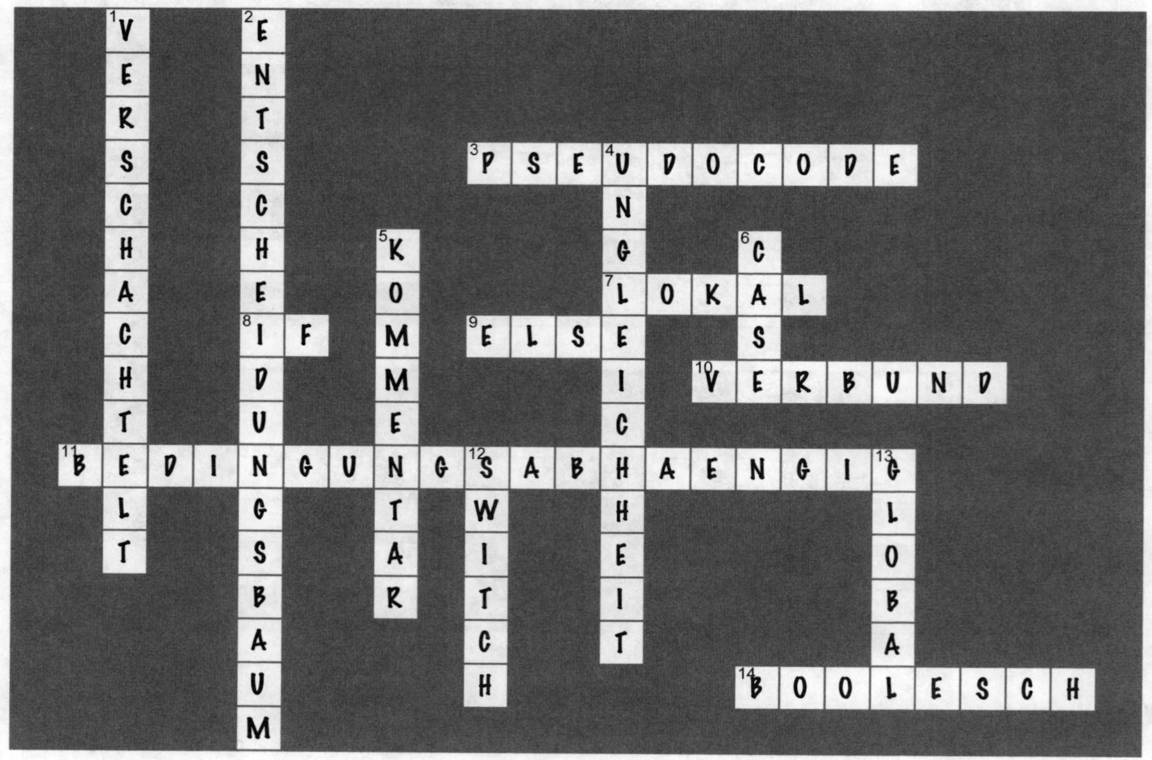

Seitenfalter

Falten Sie die Seite vertikal so, dass die beiden Gehirne zusammenkommen und das Rätsel lösen.

Wenn if/else nicht genug ist ...

Zwei Welten begegnen sich!

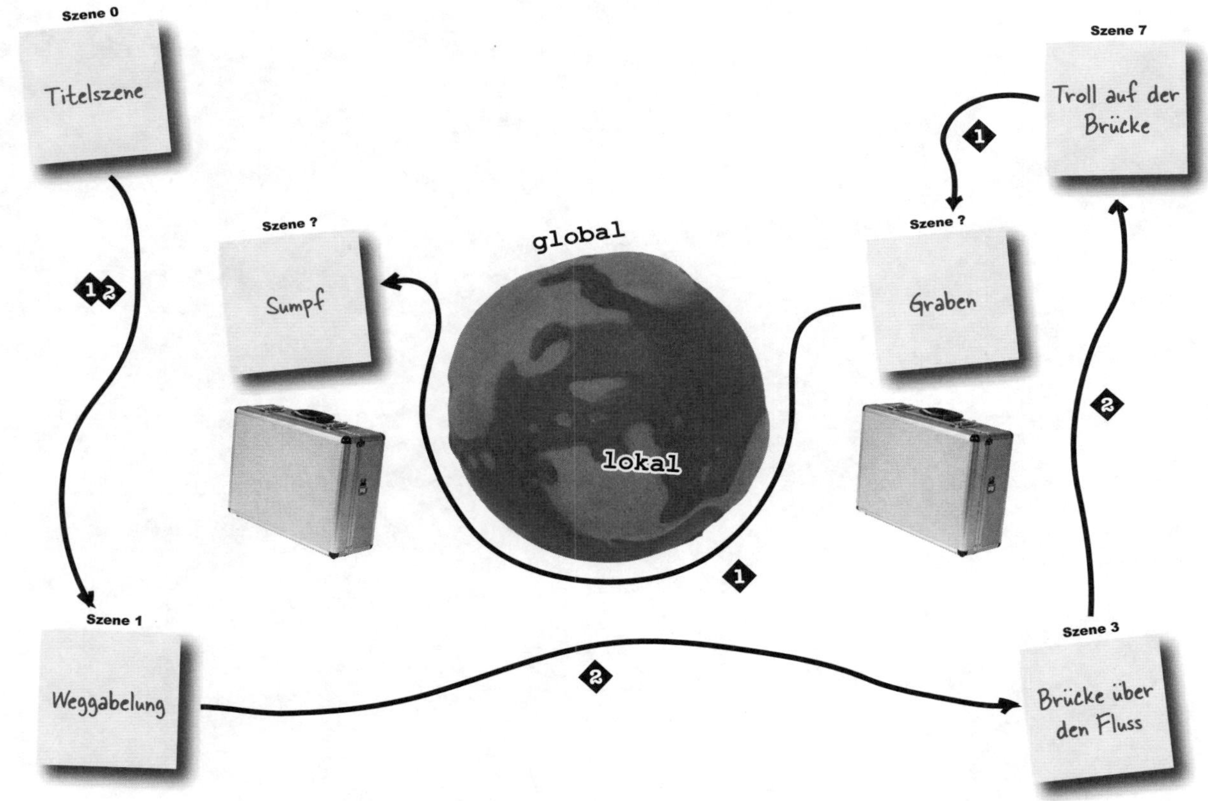

Szene 0
Titelszene

Szene 7
Troll auf der Brücke

Szene ?
Sumpf

global

lokal

Szene ?
Graben

Szene 1
Weggabelung

Szene 3
Brücke über den Fluss

Obwohl die if/else-Anweisung so praktisch ist, so hat sie doch ihre Grenze bei mehr als zwei Optionen. switch zusammen mit seinem guten Freund case kann da wahre Wunder wirken!

5 Schleifen

Auf die Gefahr, mich zu wiederholen

Manche sagen, Wiederholungen seien die Würze des Lebens. Sicher, etwas Neues und Interessantes ist bestimmt aufregend, aber es sind die kleinen, sich wiederholenden Dinge, die uns durch den Tag bringen. Zwanghafte Handhygiene, ein nervöser Tick, bei jeder verdammten Mail, die Sie bekommen, auf »Allen antworten« klicken ... Okay, vielleicht sind Wiederholungen in der realen Welt nicht ganz so großartig, aber in der JavaScript-Welt können sie extrem praktisch sein. Sie werden überrascht sein, wie oft Sie in einem Skript Codeteile mehrmals ausführen müssen. Und genau da entfaltet die Macht der Schleifen ihren Glanz. Ohne Schleifen würden Sie eine Menge Zeit damit vergeuden, unnötig viel Code zu kopieren und einzufügen.

Ein X markiert die Stelle

Über die Anziehungskraft eines vergrabenen Schatzes lässt sich nicht streiten. Hier kommt eine Schatzkarte, die ein wenig JavaScript-Unterstützung brauchen könnte.

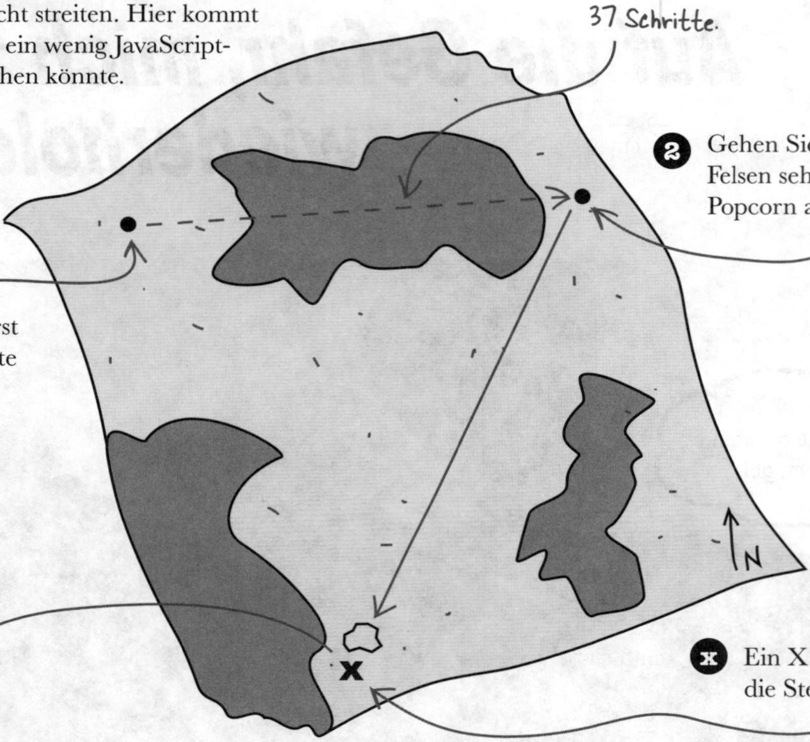

37 Schritte.

❷ Gehen Sie weiter, bis Sie einen Felsen sehen, der wie ein Stück Popcorn aussieht.

❶ Gehen Sie zuerst exakt 37 Schritte nach Osten.

N

x

ⓧ Ein X markiert tatsächlich die Stelle!

Den ersten Teil der Karte können Sie durchqueren, indem Sie eine Aktion (einen Schritt machen) eine bestimmte Anzahl von Malen (37) wiederholen. Um 37 Schritte zu machen, muss ein einzelner Schritt also 37 Mal wiederholt werden.

Ein Schritt zu machen ist eine wiederholbare Aktion.

Oh ja, es ist ein Schatz!

❶ Gehen Sie zuerst exakt 37 Schritte nach Osten.

=

37 Zyklen

37 Schritte sind genau genommen 1 Schritt, der 37 Mal wiederholt wird.

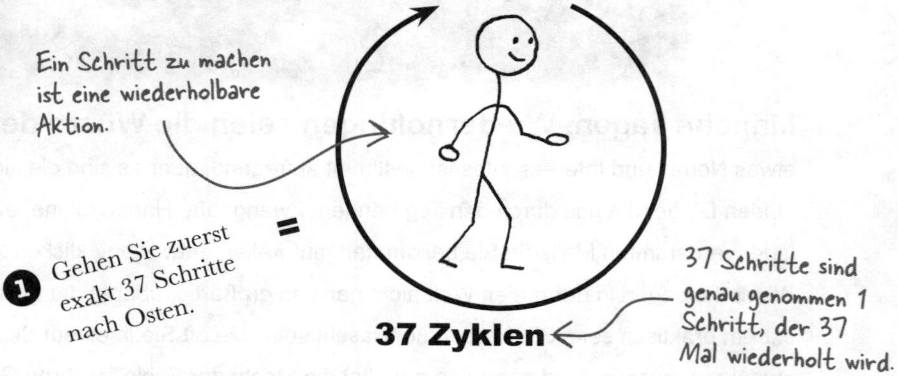

Die Frage lautet: Wie ermöglicht JavaScript Wiederholungen?

Ein Déjà vu nach dem anderen – for-Schleifen

Wiederholungen werden in JavaScript von **Schleifen** erledigt, die Sie Code wiederholen lassen. Die `for`-Schleife ist besonders geeignet dafür, etwas eine **bestimmte** Anzahl von Malen zu wiederholen. `for`-Schleifen können beispielsweise sehr gut zählen, etwa auf 0 herunterzählen oder zu einem Wert hinaufzuzählen.

Eine `for`-Schleife besteht aus vier verschiedenen Teilen:

Mit for-Schleifen können Sie Code eine bestimmte Anzahl von Malen wiederholen.

1. **Initialisierung**
   Eine `for`-Schleife wird zu Beginn initialisiert.

2. **Testbedingung**
   Die Testbedingung prüft, ob die Schleife einen weiteren Durchlauf machen soll.

3. **Aktion**
   Der Aktionsteil der Schleife ist der Code, der in jedem Durchlauf wiederholt wird.

4. **Aktualisierung**
   Der Aktualisierungsteil der Schleife aktualisiert die Schleifenvariablen am Ende eines Durchlaufs.

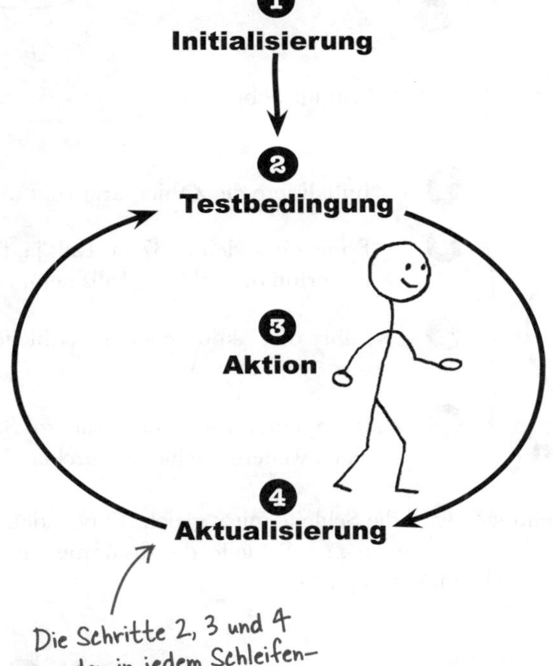

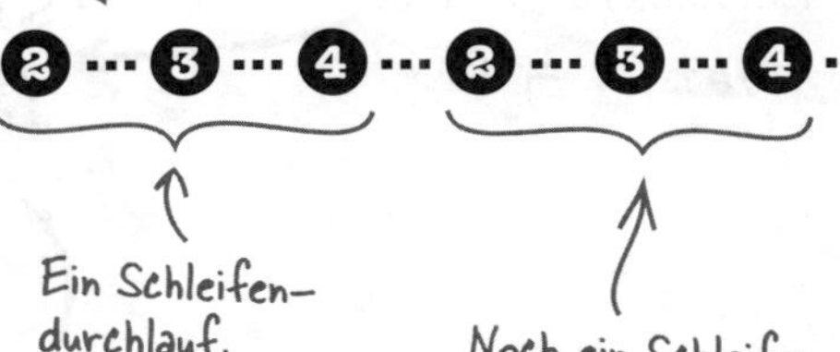

Wie passen die vier Schritte der `for`-Schleife zu unserem Beispiel mit der Schatzkarte?

Schatzsuche mit einer for-Schleife

`for`-Schleifen funktionieren bei der Schatzkarte, weil es um eine bestimmte Anzahl von Schritten geht. Wenn wir die `for`-Schleife auf den ersten Teil der Schatzkarte anwenden, sieht das ungefähr so aus:

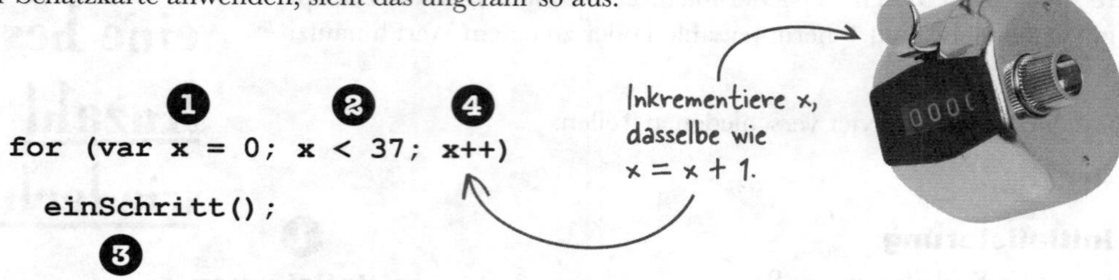

Der Code für die `for`-Schleife Schritt für Schritt:

In JavaScript-Schleifen ist es üblich, mit 0 anzufangen. Die Schleife könnte aber auch mit 1 beginnen.

1 Initialisiere die Zählervariable x mit `0`.

2 Prüfe, ob x kleiner 37 ist. Falls ja, fahre mit Schritt 3 fort und durchlaufe weiterhin die Schleife. Falls nein, verlasse die Schleife.

3 Führe den Aktionscode der Schleife aus, in diesem Fall die Funktion `einSchritt()`.

4 Inkrementiere x, gehe zurück zu Schritt 2 und beginne möglicherweise einen weiteren Schleifendurchlauf.

37 Zyklen

Nach 37 Wiederholungen wird die Schleife mit x gleich `37` beendet. All das dank der vier Puzzleteile der `for`-Schleife, die zusammen in JavaScript eine Wiederholung ermöglichen.

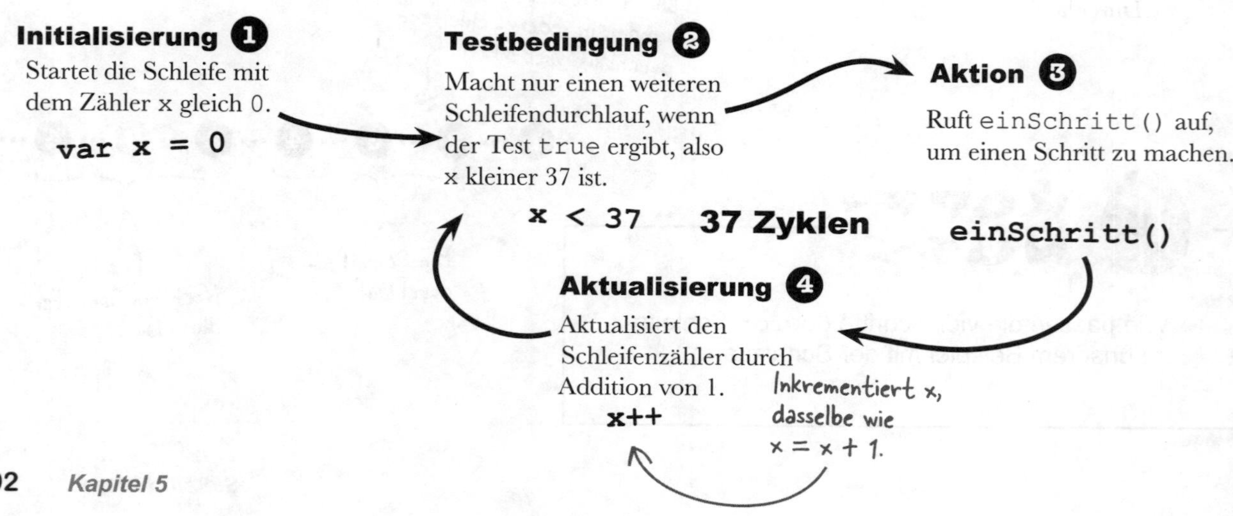

Die for-Schleife zerlegt

Alle `for`-Schleifen folgen einem konsistenten Format, das jede der vier Komponenten an einer bestimmten Stelle erwartet. Die gute Nachricht ist, dass Sie Ihre eigenen Schleifen mit diesem Format sehr flexibel basteln können.

Alle for-Schleifen beginnen mit dem Schlüsselwort for.

Der Initialisierungscode, der üblicherweise den Schleifenzähler festlegt.

Die Schleifenaktualisierung, die üblicherweise eine Zählervariable inkrementiert oder dekrementiert.

```
for + ( + Initialisierung + ; + Test + ; + Aktualisierung + )
    Aktion + ;
```

Die Testbedingung, die einen true/false-Wert ergibt.

Klammern fassen die Teile der Schleife ein.

Die zu wiederholende Aktion, eine einzelne (oder Verbund-)Anweisung.

Nach der Initialisierung und der Testbedingung müssen jeweils Semikola stehen.

ÜBUNG

Schreiben Sie den folgenden Code fertig, der den Benutzer zur Eingabe einer Zahl größer als 0 auffordert. Diese Zahl wird als Startzähler für eine `for`-Schleife verwendet, die einen Countdown wie auf einer alten Filmrolle erzeugt (4, 3, 2, 1, Film ab!). Vergewissern Sie sich, dass die Zahl auch wirklich größer als 0 ist, bevor Sie mit dem Countdown beginnen.

Speichern Sie die Zahl in der Variablen zaehler.

Benutzer zur Eingabe einer Zahl auffordern.

```
var zaehler = prompt("Geben Sie eine Zahl größer 0 ein:", "10");
```

....

....

....

....

....

....

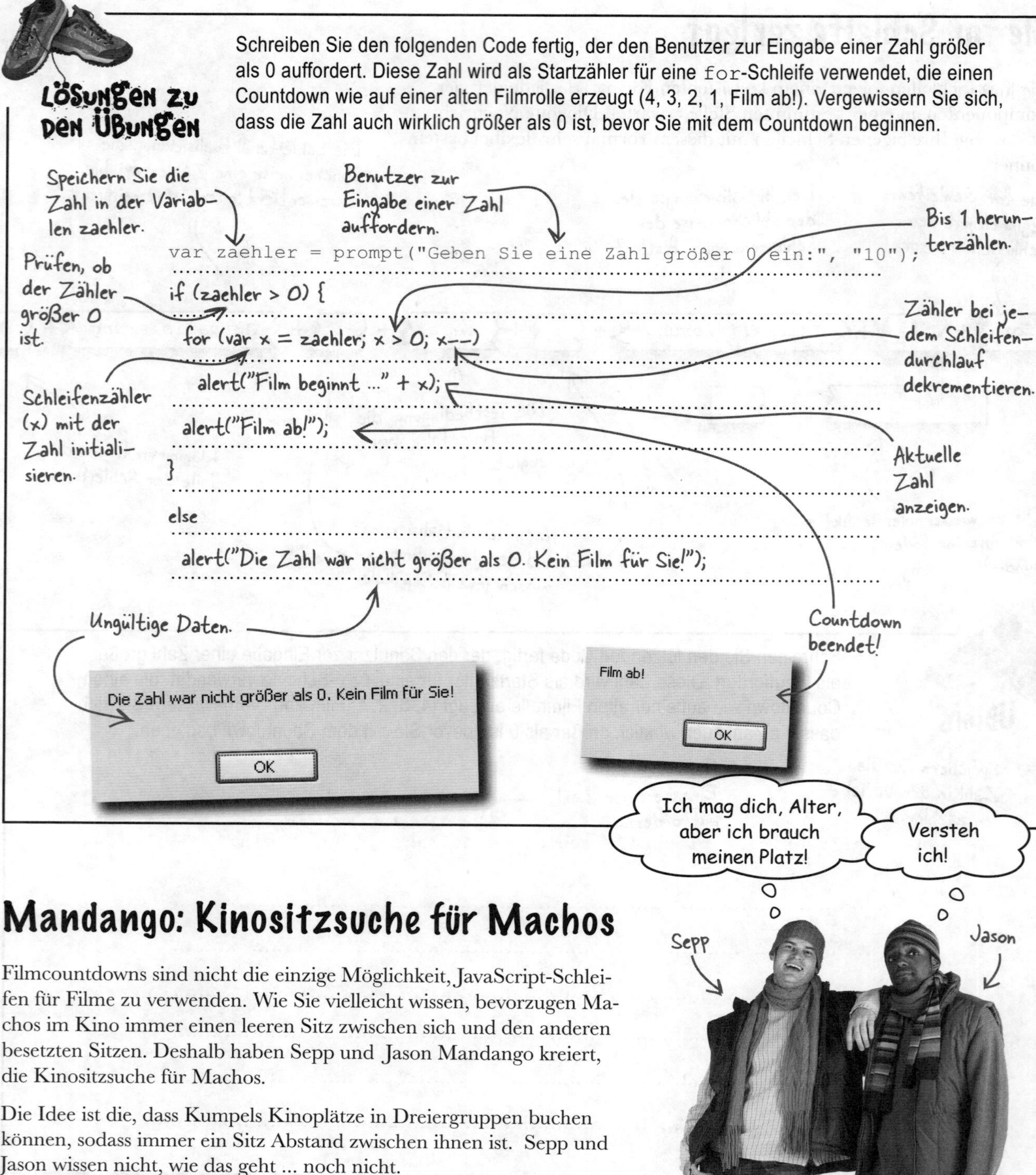

Mandango: Kinositzsuche für Machos

Filmcountdowns sind nicht die einzige Möglichkeit, JavaScript-Schleifen für Filme zu verwenden. Wie Sie vielleicht wissen, bevorzugen Machos im Kino immer einen leeren Sitz zwischen sich und den anderen besetzten Sitzen. Deshalb haben Sepp und Jason Mandango kreiert, die Kinositzsuche für Machos.

Die Idee ist die, dass Kumpels Kinoplätze in Dreiergruppen buchen können, sodass immer ein Sitz Abstand zwischen ihnen ist. Sepp und Jason wissen nicht, wie das geht ... noch nicht.

Verfügbarkeit der Sitze prüfen

Die Jungs müssen es schaffen, jeden einzelnen Sitz in den Reihen durchzugehen und eine Folge von drei freien Plätzen zu finden.

Uncool.

Alles andere als drei freie Sitze bedeutet einen großen Verlust an »Männlichkeit«.

Cool!

Drei freie Plätze nebeneinander bedeuten eine Menge männlichen Zuschauerraum.

Spitzen Sie Ihren Bleistift

Schreiben Sie auf, wie Sie in der Sitzreihe unten mit einer `for`-Schleife drei freie Sitze nebeneinander suchen. Zeichnen Sie ganz genau auf, wie die Schleife in Bezug auf die Sitze funktioniert.

....

....

....

Spitzen Sie Ihren Bleistift – Lösung

Schreiben Sie auf, wie Sie in der Sitzreihe unten mit einer for-Schleife drei freie Sitze nebeneinander suchen. Zeichnen Sie ganz genau auf, wie die Schleife in Bezug auf die Sitze funktioniert.

Wenn die Verfügbarkeit jedes Platzes von einer Booleschen Variablen abgebildet wird, können Sie die Sitze durchlaufen und drei Plätze nebeneinander suchen, die frei sind (true).

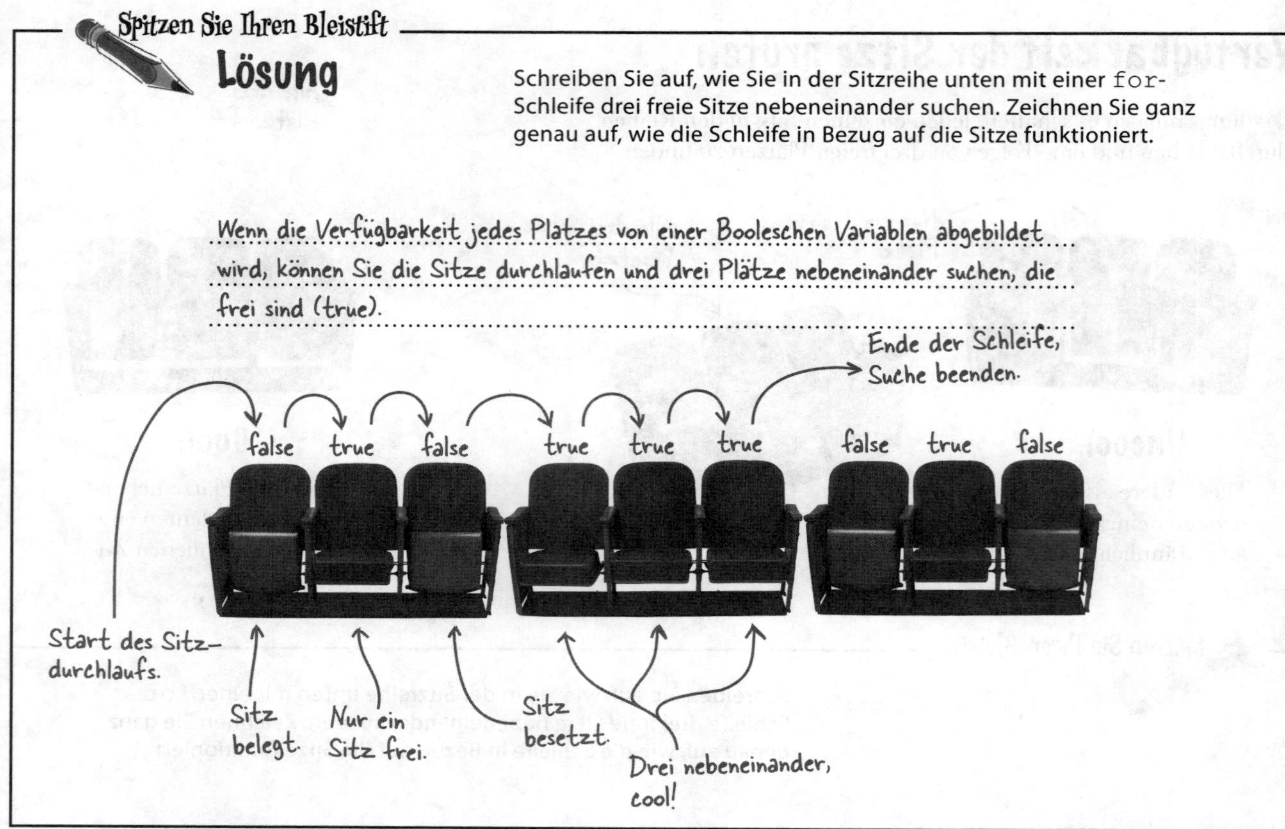

Schleifen, HTML und Sitzverfügbarkeit

Das Design von Mandango macht irgendwie Sinn. Aber es nicht wirklich klar, wie die Verfügbarkeit der Sitze in HTML-Code übersetzt werden soll.

Auf der Mandango-Seite wird jeder Sitz grafisch als Bild angezeigt.

```
<img id="sitz1" src="sitz_besetzt.png" alt="Besetzt" />
<img id="sitz2" src="sitz_frei.png" alt="Frei" />
<img id="sitz3" src="sitz_besetzt.png" alt="Besetzt" />
<img id="sitz4" src="sitz_frei.png" alt="Frei" />
<img id="sitz5" src="sitz_frei.png" alt="Frei" />
<img id="sitz6" src="sitz_frei.png" alt="Frei" />
<img id="sitz7" src="sitz_besetzt.png" alt="Besetzt" />
<img id="sitz8" src="sitz_frei.png" alt="Frei" />
<img id="sitz9" src="sitz_besetzt.png" alt="Besetzt" />
```

Das gesamte HTML und die Bilder für dieses Beispiel finden Sie unter http://examples.oreilly.de/german_examples/hfjavascriptger.

Sie müssen nicht nur in der Lage sein, die HTML-Bildelemente in einer Schleife zu durchlaufen, sondern auch ihre Verfügbarkeit als Boolesche Variablen in JavaScript-Code speichern.

Kinositze als Variablen

Bevor Sie überhaupt daran denken können, die Reihen nach freien Sitzen zu durchlaufen, müssen Sie die Verfügbarkeit jedes Sitzes in JavaScript-Code abbilden. Die Sitzverfügbarkeit in einer Neunerreihe kann durch neun Boolesche Variablen dargestellt werden.

```
var sitz1 = false;
var sitz2 = true;
var sitz3 = false;
var sitz4 = true;
var sitz5 = true;
var sitz6 = true;
var sitz7 = false;
var sitz8 = false;
var sitz9 = false;
```

Die Verfügbarkeit jedes Sitzes wird als Boolescher Wert gespeichert.

true bedeutet, dass der Sitz frei ist.

false heißt besetzt.

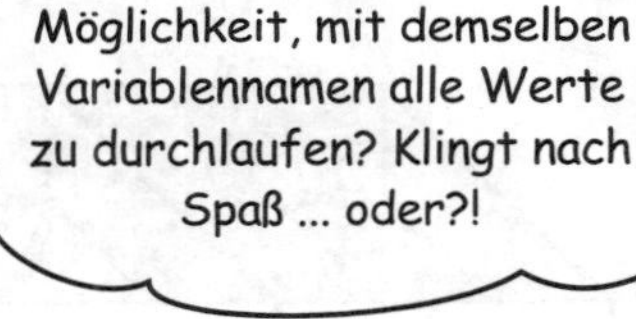

Nun können Sie eine `for`-Schleife schreiben, die die neun Sitze durchläuft und prüft, ob drei in einer Reihe frei sind.

```
for (var i = 0; i < 10; i++) {
  if (sitz1)
    ...
}
```

Sie können den Variablennamen nicht für jeden Durchlauf ändern!

Moment, wir haben ein Problem. Die `for`-Schleife muss in der Lage sein, bei jedem Durchlauf den Wert einer anderen Sitzvariablen zu überprüfen. Aber das geht nicht, weil jede Variable einen anderen Namen hat.

Wenn es mit einer einzelnen Variablen nicht funktioniert, wie können Sie dann die Informationen so speichern, dass sie in Schleifen durchlaufen können?

Arrays nehmen mehrere Daten auf

In JavaScript können Sie mit einem speziellen Datentyp, den man **Array** nennt, mehrere Werte in einer einzelnen Variablen speichern. Eine Array-Variable verhält sich insofern wie eine normale Variable, als sie nur einen Namen hat, sie verfügt aber über mehrere Speicherplätze. Sie können sich ein Array wie eine Abstellkammer in Ihrem Haus vorstellen oder ein Möbelstück mit mehreren Fächern.

Jedes Element in einem Array besteht aus zwei Informationen: einem **Wert** und einem eindeutigen **Schlüssel**, über den Sie auf den Wert zugreifen können. Die Schlüssel sind meistens Zahlen, die mit 0 beginnen und mit jedem Element nach oben gezählt werden. Numerische Schlüssel werden als **Index** bezeichnet und ergeben ein **indiziertes Array**:

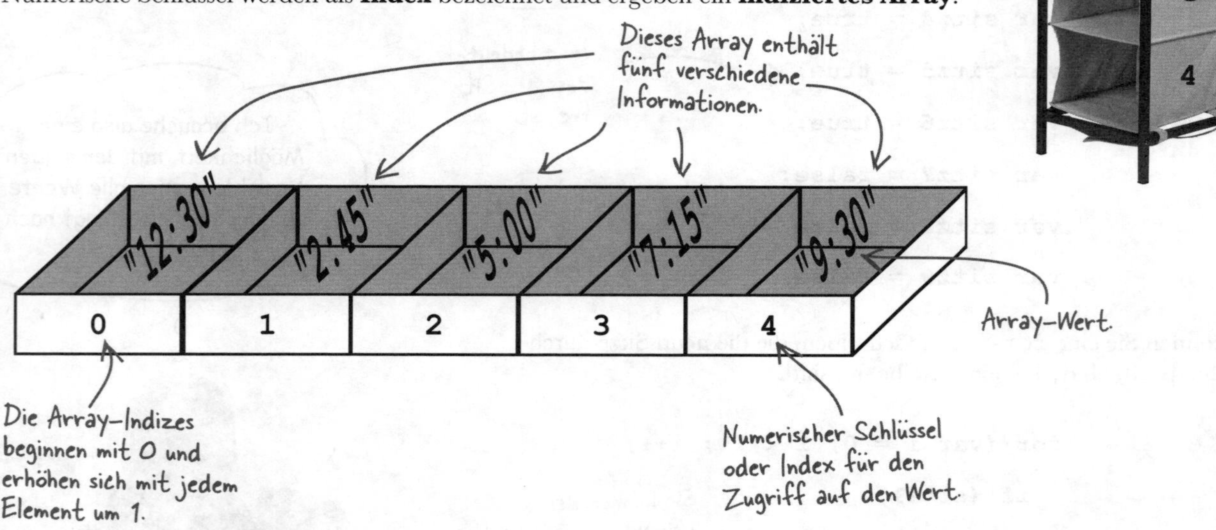

Ein Array anzulegen ist dem Anlegen einer normalen Variablen sehr ähnlich, außer dass Sie JavaScript mitteilen müssen, dass Sie ein Array wünschen und keine einzelne Speichereinheit. Genau genommen weisen Sie JavaScript an, ein **Objekt** zu erzeugen.

```
var showTime = new Array();
```

Das ist der neue Objekttyp Array.

Der Name der Array-Variablen.

Ein neues Array-Objekt erstellen.

Entspannen Sie sich

Machen Sie sich keine Gedanken darüber, dass ein Array ein Objekt ist.

Für Ihre Zwecke ist es nicht wichtig, dass ein Array in Wahrheit ein Objekt ist. Sie lernen genug über Objekte in den Kapiteln 9 und 10, dort wird die Sache mit den Objekten von ganz allein klarer.

Array-Werte werden mit Schlüsseln gespeichert

Objekt hin oder her, sobald Sie ein Array angelegt haben, können Sie damit anfangen, Daten darin abzulegen und darauf zuzugreifen. Der Schlüssel zu den im Array gespeicherten Daten ist, nun ja, der **Schlüssel**! Mit dem eindeutigen Schlüssel, der den Daten zugeordnet ist, greifen Sie auf die Daten zu. Für ein indiziertes Array verwenden Sie einfach den Index des Array-Elements, auf das Sie zugreifen möchten.

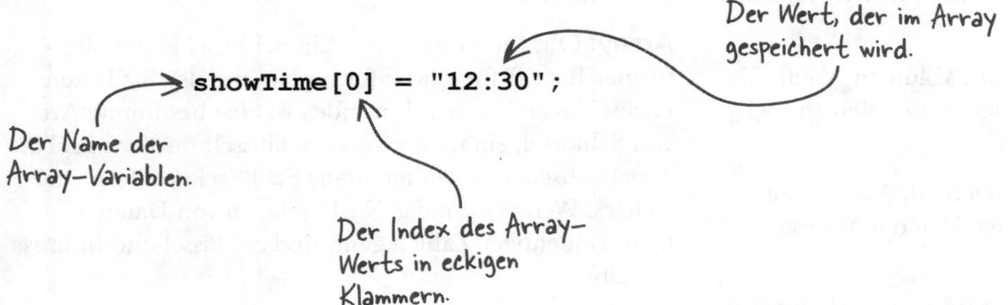

Dieser Code belegt den ersten Wert des `showTime`-Arrays mit einer Tageszeit. Wenn Sie nicht jeden Wert eines Arrays einzeln setzen möchten, können Sie das gesamte Array auch beim Anlegen initialisieren.

Listen Sie alle Array-Werte durch Kommata getrennt auf.

```
var showTime = [ "12:30", "2:45", "5:00", "7:15", "9:30" ];
```

Der erste Teil der Array-Erstellung ist identisch.

Schreiben Sie die Liste der Array-Werte unbedingt in eckige Klammern.

Und das Semikolon nicht vergessen.

Moment mal, in diesem Code geht es überhaupt nicht um Objekte. Was ist da los? Der Code umgeht die formale Erstellung eines leeren Objekts und erstellt einfach ein Array (Objekt) aus den Werten, die es enthalten soll. Sie listen alle Elemente in eckigen Klammern auf, die ins Array kommen. Und sobald das Array mit Daten gefüllt ist, können Sie es verwenden!

Liest den letzten Wert aus dem Array.

```
alert("Die Spätvorstellung beginnt um " + showTime[4] + " Uhr.");
```

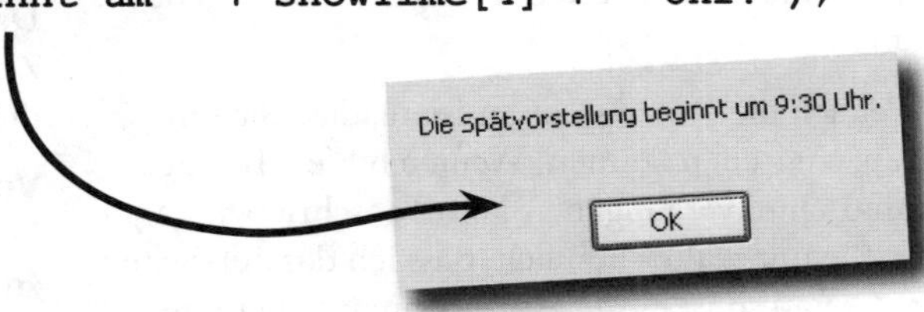

Arrays speichern <u>mehrere</u> Daten an <u>einem</u> <u>Ort</u>.

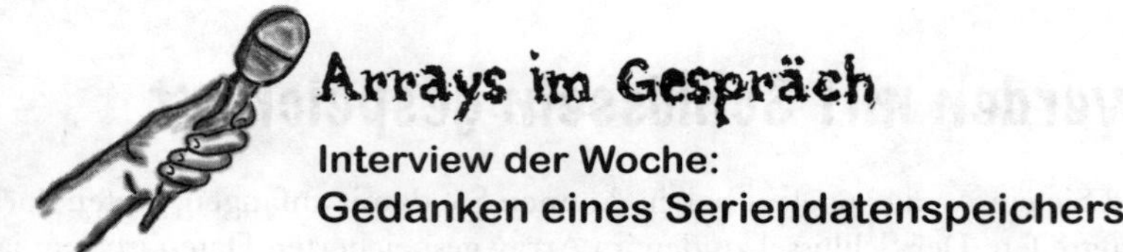

Arrays im Gespräch

Interview der Woche: Gedanken eines Seriendatenspeichers

Von Kopf bis Fuß: Schön, Sie zu sehen, Array. Ich habe gehört, Sie sind gut darin, mehrere Datenwerte zu speichern.

Array: Das stimmt. Mir geht es um Volumen. Wenn Sie Platz brauchen, um 50 Strings oder 300 Zahlen zu speichern, bin ich der Richtige.

Von Kopf bis Fuß: Klingt faszinierend. Aber können die Leute nicht sowieso eine Menge Daten in normalen Variablen speichern?

Array: Klar, Leute können auch barfuß zur Arbeit gehen, wenn sie möchten. Schauen Sie, es gibt immer mehrere Möglichkeiten, eine Sache zu tun. Aber in diesem Fall biete ich eine bessere Möglichkeit, mehrere Informationselemente zu speichern, als normale Variablen das können.

Von Kopf bis Fuß: Ich gehe lieber in Schuhen zur Arbeit. Inwiefern sind Sie besser?

Array: Ich sag es mal so: Wenn Sie jeden Tag Tagebuch führen, wie wollen Sie da nach Jahren den Überblick über all die Seiten bewahren?

Von Kopf bis Fuß: Die Seiten sind alle im Tagebuch, was soll daran schwer sein?

Array: Sie gehen aber von der Annahme aus, dass die Seiten zusammenhängend organisiert sind. Wie wäre es, wenn es einfach ein Haufen mit Haftnotizen wäre, achtlos in einen Schuhkarton geworfen? So ein Tagebuch wäre schon schwieriger zu organisieren.

Von Kopf bis Fuß: Klar, aber was hat das Speichern von Daten in einem Array mit den Seiten eines Tagebuchs gemeinsam?

Array: Weil ich die Daten so organisiere, dass Sie sehr leicht darauf zugreifen können. Wenn ich Sie z.B. frage, was Sie am 6. Juni vergangenen Jahres geschrieben haben, sagen Sie mir wahrscheinlich, dass ich das auf Seite 124 finde. Genau so ist es mit Array-Daten, außer dass man die Seitenzahlen in einem Array Schlüssel nennt.

Von Kopf bis Fuß: Ich habe von Array-Indizes gehört, aber was sind Schlüssel?

Array: Oh, Entschuldigung. Ein Schlüssel ist ein allgemeiner Begriff für eine Information, mit der Sie Daten nachschlagen können. Ein Index ist eine bestimmte Art von Schlüssel, ein numerischer Schlüssel. Insofern sind die Tagebuchseitenzahlen nicht nur Schlüssel, sondern auch Indizes. Wenn es um das Nachschlagen von Daten anhand eindeutiger Zahlen geht, sind Schlüssel und Indizes dasselbe.

Von Kopf bis Fuß: Verstanden. Aber ich verstehe noch immer nicht, was das mit Schleifen zu tun hat.

Array: Nun, das muss es nicht notwendigerweise. Ich bin auch ohne Schleifen sehr praktisch zum Speichern von Daten. Aber ich mache es Schleifen unheimlich leicht, einen Haufen Daten zu durchlaufen.

Von Kopf bis Fuß: Und wie?

Array: Sie wissen doch, dass Schleifen den Ablauf oft mit numerischen Zählern steuern, oder? Verwenden Sie einfach den Zähler als Index für ein Array, und voilà – Sie können alle Daten durchgehen, die in mir gespeichert sind.

Von Kopf bis Fuß: Moment, Sie sagen, dass Leute den Schleifenzähler als Index zum Nachschlagen von Daten in einem Array verwenden können?

Array: Genau das.

Von Kopf bis Fuß: Das ist toll!

Array: Ich weiß. Deswegen bin ich für Skripten, die Daten in Schleifen verarbeiten, unersetzlich. Mit ein paar Zeilen Code können Sie ein ganzes Array von Daten durchlaufen. Ziemlich cool.

Von Kopf bis Fuß: Das kann ich mir vorstellen. Vielen Dank, dass Sie Licht in Ihre Person und Ihre Verbindung zu Schleifen gebracht haben.

Array: Gerne. Sie können mich jederzeit wieder besuchen!

Spitzen Sie Ihren Bleistift

Schreiben Sie den Code, um ein `sitze`-Array für Mandango zu erstellen und dann in einer Schleife die Sitze im Array zu durchlaufen, um den Benutzer über die Verfügbarkeit jedes einzelnen Sitzes zu benachrichtigen.

....

....

....

....

....

....

....

Es gibt keine Dummen Fragen

F: Ist es möglich, eine `for`-Schleife niemals enden zu lassen?

A: Oh ja, die gefürchtete Endlosschleife! Sicher, es ist absolut möglich, eine Schleife zu erstellen, die niemals verlassen wird und jenseits der Grenzen von Raum und Zeit weiterläuft ... oder zumindest, bis Sie die Webseite neu laden. Endlosschleifen werden als schlechter Stil angesehen, weil sie Ihr Skript davon abhalten, etwas anderes zu tun – das JavaScript-Äquivalent einer abgestürzten Anwendung. Wie Windows-Bluescreens, nur nicht ganz so unheilverkündend.

Endlosschleifen treten auf, wenn ein Schleifenzähler nicht korrekt aktualisiert wird oder sich aus einem anderen Grund nicht ändert und damit die Testbedingung der Schleife immer `false` ergibt. Da Sie das nun wissen, sollten Sie den Test und die Aktualisierungslogik in Ihren `for`-Schleifen immer doppelt und dreifach überprüfen. Ach ja, Sie erkennen eine Endlosschleife daran, dass Ihr Skript scheinbar gar nichts mehr macht.

F: Kann ich eine Verbundanweisung als Aktionsteil einer `for`-Schleife verwenden?

A: Na klar! Außer in den allereinfachsten Schleifen müssen Sie sogar eine Verbundanweisung verwenden. Die nützlichsten Schleifen wiederholen nun mal meist mehr als eine Anweisung.

F: Wird der Aktionsteil der Schleife ein letztes Mal ausgeführt, wenn die Testbedingung `false` ist?

A: Nein. Der Aktionsteil einer `for`-Schleife wird nur ausgeführt, wenn der Test `true` ergibt. Sobald die Testbedingung `false` ist, wird die Schleife sofort verlassen.

F: Beginnen indizierte Arrays immer mit einem Index von 0?

A: Jein. Standardmäßig ist der erste Index in indizierten Arrays immer 0. Aber Sie können sich über dieses Verhalten hinwegsetzen und beliebige Zahlen als numerische Schlüssel verwenden, auch wenn das unüblich ist. Tun Sie das aber nur, wenn es sehr gute Designgründe dafür gibt ... es ist unkonventionell und kann Verwirrung stiften.

F: Müssen alle Daten, die in einem Array gespeichert werden, vom gleichen Typ sein?

A: Nein, überhaupt nicht. In Schleifen ist es aber wichtig, dass Array-Daten vom gleichen Typ sind, weil es ja gerade darum geht, eine Reihe ähnlicher Daten zu durchlaufen. Wenn Sie beispielsweise ein Array mit Noten durchlaufen möchten, um den Durchschnitt zu berechnen, wäre es nicht sinnvoll, wenn einige der Einträge im Array Boolesche Werte wären – in diesem Fall sollten es nur Zahlen sein. Obwohl Arrays also Werte unterschiedlicher Typen enthalten können, ist es generell eine gute Idee, Daten vom gleichen Typ in Arrays zu speichern. Insbesondere, wenn Sie eine Sammlung von Daten speichern.

Lösungen zu den Übungen

Schreiben Sie den Code, um ein `sitze`-Array für Mandango zu erstellen und dann in einer Schleife die Sitze im Array zu durchlaufen, um den Benutzer über die Verfügbarkeit jedes einzelnen Sitzes zu benachrichtigen.

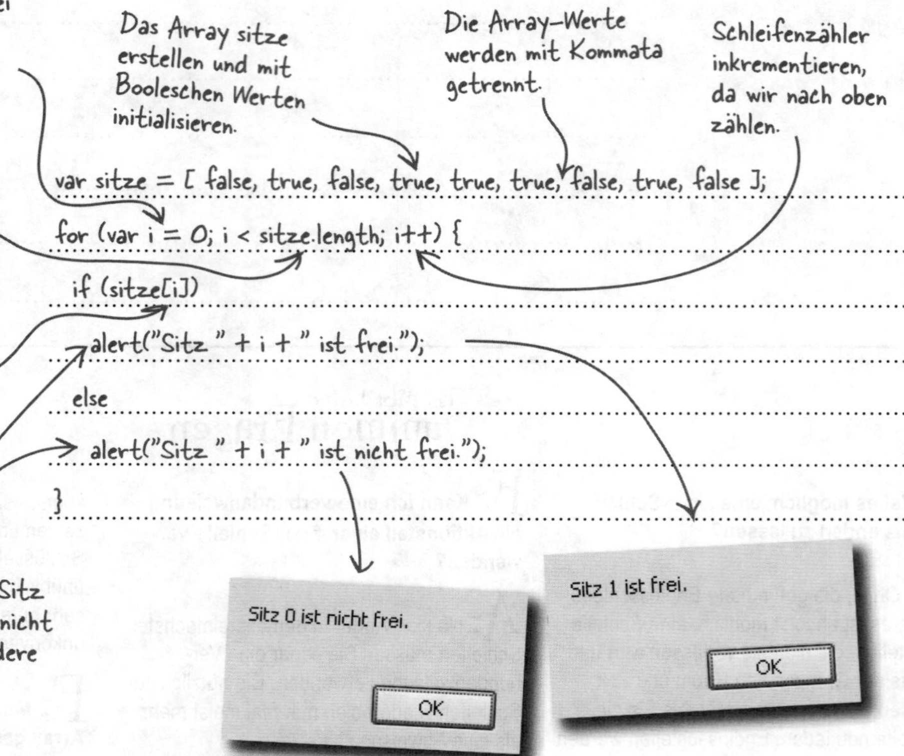

Punkt für Punkt

- `for`-Schleifen wiederholen JavaScript-Code eine **bestimmte Anzahl von Malen.**
- Die Inkrement- (`++`) und Dekrement-Operatoren (`--`) sind eine praktische Methode, um den Schleifenzähler zu aktualisieren.
- In einem Array können Sie mehrere Daten an **einem Ort speichern.**
- Obwohl ein Array mehrere Informationen enthält, hat es nur einen Variablennamen.
- Auf indizierte Arrays greifen Sie über numerische Schlüssel zu, die man **Indizes** nennt.
- Indizierte Arrays funktionieren gut in Schleifen, weil Sie mit dem Zähler die Array-Daten durchlaufen können.

Von JavaScript zu HTML

In Mandango wird die Verfügbarkeit der Sitze mit einem Array Boolescher Werte abgebildet. Im nächsten Schritt werden wir das Array in HTML-Bilder übersetzen, die die freien Sitze auf der Mandango-Webseite anzeigen (gibt es unter *http://examples.oreilly.de/german_examples/hfjavascriptger*).

```
var sitze = [ false, true, false, true, true, true, false, true, false ];
```

Auch wenn es nett aussieht, gibt es noch keinen Code, der dem Array von Booleschen Werten visuell auch die jeweiligen Sitzbilder zuordnet. Das ist ein Problem.

Wie könnten Sie die Verbindung zwischen dem JavaScript-Array mit der Sitzverfügbarkeit und den Sitzbildern auf der Mandango-Seite herstellen?

Die Mandango-Sitze visualisieren

Um das JavaScript-Array mit den HTML-Bildern zu verknüpfen, müssen Sie die Bilder zunächst entsprechend anordnen und dann festlegen, welche Bilder die verschiedenen Zustände der Sitze abbilden sollen. Lassen Sie uns zuerst die letzte Aufgabe lösen.

Frei

Der Sitz ist frei!

sitz_frei.png

Diese Bilder werden dem `src`-Attribut jedes HTML-Sitzbilds zugewiesen, um die Bilder festzulegen, die auf der Seite angezeigt werden.

```
<img id="sitz8" src="sitz_besetzt.png" alt="Besetzt" />
```

Die ID ist entscheidend für die Zuordnung des Arrays zu den Sitzbildern. Sie muss mit 0 beginnen und mit 8 aufhören, genau wie die Array-Indizes.

Als Nächstes müssen wir das Boolesche Array in einer Schleife durchlaufen und das Sitzbild für jedes HTML-`<img>`-Tag auf der Seite festlegen. Die Schritte hierfür sind denen erstaunlich ähnlich, mit denen wir das Sitz-Array vorhin durchlaufen haben. Der einzige Unterschied liegt im Aktionsteil der Schleife.

1. Initialisiere die Zählervariable `i` mit `0`.

2. Prüfe, ob `i` kleiner als die Array-Länge (9) ist. Wenn ja, gehe zu Schritt 3 und setze die Schleife fort. Wenn nein, verlasse die Schleife.
3. Führe den Aktionscode aus, der in diesem Fall **das Bild festlegt**.
4. Inkrementiere `i` und gehe zu Schritt 2, um eventuell einen weiteren Durchlauf zu machen.

Die Funktion initialisiereSitze () unter der Lupe

Die Initialisierung der Sitze in Mandango geschieht in der Funktion `initialisiereSitze()`, die die Zuordnung des JavaScript-Arrays zu den HTML-Bildern der Sitze mit einer Sitzinitialisierungsschleife vornimmt.

Die Initialisierung in initialisiereSitze() legt auch die unterschiedliche Darstellung der Kinositze auf der Seite fest – etwas völlig anderes als die Initialisierung einer for-Schleife.

1. Der Schleifenzähler beginnt mit 0, da das indizierte Array mit 0 beginnt.

2. Die Testbedingung prüft, ob alle Sitze durchlaufen wurden.

```
function initialisiereSitze() {
  // Bilder der Sitze initialisieren
  for (var i = 0; i < sitze.length; i++) {
    if (sitze[i]) {
      // Sitz als frei markieren
      document.getElementById("sitz" + i).src = "sitz_frei.png";
      document.getElementById("sitz" + i).alt = "Freier Platz";
    }
    else {
      // Sitz als belegt markieren
      document.getElementById("sitz" + i).src = "sitz_besetzt.png";
      document.getElementById("sitz" + i).alt = "Besetzter Platz";
    }
  }
}
```

4. Inkrementiert den Zähler.

3. Wenn der Wert des Sitzes true ist, markiere den Sitz als frei

3. Die ID des Sitzbilds wird bei jedem Schleifendurchlauf mit dem Zähler erzeugt.

3. Wenn der Wert des Sitzes false ist, setze das HTML-Bild auf besetzt.

```
<body onload="initialisiereSitze();">
  <div style="margin-top:75px; text-align:center">
    <img id="sitz0" src="" alt="" />
    <img id="sitz1" src="" alt="" />
    <img id="sitz2" src="" alt="" />
    <img id="sitz3" src="" alt="" />
    <img id="sitz4" src="" alt="" />
    <img id="sitz5" src="" alt="" />
    <img id="sitz6" src="" alt="" />
    <img id="sitz7" src="" alt="" />
    <img id="sitz8" src="" alt="" /><br />
  </div>
</body>
</html>
```

Die Attribute src und alt werden dynamisch für jedes Bild geändert.

Die ID dieses Bilds ist „sitz6".

Macho-mäßige Sitzsuche

Nachdem die Sitze initialisiert sind, haben wir jetzt die Möglichkeit, freie Sitze zu suchen, worum es in Mandango ja eigentlich geht. Sepp und Jason haben erkannt, dass es wahrscheinlich besser sei, das Skript zunächst einzelne freie Plätze suchen zu lassen, bevor es daran geht, drei Sitze nebeneinander zu suchen. Das erleichtert die unmittelbare Aufgabe, da sie die Anwendung Schritt für Schritt erstellen können.

Da Sie einen einzelnen freien Platz suchen möchten, braucht das Skript als Erstes eine Variable, um den gewählten Platz im Auge zu behalten.

Globale Variable, ist im gesamten Skript zugänglich.

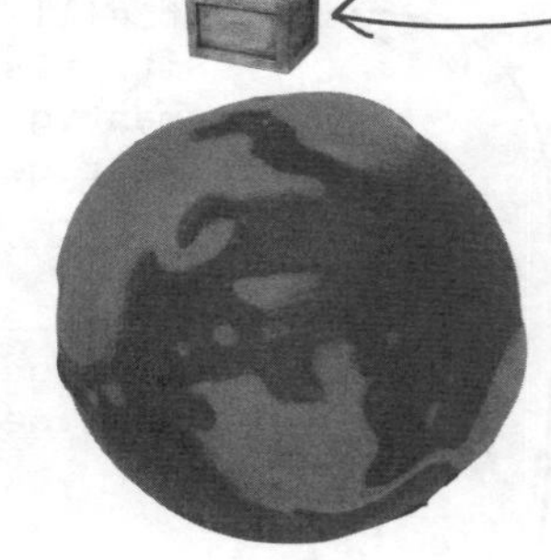

Diese Variable speichert die Platzwahl und muss für die gesamte Lebensdauer des Skripts existieren, also eine globale Variable sein. Die Funktion `sucheSitze()`, die einen Platz für den Benutzer finden soll, speichert in der Variablen `gewaehlterSitz` den Index des gewünschten Platzes.

Die Variable gewaehlterSitz macht Sinn, aber welcher Wert gibt an, dass noch kein Sitz ausgewählt wurde?

Sepp wirft eine gute Frage auf. Die Variable `gewaehlterSitz` speichert die Platzwahl, die im Bereich von 0 bis 8 liegt. Aber Sie müssen auch wissen, wenn der Benutzer **noch keinen** Platz ausgesucht hat. Ein spezieller Wert kann diesen Zustand **ohne Auswahl** repräsentieren, in diesem Fall –1 (noch kein Platz gewählt). Also muss `gewaehlterSitz` mit –1 initialisiert werden.

Die Variable gewaehlterSitz wird jetzt mit –1 initialisiert, sodass das Skript ohne Platzwahl beginnt.

```
var gewaehlterSitz = -1;
```

Mit der Variablen für die Platzwahl am Start können wir die Funktion `sucheSitze()` bauen. `sucheSitze()` wird alle Sitze im Array sitze durchlaufen und nach freien Plätzen suchen sowie den Benutzer dazu auffordern, jeden einzelnen freien Platz anzunehmen oder abzulehnen. Es ist zwar klar, dass Machos mit dieser ersten Version von Mandango nicht glücklich sein werden, aber es ist ein erster Schritt in die richtige Richtung!

JavaScript-Magneten

Mit der Mandango-Funktion `sucheSitze()` sucht der Benutzer nach freien Plätzen und wählt die Sitze aus oder lehnt sie ab. Helfen Sie Sepp und Jason und schreiben Sie den fehlenden Code mithilfe der Magneten fertig.

```
function sucheSitze() {
  // Wenn bereits ein Platz gewählt wurde, alle Sitze noch mal intialisieren

  if (................>= 0) {

    ................ = -1;

    .................... ();
  }

  // Alle Sitze auf Verfügbarkeit prüfen
    for (var i = 0; i < sitze.length; i++) {
    // Prüfen, ob der aktuelle Platz frei ist.

    if (..................) {
      // Platzwahl festlegen und Darstellung des Sitzes aktualisieren

      ................ = i;

      document.getElementById("sitz" + i)............ = "sitz_gewaehlt.png";

      document.getElementById("sitz" + i)............ = "Ihr Platz";

      // Benutzer den Sitz bestätigen lassen

      var .............. = confirm("Sitz " + (i + 1) + " ist frei. Möchten Sie ihn?");

      if ( ............... ) {
        // Der Benutzer will den Platz nicht, also Auswahl aufheben und weitersuchen

        ................ = -1;

        document.getElementById("sitz" + i)............ = "sitz_frei.png";

        document.getElementById("sitz" + i)............ = "Freier Platz";
      }
    }
  }
}
```

initialisiereSitze

alt

gewaehlterSitz

src

sitze[i]

!angenommen

angenommen

JavaScript-Magneten, Lösung

Mit der Mandango-Funktion `sucheSitze()` sucht der Benutzer nach freien Plätzen und wählt die Sitze aus oder lehnt sie ab. Helfen Sie Sepp und Jason und schreiben Sie den fehlenden Code mithilfe der Magneten fertig.

```
function sucheSitze() {
  // Wenn bereits ein Platz gewählt wurde, alle Sitze noch mal intialisieren
  if (gewaehlterSitz >= 0) {
    gewaehlterSitz = -1;
    initialisiereSitze();
  }

  // Alle Sitze auf Verfügbarkeit prüfen
  for (var i = 0; i < sitze.length; i++) {
    // See if the current seat is Frei
    if (sitze[i]) {
      // Platzwahl festlegen und Darstellung des Sitzes aktualisieren
      gewaehlterSitz = i;
      document.getElementById("sitz" + i).src = "sitz_gewaehlt.png";
      document.getElementById("sitz" + i).alt = "Ihr Platz";

      // Benutzer den Sitz bestätigen lassen
      var angenommen = confirm("Sitz " + (i + 1) + " ist frei. Möchten Sie ihn?");
      if (!angenommen) {
        // Der Benutzer will den Platz nicht, also Auswahl aufheben und weitersuchen
        gewaehlterSitz = -1;
        document.getElementById("sitz" + i).src = "sitz_frei.png";
        document.getElementById("sitz" + i).alt = "Freier Platz";
      }
    }
  }
}
```

Wenn gewaehlterSitz ungleich -1 ist, beginne eine neue Suche und setze die Plätze zurück.

Wenn der Platz frei ist, ist sitze[i] gleich true.

Die Sitznummer wird um 1 erhöht angezeigt, da die meisten Benutzer Nummerierungen mit 1 statt mit 0 beginnen.

Prüfen, ob der Benutzer den Sitz angenommen hat.

Testlauf: die Solo-Sitzsuche

Die Solo-Sitzsuche von Mandango lässt den Benutzer mittels `for`-Schleife und Array einzelne freie Plätze suchen. Nicht sehr macho-mäßig, aber es funktioniert ...

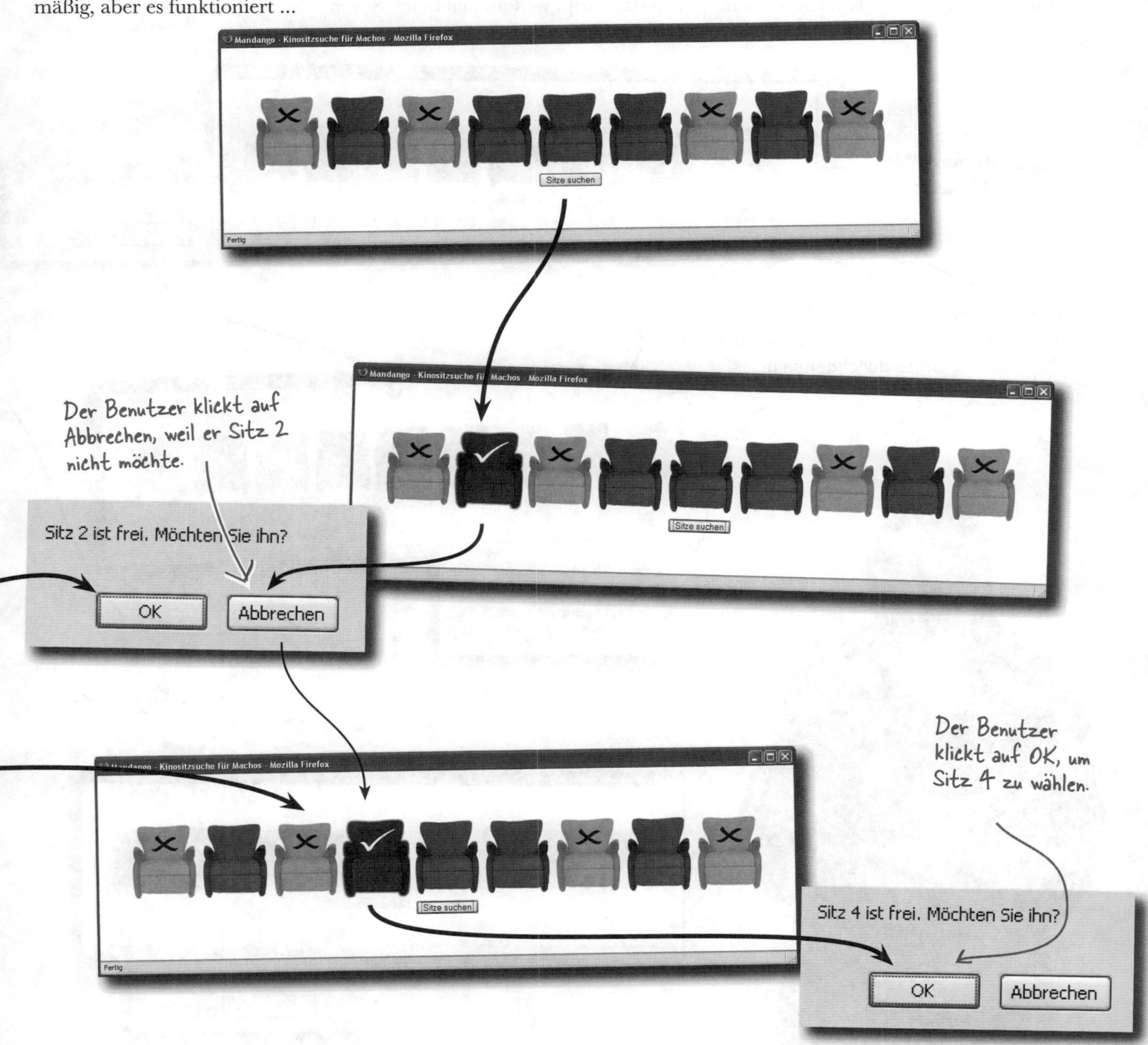

Zu viel des Guten: endlose Schleifen

Obwohl die Einzelplatzsuche von Mandango technisch gesehen funktioniert und einzelne freie Plätze findet, gibt es das Problem, dass die Schleife nicht endet. Selbst wenn der Benutzer einen Platz durch Klicken auf OK ausgewählt hat, sucht das Skript weiter nach freien Sitzen.

Schleifen brauchen einen Ausgang (oder zwei!)

Die übereifrige Sitzsuche rührt scheinbar daher, dass die Schleife nicht endet. Jason denkt, dass ein prüfender Blick auf die `for`-Schleife in der Funktion `sucheSitze()` angebracht ist.

Die confirm()-Funktion stellt dem Benutzer eine Ja/Nein-Frage und liefert Ja (true) oder Nein (false) zurück.

```
for (var i = 0; i < sitze.length; i++) {
  // Prüfen, ob der aktuelle Sitz frei ist
  if (sitze[i]) {
    // Platzwahl festlegen und Darstellung des Sitzes aktualisieren
    gewaehlterSitz = i;
    document.getElementById("sitz" + i).src = "sitz_gewaehlt.png";
    document.getElementById("sitz" + i).alt = "Ihr Platz";

    // Benutzer den Sitz bestätigen lassen
    var angenommen = confirm("Sitz " + (i + 1) + " ist frei. Möchten Sie ihn?");
    if (!angenommen) {
      // Der Benutzer will den Platz nicht, also Auswahl aufheben und weitersuchen
      gewaehlterSitz = -1;
      document.getElementById("sitz" + i).src = "sitz_frei.png";
      document.getElementById("sitz" + i).alt = "Freier Platz";
    }
  }
}
```

?

Wenn der Benutzer den freien Platz nimmt, rattert die Schleife einfach weiter.

Dieser Code wird ausgeführt, wenn der Benutzer den freien Platz NICHT will.

Wenn der Benutzer auf Abbrechen klickt, um einen Platz abzulehnen, wird `gewaehlterSitz` auf –1 (keine Auswahl) gesetzt und die Schleife fortgesetzt. Aber es gibt keinen Code dafür, dass der Benutzer einen Platz auswählt. Es ist zwar gut, dass die Variable `gewaehlterSitz` den aktuellen Sitz speichert, aber nichts hält die Schleife davon ab, weiter nach freien Plätzen zu suchen.

KOPF-NUSS

Was muss getan werden, wenn der Benutzer den OK-Button anklickt, um den aktuellen Platz auszuwählen?

Ein »break« in Aktion

Das Problem mit dem Mandango-Code ist, dass Sie den Schleudersitz aus der Schleife nehmen müssen, sobald der Benutzer einen Platz auswählt. Ein Trick wäre, den Zähler der `for`-Schleife auf einen Wert zu setzen, der größer als die Array-Länge ist.

```
i = sitze.length + 1;
```

Dadurch wird die Schleife beendet, weil die Testbedingung nicht mehr zutrifft. Aber es gibt eine bessere Variante.

Obwohl dieser Code ein schlauer kleiner Trick ist, um ans Ziel zu kommen, gibt es eine bessere Lösung, als am Schleifenzähler herumzupfuschen, um die Testbedingung auszutricksen. Die `break`-Anweisung ist speziell dafür gedacht, aus einem Codeblock auszubrechen, auch aus Schleifen.

```
break;
```

Verlassen Sie die Schleife sofort, gehen Sie nicht über Los, ziehen Sie nicht 2000 Euro ein.

Wenn eine Schleife auf die `break`-Anweisung stößt, ignoriert sie die Testbedingung und endet sofort. Die `break`-Anweisung ist also eine praktische Möglichkeit, eine Schleife sofort und ohne unnötige Fragen zu verlassen.

Eng verwandt mit `break` ist die `continue`-Anweisung, die aus dem aktuellen Schleifendurchlauf aussteigt, aber nicht die Schleife selbst verlässt. Mit `continue` können Sie also die Schleife dazu zwingen, zum nächsten Durchlauf zu springen.

Steige aus dem aktuellen Schleifendurchlauf aus und mach mit dem nächsten weiter.

```
continue;
```

Sowohl `break` als auch `continue` sind extrem nützlich, um die Steuerung von Schleifen genau abzustimmen, aber `break` bietet die Lösung zu Sepps und Jasons aktuellem Schleifenproblem mit Mandango.

Mir gefällt die break-Anweisung. Damit werden wir die unnötigen Durchläufe los.

Es gibt keine Dummen Fragen

F: Wird der verbleibende Aktionscode im aktuellen Durchlauf einer `for`-Schleife weiter ausgeführt, wenn die `break`-Anweisung verwendet wird?

A: Nein. Die `break`-Anweisung beendet die Schleife unmittelbar und kürzt den normalen Ablauf der Schleife ab.

F: Was ist schlecht daran, am Schleifenzähler herumzuflicken, um die Schleife zu verlassen?

A: Weil Sie den Zähler zweckentfremden und deshalb Gefahr laufen, ungewöhnliche Fehler einzubauen. Statt durch die Array-Elemente zu zählen, missbrauchen Sie den Zähler dafür, einen künstlichen Wert jenseits der Dimensionen des Arrays anzunehmen, nur um die Schleife zu beenden. Sie wollen aber darauf vertrauen können, dass der Aktualisierungsteil der Schleife die einzige Stelle ist, an der der Zähler verändert wird. Es gibt immer Sonderfälle, in denen Tricks erlaubt sind, aber das ist keiner davon – die `break`-Anweisung kann wunderbar aus der Schleife ausbrechen, ohne Verwirrung zu stiften.

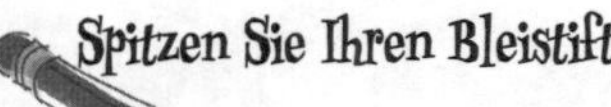

Die `for`-Schleife in der Funktion `sucheSitze()` von Mandango könnte Hilfe dabei gebrauchen, aus der Schleife auszubrechen, wenn der Benutzer einen Platz wählt. Schreiben Sie die fehlenden Codezeilen, um die Schleife zu verlassen, und denken Sie auch an einen entsprechenden Kommentar, der erklärt, wie der Code funktioniert.

```
// Alle Sitze auf Verfügbarkeit prüfen
for (var i = 0; i < sitze.length; i++) {
  // Prüfen, ob der aktuelle Sitz frei ist
  if (sitze[i]) {
    // Platzwahl festlegen und Darstellung des Sitzes aktualisieren
    gewaehlterSitz = i;
    document.getElementById("sitz" + i).src = "sitz_gewaehlt.png";
    document.getElementById("sitz" + i).alt = "Ihr Platz";

    // Benutzer den Sitz bestätigen lassen
    var angenommen = confirm("Sitz " + (i + 1) + " ist frei. Möchten Sie ihn?");
    ..........................................................................
    ..........................................................................
    ..........................................................................
    ..........................................................................

    else {
      // Der Benutzer will den Platz nicht, also Auswahl aufheben und weitersuchen
      gewaehlterSitz = -1;
      document.getElementById("sitz" + i).src = "sitz_frei.png";
      document.getElementById("sitz" + i).alt = "Freier Platz";
    }
  }
}
```

Die for-Schleife in der Funktion sucheSitze() von Mandango könnte Hilfe dabei gebrauchen, aus der Schleife auszubrechen, wenn der Benutzer einen Platz wählt. Schreiben Sie die fehlenden Codezeilen, um die Schleife zu verlassen, und denken Sie auch an einen entsprechenden Kommentar, der erklärt, wie der Code funktioniert.

```
// Alle Sitze auf Verfügbarkeit prüfen
for (var i = 0; i < sitze.length; i++) {
  // Prüfen, ob der aktuelle Sitz frei ist
  if (sitze[i]) {
    // Platzwahl festlegen und Darstellung des Sitzes aktualisieren
    gewaehlterSitz = i;
    document.getElementById("sitz" + i).src = "sitz_gewaehlt.png";
    document.getElementById("sitz" + i).alt = "Ihr Platz";

    // Benutzer den Sitz bestätigen lassen
    var angenommen = confirm("Sitz " + (i + 1) + " ist frei. Möchten Sie ihn?");
    if (angenommen) {
      // Der Benutzer nimmt den Sitz, und wir sind fertig.
      break;
    }

    else {
      // Der Benutzer wollte den Platz nicht, also Auswahl aufheben und weitersuchen
      gewaehlterSitz = -1;
      document.getElementById("sitz" + i).src = "sitz_frei.png";
      document.getElementById("sitz" + i).alt = "Freier Platz";
    }
  }
}
```

Der »Mann« in Mandango

Der ursprüngliche Gedanke von Mandango war, dass die Benutzer nach freien Plätzen in Dreiergruppen suchen können. Nachdem die Einzelplatzsuche jetzt funktioniert, sind Sepp und Jason bereit, ihre Aufmerksamkeit auf eine richtige Macho-Kinositzsuche zu richten. Sie brauchen eine Möglichkeit, nach einer Dreierreihe von freien Sitzen zu suchen.

Drei freie Sitze nebeneinander ... jede Menge Platz!

Code unter der Lupe

Eine Sequenz von drei Sitzen wird mit verschachtelten if-Anweisungen untersucht.

Wenn drei freie Sitze in einer Reihe gefunden wurden, wähle den ersten aus.

Alle drei Sitze mit dem »ausgewählt«-Bild darstellen, damit der Benutzer sieht, welche Plätze frei sind.

```
for (var i = 0; i < sitze.length; i++) {
  // Prüfen, ob der aktuelle Sitz und die nächsten beiden frei sind
  if (sitze[i]) {
    if (sitze[i + 1]) {
      if (sitze[i + 2]) {
        // Sitzauswahl festlegen und die Darstellung der Sitze aktualisieren
        gewaehlterSitz = i;
        document.getElementById("sitz" + i).src = "sitz_gewaehlt.png";
        document.getElementById("sitz" + i).alt = "Ihr Platz";
        document.getElementById("sitz" + (i + 1)).src = "sitz_gewaehlt.png";
        document.getElementById("sitz" + (i + 1)).alt = "Ihr Platz";
        document.getElementById("sitz" + (i + 2)).src = "sitz_gewaehlt.png";
        document.getElementById("sitz" + (i + 2)).alt = "Ihr Platz";

        // Benutzer die Sitze bestätigen lassen
        var angenommen = confirm("Sitze " + (i + 1) + " bis " + (i + 3) + " sind frei. Möchten Sie sie?");
        if (angenommen) {
          // Der Benutzer nimmt den Sitz, und wir sind fertig.
          break;
        }
        else {
          // Der Benutzer wollte die Sitze nicht, also Auswahl aufheben und weitersuchen
          gewaehlterSitz = -1;
          document.getElementById("sitz" + i).src = "sitz_frei.png";
          document.getElementById("sitz" + i).alt = "Freier Platz";
          document.getElementById("sitz" + (i + 1)).src = "sitz_frei.png";
          document.getElementById("sitz" + (i + 1)).alt = "Freier Platz";
          document.getElementById("sitz" + (i + 2)).src = "sitz_frei.png";
          document.getElementById("sitz" + (i + 2)).alt = "Freier Platz";
        }
      }
    }
  }
}
```

Wenn der Benutzer die Sitze ablehnt, die Bilder wieder auf »frei« setzen.

* Erinnerung: Diesen und all den anderen Code sowie die Bilder für das Mandango-Beispiel finden Sie unter http://examples.oreilly.de/german_examples/hfjavascriptger.

Wäre es nicht traumhaft, wenn man
diese verschachtelten Ifs zu etwas
Eleganterem kombinieren könnte?

Eine logische, elegante und wohlgeformte Lösung mit &&

Es gibt eine bessere Möglichkeit, den Dreiersitz-Check in Mandango vorzunehmen. Die Fassung mit den verschachtelten `if` funktioniert, aber es gibt bessere Varianten, und die Änderungen dienen in erster Linie dazu, den Code eleganter zu machen.

Trotz Sepps Einwänden gibt es Momente, in denen es sich lohnt, Ihren Code »eleganter« zu machen, was nur eine Redensart dafür ist, dass der Code sauber, effizient sowie leicht zu verstehen und zu warten ist. Im Fall der verschachtelten `if`-Anweisungen wäre es eleganter, sie alle drei in einer einzigen `if`-Anweisung zu kombinieren – aber wie?

Der Boolesche UND-Operator vergleicht zwei Boolesche Werte und schaut, ob sie true sind.

```
if (sitze[i] && sitze[i + 1] && sitze[i + 2]) {
   ...
}
```

true true true

Der Boolesche UND-Operator (`&&`) vergleicht zwei Boolesche Werte, um zu überprüfen, ob sie beide `true` sind. Im Mandango-Code werden zwei UND-Operatoren zusammen verwendet, um festzustellen, ob die Werte für alle drei Sitze `true` sind. Falls ja, wissen Sie, dass Sie drei freie Plätze nebeneinander haben. Problem gelöst ... und auch noch mit einem Hauch Eleganz!

Boolesche Operatorlogik enthüllt

Sie haben bereits mehrere Vergleichsoperatoren gesehen, z.B. == und <. Die meisten Vergleichsoperatoren, die Sie kennen, vergleichen zwei Werte und liefern ein Boolesches Ergebnis. Boolesche **Logikoperatoren** liefern auch ein Boolesches Ergebnis, funktionieren aber nur mit Booleschen Werten – sie führen Boolesche Logikvergleiche durch.

UND

```
a && b
```

True, wenn a UND b true sind, sonst false.

ODER

```
a || b
```

True, wenn a ODER b true ist, sonst false.

NICHT

```
!a
```

Den kennen Sie bereits!

False, wenn a true ist, true, wenn a false ist.

Boolesche Logikoperatoren können miteinander kombiniert werden, um interessantere logische Vergleiche anzustellen, typischerweise um dadurch komplexe Entscheidungen treffen zu können.

Mit Klammern können Sie Boolesche Logikausdrücke gruppieren.

```
if ((grosserDrink && grossesPopcorn) || Coupon)
  gratisBonbon();
```

Das Gratisbonbon bekommen Sie, wenn Sie eine Kombination kaufen ODER einen Coupon haben.

In diesem Beispiel wird ein UND-Operator verwendet, um auf einen großen Drink und großes Popcorn zu prüfen ... eine Kombination! Zu einer Kombination bekommen Sie ein Bonbon gratis. Oder ein anderer Weg führt dank des ODER-Operators zum Gratisbonbon: ein Coupon. Also bekommen Sie das Bonbon, indem Sie einen großen Drink UND großes Popcorn kaufen, ODER gegen Vorlage eines Coupons. Ohne Boolesche Logikoperatoren wäre diese Entscheidung sehr schwer zu treffen.

Boolesche Logikoperatoren können für komplexe Entscheidungen kombiniert werden.

Es gibt keine Dummen Fragen

F: Ich verstehe den Unterschied zwischen einem normalen Booleschen Operator und einem Booleschen Logikoperator immer noch nicht. Worin besteht er?

A: Zunächst einmal sind das alles Boolesche Operatoren, weil sie alle einen Booleschen Wert zurückliefern. Der einzige Unterschied besteht in den Daten, mit denen sie arbeiten. Normale Boolesche Operatoren funktionieren mit allen möglichen Daten, da sie allgemeine Vergleiche vornehmen, wie »gleich«, »ungleich« oder »größer als« usw. Boolesche Logikoperatoren funktionieren dagegen nur mit Booleschen Daten und führen daher logische Vergleiche durch, z.B. UND, ODER und NICHT. Also arbeiten Boolesche Logikoperatoren nur mit true/false-Informationen, während normale Boolesche Operatoren mit allen möglichen Daten arbeiten.

F: Ist dann der NICHT-Operator ein Boolescher Logikoperator?

A: Ja. Er funktioniert nur mit einem Booleschen Wert, also darf er sich auch so nennen. Er ist ebenfalls ein *unärer* Operator, da er mit nur einem Wert arbeitet.

F: Was bewirken Klammern in Bezug auf Boolesche Operatoren?

A: Mit Klammern können Sie die Standardreihenfolge bei der Auswertung aller Operatoren ändern, nicht nur die der Booleschen Operatoren. Wenn Sie eine Operation in Klammern gruppieren, wird diese Operation vor den anderen durchgeführt. `grosserDrink && grossesPopcorn` wird im Beispiel mit dem Gratisbonbon also vor der `||`-Operation ausgeführt, weil es in Klammern steht `()`.

Spitzen Sie Ihren Bleistift

Es ist der sechste Durchgang durch die Mandango-`for`-Schleife (`i` = 5), und wir brauchen Ihre Hilfe, um festzustellen, ob drei aufeinanderfolgende Sitze frei sind. Prüfen Sie die Verfügbarkeit der Sitze und gehen Sie mit Boolescher Logik vor.

```
for (var i = 0; i < sitze.length; i++) {
  // Prüfen, ob der aktuelle Sitz und die nächsten beiden frei sind
  if (sitze[i] && sitze[i + 1] && sitze[i + 2]) {
     ...
  }
  ...
}
```

.... && .... && .... = ...

Spitzen Sie Ihren Bleistift

Lösung

Es ist der sechste Durchgang durch die Mandango-`for`-Schleife (`i` = 5), und wir brauchen Ihre Hilfe, um festzustellen, ob drei aufeinanderfolgende Sitze frei sind. Prüfen Sie die Verfügbarkeit der Sitze und gehen Sie mit Boolescher Logik vor.

true   false   true

i = 5   i + 1 = 6   i + 2 = 7

```
for (var i = 0; i < sitze.length; i++) {
  // Prüfen, ob der aktuelle Sitz und die nächsten beiden frei sind
  if (sitze[i] && sitze[i + 1] && sitze[i + 2]) {
    ...
  }
  ...
}
```

true && false && true = false

Endlich eine Sitzsuche für Männer

Jetzt sucht Mandango korrekt nach einer Sequenz von drei freien Plätzen und bietet damit einen Kinokartenservice an, den selbst die härtesten der harten Typen zu schätzen wissen.

Dem Benutzer werden jetzt drei Plätze nebeneinander angeboten.

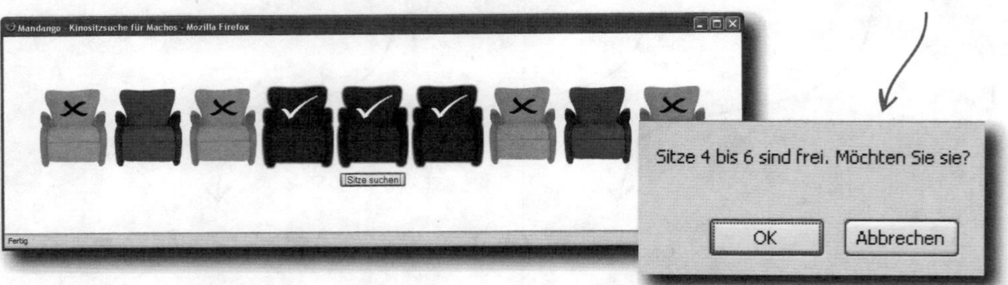

Zurück zur Schatzkarte

Mandango steht für den Moment gut da, also können wir uns wieder auf die Suche nach dem verborgenen Schatz machen. Erinnern Sie sich an die Schatzkarte?

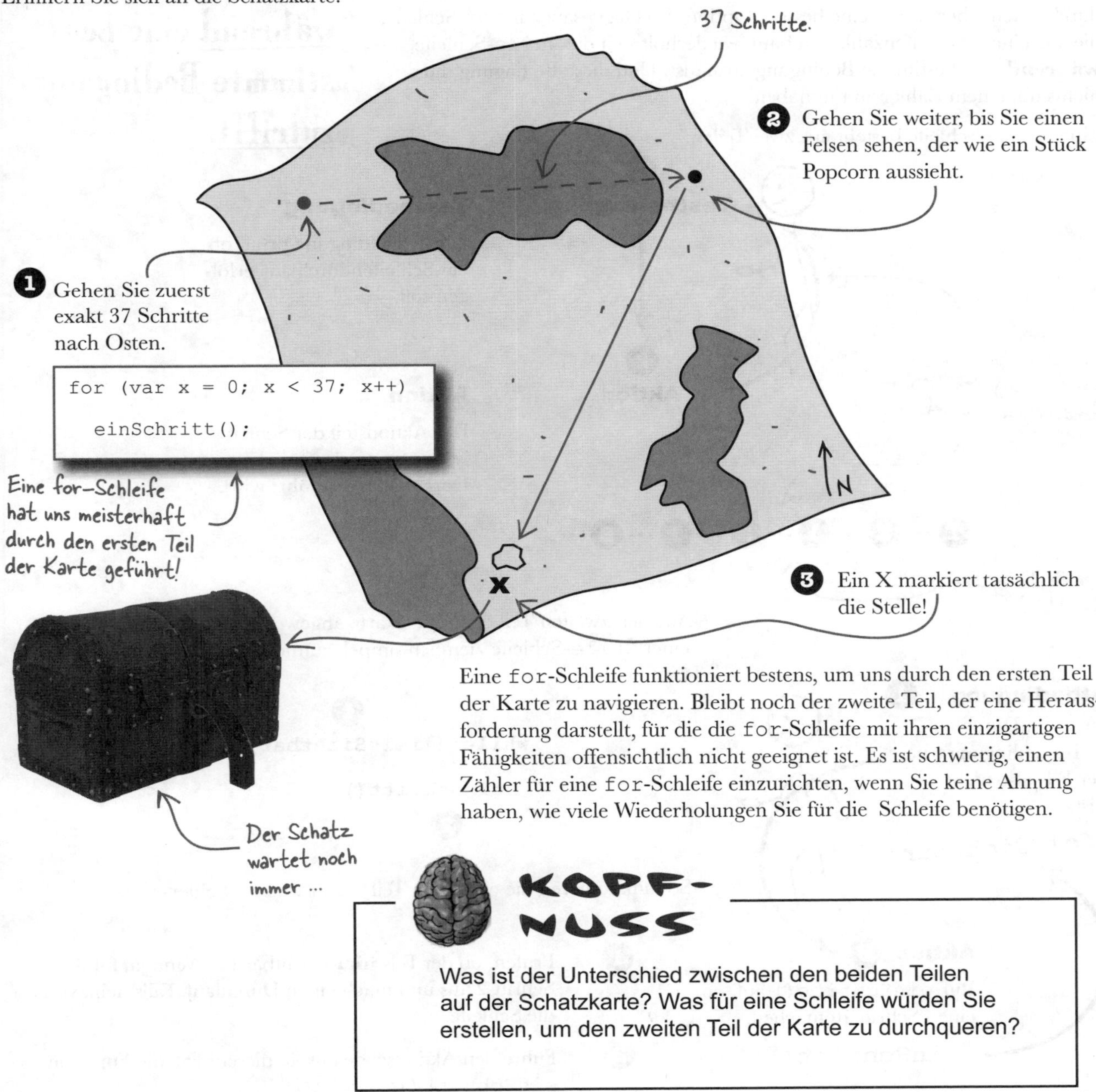

Eine `for`-Schleife funktioniert bestens, um uns durch den ersten Teil der Karte zu navigieren. Bleibt noch der zweite Teil, der eine Herausforderung darstellt, für die die `for`-Schleife mit ihren einzigartigen Fähigkeiten offensichtlich nicht geeignet ist. Es ist schwierig, einen Zähler für eine `for`-Schleife einzurichten, wenn Sie keine Ahnung haben, wie viele Wiederholungen Sie für die Schleife benötigen.

KOPF-NUSS

Was ist der Unterschied zwischen den beiden Teilen auf der Schatzkarte? Was für eine Schleife würden Sie erstellen, um den zweiten Teil der Karte zu durchqueren?

Für ein »while«-chen wiederholen ... bis eine Bedingung erfüllt ist

while-Schleifen wiederholen Code, während eine bestimmte Bedingung zutrifft.

Es ist zwar möglich, den zweiten Teil der Schatzkarte mit einer `for`-Schleife zu durchlaufen, aber es gibt eine bessere Option. Im Gegensatz zur `for`-Schleife, die auf einem Schleifenzähler aufbaut, wiederholt sich die `while`-Schleife, **während** eine bestimmte Bedingung erfüllt ist. Und diese Bedingung muss nichts mit einem Zähler zu tun haben.

Eine `while`-Schleife besteht aus zwei Teilen:

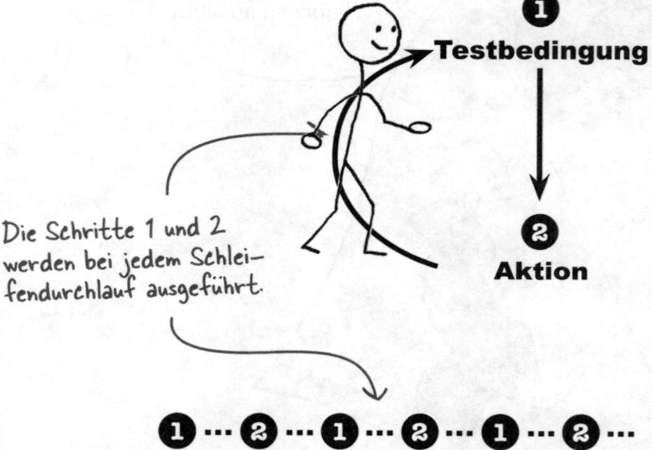

Testbedingung

Die Testbedingung prüft, ob ein Schleifendurchlauf erfolgen soll.

Aktion

Der Aktionsteil der Schleife ist der Code, der in jedem Durchlauf ausgeführt wird.

Auf den zweiten Teil der Schatzkarte angewendet, erscheint der Code einer `while`-Schleife ziemlich simpel, zumindest im Vergleich zu einer `for`-Schleife:

```
while (!felsSichtbar)
  einSchritt();
```

Testbedingung ❶

Mach nur einen Durchlauf, wenn die Testbedingung true ergibt, der Fels also nicht sichtbar ist.

`!felsSichtbar`

Aktion ❷

Ruf `einSchritt()` auf, um einen Schritt zu machen.

`einSchritt()`

So funktionieren die einzelnen Teile einer `while`-Schleife:

❶ Prüfen, ob der Fels **nicht** sichtbar ist. Wenn ja, führe Schritt 2 aus und mach einen Durchlauf. Falls nein, verlasse die Schleife.

❷ Führe den Aktionscode aus, in diesem Fall die Funktion `einSchritt()`.

Die while-Schleife Schritt für Schritt

Trotz ihrer einfachen Struktur im Vergleich zu `for`-Schleifen müssen sich auch `while`-Schleifen an ein bestimmtes Schema halten:

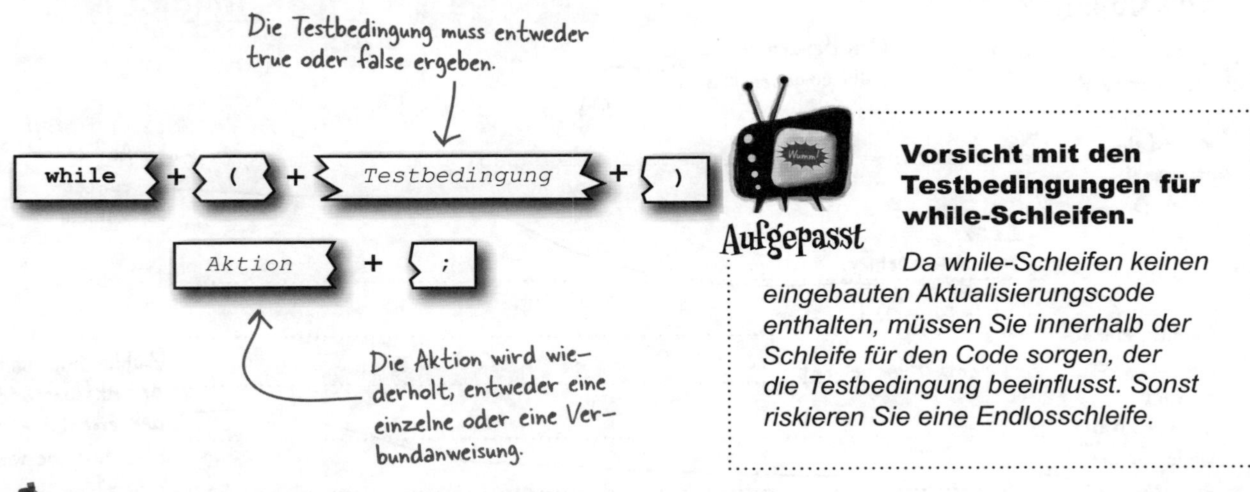

Vorsicht mit den Testbedingungen für while-Schleifen.

Da while-Schleifen keinen eingebauten Aktualisierungscode enthalten, müssen Sie innerhalb der Schleife für den Code sorgen, der die Testbedingung beeinflusst. Sonst riskieren Sie eine Endlosschleife.

Schreiben Sie die Schleife aus der Übung mit der Filmrolle neu, sodass sie den Benutzer eine Zahl größer 0 eingeben lässt und diese als Startzahl für eine Schleife verwendet, die den Filmcountdown (4, 3, 2, 1, Film ab!) macht. Verwenden Sie diesmal eine `while`-Schleife statt der `for`-Schleife.

```
var zaehler = prompt("Geben Sie eine Zahl größer 0 ein:", "10");

if (zaehler > 0) {

..............................................................

..............................................................

..............................................................

..............................................................

..............................................................

..............................................................

}

else
  alert("Die Zahl war nicht größer als 0. Kein Film für Sie!");
```

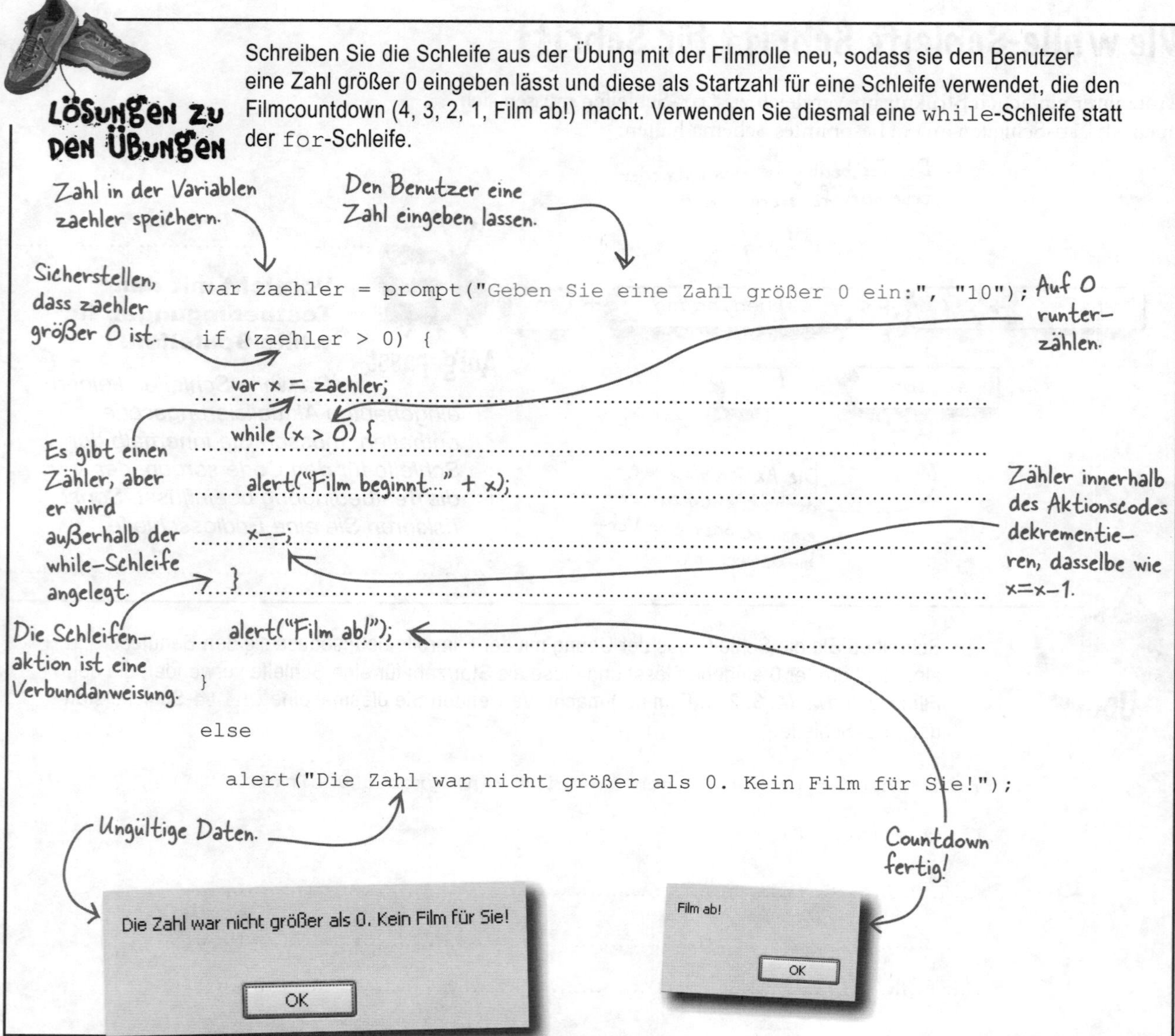

Schreiben Sie die Schleife aus der Übung mit der Filmrolle neu, sodass sie den Benutzer eine Zahl größer 0 eingeben lässt und diese als Startzahl für eine Schleife verwendet, die den Filmcountdown (4, 3, 2, 1, Film ab!) macht. Verwenden Sie diesmal eine `while`-Schleife statt der `for`-Schleife.

```
var zaehler = prompt("Geben Sie eine Zahl größer 0 ein:", "10");
if (zaehler > 0) {
  var x = zaehler;
  while (x > 0) {
    alert("Film beginnt..." + x);
    x--;
  }
  alert("Film ab!");
}
else
  alert("Die Zahl war nicht größer als 0. Kein Film für Sie!");
```

Punkt für Punkt

- Die `break`-Anweisung verlässt eine Schleife **sofort** und überspringt den verbleibenden Schleifencode.
- Mit Booleschen Logikoperatoren können Sie komplexe true/false-Logikausdrücke erstellen, um Entscheidungen zu treffen.
- Die `while`-Schleife führt Code aus, **solange** eine Testbedingung true ergibt.
- Vermeiden Sie Endlosschleifen, indem Sie dafür sorgen, dass die Testbedingung vom Code innerhalb der `while`-Schleife beeinflusst wird.

Die richtige Schleife finden

Die Übung mit dem Filmcountdown hat gezeigt, dass `for`-Schleifen und `while`-Schleifen oft die gleichen Aufgaben lösen können. Im Prinzip kann jede `for`-Schleife als `while`-Schleife in der folgenden Form umkonstruiert werden:

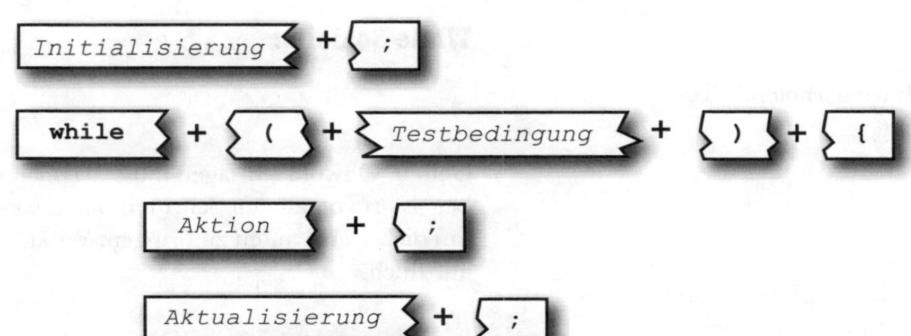

Eine while-Schleife kann alles, was eine for-Schleife kann.

Technisch gesehen, können Sie also die gleichen Schleifen entweder mit `for` oder `while` programmieren. Trotzdem werden Sie sehen, dass in den meisten Fällen eine der beiden Schleifen codebedingt eindeutig sinnvoller ist. Vielleicht eine Frage der Eleganz?

```
for (var i = 0; i < 10; i++)
  alert(i);
```

=

```
var i = 0;
while (i < 10) {
  alert(i);
  i++;
}
```

Initialisierung außerhalb der Schleife.

Aktualisierung in der Aktion.

Diese Schleifen sind gut für die Aufgaben geeignet, die sie erfüllen.

```
while (!fertig)
  tuEs();
```

=

```
for (; !fertig; )
  tuEs();
```

Keine Initialisierung.

Keine Aktualisierung.

Bei der Entscheidung zwischen `for`-Schleife und `while`-Schleife geht es um die Wahl des richtigen Werkzeugs. Die Schleifenkonstruktion sollte zur konkreten Aufgabe passen.

Kamingespräche

Heute Abend: **For-Schleife und While-Schleife strengen sich an, sich zu wiederholen**

For-Schleife:

Na, da sind wir also, zwei sich wiederholende Typen, die zusammen abhängen.

While-Schleife:

Genau. Obwohl ich sagen muss, dass ich nicht so begeistert von all den Schritten bin, die es braucht, um dich zum Laufen zu bringen. Wirkt kompliziert auf mich.

For-Schleife:

Ich bin überhaupt nicht kompliziert, ich habe einfach ein bisschen mehr Struktur für gewisse Schleifen. Wenn Menschen eine Schleife mit einem numerischen Zähler brauchen, finden sie es bequem, wie einfach sie mit mir den Zähler initialisieren und aktualisieren können, der mich steuert.

While-Schleife:

Stimmt, aber nicht alles in Schleifen dreht sich ums Zählen, weißt du. Es gibt alle möglichen coolen Schleifen ohne Zahlen. Manchmal muss man einfach nur sagen können: »Mach das für eine Weile.« Das ist meine Art von Schleife.

For-Schleife:

Klingt ziemlich vage für mich, auch wenn ich vermute, dass es funktionieren könnte. Ich habe es lieber genauer und halte mich an das, was mich antreibt. Deshalb betreibe ich so viel Aufwand damit, mich zu initialisieren, bevor ich meine Schleife beginne. Dazu aktualisiere ich mich am Ende jedes Durchlaufs, damit ich auch wie erwartet laufe. Vermutlich bin ich ein bisschen zwanghaft damit, mich zu wiederholen wie ein Uhrwerk.

While-Schleife:

Hut ab vor deiner Arbeitsmoral, aber merkst du nicht, dass es zuverlässige und vorhersehbare Schleifen auch ohne dieses ganze formale Initialisierungs- und Aktualisierungsgetue geben kann? Außerdem wiederhole ich oft Code, für den überhaupt nichts initialisiert werden muss und die Aktualisierung direkt im Aktionscode stattfindet. Also bin ich ohne die Formalitäten zufrieden und konzentriere mich aufs Wiederholen.

For-Schleife:

Mir ist klar, dass es viele Möglichkeiten gibt, Schleifen zu strukturieren, ich führe aber lieber ein strenges Regiment.

For-Schleife:

While-Schleife:

Ich denke, unterm Strich ist es eine Stilfrage, und jede Schleife hat ihren eigenen. Du hast die gesamte Steuerung der Schleife gern an einem Platz, ich bin dagegen etwas lockerer, was meine Steuerung angeht.

Das stimmt. Die gute Nachricht ist, dass wir beide jeder auf seine Art unseren Job machen. Und ich kann auch verstehen, dass mein Stil manchmal ein bisschen viel ist für eine Schleife mit einfacher Logiksteuerung.

Das hört sich schon besser an! Ich glaube, in dieser Stadt ist Platz für uns beide.

Das kannst du noch mal sagen!

Ich glaube, in dieser Stadt ist ... oh, da hat sich wohl mein Instinkt gemeldet. Entschuldigung.

Kein Problem, ich versteh das. Danke für das Gespräch.

Es gibt keine Dummen Fragen

F: Die `while`-Schleife wirkt ziemlich einfach. Habe ich etwas übersehen?

A: Überhaupt nicht. Aber einfach bedeutet nicht unbedingt schwach oder beschränkt. Sie werden überrascht sein, wie mächtig `while`-Schleifen sein können. Sicher, die `while`-Schleife besteht nur aus Testbedingung und Aktionscode, aber das ist oft auch alles, was man für eine raffinierte Schleife braucht. Insbesondere wenn Sie bedenken, dass die Testbedingung dank Boolescher Logikoperatoren interessanter werden kann. Außerdem kann der Aktionsteil der `while`-Schleife mit einer Verbundanweisung so viel Code enthalten, wie Sie möchten.

F: Was passiert, wenn ich eine while-Schleife erstelle, die mit `while (true)` beginnt. Funktioniert das?

A: Ja ... vielleicht zu gut. Das Problem ist, dass Sie damit eine Endlosschleife erstellen, weil die Testbedingung immer `true` ist. Eine `while`-Schleife wird durchlaufen, bis die Testbedingung `false` ergibt, und in diesem Fall kommt es nie dazu. Es ist erschreckend, wenn man bedenkt, wie viele Endlosschleifen gerade in diesem Augenblick laufen, während Sie das hier lesen – dazu verdammt, sich immer und immer wieder zu wiederholen und wieder ... und wieder ... und wieder ... hey, brechen Sie ab!

F: Ist es möglich, dass der Aktionscode der Schleife (der Code in den Klammern) nie aufgerufen wird?

A: Ja. Sowohl bei `for`-Schleifen als auch bei `while`-Schleifen muss die Testbedingung `true` sein, bevor der Aktionscode ausgeführt wird. Wenn die Testbedingung also von Anfang an nicht zutrifft, wird der Aktionscode nie ausgeführt, und die Schleife wird verlassen, bevor sie angefangen hat.

F: Können Schleifen ineinander verschachtelt sein?

A: Aber ja! Mit verschachtelten Schleifen wird mehr als eine Wiederholungsebene möglich. Das mag im Moment seltsam klingen, ist aber ziemlich cool. Wir erforschen verschachtelte Schleifen später, wenn wir mit Mandango ein ganzes Kino durchsuchen!

Ein Schatz am Ende der Schleife

Mit einer `for`-Schleife, gefolgt von einer `while`-Schleife, können wir die Schatzkarte durchqueren und gelangen an den mit X markierten Platz.

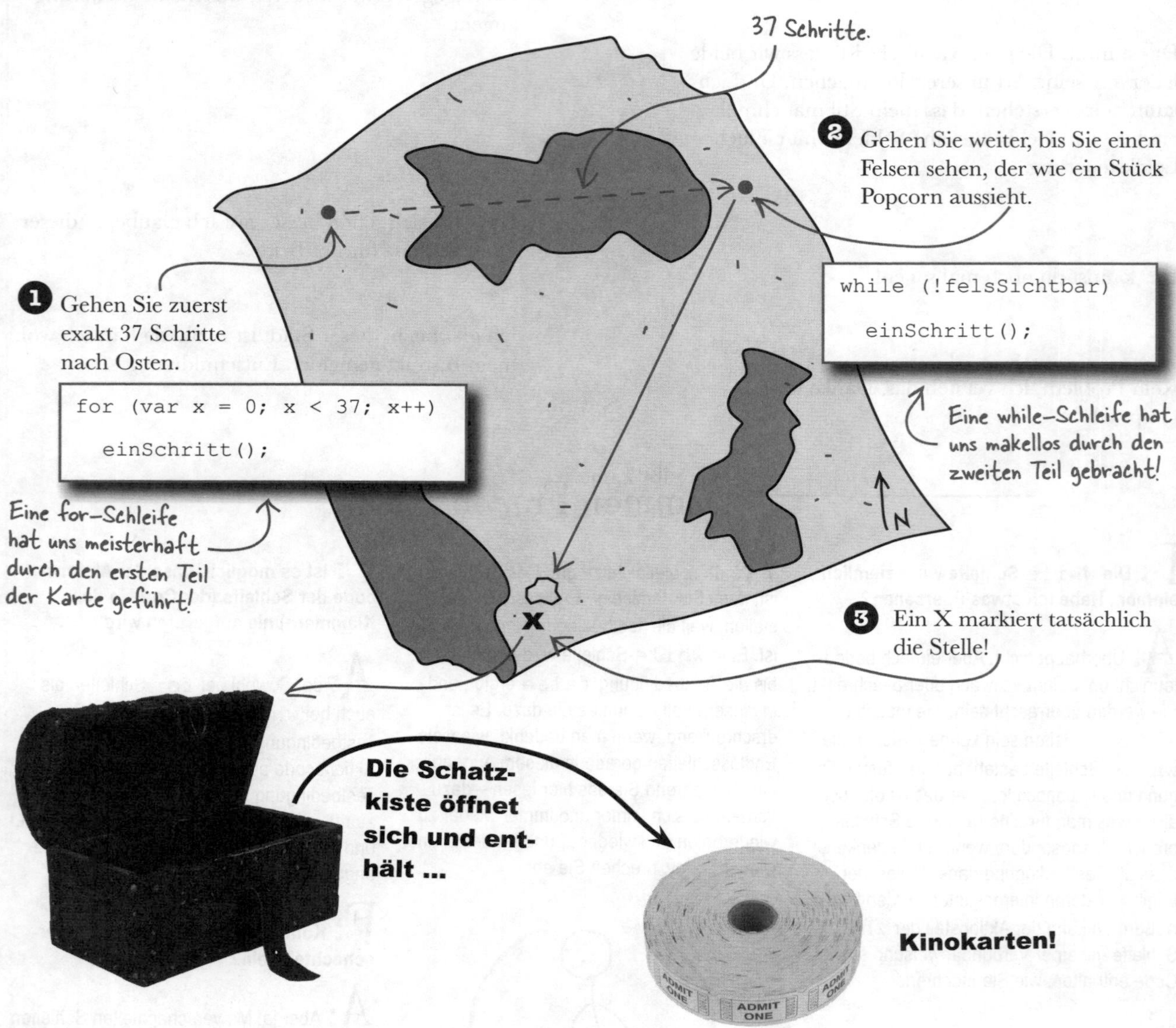

Ist das ein Zeichen? Unser neu entdecktes `while`-Schleifenwissen und die Kinokarten können uns nur in eine Richtung weisen ... Mandango!

Spitzen Sie Ihren Bleistift

Schreiben Sie die Schleife in der Mandango-Funktion `sucheSitze()` neu, sodass eine `while`-Schleife statt der `for`-Schleife zum Einsatz kommt. Fügen Sie eine neue Variable `fertig` für die Steuerung der Schleife hinzu, mit der die Schleife über die Testbedingung verlassen werden kann statt über `break`.

```
........................................................................
........................................................................
  // Prüfen, ob der aktuelle Sitz und die nächsten beiden frei sind
  if (sitze[i] && sitze[i + 1] && sitze[i + 2]) {
    // Sitzauswahl festlegen und die Darstellung der Sitze aktualisieren
    ...

    // Benutzer die Sitze bestätigen lassen
    var angenommen = confirm("Sitze " + (i + 1) + " bis " + (i + 3) +
      " sind frei. Möchten Sie sie?");
    ..................................................................
    ..................................................................
    ..................................................................
    ..................................................................
    else {
      // Der Benutzer will den Platz nicht, also Auswahl aufheben und weitersuchen
      ...
    }
  }

  // Schleifenzähler inkrementieren
  ..................................................................
}
```

Spitzen Sie Ihren Bleistift

Lösung

Schreiben Sie die Schleife in der Mandango-Funktion `sucheSitze()` neu, sodass eine `while`-Schleife statt der `for`-Schleife zum Einsatz kommt. Fügen Sie eine neue Variable `fertig` für die Steuerung der Schleife hinzu, mit der die Schleife über die Testbedingung verlassen werden kann statt über `break`.

Schleifenzähler und Variable »fertig« initialisieren.

Wiederholen, solange der Zähler kleiner als die Anzahl der Sitze ist UND »fertig« nicht zutrifft.

Diese Schleife ist eine Mischung dessen, was wir bisher kennen, da sie von einem Zähler und einem Booleschen Logikausdruck abhängig ist. Solche Hybridschleifen sind normalerweise mit while einfacher zu realisieren.

```
var i = 0, fertig = false;
while ((i < sitze.length) && !fertig) {
  // Prüfen, ob der aktuelle Sitz und die nächsten beiden frei sind
  if (sitze[i] && sitze[i + 1] && sitze[i + 2]) {
    // Sitzauswahl festlegen und die Darstellung der Sitze aktualisieren
    ...

    // Benutzer die Sitze bestätigen lassen
    var angenommen = confirm("Sitze " + (i + 1) + " bis " + (i + 3) +
      " sind frei. Möchten Sie sie?");
    if (angenommen) {
      // Benutzer hat die Sitze gewählt, also sind wir fertig
      fertig = true;
    }
    else {
      // Der Benutzer will den Platz nicht, also Auswahl aufheben und weitersuchen
      ...
    }
  }

  // Schleifenzähler inkrementieren
  i++;
}
```

Schleifenzähler inkrementieren.

»fertig« auf true setzen, um aus der Schleife auszusteigen. Da sich das direkt auf die Testbedingung auswirkt, brauchen wir kein break.

Mandango sieht ja ganz niedlich aus mit den Schleifen und allem, aber es gibt nicht viele Kinos mit nur einer Sitzreihe. Wir müssen das auch mit mehr Reihen hinkriegen ...

Kinositzdatenmodellierung

Jason hat recht. Mandango muss mit mehreren Sitzreihen klarkommen, um wirklich zu funktionieren. Bis jetzt war die einzelne Reihe sinnvoll, weil sie dem Array mit Booleschen Werten mit der Sitzverfügbarkeit sauber zugeordnet werden konnte. Um das Prinzip auf mehrere Sitzreihen auszudehnen, müssen wir das Array erweitern, und dafür brauchen wir eine weitere Dimension. Richtig, wir sprechen von einem zweidimensionalen Array!

Jedes Element des 2-D-Arrays ist nach wie vor ein Boolescher Wert.

Wir brauchen ein Array, das 9 x 4 groß ist, um den realen Sitzen zu entsprechen, den 4 Reihen mit je 9 Sitzen.

Jetzt gibt es eine neue Dimension bei den Array-Indizes.

	false	true	false	true	true	true	false	true	false
0	0	1	2	3	4	5	6	7	8
1	0	1	2	3	4	5	6	7	8
2	0	1	2	3	4	5	6	7	8
3	0	1	2	3	4	5	6	7	8

Ein Array eines Arrays: zweidimensionale Arrays

Sie brauchen keine besondere Brille oder dergleichen, um ein zweidimensionales Array zu schaffen. Ein zweidimensionales Array erstellen Sie fast genau so wie ein normales (eindimensionales), außer dass Sie als Elemente des Arrays mehrere Teil-Arrays anlegen. Diese Teil-Arrays bilden die zweite Dimension, wodurch sich ein **Tabelle** mit Zeilen und Spalten für die Daten ergibt.

Dann Teil-Arrays als Elemente des äußeren Arrays anlegen. Das macht zwei Dimensionen!

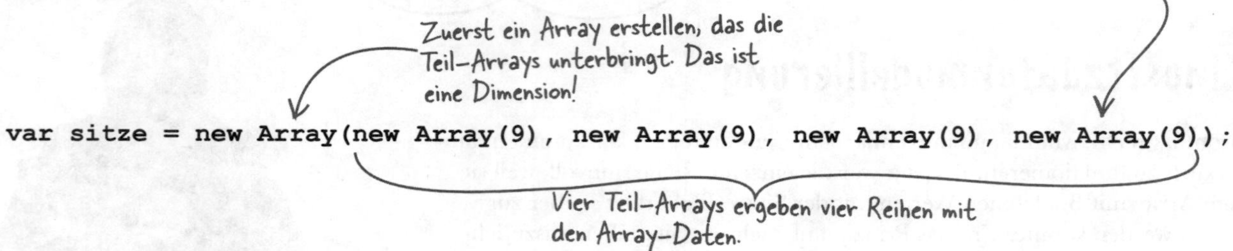


```
var sitze = new Array(new Array(9), new Array(9), new Array(9), new Array(9));
```

Im Fall von Mandango kennen wir bereits die Anfangswerte der Array-Elemente, also verfolgen wir einen **anderen** Ansatz zum Erstellen des 2-D-Arrays: den mithilfe von Array-Literalen. So wird das Array gleichzeitig **erstellt** und **initialisiert** – doppelt gut!

Doppelte Klammern signalisieren ein 2-D-Array.

```
var sitze = [[ false, true, false, true, true, true, false, true, false ],
  [ false, true, false, false, true, false, true, true, true ],
  [ true, true, true, true, true, true, false, true, false ],
  [ true, true, true, false, true, false, false, true, false ]];
```

Jedes Teil-Array hat einen eigenen Array-Index, in diesem Fall zwischen 0 und 3.

Die erste Liste der Booleschen Werte entspricht der ersten Reihe des 2-D-Arrays.

false true false true true true false true false

0	0	1	2	3	4	5	6	7	8
1	0	1	2	3	4	5	6	7	8
2	0	1	2	3	4	5	6	7	8
3	0	1	2	3	4	5	6	7	8

False – der Platz ist schon besetzt.

True – der Platz ist frei.

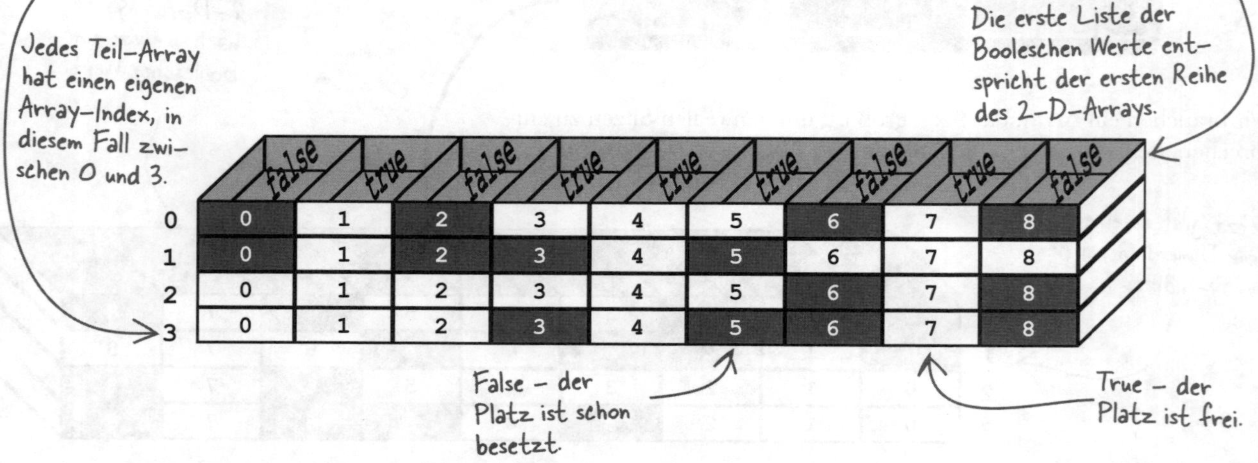

Zwei Schlüssel für die 2-D-Array-Daten

Auf Daten in einem 2-D-Array greifen Sie genau so zu wie auf ein eindimensionales Array, außer dass Sie eine weitere Information angeben müssen: den Index des zusätzlichen Arrays. Genauer gesagt, geben Sie die Indizes der **Zeile** und der **Spalte** an, in der die Daten im Array liegen. Um beispielsweise den Wert des vierten Sitzes in der zweiten Reihe zu lesen, verwenden Sie diesen Code:

Der Index der zweiten Reihe im Array ist 1 (beginnt bei 0).

```
alert(sitze[1][3]);
```

Der Index des vierten Elements in einer Reihe ist 3 (beginnt mit 0).

Mit zweidimensionalen Arrays können Sie Daten tabellarisch speichern.

Zwei Dimensionen.

Eine Dimension.

Spalten

Zeilen

Um ein Array mit mehr als einer Dimension zu durchlaufen, müssen Sie für jede Dimension eine Schleife schachteln. Um also ein 2-D-Array zu durchlaufen, benötigen Sie insgesamt zwei Schleifen, eine in der anderen verschachtelt. Die äußere Schleife zirkuliert durch die Reihen der Array-Daten, während die innere Schleife die Spalten innerhalb der Reihen durchläuft.

Mit verschachtelten Schleifen können Sie durch die beiden Datendimensionen iterieren.

Spitzen Sie Ihren Bleistift

Schreiben Sie den Code, um die Sitze im 2-D-Array `sitze` zu durchlaufen und den Benutzer über die Verfügbarkeit jedes einzelnen Platzes zu informieren.

....

....

....

....

....

....

....

....

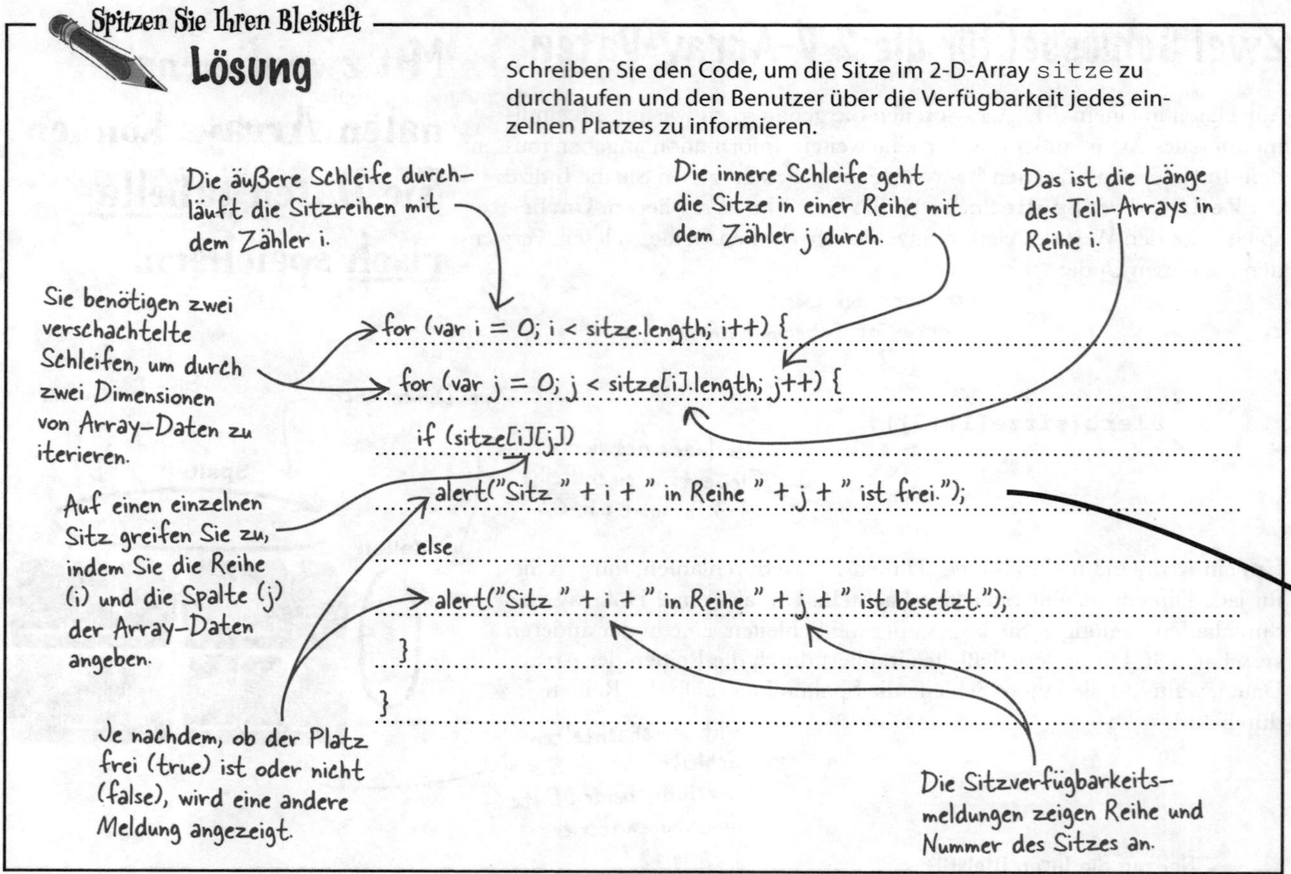

Es gibt keine Dummen Fragen

F: Können Arrays mehr als zwei Dimensionen haben?

A: Ja, auch wenn es ab einem gewissen Punkt verzwickt werden kann, die Daten zu visualisieren. Drei Dimensionen können praktisch sein, um reale Daten zu modellieren, z.B. die x-/y-/z-Koordinaten eines Punkts im Raum. Zusätzliche Dimensionen sind wahrscheinlich sehr speziellen Situationen vorbehalten. Wenn Sie eine weitere Dimension hinzufügen, stellen Sie sich einfach vor, die einzelnen Array-Elemente durch Teil-Arrays zu ersetzen.

F: Kann ich weitere Daten einem Array hinzufügen, nachdem ich es beim Anlegen mit Daten initialisiert habe?

A: Natürlich. Sie können jederzeit weitere Daten einem Array hinzufügen, indem Sie unbenutzte Array-Elementen neue Daten zuweisen. Im Mandango-Beispiel könnten Sie eine zusätzliche Sitzreihe hinzufügen, indem Sie ein neues Teil-Array als fünfte Reihe (Index 4 im Array) hinzufügen. Weisen Sie dieses Teil-Array einfach `sitze[4]` zu. Sie können auch die `push()`-Methode des `Array`-Objekts aufrufen, um ein neues Element am Ende eines Arrays einzufügen.

F: Müssen 2-D-Arrays dieselbe Anzahl von Zeilen enthalten?

A: Nein, nicht unbedingt. Aber bedenken Sie, dass Sie ein Schleifendesaster riskieren, wenn die Zeilen nicht dieselbe Anzahl von Elementen enthalten. Verschachtelte Schleifen durchlaufen typischerweise Teil-Arrays mit einer konsistenten Länge. Es ist also möglich, die Länge von 2-D-Array-Zeilen zu variieren, aber es ist ein riskantes Unterfangen, das Sie besser vermeiden sollten.

Punkt für Punkt

- Mit zweidimensionalen Arrays können Sie Zeilen und Spalten von Daten in **tabellarischen** Strukturen speichern.
- Wenn Sie auf einen einzelnen Wert in einem 2-D-Array zugreifen möchten, müssen Sie den Index der **Zeile und der Spalte** angeben.
- Mit **verschachtelten Schleifen** können Sie durch die Daten in einem 2-D-Array iterieren.
- Wie normale Arrays können auch 2-D-Arrays mit Array-Objektliteralen erstellt und initialisiert werden.

Mandango in 2-D

Sie haben den Code bereits stückchenweise erarbeitet. Trotzdem müssen weite Teile des Skriptcodes im Hinblick auf die 2-D-Daten überarbeitet werden, um Mandango von einer einzelnen Sitzreihe auf ein ganzes Kino umzurüsten.

Wir brauchen zwei Zähler, um durch ein 2-D-Array mit Sitzen zu rattern.

Mandango von 1-D auf 2-D umzustellen erfordert einige entscheidende Codeänderungen.

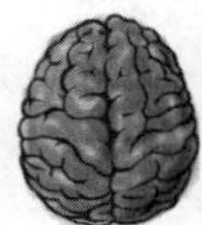

KOPF-NUSS

Welche Auswirkungen haben zweidimensionale Arrays auf Mandango, wenn es mit einem ganzen Kino voller Platzdaten funktionieren soll? Wie würden Sie den Skriptcode visualisieren?

2-D-Mandango unter der Lupe

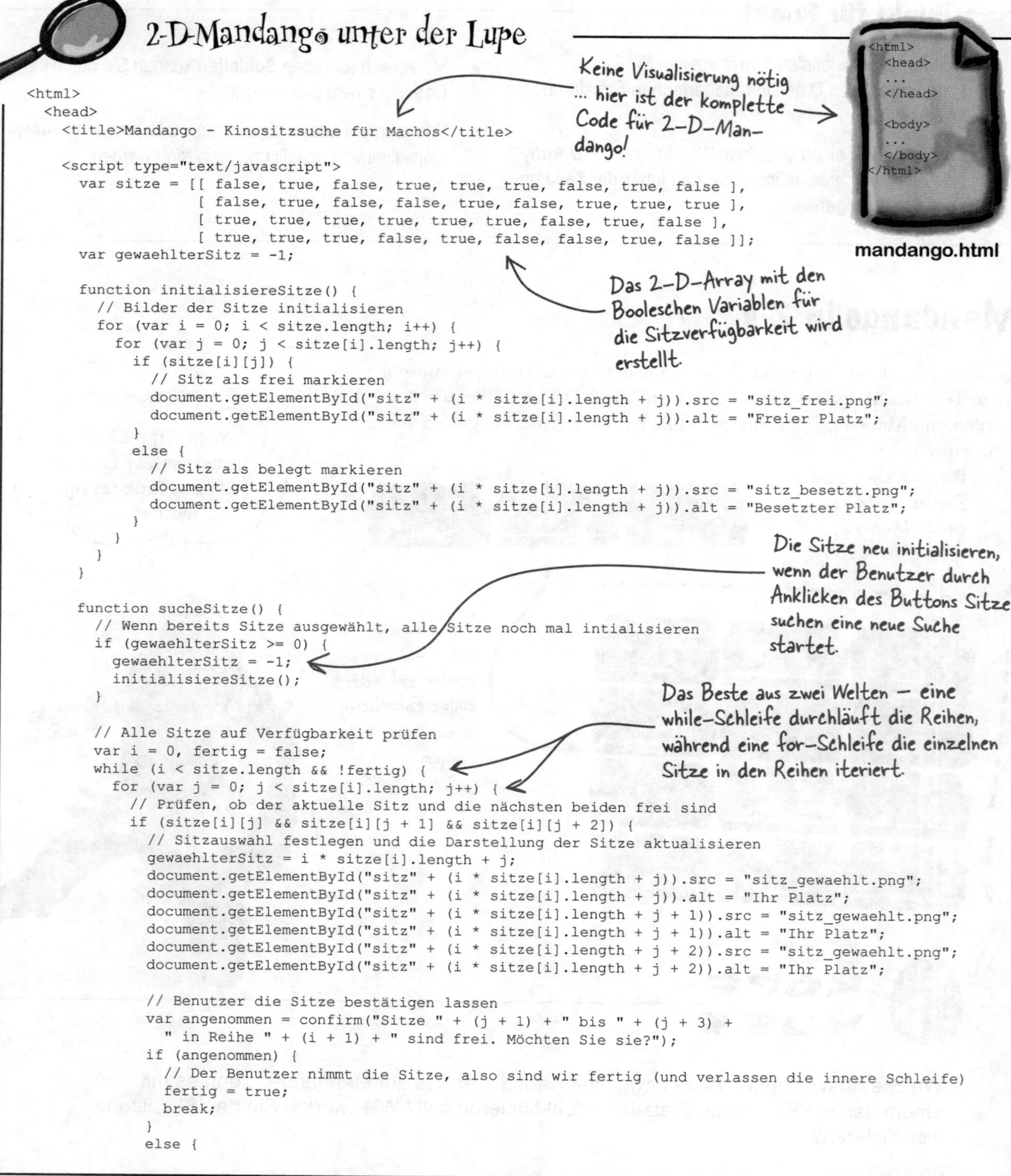


```
<html>
  <head>
    <title>Mandango - Kinositzsuche für Machos</title>

    <script type="text/javascript">
      var sitze = [[ false, true, false, true, true, true, false, true, false ],
                   [ false, true, false, false, true, false, true, true, true ],
                   [ true, true, true, true, true, true, false, true, false ],
                   [ true, true, true, false, true, false, false, true, false ]];
      var gewaehlterSitz = -1;

      function initialisiereSitze() {
        // Bilder der Sitze initialisieren
        for (var i = 0; i < sitze.length; i++) {
          for (var j = 0; j < sitze[i].length; j++) {
            if (sitze[i][j]) {
              // Sitz als frei markieren
              document.getElementById("sitz" + (i * sitze[i].length + j)).src = "sitz_frei.png";
              document.getElementById("sitz" + (i * sitze[i].length + j)).alt = "Freier Platz";
            }
            else {
              // Sitz als belegt markieren
              document.getElementById("sitz" + (i * sitze[i].length + j)).src = "sitz_besetzt.png";
              document.getElementById("sitz" + (i * sitze[i].length + j)).alt = "Besetzter Platz";
            }
          }
        }
      }

      function sucheSitze() {
        // Wenn bereits Sitze ausgewählt, alle Sitze noch mal intialisieren
        if (gewaehlterSitz >= 0) {
          gewaehlterSitz = -1;
          initialisiereSitze();
        }

        // Alle Sitze auf Verfügbarkeit prüfen
        var i = 0, fertig = false;
        while (i < sitze.length && !fertig) {
          for (var j = 0; j < sitze[i].length; j++) {
            // Prüfen, ob der aktuelle Sitz und die nächsten beiden frei sind
            if (sitze[i][j] && sitze[i][j + 1] && sitze[i][j + 2]) {
              // Sitzauswahl festlegen und die Darstellung der Sitze aktualisieren
              gewaehlterSitz = i * sitze[i].length + j;
              document.getElementById("sitz" + (i * sitze[i].length + j)).src = "sitz_gewaehlt.png";
              document.getElementById("sitz" + (i * sitze[i].length + j)).alt = "Ihr Platz";
              document.getElementById("sitz" + (i * sitze[i].length + j + 1)).src = "sitz_gewaehlt.png";
              document.getElementById("sitz" + (i * sitze[i].length + j + 1)).alt = "Ihr Platz";
              document.getElementById("sitz" + (i * sitze[i].length + j + 2)).src = "sitz_gewaehlt.png";
              document.getElementById("sitz" + (i * sitze[i].length + j + 2)).alt = "Ihr Platz";

              // Benutzer die Sitze bestätigen lassen
              var angenommen = confirm("Sitze " + (j + 1) + " bis " + (j + 3) +
                " in Reihe " + (i + 1) + " sind frei. Möchten Sie sie?");
              if (angenommen) {
                // Der Benutzer nimmt die Sitze, also sind wir fertig (und verlassen die innere Schleife)
                fertig = true;
                break;
              }
              else {
```

```
            // Der Benutzer will den Platz nicht, also Auswahl aufheben und weitersuchen
             gewaehlterSitz = -1;
             document.getElementById("sitz" + (i * sitze[i].length + j)).src = "sitz_frei.png";
             document.getElementById("sitz" + (i * sitze[i].length + j)).alt = "Freier Platz";
             document.getElementById("sitz" + (i * sitze[i].length + j + 1)).src = "sitz_frei.png";
             document.getElementById("sitz" + (i * sitze[i].length + j + 1)).alt = "Freier Platz";
             document.getElementById("sitz" + (i * sitze[i].length + j + 2)).src = "sitz_frei.png";
             document.getElementById("sitz" + (i * sitze[i].length + j + 2)).alt = "Freier Platz";
          }
        }
      }

      // Zähler der äußeren Schleife inkrementieren
      i++;
    }
  }
  </Skript>
</head>

<body onload="initialisiereSitze();">
  <div style="margin-top:25px; text-align:center">
    <img id="sitz0" src="" alt="" />
    <img id="sitz1" src="" alt="" />
    <img id="sitz2" src="" alt="" />
    <img id="sitz3" src="" alt="" />
    <img id="sitz4" src="" alt="" />
    <img id="sitz5" src="" alt="" />
    <img id="sitz6" src="" alt="" />
    <img id="sitz7" src="" alt="" />
    <img id="sitz8" src="" alt="" /><br />
    <img id="sitz9" src="" alt="" />
    <img id="sitz10" src="" alt="" />
    <img id="sitz11" src="" alt="" />
    <img id="sitz12" src="" alt="" />
    <img id="sitz13" src="" alt="" />
    <img id="sitz14" src="" alt="" />
    <img id="sitz15" src="" alt="" />
    <img id="sitz16" src="" alt="" />
    <img id="sitz17" src="" alt="" /><br />
    <img id="sitz18" src="" alt="" />
    <img id="sitz19" src="" alt="" />
    <img id="sitz20" src="" alt="" />
    <img id="sitz21" src="" alt="" />
    <img id="sitz22" src="" alt="" />
    <img id="sitz23" src="" alt="" />
    <img id="sitz24" src="" alt="" />
    <img id="sitz25" src="" alt="" />
    <img id="sitz26" src="" alt="" /><br />
    <img id="sitz27" src="" alt="" />
    <img id="sitz28" src="" alt="" />
    <img id="sitz29" src="" alt="" />
    <img id="sitz30" src="" alt="" />
    <img id="sitz31" src="" alt="" />
    <img id="sitz32" src="" alt="" />
    <img id="sitz33" src="" alt="" />
    <img id="sitz34" src="" alt="" />
    <img id="sitz35" src="" alt="" /><br />
    <input type="button" id="suchesitze" value="Sitze suchen" onclick="sucheSitze();" />
  </div>
</body>
</html>
```

Die Zähler der Schleifen für die Reihen und Spalten werden benötigt, um die Bilder und Alternativtexte für die Sitze zu ändern.

Die Funktion initialisiereSitze() wird aufgerufen, sobald die Seite geladen wird.

Vier Reihen mit je neun Sitzen ergeben 36 HTML-Bilder … igitt!

Die Funktion sucheSitze() wird aufgerufen, wenn der Benutzer auf den Button Sitze suchen klickt.

Entspannen Sie sich

Lassen Sie sich nicht von der Größe des Codes einschüchtern.

Es kommen die gleichen 2-D-Array-Techniken zum Einsatz, jetzt im Kontext von Mandango, mit sämtlichem HTML-Code und den Bildern (alles unter *http://examples.oreilly.de/german_examples/hfjavascriptger* herunterzuladen).

Ein Kino voller Männersitze

Mit zwei Dimensionen am Start können Sepp und Jason Mandango auf die nächste Stufe heben und eine kinoweite Sitzsuche anbieten ... mit Macho-Note! Die Jungs sind begeistert.

JavaScript-Kreuzworträtsel

Nach diesem ganzen Gerede über Sitzgelegenheiten juckt es Sie bestimmt, einen Film anzuschauen. Dehnen Sie Ihren Geist und versuchen Sie sich an diesem Kreuzworträtsel, bevor Sie gehen.

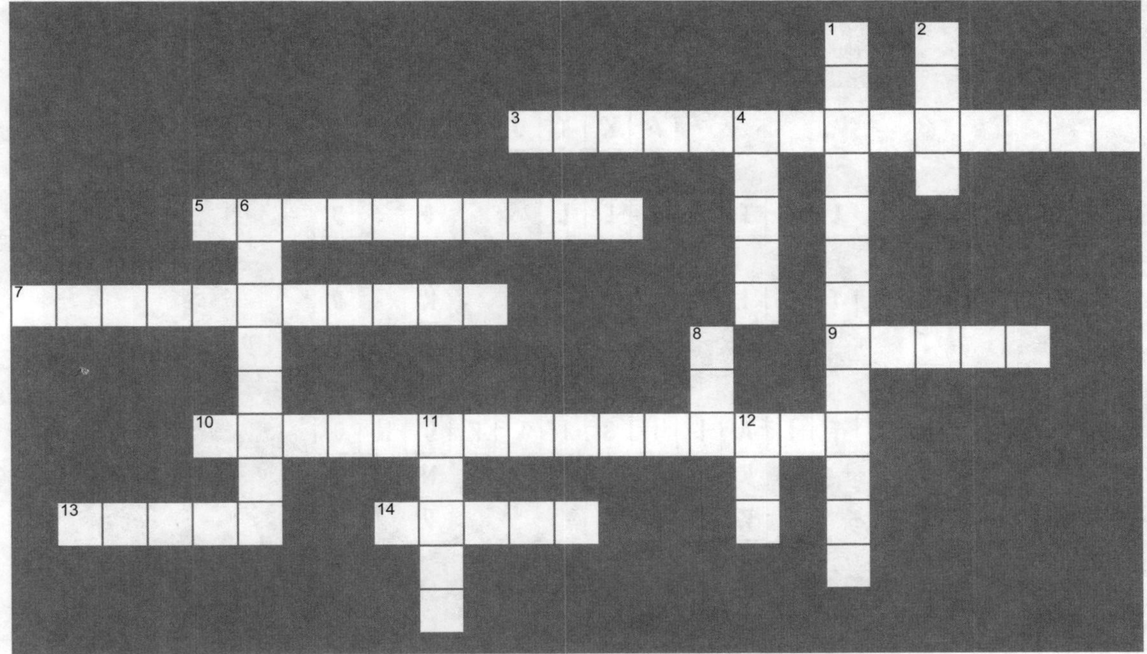

Waagerecht

3. Der Teil der Schleife, der den Zustand der Schleifensteuerung ändert.
5. Mit einem ... greifen Sie auf den Wert in einem Array zu.
7. Der Teil einer Schleife mit dem Code, der wiederholt werden soll.
9. Einen numerischen Schlüssel für den Zugriff auf einen Array-Wert nennt man ......
10. Der Teil einer Schleife, der die Schleife startklar macht.
13. Diese Schleife führt Code aus, solange eine Testbedingung true ergibt.
14. Wenn Sie eine Schleife sofort beenden möchten, verwenden Sie diese Anweisung.

Senkrecht

1. Der Teil einer Schleife, der ein Boolesches Ergebnis haben muss.
2. Wenn a true ist oder b true ist, dann ergibt a ... b true; ansonsten ist a ... b false.
4. Boolesche ..... -Operatoren verarbeiten Boolesche Werte und liefern ein Boolesches Ergebnis.
6. Verwenden Sie diese Anweisung, um aus dem aktuellen Schleifendurchlauf auszusteigen, aber die Schleife fortzusetzen.
8. Ein Schleife, die ideal zum Zählen ist.
11. Ein Datentyp, mit dem Sie mehrere Datenwerte in einer einzelnen Variablen speichern können.
12. Wenn a true ist und b true ist, dann ist a ... b true; sonst ergibt a ... b false.

JavaScript-Kreuzworträtsel, Lösung

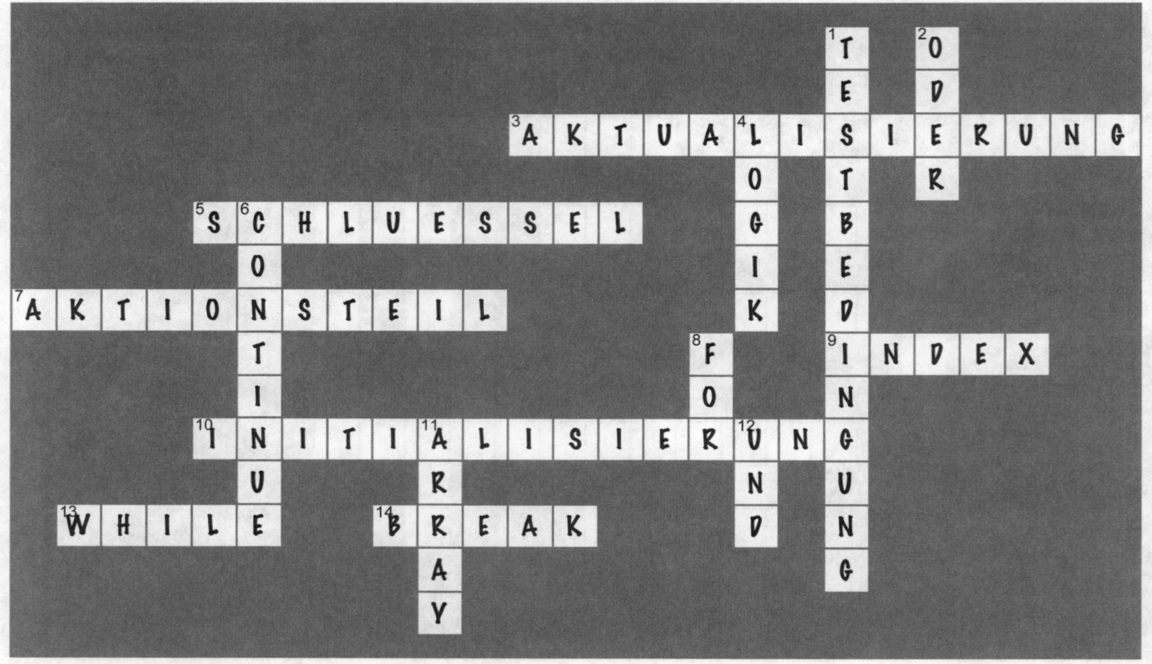

Seitenfalter

Falten Sie die Seite vertikal so, dass die beiden Gehirne zusammenkommen und das Rätsel lösen.

Was haben Schleifen und Filme gemeinsam?

Zwei Welten begegnen sich!

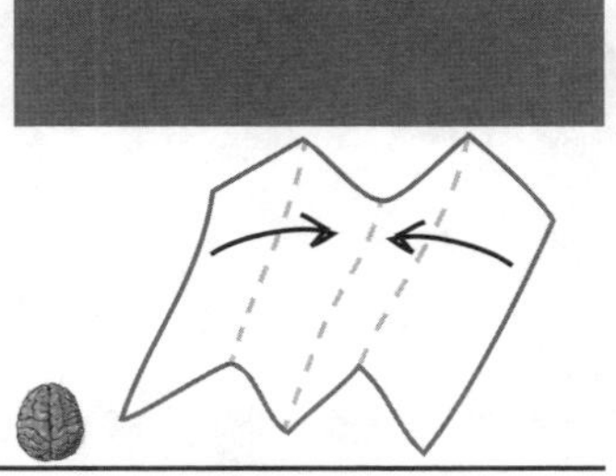

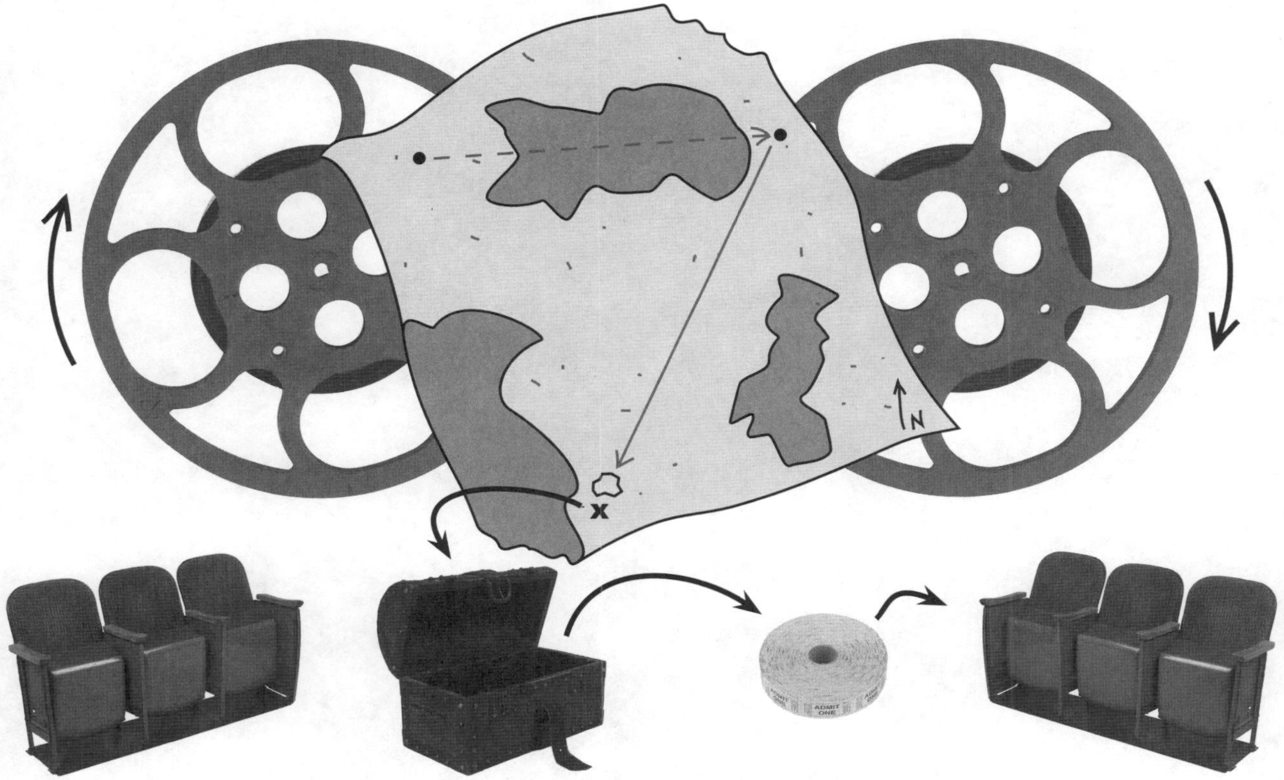

Manche Filme haben eine eher kreisförmige Handlung, der schwer zu folgen ist.

Wieder andere Filme setzen auf Bewegung und Action, um Zuschauer zu locken. Aber ein Film ist eben nur ein Film.

6 Funktionen

Reduzieren, Wiederverwenden, Recyceln

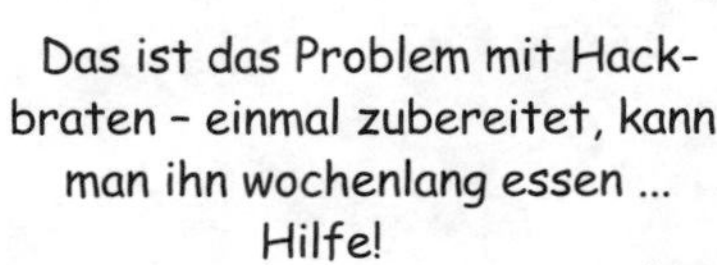

Gäbe es in JavaScript eine Umweltbewegung, würde sie von Funktionen angeführt. Mit Funktionen können Sie JavaScript-Code effizienter machen. Und ja, wiederverwendbarer. Funktionen sind aufgabenorientiert, gut für die Codeorganisation und exzellente Problemlöser. Klingt nach allen Voraussetzungen für einen guten Lebenslauf! Abgesehen von ganz einfachen Exemplaren profitieren alle Skripten von einer funktionalen Reorganisation. Auch wenn es schwierig ist, die CO_2-Bilanz der durchschnittlichen Funktion zu beziffern, so leisten sie dennoch ihren Beitrag, um Skripten so umweltfreundlich wie möglich zu machen.

Die Mutter aller Probleme

Wenn es drauf ankommt, geht es in Webskripten darum, Probleme zu lösen. Egal wie groß das Problem ist, mit genügend Nachdenken und Planen findet sich immer eine Lösung. Aber was ist mit den **wirklich großen Problemen**?

Der Trick, große Probleme zu lösen, besteht darin, sie in kleinere, überschaubarere Probleme herunterzubrechen. Sind sie dann immer noch zu groß, werden sie einfach nochmals aufgeteilt.

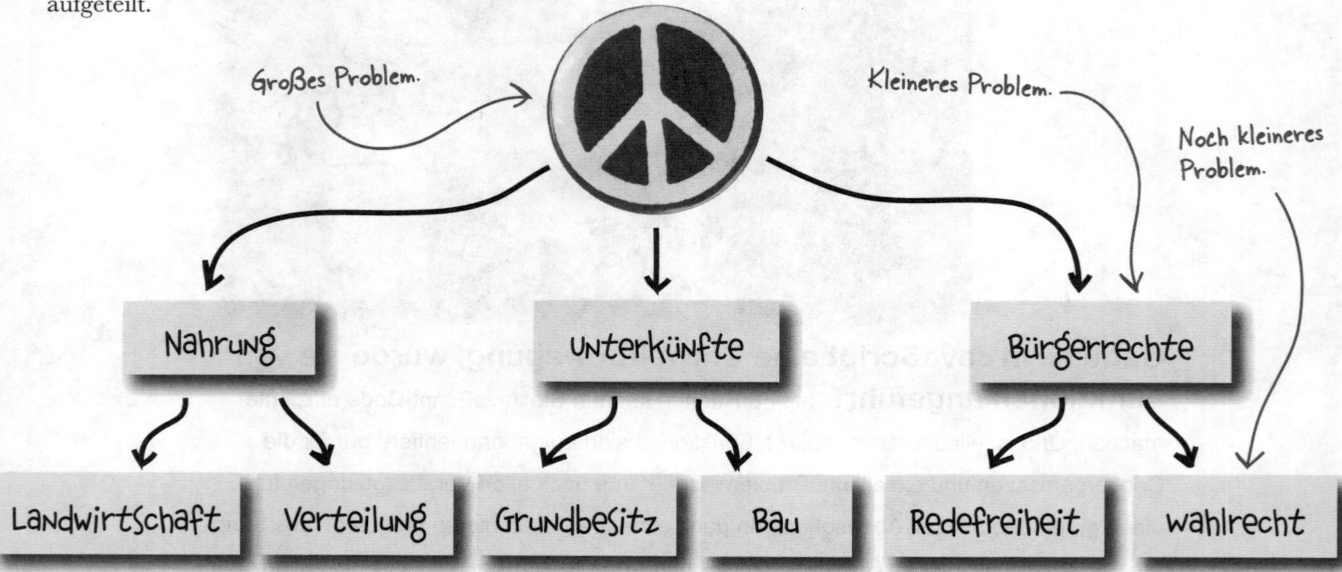

Wiederholen Sie diesen Prozess wieder … und wieder … und wieder …

Große Probleme lösen, indem Sie kleine Probleme lösen

Wenn Sie das Problem mit dem Weltfrieden in immer kleinere Probleme herunterbrechen, gelangen Sie irgendwann zu einem Problem, das klein genug für JavaScript ist.

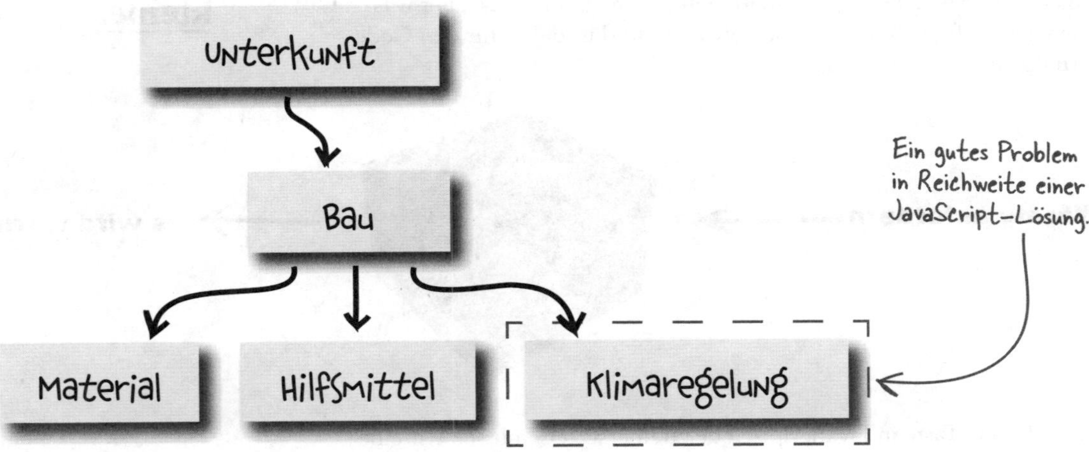

Stellen Sie sich das JavaScript-Äquivalent einer Klimaregelung vor: die Skriptentsprechung eines Thermostaten, mit dem die Umgebungstemperatur geregelt wird. Der einfachste Thermostat hat nur die Taste »Heizen«.

Beachten Sie, dass der Thermostat nichts darüber preisgibt, wie die Heizung funktioniert. Sie drücken die Taste »Heizen« und bekommen Wärme. Klimaregelung erledigt!

Funktionen als Problemlöser

Die Taste Heizen auf dem Thermostat entspricht einer **Funktion** in JavaScript. Das Prinzip ist ähnlich wie bei einem wirklichen Thermostaten – jemand braucht Wärme, und die Funktion liefert sie. Die Details der Heizung geschehen innerhalb der Funktion und spielen für den Code, der die Funktion aufruft, keine Rolle. Insofern können Sie sich eine Funktion als »Blackbox« vorstellen – Informationen gehen ein und aus, aber was drinnen geschieht, geht nur die Box etwas an und ist daher für den Code außerhalb auch nicht wichtig.

Funktionen machen aus großen Problemen kleine.

Um die Heizen-Taste in JavaScript-Code zu übersetzen, müssen wir eine Funktion namens `heizen()` aufrufen...

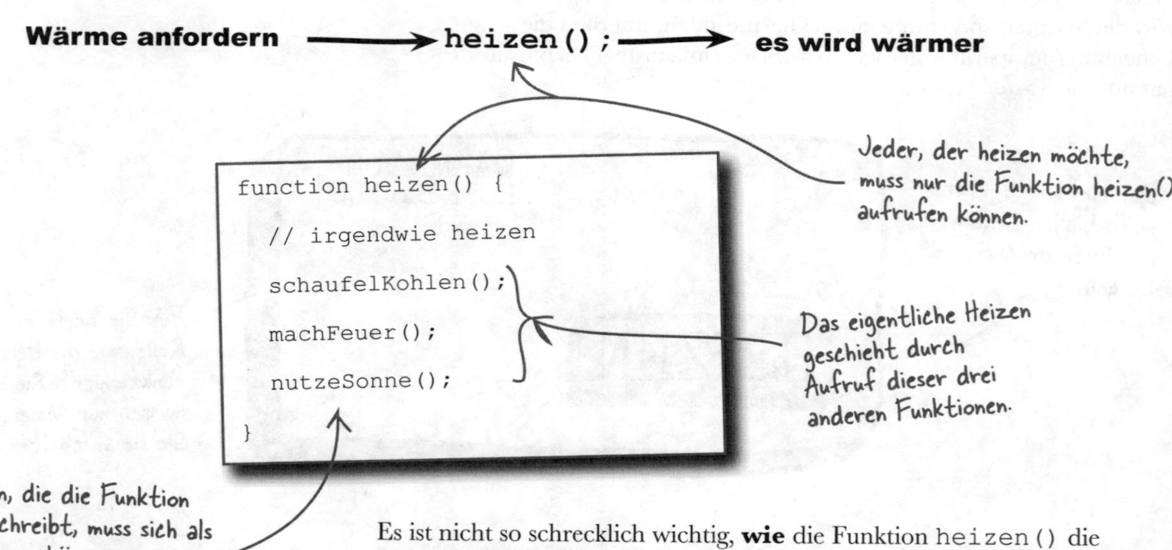


```
function heizen() {
  // irgendwie heizen
  schaufelKohlen();
  machFeuer();
  nutzeSonne();
}
```

Es ist nicht so schrecklich wichtig, **wie** die Funktion `heizen()` die Wärme erzeugt. Es kommt darauf an, dass sie als eigenständige Lösung für ein Problem dient. Wenn Sie Wärme brauchen, rufen Sie einfach die Funktion `heizen()` auf. Wie das Problem im Einzelnen gelöst wird, überlassen Sie dem Innenleben der Funktion.

Das A und O einer Funktion

Wenn Sie sich dazu entschließen, eine Funktion zu erstellen, werden Sie zum Problemlöser. Zum Erstellen einer Funktion müssen Sie einer konsistenten Syntax folgen, die den Namen der Funktion mit dem auszuführenden Code verknüpft. Hier sehen Sie die Syntax einer sehr einfachen JavaScript-Funktion:

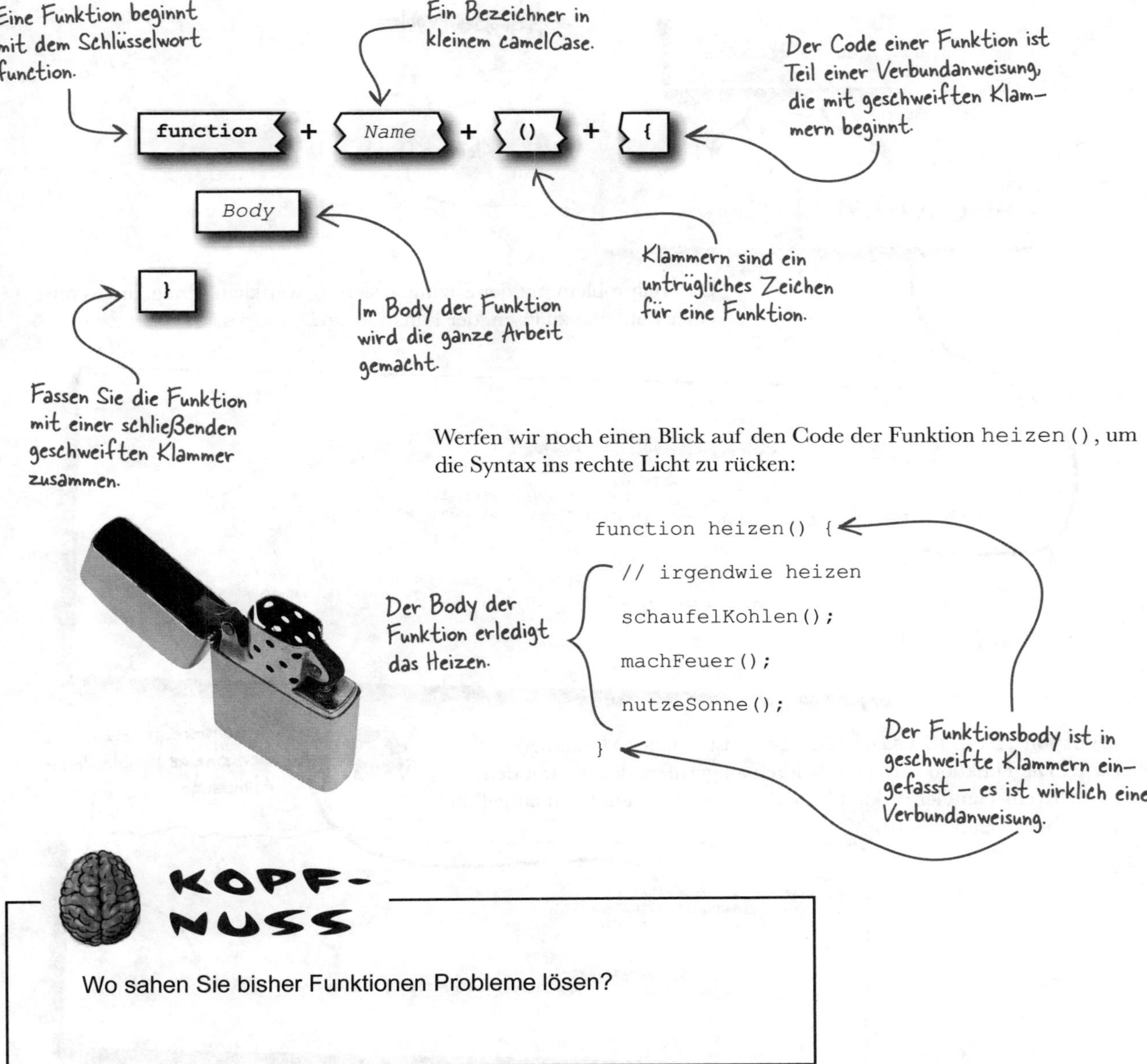

KOPF-NUSS

Wo sahen Sie bisher Funktionen Probleme lösen?

Ein Funktion, die Sie bereits kennen

Sie müssen nicht weiter als bis zum Skript für die Mandango-Macho-Sitzsuche zurückblättern (alle Dateien unter *http://examples.oreilly.de/german_examples/hfjavascriptger*), um ein gutes Beispiel für eine Funktion zu finden, die ein Problem löst. In diesem Fall ging es darum, die Daten für die Kinositze zu initialisieren. Das ging so:

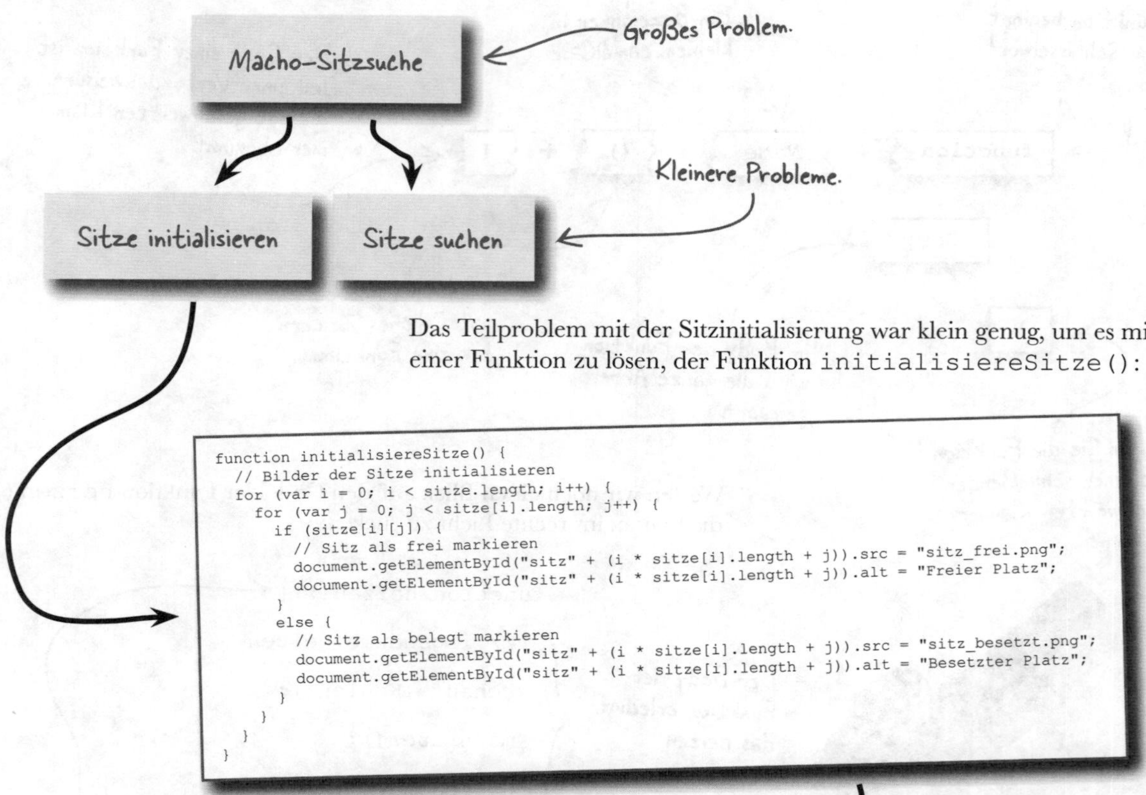

Das Teilproblem mit der Sitzinitialisierung war klein genug, um es mit einer Funktion zu lösen, der Funktion `initialisiereSitze()`:

```
function initialisiereSitze() {
  // Bilder der Sitze initialisieren
  for (var i = 0; i < sitze.length; i++) {
    for (var j = 0; j < sitze[i].length; j++) {
      if (sitze[i][j]) {
        // Sitz als frei markieren
        document.getElementById("sitz" + (i * sitze[i].length + j)).src = "sitz_frei.png";
        document.getElementById("sitz" + (i * sitze[i].length + j)).alt = "Freier Platz";
      }
      else {
        // Sitz als belegt markieren
        document.getElementById("sitz" + (i * sitze[i].length + j)).src = "sitz_besetzt.png";
        document.getElementById("sitz" + (i * sitze[i].length + j)).alt = "Besetzter Platz";
      }
    }
  }
}
```

Die Funktion `initialisiereSitze()` ist Teil der Mandango-Webseite. Die Funktion wird erst dadurch aufgerufen, dass sie mit dem `onload`-Event-Handler verknüpft ist. Somit wird die Funktion ausgeführt, wenn die Seite geladen wird.

initialisiereSitze() ist nicht der einzige Problemlöser in Mandango.

```
<body
onload="initialisiereSitze();">
    <div style="height:25px"></div>
    <div style="text-align:center">
      <img id="sitz0" src="" alt="" />
      ...
      <img id="sitz35" src="" alt="" /><br />
      <input type="button" id="suchesitze" value="Sitze suchen" onclick="sucheSitze();" />
    </div>
  </body>
</html>
```

Es gibt keine Dummen Fragen

F: Wie war das noch mal mit der Namenskonvention für Funktionen?

A: Kleines camelCase ist eine Namenskonvention für JavaScript-Bezeichner, nach der das erste Wort in einem Bezeichner nur mit Kleinbuchstaben, alle weiteren Wörter mit Groß-/Kleinbuchstaben geschrieben werden. Eine Funktion, die Filme bewertet, könnte also `bewerteFilm()` heißen, während eine Funktion, die Typen vor die Tür setzt, die während des Films mit ihrem Handy telefonieren, so heißen könnte: `entferneLaestigeTypen()`.

F: Müssen Funktionen immer große Probleme in kleinere zerlegen?

A: Nicht unbedingt. Manchmal sind Funktionen auch einfach zum Aufteilen der Programmieraufgaben hilfreich. Somit kann ein Problem von mehreren Funktionen zusammen gelöst werden. In diesem Fall dient das Aufteilen des Codes in Funktionen dazu, die Arbeit aufzuteilen und jeder Funktion eine eigene Aufgabe zuzuweisen. Genau wie Menschen verschiedene Jobbezeichnungen bekommen, sodass sich jeder auf eine bestimmte Aufgabe konzentrieren kann. Ob solche Funktionen nun eindeutige Probleme lösen oder nicht, sie verbessern auf jeden Fall die Struktur des Skripts.

F: Woher weiß ich, ob ein Codeblock in eine Funktion gehört?

A: Leider gibt es keine magische Möglichkeit zu erfahren, wann es am besten ist, Code in eine Funktion zu packen. Aber es gibt einige Anhaltspunkte dafür. Ein solches Anzeichen liegt vor, wenn Sie sich dabei ertappen, Code zu wiederholen. Derartige Codeduplikate sind nie gut, da Sie den gleichen Code an mehr als einer Stelle pflegen müssen. Codeduplikate sind die perfekten Funktionsanwärter. Ein weiterer Anhaltspunkt sind Fälle, in denen Code unübersichtlich wird und Sie mehrere logische Teile darin ausfindig machen können. Das ist eine gute Gelegenheit, das Prinzip der Arbeitsteilung auf den Code anzuwenden und ihn in mehrere Funktionen aufzuteilen.

F: Ich dachte, mich an Funktionen erinnern zu können, die Argumente entgegennehmen und Daten zurückliefern. Hab ich etwas verpasst?

A: Nein, überhaupt nicht. Es gibt durchaus Funktionen, die Daten entgegennehmen und zurückliefern. Gedulden Sie sich ein wenig. Dann werden Sie erleben, wie wir die Funktion `heizen()` genau dazu bringen.

Der Funktionsname ist extrem wichtig, damit Sie sofort erfassen können, was die Funktion tut. Versuchen Sie Ihr Glück mit den folgenden Funktionen und verwenden Sie kleines camelCase.

Gangplatz bestellen → ■ → **Ticket für Gangplatz bekommen**

....

Rückerstattung verlangen → ■ → **Rückerstattung bekommen**

....

Popcorn werfen → ■ → **Popcorn wird auf andere geworfen**

....

Lösungen zu den Übungen

Der Funktionsname ist extrem wichtig, damit Sie sofort erfassen können, was die Funktion tut. Versuchen Sie Ihr Glück mit den folgenden Funktionen und verwenden Sie kleines camelCase.

Gangplatz bestellen → → **Ticket für Gangplatz bekommen**

bestelleGangplatz()

Rückerstattung verlangen → → **Rückerstattung bekommen**

verlangeRueckerstattung()

Popcorn werfen → → **Popcorn wird auf andere geworfen**

wirfPopcorn()

Es gibt jede Menge anderer Funktionsnamen, die ebenfalls funktionieren. Das sind nur ein paar Beispiele für passende Namen in kleinem camelCase.

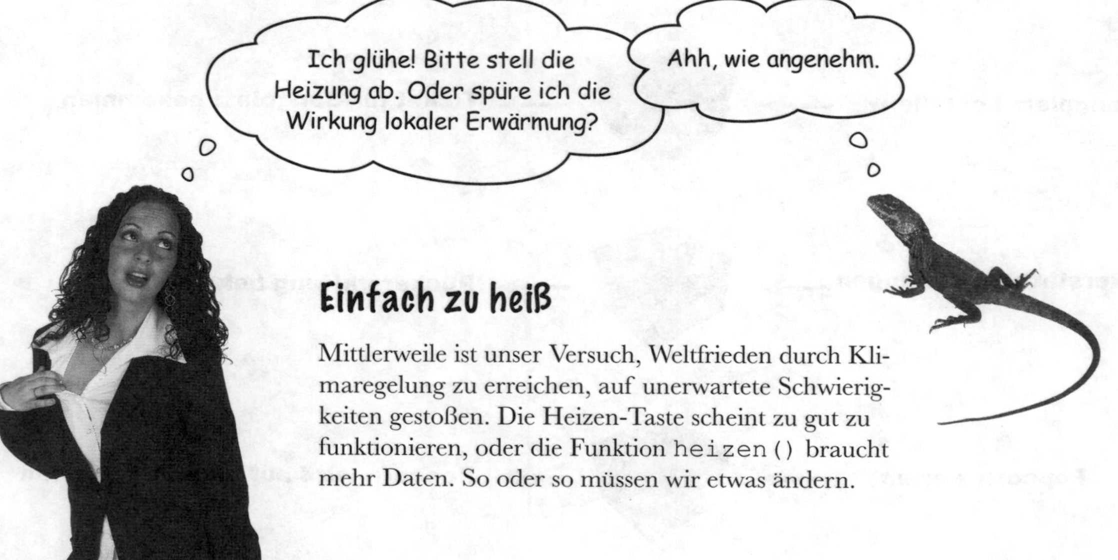

Einfach zu heiß

Mittlerweile ist unser Versuch, Weltfrieden durch Klimaregelung zu erreichen, auf unerwartete Schwierigkeiten gestoßen. Die Heizen-Taste scheint zu gut zu funktionieren, oder die Funktion `heizen()` braucht mehr Daten. So oder so müssen wir etwas ändern.

Ein besserer Thermostat mit mehr Daten

Also zurück zum Thermostat ... Er weiß nicht, wann er aufhören soll zu heizen, weil wir keine Temperatur angegeben haben. Es liegen einfach nicht genügend Informationen vor, um das Problem entsprechend zu lösen. Wenn also jemand die Heizen-Taste drückt, bekommt er Hitze ... und zwar immer mehr!

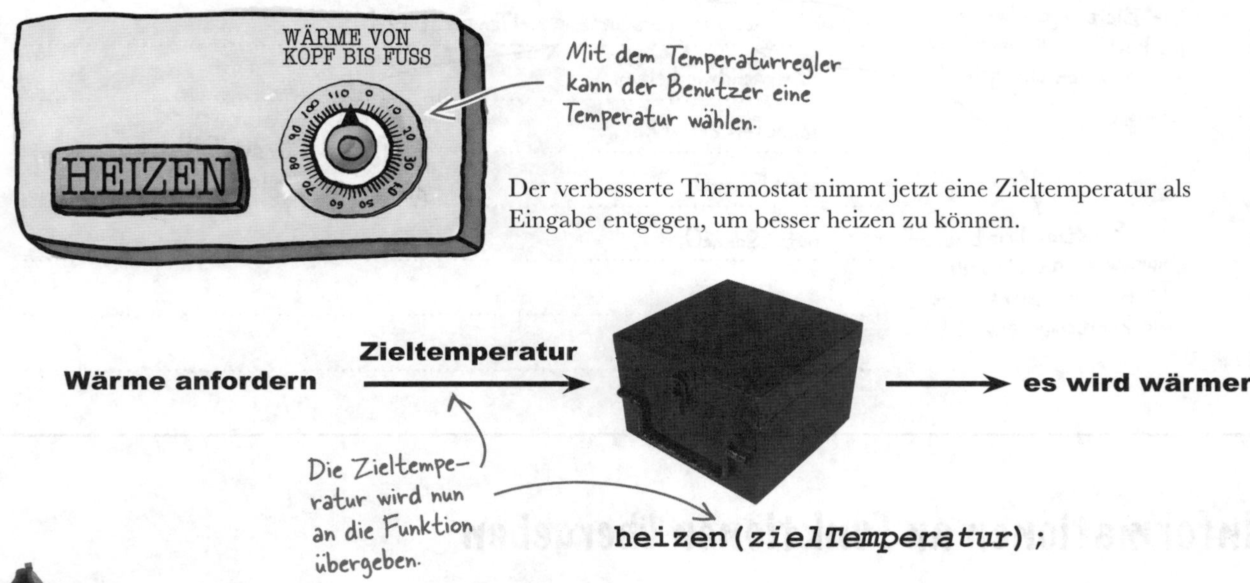

Schreiben Sie den Code für die verbesserte Funktion `heizen()`, die eine Zieltemperatur entgegennimmt, um nur so lange Hitze zu erzeugen, wie die aktuelle Temperatur geringer als die Zieltemperatur ist. Tipp: Rufen Sie die hypothetische Funktion `messeTemperatur()` auf, um die aktuelle Temperatur zu erhalten.

Wir haben eine Zeile als Starthilfe eingefügt.

```
function heizen(zielTemperatur){
```

LÖSUNGEN ZU DEN ÜBUNGEN

Schreiben Sie den Code für die verbesserte Funktion `heizen()`, die eine Zieltemperatur entgegennimmt, um nur so lange Hitze zu erzeugen, wie die aktuelle Temperatur geringer als die Zieltemperatur ist. Tipp: Rufen Sie die hypothetische Funktion `messeTemperatur()` auf, um die aktuelle Temperatur zu erhalten.

```
function heizen(zielTemperatur){
  while (messeTemperatur() < zielTemperatur) {
    // Irgendwie heizen
    schaufelKohlen();
    machFeuer();
    nutzeSonne();
  }
}
```

Die Zieltemperatur wird als Funktionsargument an die Funktion übergeben.

Die Zieltemperatur verwenden wir für die Testbedingung der while-Schleife

Die Funktion heizt jetzt nur, wenn die aktuelle Temperatur geringer als die Zieltemperatur ist.

Informationen an Funktionen übergeben

Daten werden an JavaScript-Funktionen als **Funktionsargumente** übergeben, die wie Eingaben sind. Sehen Sie sich die Syntax für Funktionen nochmals an; schauen Sie, wie die Argumente beim Erstellen einer Funktion in Klammern angegeben werden:

In den Klammern können ein oder mehrere Argumente stehen.

`function` + *Name* + `(` + *Argumente* + `)` + `{`

Body

`}`

Im Body einer Funktion greifen Sie auf Argumente zu, als wären es initialisierte lokale Variablen.

Es gibt keine wirkliche Grenze für die Anzahl der Argumente, die Sie an eine Funktion übergeben können. Aber es ist in der Praxis durchaus sinnvoll, sich auf zwei oder drei zu beschränken. Sie können völlig beliebige Daten als Funktionsargument übergeben: eine Konstante (`Math.PI`), eine Variable (`temp`) oder ein Literal (`72`).

Funktionsargumente als Daten

Wenn Daten als Argumente an eine Funktion übergeben werden, dienen sie innerhalb der Funktion als initialisierte lokale Variable. So wird die Funktion `heizen()` hier beispielsweise mit einer Zieltemperatur ausgestattet, die als Funktionsargument übergeben wird:

```
heizen(22);
```

Die Zieltemperatur wird an die Funktion als Zahlenliteral übergeben.

Innerhalb der Funktion `heizen()` ist das Argument `zielTemperatur` zugänglich, als wäre es eine lokale Variable, die mit 22 initialisiert wurde. Wenn Sie den bisherigen Code der Funktion `heizen()` durch ein alert ersetzen, wird das Argument angezeigt.

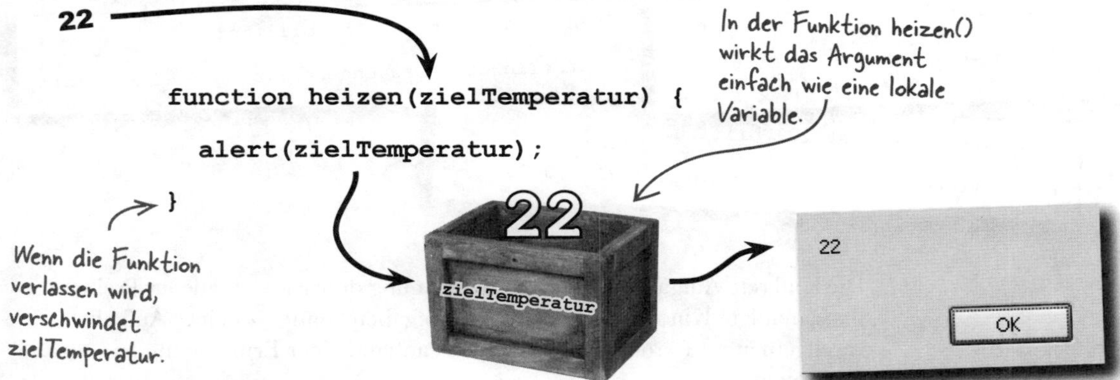

Funktionsargumente verhalten sich innerhalb einer Funktion größtenteils wie lokale Variablen. Trotzdem verändert sich **außerhalb** der Funktion **nichts**, wenn Sie den Wert eines Arguments **innerhalb** einer Funktion ändern. Diese Regel gilt nicht für Objekte, die als Argument übergeben werden – darauf gehen wir in den Kapiteln 9 und 10 ein.

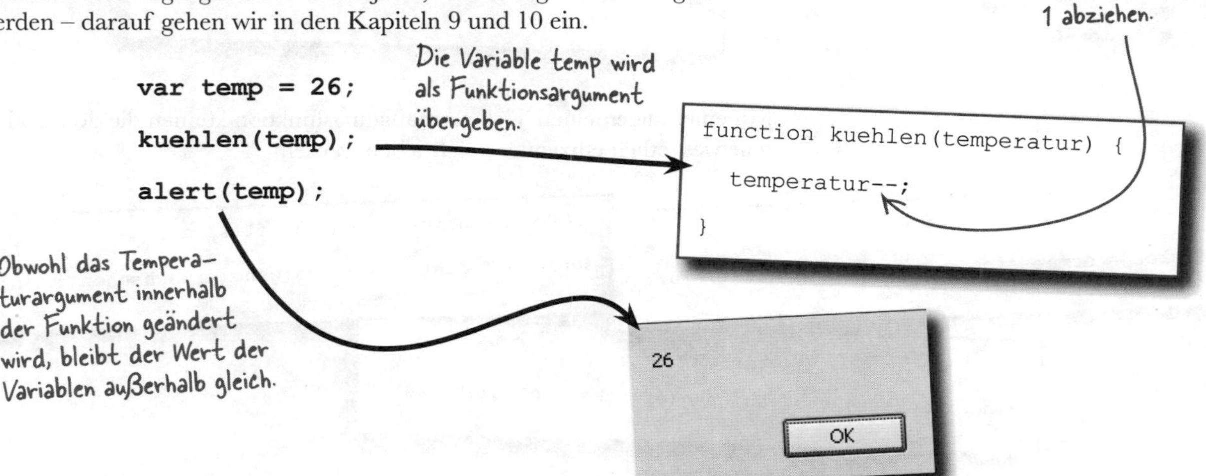

Funktionen eliminieren doppelten Code

Funktionen zerlegen nicht nur Probleme, sodass sie leichter gelöst werden können, sie sind auch eine hervorragende Möglichkeit, durch Verallgemeinerung von Aufgaben doppelten Code zu eliminieren. Mit einer **generalisierten Aufgabe** kann Code eliminiert werden, der in ähnlicher Form an mehreren Stellen vorkommt. Auch wenn der Code nicht identisch ist, können Sie ihn in vielen Fällen zu identischem Code verallgemeinern, den Sie in eine Funktion schreiben können. Diese Funktion rufen Sie dann auf, statt ähnlichen Code zu vervielfältigen.

Es folgen drei verschiedene Codeelemente, die ähnliche Aufgaben erfüllen und zu einer einzelnen, **wiederverwendbaren** Aufgabe verallgemeinert werden können:

Die Berechnung der Ermäßigung wird überflüssigerweise vervielfältigt.

```
// Matineeticket ist 10% billiger
matineeTicket = erwachsenenTicket * (1 - 0.10);
```

```
// Seniorenticket ist 15% billiger
seniorenTicket = erwachsenenTicket * (1 - 0.15);
```

```
// Kinderticket ist 20% billiger
kinderTicket = erwachsenenTicket * (1 - 0.20);
```

Die konkrete Aufgabe umfasst die Berechnung dreier verschiedener Preise für ermäßigte Kinokarten. Aber diese Aufgaben können zu einer Aufgabe verallgemeinert werden: den Ticketpreis anhand einer Ermäßigung zu berechnen.

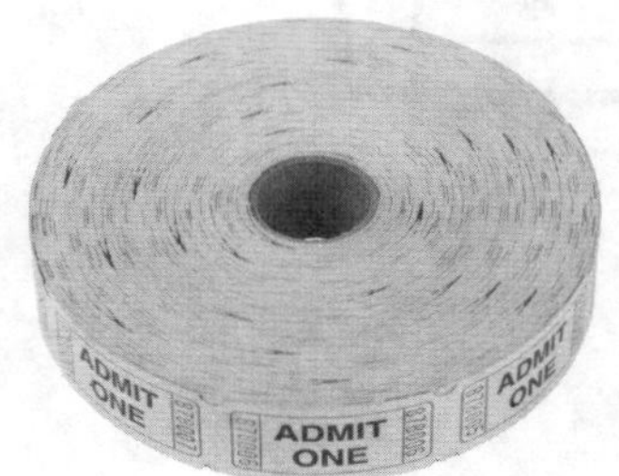


```
function ermaessigung(preis, prozent) {
  return (preis * (1 - (prozent / 100)));
}
```

Funktionen können auch Daten zurückliefern.

Mit einer allgemeinen Ticketermäßigungsfunktion können die drei Codeteile wesentlich effizienter geschrieben werden:

```
// Matineeticket ist 10% billiger
matineeTicket = ermaessigung(erwachsenenTicket, 10);
```

```
// Seniorenticket ist 15% billiger
seniorenTicket = ermaessigung(erwachsenenTicket, 15);
```

```
// Kinderticket ist 20% billiger
kinderTicket = ermaessigung(erwachsenenTicket, 20);
```

Spielen Sie Effizienzexperte

Unten sehen Sie die Funktion sucheSitze() aus der Mandango-Sitzsuche in ihrer ganzen Pracht. Wenden Sie Ihr neu erworbenes Effizienzwissen an und kreisen Sie den Code ein, der mit einer wiederverwendbaren Funktion geschrieben werden könnte.

```
function sucheSitze() {
  // Sind bereits Sitze ausgewählt, alle Sitze noch mal initialisieren
  if (gewaehlterSitz >= 0) {
    gewaehlterSitz = -1;
    initialisiereSitze();
  }

  // Alle Sitze auf Verfügbarkeit prüfen
  var i = 0, fertig = false;
  while (i < sitze.length && !fertig) {
    for (var j = 0; j < sitze[i].length; j++) {
      // Prüfen, ob der aktuelle Sitz und die nächsten beiden frei sind
      if (sitze[i][j] && sitze[i][j + 1] && sitze[i][j + 2]) {
        // Sitzauswahl festlegen und die Darstellung der Sitze aktualisieren
        gewaehlterSitz = i * sitze[i].length + j;
        document.getElementById("sitz" + (i * sitze[i].length + j)).src = "sitz_gewaehlt.png";
        document.getElementById("sitz" + (i * sitze[i].length + j)).alt = "Ihr Platz";
        document.getElementById("sitz" + (i * sitze[i].length + j + 1)).src = "sitz_gewaehlt.png";
        document.getElementById("sitz" + (i * sitze[i].length + j + 1)).alt = "Ihr Platz";
        document.getElementById("sitz" + (i * sitze[i].length + j + 2)).src = "sitz_gewaehlt.png";
        document.getElementById("sitz" + (i * sitze[i].length + j + 2)).alt = "Ihr Platz";

        // Benutzer die Sitze bestätigen lassen
        var angenommen = confirm("Sitze " + (j + 1) + " bis " + (j + 3) +
          " in Reihe " + (i + 1) + " sind frei. Möchten Sie sie?");
        if (angenommen) {
          // Der Benutzer nimmt die Sitze, also sind wir fertig (und verlassen die innere Schleife)
          fertig = true;
          break;
        }
        else {
          // Der Benutzer will den Platz nicht, also Auswahl aufheben und weitersuchen
          gewaehlterSitz = -1;
          document.getElementById("sitz" + (i * sitze[i].length + j)).src = "sitz_frei.png";
          document.getElementById("sitz" + (i * sitze[i].length + j)).alt = "Freier Platz";
          document.getElementById("sitz" + (i * sitze[i].length + j + 1)).src = "sitz_frei.png";
          document.getElementById("sitz" + (i * sitze[i].length + j + 1)).alt = "Freier Platz";
          document.getElementById("sitz" + (i * sitze[i].length + j + 2)).src = "sitz_frei.png";
          document.getElementById("sitz" + (i * sitze[i].length + j + 2)).alt = "Freier Platz";
        }
      }
    }

    // Zähler der äußeren Schleife inkrementieren
    i++;
  }
}
```

Spielen Sie Effizienzexperte

Unten sehen Sie die Funktion sucheSitze() aus der Mandango-Sitzsuche in ihrer ganzen Pracht. Wenden Sie Ihr neu erworbenes Effizienzwissen an und kreisen Sie den Code ein, der mit einer wiederverwendbaren Funktion geschrieben werden könnte.

```
function sucheSitze() {
  // Sind bereits Sitze ausgewählt, alle Sitze noch mal initialisieren
  if (gewaehlterSitz >= 0) {
    gewaehlterSitz = -1;
    initialisiereSitze();
  }

  // Alle Sitze auf Verfügbarkeit prüfen
  var i = 0, fertig = false;
  while (i < sitze.length && !fertig) {
    for (var j = 0; j < sitze[i].length; j++) {
      // Prüfen, ob der aktuelle Sitz und die nächsten beiden frei sind
      if (sitze[i][j] && sitze[i][j + 1] && sitze[i][j + 2]) {
        // Sitzauswahl festlegen und die Darstellung der Sitze aktualisieren
        gewaehlterSitz = i * sitze[i].length + j;
        document.getElementById("sitz" + (i * sitze[i].length + j)).src = "sitz_gewaehlt.png";
        document.getElementById("sitz" + (i * sitze[i].length + j)).alt = "Ihr Platz";
        document.getElementById("sitz" + (i * sitze[i].length + j + 1)).src = "sitz_gewaehlt.png";
        document.getElementById("sitz" + (i * sitze[i].length + j + 1)).alt = "Ihr Platz";
        document.getElementById("sitz" + (i * sitze[i].length + j + 2)).src = "sitz_gewaehlt.png";
        document.getElementById("sitz" + (i * sitze[i].length + j + 2)).alt = "Ihr Platz";

        // Benutzer die Sitze bestätigen lassen
        var angenommen = confirm("Sitze " + (j + 1) + " bis " + (j + 3) +
          " in Reihe " + (i + 1) + " sind frei. Möchten Sie sie?");
        if (angenommen) {
          // Der Benutzer nimmt die Sitze, also sind wir fertig
          fertig = true;
          break;
        }
        else {
          // Der Benutzer will den Platz nicht, also Auswahl aufheben und weitersuchen
          gewaehlterSitz = -1;
          document.getElementById("sitz" + (i * sitze[i].length + j)).src = "sitz_frei.png";
          document.getElementById("sitz" + (i * sitze[i].length + j)).alt = "Freier Platz";
          document.getElementById("sitz" + (i * sitze[i].length + j + 1)).src = "sitz_frei.png";
          document.getElementById("sitz" + (i * sitze[i].length + j + 1)).alt = "Freier Platz";
          document.getElementById("sitz" + (i * sitze[i].length + j + 2)).src = "sitz_frei.png";
          document.getElementById("sitz" + (i * sitze[i].length + j + 2)).alt = "Freier Platz";
        }
      }
    }

    // Zähler der äußeren Schleife inkrementieren
    i++;
  }
}
```

Da diese sechs Codeteile allgemein gesehen die gleiche Aufgabe erfüllen, können wir Sie in eine einzige Funktion schreiben.

Die length-Eigenschaft funktioniert auch, um die Anzahl der Elemente in einem Teil-Array abzurufen.

Doppelter Code. Daraus können wir ein paar Attribute extrahieren …

Eine Sitzänderungsfunktion

Nachdem die Mandango-Jungs Wind von diesem Effizienzzeug bekommen haben, sind sie ganz heiß darauf, eine Funktion in Mandango einzubauen, die das Ändern der Sitze effizienter macht (Code unter *http://examples.oreilly.de/german_examples/hfjavascriptger*). Für die Funktion `sitzAendern()` müssen sie herausfinden, welche Argumente benötigt werden. Sie können die benötigten Argumente ermitteln, indem Sie untersuchen, welche Informationen im wiederholten Code unterschiedlich sind. Ein genauerer Blick auf die sich wiederholenden Teile der Funktion `sucheSitze()` fördert die Argumente zutage:

Sitznummer

Die Nummer des Sitzes. Kein Array-Index, sondern die Nummer des Sitzes, wenn Sie von links nach rechts und oben nach unten mit 0 beginnend durchzählen.

Die Attribute für suche-Sitze() werden aus dem redundanten Code extrahiert, der in die Funktion kommt.

Status

Der Status des Sitzes – frei, besetzt oder ausgewählt. Bestimmt das Bild, das für den Platz angezeigt wird.

Beschreibung

Die Beschreibung des Sitzstatus: »Freier Platz«, »Besetzter Platz« und »Ihr Platz«. Damit wird der `alt`-Text für die Bilder festgelegt.

Spitzen Sie Ihren Bleistift

Schreiben Sie den Code für die Mandango-Funktion `sitzAendern()`.

....

....

....

....

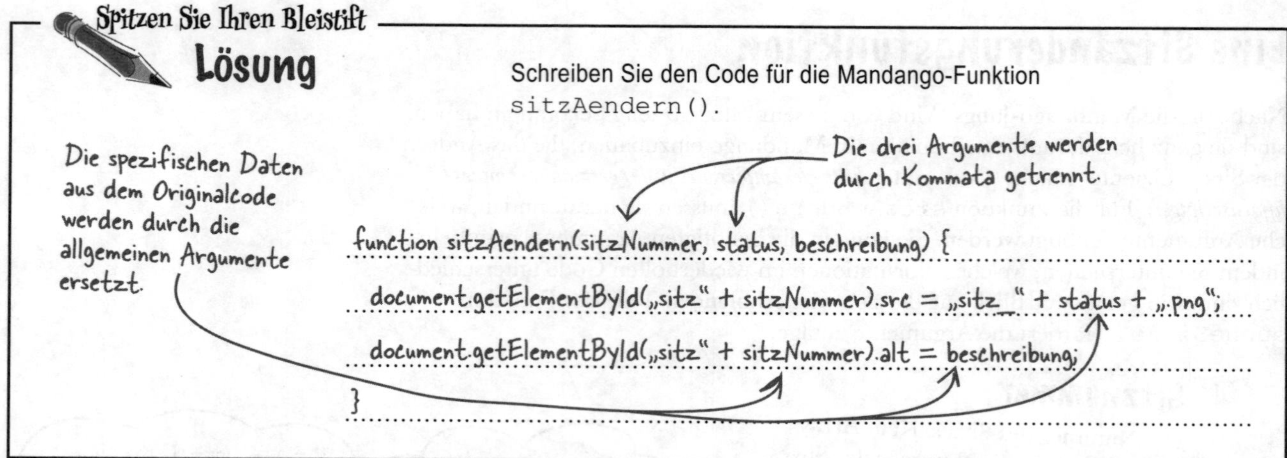

Schlankes, sauberes Mandango mit Funktionen

Der Code für die Funktion `sucheSitze()` wird deutlich einfacher, wenn wir ähnlichen, sich wiederholenden Code in die Funktion `sitzAendern()` auslagern. Die Funktion `sitzAendern()` wird sechsmal aufgerufen, im Hinblick auf die Wiederverwendung von Code eine deutliche Verbesserung.

Sitznummer, Status und Beschreibung werden bei jedem Funktionsaufruf an sitzAendern() übergeben.

Die neue Funktion sitzAendern() wird sechsmal aufgerufen.

```
function sucheSitze() {
  ...
  // Alle Sitze auf Verfügbarkeit prüfen
  var i = 0, fertig = false;
  while (i < sitze.length && !fertig) {
    for (var j = 0; j < sitze[i].length; j++) {
      // Prüfen, ob der aktuelle Sitz und die nächsten beiden frei sind
      if (sitze[i][j] && sitze[i][j + 1] && sitze[i][j + 2]) {
        // Sitzauswahl festlegen und die Darstellung der Sitze aktualisieren
        gewaehlterSitz = i * sitze[i].length + j;
        sitzAendern(i * sitze[i].length + j, "gewaehlt", "Ihr Platz");
        sitzAendern(i * sitze[i].length + j + 1, "gewaehlt", "Ihr Platz");
        sitzAendern(i * sitze[i].length + j + 2, "gewaehlt", "Ihr Platz");

        // Benutzer die Sitze bestätigen lassen
        var angenommen = confirm("Sitze " + (j + 1) + " bis " + (j + 3) +
          " in Reihe " + (i + 1) + " sind frei. Möchten Sie sie?");
        if (angenommen) {
          // Der Benutzer nimmt die Sitze, also sind wir fertig
          fertig = true;
          break;
        }
        else {
          // Der Benutzer will den Platz nicht, also Auswahl aufheben und weitersuchen
          gewaehlterSitz = -1;
          sitzAendern(i * sitze[i].length + j, "frei", "Freier Platz");
          sitzAendern(i * sitze[i].length + j + 1, "frei", "Freier Platz");
          sitzAendern(i * sitze[i].length + j + 2, "frei", "Freier Platz");
        }
      }
    }

    // Zähler der äußeren Schleife inkrementieren
    i++;
  }
}
```

sitzAendern() macht Mandango noch besser

Die Funktion `sitzAendern()` ist nicht nur für `sucheSitze()` nützlich. Sie macht auch die Funktion `initialisiereSitze()` **effizienter**, weil diese Funktion ebenfalls ähnlichen Code verwendet.

```
function initialisiereSitze() {
  // Bilder der Sitze initialisieren
  for (var i = 0; i < sitze.length; i++) {
    for (var j = 0; j < sitze[i].length; j++) {
      if (sitze[i][j]) {
        // Sitz als frei markieren
        document.getElementById("sitz" + (i * sitze[i].length + j)).src = "sitz_frei.png";
        document.getElementById("sitz" + (i * sitze[i].length + j)).alt = "Freier Platz";
      }
      else {
        // Sitz als belegt markieren
        document.getElementById("sitz" + (i * sitze[i].length + j)).src = "sitz_besetzt.png";
        document.getElementById("sitz" + (i * sitze[i].length + j)).alt = "Besetzter Platz";
      }
    }
  }
}
```

Aus zwei komplizierten Codezeilen wird ein relativ überschaubarer Funktionsaufruf.

```
function initialisiereSitze() {
  // Bilder der Sitze initialisieren
  for (var i = 0; i < sitze.length; i++) {
    for (var j = 0; j < sitze[i].length; j++) {
      if (sitze[i][j]) {
        // Sitz als frei markieren
        sitzAendern(i * sitze[i].length + j, "frei", "Freier Platz");
      }
      else {
        // Sitz als belegt markieren
        sitzAendern(i * sitze[i].length + j, "besetzt", "Besetzter Platz");
      }
    }
  }
}
```

Indem wir das Festlegen der Sitze verallgemeinern, funktioniert die Funktion sitzAendern() auch in einem völlig anderen Kontext ausgezeichnet.

Somit wird jetzt eine ziemlich einfache Funktion aus zwei Codezeilen im Mandango-Skript insgesamt achtmal aufgerufen. Dadurch wird der Skriptcode nicht nur **vereinfacht**, das Skript ist auch leichter zu pflegen. Denn wenn Sie jemals das Ändern der Sitze verändern müssen, brauchen Sie nur den Code von `sitzAendern()` anzupassen, anstatt acht verschiedene Stellen zu bearbeiten. Kein JavaScript-Programmierer mit wachem Verstand möchte mehrere Codestellen ändern, wenn er nicht muss. Wartungsfreundlichkeit ... ist eine gute Sache.

Punkt für Punkt

- Mit Funktionen können Sie **große Probleme zu kleinen machen**, die sich leichter lösen lassen.
- Funktionen bieten eine Möglichkeit, Skriptaufgaben aufzuteilen und sie mit **wiederverwendbaren** Codeblöcken zu lösen.
- Funktionen helfen dabei, **doppelten Code zu vermeiden**, da der Code einer Funktion so oft verwendet werden kann, wie Sie möchten.
- Mit **Argumenten** können Sie Daten als **Eingabe** für eine bestimmte Aufgabe an Funktionen übergeben.

Es gibt keine Dummen Fragen

F: Gibt es eine Obergrenze für die Anzahl von Argumenten, die an eine Funktion übergeben werden können?

A: Ja und nein. Nein, es gibt keine wirkliche Grenze für die Anzahl der Funktionsargumente, es sei denn, Sie berücksichtigen die Grenzen des Computerspeichers. Wenn Sie so viele Argumente übergeben, dass der Speicher zum Problem wird, sollten Sie eine Pause machen und überdenken, was Sie tun. Denn man braucht furchtbar viele Argumente, um ein Speicherproblem zu verursachen. In der Praxis bildet gutes Design die Grenze, d.h., Sie sollten die Anzahl der Argumente überschaubar halten, damit Funktionsaufrufe nicht lächerlich kompliziert werden. Im Allgemeinen ist es besser, nicht mehr als eine Handvoll Argumente zu verwenden.

F: Ich habe gelernt, dass Funktionen große Probleme kleiner machen, Skriptaufgaben aufteilen und doppelten Code vermeiden. Was ist das Entscheidende?

A: Alles. Funktionen können mehr als nur eine Sache, und meistens erreichen die besten Funktionen mehrere Ziele gleichzeitig. Es ist denkbar, eine Funktion zu erstellen, die ein Teilproblem löst, die Arbeit aufteilt und dabei doppelten Code beseitigt. Alle drei sind ziemlich gute Ziele beim Erstellen einer Funktion. Aber wenn Sie sich auf eine Sache konzentrieren müssen, werden Sie sich üblicherweise für die Aufgabenverteilung entscheiden, also wirklich jeder einzelnen Funktion eine eigene Aufgabe zuteilen. Wenn jede Funktion ein Ziel hervorragend erreicht, werden Ihre Skripten davon stark profitieren.

F: Nochmals: Wohin kommen Funktionen – in den Header oder den Body einer Webseite?

A: Funktionen sollten im `<script>`-Tag im Head der Seite oder in einer externen JavaScript-Datei stehen, die in den Head der Seite importiert wird.

F: Wenn ich möchte, dass eine Funktion den Wert eines Arguments ändert, wie bekomme ich das hin?

A: Funktionsargumente können nicht direkt geändert werden, zumindest reichen die Änderungen nicht über die Funktion hinaus. Wenn Sie Daten ändern möchten, die als Argument übergeben wurden, muss die Funktion den geänderten Wert zurückliefern. Lesen Sie weiter, um herauszufinden, wie das geht!

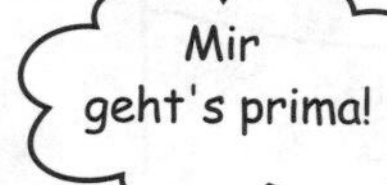

Winter im Juli: Feedback mit Funktionen

Obwohl Mandango dank der Funktionen große Fortschritte gemacht hat, läuft es an der Klimaregelungsfront nicht so toll. Der JavaScript-Thermostat funktioniert nicht so recht und führt zu unterkühlten Benutzern, die sich nach der alten Heiztaste sehnen, die nie aufhörte zu heizen.

Feedback ist wichtig

Momentan können Sie mit dem neuen Thermostat dank der Funktionsargumente die Temperatur festlegen, aber er meldet die aktuelle Temperatur nicht. Diese ist jedoch wichtig, um eine Grundlage für die Zieltemperatur zu haben. Außerdem melden verschiedene Thermostaten oft sogar im selben Raum unterschiedliche Temperaturen. Wir brauchen also eine Rückmeldung ... Sie müssen die aktuelle Temperatur wissen, um eine sinnvolle Zieltemperatur festzulegen.

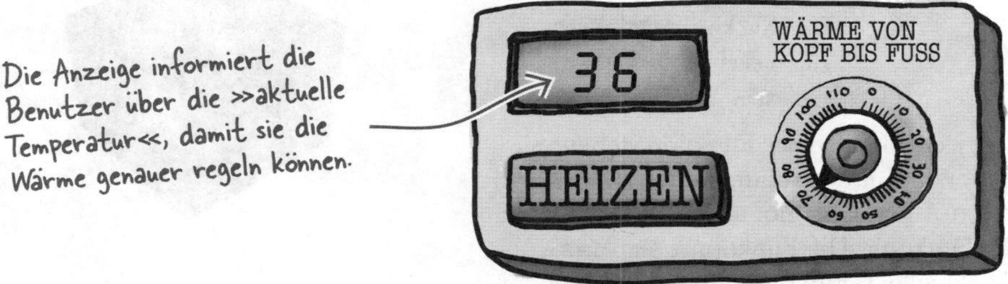

Der Thermostat zeigt jetzt die aktuelle Temperatur als Feedback an, damit Sie die optimale Temperatur besser ermitteln können.

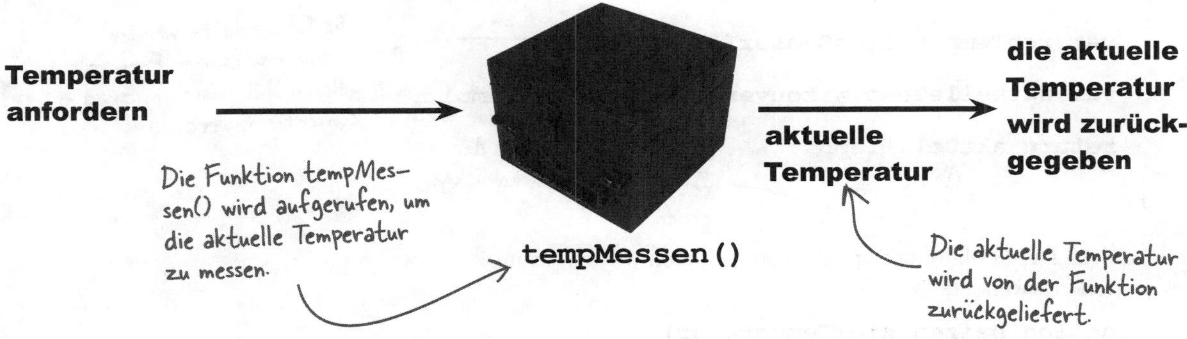

Also brauchen wir eine Möglichkeit für JavaScript-Funktionen, Informationen an den aufrufenden Code zurückzugeben.

Wie können Sie eine Funktion so beschwatzen, dass sie Daten zurückgibt?

Daten aus Funktionen zurückgeben

Mit einem Rückgabewert können Sie Daten aus einer Funktion zurückliefern.

Um Informationen aus einer Funktion zurückzuliefern, benötigen Sie das Schlüsselwort `return`, gefolgt von den zurückzugebenden Daten. Diese Daten werden dann an den Code zurückgeliefert, der die Funktion aufgerufen hat.

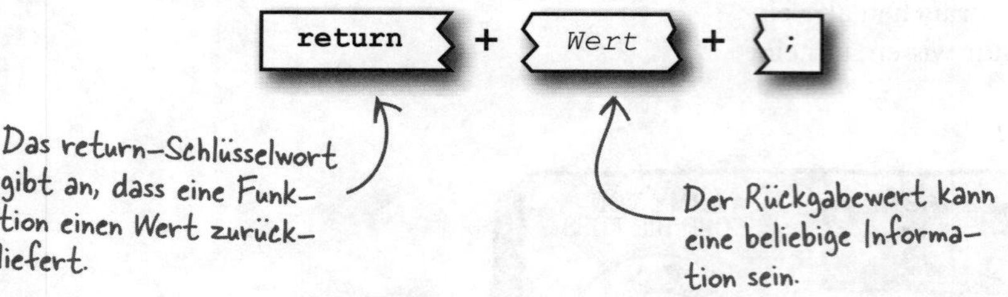

Das return-Schlüsselwort gibt an, dass eine Funktion einen Wert zurückliefert.

Der Rückgabewert kann eine beliebige Information sein.

Eine `return`-Anweisung kann an jeder Stelle einer Funktion stehen. Sie sollten aber wissen, dass die Funktion unmittelbar dann endet, wenn sie auf ein `return` stößt. Die `return`-Anweisung gibt also nicht nur Daten zurück, sondern beendet auch die Funktion. Die Funktion `tempMessen()` endet z.B. damit, dass die aktuelle Temperatur zurückgegeben wird, nachdem sie vom Sensor gelesen wurde.

```
function tempMessen() {

  // Aktuelle Temperatur messen und konvertieren

  var rohTemp = liesSensor();

  var aktuelleTemp = konvertiereTemp(rohTemp);

  return aktuelleTemp;

}
```

Die Sensordaten werden in einem seltsamen Format gelesen und müssen in Grad konvertiert werden.

Die aktuelle Temperatur wird von der Funktion mit der return-Anweisung zurückgegeben.

Erinnern Sie sich? Die Funktion `tempMessen()` haben wir bereits im Thermostat-Code verwendet:

```
function heizen(zielTemperatur) {

  while (tempMessen() < zielTemperatur) {

    // Irgendwie heizen

    ...

  }

}
```

Die Funktion tempMessen() liefert den Wert für die Testbedingung in der while-Schleife in heizen().

Der Rückgabewert von `tempMessen()` **ersetzt** den Aufruf von `tempMessen()` und wird Teil der Testbedingung der `while`-Schleife.

Der Rückgabewert einer Funktion ersetzt den Funktionsaufruf.

Viele bunte Rückgabewerte

Da die `return`-Anweisung eine Funktion unmittelbar beendet, können Sie den Ablauf einer Funktion steuern und zusätzlich Daten zurückliefern. Außerdem ist es üblich, dass Funktionen mit Rückgabewerten ihren Erfolg melden. Die Funktion `heizen()` bietet Gelegenheit, beides zu tun:

```
function heizen(zielTemperatur) {
  if (tempMessen() >= zielTemperatur)
    return false;
  while (tempMessen() < zielTemperatur) {
    // Irgendwie heizen
    ...
  }
  return true;
}
```

Erinnern Sie sich an die Variable aktuelleTemp? Sie enthält den Rückgabewert von tempMessen().

Nicht nötig zu heizen, also false zurückgeben und die Funktion verlassen.

Dieser Code heizt, wodurch die Temperatur und somit der Rückgabewert von tempMessen() beeinflusst werden.

Fertig mit heizen, also wird true als Erfolgsmeldung zurückgegeben.

Die Funktion `heizen()` zeigt, wie ein Boolescher Rückgabewert den Ablauf einer Funktion steuern und Erfolg oder Fehlschlag anzeigen kann. Rein für die Ablaufsteuerung können Sie die `return`-Anweisung ohne Rückgabewert verwenden, um aus einer Funktion auszusteigen. Hier kommt eine andere Version von `heizen()`, die nicht durch den Rückgabewert über ihren (Miss-)Erfolg informiert.

```
function heizen(zielTemperatur) {
  if (tempMessen() >= zielTemperatur)
    return;
  while (tempMessen() < zielTemperatur) {
    // Irgendwie heizen
    ...
  }
}
```

Die return-Anweisung beendet die Funktion, da nicht geheizt werden muss.

Die Funktion endet, wenn sie beendet ist, auch ohne return-Anweisung.

Die return-Anweisung kann auch allein verwendet werden, um eine Funktion zu beenden.

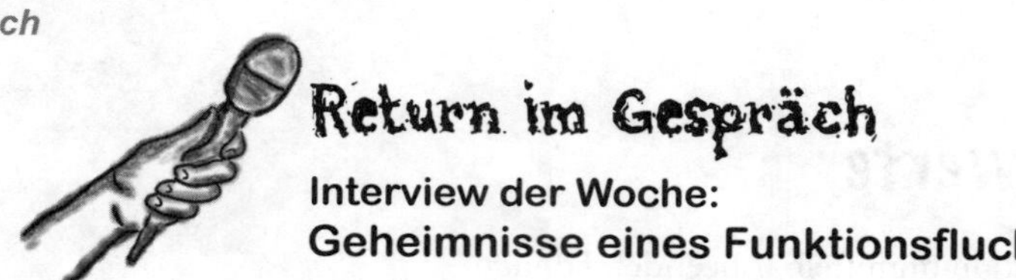

Return im Gespräch

Interview der Woche: Geheimnisse eines Funktionsfluchtkünstlers

Von Kopf bis Fuß: Ich habe gehört, dass Sie ziemlich gerissen sind und so ziemlich aus allem rauskommen.

Return: Stimmt. Setzen Sie mich in eine Funktion, und ich komme sofort da raus. Ich kann sogar Daten mitnehmen.

Von Kopf bis Fuß: Wohin gehen Sie, wenn Sie eine Funktion verlassen?

Return: Vergessen Sie nicht, dass Funktionen immer von anderem Code aus aufgerufen werden. Von einer Funktion zurückzukehren heißt also lediglich, zum aufrufenden Code zurückzugehen. Und beim Zurückliefern von Daten werden die Daten eben an den aufrufenden Code zurückgeliefert.

Von Kopf bis Fuß: Wie funktioniert das?

Return: Stellen Sie sich den Funktionsaufruf als Ausdruck vor, der ein Ergebnis hat. Wenn die Funktion keine Daten zurückliefert, ergibt der Ausdruck nichts. Liefert die Funktion Daten zurück, und das tun die meisten, ist das Ergebnis des Ausdrucks eine Information.

Von Kopf bis Fuß: Wenn eine Funktion nur ein Ausdruck ist, bedeutet das, dass man den Rückgabewert einer Funktion einer Variablen zuweisen kann?

Return: Ja und nein. Nein, die Funktion selbst ist kein Ausdruck – der Funktionsaufruf ist der Ausdruck. Und ja, Sie können und sollten einen Funktionsaufruf so schreiben, dass das Ergebnis einer Variablen zugewiesen wird. Und da kommt der Ausdruck ins Spiel. Wenn ein Funktionsaufruf ausgewertet wird, wird er wie ein Ausdruck behandelt, dessen Ergebnis der Rückgabewert der Funktion ist.

Von Kopf bis Fuß: Okay. Aber was passiert mit dem Ausdruck, wenn Sie nichts zurückgeben?

Return: Wenn Sie mich ohne Rückgabedaten verwenden, gibt die Funktion nichts zurück, und der Ausdruck ist leer.

Von Kopf bis Fuß: Ist das nicht problematisch?

Return: Nein, eigentlich nicht. Vergessen Sie nicht, dass sich die Leute nur dann Gedanken darüber machen, was sie mit dem Rückgabewert einer Funktion machen, wenn sie wissen, dass die Funktion auch Daten zurückgibt. Wenn eine Funktion nichts zurückliefern soll, sollten Sie sich auch keine Gedanken über den Rückgabewert machen.

Von Kopf bis Fuß: Verstanden. Zurück zu Ihren Ausbruchsfertigkeiten. Ist es nicht eine schlechte Idee, eine Funktion von ihrem natürlichen Ablauf abzuhalten?

Return: Nein, und zwar aus folgendem Grund. Nur weil eine Funktion eine erste und eine letzte Zeile hat, muss sie nicht jede Codezeile von vorne bis hinten ausführen. Es ist gefährlich, überhaupt zu denken, eine Funktion hätte einen Anfang und ein Ende. Das »natürliche« Ende einer Funktion kann genauso gut in der Mitte des Codes sein – dank eines geschickten Entwicklers, der mich an die richtige Stelle setzt.

Von Kopf bis Fuß: Ich versteh's nicht. Wollen Sie damit sagen, dass es normal ist, wenn mancher Funktionscode nie aufgerufen wird?

Return: Ich sage niemals nie. Aber ich sage, dass es normalerweise mehr als einen Weg durch eine Funktion gibt, und helfe oft dabei, diese Wege anzulegen. Wenn sich etwas ereignet, das dazu führt, dass die Funktion nicht weiter ausgeführt werden soll, ist es meine Aufgabe, für einen baldigen Abgang zu sorgen. In anderen Szenarios kann eine Funktion auch bis zur letzten Codezeile ausgeführt und dann beendet werden, ohne mir überhaupt zu begegnen. Oder sie kommt mit mir zum Ende, sodass ich Daten zurückliefern kann.

Von Kopf bis Fuß: Verstehe. Sie bieten Möglichkeiten sowohl zum Übergeben von Daten als auch zur Ablaufsteuerung einer Funktion.

Return: Hey, jetzt blicken Sie durch!

Von Kopf bis Fuß: Ja, so schnell bin ich. Danke für Ihre Zeit.

Return: Kein Problem. Ich muss jetzt hier raus!

JavaScript wurde in einen Klimawandelskandal verstrickt. Die Leute von »Wächter der Rapiden Momentanen Erwärmung«, kurz: WÄRME, haben ein Skript geschrieben, um ihre Warnung vor der lokalen Erwärmung zu verbreiten. Aber die Typen von ARKTIK – »Angenervte Reaktionäre Klimagegner gegen Tieftemperaturen und Impertinente Kälte« – wollen die Slogans von WÄRME unterdrücken und haben den Skriptcode sabotiert. Sortieren Sie den richtigen Code aus und legen Sie die ursprüngliche Message von WÄRME frei.

Stoppt die Erwärmung JETZT!

```
function paroleZeigen() {
  return;
  alert(paroleBauen());
}

function paroleBauen() {
  var msg = "";

  msg += "Globale "; // "Lokale ";

  if (tempMessen() > 80)
    msg += "Erwärmung ";
  else
    msg += "Abkühlung ";

  if (true)
    msg += "ist nicht";
  else
    msg += "ist ";

  if (tempMessen() <= 70)
    return msg + "Betrug!";
  else
    return msg + "real!";

  return "Ich glaub's nicht.";
}

function tempMessen() {
  // Aktuelle Temperatur messen
  var aktuelleTemp = liesSensor();
  return 64;
}
```

WÄRME-Anhängerin.

ARKTIK-Agent.

Lösungen zu den Übungen

JavaScript wurde in einen Klimawandelskandal verstrickt. Die Leute von »Wächter der Rapiden Momentanen Erwärmung«, kurz: WÄRME, haben ein Skript geschrieben, um ihre Warnung vor der lokalen Erwärmung zu verbreiten. Aber die Typen von ARKTIK – »Angenervte Reaktionäre Klimagegner gegen Tieftemperaturen und Impertinente Kälte« – wollen die Slogans von WÄRME unterdrücken und haben den Skriptcode sabotiert. Sortieren Sie den richtigen Code aus und legen Sie die ursprüngliche Message von WÄRME frei.

```
function paroleZeigen() {
  return;
  alert(paroleBauen());
}

function paroleBauen() {
  var msg = "";

  msg += "Globale "; // "Lokale ";

  if (tempMessen() > 26)
    msg += "Erwärmung ";
  else
    msg += "Abkühlung ";

  if (true)
    msg += "ist nicht";
  else
    msg += "ist ";

  if (tempMessen() <= 22)
    return msg + "Betrug!";
  else
    return msg + "real!";

  return "Ich glaub's nicht.";
}

function tempMessen() {
  // Aktuelle Temperatur messen
  var aktuelleTemp = liesSensor();
  return 64; aktuelleTemp;
}
```

(Durchgestrichen: `return;`, `"Globale "; //`, `if (true)`, `msg += "ist nicht";`, `else`, `return "Ich glaub's nicht.";`, `64;` – handschriftlich ergänzt: `aktuelleTemp;`)

Dieses return verhindert, dass das alert-Fenster jemals angezeigt wird.

Der ursprüngliche Text wurde auskommentiert, um ihn aus der Parole zu entfernen.

Dieser Code ist in Ordnung, weil die tatsächliche Temperatur über die Parole entscheidet.

Eine if-Anweisung, die immer zutrifft, ergibt keinen Sinn.

Die if/else-Anweisung verhindert, dass die Funktion je diesen Code erreicht, also ist er überflüssig.

Die vom Sensor gemeldete Temperatur zurückgeben.

Danke JavaScript!

Lokale Erwärmung ist real!

ES WIRD HEIß IN DIESER KLEIDUNG. HILFE!

Den Sitzstatus ermitteln

Bei Mandango haben Sepp und Jason die Nase voll vom Klimawandel und möchten ihren Skriptcode weiter verbessern. Manche Benutzer haben darüber geklagt, dass es schwer sei, die verschiedenen Farben der Sitze zu deuten. Sie möchten die Verfügbarkeit per Mausklick überprüfen. Klingt fast so, als ob Mandango eine neue Funktion braucht.

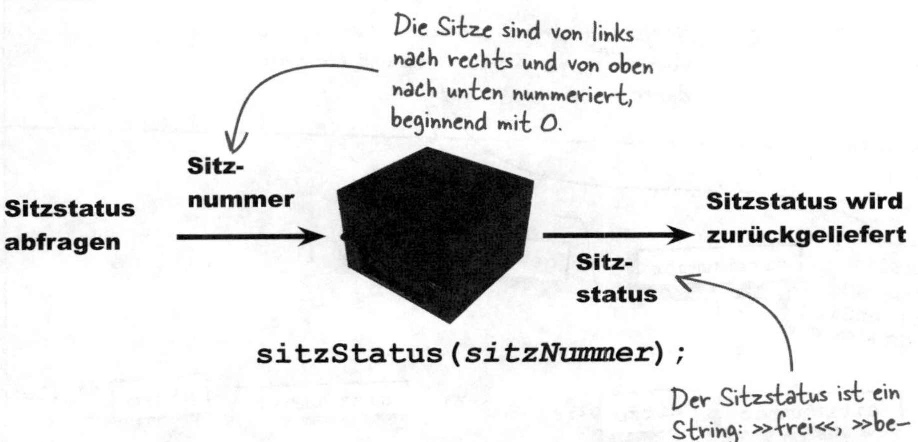

sitzStatus()-Magneten

In der Funktion `sitzStatus()` in Mandango fehlt der entscheidende Code, um den Status eines bestimmten Sitzes zu ermitteln. Die Funktion überprüft zunächst, ob der Sitz Teil einer Reihe von drei ausgewählten Sitzen ist. Falls nicht, sucht sie den Sitz im Array und prüft, ob der Sitz frei oder besetzt ist. Vervollständigen Sie den Code unten mit den Magneten.

```
function sitzStatus(sitzNummer) {
  if (..............!= -1 &&
    (...................== ...................||...................== (...................+ 1)
     ||...................== (...................+ 2)))
    return "Ihrer";
  else if (..........[Math.floor(.........../..........[0].length)][...............%..........[0].length])
    return "frei";
  else
    return "besetzt";
}
```

sitze | gewaehlterSitz | sitzNummer

sitzStatus()-Magneten, Lösung

In der Funktion `sitzStatus()` in Mandango fehlt der entscheidende Code, um den Status eines bestimmten Sitzes zu ermitteln. Die Funktion überprüft zunächst, ob der Sitz Teil einer Reihe von drei ausgewählten Sitzen ist. Falls nicht, sucht sie den Sitz im Array und prüft, ob der Sitz frei oder besetzt ist. Vervollständigen Sie den Code unten mit den Magneten.

Die globale Variable gewaehlterSitz ist –1, wenn kein Sitz gewählt ist. Das prüfen wir zuerst.

Es geht um drei Sitze nebeneinander, also überprüfen wir diesen Platz und die zwei daneben.

```
function sitzStatus(sitzNummer) {
  if (gewaehlterSitz != -1 &&
    (sitzNummer == gewaehlterSitz || sitzNummer == (gewaehlterSitz + 1)
    || sitzNummer == (gewaehlterSitz + 2)))
    return "Ihrer";
  else if (sitze[Math.floor(sitzNummer / sitze[0].length)][sitzNummer % sitze[0].length])
    return "frei";
  else
    return "besetzt";
}
```

Die Array-Reihe des Sitzes ermitteln wir, indem wir die Sitznummer durch die Zahl der Sitze pro Reihe dividieren und auf eine Ganzzahl abrunden.

Die Array-Spalte des Sitzes ermitteln wir, indem wir den Rest von Sitznummer dividiert durch Sitze pro Reihe berechnen.

Sie könnten hier 9 hart kodieren, aber es würde nicht mehr funktionieren, sollte sich jemals die Größe des Arrays ändern.

Den Sitzstatus anzeigen

Den Sitzstatus zu ermitteln ist eine Sache. Aber damit der Benutzer den Status jedes einzelnen Sitzes abfragen kann, brauchen wir noch eine Möglichkeit, den Sitzstatus per Mausklick anzuzeigen. Die Funktion `sitzStatusAnzeigen()` bietet eine einfache Lösung und ruht sich dabei auf der Arbeit der `sitzStatus()`-Funktion aus, die wir gerade geschrieben haben.

Die Sitznummer wird an sitzStatus() übergeben, um den Status zu erhalten.

```
function sitzStatusAnzeigen(sitzNummer) {
  alert("Dieser Platz ist " + sitzStatus(sitzNummer) + ".");
}
```

Strings konkatenieren und Statusmeldung zusammenbauen.

Funktionen mit Bildern verknüpfen

Wenn wir diese Funktion mit den Sitzbildern auf der Mandango-Seite verknüpfen, kann der Benutzer den Status eines Sitzes per Klick auf das Bild erfragen. Das `onclick`-Event jedes Bilds muss mit `sitzStatus-Anzeigen()` verknüpft sein:

sitzStatusAnzeigen() wird aufgerufen, wenn der Benutzer auf das Bild "sitz23" klickt.

```
<img id="sitz23" src="" alt="" onclick="sitzStatusAnzeigen(23);" />
```

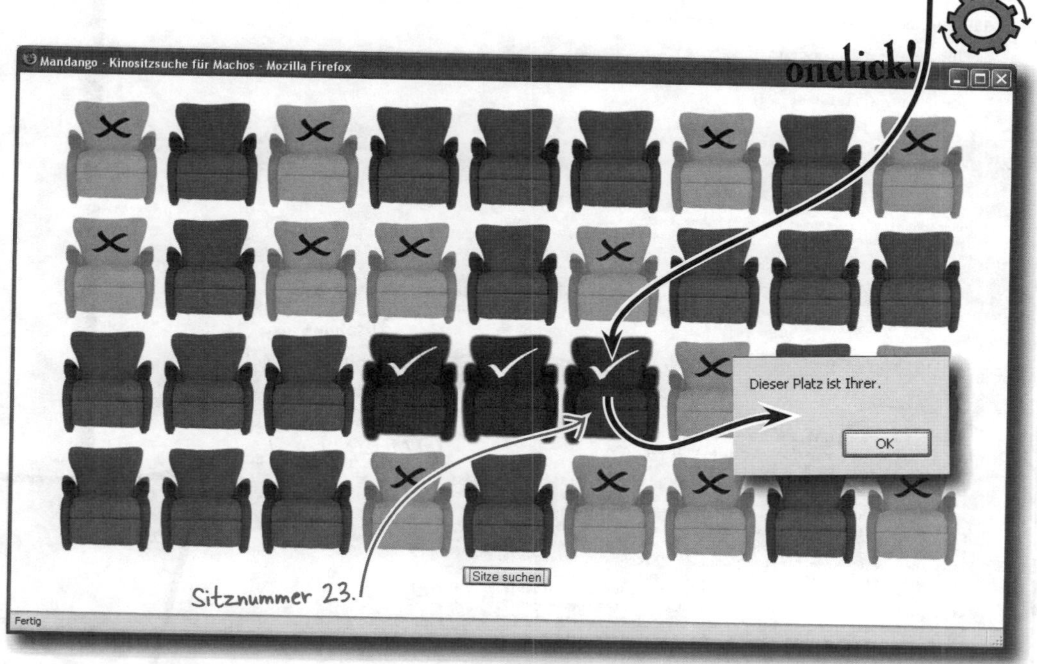

Es bedarf nur eines Klicks, um den Status eines beliebigen Platzes in einem alert-Fenster anzuzeigen. Das ist nützlich für jeden, der Schwierigkeiten hat, die Sitzbilder zu verstehen, und sich lieber den Status einzelner Sitze »erklicken« möchte.

Punkt für Punkt

- Mit der `return`-Anweisung können Funktionen Daten an den aufrufenden Code zurückliefern.
- Wenn Daten von einer Funktion zurückgeliefert werden, nehmen sie den Platz des Codes ein, der die Funktion aufgerufen hat.
- Eine Funktion kann nur einen einzelnen Datenwert zurückliefern.
- Die `return`-Anweisung kann ohne Daten verwendet werden, um eine Funktion vorzeitig zu beenden.

Codewiederholungen sind nicht gut

Das Mandango-Skript funktioniert ziemlich gut, aber die Jungs machen sich Sorgen über die langfristige Wartung des Skripts. Jason hat recherchiert und dabei herausgefunden, dass moderne Webanwendungen davon profitieren, wenn HTML-, JavaScript- und CSS-Code voneinander getrennt werden.

Hier ist eine Menge Code vermischt.

```
<html>
  <head>
    <title>Mandango - Kinositzsuche für Machos</title>

    <script type="text/javascript">
      ...

      function initialisiereSitze() {
        ...
      }

      function sitzStatus(sitzNummer) {
        ...
      }

      function sitzStatusAnzeigen(sitzNummer) {
        alert("Dieser Platz ist " + sitzStatus(sitzNummer) + ".");
      }

      function sitzAendern(sitzNummer, status, beschreibung) {
        document.getElementById("sitz" + sitzNummer).src = "sitz_" + status + ".png";
        document.getElementById("sitz" + sitzNummer).alt = beschreibung;
      }

      function sucheSitze() {
      }
    </script>
  </head>

  <body onload="initialisiereSitze();">
    <div style="margin-top:25px; text-align:center">
      <img id="sitz0" src="" alt="" onclick="sitzStatusAnzeigen(0);" />
      <img id="sitz1" src="" alt="" onclick="sitzStatusAnzeigen(1);" />
      <img id="sitz2" src="" alt="" onclick="sitzStatusAnzeigen(2);" />
      <img id="sitz3" src="" alt="" onclick="sitzStatusAnzeigen(3);" />
      <img id="sitz4" src="" alt="" onclick="sitzStatusAnzeigen(4);" />
      <img id="sitz5" src="" alt="" onclick="sitzStatusAnzeigen(5);" />
      <img id="sitz6" src="" alt="" onclick="sitzStatusAnzeigen(6);" />
      <img id="sitz7" src="" alt="" onclick="sitzStatusAnzeigen(7);" />
      <img id="sitz8" src="" alt="" onclick="sitzStatusAnzeigen(8);" /><br />
      <img id="sitz9" src="" alt="" onclick="sitzStatusAnzeigen(9);" />
      <img id="sitz10" src="" alt="" onclick="sitzStatusAnzeigen(10);" />
      <img id="sitz11" src="" alt="" onclick="sitzStatusAnzeigen(11);" />
      <img id="sitz12" src="" alt="" onclick="sitzStatusAnzeigen(12);" />
      <img id="sitz13" src="" alt="" onclick="sitzStatusAnzeigen(13);" />
      <img id="sitz14" src="" alt="" onclick="sitzStatusAnzeigen(14);" />
      <img id="sitz15" src="" alt="" onclick="sitzStatusAnzeigen(15);" />
      <img id="sitz16" src="" alt="" onclick="sitzStatusAnzeigen(16);" />
      <img id="sitz17" src="" alt="" onclick="sitzStatusAnzeigen(17);" /><br />
      <img id="sitz18" src="" alt="" onclick="sitzStatusAnzeigen(18);" />
      <img id="sitz19" src="" alt="" onclick="sitzStatusAnzeigen(19);" />
      <img id="sitz20" src="" alt="" onclick="sitzStatusAnzeigen(20);" />
      <img id="sitz21" src="" alt="" onclick="sitzStatusAnzeigen(21);" />
      <img id="sitz22" src="" alt="" onclick="sitzStatusAnzeigen(22);" />
      <img id="sitz23" src="" alt="" onclick="sitzStatusAnzeigen(23);" />
      <img id="sitz24" src="" alt="" onclick="sitzStatusAnzeigen(24);" />
      <img id="sitz25" src="" alt="" onclick="sitzStatusAnzeigen(25);" />
      <img id="sitz26" src="" alt="" onclick="sitzStatusAnzeigen(26);" /><br />
      <img id="sitz27" src="" alt="" onclick="sitzStatusAnzeigen(27);" />
      <img id="sitz28" src="" alt="" onclick="sitzStatusAnzeigen(28);" />
      <img id="sitz29" src="" alt="" onclick="sitzStatusAnzeigen(29);" />
      <img id="sitz30" src="" alt="" onclick="sitzStatusAnzeigen(30);" />
      <img id="sitz31" src="" alt="" onclick="sitzStatusAnzeigen(31);" />
      <img id="sitz32" src="" alt="" onclick="sitzStatusAnzeigen(32);" />
      <img id="sitz33" src="" alt="" onclick="sitzStatusAnzeigen(33);" />
      <img id="sitz34" src="" alt="" onclick="sitzStatusAnzeigen(34);" />
      <img id="sitz35" src="" alt="" onclick="sitzStatusAnzeigen(35);" /><br />
      <input type="button" id="suchesitze" value="Sitze suchen" onclick="sucheSitze();" />
    </div>
  </body>
</html>
```

Die Mischung von JavaScript- und HTML-Code beschränkt sich auf Event-Handler-HTML-Attribute.

JavaScript- und HTML-Code sind auf der Mandango-Webseite vermischt.

Trennen Sie die Funktionalität vom Inhalt

Wo ist das Problem, wenn wir Code vermischen? Es funktioniert doch, oder? Das Problem wird sichtbar, wenn Sie Ihre JavaScript-gestützten Webseiten nicht als Seiten, sondern als **Applikationen** betrachten. Und wie alle guten Anwendungen benötigen auch JavaScript-Applikationen für langfristigen Erfolg sorgfältige Planung und gutes Design. Genauer gesagt, sind gute Anwendungen weniger fehleranfällig und leichter zu warten, wenn Inhalt, Darstellung und Funktion klar voneinander getrennt sind. Im Moment ist Mandango eine ziemlich finstere Mischung von allem.

Inhalt, Darstellung und Funktionalität voneinander zu trennen zerlegt ein großes Problem in kleinere.

```
<html>
  ...
</html>
```

Inhalt

Das ist der HTML-Code der Seite, der die physikalische Struktur der Seite bildet und die Daten in der Seite aufnimmt.

```
<style>
  ...
</style>
```

Darstellung

Dies ist der CSS-Teil der Seite, der den Inhalt herausputzt und die Darstellung bezüglich Schriften, Farben und sogar das Layout festlegt.

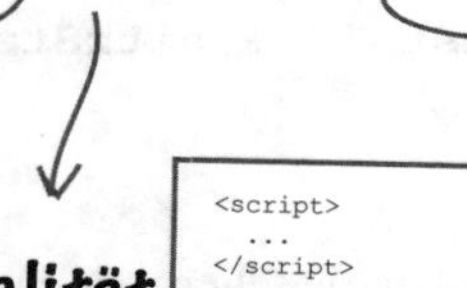

```
<script>
  ...
</script>
```

Funktionalität

Das ist der JavaScript-Code, der die Seite antreibt und interaktiv macht. Stellen Sie sich diesen Teil der Seite als den aktiven Teil vor, der **Dinge tut**.

Stellen Sie sich das mit der Codetrennung folgendermaßen vor. Angenommen, Sepp und Jason finden ein wirklich raffiniertes Kinositzverwaltungsskript, das sie statt ihres eigenen Codes verwenden möchten. Sie müssten Mandango so überarbeiten, dass es den neuen Skriptcode verwendet. Da der JavaScript-Code sehr eng mit dem HTML-Code verbunden ist, würden die beiden dabei aber riskieren, die Struktur der Seite zu vermurksen. Es wäre viel einfacher, wenn der HTML-Code für sich stünde und die Verbindung zwischen JavaScript und HTML rein in JavaScript bestünde.

Durch die Trennung von Funktionalität und Inhalt lassen sich Webapplikationen leichter schreiben und warten.

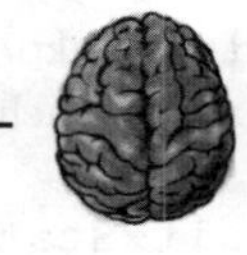

KOPF-NUSS

Wie würden Sie Funktionalität und Inhalt in Mandango mit Funktionen voneinander trennen?

Funktionen sind nur Daten

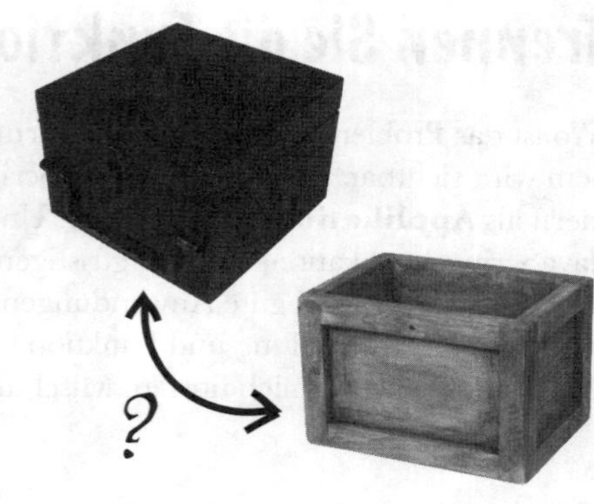

Um Code effektiv aufzuteilen, müssen Sie verstehen, wie Funktionen mit Events verknüpft sind. Bisher haben wir das mit HTML-Attributen gelöst. Es gibt aber auch einen anderen Ansatz, den viele Leute für den gegenüber dem Mischmasch aus JavaScript- und HTML-Code überlegenen halten. Für diese Variante, Event-Handler zu installieren, brauchen wir ein anderes Bild von Funktionen.

Überraschenderweise sind Funktionen auch nur Variablen. Wirklich. Der Trick ist, dass der Funktionsbody der Wert der Variablen ist und der Funktionsname der Variablenname. So kennen Sie Funktionen bisher:

Die Funktion wird wie immer erstellt.

```
function sitzStatusAnzeigen(sitzNummer) {
  alert("Dieser Platz ist  " + sitzStatus(sitzNummer) + ".");
}
```

Dieser Code funktioniert wunderbar. Und jetzt werden Sie sehen, wie dieselbe Funktion auf eine andere Weise erstellt werden kann.

Der Funktionsname ist der Variablenname.

```
var sitzStatusAnzeigen = function(sitzNummer) {
  alert("Dieser Platz ist  " + sitzStatus(sitzNummer) + ".");
};
```

Der Funktionsbody ist der Wert der Variablen und wird in dieser Schreibweise auch als Funktionsliteral bezeichnet.

Dieser Code zeigt, wie eine Funktion mit der gleichen Syntax wie eine Variable definiert werden kann und sogar aus den gleichen Stücken und Teilen besteht: einem eindeutigen Bezeichner (Funktionsname) plus einem Wert (Funktionsbody). Wenn ein Funktionsbody allein ohne Namen verwendet wird, bezeichnet man das als **Funktionsliteral**.

Das Interessante an dieser Enthüllung über Funktionen ist, dass Funktionen wie Variablen manipuliert werden können. Was, glauben Sie, macht z.B. der folgende Code?

```
var meinSitzStatusAnzeigen = sitzStatusAnzeigen;
```

Die sitzStatusAnzeigen()-Funktion der Variablen meinSitzStatusAnzeigen zuweisen.

Funktionen aufrufen oder referenzieren

Wenn Sie den Namen einer Funktion einer Variablen zuweisen, gewähren Sie dieser Variablen Zugriff auf den Body der Funktion. Anders ausgedrückt, können Sie mit Code wie dem folgenden dieselbe Funktion aufrufen:

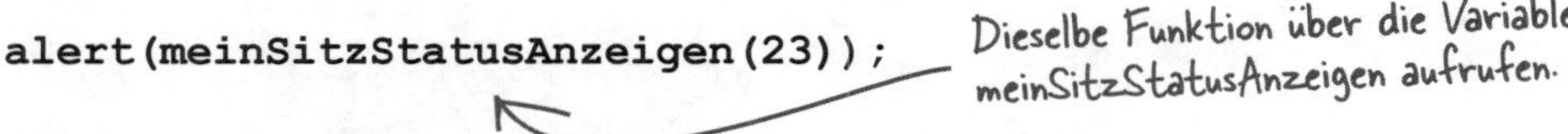

Das Endergebnis ist dasselbe – ob Sie nun `meinSitzStatusAnzeigen()` oder `sitzStatusAnzeigen()` aufrufen –, weil beide Funktionen letztendlich denselben Code **referenzieren**. Aus diesem Grund nennt man Funktionsnamen auch **Funktionsreferenzen**.

```
sitzStatusAnzeigen ------> function() {
                              ...
meinSitzStatusAnzeigen     };
```

Eine Funktion ist einfach eine Variable, deren Wert auf den Funktionsbody referenziert.

Der Unterschied zwischen dem **Referenzieren** einer Funktion und dem **Aufruf** einer Funktion zeigt sich darin, ob Sie den Funktionsnamen mit Klammern `()` verwenden oder nicht. Funktionsreferenzen stehen ohne Klammern, während Funktionsaufrufe immer mit Klammern angegeben werden, in vielen Fällen auch mit Funktionsargumenten.

```
var meinSitzStatusAnzeigen = sitzStatusAnzeigen;
meinSitzStatusAnzeigen(23);
```

Die Funktion meinSitzStatusAnzeigen() ist das Gleiche wie sitzStatusAnzeigen().

meinSitzStatusAnzeigen wird eine Funktionsreferenz zugewiesen.

ÜBUNG

Analysieren Sie den folgenden Code und schreiben Sie auf, welche Nummer das alert-Fenster zeigt.

```
function tuDies(num) {
  return num++;
}

function tuDas(num) {
 return num--;
}

var x = tuDies(11);
var y = tuDas;
var z = tuDas(x);
x = y(z);
y = x;
alert(tuDas(z - y));
```

....
OK

Analysieren Sie den folgenden Code und schreiben Sie auf, welche Nummer das alert-Fenster zeigt.

```
function tuDies(num) {
  return num++;
}

function tuDas(num) {
  return num--;
}

var x = tuDies(11);
var y = tuDas;
var z = tuDas(x);
x = y(z);
y = x;
alert(tuDas(z - y));
```

x = 12
y = tuDas
z = tuDas(12) = 11
x = tuDas(11) = 10
y = 10
alert(tuDas(11 - 10))

0

OK

Es gibt keine Dummen Fragen

F: Ist das Trennen des Inhalts vom Code wirklich so eine große Sache?

A: Ja und nein. In einfachen Anwendungen ist es nicht unbedingt falsch, HTML-, CSS- und JavaScript-Code zu mischen. Die Vorteile der Codeseparation treten in komplexeren Applikationen mit großen Codemengen bedeutender zutage. In umfangreichen Applikationen ist es wesentlich schwieriger, sich einen Überblick zu verschaffen, d.h., es ist leicht, sich mit Änderungen in Schwierigkeiten zu bringen, insbesondere, wenn verschiedene Arten von Code bunt gemischt sind. Durch eine klare Trennung des Codes haben Sie mehr Sicherheit beim Vornehmen funktionaler Änderungen, ohne dabei die Struktur oder Darstellung der Seite zu zerstören. Außerdem können so auch Menschen mit verschiedenen Spezialgebieten am selben Projekt arbeiten. Beispielsweise können Webdesigner an Struktur und Darstellung einer Applikation arbeiten, ohne Angst haben zu müssen, dass sie funktionale Fehler in den JavaScript-Code bringen, die sie nicht verstehen.

F: Wenn Funktionen nur Daten sind, wie kann ich dann eine Funktion von einer normalen Variablen unterscheiden?

A: Der Unterschied zwischen einer Funktion und einer »normalen« Variablen zeigt sich an dem, was Sie mit den Daten machen. Die Daten (Code) von Funktionen können ausgeführt werden. Und dass Sie eine Funktion ausführen möchten, signalisieren Sie dadurch, dass Sie den Funktionsnamen mit Klammern schreiben und eventuell Argumente übergeben, wenn die Funktion welche erwartet.

F: Was ist der Sinn von Funktionsreferenzen?

A: Im Gegensatz zu einer normalen Variablen, die Daten als Wert in einem Speicherbereich ablegt, speichern Funktionen eine Referenz auf ihren Code. Also ist der Wert einer Funktionsvariablen nicht der Code selbst, sondern eine Referenz auf den Speicherbereich, in dem der Code gespeichert ist. Genau so, wie Ihre Postadresse nur eine Referenz auf Ihr Haus ist, nicht das Haus selbst. Funktionen verwenden Referenzen statt tatsächlicher Werte, weil es effizienter ist, als mehrfache Kopien des Funktionscodes anzulegen. Wenn Sie also wie gerade eine Funktion einem Event-Handler zuweisen, weisen Sie eine Referenz auf den Funktionscode zu, nicht den Code selbst.

Rückrufmöglichkeiten für Funktionen

Funktionsreferenzen sind eng mit einer besonderen Art, Funktionen aufzurufen, verbunden, die sehr viel mit der Trennung von Inhalt und Funktionalität zu tun hat. Sie kennen das Aufrufen einer Funktion aus Ihrem Mandango-Code.

```
sitzAendern(i * sitze[i].length + j, "gewaehlt", "Ihr Platz");
```

```
function sitzAendern(sitzNummer, status, beschreibung) {
  ...
}
```

Aber das ist nicht die einzige Möglichkeit, Funktionen in Skripten aufzurufen. Eine andere Art von Funktionen, die **Callback-Funktionen,** können aufgerufen werden, ohne direkt etwas damit zu tun haben.

Wie könnte Mandango von Callback-Funktionen profitieren?

Kamingespräche

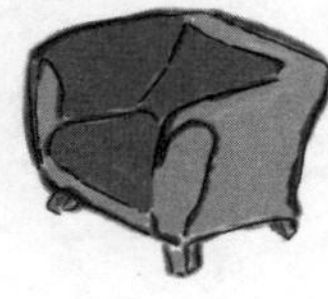

Heute Abend: **Normale Funktion und Callback-Funktion stehen Rede und Antwort**

Normale Funktion:

Du bist das also, von der ich gehört habe, dass sie keine lokalen Aufrufe annimmt. Was ist das für eine Einstellung?

Callback-Funktion:

Keine Einstellung. Ich diene nur einem anderen Zweck. Ich werde lieber von exotischen, weit entfernten Gegenden aus aufgerufen.

Normale Funktion:

Du meinst vom Browser? Wirklich exotisch. Ich glaube, du hältst dich einfach für was Besseres als uns, die jeden Tag regelmäßig mit Skriptcode zu tun haben.

Callback-Funktion:

Schau, es geht nicht darum, wer besser oder schlechter ist. Wir sind alle Skriptcode, nur ich gebe auch Außenstehenden die Möglichkeit, auf Skriptcode zuzugreifen. Ohne mich würdest du nie erfahren, ob etwas außerhalb des Skripts geschieht.

Normale Funktion:

Mann, wäre das ein Verlust! Überhaupt keiner! Wen kümmert's, was außerhalb des Skripts geschieht?

Callback-Funktion:

Na, jeden. Vergiss nicht, dass der Sinn von Skripten ja gerade darin liegt, Benutzern mehr Bedienkomfort zu bieten. Wenn ein Skript keine Events außerhalb feststellen könnte, wäre es ganz schön hart, mehr Benutzerfreundlichkeit zu bieten.

Normale Funktion:

Da könntest du recht haben. Ich möchte darüber Bescheid wissen, wenn die Seite geladen wurde oder der Benutzer etwas anklickt oder tippt. Und du meinst, dass ich ohne dich davon nichts erfahren würde?

Callback-Funktion:

Stimmt. Der Browser ruft mich auf, und meistens rufe ich dann dich auf, da die Reaktion auf äußere Ereignisse oft mehrere Funktionen erfordert.

Normale Funktion:

Aha. Ich freue mich zu hören, dass wir gar nicht so unterschiedlich sind.

Callback-Funktion:

Ja. Also bis bald, oder?

Normale Funktion:

Ruf nicht mich auf – ich rufe dich auf.

Callback-Funktion:

Viel Glück dabei.

Events, Callbacks und HTML-Attribute

Wir haben die ganze Zeit schon Callback-Funktionen verwendet, die vom Browser anstelle Ihres eigenen Codes aufgerufen werden. Die am häufigsten vorkommende Anwendung von Callback-Funktionen ist das Behandeln von Events. Mandango ist bereit schwer auf Callback-Funktionen angewiesen. Und Event-Handling-Funktionen sind der Grund für das Problem mit der Vermischung von HTML- und JavaScript-Code.

Der Browser ruft initialisiereSitze() auf, wenn die Seite geladen wurde.

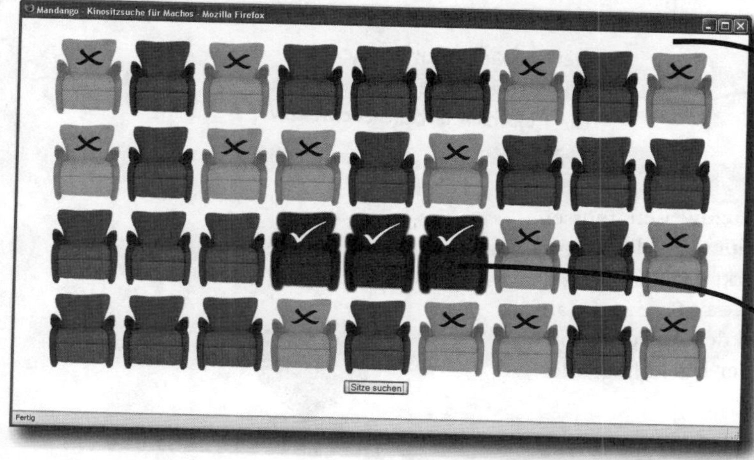

onload!

`initialisiereSitze();`

onclick!

`sitzStatusAnzeigen(26);`

Diese Callback-Funktionen sind mit Events im HTML-Code der Mandango-Seite verknüpft.

Das HTML-Attribut onload verknüpft die initialisiereSitze()-Funktion mit dem onload-Event.

```
<body onload="initialisiereSitze();">

<img id="sitz26" src="" alt="" onclick="sitzStatusAnzeigen(26);" />
```

Das HTML-Attribut onclick verknüpft die Funktion sitzStatus-Anzeigen() mit dem onclick-Event.

Die Technik, Event-Handling-Funktionen an Events via HTML-Attribute zu binden, funktioniert super, hat aber den Nachteil, dass JavaScript-Code mit HTML-Code vermischt wird. Funktionsreferenzen machen es möglich, diese Mischung aufzulösen und HTML und JavaScript voneinander loszueisen ...

Events mit Funktionsreferenzen verknüpfen

Statt mit einem HTML-Attribut eine Callback-Funktion mit einem Event als Event-Handler zu verknüpfen, können Sie direkt im JavaScript-Code eine Funktionsreferenz zuweisen. Anders gesagt, Sie müssen sich überhaupt nicht in den HTML-Code vorwagen – legen Sie die Callback-Funktion einfach mit einer Funktionsreferenz fest, alles vom JavaScript-Code aus.

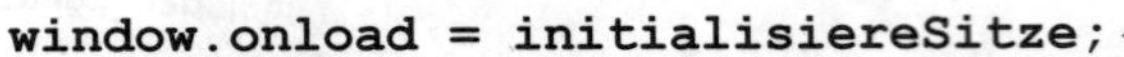

```
window.onload = initialisiereSitze;
```

Auf den Funktionsnamen folgen keine Klammern, weil Sie die Funktion nicht ausführen, sondern nur darauf verweisen möchten.

Das onload-Event ist eine Eigenschaft des window-Objekts.

Der onload-Event-Eigenschaft wird eine Referenz auf die Funktion initialisiereSitze() zugewiesen.

Um einen Event-Handler rein in JavaScript-Code zuzuweisen, müssen Sie eine Funktionsreferenz der Event-Eigenschaft eines Objekts zuweisen. Im Fall dieses `onload`-Event-Handler-Codes bewirkt das Zuweisen der Funktionsreferenz, dass die Funktion `initialisiereSitze()` aufgerufen wird, wenn das Event ausgelöst wird. Obwohl der Aufruf automatisch geschieht, wenn das Event ausgelöst wird, ist der Effekt folgender:

onload! → `window.onload();` → `initialisiereSitze();`

Das onload-Event löst einen Event-Handler über die Eigenschaft window.onload aus ...

... und da der Eigenschaft eine Funktionsreferenz zugewiesen ist, wird die Funktion initialisiereSitze() aufgerufen, um das Event zu behandeln.

Der Vorteil einer Funktionsreferenz beim Zuweisen einer Event-Handler-Funktion zu einem Event ist, dass dadurch JavaScript-Code und HTML-Code sauber voneinander getrennt bleiben. Es muss kein JavaScript-Code HTML-Event-Attributen zugeordnet werden.

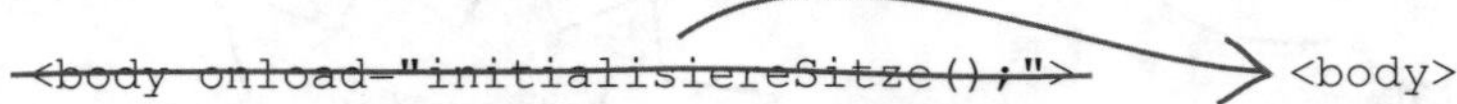

~~<body onload="initialisiereSitze();">~~ → <body>

Jetzt darf das `<body>`-Tag einfach das `<body>`-Tag sein, da der Funktions-Handler rein im JavaScript-Code verknüpft wird. Wir müssen nur sicherstellen, dass der Event-Zuordnungscode so früh wie möglich ausgeführt wird, also gehört er üblicherweise in den Head der Seite.

Es gibt jedoch ein Problem. Was passiert, wenn wir ein Argument an den Event-Handler übergeben müssen, damit er seine Arbeit machen kann? Mit `onload` in Mandango ist das kein Problem, aber das `onclick`-Event braucht die Nummer des Sitzes, auf den geklickt wurde. Funktionsreferenzen bieten keine Möglichkeit, Argumente zu übergeben. Also brauchen wir eine andere Lösung ...

Funktionsreferenzen bieten eine bequeme Möglichkeit, Event-Handler-Funktionen mit Events zu verknüpfen.

Funktionsliterale sind die Rettung

Das `onclick`-Event für die Sitzbilder in Mandango muss die Funktion `sitzStatusAnzeigen()` mit einem Argument (der Sitznummer) aufrufen, um den angeklickten Sitz zu ermitteln. Durch das bloße Zuweisen einer Referenz auf die Funktion wird das Argument nicht übergeben. Das ist ein großes Problem, aber es gibt noch eine Möglichkeit. Die Lösung besteht darin, ein Funktionsliteral als Funktionsreferenz zu verwenden und dann die Funktion `sitzStatusAnzeigen()` aus dem Funktionsliteral heraus aufzurufen.

Das Sitzbildobjekt wird abgerufen, um die onclick-Eigenschaft festzulegen.

onclick!

```
document.getElementById("sitz26").onclick = function(evt) {
   sitzStatusAnzeigen(26);
};
```

Das Funktionsliteral »verpackt« den Aufruf von sitzStatusAnzeigen() und ermöglicht es so, ein Argument zu übergeben.

Das Funktionsliteral wird der onclick-Event-Eigenschaft als Funktionsreferenz zugewiesen.

Ein Event-Objekt wird einem Event-Handler automatisch als erstes Argument übergeben.

Das Funktionsliteral wird nur als Hülle (engl. Wrapper) für den Aufruf der Funktion `sitzStatusAnzeigen()` verwendet, spielt aber die entscheidende Rolle, damit wir die entsprechende Sitznummer an die Funktion übergeben können. Stellen Sie sich das Funktionsliteral als namenlose Funktion vor, die das Event behandelt. Aus diesem Grund werden Funktionsliterale manchmal als **anonyme Funktionen** bezeichnet.

Dieser Code zeigt, wie JavaScript ein Event-Objekt an den Event-Handler übergibt, hier als das Argument `evt`. Das Event-Objekt enthält spezifische Informationen zum jeweiligen Event. In diesem Fall müssen wir nichts Näheres über das Event erfahren, also brauchen wird das `evt`-Argument nicht zu verwenden.

Mit Funktionsliteralen können Sie anonyme Event-Handler-Funktionen erstellen.

ÜBUNG

Verknüpfen Sie `initialisiereSitze()` mit dem `onload`-Event-Handler, aber verwenden Sie diesmal ein Funktionsliteral statt einer Funktionsreferenz.

....

....

....

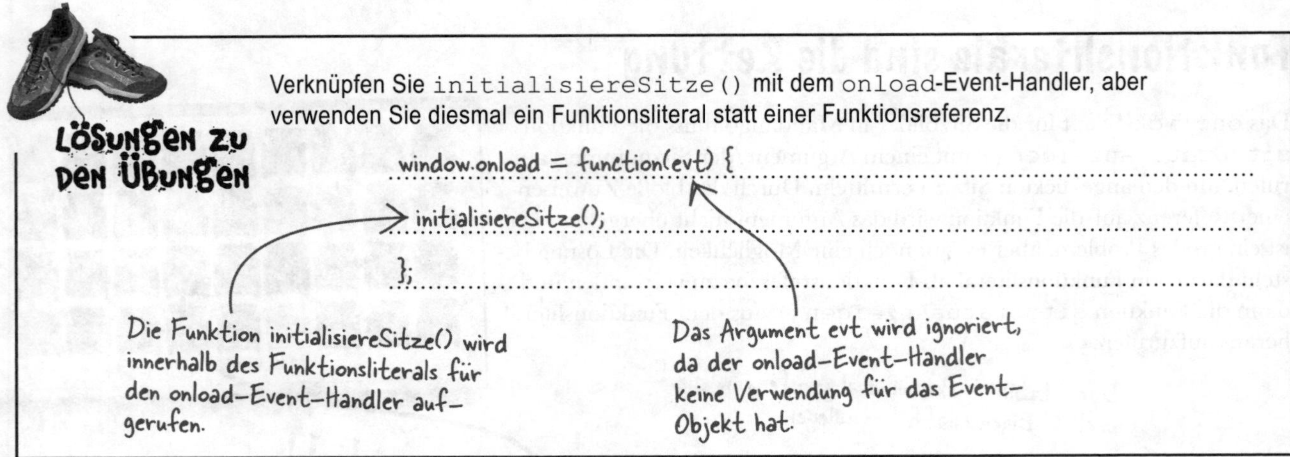

Wo ist die Verknüpfung?

Es gibt noch ein ungelöstes Rätsel beim Verknüpfen von Events mit Funktionsliteralen. Wir wissen, dass der `onload`-Event-Handler wie normaler Skriptcode nur im Head der Seite innerhalb des `<script>`-Tags zugewiesen werden kann. Und das funktioniert gut, weil der mit `onload` verknüpfte Code erst ausgeführt wird, wenn die Seite geladen wurde (das `onload`-Event ausgelöst wird) – ganz so, als hätten wir dem alten Ansatz folgend `initialisiereSitze()` dem HTML-`onload`-Attribut im `<body>`-Tag zugewiesen. Aber wo werden andere Event-Handler mit Funktionsliteralen verknüpft?

Der onload-Event-Handler ist der perfekte Platz, um alle Events zu initialisieren.

Die Spur führt zurück zur Event-Handler-Callback-Funktion für `onload`, ein perfekter Platz, um die Events einer Seite zu verknüpfen.

```
window.onload = function() {
  // Andere Events hier verknüpfen
  ...
  // Sitze initialisieren

  initialisiereSitze();
};
```

Alle anderen Events auf der Seite werden innerhalb des onload-Event-Handlers verknüpft.

Der Code für das onload-Event wird weiterhin im Event-Handler ausgeführt.

Dieser Code läuft darauf hinaus, dass der `onload`-Event-Handler eine Event-Initialisierungsfunktion wird, in der alle anderen Events einer Seite festgelegt werden. Der `onload`-Event-Handler führt also nicht nur allgemeine Initialisierungsaufgaben für die Seite durch, z.B. die Initialisierung der Sitze, sondern verknüpft auch die anderen Event-Handler-Callback-Funktionen der Anwendung.

Es gibt keine Dummen Fragen

F: Warum sind Callback-Funktionen wichtig?

A: Callback-Funktionen sind wichtig, weil Sie damit auf Geschehnisse außerhalb Ihres Codes reagieren können. Statt eine Funktion von Ihrem Code aus aufzurufen, erstellen Sie eine Callback-Funktion, die allzeit einsatzbereit darauf wartet, dass etwas geschieht, damit sie in Aktion treten kann. Wenn dieses geschieht, liegt es in der Verantwortung des Browsers, der Callback-Funktion mitzuteilen, dass sie starten kann. Sie schaffen lediglich die Voraussetzung dadurch, dass Sie die Callback-Funktion mit einem Auslöser verknüpfen, normalerweise einem Event.

F: Gibt es außer Event-Handlern noch andere Callback-Funktionen?

A: Ja. Wir erforschen ein weiteres Einsatzgebiet von Callback-Funktionen, in Kapitel 12, bei der Verarbeitung von angeforderten Daten, die der Ajax-Server schickt.

F: Mich verwirren diese Funktionsliterale. Was ist das, und was ist so toll daran?

A: Ein Funktionsliteral ist einfach ein Funktionsbody ohne Name, ähnlich wie Zahlen- oder String-Literale. Funktionsliterale sind wichtig, weil sie in jenen Situationen ideal sind, in denen Sie eine schnelle Einweg-Callback-Funktion brauchen, also wenn die Funktion nur einmal aufgerufen wird und nicht von Ihrem eigenen Code. Dann erstellen Sie ein Funktionsliteral und weisen es der Event-Eigenschaft direkt zu, statt eine benannte Funktion zu erstellen und ihre Referenz zuzuweisen. Es ist eher eine Frage der Programmiereffizienz und nutzt den Vorteil, dass Sie in manchen Situationen keine formell benannte Funktion benötigen. Und vergessen Sie nicht, dass Funktionsliterale nur nötig sind, wenn es nicht ausreicht, einfach auf eine Funktion zu verweisen, sondern ein Argument an die Funktion übergeben werden muss.

Spitzen Sie Ihren Bleistift

Vervollständigen Sie den Code für Mandangos neue `onload`-Event-Handler-Funktion.

```
window.onload = function() {
  // Button Sitze suchen verknüpfen
  document.getElementById("suchesitze")........... = .............;

  // Sitzbilder-Events verknüpfen
  document.getElementById("sitz0").............= function(evt) { ............................ };
  document.getElementById("sitz1").............= function(evt) { ............................ };
  document.getElementById("sitz2").............= function(evt) { ............................ };
  ...

  // Darstellung der Sitze initialisieren
  ................
};
```

Spitzen Sie Ihren Bleistift – Lösung

Vervollständigen Sie den Code für Mandangos neue `onload`-Event-Handler-Funktion.

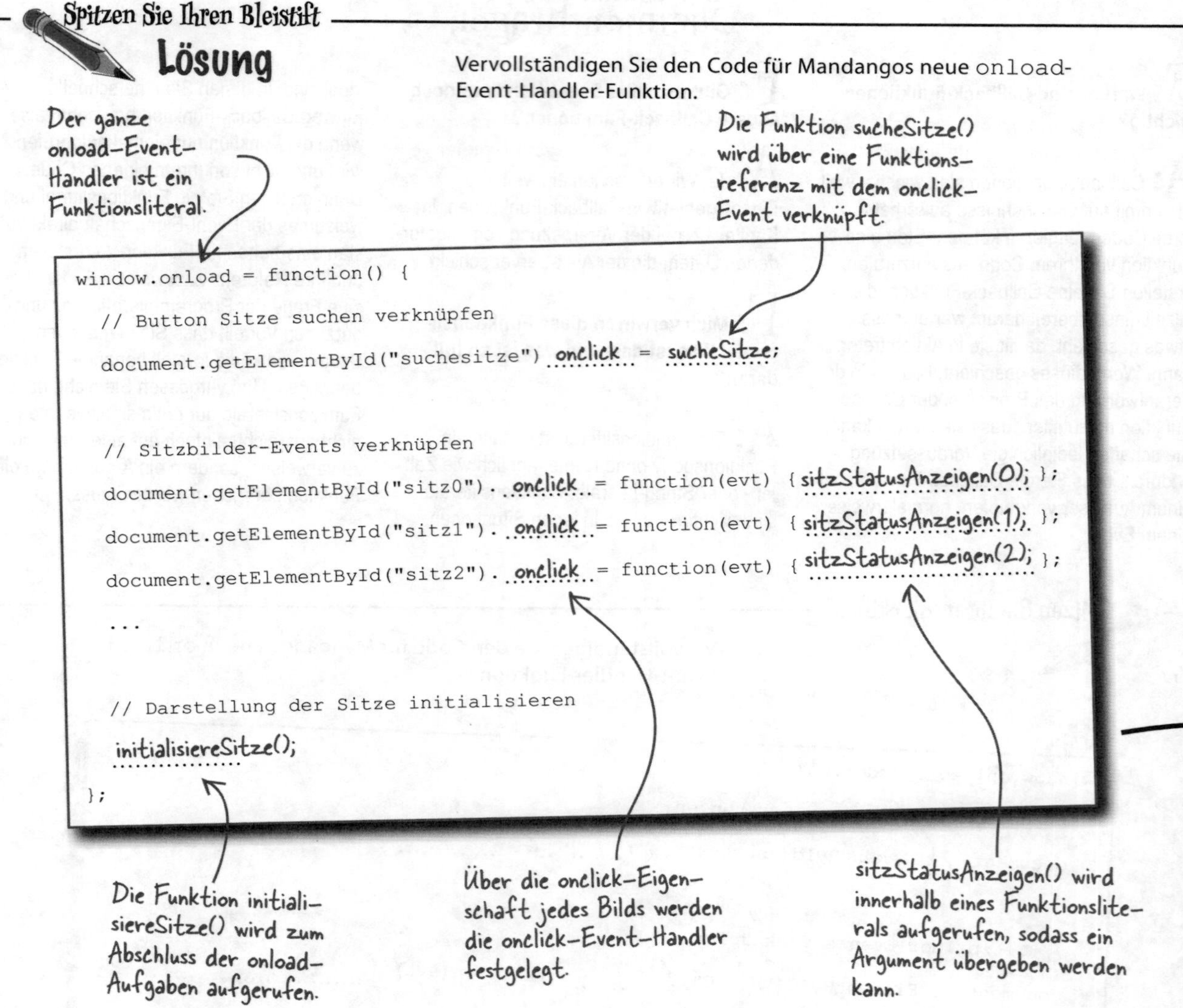

Punkt für Punkt

- Callback-Funktionen werden vom Browser als Reaktion auf Dinge aufgerufen, die **außerhalb des Skripts** geschehen.
- Mit Funktionsreferenzen können **Funktionen zugewiesen werden**, als wären sie **Variablen**.
- Mit Funktionsreferenzen können Sie Event-Handler-Funktionen in JavaScript-Code verknüpfen, **ohne HTML-Code zu ändern**.
- Funktionsliterale sind **namenlose Funktionen**, die praktisch sind, wenn eine benannte Funktion nicht erforderlich ist.

Es gibt keine Dummen Fragen

F: Warum wird der `onload`-Event-Handler in Mandango als Funktionsliteral definiert?

A: Weil es keinen Grund für eine benannte Funktion gibt. Die Funktion wird nur einmal aufgerufen, und zwar in Reaktion auf das `onload`-Event. Wir hätten auch eine benannte Funktion erstellen und `window.onload` ihre Referenz zuweisen können. Aber die Verbindung zwischen Callback-Funktion und Event ist klarer, wenn die Funktion direkt mit einem Funktionsliteral an das Event geknüpft ist.

F: Müssen die anderen Callback-Funktionen im `onload`-Event-Handler verknüpft werden?

A: Ja. Sie glauben vielleicht, Sie könnten sie direkt im `<script>`-Tag im Head der Seite verknüpfen. Aber bedenken Sie, dass der Inhalt der Seite zu diesem Zeitpunkt noch nicht fertig geladen ist. Alle Aufrufe von `getElementById()` würden eine Bauchlandung machen, und die Event-Handler würden nicht scharf gemacht werden. Der `onload`-Handler gewährleistet, dass die Seite fertig geladen wurde.

Das Gerüst einer HTML-Seite

Nach der Trennung des JavaScript-Codes vom HTML-Code in Mandango zeigt sich, wie minimalistisch der strukturelle Teil der Seite wird. Der HTML-Code ist dadurch wesentlich leichter zu pflegen, ohne dass man Angst haben müsste, den JavaScript-Code zu zerstören und die Applikation kaputtzumachen.

```
<body>
  <div style="margin-top:25px; text-align:center">
    <img id="sitz0" src="" alt="" />
    <img id="sitz1" src="" alt="" />
    <img id="sitz2" src="" alt="" />
    <img id="sitz3" src="" alt="" />
    <img id="sitz4" src="" alt="" />
    <img id="sitz5" src="" alt="" />
    <img id="sitz6" src="" alt="" />
    <img id="sitz7" src="" alt="" />
    <img id="sitz8" src="" alt="" /><br />
    <img id="sitz9" src="" alt="" />
    <img id="sitz10" src="" alt="" />
    <img id="sitz11" src="" alt="" />
    <img id="sitz12" src="" alt="" />
    <img id="sitz13" src="" alt="" />
    <img id="sitz14" src="" alt="" />
    <img id="sitz15" src="" alt="" />
    <img id="sitz16" src="" alt="" />
    <img id="sitz17" src="" alt="" /><br />
    <img id="sitz18" src="" alt="" />
    <img id="sitz19" src="" alt="" />
    <img id="sitz20" src="" alt="" />
    <img id="sitz21" src="" alt="" />
    <img id="sitz22" src="" alt="" />
    <img id="sitz23" src="" alt="" />
    <img id="sitz24" src="" alt="" />
    <img id="sitz25" src="" alt="" />
    <img id="sitz26" src="" alt="" /><br />
    <img id="sitz27" src="" alt="" />
    <img id="sitz28" src="" alt="" />
    <img id="sitz29" src="" alt="" />
    <img id="sitz30" src="" alt="" />
    <img id="sitz31" src="" alt="" />
    <img id="sitz32" src="" alt="" />
    <img id="sitz33" src="" alt="" />
    <img id="sitz34" src="" alt="" />
    <img id="sitz35" src="" alt="" /><br />
    <input type="button" id="suchesitze" value="Sitze suchen" />
  </div>
</body>
```

Ein kleiner Schritt für JavaScript ...

Auch wenn wir den Weltfrieden nicht erreicht haben, so haben wir doch einen Schritt in die richtige Richtung gemacht, indem wir JavaScript auf die Klimaregelung angesetzt haben. Große Probleme in kleinere zu zerlegen, Ausrichtung auf ein bestimmtes Ziel, der Anspruch, möglichst viel Code wiederzuverwenden – all das sind Möglichkeiten, wie Funktionen Skripten verbessern können.

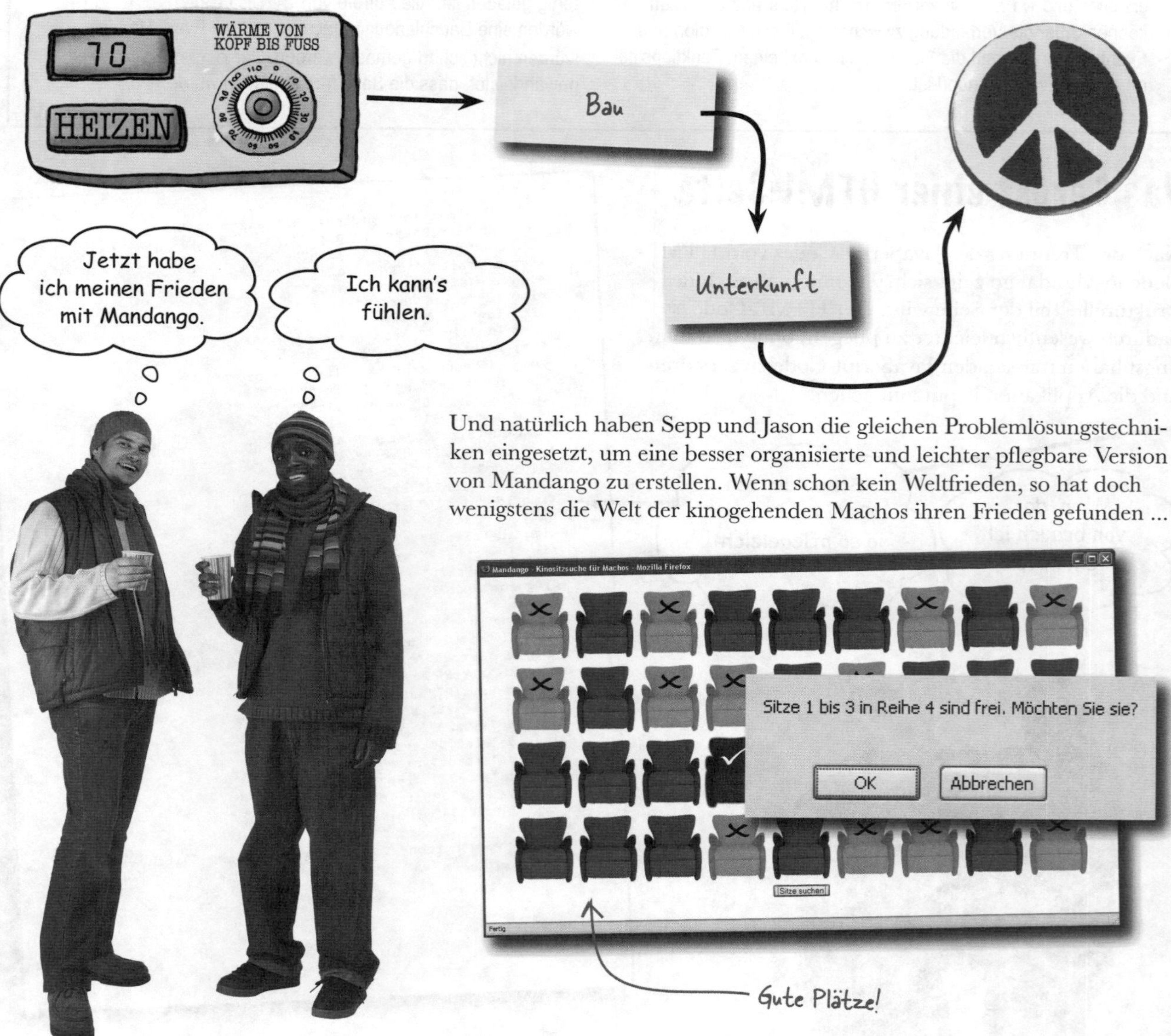

Und natürlich haben Sepp und Jason die gleichen Problemlösungstechniken eingesetzt, um eine besser organisierte und leichter pflegbare Version von Mandango zu erstellen. Wenn schon kein Weltfrieden, so hat doch wenigstens die Welt der kinogehenden Machos ihren Frieden gefunden ...

JavaScript-Kreuzworträtsel

Es ist wieder an der Zeit. Schnallen Sie sich ab und schlängeln Sie Ihre Gehirnwindungen durch das folgende Kreuzworträtsel.

Waagerecht

3. HTML-Code repräsentiert diesen Teil einer Webseite.
6. Wenn Code relativ leicht zu pflegen ist, bietet er ....
7. .... hat jetzt seinen Frieden mit Mandango.
11. Wenn Sie eine Funktion einer Variablen zuweisen, verwenden Sie eine Funktions-..........
12. Funktionen dienen der .... von Code, damit er nicht unnötig wiederholt wird.
13. Eine solche Funktion rufen Sie nie selbst auf.

Senkrecht

1. Funktionen eliminieren solchen Code.
2. JavaScript repräsentiert diesen Teil einer Webseite.
4. Damit werden Daten an Funktionen übergeben.
5. Wiederverwendbarer JavaScript-Code.
8. Funktion sind gut darin, diese zu zerlegen.
9. Namenloser Funktionsbody.
10. Schlüsselwort, um Daten aus einer Funktion zurückzugeben.

JavaScript-Kreuzworträtsel, Lösung

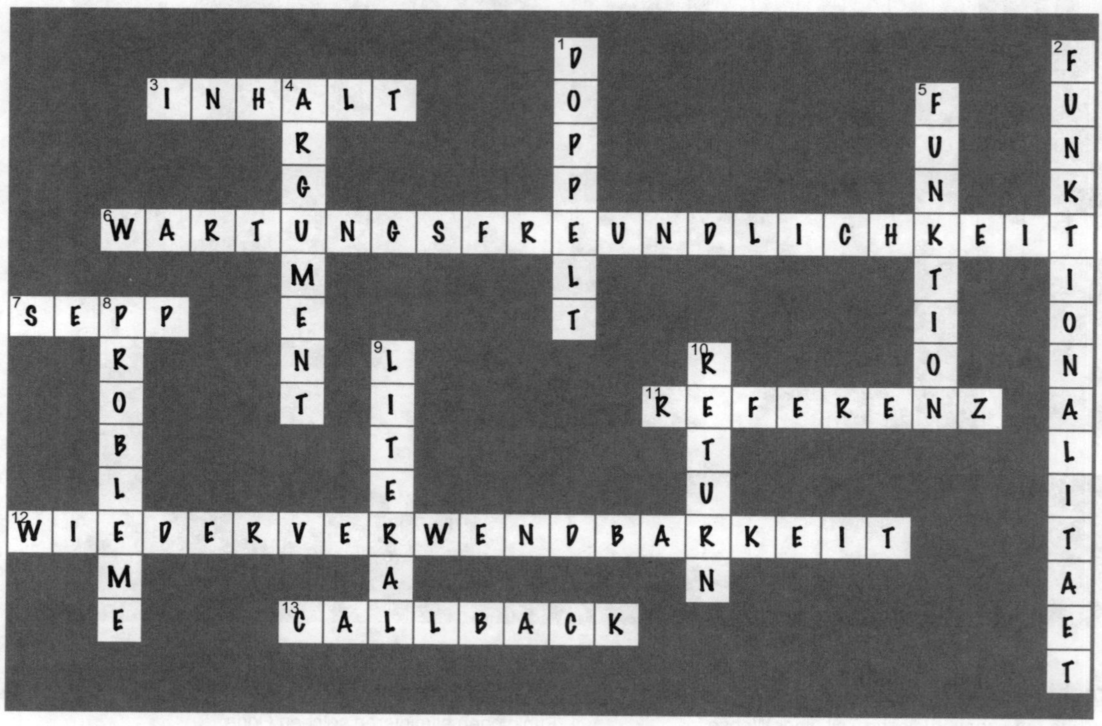

Seitenfalter

Falten Sie die Seite vertikal so, dass die beiden Gehirne zusammenkommen und das Rätsel lösen.

Was bringen Funktionen in Ihr JavaScript-Leben?

Zwei Welten begegnen sich!

Nahrung

Mir ist so kalt.

Das ist nicht angenehm.

Unterkunft

Bürgerrechte

Frieden ist ein schwieriges Unterfangen. Selbst in JavaScript bringt nur der am besten strukturierte Code Ruhe und Gelassenheit. Es ist nicht leicht, in Behaglichkeit zu leben, sogar mit JavaScript.

7 Formulare und Validierung

Dem Benutzer alles entlocken

Sie müssen nicht höflich oder hinterhältig sein, um mit JavaScript Daten über den Benutzer zu erhalten. Aber Sie müssen vorsichtig sein. Menschen haben diese eigenartige Tendenz, Fehler zu machen. Deshalb ***können Sie sich nicht*** immer darauf verlassen, dass die Daten in Onlineformularen ***korrekt*** oder gültig sind. Da kommt JavaScript ins Spiel. Indem Sie **Formulardaten** während der Eingabe **durch den entsprechenden JavaScript-Code schleusen**, können Sie **Webapplikationen zuverlässiger** machen und **Last vom Server nehmen**. Wir müssen ***die kostbare Bandbreite für wichtigere Dinge sparen*** wie Stuntvideos und hübsche Playmates.

Bannerocity: himmlische Botschaften

Der abenteuerlustige Flieger Howard hat seine Liebe zum Fliegen zu einem Geschäft mit Luftbannern gemacht, Bannerocity. Howard möchte dem Begriff »Bannerwerbung« eine neue Dimension verleihen, indem er Onlinebestellungen für Luftbanner annimmt. Er hofft, dass ein Onlinebestellsystem sein Geschäft in Schwung bringt und ihm viel Freizeit beschert, damit er die Lüfte genießen kann.

Bannerocity ... himmlische Werbung!

Howard hat ein echtes Schnäppchen mit seinem alten Flieger aus dem Zweiten Weltkrieg gemacht.

Momentan erfasst Howards Papierformular alle nötigen Informationen für eine Luftbannerbestellung.

Text: Duncan's Donuts ... Nur das Beste!
PLZ: 74129
Flugdatum: 14. Dezember 2008
Name: Duncan Glutenberg
Telefon: 0221/5555309

Es ist äußerst wichtig für das Bannerocity-Onlinebestellformular, dass alle Informationen für die Luftbannerbestellung erfasst werden. Howard denkt, das Onlinebestellformular sollte alle Felder des Papierformulars plus ein E-Mail-Feld enthalten, da die Kunden das Formular online ausfüllen.

Text
Der Text, der auf dem Luftbanner steht.

PLZ
Das Gebiet, über dem das Banner gezeigt werden soll. Howard fliegt über der angegebenen Postleitzahl, wenn er ein Werbebanner zeigt.

Flugdatum
Das Datum, an dem das Banner geflogen werden soll.

Name
Der Kundenname.

Telefon
Die Telefonnummer des Kunden.

E-Mail
Die E-Mail-Adresse des Kunden.

Das Bannerocity-HTML-Formular

Ein bisschen HTML und Howards erster Versuch eines Onlinebestellformulars für Bannerocity sieht schon gut aus.

Bannerocity - Ihr Persönliches Online-Himmelsbanner - Mozilla Firefox

BANNEROCITY

Geben Sie den Bannertext ein:
Geben Sie die Postleitzahl ein:
Geben Sie das Datum ein:
Geben Sie Ihren Namen ein:
Geben Sie Ihre Telefonnummer ein:
Geben Sie Ihre E-Mail-Adresse ein:
Banner bestellen
Fertig

Wow, das Onlinebestellformular sieht echt gut aus.

Howard arbeitet schon einige Zeit im privaten Sektor, aber von der schicken Uniform kann er sich einfach nicht trennen.

Das glänzende neue Bannerocity-Bestellformular enthält alle nötigen Formularfelder und ist ohne jeglichen JavaScript-Code bestellbereit. Wo ist der Haken?

Laden Sie's von http://examples.oreilly.de/german_examples/hfjavascriptger herunter und machen Sie sich an die Arbeit!

Spitzen Sie Ihren Bleistift

Versuchen Sie, mit Howards HTML-Bestellformular eine Bestellung vorzunehmen. Keine Sorge, wir werden sie Ihnen nicht berechnen!

Geben Sie den Bannertext ein:
Geben Sie die Postleitzahl ein:
Geben Sie das Datum ein:
Geben Sie Ihren Namen ein:
Geben Sie Ihre Telefonnummer ein:
Geben Sie Ihre E-Mail-Adresse ein:
Banner bestellen

Spitzen Sie Ihren Bleistift
Lösung

Versuchen Sie, mit Howards HTML-Bestellformular eine Bestellung vorzunehmen. Keine Sorge, wir werden sie Ihnen nicht berechnen!

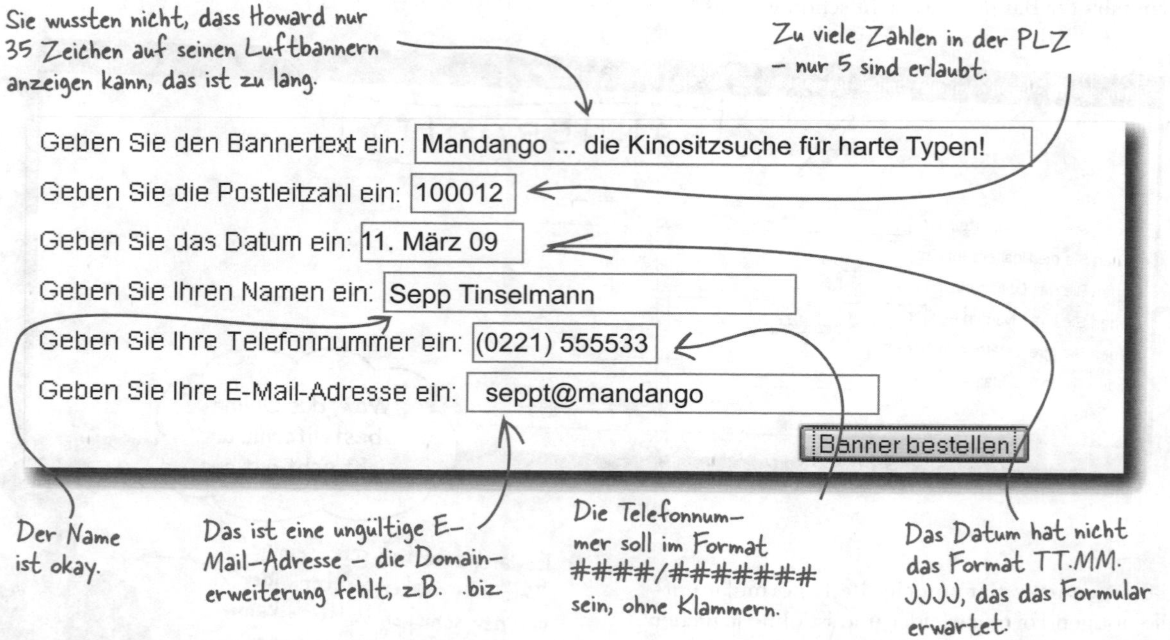

Sie wussten nicht, dass Howard nur 35 Zeichen auf seinen Luftbannern anzeigen kann, das ist zu lang.
Zu viele Zahlen in der PLZ – nur 5 sind erlaubt.
Geben Sie den Bannertext ein: Mandango ... die Kinositzsuche für harte Typen!
Geben Sie die Postleitzahl ein: 100012
Geben Sie das Datum ein: 11. März 09
Geben Sie Ihren Namen ein: Sepp Tinselmann
Geben Sie Ihre Telefonnummer ein: (0221) 555533
Geben Sie Ihre E-Mail-Adresse ein: seppt@mandango
Banner bestellen
Der Name ist okay.
Das ist eine ungültige E-Mail-Adresse – die Domainerweiterung fehlt, z.B. .biz
Die Telefonnummer soll im Format ####/####### sein, ohne Klammern.
Das Datum hat nicht das Format TT.MM.JJJJ, das das Formular erwartet.

Wenn HTML nicht reicht

Onlineformulare sind immer nur so gut wie die Daten, die darin eingegeben werden. Howard merkt, dass er die Hilfe von JavaScript braucht, um sich auf die Formulardaten verlassen zu können. Und er muss dem Benutzer klarmachen, was genau »gute Daten« ausmacht. Ohne einen Hinweis von der Bannerocity-Seite hat der Benutzer z.B. keine Ahnung, dass es eine Beschränkung auf 35 Zeichen für den Bannertext gibt oder dass das Datum im Format TT.MM.JJJJ eingegeben werden muss.

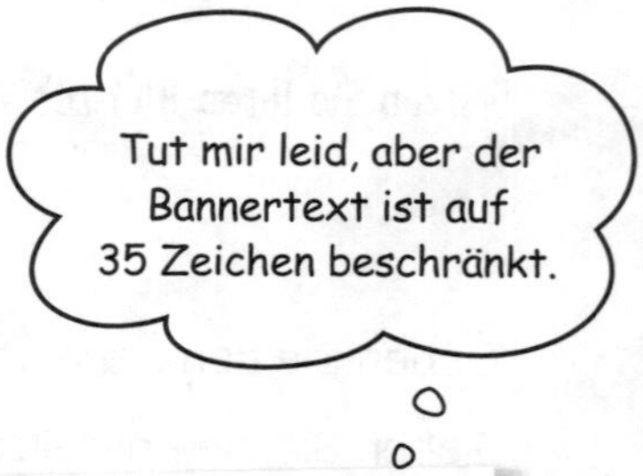

Tut mir leid, aber der Bannertext ist auf 35 Zeichen beschränkt.

Geben Sie den Bannertext ein: Mandango ... die Kinositzsuche für harte Typen!
Nein, HTML-Formulare sprechen normalerweise nicht!
Mit ein bisschen JavaScript können solche Daten verhindert werden.

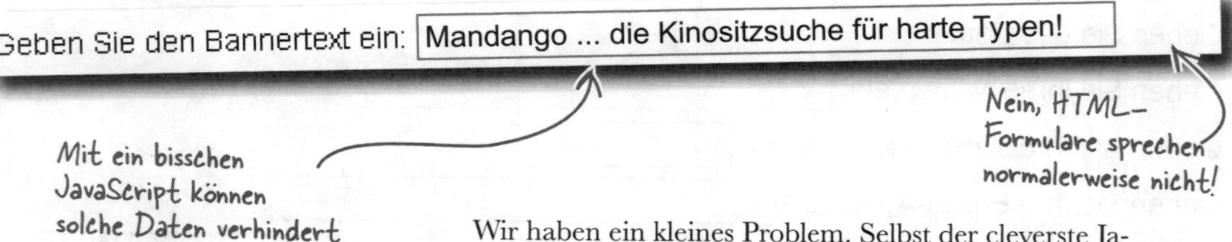

Wir haben ein kleines Problem. Selbst der cleverste JavaScript-Code zum Datenmanipulieren hilft Howard gar nichts, solange er nicht weiß, wie er mit JavaScript auf Formulardaten zugreift ...

Auf Formulardaten zugreifen

Um auf die in ein Formular eingegebenen Daten zuzugreifen, muss zunächst jedes Feld des Formulars einen eindeutigen Bezeichner erhalten. Das geschieht im HTML-Code mit einem oder zwei (oder beiden!) Attributen.

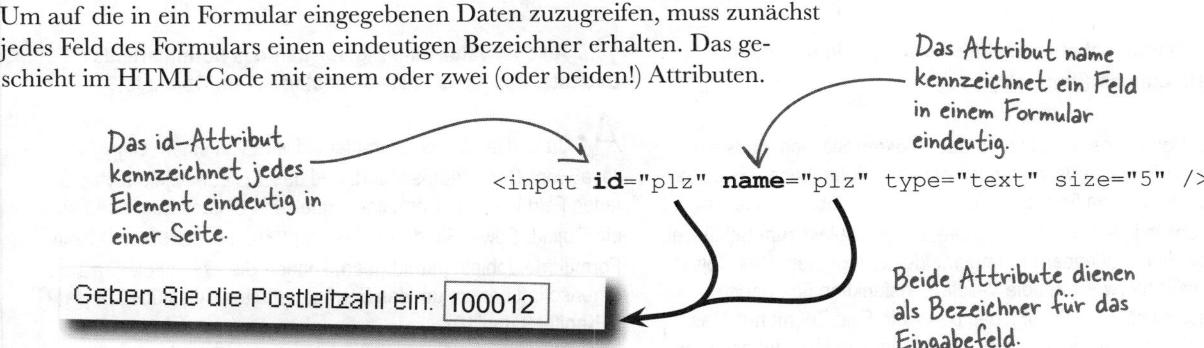

Der Grund für die beiden verschiedenen Bezeichneransätze liegt an der Art, wie Sie auf Formularfelder zugreifen können. Der erste Ansatz verwendet die Funktion `getElementById()`, mit der Sie auf jedes Element einer Seite zugreifen können. Das funktioniert wunderbar, aber speziell für Formularfelder geht es auch einfacher.

Jedes Formularfeld hat ein `form`-Objekt, das an jede Funktion übergeben werden kann, die Formulardaten validiert.

```
<input id="plz" name="plz" type="text" size="5" onclick="zeigEs(this.form)"/>
```

Das Tolle am `form`-Objekt ist, dass es gleichzeitig ein Array ist, das alle Formularfelder enthält. Aber die Array-Elemente werden nicht mit numerischen Indizes gespeichert, sondern anhand ihres eindeutigen Bezeichners, der im `name`-Attribut festgelegt ist! Wenn also das `form`-Objekt an eine Funktion als Argument mit dem Namen `dasFormular` übergeben wird, kann der in das PLZ-Feld eingegebene Wert so gelesen werden:

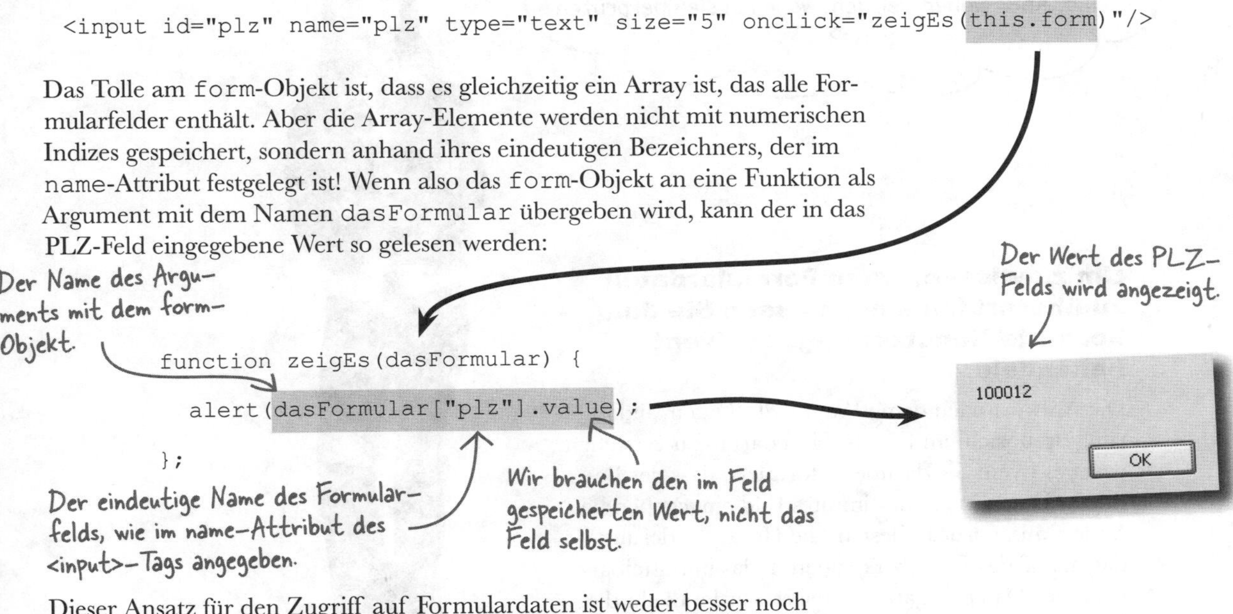

Dieser Ansatz für den Zugriff auf Formulardaten ist weder besser noch schlechter als `getElementById()`, macht aber Code leichter zu lesen, da man dafür weniger braucht. Wenn das `form`-Objekt schon eine Abkürzung bietet, dann sollten Sie sie auch verwenden.

Es gibt keine Dummen Fragen

F: Warum hat ein einzelnes Formularfeld überhaupt Zugriff auf das `form`-Objekt?

A: Den hat es nicht immer, aber merken Sie sich, dass ein Formularfeld eine Validierungsfunktion aufrufen kann, die auf die Daten in anderen Formularfeldern zugreifen muss. In diesem Fall wird das in jedem Feld verfügbare `form`-Objekt zum Schlüssel, um bequem auf andere Formularfelder zuzugreifen. Das Objekt wird typischerweise an die Validierungsfunktion übergeben, sodass diese schnell auf jedes benötigte Feld Zugriff hat. Das Bannerocity-Beispiel stützt sich weiterhin verstärkt auf das form-Objekt, um auf die Felder im Bestellformular zuzugreifen.

F: Also ist value eine Eigenschaft des Formularfelds? Bedeutet das, dass jedes Formularfeld ein Objekt ist?

A: Ja und ja. Jedes Formularfeld wird von einem Objekt im JavaScript-Code repräsentiert, und das `form`-Objekt bietet für jedes Feld in einem Formular schnell und einfach Zugriff auf so ein Objekt. Sowie Sie durch `form["objektname"]` ein Formularfeldobjekt parat haben, können Sie sich an die `value`-Eigenschaft heften, um den Wert zu erhalten. Alles über Objekte in Kapitel 9 und 10.

Ich verstehe, dass es wichtig zu wissen ist, **wie** ich in JavaScript auf Formulardaten zugreife, um sicherzustellen, dass die Daten in Ordnung sind. Aber woher weiß ich, **wann** ich sie überprüfen muss?

Um zu wissen, wann Formulardaten zu überprüfen sind, müssen Sie das korrekte Benutzereingabe-Event behandeln.

Die Antwort nach dem »Wann« der Datenvalidierung dreht sich um Events. Und darum zu verstehen, welches Event Sie darüber informiert, dass der Benutzer Daten in ein bestimmtes Feld eingegeben hat. Anders ausgedrückt, besteht die Herausforderung darin, auf das Event zu reagieren, das unmittelbar nach der Dateneingabe ausgelöst wurde. Bleibt die Frage: Welches Event ist das?

Formularfelder folgen einer Event-Kette

Wenn Daten in ein Formular eingegeben werden, wird ein ganzes Wirrwarr von Events erzeugt. Sie können diese Events als Einstiegspunkt verwenden, um die Daten Feld für Feld zu validieren. Aber das erfordert einen Blick auf die typische Eingabesequenz und ein genaues Verständnis der Events, die ausgelöst werden ... und wann.

1. Sie wählen das Eingabefeld (`onfocus`).
2. Sie geben Daten in das Feld ein.
3. Sie verlassen das Eingabefeld und wechseln zum nächsten (`onblur/onchange`).
4. Sie wählen das nächste Eingabefeld (`onfocus`).
5. Sie geben Daten in das Feld ein ...

Die Eingabe von Daten in ein Formular löst eine ganze Reihe interessanter JavaScript-Events aus.

1 onfocus!

2

Geben Sie den Bannertext ein: Mandango ... die Kinositzsuche für harte Typen!

Geben Sie die Postleitzahl ein: 100012

5

4 onfocus!

onblur!

3 onchange!

Geben Sie das Datum ein:

Geben Sie Ihren Namen ein:

Geben Sie Ihre Telefonnummer ein:

Geben Sie Ihre E-Mail-Adresse ein:

Banner bestellen

Das `onfocus`-Event wird abgefeuert, wenn ein Feld für die Eingabe ausgewählt wird. `onblur` wird dagegen ausgelöst, sobald ein Feld die Eingabeauswahl verliert. Das `onchange`-Event ist ähnlich wie `onblur`, außer dass es nur abgefeuert wird, wenn das Feld die Eingabeauswahl verliert **und** sich sein Inhalt geändert hat.

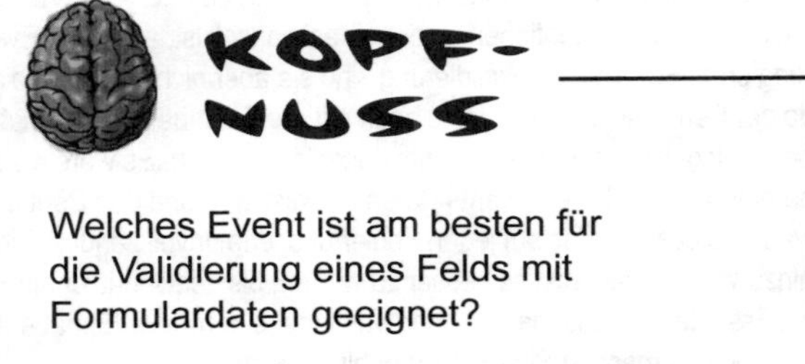

Den Fokus verlieren mit onblur

Es gibt zwar Argumente dafür, das `onchange`-Event für die Datenvalidierung zu verwenden, aber da gibt es ein gewisses Problem: Sie können damit kein leeres Feld validieren. Das liegt daran, dass beim ersten Laden des Formulars keine Daten vorliegen. Da sich die Formulardaten auch nicht ändern, wenn ein Benutzer durch leere Formularfelder navigiert, wird `onchange` nicht ausgelöst. Das `onblur`-Event umgeht das Problem, da es immer abgefeuert wird, wenn ein Feld die Eingabeauswahl, den **Fokus,** verliert.

Das onblur-Event ist der perfekte Auslöser für die Datenvalidierung.

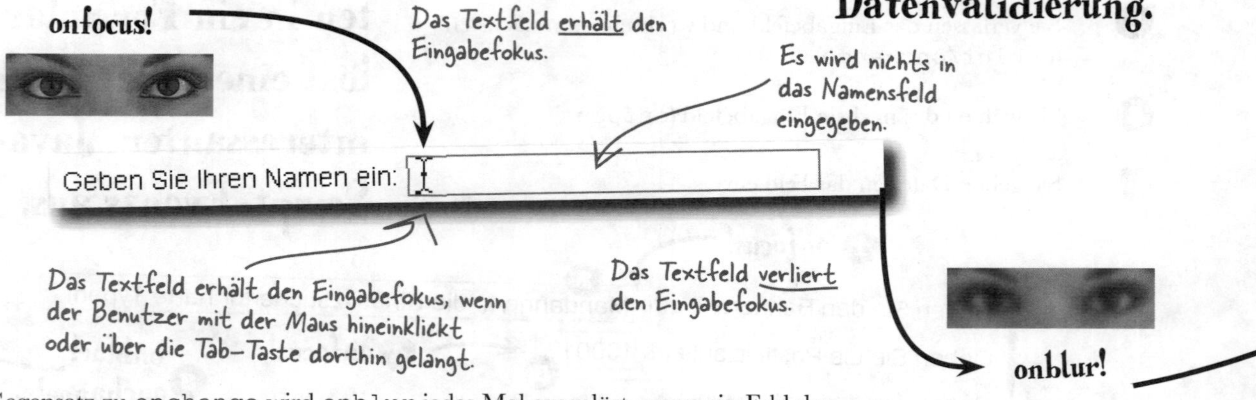

Im Gegensatz zu `onchange` wird `onblur` jedes Mal ausgelöst, wenn ein Feld den Fokus verliert, auch wenn die Daten nicht angerührt wurden. Das macht `onblur` sehr mächtig, bedeutet aber auch, dass Sie vorsichtig damit sein müssen, wie und wann Sie den Benutzer auf Probleme bei der Datenvalidierung hinweisen. Typisches Beispiel: das alert-Fenster, eine einfache, aber riskante Möglichkeit für solche Warnhinweise.

Es gibt keine Dummen Fragen

F: Werden keine Events generiert, während der Benutzer Formulardaten eingibt?

A: Doch. Mehrere Events werden als Reaktion auf Tastenanschläge erzeugt, z.B. `onkeypress`, `onkeyup`, `onkeydown` usw. Natürlich gibt es Situationen, in denen es sinnvoll ist, auf diese Events zu reagieren. Für die Datenvalidierung sind sie aber nicht so gut geeignet, da der Benutzer typischerweise noch mit der Eingabe der Informationen beschäftigt ist, wenn diese Events ausgelöst werden. Es wäre etwas anmaßend, mit diesen Events Daten zu validieren und den Benutzer während des Tippens auf jeden Fehler und jede unvollständige Eingabe hinzuweisen. Daher ist es besser zu warten, bis der Benutzer ein Feld verlässt, denn das ist das Zeichen dafür, dass er mit der Eingabe fertig ist. Und das machen Sie mit dem onblur-Event.

F: `onblur` ist ein eigenartiger Name für ein Event. Was bedeutet das?

A: `onblur` ist das Gegenteil von `onfocus`. So, wie `onfocus` abgefeuert wird, wenn ein Element oder Formularfeld den Eingabefokus **erhält**, so wird `onblur` (von engl. to blur = verschwimmen, verwackeln) ausgelöst, wenn ein Feld den Fokus **verliert**. Obwohl das Wort »Fokus« in diesem Kontext nicht wirklich visuell gemeint ist, bezieht sich das Wort »blur« auf den Verlust des Fokus. Es handelt sich um ein JavaScript-Wortspiel, das zugegebenermaßen ein wenig verwirrend ist. Merken Sie sich einfach, dass `onblur` ausgelöst wird, wenn ein Feld den Fokus verliert.

Ein alert-Fenster für Validierungsmeldungen

alert-Fenster sind sicherlich praktisch, um dem Benutzer schnell Informationen anzuzeigen, und bieten daher die einfachste Möglichkeit, den Benutzer auf Fehler in Formulardaten hinzuweisen. Sie rufen einfach `alert()` während des `onblur`-Events auf, wenn ein Problem mit den Formulardaten festgestellt wird.

Prüfen, ob das Formularfeld leer ist.

Eine Validierungsfunktion wird aufgerufen, um den Namen zu überprüfen.

```
function nichtLeer(eingabeFeld) {
  // Prüfen, ob der Eingabewert Text enthält
  if (eingabeFeld.value.length == 0) {
    // Daten sind ungültig, Benutzer benachrichtigen
    alert("Bitte geben Sie einen Wert ein.");
    return false;
  }

  return true;
}
```

Sagt dem Benutzer, wie das Problem zu beheben ist.

Bitte geben Sie einen Wert ein.

OK

Das Feld name ist leer, also wird ein alert angezeigt.

Spitzen Sie Ihren Bleistift

Wie viele `onblur`-Events werden bei der folgenden Eingabesequenz erzeugt? Wie viele `onchange`-Events? Ignorieren Sie `onfocus`.

Geben Sie Ihren Namen ein: Sepp Tinselmann

Geben Sie Ihre Telefonnummer ein:

Geben Sie Ihre E-Mail-Adresse ein: seppt@mandango

Anzahl `onblur`-Events: ....

Anzahl `onchange`-Events: ....

Spitzen Sie Ihren Bleistift
Lösung

Wie viele onblur-Events werden bei der folgenden Eingabesequenz erzeugt? Wie viele onchange-Events? Ignorieren Sie onfocus.

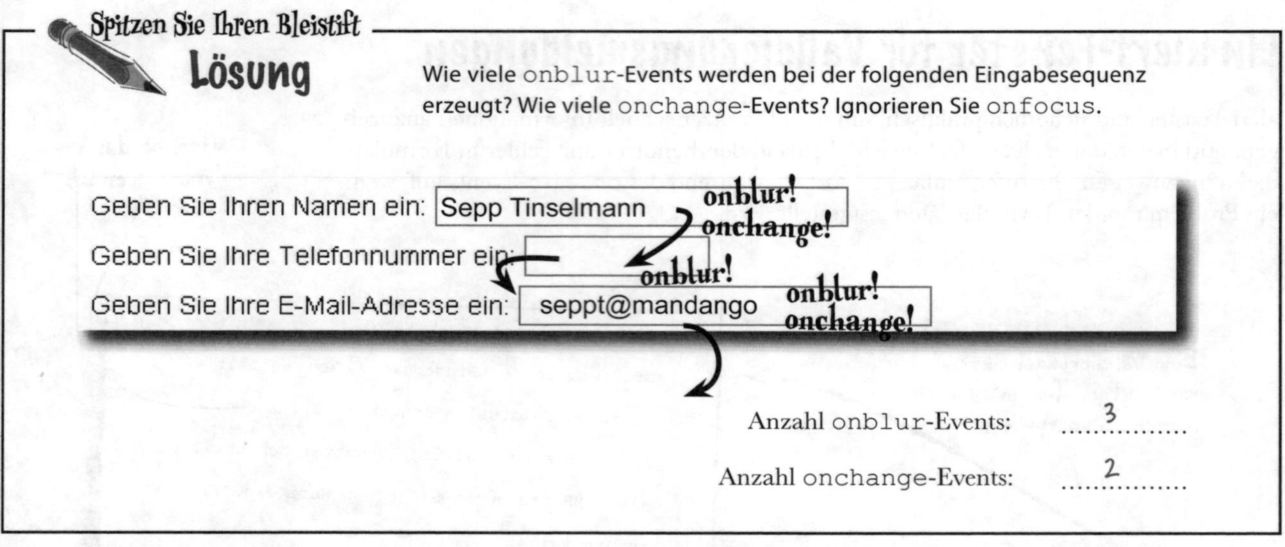

Anzahl onblur-Events: 3

Anzahl onchange-Events: 2

Kamingespräche

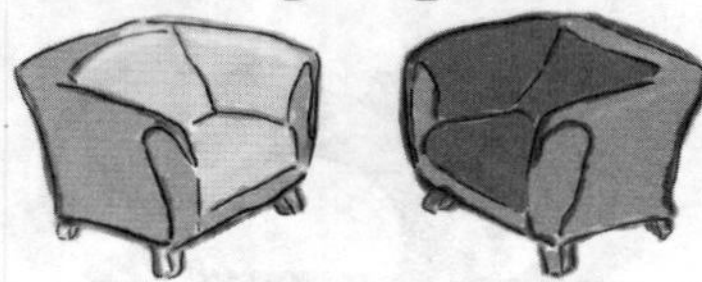

Heute Abend: **onblur und onchange diskutieren darüber, wann auf falsche Formulardaten reagiert werden soll.**

onblur: Heutzutage scheinen sich Skripten ständig darum zu sorgen, was der Benutzer vorhat. Ich schätze, da kommen wir beide ins Spiel.

onchange: Stimmt. Wir sind schon ein Gespann. Immer zur Stelle, um jemanden wissen zu lassen, dass ein Element oder Formularfeld den Fokus verliert oder sich Daten geändert haben ... oder beides!

onblur: Genau darüber wollte ich mit dir sprechen. Es gibt Gerüchte über leere Daten, und viele zeigen mit dem Finger auf dich.

onchange: Ich bin wirklich geschockt über diese Anschuldigungen. Du weißt genau, dass ich immer Schritt halte, wenn es darum geht, ein Skript über geänderte Daten zu benachrichtigen.

onblur: Das stimmt. Niemand bezweifelt deine Zuverlässigkeit, was geänderte Daten angeht. Aber was ist mit einem Formular mit leeren Daten, die sich nicht ändern?

onblur:	**onchange:**
	Willst du sagen, dass ein Benutzer ein Formular mit leeren Feldern abschicken kann? Das hat doch keinen Sinn.
Stimmt, ziemlich sinnlos – genauso wie manche Benutzer, aber sie versuchen es trotzdem.	
	Okay, ein Formular startet also mit leeren Feldern. Der Benutzer überspringt einen Teil der Dateneingabe und schickt das Formular mit den noch immer leeren Felder ab ... Oh Mann, ich glaube, ich bekomme Panikattacken!
Beruhige dich, es liegt ja nicht an dir. Schau, du bist nicht verantwortlich dafür, wenn sich Daten nie ändern. Vergiss nicht: Dein Name ist on**change**.	
	Aber was ist mit dem Szenario, von dem wir gerade gesprochen haben: Ich lasse das Skript mit den leeren Daten kläglich im Stich, und die Welt gerät aus den Fugen?
Lass uns nicht übertreiben. Wie ich gesagt habe, du bist nicht verantwortlich dafür. Wenn ein Skript sich um die Validierung eines Formulars Sorgen macht und sicherstellen möchte, dass die Felder nicht leer sind, sollte es nicht dich zum Auslösen des Validierungscodes verwenden.	
	Das beruhigt mich. Selbst wenn es bedeutet, dass ich für niemanden mehr nützlich bin. Moment, ich glaube, ich fühle wieder diese Panik kommen ...
Komm runter, du reagierst über. Du magst vielleicht nicht ideal zum Auslösen von Validierungscode sein, aber das bedeutet nicht, dass Skripten nicht manchmal wissen möchten, ob sich Daten verändert haben. Was ist mit einem Formular, in dem Leute Daten editieren, die gespeichert werden sollen? Du bist perfekt dafür geeignet, die Daten nur dann speichern zu lassen, wenn sie auch wirklich geändert wurden.	
	Hey, das stimmt. Du meinst also, ich habe doch einen Sinn?
Absolut! Kein Grund, dich selbst zu zerfleischen.	
	Danke, das ist sehr beruhigend.
Gerne. Okay, ich würde gerne noch quatschen, aber ich muss ein paar Daten validieren ... Bis bald!	

Prüfen, ob da ... etwas ist

Zurück zu Bannerocity. Howard weiß, dass er beim Validieren des Bannerocity-Formulars mindestens sicherstellen muss, dass alle Felder Daten enthalten. Aus der Perspektive von JavaScript geht es dabei darum, die Dinge mit eigenartigen Augen zu sehen. Anstatt zu prüfen, ob ein Feld **etwas enthält**, müssen Sie sicherstellen, dass es **nicht nichts enthält**. Anders ausgedrückt, ist »etwas« gleich »nicht nichts«.

etwas = nicht nichts

Der Grund für dieses nicht gerade eingängige Denken ist, dass es einfacher ist, ein Formularfeld auf Leere statt auf Fülle zu prüfen. An der ersten Verteidigungslinie für die Datenvalidierung geht es also darum zu prüfen, ob ein Feld nicht leer ist.

Nicht leer.

Geben Sie Ihren Namen ein: Sepp Tinselmann

Geben Sie Ihre Telefonnummer ein:

Leer.

Howards Validierungsfunktion muss auf das `onblur`-Event jedes Formularfelds reagieren, um die Validierung auf Nicht-Leere durchzuführen. Ein Beispiel:

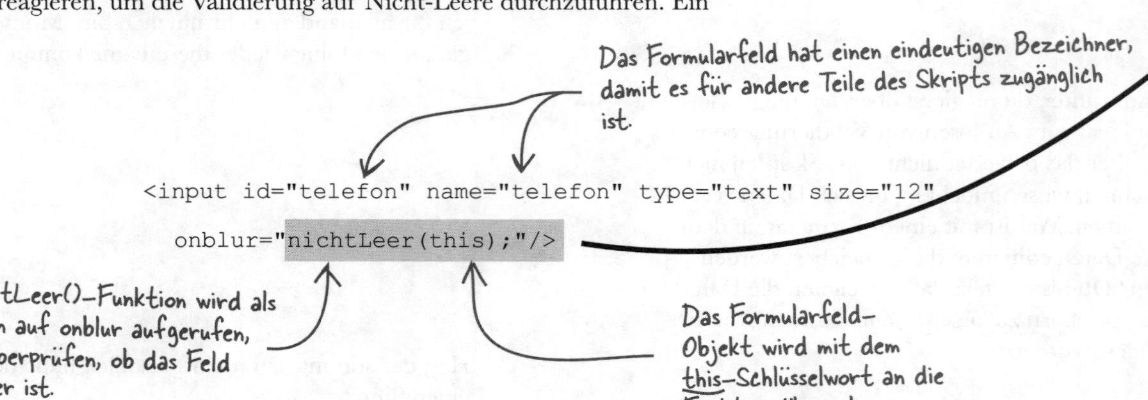

In diesem Code wird das `this`-Schlüsselwort verwendet, um auf das Formularfeld selbst zu verweisen. Indem wir das Formularfeld als Objekt an die Validierungsfunktion übergeben, kann die Funktion sowohl auf den Wert des Formularfelds als auch auf das `form`-Objekt zugreifen, das alle Formularfelder enthält. Das ist manchmal sehr hilfreich.

Felder validieren, damit Sie »nicht nichts« haben

Jedes Formularfeld hat ähnlichen Code, der das `onblur`-Event mit der Funktion `nichtLeer()` verknüpft. Indem Sie das `onblur`-Event jedes Felds an die Funktion binden, werden alle Daten im Formular validiert.

```
<input id="name" name="name" type="text" size="35"
  onblur="nichtLeer(this);"/>
```

Das Formularfeld name ruft die Validierungsfunktion auf, um nachzusehen, ob ein Name angegeben wurde.

Das Formularfeld für telefonnummer ruft die Validierungsfunktion auf, um nachzusehen, ob eine Nummer vorliegt.

```
function nichtLeer(eingabeFeld) {
  // Prüfen, ob der Eingabewert Text enthält
  if (eingabeFeld.value.length == 0) {
    // Daten sind ungültig, Benutzer benachrichtigen
    alert("Bitte geben Sie einen Wert ein.");
    return false;
  }

  return true;
}
```

Die length-Eigenschaft verrät die Anzahl der Zeichen in einem String.

Keine Telefonnummer, also zeigt die Funktion ein alert und gibt false zurück.

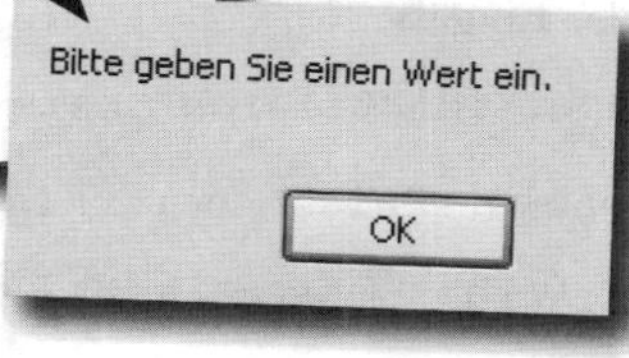

Es gibt einen Namen, also liefert die Funktion einfach true zurück.

...

Bitte geben Sie einen Wert ein.

OK

In diesem Beispiel werden die Rückgabewerte der `nichtLeer()`-Funktion nicht verwendet. Sie dienen dazu, das Ergebnis der Validierung an den aufrufenden Code zu kommunizieren: `true`, wenn die Daten okay sind, oder `false`, wenn nicht. Etwas später werden wir sehen, wie wir mit diesen Rückgabewerten gewährleisten, dass die Formulardaten korrekt sind, bevor wir ein Formular an den Server zum Verarbeiten übermitteln.

Eine Validierungsfunktion, die auf nicht leere Werte prüft, stellt sicher, dass Formularfelder nicht leer gelassen werden.

Können Sie sich vorstellen, welche Nachteile es hat, den Benutzer mit einem Alert auf falsche Formulardaten hinzuweisen?

Validierung ohne lästige alert-Fenster

Es dauert nicht lange, bis Howard merkt, dass alert-Fenster nicht ideal dafür sind, den Benutzer auf ungültige Daten hinzuweisen. Er bekommt reihenweise Beschwerden über die ganzen alert-Fenster, die aufpoppen, wenn die Bannerocity-Bestellungen aufgegeben werden. Wir sind mittlerweile alle ein bisschen darauf konditioniert, uns aufzuregen, wenn ein Pop-up-Fenster unser Onlineerlebnis stört. Und Datenvalidierung macht da keinen Unterschied, auch wenn die alert-Fenster in diesem Fall nur helfen wollen.

Howards Lösung ist ein »passives Hilfesystem«, das ohne alert-Fenster auskommt und daher den Fluss der Dateneingabe nicht stört. Für diesen passiven Ansatz bei den Benutzerhinweisen müssen allerdings einige neue HTML-Elemente in das Formular eingefügt werden.

Ein neues HTML-Element bietet Platz für die Hilfenachrichten der Validierung.

Geben Sie Ihre Telefonnummer ein: *Bitte geben Sie einen Wert ein.*

Das neue HTML-Hilfselement stellt eine bedeutende Verbesserung gegenüber alert-Fenstern dar, da es nicht stört und trotzdem dem Benutzer dieselbe Information transportiert. Und alles, was dafür strukturell hinzugefügt werden muss, ist ein HTML-`<span>`-Tag, dessen Namen zum Formularfeld passt, neben dem es steht. Das neue `<span>`-Tag kommt im Code für das Webformular direkt unter das Eingabefeld.

Ein zweites Argument übergibt jetzt an nichtLeer() das Hilfetext-Element.

```
<input id="telefon" name="telefon" type="text" size="12"
  onblur="nichtLeer(this, document.getElementById('telefon_hilfe'))" />
<span id="telefon_hilfe" class="help"></span>
```

Das <span>-Tag ist zunächst leer, hat aber eine ID, die sie dem Telefonnummern- Formularfeld zuordnet.

Diese beiden IDs müssen übereinstimmen, damit der Hilfetext für das Eingabefeld angezeigt wird.

Die style-Klasse dient der Formatierung des Hilfetexts in roter Kursivschrift, auch wenn das auf dieser gedruckten Seite nur schwer zu erkennen ist!

Mit dem span-Element für den Hilfetext an Ort und Stelle, fehlt nur noch der Code, der den Text anzeigt. Mithilfe des neuen zweiten Arguments der `nichtLeer()`-Funktion stehen die Chancen gut, dass die Funktion dafür sorgt, dass der Benutzer den Hilfetext auch sieht.

Ein subtilerer Nicht-leer-Validierer

Howards geniale passive Hilfetextlösung zeigt sich in einer neuen und verbesserten Funktion `nichtLeer()`, die jetzt auch die Aufgabe übernimmt, die Hilfemeldungen für ein Formularfeld anzuzeigen.

```
function nichtLeer(eingabeFeld, hilfeText) {
  // Prüfen, ob der Eingabewert Text enthält
  if (eingabeFeld.value.length == 0) {
    // Daten sind ungültig, Hilfetext anzeigen
    if (hilfeText != null)
      hilfeText.innerHTML = "Bitte geben Sie einen Wert ein.";
    return false;
  }
  else {
    // Daten sind okay, Hilfetext löschen
    if (hilfeText != null)
      hilfeText.innerHTML = "";
    return true;
  }
}
```

Das hilfeText-Objekt wird an die Funktion als zweites Argument übergeben.

Erst prüfen, ob das hilfeText-Element existiert (hilfeText != null), dann die innerHTML-Eigenschaft mit dem Hilfetext belegen.

Es ist wichtig, den Hilfetext zu löschen, wenn Daten in das Formularfeld eingegeben wurden.

Die Datenvalidierung in Bannerocity wurde durch den neuen passiven Hilfeansatz erheblich verbessert. Wir kommen immer noch mit einer gesunden Dosis JavaScript aus. Allerdings viel klarer, zumindest was die Benutzerfreundlichkeit betrifft.

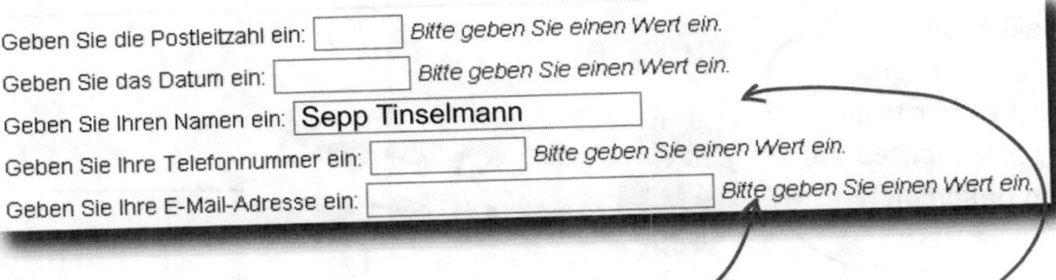

Wenn jetzt Daten fehlen, zeigt Bannerocity einen passiven Hilfetext an.

Ein Name wurde eingegeben, also wird keine Hilfemeldung angezeigt

Viel besser ... keine alert-Fenster! Das ist weniger aufdringlich.

Zu viel des Guten

Wie sich zeigt, funktioniert die Validierung auf Vollständigkeit wunderbar, aber zu viele Daten können genauso problematisch sein wie zu wenige. Schauen Sie sich Howards neuestes Banner an, das ein weiteres Problem mit dem Bannerocity-Bestellformular zeigt.

Auf dem Luftbanner wird nur ein Teil des Bannertexts angezeigt. Sepp und Jason gefällt das gar nicht!

Mandango ... die Kinositzsuche für h

Stimmt was nicht?

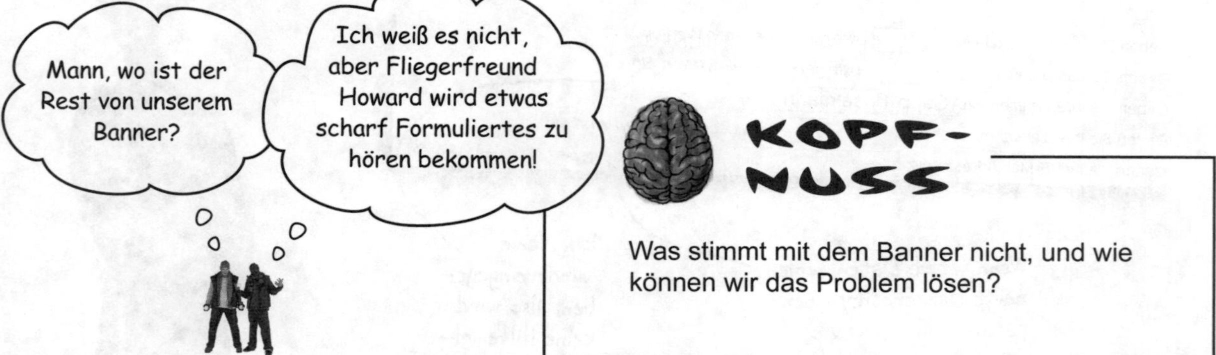

Was stimmt mit dem Banner nicht, und wie können wir das Problem lösen?

Es kommt auf die Größe an ...

Das Problem mit Bannerocity ist, dass Howards Luftbanner nur maximal 35 Zeichen beinhalten können, aber das Textfeld auf dem Bestellformular keine Begrenzung hat. Klar ist es toll, wenn der Benutzer gewarnt wird, wenn überhaupt kein Text eingegeben wurde. Aber ein zu langer Text wird immer noch ohne Zögern angenommen. Und das ist ein großes Problem für Howard!

Der Benutzer gibt zu viel Text ein, aber Bannerocity sagt nicht, dass das ein Problem ist.

Geben Sie den Bannertext ein: Mandango ... die Kinositzsuche für harte Typen!

Mandango ... die Kinositzsuche für h

Da das mehr Text ist, als auf das Banner passt, wird der Werbetext abgeschnitten ... gar nicht gut!

Unbegrenzt Text auf einer begrenzten Fläche darzustellen funktioniert nicht und macht unzufriedene Kunden – so wie Sepp und Jason. Die Lösung besteht darin, das Textfeld so zu validieren, dass es eine maximale Länge einhält. Ein aussagekräftigerer Text für die Validierung ist ebenfalls eine gute Idee, damit die Benutzer auch wissen, dass es eine Maximallänge gibt.

Dieser Bannertext hält die 35-Zeichen-Grenze ein.

Geben Sie den Bannertext ein: Mandango ... Kinokarten für Machos!

Mandango ... Kinokarten für Machos!

Der Text passt perfekt auf das Banner, wenn er auf die maximale Größe beschränkt wird.

Spitzen Sie Ihren Bleistift

Schreiben Sie Pseudocode, der zeigt, wie eine neue Längen-Validierungsfunktion für Bannerocity funktioniert. Achten Sie darauf, dass Sie sowohl die minimale als auch die maximale Länge validieren.

....

....

....

....

Spitzen Sie Ihren Bleistift

Lösung

Schreiben Sie Pseudocode, der zeigt, wie eine neue Längen-Validierungsfunktion für Bannerocity funktioniert. Achten Sie darauf, dass Sie sowohl die minimale als auch die maximale Länge validieren.

Die Funktionsargumente minLaenge und maxLaenge werden für den Bannerocity-Bannertext auf 1 und 35 festgelegt.

```
If (feldWert kürzer als minLaenge OR feldWert länger als maxLaenge)
   Hilfetext anzeigen
Else
   Hilfetext löschen
```

Die Datenlänge validieren

Die Rolle der neuen Funktion `validiereLaenge()` besteht darin zu überprüfen, ob sich der Wert in einem Formularfeld an eine gewisse Minimal- und Maximallänge hält. Bei Bannerocity soll die Funktion vor allem die Länge des Bannertextfelds beschränken, aber auch die Minimallänge von 1 erzwingen. Es ist unwahrscheinlich, dass Howard einen Kunden findet, der den Buchstaben L ganz allein fliegen lassen will. Aber es muss gewährleistet sein, dass es nicht mehr als 35 Zeichen sind und nicht weniger als eins ist.

```
validiereLaenge(minLaenge,
  maxLaenge, eingabeFeld,
  hilfeText);
```

Zusätzlich zur vorgeschriebenen Maximal- und Minimallänge braucht die Funktion `validiereLaenge()` zwei weitere Argumente für das zu validierende Eingabefeld und das Hilfetextelement, um den Hilfetext anzuzeigen. Macht insgesamt vier Funktionsargumente.

maxLaenge Die maximal zulässige Textmenge für das Eingabefeld.

Geben Sie den Bannertext ein: [Mandango ... die Kinositzsuche für harte Typen!] *Bitte geben Sie einen Wert von 1 bis 35 Zeichen Länge ein.*

minLaenge Die erforderliche minimale Textmenge für das Eingabefeld.

eingabeFeld Das Eingabefeld, dessen Länge validiert werden soll.

hilfeText Das Element, in dem der Hilfetext angezeigt wird.

```
<input id="text" name="text" type="text" size="35"
  onblur="validiereLaenge(1, 35, this, document.getElementById('text_hilfe'))" />
<span id="text_hilfe" class="help"></span>
```

Das Eingabefeld-Objekt für den Bannertext.

Die Funktion `validiereLaenge()` nimmt den Wert des Arguments `eingabeFeld` und prüft, ob es mindestens so lang ist wie `minLaenge`, aber nicht länger als `maxLaenge`. Falls der Wert zu kurz oder zu lang ist, wird ein entsprechender Hilfetext im Element `hilfeText` auf der Seite angezeigt.

Punkt für Punkt

- Jedes Formularfeld ist als JavaScript-Objekt zugänglich.
- Im Formularfeld-Objekt gibt es die Eigenschaft `form`, die das **gesamte Formular** als Array von Feldern abbildet.
- Das `onblur`-Event wird abgefeuert, wenn ein Formularfeld den Eingabefokus verliert, und ist ideal zum Auslösen von Datenvalidierungsfunktionen.
- Alert-Fenster sind oft sehr plump und zu nervig, um Benutzer auf Probleme bei der Datenvalidierung hinzuweisen.
- Ein passiver Ansatz für die Validierungshilfe ist intuitiver und weniger lästig für die Benutzer.
- Die `length`-Eigenschaft eines Strings gibt die Anzahl Zeichen in diesem String an.

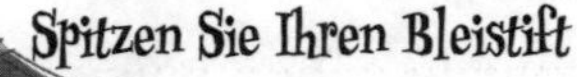

Spitzen Sie Ihren Bleistift

Vervollständigen Sie den Code für die Funktion `validiereLaenge()` und achten Sie genau auf die zu übergebenden Argumente.

```
function validiereLaenge(minLaenge, maxLaenge, eingabeFeld, hilfeText) {
  // Überpüfen, ob der Eingabewert mind. minLaenge, aber nicht mehr als maxLaenge Zeichen enthält
  ..........

  // Daten sind ungültig, Hilfetext anzeigen
  ..........
  ..........
  ..........
  ..........
  ..........
  ..........

  // Daten sind okay, Hilfetext löschen
  ..........
  ..........
  ..........
  ..........
}
```

Spitzen Sie Ihren Bleistift

Lösung

Vervollständigen Sie den Code für die Funktion `validiereLaenge()` und achten Sie genau auf die zu übergebenden Argumente.

```
function validiereLaenge(minLaenge, maxLaenge, eingabeFeld, hilfeText) {

  // Überpüfen, ob der Eingabewert mind. minLaenge, aber nicht mehr als maxLaenge Zeichen enthält
  if (eingabeFeld.value.length < minLaenge || eingabeFeld.value.length > maxLaenge) {
    // Daten sind ungültig, Hilfetext anzeigen
    if (hilfeText != null)
      hilfeText.innerHTML = "Bitte geben Sie einen Wert von " + minLaenge + " to " + maxLaenge +
        " Zeichen länge ein.";
    return false;
  }
  else {
    // Daten sind okay, Hilfetext löschen
    if (hilfeText != null)
      hilfeText.innerHTML = "";
    return true;
  }
}
```

Sowohl die minimale als auch die maximale Länge des Formularfeldwerts prüfen.

Hilfetext so festlegen, dass er das Feldlängenproblem wiedergibt.

Hilfetext löschen, wenn die Feldlänge okay ist.

Textproblem gelöst

Howard ist erleichtert, dass das Problem mit der Bannerlänge gelöst ist. Abgesehen von der Möglichkeit, ein längeres Banner zu kaufen, hatte er keine weitere Option. Das Problem auf JavaScript-Ebene aus der Welt zu schaffen war also eine gute Idee. Wenigstens kennen die Benutzer jetzt vor der Bestellung die Grenzen von Bannerocity.

Der Hilfetext weist jetzt auf Bannertext hin, der die Grenzen sprengt.

Geben Sie den Bannertext ein: [Auf ins Strichmännchenabenteuer!] *Bitte geben Sie einen Wert von 1 bis 35 Zeichen Länge ein.*

Es gibt keine Dummen Fragen

F: Was ist so schlecht an den alert-Fenstern bei der Validierung? Die meisten Leute verstehen doch, dass es keine Pop-up-Werbung ist.

A: Sicherlich bemerken die meisten, dass JavaScript-alert-Fenster nichts mit Pop-up-Werbung zu tun haben. Aber das ändert nichts an der Tatsache, dass alert-Fenster als ziemlich aufdringlich empfunden werden. Alles ist störend, was den Benutzer dazu bringt, mit dem aufzuhören, was er gerade macht, und in ein anderes Fenster zu klicken. Während alert-Fenster ihren festen Platz in der JavaScript-Programmierung haben, gehört die Datenvalidierung nicht dazu.

F: Die Verwendung von `this` im `onblur`-Code für die Formularfelder ist verwirrend. Ist das Formularfeld ein Objekt, oder ist das Formular selbst ein Objekt?

A: Beide. Im Kontext eines HTML-Elements bezieht sich das `this`-Schlüsselwort auf das Element als Objekt. Im Fall eines Formularfelds ist `this` eine Referenz auf das Formularfeld-Objekt. Im Formularfeld-Objekt gibt es die Eigenschaft `form`, die Zugriff auf das gesamte Formular als Objekt gewährt. Wenn also im `onblur`-Code eines Formularfelds `this.form` steht, handelt es sich um eine Referenz auf das Formular selbst, und zwar als Objekt.

Über `this.form` erhalten wir im Bannerocity-Code Zugriff auf das Hilfetextelement zu einem bestimmten Eingabefeld. Schließlich ist `this.form` eine Referenz auf das `form`-Objekt, das wiederum ein assoziatives Array von Formularfeldern ist. Somit können Sie auf ein Feld namens `mein_Feld` über die Array-Schreibweise schnell mit dem Code `this.form["mein_Feld"]` zugreifen. Sie könnten auch `getElementById()` verwenden, aber der Ansatz über das Formular ist prägnanter.

F: Welche Bedeutung haben das name- und das id-Attribut bei der Verknüpfung der Hilfetextelemente mit den Eingabefeldern?

A: Die `id` der Hilfetextelemente basiert auf `id/name` der zugehörigen Eingabefelder, ist aber nicht exakt gleich. Die Hilfetext-ID verwendet die Eingabefeld-ID mit dem Text `_hilfe` am Ende. Durch diese Namenskonvention entsteht eine klare und konsistente Verbindung zwischen dem jeweiligen Eingabefeld und dem Element, das den zugehörigen Hilfetext anzeigt. Natürlich könnten Sie die IDs der Hilfetextelemente beliebig wählen, solange sie eindeutig sind und korrekt an die Validierungsfunktionen übergeben werden.

F: Warum muss der Hilfetext in der Validierungsfunktion gelöscht werden, wenn die Daten korrekt sind?

A: Bedenken Sie, dass die Aufgabe eines Hilfetexts darin besteht, dem Benutzer zu helfen, wenn es ein Problem gibt. Wenn die in ein Formularfeld eingegebenen Daten okay sind, gibt es kein Problem und damit auch keinen Grund für einen Hilfetext. Und da eine Hilfemeldung von einer vorherigen Validierung desselben Felds noch sichtbar sein könnte, ist es am sichersten, den Hilfetext jedes Mal zu löschen, wenn die in ein Feld eingegebenen Daten in Ordnung sind.

F: Was passiert, wenn kein Hilfetextelement als Argument für die Validierungsfunktion angegeben wird?

A: Das Skript sucht und sucht nach dem fehlenden Element, überhitzt die Seite und hinterlässt verbrannte Erde im Browser. Na gut, nicht wirklich. Das passive Hilfesystem in Bannerocity verschwindet stillschweigend, wenn das Argument hilfeText nicht in der Validierungsfunktion verwendet wird. Also wird der Hilfetext für das Eingabefeld einfach nicht angezeigt. Das Hilfetextsystem ist so angelegt, dass es völlig optional ist. Das Schöne an diesem Ansatz ist, dass Sie den Hilfetext ganz nach Bedarf einsetzen können. Sie können den Hilfetext auch für einzelne Felder weglassen, da Sie nicht für jedes Feld eines Formulars ein Hilfetextelement hinzufügen müssen.

Dadurch dass der Validierungscode überprüft, ob das Argument `hilfeText` nicht null ist, kann das Hilfetextelement optional sein. Ist das Hilfetextelement nicht `null`, bedeutet das, dass das Element existiert und Hilfetext angezeigt werden kann. Ansonsten geschieht nichts, da das Element nicht vorhanden ist.

F: Begrenzt nicht bereits das `size`-Attribut des HTML-Formularfelds die Länge des Felds?

A: Das `size`-HTML-Attribut begrenzt nur die physische Größe des Formularfelds auf der Seite – dadurch wird nicht festgelegt, wie viele Daten eingegeben werden können. Das Feld plz in Bannerocity hat beispielsweise ein `size`-Attribut von 5, wodurch das Feld auf der Seite ungefähr die Größe von 5 Zeichen hat. Sie können die Textlänge in HTML auch über das Attribut `maxlength` begrenzen, aber es gibt kein Attribut `minlength`. Eine Validierungsfunktion bietet größtmögliche Flexibilität bezüglich der Länge der in ein Feld eingegebenen Zeichen. Bei der Postleitzahl wäre es aber sinnvoll, nicht nur zu überprüfen, ob es sich um fünf Zeichen handelt, sondern auch sicherzustellen, dass es fünf Ziffern sind. Howard sollte sich überlegen, das in Bannerocity einzubauen ...

Richtiges Banner, falscher Ort

Howards Onlineformular macht trotz seiner besten Validierungsbemühungen noch immer Schwierigkeiten. Diesmal wurde eine Postleitzahl falsch eingegeben, sodass Howard stundenlang über dem falschen Gebiet geflogen ist. Fast noch schlimmer als Howards verschwendete Zeit ist der unglückliche Kunde: Duncan, dem dadurch einige Donutverkäufe durch die Lappen gegangen sind.

In diesem Fall kommt menschliches Versagen zu einem Fehler bei der Dateneingabe hinzu und hat großen Schaden angerichtet. Der Kunde hat versehentlich ein l satt einer 9 eingegeben, weil die Tasten auf der Tastatur nebeneinanderliegen. Howard hat das l als 1 gelesen und ist mit dem Banner über dem falschen Gebiet geflogen.

KOPF-NUSS

Wie würden Sie eine Postleitzahl validieren?

Postleitzahlen validieren

Howards Problem rührt von einer falsch eingegebenen Postleitzahl her. Eine Postleitzahl besteht aus genau fünf Ziffern. Um eine Postleitzahl zu validieren, müssen wir also sicherstellen, dass der Benutzer genau fünf Ziffern eingibt ... nicht mehr und nicht weniger.

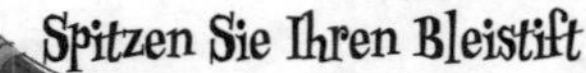

Spitzen Sie Ihren Bleistift

Vervollständigen Sie den Code für die Funktion `validierePLZ()`, die Postleitzahlen so validiert, dass diese aus genau fünf numerischen Zeichen bestehen.

```
function validierePLZ(eingabeFeld, hilfeText) {
  // Zunächst prüfen, ob die Länge der Eingabe ungleich 5 ist

  if (..........................................) {

    // Daten sind ungültig, Hilfetext anzeigen
    if (hilfeText != null)
      hilfeText.innerHTML = "Bitte geben Sie genau 5 Ziffern ein.";

    ........................
  }
  // Dann prüfen, ob eine Zahl eingegeben wurde

  else if (....................................) {

    // Daten sind ungültig, Hilfetext anzeigen
    if (hilfeText != null)
      hilfeText.innerHTML = "Bitte geben Sie eine Zahl ein.";

    ........................
  }
  else {
    // Daten sind okay, Hilfetext löschen
    if (hilfeText != null)
      hilfeText.innerHTML = "";

    ........................
  }
}
```

Spitzen Sie Ihren Bleistift – Lösung

Vervollständigen Sie den Code für die Funktion `validierePLZ()`, die Postleitzahlen so validiert, dass diese aus genau fünf numerischen Zeichen bestehen.

Prüfen, ob die Länge des PLZ-Strings ungleich 5 ist.

```
function validierePLZ(eingabeFeld, hilfeText) {
  // Zunächst prüfen, ob die Länge der Eingabe ungleich 5 ist
  if ( eingabeFeld.value.length != 5 ) {
    // Daten sind ungültig, Hilfetext anzeigen
    if (hilfeText != null)
      hilfeText.innerHTML = "Bitte geben Sie genau 5 Ziffern ein.";
    return false;
  }
  // Dann prüfen, ob eine Zahl eingegeben wurde
  else if ( isNaN(eingabeFeld.value) ) {
    // Daten sind ungültig, Hilfetext anzeigen
    if (hilfeText != null)
      hilfeText.innerHTML = "Bitte geben Sie eine Zahl ein.";
    return false;
  }
  else {
    // Daten sind okay, Hilfetext löschen
    if (hilfeText != null)
      hilfeText.innerHTML = "";
    return true;
  }
}
```

false zurückliefern, da die Länge der PLZ ungleich 5 ist.

Die Funktion isNaN() prüft, ob der Wert keine Zahl ist.

False, weil die PLZ keine Zahl ist.

Wir liefern true zurück, da die PLZ valide ist.

Aufgepasst

Es ist nicht immer gewährleistet, dass Postleitzahlen rein numerisch sind.

Wenn ein Webformular auch Postleitzahlen für Adressen außerhalb Deutschlands verarbeiten soll, ist es keine allzu gute Idee, nur rein numerische Postleitzahlen zu akzeptieren. Manche Länder verwenden Postleitzahlen aus Buchstaben und Ziffern. US-amerikanische Postleitzahlen bestehen z.B. aus 9 Ziffern im Format #####-####, die durch den Bindestrich nicht numerisch sind.

Fehlerhafte Daten sollten nie bis zum Server kommen.

Huch! Der gesammelte Datenvalidierungscode der Welt wäre sinnlos, wenn der Benutzer alles umgehen kann, indem er auf den Button klickt und das Formular wider jede gute Absicht abschickt. Fatal an Bannerocity ist, dass die Formularfelder keiner Validierung unterzogen werden, bevor das Formular abgeschickt wird. Deshalb können derzeit immer noch ungültige Formulardaten an den Server geschickt werden.

Die ganze Datenvalidierung bringt nichts, wenn sie der Benutzer ignorieren und das Formular mit fehlerhaften Daten einfach abschicken kann.

Bannerocity - Ihr Persönliches Online-Himmelsbanner - Mozilla Firefox

BANNEROCITY

Geben Sie den Bannertext ein: Auf ins Strichmännchenabenteuer! Bitte geben Sie einen Wert von 1 bis 35 Zeichen Länge ein.

Geben Sie die Postleitzahl ein: Bitte geben Sie einen Wert ein.

Geben Sie das Datum ein: Bitte geben Sie einen Wert ein.

Geben Sie Ihren Namen ein: Bitte geben Sie einen Wert ein.

Geben Sie Ihre Telefonnummer ein: Bitte geben Sie einen Wert ein.

Geben Sie Ihre E-Mail-Addresse ein: Bitte geben Sie einen Wert ein.

Banner bestellen

Fertig

Der Button »Banner bestellen« braucht ein bisschen Validierung, bevor die Formulardaten an den Server übermittelt werden.

Eine wirklich stabile Applikation würde die Daten auch auf dem Server validieren, um sicherzugehen.

Bannerocity braucht eine weitere Funktion, die alle Formularfelder validiert, bevor das Formular an den Server zur Verarbeitung übermittelt wird. Die benutzerdefinierte Funktion `bestellungAbschicken()` ist mit dem Button »Banner bestellen« verknüpft und wird für eine finale Validierungsrunde aufgerufen, bevor die Bestellung abgeschlossen wird.

```
<input type="button" value="Banner bestellen" onclick="bestellungAbschicken(this.form);" />
```

bestellungAbschicken() unter der Lupe

```
function bestellungAbschicken(form) {
  if (nichtLeer(form["text"], form["text_hilfe"]) &&
    validierePLZ(form["plz"], form["plz_hilfe"]) &&
    nichtLeer(form["datum"], form["datum_hilfe"]) &&
    nichtLeer(form["name"], form["name_hilfe"]) &&
    nichtLeer(form["telefon"], form["telefon_hilfe"]) &&
    nichtLeer(form["E-Mail"], form["E-Mail_hilfe"])) {
    // Bestellung an den Server abschicken
    form.submit();
  } else {
    alert("Die Angaben zu Ihrer Bestellung sind nicht korrekt.");
  }
}
```

Die Funktion erwartet ein Formularobjekt als einziges Argument, damit sie auf die einzelnen Formularfelder zugreifen kann.

Die Formularfelder und Hilfetextelemente sind über das form-Objekt mithilfe der Array-Schreibweise zugänglich.

Der größte Teil der Funktion ist eine große if/else-Anweisung, die die Validierungsfunktionen für jedes Formularfeld aufruft.

Wurden die Formularfelder korrekt validiert, wird die submit()-Methode aufgerufen, um das Formular an den Server zu übermitteln.

Ein Validierungsproblem beim Abschicken der Bestellung rechtfertigt in jedem Fall das Aufpoppen eines alert-Fensters.

Es gibt keine Dummen Fragen

F: Wie steuert die Funktion `bestellungAbschicken()`, ob das Formular an den Server übermittelt wird oder nicht?

A: Zunächst ist die `if/else`-Anweisung so strukturiert, dass die Bedingung zu einer Validierung jedes Felds im Formular führt. Wenn Formulardaten also in irgendeiner Form unzulässig sind, wird die `else`-Klausel ausgeführt. Die `else`-Klausel umfasst nur den Aufruf der `alert()`-Funktion, ansonsten geschieht nichts in diesem Teil der Funktion. Wenn die Daten allerdings positiv validiert werden, wird die `submit()`-Methode des `form`-Objekts aufgerufen, wodurch das Formular an den Server übermittelt wird. Die Übermittlung des Formulars an den Server wird also dadurch gesteuert, ob die `submit()`-Methode des Formulars aufgerufen wird oder nicht. Diese Methode ist das JavaScript-Äquivalent des submit-HTML-Buttons.

F: Ich dachte, alert-Fenster sind nicht geeignet für die Datenvalidierung. Was stimmt denn nun?

A: In vielen Fällen sind sie das auch nicht. Aber entscheidend ist die Frage, wann es wichtig ist, den Fluss einer Seite zu unterbrechen, um einen Pop-up-Text (alert) anzuzeigen und den Benutzer dazu zu zwingen, Text zu lesen und auf OK zu klicken. Da der Button »Banner bestellen« nur dann verwendet wird, wenn der Benutzer eine Bestellung abschicken möchte, ist es diese Unterbrechung sicherlich wert, um auf ein Problem mit den Daten hinzuweisen. In diesem Fall ist das Problem schwerwiegend genug und ein alert damit angemessen. Außerdem werden immer noch passive Hilfetexte angezeigt, um den Benutzer durch die Fehlerbeseitigung zu führen.

Timing ist alles ... Datumsvalidierung

Leider verschafft die Validierung der Postleitzahl und des Formulars vor dem Abschicken Howard nur eine vorübergehende Entspannung, denn es gibt ein völlig neues Problem. Er fliegt dank der validierten Postleitzahlen zwar nicht mehr über dem falschen Gebiet, dafür fliegt er teilweise mit den Bannern am falschen Tag, was vielleicht noch schlimmer ist. Irgendetwas stimmt mit dem eingegebenen Flugdatum nicht...

Durch einen Tippfehler enthält das Datum den Buchstaben o statt einer 9 ... Anscheinend kann da irgendeiner nicht mal eine 9 richtig eingeben.

Geben Sie das Datum ein: 1o/05/2008

Howard hat den Buchstaben o als 0 gelesen und ist am 10. geflogen statt wie geplant am 19.

Auf ins Strichmännchenabenteuer

Sonntag	Montag	Dienstag	Mittwoch	Donnerstag	Freitag	Samstag
				1	2	3
4	5	6	7	8		10
11			14	15	16	
18	19	20	21	22	23	24
25	26				30	31

Hm, es ist Montag, und ich sehe keine Spur von meinem Banner.

Ellie ist keine zufriedene Kundin.

KOPF-NUSS

Wie könnte Howard das Formularfeld mit dem Flugdatum validieren, damit es ein bestimmtes Format hat, z.B. TT.MM.JJJJ?

Ein Datum validieren

Howard wird nicht damit auskommen, nur zu überprüfen, ob die Benutzer Daten in das Datumsfeld eingeben. Er muss auch überprüfen, ob ein gültiges Datum eingegeben wurde. Der Schlüssel zur Validierung eines Datums liegt darin, sich für ein bestimmtes Datumsformat zu entscheiden, und dieses dann durchzusetzen. Ein gängiges Datumsformat besteht aus zweistelligem Tag, zweistelligem Monat und dem vierstelligen Jahr, mit Punkten voneinander getrennt.

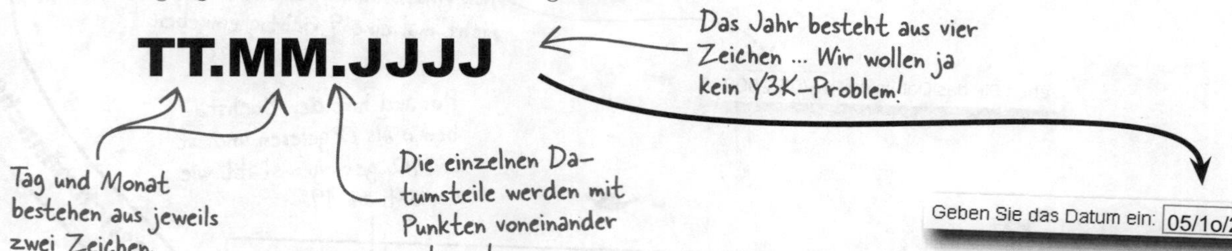

Ein Format für das Datum festzulegen ist der einfache Teil – verfahren wird es, den Code bereitzustellen, um ein Datum anhand des Formats zu validieren. Es gibt einige mächtige String-Funktionen, mit denen Sie einen String anhand eines bestimmten Zeichens zerlegen können, z.B. anhand der Punkte. Aber es ist ein relativ kompliziertes Vorhaben, einen String zu zerstückeln und jeden Teil zu analysieren, um sicherzustellen, dass er numerisch ist und eine bestimmte Länge einhält. Ungefähr so wie die Postleitzahlenvalidierung im Quadrat.

Gehen wir die Schritte durch anhand deren eine Datumsvalidierungsfunktion funktionieren könnte:

1. Den Formularfeldwert in eine Reihe von Teilstrings zerlegen mit dem Punkt als String-Separator.
2. Beim Tages-Teilstring überprüfen, ob er genau zwei Zeichen lang ist und eine Zahl ergibt.
3. Beim Monats-Teilstring überprüfen, ob er genau zwei Zeichen lang ist und eine Zahl ergibt.
4. Beim Jahres-Teilstring überprüfen, ob er genau vier Zeichen lang ist und eine Zahl ergibt.
5. Alle anderen Daten nach dem zweiten Punkt ignorieren.

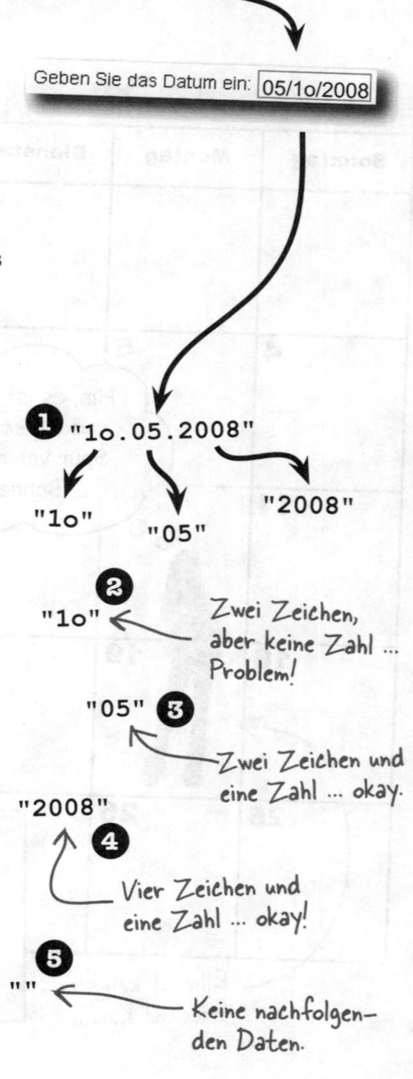

Obwohl diese Reihe von Schritten nicht unbedingt nach einem Programmier-Alptraum aussieht, riecht es doch nach einer Menge Arbeit, um ein relativ einfaches Muster zu validieren.

Wäre es nicht traumhaft, wenn es eine bessere Möglichkeit gäbe, Daten zu validieren, als Strings zu zerhacken? ... Ein Mädchen wird ja wohl träumen dürfen, oder?

Reguläre Ausdrücke sind nicht »regulär«

JavaScript hat ein extrem mächtiges Tool integriert, das **regulärer Ausdruck** genannt wird und speziell zum Finden von Mustern in Text gedacht ist. Mit einem regulären Ausdruck können Sie ein Muster erstellen und dann auf einen Textstring anwenden – fast wie die Identifizierung bei einer polizeilichen Gegenüberstellung, jedoch mit kooperativeren Charakteren!

Sieht ganz nach einer Fahndung nach Größe, Frisur und Sehvermögen aus...

Was soll das Ganze? Wann kann ich endlich gehen?

Das muss eine Verwechslung sein.

Kein Problem ... Ich bin stets gegen Unannehmlichkeiten gewappnet! Ich halte mein Alibi hier in der Hand!

Übereinstimmung!

Muster = groß, keine Brille, kurzes Haar

Das Muster erfasst die physischen Attribute einer Person.

Reguläre Ausdrücke werden für Mustervergleiche in Text verwendet.

Das Muster beschreibt die physischen Eigenschaften einer Person, die mit denen realer Menschen verglichen werden. Mit regulären Ausdrücken können Sie in Strings die gleiche Art von Mustervergleichen vornehmen.

Reguläre Ausdrücke definieren Vergleichsmuster

Genau so wie Größe, Frisur und andere physischen Attribute einer Person für eine polizeiliche Gegenüberstellung herangezogen werden, umfasst ein Textmuster eine bestimmte Zeichenfolge, z.B. fünf Zahlen hintereinander. Moment mal, das klingt nach einem vertrauten Muster ... vielleicht eine Postleitzahl?

Muster = #####

Das Muster umfasst eine Folge von genau fünf numerischen Ziffern.

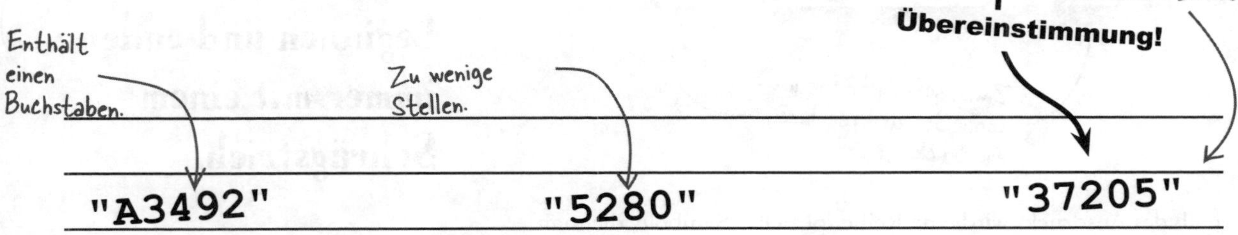

Leider lässt sich das fünfstellige Muster für eine Postleitzahl nicht gerade intuitiv in einen regulären Ausdruck umsetzen. Das liegt daran, dass reguläre Ausdrücke einer sehr kompakten und auch etwas kryptischen Syntax für die Beschreibung von Textmustern folgen. Es ist nicht leicht und sofort zu erkennen, dass dieser reguläre Ausdruck mit einer fünfstelligen Postleitzahl übereinstimmen kann:

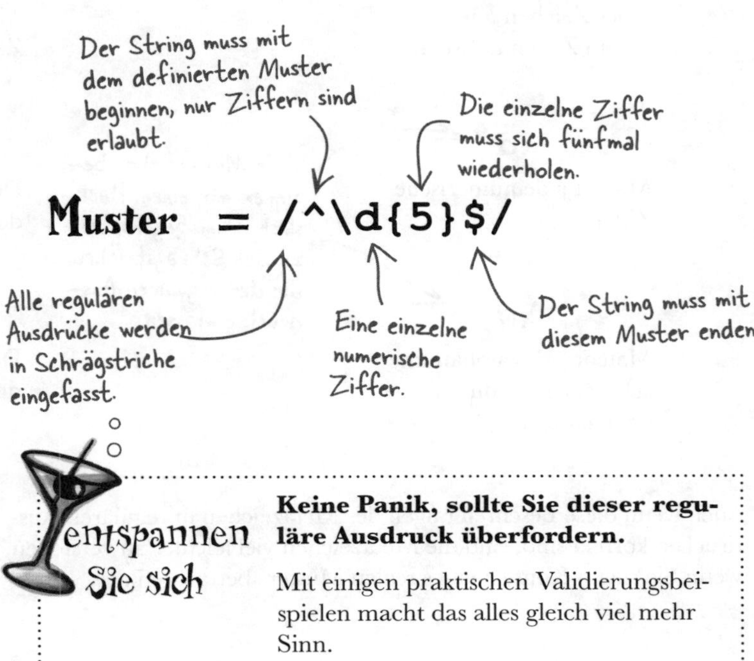

Keine Panik, sollte Sie dieser reguläre Ausdruck überfordern.

Mit einigen praktischen Validierungsbeispielen macht das alles gleich viel mehr Sinn.

Reguläre Ausdrücke privat

Ein regulärer Ausdruck wird ähnlich wie ein String-Literal angelegt, nur dass ein regulärer Ausdruck in Schrägstrichen (//) steht anstatt in Anführungszeichen oder Apostrophen.

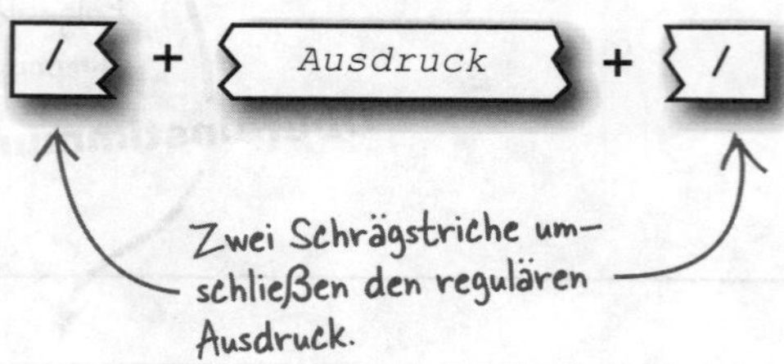

Reguläre Ausdrücke beginnen und enden immer mit einem Schrägstrich.

Innerhalb des Ausdrucks wird eine Reihe spezieller Symbole, die man **Metazeichen** nennt, in Verbindung mit Buchstaben und Zahlen verwendet, um äußerst aussagekräftige Textmuster zu erstellen. Die gute Nachricht ist, dass Sie nicht alle Nuancen der »Sprache« der regulären Ausdrücke kennen müssen, um in der Praxis reguläre Ausdrücke zu erstellen. Es folgen einige der gebräuchlicheren Metazeichen in regulären Ausdrücken:

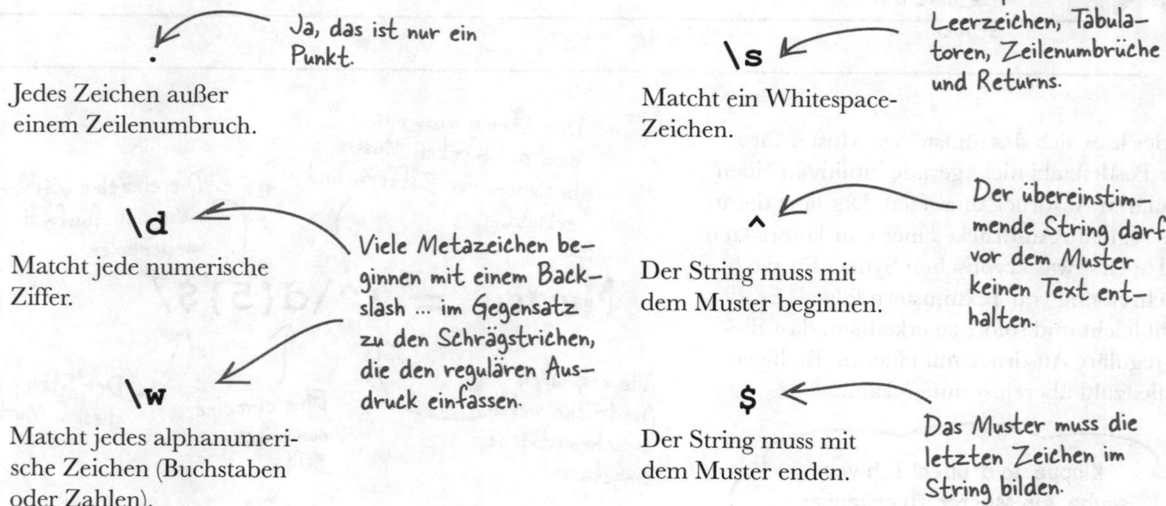

Auch wenn diese Beschreibungen der Metazeichen in regulären Ausdrücken korrekt sind, sind die Metazeichen viel leichter zu verstehen, wenn Sie sie im Kontext eines realen Musters betrachten...

Metazeichen repräsentieren mehr als literale Zeichen

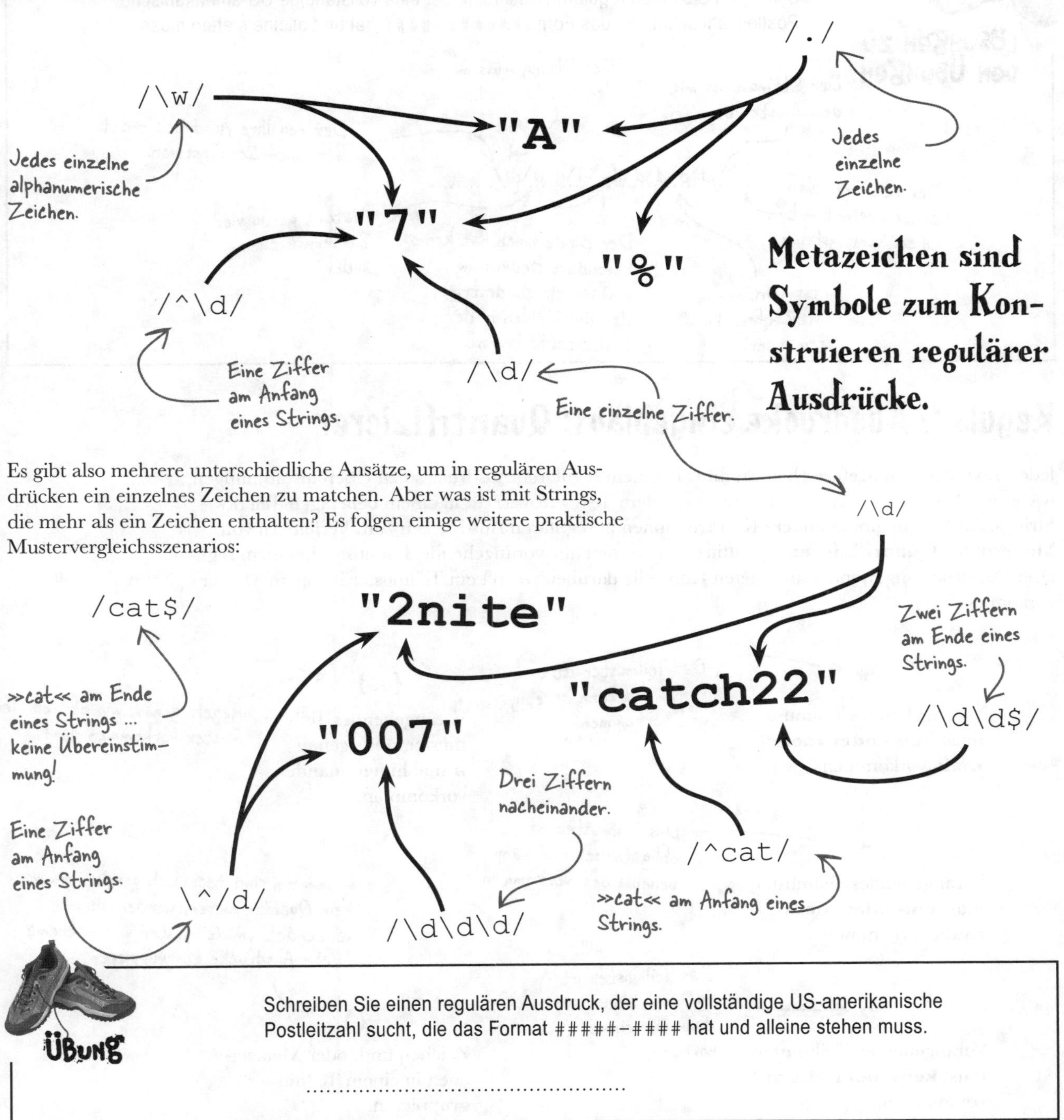

Metazeichen sind Symbole zum Konstruieren regulärer Ausdrücke.

Es gibt also mehrere unterschiedliche Ansätze, um in regulären Ausdrücken ein einzelnes Zeichen zu matchen. Aber was ist mit Strings, die mehr als ein Zeichen enthalten? Es folgen einige weitere praktische Mustervergleichsszenarios:

Schreiben Sie einen regulären Ausdruck, der eine vollständige US-amerikanische Postleitzahl sucht, die das Format `#####-####` hat und alleine stehen muss.

....

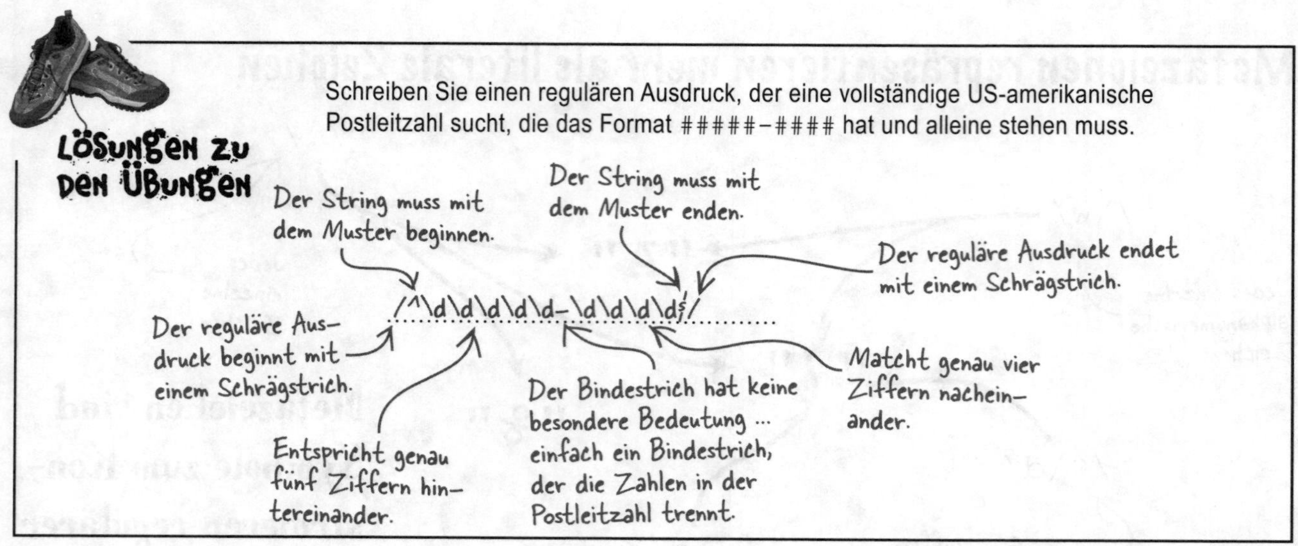

Reguläre Ausdrücke eingebläut: Quantifizierer

Jeder Text, der kein Metazeichen ist, führt in einem regulären Ausdruck so zu Übereinstimmungen, wie er geschrieben ist. `/howard/` entspricht dem Text »`howard`« in einem beliebigen Teil des Strings. Außerdem gibt es andere Konstruktionen in regulären Ausdrücken zum Verfeinern von Mustern: die **Quantifizierer.** Quantifizierer werden auf vorangehende Teilmuster in einem regulären Ausdruck angewendet und bieten Kontrolle darüber, wie oft ein Teilmuster in einem Muster vorkommt.

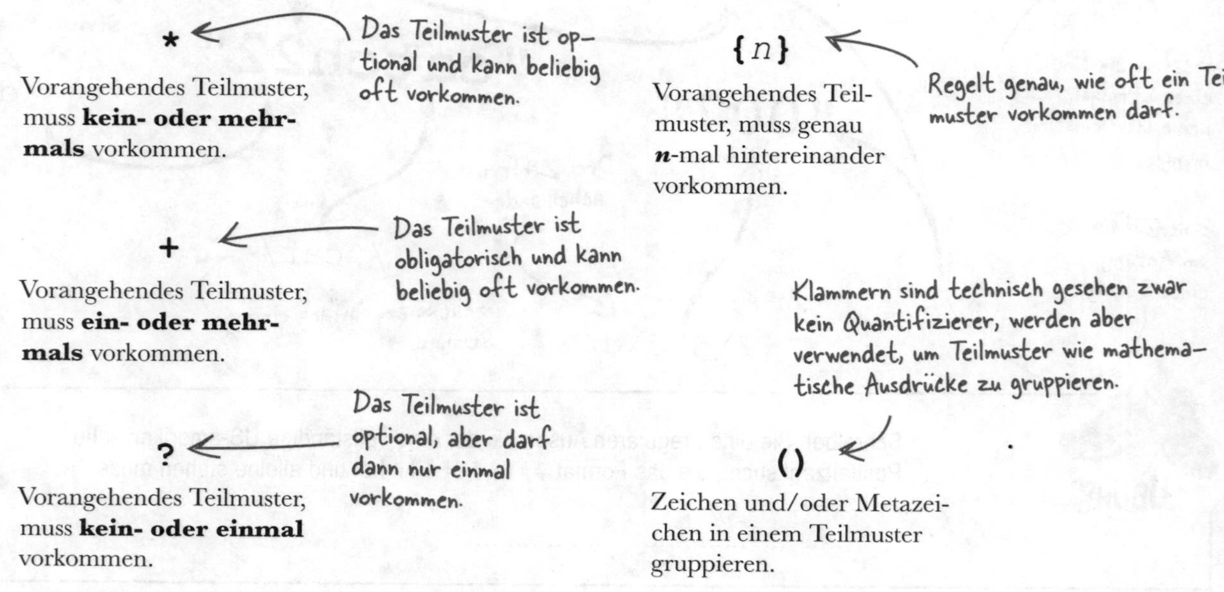

Musterquantifizierung

Mit Quantifizierern können reguläre Ausdrücke wesentlich prägnanter geschrieben werden als nur mit Metazeichen. Statt Teilmuster explizit zu wiederholen, kann ein Quantifizierer genau angeben, wie oft das Teilmuster vorkommen soll. Zum Beispiel stimmt das folgende Muster mit Quantifizierern mit einer Postleitzahl überein:

Quantifizierer legen fest, wie oft ein Teilmuster in einem regulären Ausdruck vorkommt.

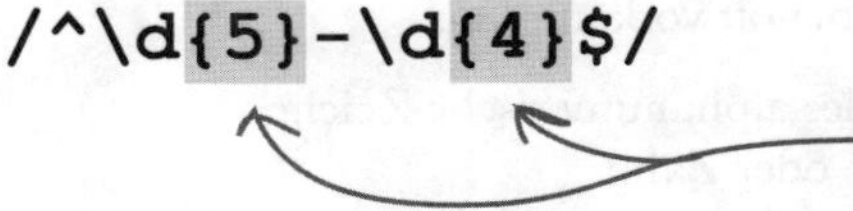

Mithilfe des {}-Quantifizierers ist es nicht nötig, jede Ziffer aufzuführen.

Mit Metazeichen und Quantifizierern können Sie sehr kreativ werden und ziemlich mächtige reguläre Ausdrücke erstellen, die mit so ziemlich allem in einem String übereinstimmen.

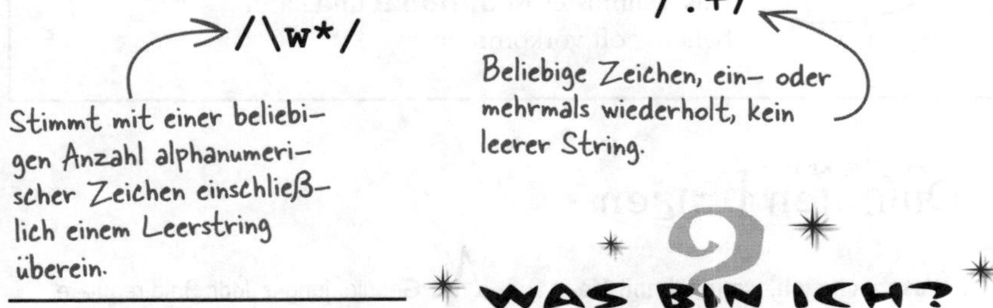

/(Heiße)? ?Donuts/

Stimmt entweder mit »Donuts« oder mit »Heiße Donuts« überein.

WAS BIN ICH?

Ordnen Sie jedem Metazeichen oder Quantifizierer für reguläre Ausdrücke die Wirkung in einem Muster zu.

`.`	Das Muster steht am Ende des Strings.
`\w`	Das Teilmuster ist **obligatorisch** und kann beliebig oft vorkommen.
`$`	Matcht jedes alphanumerische Zeichen (Buchstabe oder Zahl).
`\d`	Matcht jedes Zeichen außer dem Zeilenumbruch.
`+`	Matcht jede numerische Ziffer.
`*`	Das Teilmuster ist **optional** und kann beliebig oft vorkommen.

WAS BIN ICH?

Ordnen Sie jedem Metazeichen oder Quantifizierer für reguläre Ausdrücke die Wirkung in einem Muster zu.

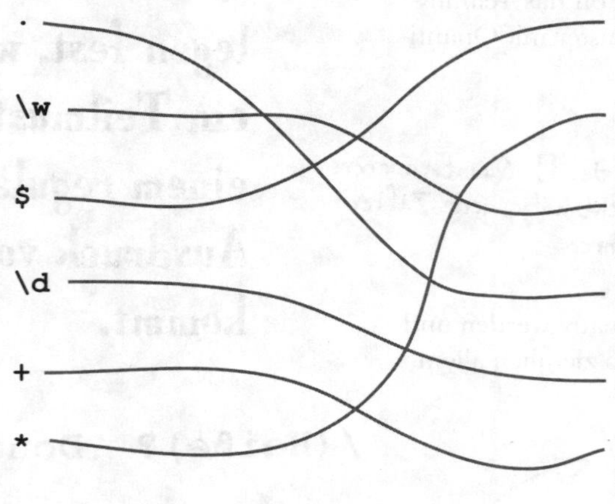

Das Muster steht am Ende des Strings.

Das Teilmuster ist **obligatorisch** und kann beliebig oft vorkommen.

Matcht jedes alphanumerische Zeichen (Buchstabe oder Zahl).

Matcht jedes Zeichen außer dem Zeilenumbruch.

Matcht jede numerische Ziffer.

Das Teilmuster ist **optional** und kann beliebig oft vorkommen.

Es gibt keine Dummen Fragen

F: Ist ein regulärer Ausdruck ein String?

A: Nein. Stellen Sie sich einen regulären Ausdruck eher als **Beschreibung** eines Strings vor oder zumindest als Beschreibung eines Teils eines Strings. Reguläre Ausdrücke sind eng mit Strings verknüpft und werden verwendet, um Textmuster zu vergleichen, die in Strings vorkommen, sind aber selbst keine Strings.

F: Können reguläre Ausdrücke auf alle mögliche Daten angewendet werden?

A: Nein, reguläre Ausdrücke sind nur zum Vergleich von Zeichenmustern in einer Zeichenfolge gedacht, also gelten sie nur für Strings. Aber das hält sie nicht davon ab, extrem nützlich zu sein, wenn es um komplexe Textvergleiche geht, die mit Strings allein nur sehr schwer durchzuführen wären.

F: Was mache ich, wenn ich mit Metazeichen vergleichen möchte, z.B. dem Dollarzeichen?

A: Ähnlich wie in JavaScript-Strings können Sonderzeichen in regulären Ausdrücken mit einem Backslash als Escape-Sequenz verwendet werden. Um also ein Dollarzeichen in einem regulären Ausdruck zu verwenden, würden Sie das Zeichen `$` als `\$` schreiben. Dasselbe gilt für jedes andere Zeichen, das in einem regulären Ausdruck eine besondere Bedeutung hat, z.B. `^`, `*` und `+`, um nur einige zu nennen. Jedes Zeichen, das keine besondere Bedeutung hat, können Sie direkt in einem regulären Ausdruck ohne besondere Formatierung verwenden.

F: Haben reguläre Ausdrücke irgendetwas mit Datenvalidierung zu tun? Haben wir nicht ursprünglich versucht, ein Formularfeld für das Datum in Bannerocity zu validieren?

A: Geduld, junger Jedi. Bald reguläre Ausdrücke verwenden du wirst. Ja, der Grund für diesen kleinen Exkurs zu regulären Ausdrücken ist, einen Weg zu finden, Daten mit einem komplexen Format zu validieren, z.B. ein Datum oder eine E-Mail-Adresse. Bannerocity braucht noch jede Menge Hilfe an der Datenformatierungsfront. Es gibt also noch diverse Gelegenheiten, reguläre Ausdrücke zu verwenden. Gedulden Sie sich nur noch ein kleines bisschen.

F: Wie werden reguläre Ausdrücke in JavaScript verwendet?

A: Wir kommen darauf ... wirklich! Reguläre Ausdrücke werden in JavaScript durch ein Objekt repräsentiert, das verschiedene Methoden für den Mustervergleich mit regulären Ausdrücken in Strings unterstützt.

Meister der Muster

Interview der Woche: Der kryptische, aber mächtige reguläre Ausdruck

Von Kopf bis Fuß: Sie sind also derjenige, von dem ich immer höre, dass es in Strings schauen und Muster erkennen kann. Stimmt das?

Regulärer Ausdruck: Ja, ich bin eine Art Codeknacker, kann eine Zeichenfolge ansehen und sofort Muster auseinanderpflücken. Die CIA braucht jemanden wie mich ... aber sie haben bisher nicht zurückgerufen.

Von Kopf bis Fuß: Sie haben Interesse am Spionieren?

Regulärer Ausdruck: Nein, aber ich liebe es, Muster in Text zu suchen. Ich **bin** sozusagen ein Muster, jedes beliebige Muster. Geben Sie mir ein paar Parameter, sagen Sie mir, wonach Sie suchen, und ich finde es oder lasse Sie zumindest wissen, ob es in dem String vorkommt oder nicht.

Von Kopf bis Fuß: Klingt toll. Aber deckt die `indexOf()`-Methode des `String`-Objekts nicht die Suche in Strings bereits ab?

Regulärer Ausdruck: Diese Amateurin hat nicht die geringste Ahnung von Mustern. Schauen Sie, wenn Sie eine schmerzhaft einfache Suchfunktion brauchen, um das Wort »lahm« in einem String zu suchen, dann ist `indexOf()` die Antwort. Ansonsten werden Sie schnell feststellen, dass `indexOf()` schnell auf der Strecke bleibt, wenn es bei der Analyse von Strings etwas ernsthafter zugeht.

Von Kopf bis Fuß: Aber ist eine String-Suche nicht eine Art des Mustervergleichs?

Regulärer Ausdruck: Ja. Und wenn Sie zum Briefkasten laufen, ist das auch eine Form von sportlicher Betätigung, aber das bringt Sie nicht zur Olympiade ... noch nicht. Mit geht es darum, dass eine String-Suche wirklich die simpelste Art von Mustervergleich ist, die es gibt – das Muster ist ein statisches Wort oder eine Phrase. Denken Sie mal an ein Datum oder die URL einer Website. Das sind echte Muster, da sie zwar strengen Formaten unterliegen, aber das, wonach Sie suchen, nun mal nicht statisch ist.

Von Kopf bis Fuß: Ich denke, ich weiß, was Sie meinen. Ein Muster ist die **Beschreibung** eines Texts, der in einem String vorkommen kann, aber nicht der Text selbst?

Regulärer Ausdruck: Genau. So als würden Sie mich bitten, Ihnen Bescheid zu sagen, wenn eine Person reinkommt, die groß ist, kurzes Haar und keine Brille hat. Das ist die Beschreibung einer Person, aber keine echte Person. Wenn ein Typ namens Alan vorbeikommt, auf den diese Beschreibung passt, können wir sagen, dass wir eine Übereinstimmung mit dem Muster haben. Aber es kann eine Menge anderer Menschen geben, auf die diese Beschreibung ebenfalls passt. Ohne Muster könnten wir keine Person aufgrund einer Beschreibung suchen – wir müssten die Person selbst suchen. Also ist der Unterschied zwischen der Suche nach einem bestimmten Text mit `indexOf()` und einem Mustervergleich mit mir derselbe, wie nach Alan zu suchen oder nach einer Person, die groß ist und kurzes Haar, aber keine Brille hat.

Von Kopf bis Fuß: Das leuchtet mir jetzt ein. Aber funktionieren Mustervergleiche bei der Datenvalidierung?

Regulärer Ausdruck: Nun, bei der Validierung von Daten geht es vor allem darum sicherzustellen, dass Daten einem bestimmten vorgefassten Format entsprechen, einem Muster. Also besteht meine Aufgabe darin zu überprüfen, ob eine Zeichenfolge mit einem bestimmten Muster übereinstimmt. Wenn ja, sind die Daten valide. Sonst sind die Daten fehlerhaft.

Von Kopf bis Fuß: Also gibt es unterschiedliche reguläre Ausdrücke für verschiedene Arten von Daten?

Regulärer Ausdruck: Oh ja. Und da fällt für mich die meiste Arbeit beim Validieren der Daten an – reguläre Ausdrücke bereitzustellen, die ein Datenformat erfolgreich modellieren.

Von Kopf bis Fuß: Das ist sehr interessant. Danke, dass Sie Ihre Rolle bei der Datenvalidierung erklärt haben.

Regulärer Ausdruck: Kein Problem. Ich muss mich oft selbst erklären ... Das ist ein Verhaltensmuster.

Datenvalidierung mit regulären Ausdrücken

So aufregend es auch sein mag, reguläre Ausdrücke allein zum Suchen von Mustern in Text zu erstellen, so müssen wir doch dringend mit regulären Ausdrücken das Datumsfeld in Bannerocity validieren und Howard wieder in die Luft bringen. Ein regulärer Ausdruck wird in JavaScript vom `RegExp`-Objekt repräsentiert, das eine Methode namens `test()` anbietet. Sie ist der Schlüssel, um reguläre Ausdrücke für die Datenvalidierung zu verwenden. Die `test()`-Methode überprüft das Vorkommen eines Musters in einem String.

Die test()-Methode des RegExp-Objekts testet einen String auf Übereinstimmung mit dem Muster eines regulären Ausdrucks.

Der reguläre Ausdruck stimmt mit einer fünfstelligen Postleitzahl überein.

Dieses Objektliteral erstellt automatisch ein RegEx-Objekt.

Der Wert eines Eingabefelds, ein String, der an die Methode übergeben wird.

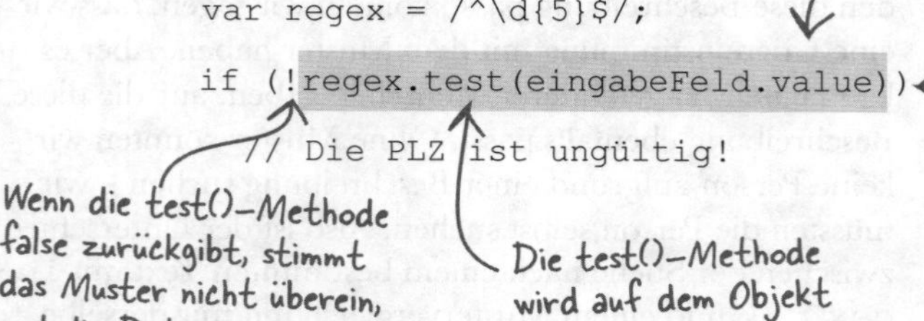

Wenn die test()-Methode false zurückgibt, stimmt das Muster nicht überein, und die Daten sind ungültig.

Die test()-Methode wird auf dem Objekt des regulären Ausdrucks aufgerufen.

Der Rückgabewert von test() ist true, wenn das Muster mit dem String übereinstimmt, ansonsten false.

Wir können den Aufruf der `test()`-Methode innerhalb jeder einzelnen Validierungsfunktion machen. Gleichzeitig haben wir aber die Gelegenheit, eine allgemeine Validierungsfunktion mit regulären Ausdrücken zu erstellen, die spezifischere Funktionen aufrufen können, um die generische Validierungsarbeit zu übernehmen. Folgende Schritte müssen von der allgemeinen Funktion `validiereRegEx()` durchgeführt werden:

1. Test mit dem als Argument übergebenen regulären Ausdruck und dem übergebenen Eingabe-String durchführen.

2. Stimmt das Muster überein, wird der Hilfetext gelöscht und `true` zurückgeliefert.

3. Stimmt das Muster nicht überein, wird der Hilfetext mit dem als Argument übergebenen Hilfetext belegt und `false` zurückgegeben.

```
validiereRegEx(regex,
    eingabe, hilfeText,
    hilfeNachricht);
```

Fehlt nur noch der Code für die Funktion, der auch nicht so übel ist, wie sich herausstellt. Der größte Teil des Codes taucht bereits in den anderen Validierungsfunktionen auf. `validiereRegEx()` kann also viel Code wiederverwenden und sich auf den Validierer für reguläre Ausdrücke konzentrieren.

```
function validiereRegEx(regex, eingabe, hilfeText, hilfeNachricht) {
  // Prüfen, ob die eingegebenen Daten valide sind
  if (!regex.test(eingabe)) {
    // Daten sind ungültig, Hilfetext anzeigen und false zurückgeben
    if (hilfeText != null)
      hilfeText.innerHTML = hilfeNachricht;
    return false;
  }
  else {
    // Daten sind okay, Hilfetext löschen und true zurückgeben
    if (hilfeText != null)
      hilfeText.innerHTML = "";
    return true;
  }
}
```

Der reguläre Ausdruck, Eingabe-String, hilfeText-Element und Hilfetext werden alle als Argumente übergeben.

Der reguläre Ausdruck wird mit dem Eingabe-String verglichen.

Wenn der Test fehlschlägt, sind die Daten ungültig und der Hilfetext wird angezeigt.

Sind die Daten in Ordnung, wird der Hilfetext gelöscht.

Spitzen Sie Ihren Bleistift

Schreiben Sie den Code für die Funktion `validiereDatum()`, die sowohl `nichtLeer()` als auch `validiereRegEx()` aufruft, um das Datumsformularfeld in Bannerocity zu validieren. Tipp: Die Funktion erwartet zwei Argumente, das Datumseingabefeld und das zugehörige Hilfetextelement.

....

....

....

....

....

....

....

....

....

Spitzen Sie Ihren Bleistift – Lösung

Schreiben Sie den Code für die Funktion `validiereDatum()`, die sowohl `nichtLeer()` als auch `validiereRegEx()` aufruft, um das Datumsformularfeld in Bannerocity zu validieren. Tipp: Die Funktion erwartet zwei Argumente, das Datumseingabefeld und das zugehörige Hilfetextelement.

```
function validiereDatum(eingabeFeld, hilfeText) {
  // Zunächst prüfen, ob der Eingabewert Daten enthält
  if (!nichtLeer(eingabeFeld, hilfeText))
    return false;

  // Dann prüfen, ob der Eingabewert ein Datum ist
  return validiereRegEx(/^\d{2}\.\d{2}\.\d{4}$/,
    eingabeFeld.value, hilfeText, "Bitte geben Sie ein Datum ein (z.B. 14.01.1975).");
}
```

Die nichtLeer()-Funktion wird zuerst aufgerufen, um sicherzustellen, dass das Feld nicht leer ist.

Der reguläre Ausdruck für das Datum wird an die Funktion validiereRegEx() übergeben.

Da Punkte in regulären Ausdrücken eine besondere Bedeutung haben, müssen wir einen Backslash voranstellen.

Der reguläre Ausdruck für das Datum verwendet Metazeichen und Quantifizierer, um das Format TT.MM.JJJJ durchzusetzen.

Es lässt sich darüber streiten, ob Ihre Skripten im Jahr 2100 noch verwendet werden.

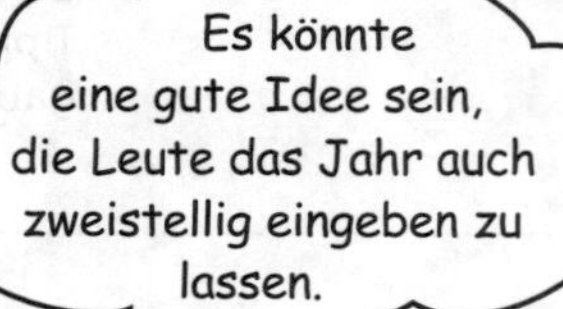

Das Jahr 2100 ist weit, weit weg ...

Da wir ja wissen, dass der Jahrhundertwechsel erst ein bisschen später kommt, sollte es okay sein, die Benutzer das Jahr auch zwei- statt vierstellig eingeben zu lassen. Realistischerweise ist es sehr unwahrscheinlich, dass heutzutage geschriebener JavaScript-Code die etwa 90 Jahre überlebt und Schwierigkeiten macht. Howard hat kurz über den strengen, zukunftssicheren Ansatz für Bannerocity mit vier Stellen nachgedacht, sich dann aber entschieden, dass er damit leben kann, den Code hinzubiegen, wenn er zum Jahrhundertwechsel noch verwendet werden sollte.

Es gibt keine Dummen Fragen

F: Warum ist es nötig, die Funktion `nichtLeer()` in `validiereDatum()` aufzurufen? Berücksichtigt der reguläre Ausdruck nicht auch leere Daten?

A: Ja, der reguläre Ausdruck validiert das Datum von sich aus so, dass es nicht leer sein darf. Die Überprüfung, dass das Feld nicht leer ist, könnten wir entfernen, und das Datum würde immer noch wunderbar validiert. Indem wir aber zuerst überprüfen, ob Daten eingegeben wurden, wird die Seite intuitiver für den Benutzer, da wir einen genau dem Validierungsproblem entsprechenden Hifletext anzeigen können. Wenn keine Daten eingegeben wurden, wird ein anderer Text angezeigt, als wenn ein ungültiges Datum eingegeben wurde. Das Endresultat ist ein passives Hilfesystem, das den Benutzer durch das Ausfüllen des Formulars zu führen scheint. Diese feine Verbesserung der Benutzerfreundlichkeit ist uns das bisschen Extracode wert.

F: Was ist, wenn ich meinen Skriptcode wirklich zukunftssicher machen möchte? Ist das ein Problem?

A: Nein, überhaupt nicht. Es ist selten problematisch, künftige Anforderungen zu berücksichtigen und entsprechenden Code zu schreiben. Im Fall von Bannerocity ist ein vierstelliges Datumsfeld bestimmt zukunftssicherer als die zweistellige Version. Und bedenken Sie, dass, wenn Sie wirklich pfiffig sein wollen, Sie dem Benutzer erlauben könnten, nur zwei Ziffern einzugeben, und dann die Nummer des Jahrhunderts hinter den Kulissen ergänzen könnten. Somit wäre das Feld im Formular zweistellig, das Datum würde aber immer noch vierstellig gespeichert.

Aufgepasst

Nicht jedes Datum ist im Format TT.MM.JJJJ.

Es ist nicht immer sicher, davon auszugehen, dass alle Benutzer mit dem Datum TT.MM.JJJJ vertraut sind. In den USA z.B. ist das Format MM/DD/JJJJ.

Minimum und Maximum matchen

Der {}-Quantifizierer erwartet eine Zahl, die angibt, wie oft ein Teilmuster in einem String vorkommen kann. Es gibt auch eine andere Version dieses Quantifizierers, die zwei Zahlen erwartet, durch die angegeben wird, wie oft das Teilmuster mindestens bzw. maximal vorkommen kann. Eine praktische Möglichkeit, das Vorkommen eines Teilmusters fein abzustimmen.

`{min,max}`

Das vorangehende Teilmuster muss mindestens ***min***-mal, aber nicht öfter als ***max***-mal vorkommen.

Festlegen, wie oft ein Teilmuster vorkommen darf: als Bereich zwischen Minimum und Maximum.

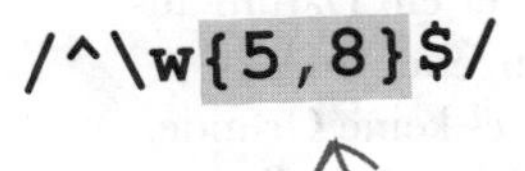

```
/^\w{5,8}$/
```

Manche Kennwörter dürfen zwischen fünf und acht alphanumerische Zeichen enthalten – perfekt für den {min, max}-Quantifizierer.

Spitzen Sie Ihren Bleistift

Schreiben Sie den regulären Ausdruck in der Funktion `validiereDatum()` so, dass er sowohl zwei- als auch vierstellige Jahreszahlen akzeptiert.

....

Lösung

Schreiben Sie den regulären Ausdruck in der Funktion `validiereDatum()` so, dass er sowohl zwei- als auch vierstellige Jahreszahlen akzeptiert.

Die min/max-Version des {}-Quantifizierers legt die minimal und maximal erlaubte Anzahl Stellen der Jahreszahlen fest.

```
/^\d{2}\.\d{2}\.\d{2,4}$/
```

Moment mal. Es sieht so aus, als würde der neue Datumsvalidierungscode auch dreistellige Jahreszahlen akzeptieren. Das macht nicht viel Sinn ...

Der reguläre Ausdruck für das Datum akzeptiert auch dreistellige Jahresangaben ... gar nicht gut!

Geben Sie das Datum ein: 03/01/200

Selbst der größte Revisionist kann keine JavaScript-Unterstützung für die ersten zehn Jahrhunderte bieten.

Und da es damals noch nicht unterstützt wurde, gibt es keinen Grund, Benutzer ein Datum aus den ersten Jahrhunderten eingeben zu lassen. Genau genommen, gibt es keine Gründe, Luftbanner für die Vergangenheit bestellen zu lassen, wenn wir es verhindern können. Also ist es wichtig, dass die dreistelligen Jahre aus dem Validierungscode entfernt werden. Howard wird dadurch vor einem erneuten Ansturm von Dateneingabeproblemen mit Bannerocity bewahrt.

Punkt für Punkt

- Ein regulärer Ausdruck vergleicht ein **Textmuster** in einem String und wird in Schrägstriche gesetzt.
- Zusätzlich zu normalem Text werden reguläre Ausdrücke aus Metazeichen und Quantifizierern zusammengestellt, eine mächtige Kontrollmöglichkeit darüber, wie ein Textmuster zutrifft.
- In JavaScript werden reguläre Ausdrücke vom integrierten `RegExp`-Objekt unterstützt, das Sie nur selten zu Gesicht bekommen, da reguläre Ausdrücke typischerweise als Literale angelegt werden.
- Die `test()`-Methode des `RegExp`-Objekts wird verwendet, um das Muster eines regulären Ausdrucks mit einer Zeichenfolge zu vergleichen.

Dreistellige Jahresangaben beseitigen (dies ... oder das)

Ein weiteres sehr nützliches Metazeichen aus der Werkzeugkiste für reguläre Ausdrücke ist das Metazeichen für Alternativen, das wie der logische `OR`-Operator in JavaScript aussieht und auch so funktioniert. Im Gegensatz zum `OR`-Operator in JavaScript besteht das Alternativen-Metazeichen aus nur einem vertikalen Balken `|`. Es erlaubt einem Muster, eine ganze Liste von Teilmustern anzugeben. Anders ausgedrückt, stimmt das Muster dann überein, wenn ein beliebiges Teilmuster übereinstimmt. Das ist dem logischen OR-Operator sehr ähnlich, weil es praktisch sagt: »Dieses, das da oder jenes ...«

`dies|jenes`

Das Muster stimmt überein, wenn ***dieses*** Teilmuster **oder *jenes*** Teilmuster zutrifft.

Das Alternativen-Metazeichen ist praktisch, um alternative Übereinstimmungen anzugeben.

`/klein|mittel|groß/`

Mehrere Möglichkeiten können mit mehreren Alternativen-Metazeichen angegeben werden.

`/(rote|blaue) Pille/`

Eine einfache Wahl zwischen zwei Optionen. Dieses Muster stimmt sowohl mit »rote Pille« als auch mit »blaue Pille« überein.

Spitzen Sie Ihren Bleistift

Schreiben Sie den regulären Ausdruck in der Funktion `validiereDatum()` noch mal neu, sodass das Jahr nur zwei- oder vierstellig sein kann und sonst gar nichts.

....

Lösung

Schreiben Sie den regulären Ausdruck in der Funktion `validiereDatum()` noch mal neu, sodass das Jahr nur zwei- oder vierstellig sein kann und sonst gar nichts.

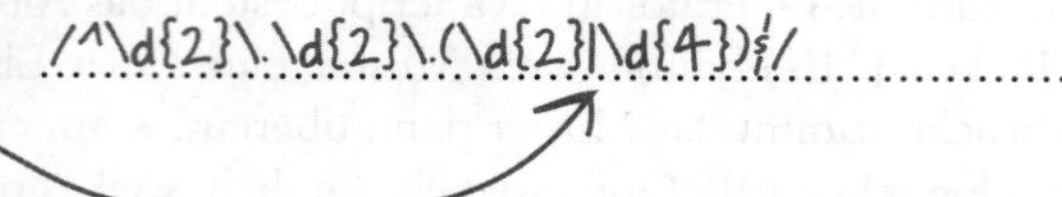

Das Alternativen-Metazeichen (|) lässt das Muster zweistellige oder vierstellige Jahreszahlen akzeptieren

Nichts dem Zufall überlassen

Howard mag den neuen, stabilen Datumsvalidierer mit dem regulären Ausdruck für den exakten Mustervergleich sehr. Er findet den Validierer so toll, dass er einen Schritt weitergehen und reguläre Ausdrücke auch für die verbleibenden beiden Felder im Bannerocity-Formular verwenden möchte: die Telefonnummer und die E-Mail-Adresse.

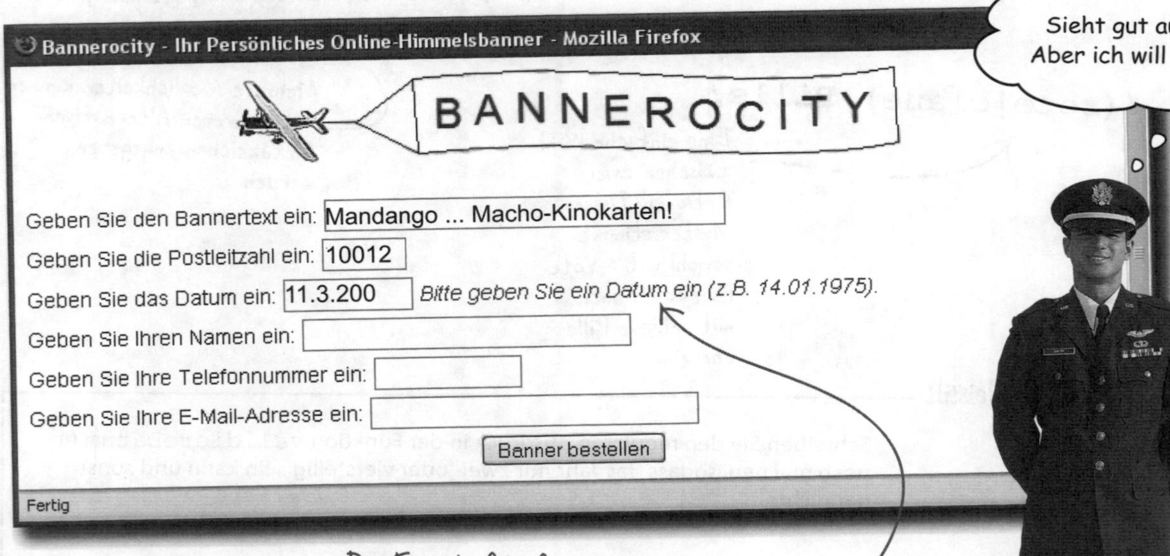

Bannerocity - Ihr Persönliches Online-Himmelsbanner - Mozilla Firefox

BANNEROCITY

Geben Sie den Bannertext ein: Mandango ... Macho-Kinokarten!

Geben Sie die Postleitzahl ein: 10012

Geben Sie das Datum ein: 11.3.200 *Bitte geben Sie ein Datum ein (z.B. 14.01.1975).*

Geben Sie Ihren Namen ein:

Geben Sie Ihre Telefonnummer ein:

Geben Sie Ihre E-Mail-Adresse ein:

Banner bestellen

Fertig

Sieht gut aus ... Aber ich will mehr!

Das Formularfeld für das Datum wird jetzt mit einem regulären Ausdruck validiert, wodurch das Datumsformat sehr genau durchgesetzt wird.

Howards Idee, die Telefonnummer sowie die E-Mail-Adresse im Bannerocity-Bestellformular zu validieren, ist sehr gut. Das bedeutet aber, dass wir einige neue reguläre Ausdrücke austüfteln müssen, um diese Datenformate erfolgreich zu meistern.

Können Sie mich hören? Telefonnummernvalidierung

Was die Validierung angeht, sind Telefonnummern nicht furchtbar schwierig, weil sie einem festen Format folgen. Ohne reguläre Ausdrücke kämen wir nur mit Strings natürlich ganz schön ins Schwitzen. Aber mit regulären Ausdrücken sind Telefonnummern ein Leichtes. Nationale Telefonnummern folgen diesem Mustern:

Muster = ####/########

Da Howard nur in seiner Gegend fliegt, reicht das Format für nationale Telefonnummern.

Das Telefonnummernmuster ist dem Datumsmuster nicht unähnlich: Wir haben zwei statt drei Gruppen von Ziffern, statt eines Punkts werden sie mit einem Schrägstrich voneinander getrennt. Zu beachten ist lediglich, dass sowohl die Anzahl der Ziffern für die Vorwahl als auch die Zahl der Ziffern für die lokale Nummer variabel sein müssen:

Das Datumsmuster ergibt mit dem \d-Metazeichen und dem {}-Quantifizierer ein Datum wie TT.MM.JJJJ oder TT.MM.JJ.

```
/^\d{2}\.\d{2}\.\d{2,4}$/
```

Das Telefonnummernmuster verwendet im Gegensatz zum Datumsmuster einen Schrägstrich als Trennzeichen. Für die Vorwahl akzeptieren wir 3 bis 5 Ziffern, für die lokale Nummer 4 bis 8 Ziffern.

```
/^\d{3,5}\/\d{4,8}$/
```

Die Funktion `validiereTelefon()` ist dank des regulären Ausdrucks für die Telefonnummer und der Funktion `validiereRegEx()` relativ überschaubar.

```
function validiereTelefon(eingabeFeld, hilfeText) {
 // Zunächst prüfen, ob der Eingabewert Daten enthält
  if (!nichtLeer(eingabeFeld, hilfeText))
    return false;

  // Dann prüfen, ob der Eingabewert eine Telefonnummer ist
  return validiereRegEx(/^\d{3,5}\/\d{4,8}$/,
    eingabeFeld.value, hilfeText,
    "Bitte geben Sie eine Telefonnummer ein (z.B. 0221/123456)");
}
```

Sie haben Post: E-Mail validieren

Nachdem die Telefonnummernvalidierung gebongt ist, ist Howards letzte Herausforderung die Validierung des Felds für die E-Mail-Adresse im Bannerocity-Formular. Wie bei den anderen Daten liegt auch hier wieder der Schlüssel zur Validierung darin, das Format in ein konsistentes Muster zu zerlegen, das mit einem regulären Ausdruck modelliert werden kann.

Zwei oder drei alphanumerische Zeichen.

Muster = `LokalerName@DomänenPräfix.DomänenSuffix`

Alphanumerisch.

Sieht nicht so schlimm aus – eine E-Mail-Adresse besteht aus nur drei Teilen alphanumerischen Texts mit einem „at"-Symbol (@) und einem Punkt dazwischen.

Alle diese E-Mail-Adressen stimmen mit dem E-Mail-Muster überein. Unsere Arbeit ist fast getan, oder?

`howard@bannerocity.com`

`sales@duncansdonuts.com`

`puzzler@youcube.ca`

Ein regulärer Ausdruck für dieses E-Mail-Muster ist ziemlich überschaubar, solange alles so verhersehbar ist.

Die E-Mail-Adresse muss mit einem oder mehreren alphanumerischen Zeichen beginnen.

Der Punkt muss mit einem Backslash als Escape-Sequenz geschrieben werden, da es sich um ein Sonderzeichen in regulären Ausdrücken handelt.

```
/^\w+@\w+\.\w{2,3}$/
```

Die E-Mail-Adresse muss mit 2 oder 3 alphanumerischen Zeichen enden.

Nach dem @-Symbol dürfen ein oder mehrere alphanumerische Zeichen folgen.

Obwohl dieses Muster seinen Zweck erfüllt, scheint etwas zu fehlen. Entsprechen wirklich alle E-Mail-Adressen einem so vorhersehbaren Format?

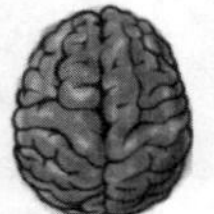

KOPF-NUSS

Welche Variationen des E-Mail-Musters könnten vorkommen? Denken Sie an all die verschiedenen E-Mail-Adressen, die Sie je gesehen haben.

Die Ausnahme ist die Regel

E-Mail-Adressen sind leider komplizierter, als sie auf den ersten Blick scheinen. Es gibt eine Reihe von Abweichungen von dem grundlegenden E-Mail-Format, die wir für ein stabiles E-Mail-Muster zur Datenvalidierung beachten müssen. Hier einige Beispiele für valide E-Mail-Adressen:

Für E-Mail-Adressen müssen optionale Zeichen in einem Muster verglichen werden.

Wie sich herausstellt, können in einer E-Mail-Adresse mehrere verschiedene optionale Zeichen verteilt werden, obwohl wir sie vorhin rein alphanumerisch behandelt haben. Wir brauchen eine Möglichkeit, solche optionalen Zeichen in unser Muster mit einzubeziehen ...

Optionale Zeichen aus einer Auswahl matchen

Eine weitere praktische Funktion in regulären Ausdrücken, die uns beim E-Mail-Adressmuster helfen wird, sind **Zeichenklassen**. Damit können Sie streng reglementierte Teilmuster innerhalb eines Musters erstellen. Genauer gesagt, sind Zeichenklassen hervorragend darin, Regeln aufzustellen, wenn in einem Teilmuster häufig optionale Zeichen vorkommen. Sie können sich eine Zeichenklasse als eine Reihe von Regeln zum Matchen einzelner Zeichen vorstellen.

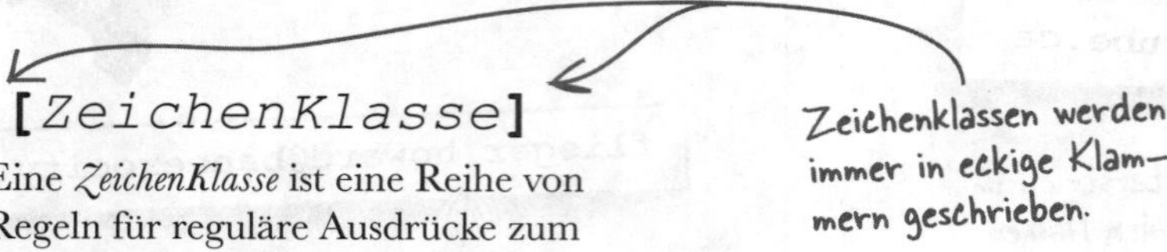

Eine *ZeichenKlasse* ist eine Reihe von Regeln für reguläre Ausdrücke zum Matchen eines einzelnen Zeichens.

Innerhalb einer Zeichenklasse wird jedes Zeichen aufgeführt, das für den Zeichenvergleich zulässig sein soll, ähnlich der Metazeichen-Alternativen, mit der Sie eine Liste alternativer Teilmuster anlegen können. Das Ergebnis einer Zeichenklasse ist aber immer eine Übereinstimmung mit einem einzelnen Zeichen, außer ein Quantifizierer folgt auf die Zeichenklasse. Ein paar Beispiele werden Ihnen Zeichenklassen näher bringen.

Zeichenklassen bieten eine effiziente Möglichkeit, optionale Zeichen in Muster für reguläre Ausdrücke einzubinden.

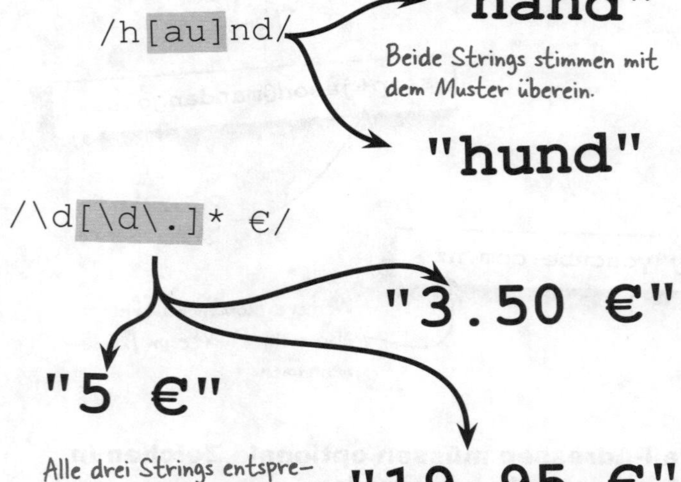

Zeichenklassen sind genau das, was wir brauchen, um das E-Mail-Adressmuster in Form zu bringen und die E-Mail-Validierung in Bannerocity einzubauen ...

Aufgepasst

Vergessen Sie nicht, Sonderzeichen in regulären Ausdrücken als Escape-Sequenz zu schreiben.

Zeichen, die in regulären Ausdrücken eine besondere Bedeutung haben, müssen als Escape-Sequenz geschrieben werden, um sie in einem regulären Ausdruck zu verwenden. Schreiben Sie die folgenden Zeichen als Escape-Sequenz, indem Sie einen Backslash (\) voranstellen: `[\^$.|?*+().`

Einen E-Mail-Validierer bauen

Jetzt können wir ein sehr viel stabileres Muster für E-Mail-Adressen erstellen, indem wir alle möglichen optionalen Zeichen mit einbeziehen, die im lokalen und im Domänennamen auftauchen können.

Muster = `LokalerName@DomänenPräfix.DomänenSuffix`

Dieser Teil der E-Mail-Adresse kann einmal oder mehrmals vorkommen.

Beliebige alphanumerische Zeichen ebenso wie ., -, _ und +.

Beliebige alphanumerische Zeichen ebenso wie -.

Der Punkt gilt als Teil des Domänensuffixes.

2, 3 oder 4 beliebige alphanumerische Zeichen mit vorangestelltem Punkt.

Bedenken Sie, dass es viele verschiedene Wege gibt, Muster zu erstellen, einschließlich des E-Mail-Adressmusters. Es kann überraschend schwierig sein, ein Muster zu erstellen, das sich jeder kleinen Nuance eines Datenformats erfolgreich annimmt. Wir haben bereits gesehen, dass es relativ einfach ist, ein allgemeines Muster in einem regulären Ausdruck zu übersetzen, sobald wir es gestaltet haben.

Spitzen Sie Ihren Bleistift

Vervollständigen Sie den Code für die Funktion `validiereEmail()`, die die E-Mail-Adresse in Bannerocity validiert.

```
function validiereEmail(eingabeFeld, hilfeText) {
  // Zunächst prüfen, ob der Eingabewert Daten enthält
  if (!..............................(eingabeFeld, hilfeText))
    return false;

  // Dann prüfen, ob der Eingabewert eine E-Mail-Adresse ist
  return validiereRegEx(.............................................................. ,
    eingabeFeld.value, hilfeText,
    ..............................................................................................);
}
```

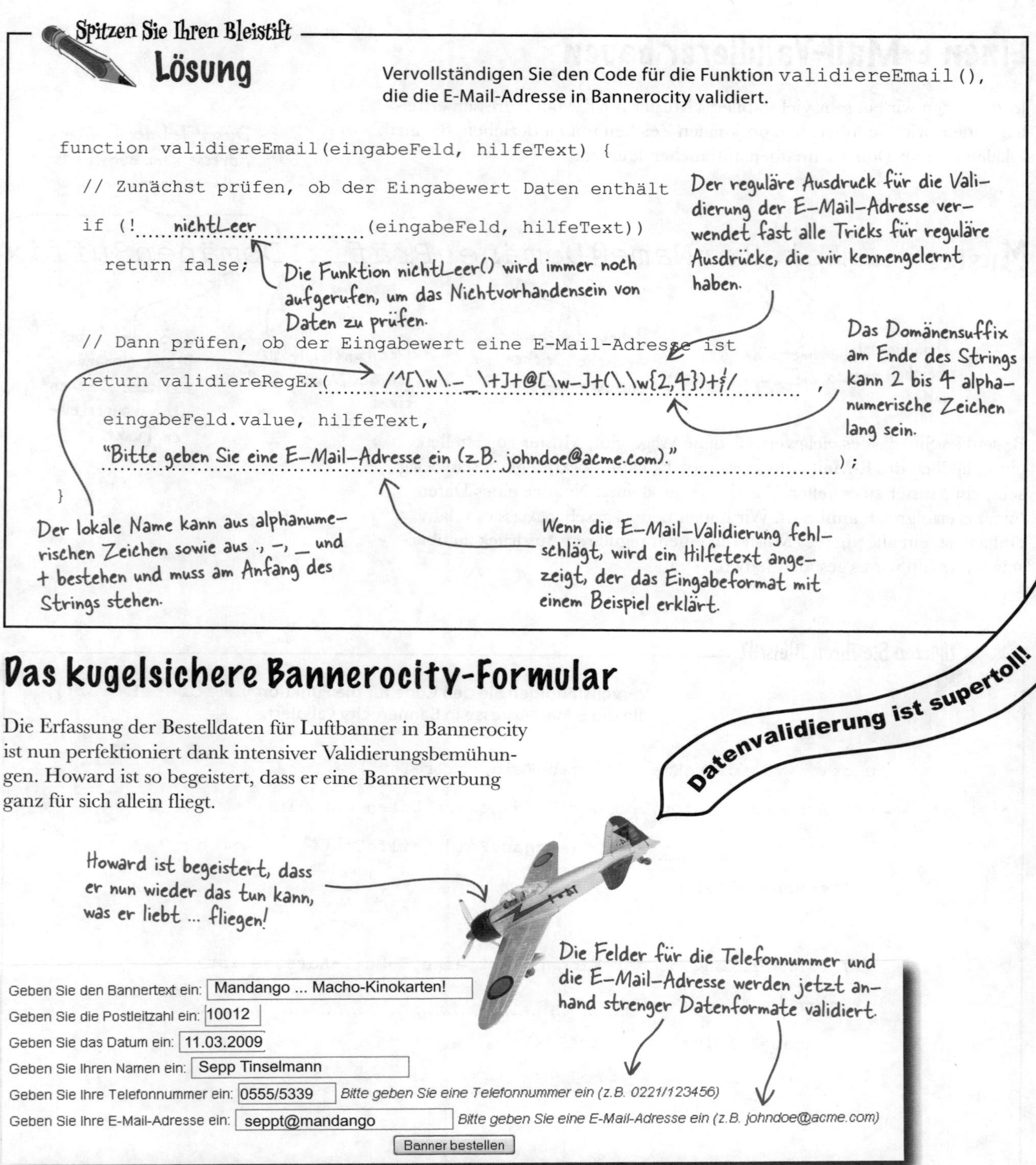

Spitzen Sie Ihren Bleistift – Lösung

Vervollständigen Sie den Code für die Funktion `validiereEmail()`, die die E-Mail-Adresse in Bannerocity validiert.

```
function validiereEmail(eingabeFeld, hilfeText) {
  // Zunächst prüfen, ob der Eingabewert Daten enthält
  if (!nichtLeer(eingabeFeld, hilfeText))
    return false;

  // Dann prüfen, ob der Eingabewert eine E-Mail-Adresse ist
  return validiereRegEx(/^[\w\.-_\+]+@[\w-]+(\.\w{2,4})+$/,
    eingabeFeld.value, hilfeText,
    "Bitte geben Sie eine E-Mail-Adresse ein (z.B. johndoe@acme.com).");
}
```

Der reguläre Ausdruck für die Validierung der E-Mail-Adresse verwendet fast alle Tricks für reguläre Ausdrücke, die wir kennengelernt haben.

Die Funktion nichtLeer() wird immer noch aufgerufen, um das Nichtvorhandensein von Daten zu prüfen.

Das Domänensuffix am Ende des Strings kann 2 bis 4 alphanumerische Zeichen lang sein.

Der lokale Name kann aus alphanumerischen Zeichen sowie aus ., -, _ und + bestehen und muss am Anfang des Strings stehen.

Wenn die E-Mail-Validierung fehlschlägt, wird ein Hilfetext angezeigt, der das Eingabeformat mit einem Beispiel erklärt.

Das kugelsichere Bannerocity-Formular

Die Erfassung der Bestelldaten für Luftbanner in Bannerocity ist nun perfektioniert dank intensiver Validierungsbemühungen. Howard ist so begeistert, dass er eine Bannerwerbung ganz für sich allein fliegt.

JavaScript-Kreuzworträtsel

Hier ist ein Muster, das Sie vielleicht wiedererkennen ... ein Kreuzworträtsel! Nein, keine Validierung erforderlich – nur ein paar Antworten.

Waagerecht

4. HTML-Attribut, das ein Feld in einem Formular eindeutig bezeichnet.
5. Das JavaScript-Objekt für die Unterstützung regulärer Ausdrücke.
7. Praktische Möglichkeit, optionale Zeichen in einem regulären Ausdruck anzugeben.
10. Wird für den Mustervergleich von Text verwendet.
11. Die Methode, um einen String mit einem regulären Ausdruck zu vergleichen.
13. Wird ausgelöst, wenn der Benutzer ein Formularfeld verlässt.
14. Steuert, wie oft ein Teilmuster in einem regulären Ausdruck vorkommt.

Senkrecht

1. Das machen Sie mit Formulardaten, um sicherzustellen, dass sie gültig sind.
2. Wird ausgelöst, wenn sich ein Formularfeld ändert.
3. Besonderes Zeichen in regulären Ausdrücken.
6. Diese Validierungsfunktion überprüft, dass ein Feld nicht leer ist.
8. Dieses Objekt enthält alle Felder eines Formulars.
9. Beschreibung eines Datenformats.
12. Oft praktisch, aber nicht die beste Variante, den Benutzer auf ungültige Daten hinzuweisen.

JavaScript-Kreuzworträtsel, Lösung

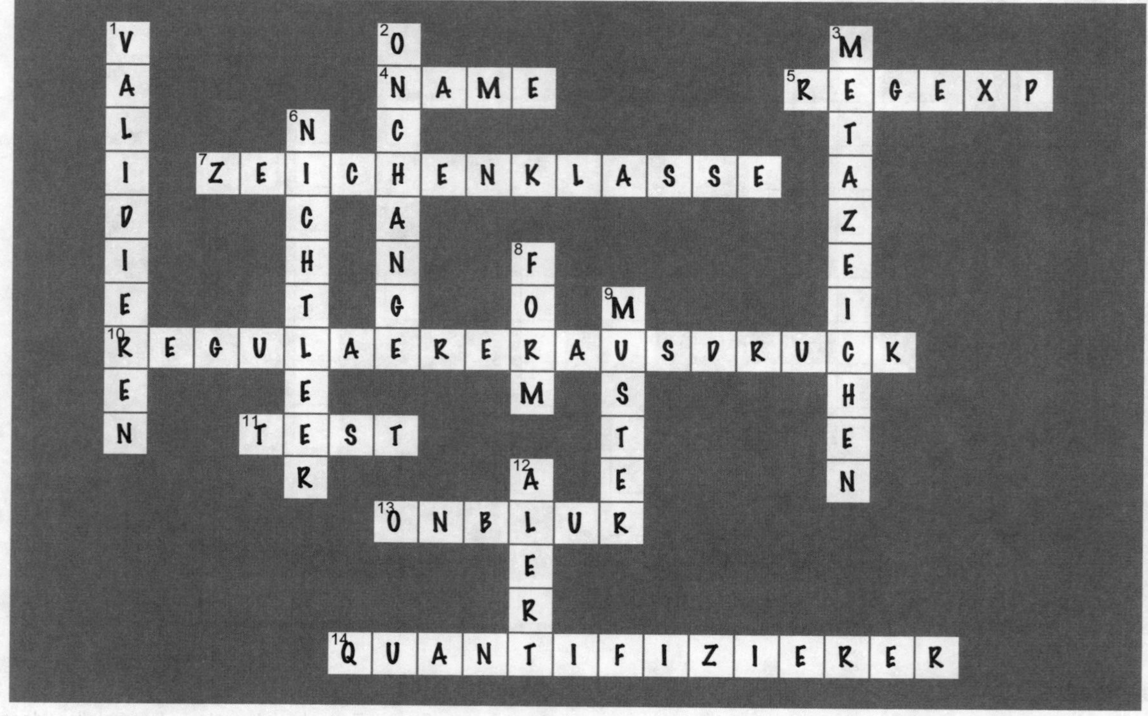

Seitenfalter

Falten Sie die Seite vertikal so, dass die beiden Gehirne zusammenkommen und das Rätsel lösen.

Was bringt JavaScript in Webformularen?

Zwei Welten begegnen sich!

"Mandango ... die Kinositzsuche für harte Jungs!"

105012

11.03.200

030/555-5339

seppt@mandango

"... Macho-Kinositze!"

100012

11. März 2009

(212) 5555339

sepp%t@mandango.us

Diese Daten sehen schrecklich aus!

Sieht gut aus! Fühlt sich an wie surfen ...

/^val(ley|ue|krie)/

/name|ide$/

JavaScript hat Webformularen eine Menge zu bieten. Es ist schwer, eine valide Entscheidung für eine Sache zu treffen. Die Antwort hat sicher mit Daten zu tun. Aber womit genau?

8 Die Seite zähmen

HTML fein würfeln mit dem DOM

Den Webseiteninhalt mit JavaScript zu steuern ist ziemlich ähnlich wie Backen. Natürlich ohne das Chaos danach ... und leider auch ohne die essbare Belohnung. Aber: Sie erhalten den ***vollen Zugriff auf die HTML***-Zutaten einer Webseite und, noch wichtiger, die Fähigkeit, das Rezept der Seite zu ***ändern***. Mit **JavaScript können Sie den HTML-Code einer Webseite** nach Herzenslust manipulieren. Das eröffnet viele interessante Möglichkeiten, und alles dank einer ***Sammlung von Standardobjekten*** namens **DOM** (Document Object Model, Dokument-Objekt-Modell).

Funktional, aber plump ... Oberflächliches

Das Strichmännchenabenteuer-Skript aus Kapitel 4 ist ein gutes Beispiel für interaktive Entscheidungen mit JavaScript. Nur die Benutzeroberfläche ist ein bisschen plump, vor allem nach modernen Webstandards. Die alert-Fenster sind ein wenig nervtötend beim Navigieren, und die kryptischen Optionsbuttons mit der Beschriftung 1 und 2 sind auch nicht gerade intuitiv.

Ellie merkt, dass es an der Zeit ist, die Mängel der Benutzeroberfläche des Strichmännchenabenteuers zu beseitigen ...

Die Szenen ohne alert-Fenster beschreiben

Problematisch am Ansatz mit den alert-Fenstern ist, dass die angezeigte Szenenbeschreibung wieder verschwindet, wenn der Benutzer auf OK klickt. Es wäre besser, die Beschreibung direkt im Body der Webseite anzuzeigen und die nervigen alerts loszuwerden. Ellie möchte, dass das Strichmännchenabenteuer so aussieht:

Die neuesten Dateien für das Strichmännchenabenteuer liegen für Sie bereit unter http://examples.oreilly.de/german_examples/hfjavascriptger.

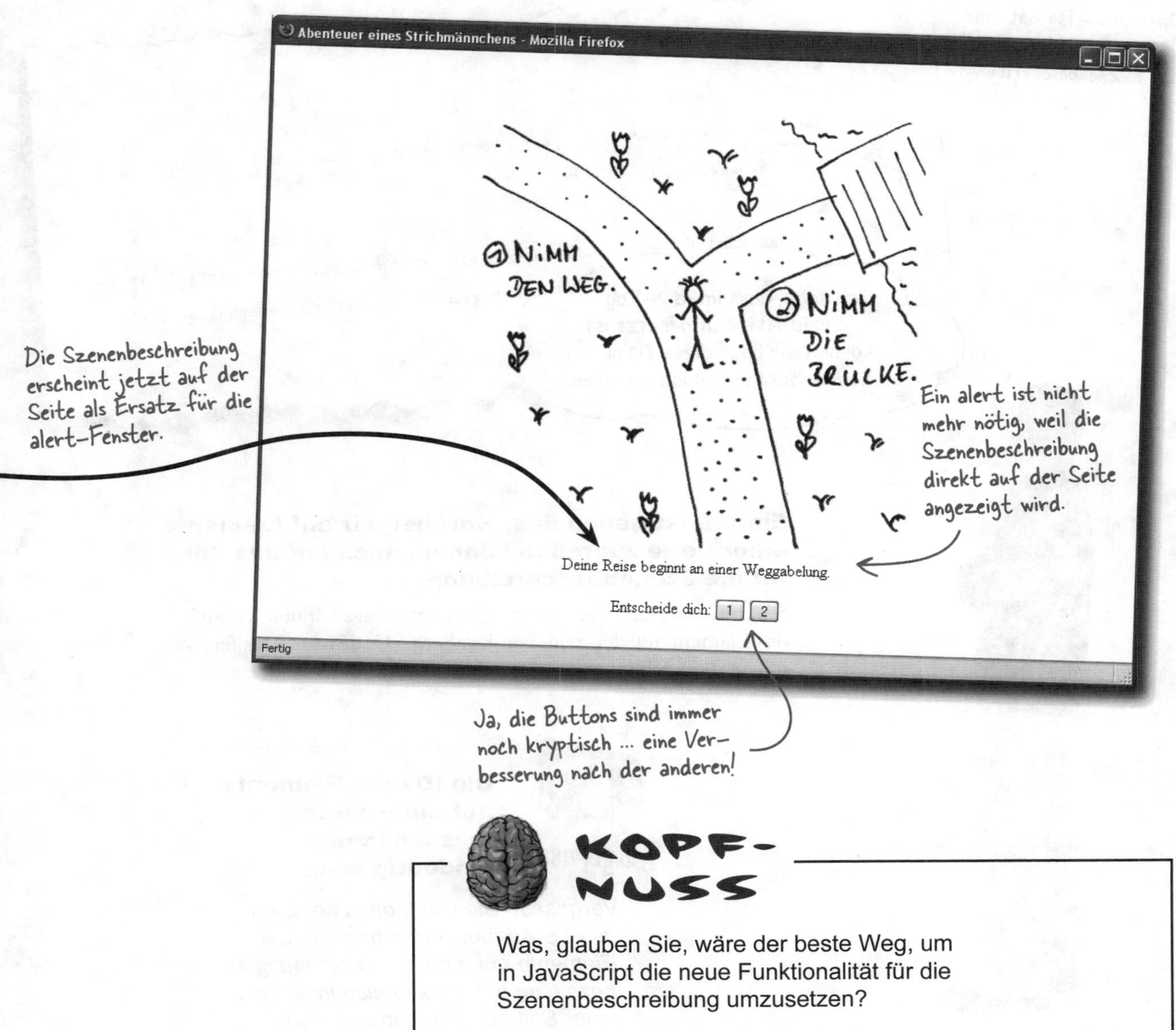

KOPF-NUSS

Was, glauben Sie, wäre der beste Weg, um in JavaScript die neue Funktionalität für die Szenenbeschreibung umzusetzen?

Mit div Raum auf der Seite schaffen

Um die Szenenbeschreibung auf der Seite anzuzeigen, müssen wir zunächst einen physischen Bereich auf der Seite als HTML-Element definieren, bevor wir mit dem JavaScript-Code Ernst machen können. Da der Szenenbeschreibungstext in einem eigenen Absatz erscheint, sollte ein `<div>`-Tag den Szenentext wunderbar aufnehmen können.

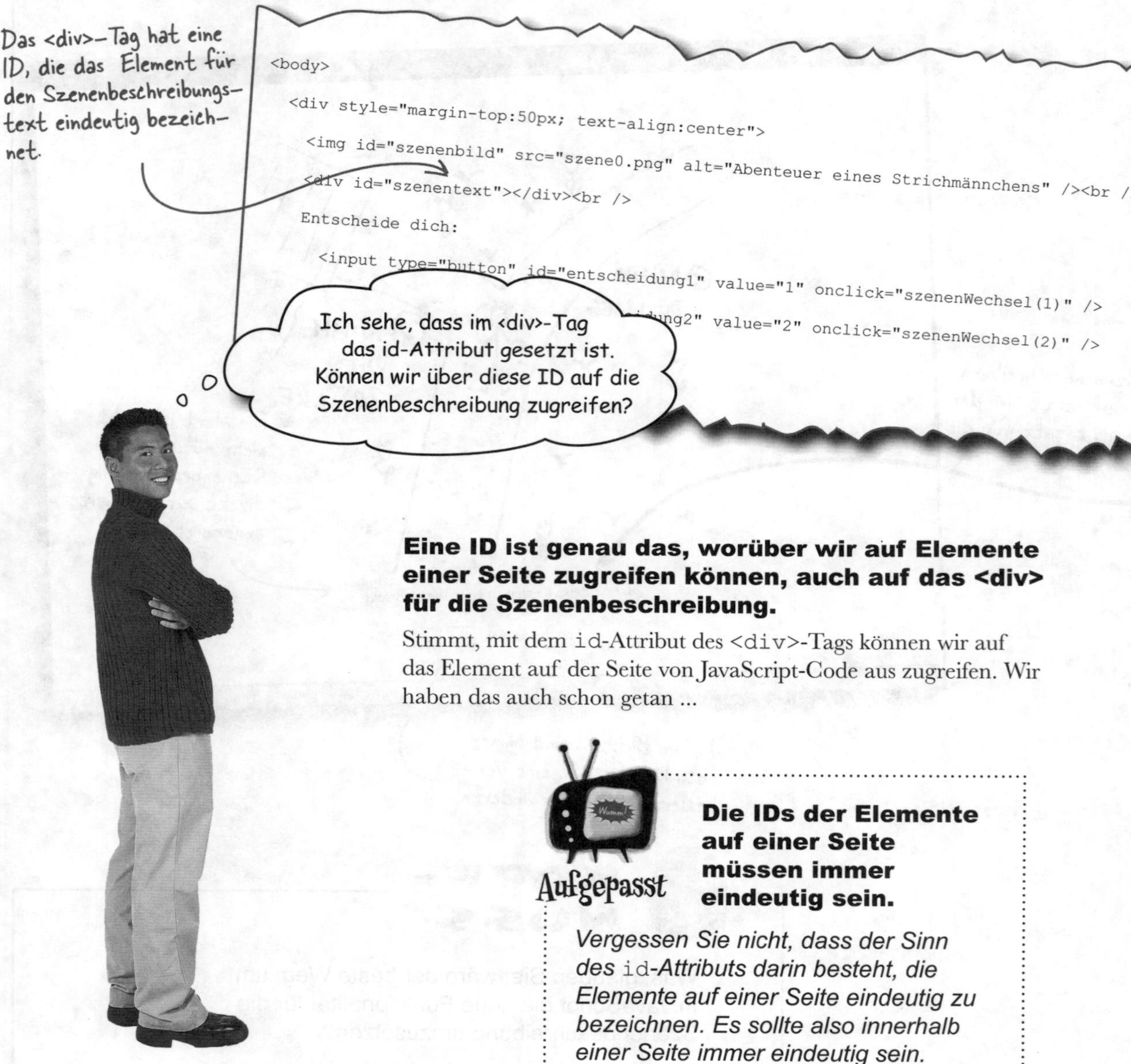

Eine ID ist genau das, worüber wir auf Elemente einer Seite zugreifen können, auch auf das <div> für die Szenenbeschreibung.

Stimmt, mit dem `id`-Attribut des `<div>`-Tags können wir auf das Element auf der Seite von JavaScript-Code aus zugreifen. Wir haben das auch schon getan ...

Aufgepasst

Die IDs der Elemente auf einer Seite müssen immer eindeutig sein.

Vergessen Sie nicht, dass der Sinn des `id`-Attributs darin besteht, die Elemente auf einer Seite eindeutig zu bezeichnen. Es sollte also innerhalb einer Seite immer eindeutig sein.

Auf HTML-Elemente zugreifen

Mit der `getElementById()`-Methode des Standard-`document`-Objekts, die wir bereits oft verwendet haben, können Sie auf ein HTML-Element in einer Seite zugreifen ... sofern das Element eine eindeutige ID hat.

Das muss mit dem id-Attribut des HTML-Elements übereinstimmen, in diesem Fall mit der ID des div.

```
var szenenBeschr = document.getElementById("szenentext");
```

Wir greifen über das id-Attribut auf das div-Element zu.

```
<img id="szenenbild" src="szene0.png" ...
<div id="szenentext"></div><br />
Entscheide dich:
```

Mit dem Szenenbeschreibungselement in Händen sind wir einen Schritt weiter damit, den darin gespeicherten Inhalt zu ändern. Aber zuerst es gibt noch eine andere Methode, die es wert ist, dass wir sie unter die Lupe nehmen: die `getElementsByTagName()`-Methode, die alle Elemente eines bestimmten Typs auf einer Seite erfasst, z.B. `div` oder `img`. Diese Methode gibt ein Array mit allen Elementen auf der Seite in der Reihenfolge zurück, in der sie in HTML vorkommen.

Der Name des Tags, ohne <>.

```
var divs = document.getElementsByTagName("div");
```

Schreiben Sie den JavaScript-Code, um auf das orangefarbene Bild im folgenden HTML-Body zuzugreifen, zuerst mit `getElementById()` und dann mit `getElementsByTagName()`.

```
<body>
  <p>Wählen Sie zunächst einen Stresslevel, bevor wir beginnen:</p>
  <img id="grün" src="grün.png" alt="Entspannend" /><br />
  <img id="blau" src="blau.png" alt="Irritierend" /><br />
  <img id="gelb" src="gelb.png" alt="Erschöpft" /><br />
  <img id="orange" src="orange.png" alt="Panisch" /><br />
  <img id="rot" src="rot.png" alt="Unerträglich" />
</body>
```

Mit `getElementById()`: ....

Mit `getElementsByTagName()`: ....

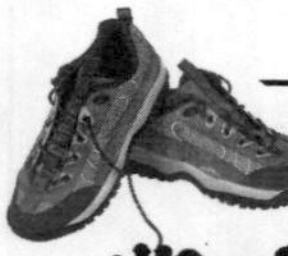

LÖSUNGEN ZU DEN ÜBUNGEN

Schreiben Sie den JavaScript-Code, um auf das orangefarbene Bild im folgenden HTML-Body zuzugreifen, zuerst mit `getElementById()` und dann mit `getElementsByTagName()`.

```
<body>
  <p>Wählen Sie zunächst einen Stresslevel, bevor wir beginnen:</p>
  <img id="grün" src="grün.png" alt="Entspannend" /><br />
  <img id="blau" src="blau.png" alt="Irritierend" /><br />
  <img id="gelb" src="gelb.png" alt="Erschöpft" /><br />
  <img id="orange" src="orange.png" alt="Panisch" /><br />
  <img id="rot" src="rot.png" alt="Unerträglich" />
</body>
```

Das orangefarbene Bild ist das vierte Element im Array und hat den Index 3.

Mit `getElementById()`: document.getElementById("orange")

Mit `getElementsByTagName()`: document.getElementsByTagName("img")[3]

Kommen Sie mit dem inneren HTML in Berührung

Okay, der Sinn dieser ganzen HTML-Element-Zugriffsgeschichte ist, an den in einem Element gespeicherten Inhalt zu kommen. Auf HTML-Elemente, die Textinhalt aufnehmen können, wie `div` und `p`, können Sie mit einer Eigenschaft namens `innerHTML` zugreifen.

Die innerHTML-Eigenschaft bietet Zugriff auf den gesamten Inhalt eines Elements.

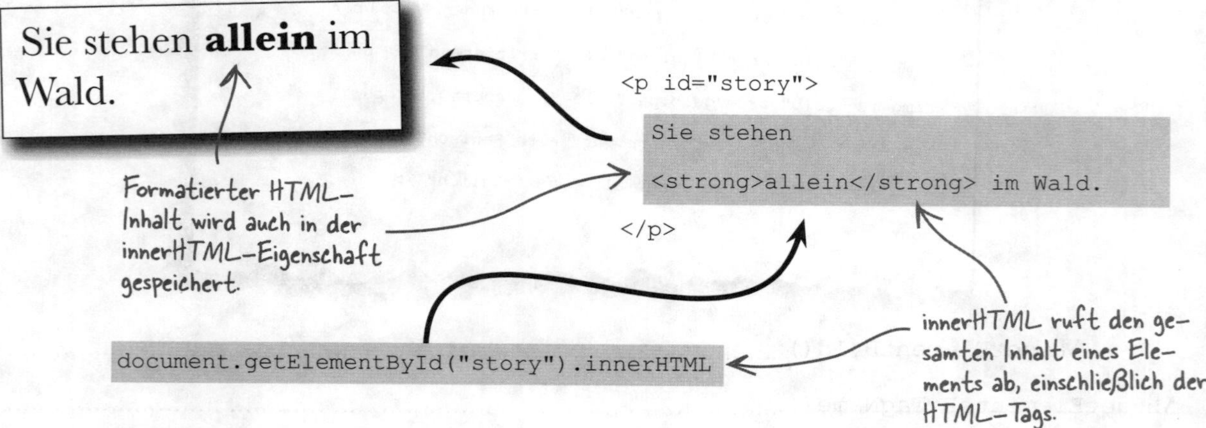

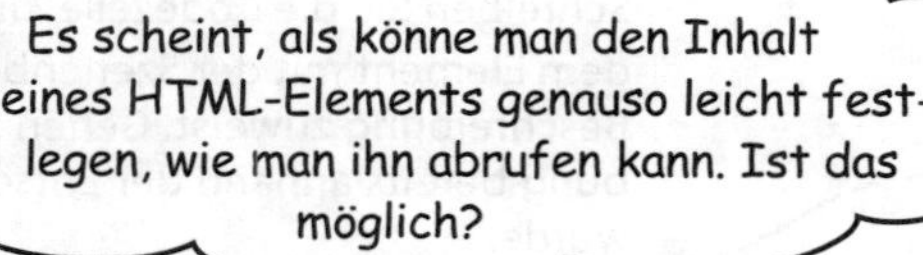

Mit innerHTML können Sie auch den Inhalt einer Seite festlegen.

Die `innerHTML`-Eigenschaft wird tatsächlich genauso häufig zum **Festlegen** wie für das **Abrufen** des HTML-Inhalts verwendet. Der Inhalt eines Elements kann mit einem String mit HTML-Text belegt werden, indem Sie den String einfach der `innerHTML`-Eigenschaft des Elements zuweisen. Der neue Inhalt ersetzt jeglichen vorherigen Inhalt des Elements.

```
document.getElementById("story").innerHTML =
  "Sie sind <strong>nicht</strong> allein!";
```

Der Inhalt des Elements wird zugewiesen oder in diesem Fall ersetzt, indem Sie die innerHTML-Eigenschaft mit einem String belegen.

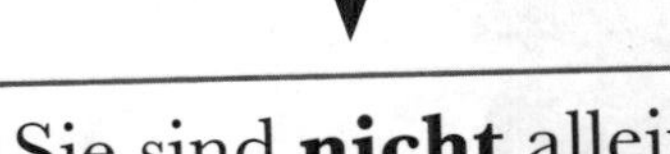

Spitzen Sie Ihren Bleistift

Schreiben Sie die Codezeile, die im Strichmännchenabenteuer dem Element mit der Szenenbeschreibung über `innerHTML` die Beschreibung zuweist. Gehen Sie davon aus, dass die Beschreibung bereits anhand der Entscheidung des Spielers festgelegt wurde.

....

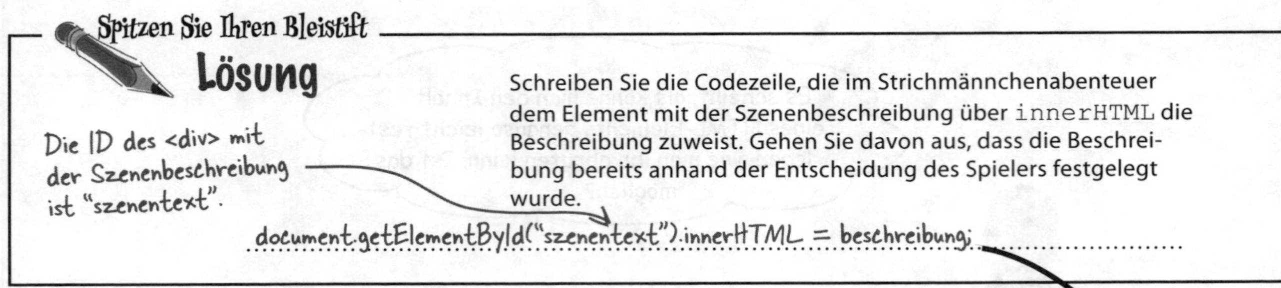

Schreiben Sie die Codezeile, die im Strichmännchenabenteuer dem Element mit der Szenenbeschreibung über `innerHTML` die Beschreibung zuweist. Gehen Sie davon aus, dass die Beschreibung bereits anhand der Entscheidung des Spielers festgelegt wurde.

```
document.getElementById("szenentext").innerHTML = beschreibung;
```

Ein Abenteuer ohne Unterbrechungen

Der sich dynamisch ändernde Bereich mit der Szenenbeschreibung macht das Strichmännchenabenteuer für die Spieler zu einer flüssigeren und amüsanteren Erfahrung ohne lästige alerts.

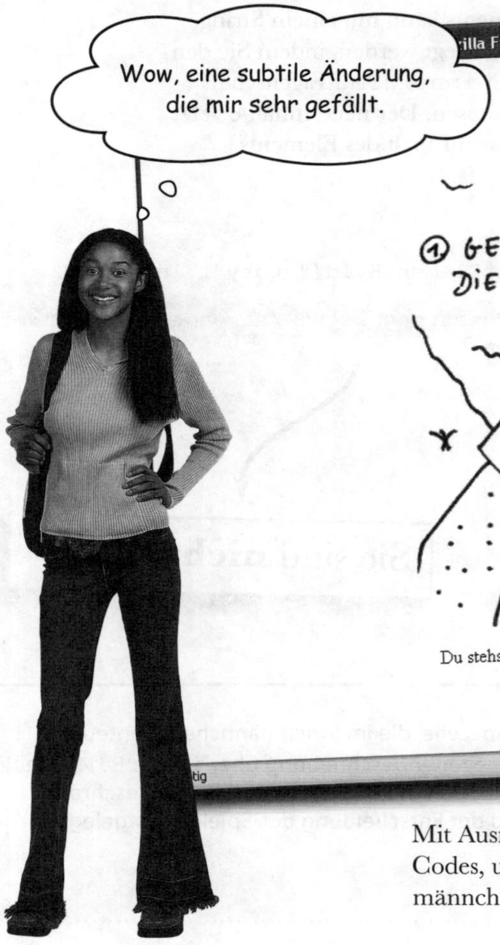

Wow, eine subtile Änderung, die mir sehr gefällt.

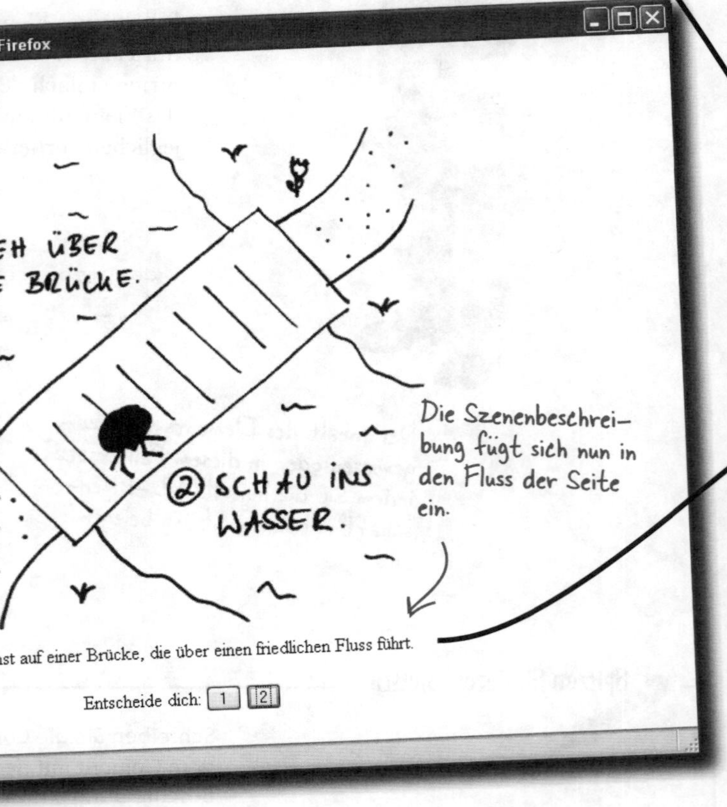

rilla Firefox

① GEH ÜBER DIE BRÜCKE.

② SCHAU INS WASSER.

Die Szenenbeschreibung fügt sich nun in den Fluss der Seite ein.

Du stehst auf einer Brücke, die über einen friedlichen Fluss führt.

Entscheide dich: 1 2

Mit Ausnahme des `<div>`-Bereichs für die Szenenbeschreibung und des Codes, um die `innerHTML`-Eigenschaft zuzuweisen, hat sich am Strichmännchenabenteuer-Code nichts geändert ...

Strichmännchenabenteuer-Code unter der Lupe

```
<html>
  <head>
    <title>Abenteuer eines Strichmännchens</title>

    <script type="text/javascript">
      // Aktuelle Szene mit Szene 0 initialisieren (Intro)
      var aktuelleSzene = 0;

      function szenenWechsel(entscheidung) {
        // Szenentext löschen
        var beschreibung = "";

        switch (aktuelleSzene) {
        case 0:
          aktuelleSzene = 1;
          beschreibung = "Deine Reise beginnt an einer Weggabelung.";
          break;
        case 1:
          if (entscheidung == 1) {
            aktuelleSzene = 2
            beschreibung = "Du bist an einem netten kleinen Häuschen im Wald angekommen.";
          }
          else {
            aktuelleSzene = 3;
            beschreibung = "Du stehst auf einer Brücke, die über einen friedlichen Fluss führt.";
          }
          break;
        ...
        }

        // Szenenbild aktualisieren
        document.getElementById("szenenbild").src = "szene" + aktuelleSzene + ".png";

        // Szenenbeschreibung aktualisieren
        document.getElementById("szenentext").innerHTML = beschreibung;
      }
    </script>
  </head>

  <body>
    <div style="margin-top:50px; text-align:center">
      <img id="szenenbild" src="szene0.png" alt="Abenteuer eines Strichmännchens" /><br />
      <div id="szenentext"></div><br />
      Entscheide dich:
      <input type="button" id="entscheidung1" value="1" onclick="szenenWechsel(1)" />
      <input type="button" id="entscheidung2" value="2" onclick="szenenWechsel(2)" />
    </div>
  </body>
</html>
```

Die lokale Variable beschreibung für die Szenenbeschreibung der neuen Szene wird angelegt.

Die Variable beschreibung wird für jede Szene mit dem zugehörigen Text belegt.

Über die innerHTML-Eigenschaft wird dem Element mit der Szenenbeschreibung der Inhalt der Variablen zugewiesen.

Es gibt keine Dummen Fragen

F: Kann ich mit `getElementById()` auf jedes Element einer Seite zugreifen?

A: Ja, aber nur, wenn das `id`-Attribut des Elements einen eindeutigen Wert hat. Das `id`-Attribut ist absolut essenziell für die Verwendung der `getElementById()`-Methode.

F: Kann ich mit `innerHTML` den Inhalt jedes HTML-Elements festlegen?

A: Nein. Um den »inneren HTML«-Inhalt eines Elements zuzuweisen, muss das Element HTML-Inhalt aufnehmen können. In der Praxis wird mit `innerHTML` der Inhalt von Elementen wie `div`, `span`, `p` und anderen zugewiesen, die als Inhaltscontainer dienen.

F: Was passiert mit dem alten Inhalt eines Elements, wenn ich mit `innerHTML` den neuen Inhalt festlege?

A: Die `innerHTML`-Eigenschaft überschreibt den vorherigen Inhalt immer komplett, wenn Sie neuen Inhalt zuweisen. Es gibt also kein Konzept, bei dem Inhalt an `innerHTML` **angehängt** wird. Sie können diesen Effekt natürlich erzielen, indem Sie den alten Inhalt und den neuen Inhalt konkatenieren und das Ergebnis `innerHTML` zuweisen: `elem.innerHTML += " Dieser Satz wird angehängt."`

Nun ja, sind Webstandards wirklich etwas Wichtiges?

Es stimmt, `innerHTML` wurde ursprünglich von Microsoft als proprietäre Funktion für den Internet Explorer entwickelt. Seither haben auch andere Browser `innerHTML` übernommen, und es wurde zu einem **inoffiziellen** Standard, um den Inhalt von Webseitenelementen schnell und einfach zu ändern.

Fakt ist aber, dass `innerHTML` kein Standard ist, was zunächst nicht dramatisch erscheint. Der Sinn von Standards besteht jedoch darin, dass Webseiten und Applikationen auf so vielen Browsern und Plattformen wie möglich funktionieren sollen. Außerdem gibt es eine standardkonforme Möglichkeit, zum gleichen Ergebnis zu kommen, die wesentlich flexibler und mächtiger ist, wenn auch nicht ganz so einfach. Dieser Ansatz verwendet das DOM, oder Document Object Model, eine Sammlung von Objekten, die JavaScript die totale Kontrolle über Struktur und Inhalt von Webseiten gibt.

Wald und Bäume sehen: das Document Object Model (DOM)

Das DOM bietet eine skriptfreundliche Ansicht von Struktur und Inhalt einer Webseite. Das ist wichtig, wenn Sie mit JavaScript eine Seite dynamisch verändern wollen. Durch die Augen des DOM sieht eine Seite wie eine Hierarchie von Elementen in einer Baumstruktur aus. Jedes Blatt des Baums ist ein **Knoten**, der ein Element auf einer Seite repräsentiert. Wenn ein Knoten unterhalb eines anderen Knotens im Baum liegt, bezeichnet man ihn als **Kind** dieses Knotens.

Gut, es ist ein seltsamer Baum, aber die Knoten einer Seite erinnern doch an einen Baum, oder?

```
<html>
  <head></head>

  <body>
    <p id="story">
      Sie stehen <strong>allein</strong> im Wald.
    </p>
  </body>
</html>
```

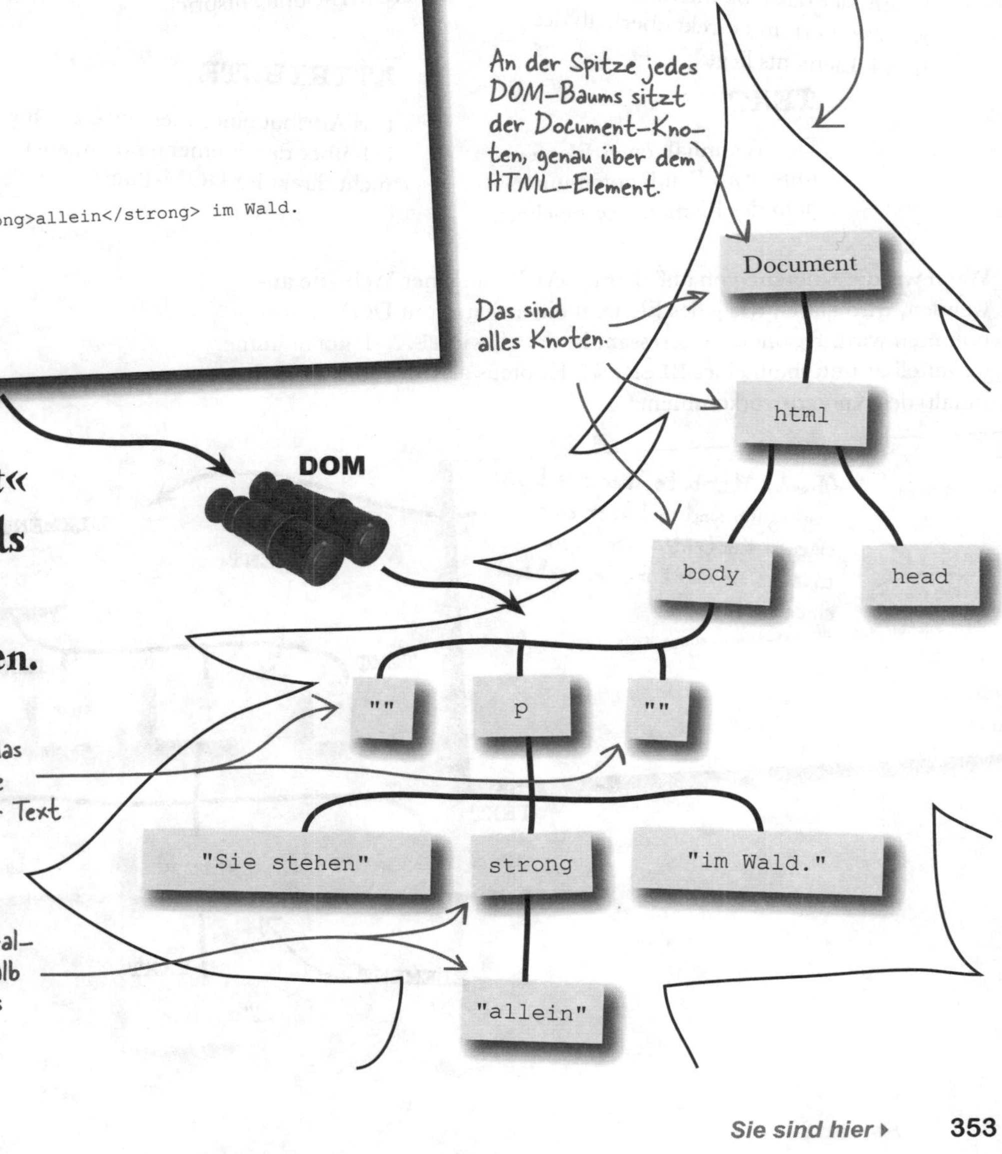

An der Spitze jedes DOM-Baums sitzt der Document-Knoten, genau über dem HTML-Element.

Das sind alles Knoten.

DOM

Document

html

body

head

""

p

""

"Sie stehen"

strong

"im Wald."

"allein"

Das DOM »sieht« eine Webseite als hierarchischen Baum von Knoten.

Der Whitespace, der das <p>-Tag auf der Seite umgibt, wird als leerer Text interpretiert.

Der strong-Text »allein« steht unterhalb des Knotens für das <strong>-Tag.

Ihre Seite ist eine Sammlung von DOM-Knoten

Jeder Knoten im DOM-Baum wird anhand seines **Typs** klassifiziert. Die wichtigsten Knotentypen entsprechen den strukturellen Teilen einer Seite, die vorwiegend aus Element- und Textknoten besteht.

DOM-Knoten werden anhand ihres Knotentyps klassifiziert.

DOCUMENT

Der oberste Knoten in einem DOM-Baum, der das Dokument selbst repräsentiert und direkt oberhalb des `html`-Elements liegt.

ELEMENT

Jedes HTML-Element, das einem Tag im HTML-Code entspricht.

TEXT

Der Textinhalt eines Elements, immer als Kindknoten unterhalb des Elements gespeichert.

ATTRIBUTE

Das Attribut eines Elements, zugänglich über den Elementknoten, aber nicht direkt im DOM-Baum.

Wenn wir die Knotentypen auf den DOM-Baum einer Webseite anwenden, wird klarer, wie jedes Element einer Seite vom DOM wahrgenommen wird. Besonders interessant ist dabei, wie TEXT-Knoten immer unmittelbar unterhalb eines ELEMENT-Knotens als Teil (oder als gesamter Inhalt) des Knotens vorkommen.

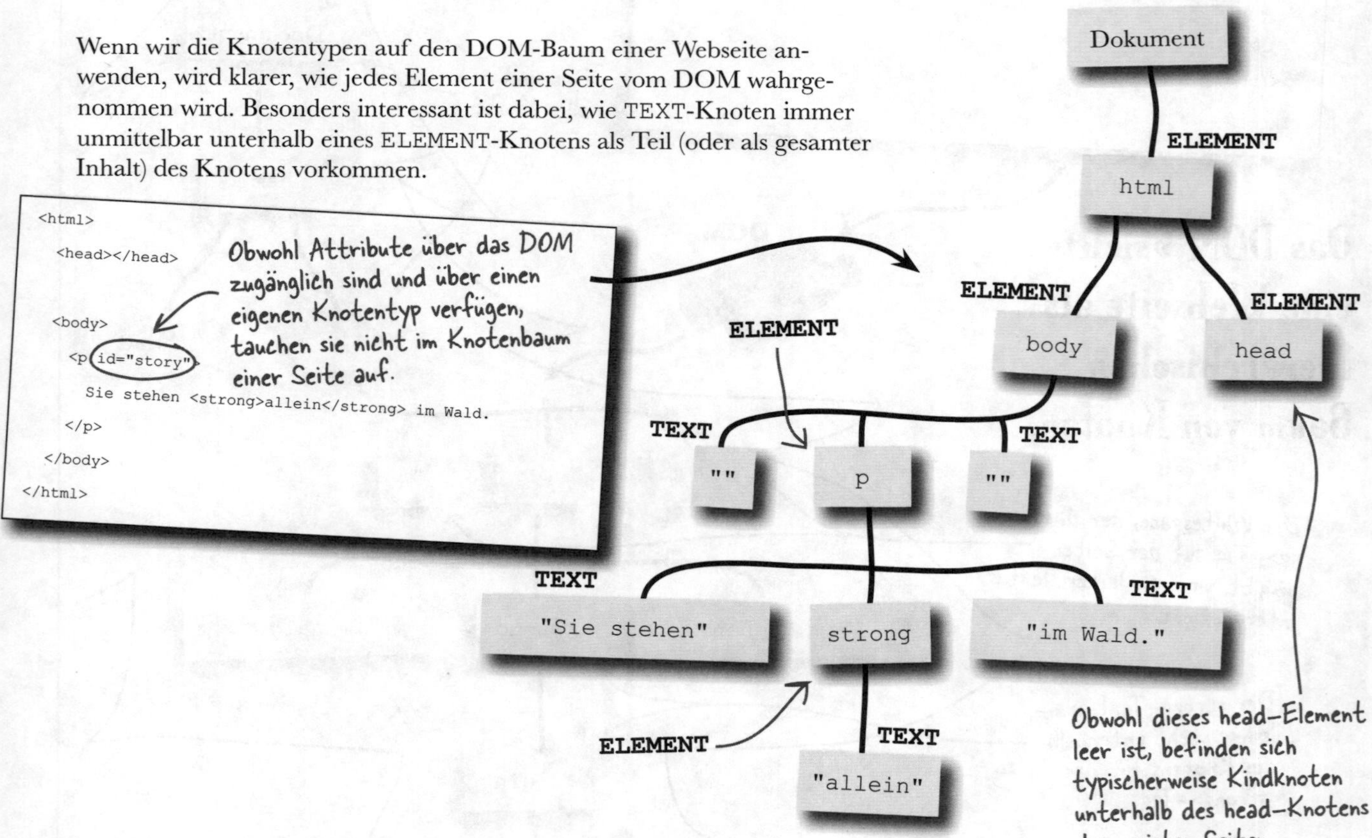

Spitzen Sie Ihren Bleistift

Vervollständigen Sie die DOM-Baumdarstellung des Strichmännchenabenteuer-HTML-Codes, indem Sie den Namen jedes Knotens eintragen. Geben Sie auch für jeden Knoten den Typ an.

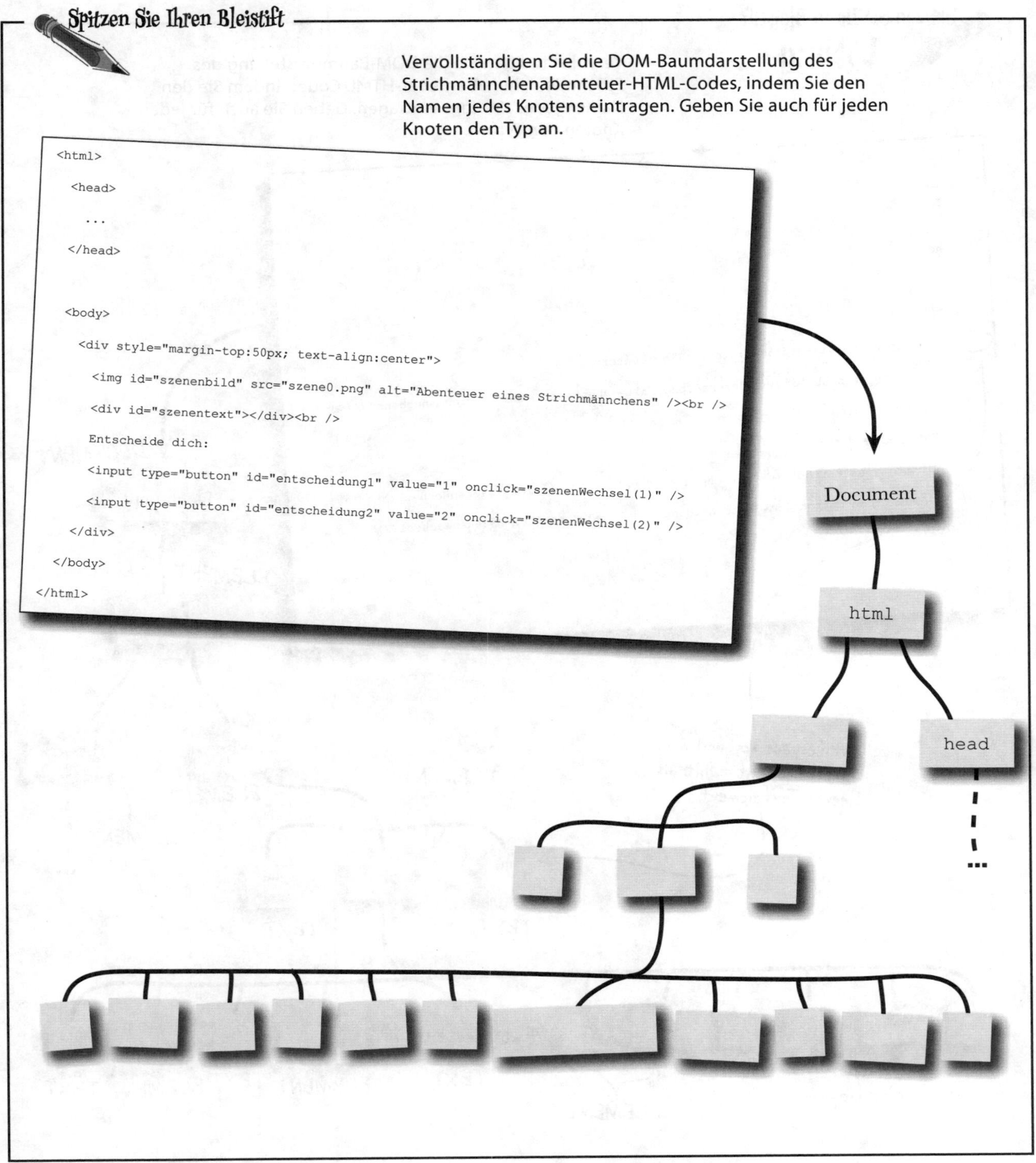


```
<html>
  <head>
    ...
  </head>

  <body>
    <div style="margin-top:50px; text-align:center">
      <img id="szenenbild" src="szene0.png" alt="Abenteuer eines Strichmännchens" /><br />
      <div id="szenentext"></div><br />
      Entscheide dich:
      <input type="button" id="entscheidung1" value="1" onclick="szenenWechsel(1)" />
      <input type="button" id="entscheidung2" value="2" onclick="szenenWechsel(2)" />
    </div>
  </body>
</html>
```

Spitzen Sie Ihren Bleistift

Lösung

Vervollständigen Sie die DOM-Baumdarstellung des Strichmännchenabenteuer-HTML-Codes, indem Sie den Namen jedes Knotens eintragen. Geben Sie auch für jeden Knoten den Typ an.

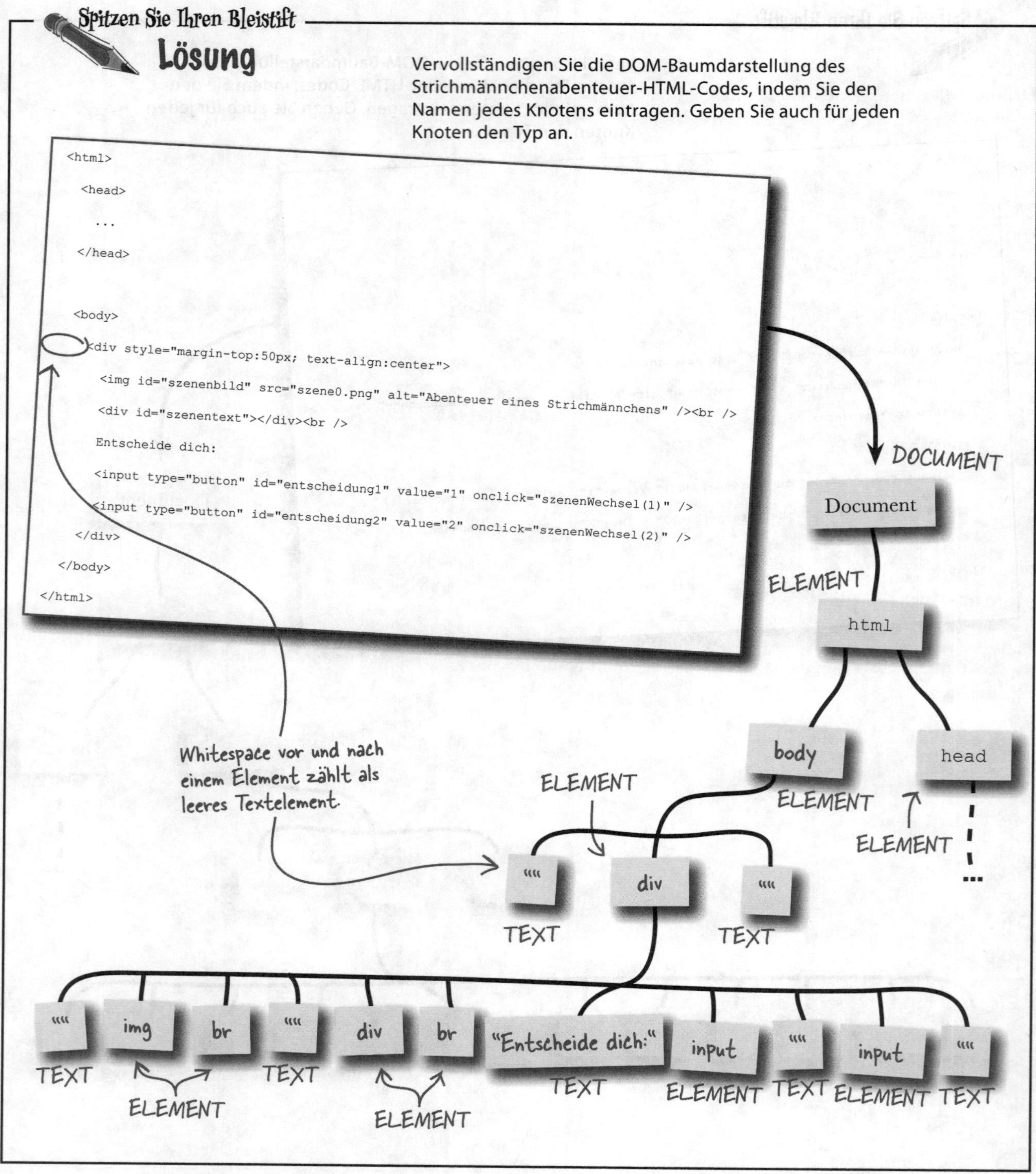

Mit Eigenschaften auf den DOM-Baum klettern

Die meisten Interaktionen mit dem DOM beginnen mit dem `document`-Objekt, dem obersten Knoten im Knotenbaum eines Dokuments. Das `document`-Objekt bietet nützliche Methoden wie `getElementById()` und `getElementsByTagName()` sowie etliche Eigenschaften dazu. Viele Eigenschaften des `document`-Objekts stehen für **jeden** Knoten eines Baums zur Verfügung. Mit einigen dieser Objekte können Sie sogar zu anderen Knoten navigieren. So können Sie mit Knoteneigenschaften durch den Knotenbaum navigieren.

Knoteneigenschaften sind praktisch, um die Knoten im DOM-Baum zu durchlaufen.

`nodeValue`
Der in einem Knoten gespeicherte Wert, nur bei Text- und Attributknoten (nicht bei Elementknoten).

`nodeType`
Typ eines Knotens, z.B. `DOCUMENT` oder `TEXT`, als Zahl ausgedrückt.

`childNodes`
Array mit allen Kindknoten unterhalb eines Knotens in der Reihenfolge, in der die Knoten im HTML-Code vorkommen.

`firstChild`
Der erste Kindknoten unterhalb eines Knotens.

`lastChild`
Der letzte Kindknoten unterhalb eines Knotens.

Diese Eigenschaften sind der Schlüssel zum Manövrieren durch den Dokumentbaum, um auf bestimmte Knotendaten zuzugreifen. Beispielsweise können Sie mit den Knoteneigenschaften zusammen mit der Knotenzugriffsmethode `getElementById()` einen bestimmten Knoten schnell ausfindig machen.

Die nodeValue-Eigenschaft enthält immer den reinen Text ohne Formatierung.

```
alert(document.getElementById("szenentext").nodeValue);
```

Die nodeValue-Eigenschaft bietet Zugriff auf den in einem Knoten gespeicherten Textinhalt.

Die Szenenbeschreibung im Strichmännchenabenteuer ist anfangs leer.

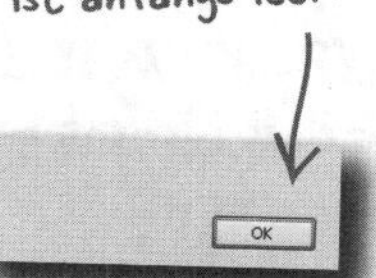

Okay, das ist vielleicht nicht das beste Beispiel, da wir nur sehen, dass das `div` mit der Szenenbeschreibung im Strichmännchenabenteuer anfangs leer ist. Aber es wird im Verlauf der Story irgendwann absolut unwiderstehlichen Text enthalten, und dann wird dieser Code viel intelligenter wirken.

ÜBUNG

Der folgende Code verweist auf einen Knoten des Baums von Seite 356. Studieren Sie den Code aufmerksam und kreisen Sie den referenzierten Knoten ein.

```
document.getElementsByTagName("body")[0].childNodes[1].lastChild
```

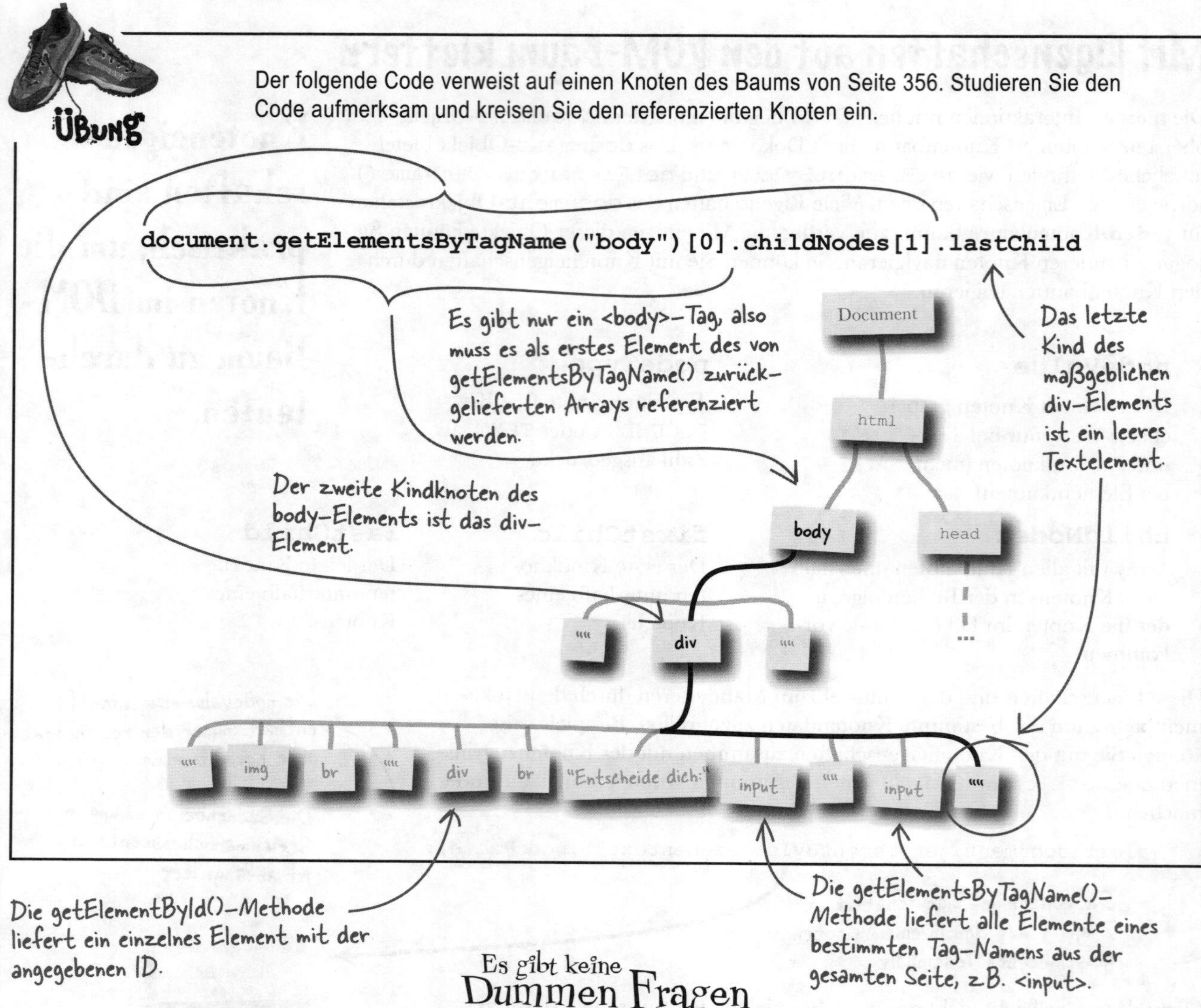

Es gibt keine Dummen Fragen

F: Was ist der Unterschied zwischen `getElementById()` **und** `getElementsByTagName()` **im DOM-Baum? Warum sollte ich mich für eines von beiden entscheiden?**

A: Die beiden Methoden bieten unterschiedliche Ansätze. Entscheidend ist, ob Sie ein **einzelnes** Element oder eine **Gruppe** ähnlicher Elemente isolieren möchten. Zum Isolieren eines einzelnen Elements ist `getElementById()` unschlagbar – hängen Sie einfach eine ID an das Element, und alles läuft wie geschmiert.

Wenn Sie es aber auf eine Gruppe von Knoten abgesehen haben, ist `getElementsByTagName()` eine viel bessere Option. Möchten Sie z.B. alle Bilder auf einer Seite mit JavaScript verstecken, rufen Sie zuerst `getElementsByTagName()` auf und übergeben `"img"`, um alle img-Knoten auf der Seite zu erhalten. Anschließend würden Sie die CSS-Stileigenschaft `visibility` jedes img-Elements ändern, um es auszublenden. Hoppla, wir überholen uns gerade selbst ein bisschen ... Wir kommen später in diesem Kapitel nochmals zu DOM und CSS. Merken Sie sich für den Moment einfach nur, dass `getElementsByTagName()` zwar nicht so beliebt ist wie `getElementById()`, aber durchaus in bestimmten Situationen seine Berechtigung hat.

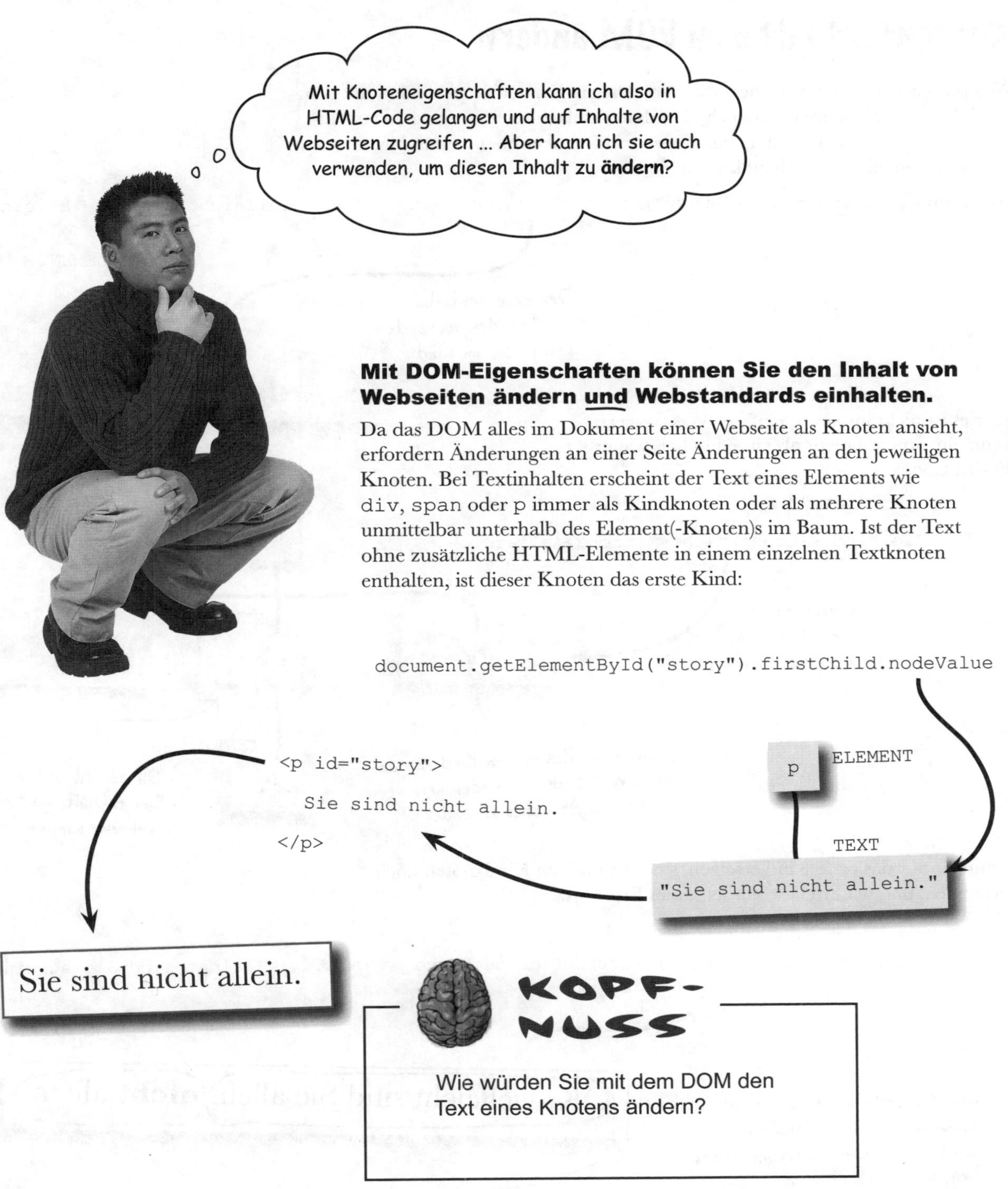

Mit DOM-Eigenschaften können Sie den Inhalt von Webseiten ändern und Webstandards einhalten.

Da das DOM alles im Dokument einer Webseite als Knoten ansieht, erfordern Änderungen an einer Seite Änderungen an den jeweiligen Knoten. Bei Textinhalten erscheint der Text eines Elements wie `div`, `span` oder `p` immer als Kindknoten oder als mehrere Knoten unmittelbar unterhalb des Element(-Knoten)s im Baum. Ist der Text ohne zusätzliche HTML-Elemente in einem einzelnen Textknoten enthalten, ist dieser Knoten das erste Kind:

KOPF-NUSS

Wie würden Sie mit dem DOM den Text eines Knotens ändern?

Knotentext mit dem DOM ändern

Wenn Sie sicher davon ausgehen könnten, dass ein Knoten nur ein Kind mit dem Textinhalt enthält, wäre es möglich, dem Kind einfach mit der nodeValue-Eigenschaft den neuen Textinhalt zuzuweisen. Das funktioniert wunderbar, aber nur solange es lediglich einen Kindknoten gibt.

```
document.getElementById("story").firstChild.nodeValue = "OK, vielleicht sind Sie allein.";
```

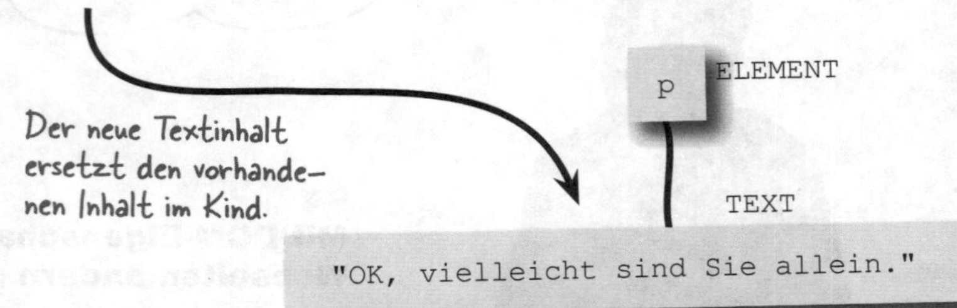

Aber es ist nicht immer so einfach. Was passiert, wenn ein Knoten mehr als ein Kind hat, wie in diesem Code:

```
<p id="story">
  Sie sind <strong>nicht</strong> allein.
</p>
```

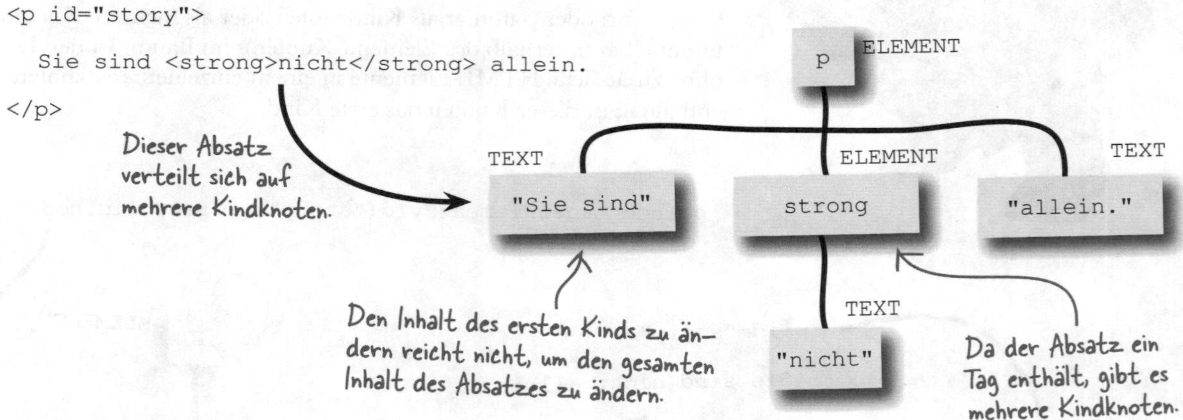

Wenn wir nur das erste Kind ersetzen, sind die übrigen Kindknoten noch vorhanden, und wir erhalten ein seltsames Ergebnis:

```
document.getElementById("story").firstChild.nodeValue = "Okay, vielleicht sind Sie allein.";
```

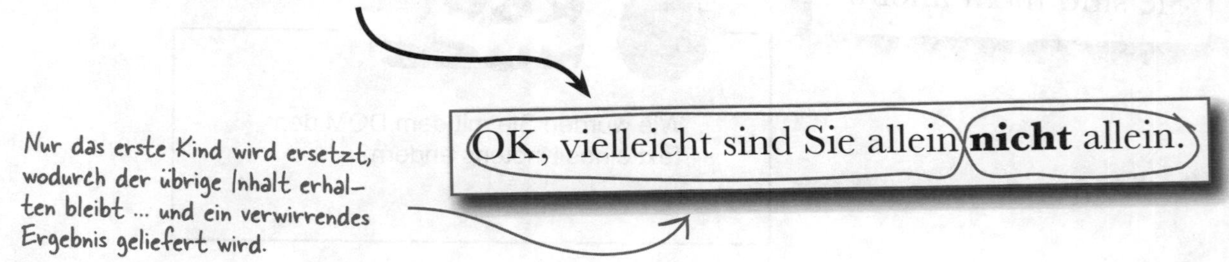

Knotentext ändern in drei (sicheren) Schritten

Wenn Sie zum Ändern des Inhalts eines Knotens nur das erste Kind ändern, bleiben dabei andere Kindknoten leider unberücksichtigt. Um also den Inhalt eines Knotens zu ändern, sollten wir alle Kinder entfernen und dann ein neues Kind mit dem neuen Inhalt anfügen.

1. Alle Kindknoten entfernen.
2. Neuen Textknoten mit dem neuen Inhalt erstellen.
3. Neu erstellten Textknoten als Kindknoten anfügen.

Das geschieht mit den folgenden drei DOM-Methoden:

Um im Beispiel den Textinhalt »Sie sind nicht allein« zu ändern, müssen wir diese drei Schritte vornehmen: zuerst sicherstellen, dass alle Kindknoten entfernt werden, dann einen neuen Textknoten erstellen und an den Absatz anfügen.

```
var knoten = document.getElementById("story");
while (knoten.firstChild)
  knoten.removeChild(knoten.firstChild);
knoten.appendChild(document.createTextNode("OK, vielleicht sind Sie allein."));
```

Zuerst das Element (Knoten) anhand der ID schnappen.

1 Den ersten Kindknoten entfernen, bis keine Kindknoten mehr vorhanden sind.

2 Neuen Textknoten erstellen.

3 Nachdem alle Kindknoten entfernt wurden, fügen wir den neuen Textknoten an den Elternknoten an.

OK, vielleicht sind Sie allein.

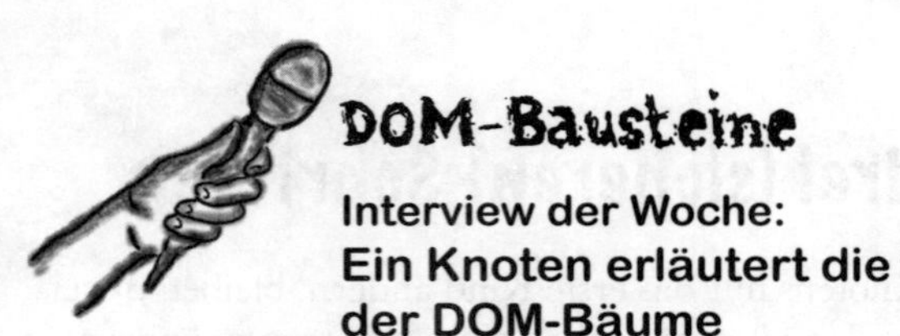

DOM-Bausteine

Interview der Woche: Ein Knoten erläutert die Weisheit der DOM-Bäume

Von Kopf bis Fuß: Ich habe gehört, dass Sie die kleinste Speichereinheit in einem DOM-Baum sind, sozusagen das Atom für HTML-Inhalte. Stimmt das?

Knoten: Ich bin nicht sicher, wie atomar ich bin. Aber ja, ich repräsentiere eine einzelne Information in einem DOM-Baum. Stellen Sie sich das DOM so vor, dass jede Webseite in winzige, byteweise Informationshappen zerlegt wird ... Ich bin diese byteweise Portion!

Von Kopf bis Fuß: Wofür ist das gut? Ist es wirklich so wichtig, eine Webseite in kleine Datenstückchen zu zerlegen?

Knoten: Das ist nur wichtig, wenn Sie auf Informationen in Webseiten zugreifen oder sie ändern möchten. Vielen Skripten ist das sehr wichtig, und in diesen Fällen spielt das DOM eine große Rolle. Aber das wirklich Wichtige daran ist die Macht, eine Webseite in all ihre Einzelteile zu zerlegen.

Von Kopf bis Fuß: Laufen Sie dabei nicht Gefahr, einen Teil der Seite zu verlieren? Viel zu viele Leute nehmen Dinge auseinander, haben dann ein paar Teile übrig, und schon ist alles kaputt.

Knoten: Nein, mit dem DOM ist das kein Problem, weil Sie nicht buchstäblich irgendetwas auseinandernehmen müssen, um auf eine Webseite als Baum von Knoten zuzugreifen. Das DOM bietet die Baumansicht unabhängig davon, ob Sie die Daten formen oder stutzen möchten.

Von Kopf bis Fuß: Das ist beruhigend. Aber wenn ich die Webseite wirklich zurechtstutzen möchte, kommen dann auch Sie ins Spiel?

Knoten: Ja. Außer, dass Sie nicht aufs Stutzen beschränkt sind – Sie dürfen auch gern Webdaten zu dem Baum hinzufügen.

Von Kopf bis Fuß: Wow, erstaunlich. Wie funktioniert das?

Knoten: Na ja. Bedenken Sie, dass jede Information auf einer Seite im Baum als Knoten modelliert ist. Somit können Sie mich durchlaufen, um auf alles innerhalb einer Seite zuzugreifen. Oder Sie können mit mir völlig neue Webdaten erstellen und an den Baum anfügen. Das DOM ist äußerst flexibel.

Von Kopf bis Fuß: Klasse. Eine Sache verwirrt mich allerdings noch: Sind Sie wirklich ein und dieselbe Person?

Knoten: Ja, sind wir. Aber ich gehe noch einen Schritt weiter. Vergessen Sie nicht, dass ein Element einfach ein anderer Blickwinkel auf ein Tag ist, ein `<div>` oder `<span>`. Jedes Element einer Seite wird von einem Knoten im Dokumentbaum repräsentiert, insofern sind das Element und ich dasselbe. Aber ich repräsentiere auch den in einem Element gespeicherten Inhalt. Also ist der in einem `<div>` abgelegte Text auch ein eigener Knoten, der direkt unter dem `div`-Knoten im Baum gespeichert ist.

Von Kopf bis Fuß: Das klingt verwirrend. Wie kann ich den Unterschied zwischen Elementen und ihrem Inhalt erkennen?

Knoten: Nun, zum einen erscheint der in einem Element oder Knoten gespeicherte Inhalt im DOM-Baum immer als Kind des jeweiligen Knotens. Und außerdem kann man Knoten anhand ihres Typs unterscheiden: Ein Element-Knoten hat den Knotentyp `ELEMENT`, während der zugehörige Textinhalt den Knotentyp `TEXT` hat.

Von Kopf bis Fuß: Wenn ich auf den Textinhalt eines Elements zugreifen möchte, suche ich also nur nach Knoten vom Typ `TEXT`?

Knoten: Das könnten Sie. Bedenken Sie jedoch, dass die `nodeType`-Eigenschaft eine Zahl für jeden Knotentyp zurückliefert. Der Knotentyp `TEXT` ist z.B. 3, `ELEMENT` ist gleich 1. Aber nicht einmal das ist notwendig. Sie müssen lediglich die Kinder eines Element-Knotens suchen, um auf dessen Inhalt zuzugreifen.

Von Kopf bis Fuß: Verstehe. Vielen Dank, dass Sie sich die Zeit genommen haben, für uns die Wunder des DOM-Baums zu beleuchten.

Knoten: Sehr gern. Und melden Sie sich, wenn Sie irgendwann in Stimmung für ein bisschen Baumchirurgie sind!

Es gibt keine Dummen Fragen

F: Ich bin ein bisschen verwirrt, was Kindknoten angeht und wie sie organisiert sind. Wie funktioniert z.B. die `childNodes`-Eigenschaft?

A: Wenn ein Knoten Daten enthält, nennt man den Knoten Elternknoten, und die enthaltenen Daten gelten im DOM als Kindknoten. Wenn die Daten aus mehr als reinen Textdaten bestehen, werden sie auf mehrere Kindknoten verteilt. Die Kindknoten eines Elternknotens werden von der `childNodes`-Eigenschaft des Elternknotens als Array abgebildet, wobei die Reihenfolge im Array mit der Reihenfolge im HTML-Code übereinstimmt. Auf den ersten Kindknoten im `childNodes`-Array können Sie mit `childNodes[0]` zugreifen Mit dem Array können Sie auch in einer Schleife auf alle Kindknoten zugreifen.

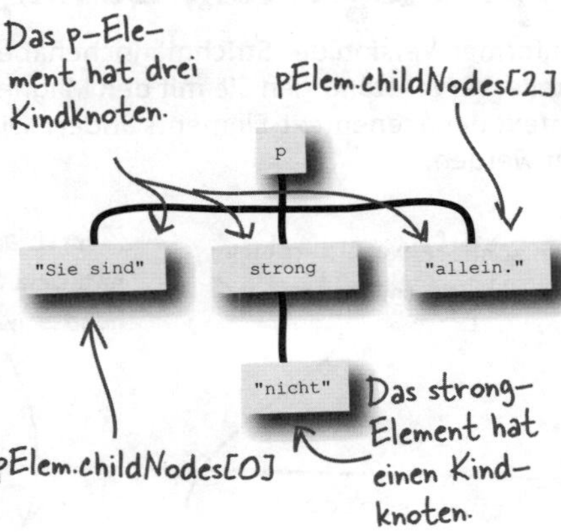

F: Wie funktioniert das mit der Testbedingung in der `while`-Schleife, die im Code alle Kindknoten eines Knotens entfernt?

A: Der Test in der while-Schleife sieht so aus:

```
while(knoten.firstChild)
```

Dieser Test überprüft, ob der Knoten einen ersten Kindknoten enthält. Wenn es einen ersten Kindknoten gibt, ergibt das im Kontext der `while`-Schleife `true`, und die Schleife macht einen erneuten Durchlauf. Gibt es keinen ersten Kindknoten, bedeutet das, dass es überhaupt keine Kinder gibt. In diesem Fall liefert der Code `knoten.firstChild` `null` zurück, was im Kontext der `while`-Schleife automatisch zu `false` konvertiert wird. Tatsächlich wird also in der `while`-Schleife geprüft, ob der erste Kindknoten `null` ist, was der schlüssige Beweis dafür ist, dass dort keine Kindknoten lauern.

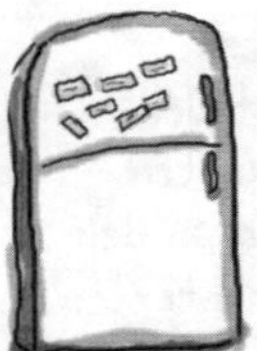

JavaScript-Magneten

In der DOM-konformen Version des Strichmännchenabenteuers fehlen mehrere wichtige Codeteile. Vervollständigen Sie mit den Magneten den folgenden Code, der den Knotentext des Szenentext-Elements ändert. Die Magneten können mehrmals verwendet werden.

```
// Szenenbeschreibung aktualisieren
var ........ = document.getElementById("........");
while (........ . ........)
   ........ . ........ ( ........ . ........ );
........ . ........ (document.createTextNode( ........ ));
```

`firstChild` `appendChild` `szenentext` `removeChild` `szenenText` `beschreibung`

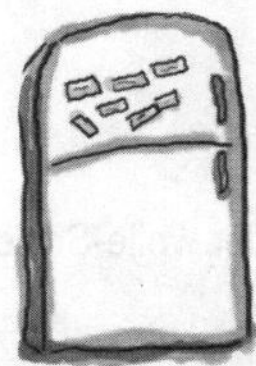

JavaScript-Magneten, Lösung

In der DOM-konformen Version des Strichmännchenabenteuers fehlen mehrere wichtige Codeteile. Vervollständigen Sie mit den Magneten den folgenden Code, der den Knotentext des Szenentext-Elements ändert. Die Magneten können mehrmals verwendet werden.

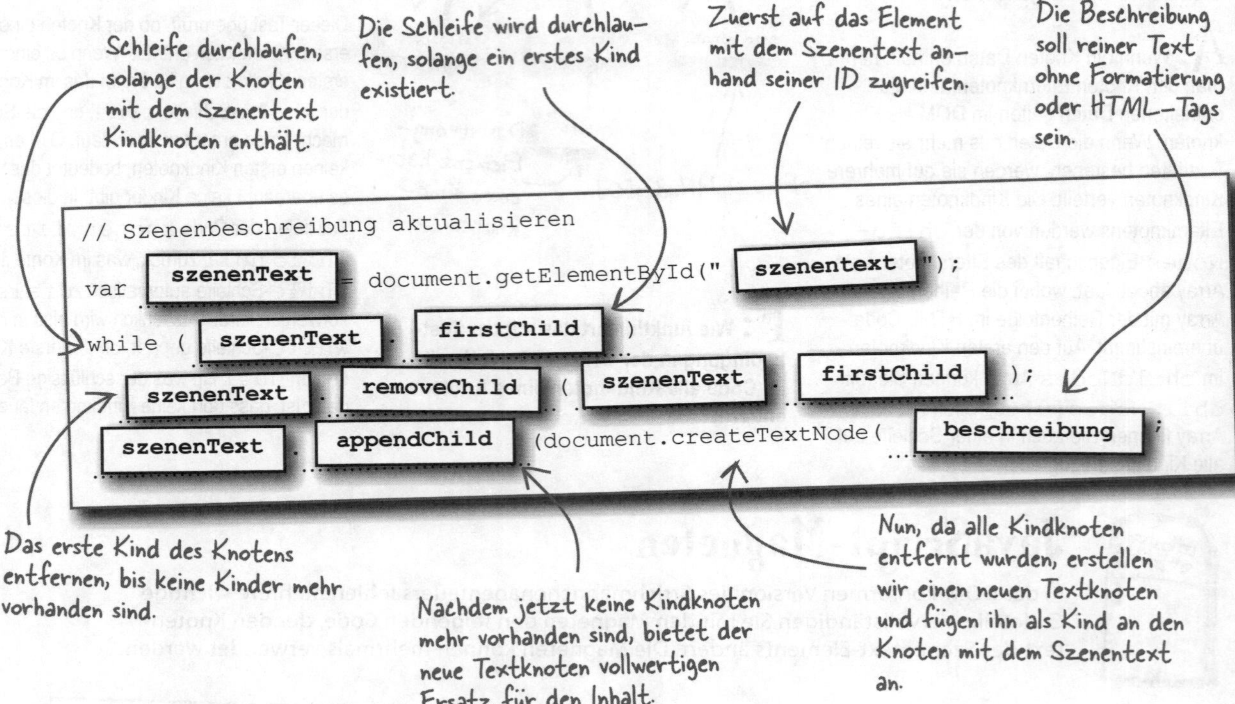

Punkt für Punkt

- Obwohl die `innerHTML`-Eigenschaft nicht den Webstandards entspricht, bietet sie Zugriff auf den gesamten in einem Element gespeicherten Inhalt.
- Das Document Object Model oder DOM bietet einen **standardisierten** Mechanismus, um auf Daten einer Webseite zuzugreifen und diese zu ändern.
- Das DOM sieht eine Webseite als hierarchischen **Baum** verwandter Knoten.
- Bei der DOM-Alternative zum Ändern von Webseiteninhalten mit `innerHTML` müssen alle Kindknoten eines Elements entfernt sowie ein neuer Kindknoten mit dem neuen Inhalt erstellt und angefügt werden.

Standardkonforme Abenteuer

Mann, das klingt nach Spaß! Das Markenzeichen eines guten Abenteuers ist Standardkonformität ... oder auch nicht. Aber im Kontext moderner Webanwendungen ist das eine gute Sache. Noch viel wichtiger sind die dramatischen Änderungen, die der DOM-Ansatz zum Verbessern der Szenenbeschreibung in das Strichmännchenabenteuer eingebaut hat ...

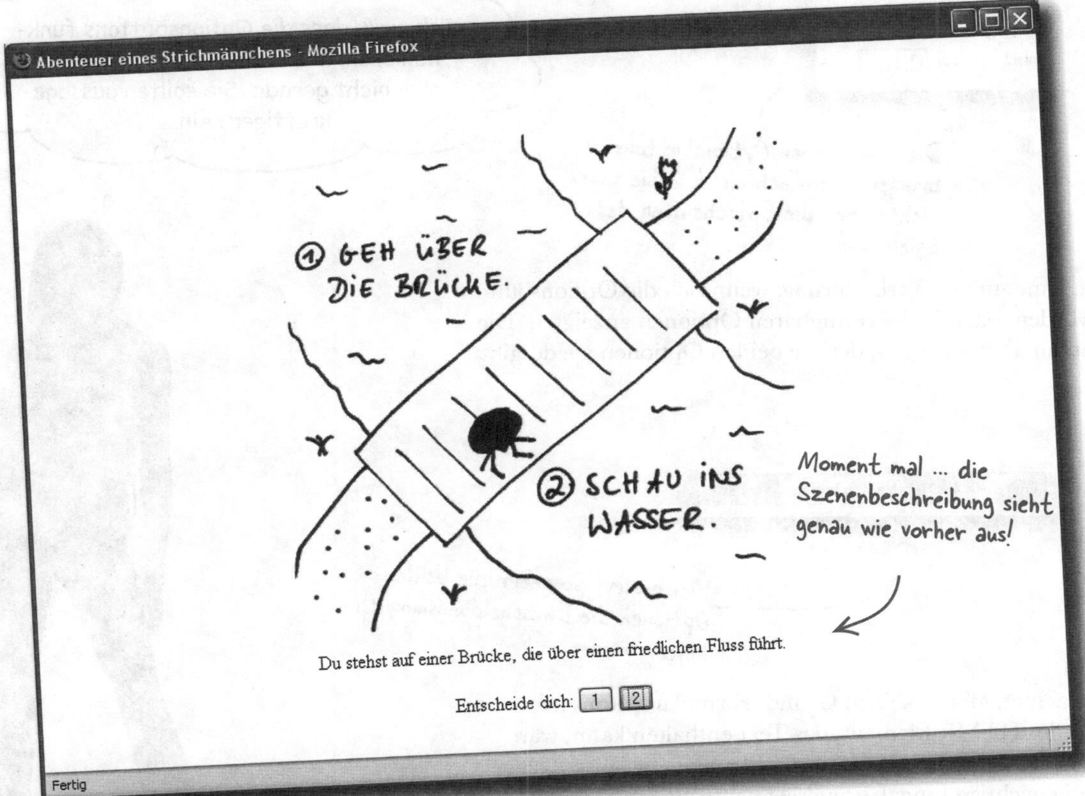

Das DOM ist ein Webstandard zum Manipulieren von HTML, der mehr Kontrolle bietet als die innerHTML-Eigenschaft.

Hmm. Okay, vielleicht sieht die Seite nicht anders aus, aber hinter den Kulissen hält sie dank des DOM die neuesten Webstandards ein. Nicht jeder JavaScript-Code bietet auch visuellen Genuss. In diesem Fall muss sich unser Vergnügen an der DOM-gestützten Version des Strichmännchenabenteuers wohl im Innern abspielen.

Auf der Suche nach besseren Optionen

Die dynamische Szenenbeschreibung wurde jetzt zweimal überholt, aber wir haben immer noch diese kryptischen Optionsbuttons im Strichmännchenabenteuer. Sicher können wir die Navigation durch die Story ein bisschen ansprechender und intuitiver gestalten, als nur die Wahl zwischen 1 und 2 zu bieten!

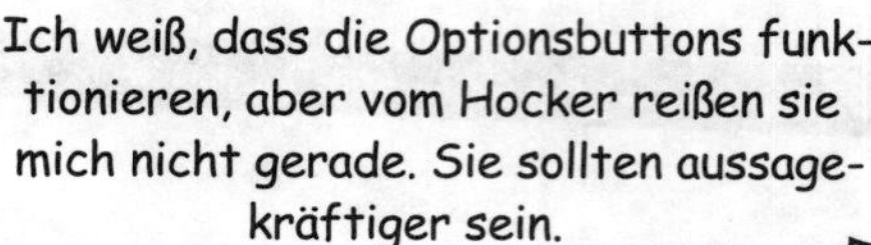

Die numerischen Optionsbuttons bringen es einfach nicht – Sie sagen nichts über die Entscheidung des Spielers aus.

Es wäre eine annehmbare Verbesserung, wenn sich die Optionsbuttons so ändern würden, dass sie die verfügbaren Optionen anzeigten. Die Buttons könnten Text anzeigen, der die beiden Optionen wiedergibt:

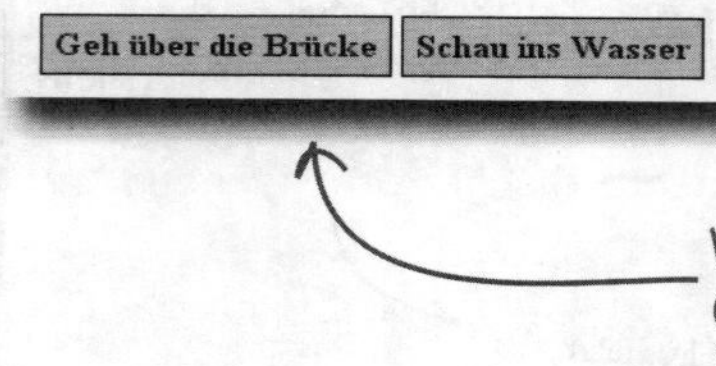

Viel besser! So geben die beiden Optionen die Entscheidungsmöglichkeiten wieder.

Genauer betrachtet, gibt es keinen Grund, Formularbuttons zu verwenden. Jedes HTML-Element, das Text enthalten kann, wäre geeignet. Mit CSS-Stilen könnten wir die Elemente herausputzen und wie richtig wichtige Eingabesteuerelemente aussehen lassen.

Wie würden Sie datengetriebene Optionen im Strichmännchenabenteuer implementieren, sodass für jede Szene die unterschiedlichen Optionstexte angezeigt werden?

Bessere, klarere Optionen entwerfen

Da die neuen und verbesserten Optionen für die Entscheidungen im Strichmännchenabenteuer HTML-Elemente sind, die Text enthalten, können wir mit dem DOM den Entscheidungstext in jeder Szene dynamisch ändern. Das bedeutet, dass in jeder Szene zusammen mit der Beschreibung der Text für die Entscheidungen festgelegt wird. Und das bedeutet auch, dass wir in der Funktion `szenenWechsel()` zwei neue Variablen für die Optionstexte brauchen: `entscheidung1` und `entscheidung2`.

So könnten wir in der Funktion `szenenWechsel()` beim Übergang von Szene 1 zu Szene 3 die Entscheidungstexte festlegen:

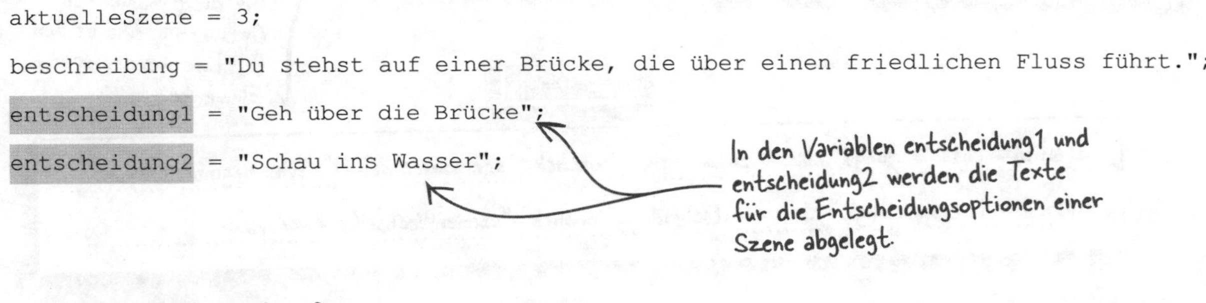

```
aktuelleSzene = 3;
beschreibung = "Du stehst auf einer Brücke, die über einen friedlichen Fluss führt.";
entscheidung1 = "Geh über die Brücke";
entscheidung2 = "Schau ins Wasser";
```


Spitzen Sie Ihren Bleistift

Dynamische Optionen im Strichmännchenabenteuer erfordern einen neuen Ansatz, die Entscheidungsmöglichkeiten im HTML-Code abzubilden. Schreiben Sie den Code für die neuen Textelemente, die die vorhandenen `<input>`-Buttons ersetzen.

Tipp: Die CSS-Stilklasse für die neuen Elemente heißt `"entscheidung"`, der Inhalt des ersten Elements wird anfangs mit `"Spiel beginnen"` belegt

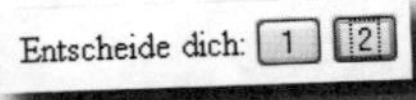

Entscheide dich: [1] [2]

```
<input type="button" id="entscheidung1" value="1" onclick="szenenWechsel(1)" />
<input type="button" id="entscheidung2" value="2" onclick="szenenWechsel(2)" />
```

Schreiben Sie den Code für die dynamischen Optionen!

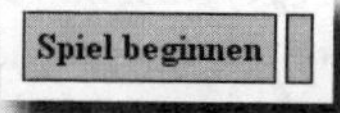

Spiel beginnen

....

....

Spitzen Sie Ihren Bleistift

Lösung

Dynamische Optionen im Strichmännchenabenteuer erfordern einen neuen Ansatz, die Entscheidungsmöglichkeiten im HTML-Code abzubilden. Schreiben Sie den Code für die neuen Textelemente, die die vorhandenen `<input>`-Buttons ersetzen.

Tipp: Die CSS-Stilklasse für die neuen Elemente heißt `"entscheidung"`, der Inhalt des ersten Elements wird anfangs mit `"Spiel beginnen"` belegt.

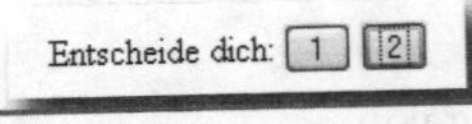

Entscheide dich: 1 2

```
<input type="button" id="entscheidung1" value="1" onclick="szenenWechsel(1)" />
<input type="Button" id="entscheidung2" value="2" onclick="szenenWechsel(2)" />
```

Schreiben Sie den Code für die dynamischen Optionen … Die beiden Buttons werden span-Elemente.

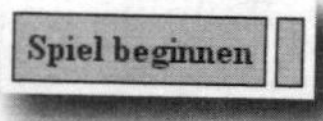

Spiel beginnen

```
<span id="entscheidung1" class="entscheidung" onclick="szenenWechsel(1)">Spiel beginnen</span>
<span id="entscheidung2" class="entscheidung" onclick="szenenWechsel(2)"></span>
```

Klingt so, als wäre es praktisch, eine Funktion zu haben, die den Knotentext ersetzt.

Knotentextersetzung neu überdacht

Alles, was jetzt noch im Strichmännchenabenteuer für den neuen dynamischen Entscheidungstext fehlt, ist der Code, der den Text für die neuen span-Elemente festlegt. Dieser Code macht letztendlich dasselbe wie der DOM-Code, den wir vorhin in diesem Kapitel geschrieben haben, um die Szenenbeschreibung dynamisch zu ändern. Genau genommen ist es problematisch, dass wir dieselbe Aufgabe nun für drei verschiedene Elemente durchführen müssen: die Szenenbeschreibung und die beiden Entscheidungsmöglichkeiten …

Knotentext mit einer Funktion ersetzen

Eine Allzweck-Knotentext-Ersetzungsfunktion ist eine praktische Sache, nicht nur für das Strichmännchenabenteuer. Eine solche Funktion arbeitet ähnlich wie der Code zum Ersetzen der Szenenbeschreibung, den wir bereits erarbeitet haben. Nur erfordert der Code diesmal Funktionsargumente.

```
function knotenTextErsetzen(id, neuerText) {
   ...
}
```

Die ID des Knotens, dessen Inhalt ersetzt werden soll.

Der neue Textinhalt für den Knoten.

Die benutzerdefinierte Funktion `knotenTextErsetzen()` erwartet zwei Argumente: die ID des Knotens, dessen Inhalt ersetzt werden soll, und den neuen Text für den Knoten. Mit dieser Funktion können Sie den Textinhalt jedes beliebigen Elements einer Seite ändern, das Text enthalten kann. Im Strichmännchenabenteuer können Sie jetzt mit der Funktion die Szenenbeschreibung und den Text für die beiden Entscheidungen dynamisch ändern ... Aber natürlich müssen Sie sie erst schreiben.

```
knotenTextErsetzen("szenentext", beschreibung);
knotenTextErsetzen("entscheidung1", entscheidung1);
knotenTextErsetzen("entscheidung2", entscheidung2);
```

Statt den Code dreimal zu schreiben, wird die Funktion dreimal aufgerufen.

Die Szenenbeschreibung durch eine neue Beschreibung ersetzen.

Die Texte für die beiden Entscheidungsmöglichkeiten ersetzen.

Spitzen Sie Ihren Bleistift

Schreiben Sie den Code für die Funktion `knotenTextErsetzen()`, die Allzweckfunktion zum Ersetzen des Texts innerhalb eines Knotens anhand seiner ID.

Denken Sie daran, dass die Funktion zwei Argumente erwartet, `id` und `neuerText`.

....

....

....

....

....

....

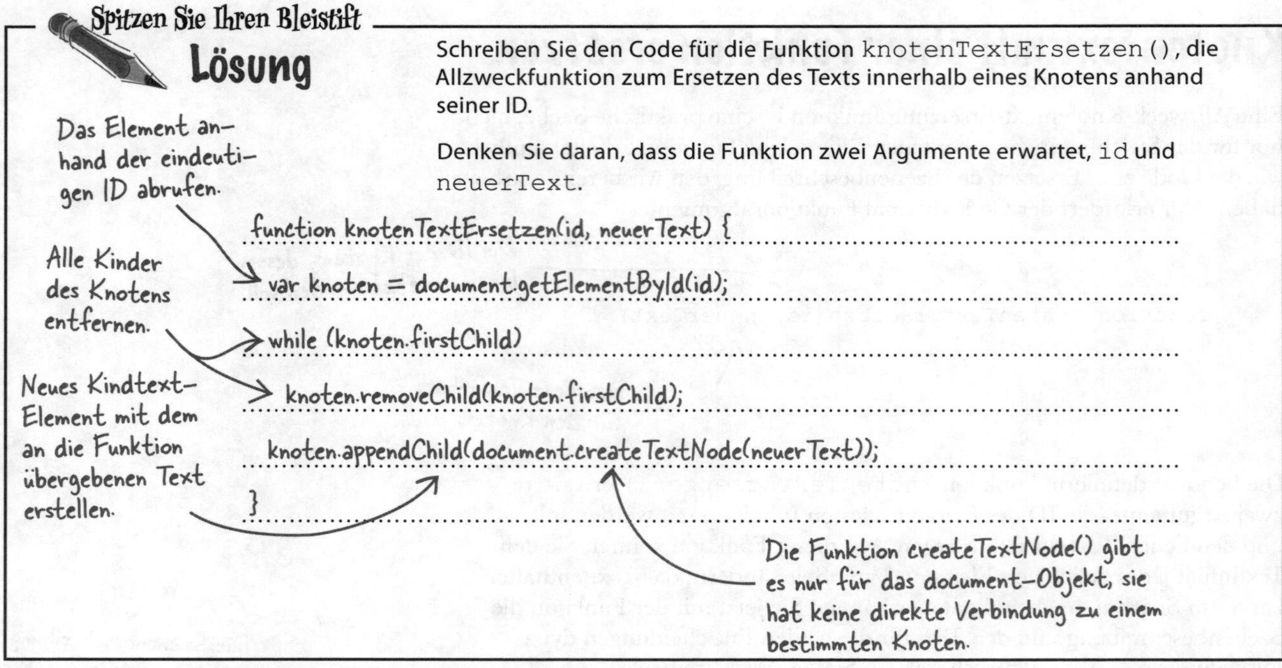

Spitzen Sie Ihren Bleistift

Lösung

Schreiben Sie den Code für die Funktion `knotenTextErsetzen()`, die Allzweckfunktion zum Ersetzen des Texts innerhalb eines Knotens anhand seiner ID.

Denken Sie daran, dass die Funktion zwei Argumente erwartet, `id` und `neuerText`.

```
function knotenTextErsetzen(id, neuerText) {
  var knoten = document.getElementById(id);
  while (knoten.firstChild)
    knoten.removeChild(knoten.firstChild);
  knoten.appendChild(document.createTextNode(neuerText));
}
```

Das Element anhand der eindeutigen ID abrufen.

Alle Kinder des Knotens entfernen.

Neues Kindtext-Element mit dem an die Funktion übergebenen Text erstellen.

Die Funktion createTextNode() gibt es nur für das document-Objekt, sie hat keine direkte Verbindung zu einem bestimmten Knoten.

Dynamische Optionen sind eine tolle Sache

Die neuen dynamischen Texte für die Entscheidungen im Strichmännchenabenteuer sind viel intuitiver als ihre kryptischen Button-Gegenstücke.

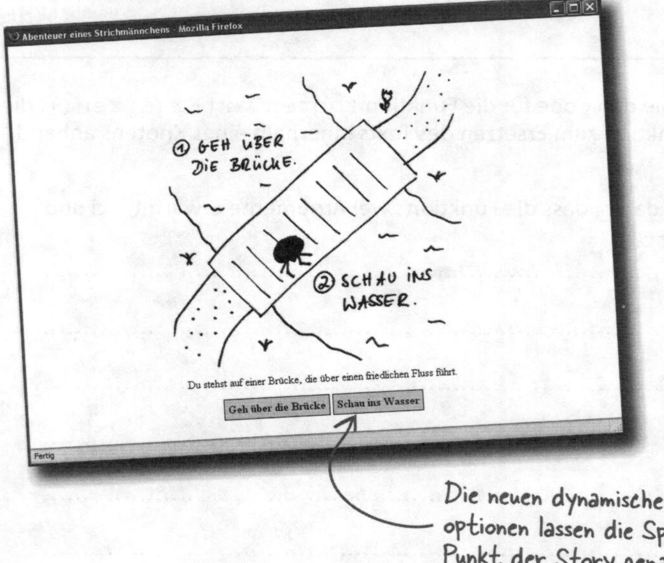

Die neuen dynamischen Entscheidungsoptionen lassen die Spieler an jedem Punkt der Story genau wissen, welche Möglichkeiten sie haben.

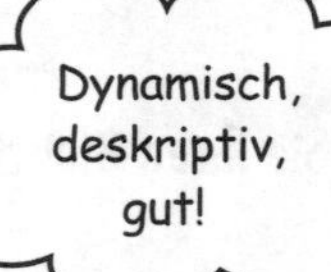

Es gibt keine Dummen Fragen

F: Warum verwenden wir im Strichmännchenabenteuer `span`-Elemente für die Optionen und keine `div`-Elemente?

A: Weil die Entscheidungselemente nebeneinander stehen sollen und sie daher keine Blockelemente sein dürfen, die eine neue Zeile beginnen. `div` ist ein Blockelement, während `span` ein Inline-Element ist. Ein Inline-Element ist genau das, was wir für die Entscheidungen brauchen, also macht `span` das Rennen.

F: Wo landet der Knoten, wenn ich mit `createTextNode()` einen neuen Knoten erstelle?

A: Nirgends. Wenn ein neuer Textknoten erstellt wird, landet er im Niemandsland, zumindest im Hinblick auf den DOM-Baum einer bestimmten Seite. Erst wenn Sie den Knoten als Kind eines anderen Knotens anfügen, wird er in den Baum und damit in die Seite eingefügt wird.

F: Darf der Inhalt eines mit `createTextNode()` erstellten Textknotens nur Text sein?

A: Ja. Das DOM funktioniert nicht wie `innerHTML`, mit dem Sie Text zuweisen können, der mit Tags vermischt ist. Wenn das DOM »Textknoten« sagt, dann meint es auch reinen Text ohne andere Tags und ohne Formatierung.

Interaktive Optionen sind noch besser

Die dynamischen Entscheidungstexte im Strichmännchenabenteuer sind bereits eine Steigerung zu ihren kryptischen Vorgängern, aber sie könnten noch besser sein. Beispielsweise könnten sie aufleuchten, wenn sich der Mauszeiger darüber bewegt, um anzuzeigen, dass man auf sie klicken kann.

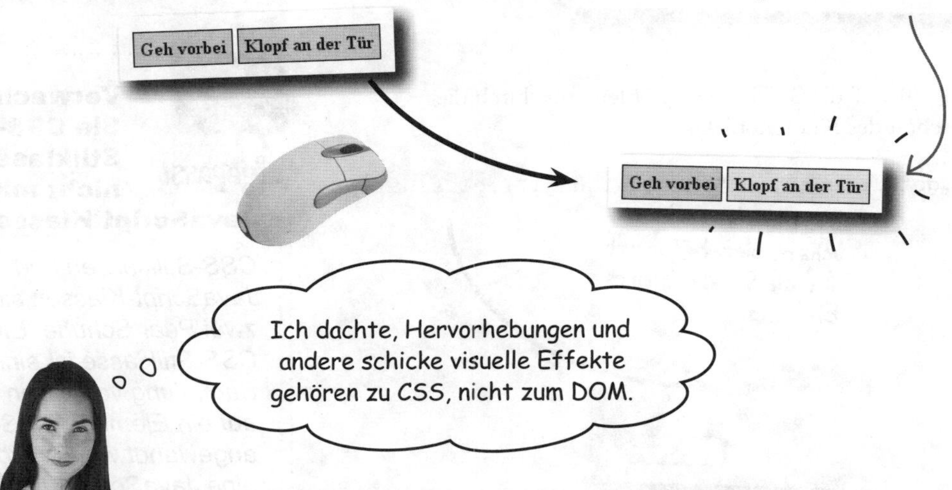

Hervorhebungen gehören zu CSS, aber das DOM ist darin verwickelt.

Webseiteninhalte hervorzuheben ist tatsächlich Sache von CSS, weil an der Hintergrundfarbe eines Elements geschraubt wird. Das DOM taucht deshalb in der Hervorhebungsgleichung auf, weil es programmgesteuert Zugriff auf die CSS-Stile der Elemente bietet ...

Stilfrage: CSS und DOM

CSS-Stile sind mit HTML-Elementen verknüpft, und das DOM bietet durch Elemente (Knoten) Zugriff auf die Stile. Wenn Sie mit dem DOM an CSS-Stilen feilen, können Sie die Darstellung der Inhalte dynamisch manipulieren. Eine Art, wie CSS-Stile durch das DOM zugänglich sind, ist die `style`-Klasse eines Elements, wodurch eine Gruppe (Klasse) von Stilen auf ein Element angewendet werden kann.

```
<span id="entscheidung1" class="entscheidung" onclick="szenenWechsel(1)">Spiel beginnen</span>

<span id="entscheidung2" class="entscheidung" onclick="szenenWechsel(2)"></span>
```

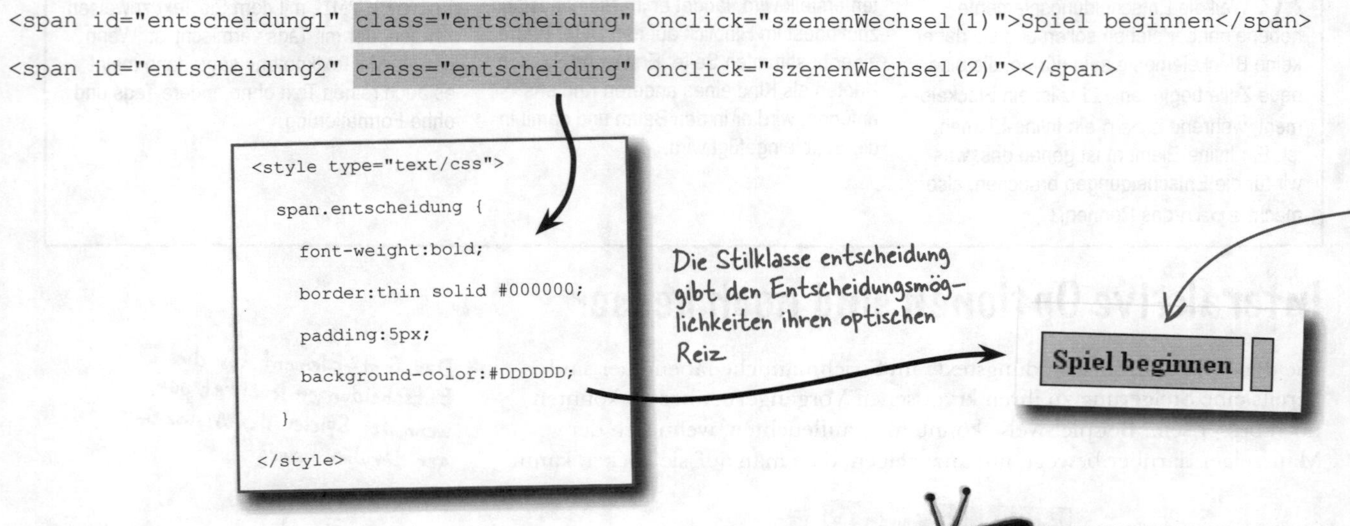

Das DOM bietet Zugriff auf die Stilklasse eines Elements durch die `className`-Eigenschaft des Knotenobjekts.

```
alert(document.getElementById("entscheidung1").className);
```

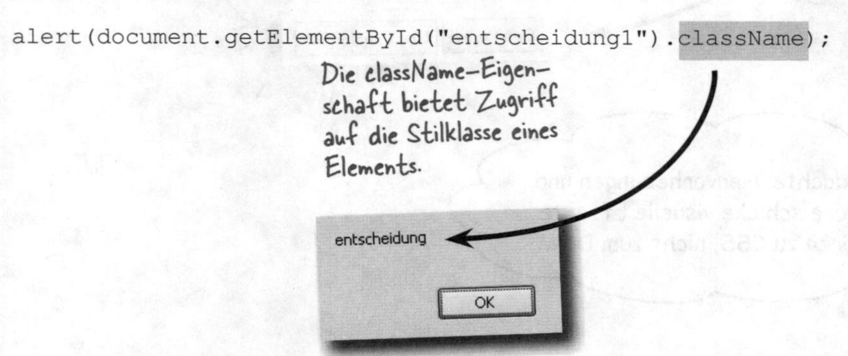

Die className-Eigenschaft eines Knotens gewährt Zugriff auf die Stilklasse.

Aufgepasst

Verwechseln Sie CSS-Stilklassen nicht mit JavaScript Klassen.

CSS-Stilklassen und JavaScript-Klassen sind zwei Paar Schuhe. Eine CSS-Stilklasse ist eine Sammlung von Stilen, die auf ein Element der Seite angewandt werden können, eine JavaScript-Klasse ist dagegen eine Vorlage für JavaScript-Objekte. Einzelheiten zu JavaScript-Klassen und Objekten behandeln wir in Kapitel 10.

Stilklassen wechseln

Um das Erscheinungsbild eines Elements mit einer völlig anderen Stilklasse zu verändern, ändern Sie einfach seinen Stilklassennamen auf eine andere CSS-Stilklasse.

Die Stilklasse entscheidunginvers kehrt das Farbschema des Entscheidungstexts um.

```
document.getElementById("entscheidung1").className = "entscheidunginvers";
```

Dasselbe Entscheidungselement, eine andere Stilklasse!

Über className wird eine Stilklasse auf das Optionselement angewendet.

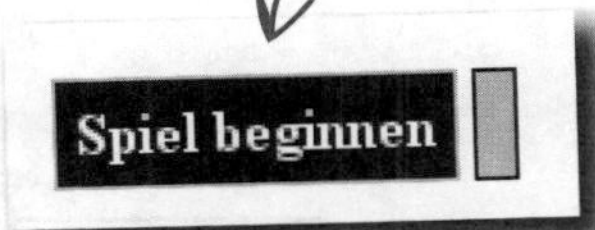

Spiel beginnen

```
<style type="text/css">
  span.entscheidunginvers {
    font-weight:bold;
    color:#FFFFFF;
    border:thin solid #DDDDDD;
    padding:5px;
    background-color:#000000;
  }
</style>
```

Wenn Sie die Stilklasse eines Elements über die `className`-Eigenschaft verändern, ändert sich das Aussehen des Elements sofort der neuen Stilklasse entsprechend. Mit dieser Technik können Sie mit relativ geringem Programmieraufwand dramatische visuelle Änderungen an den Elementen einer Seite vornehmen.

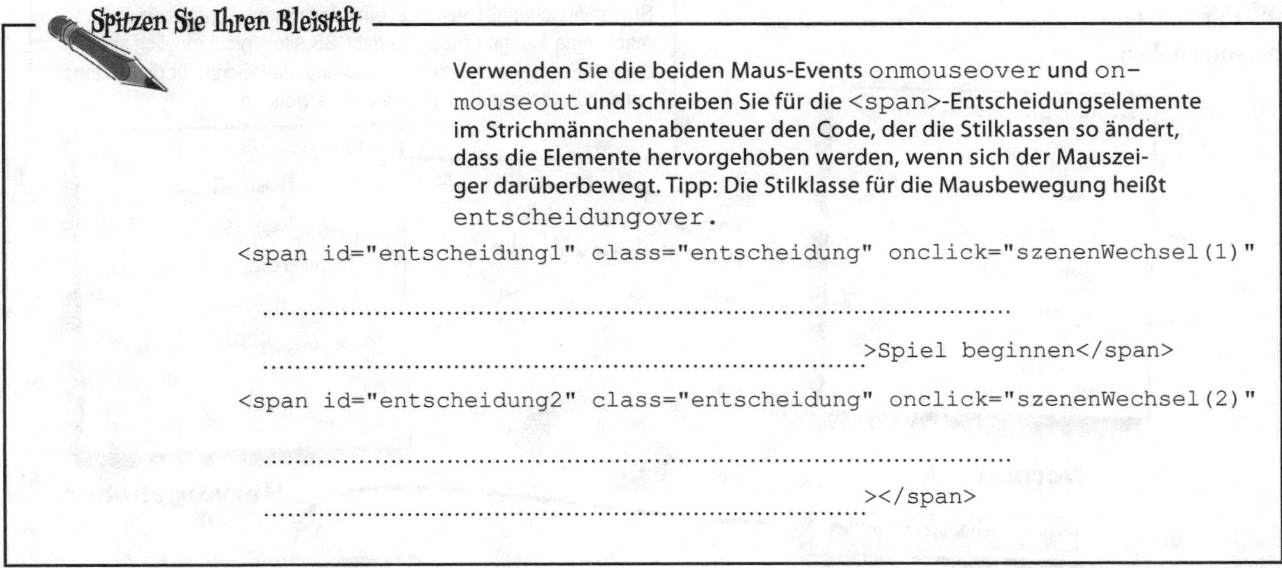

Spitzen Sie Ihren Bleistift

Verwenden Sie die beiden Maus-Events `onmouseover` und `onmouseout` und schreiben Sie für die `<span>`-Entscheidungselemente im Strichmännchenabenteuer den Code, der die Stilklassen so ändert, dass die Elemente hervorgehoben werden, wenn sich der Mauszeiger darüberbewegt. Tipp: Die Stilklasse für die Mausbewegung heißt `entscheidungover`.

```
<span id="entscheidung1" class="entscheidung" onclick="szenenWechsel(1)"
  ..........................................................................
  ............................................................>Spiel beginnen</span>
<span id="entscheidung2" class="entscheidung" onclick="szenenWechsel(2)"
  ..........................................................................
  ............................................................></span>
```

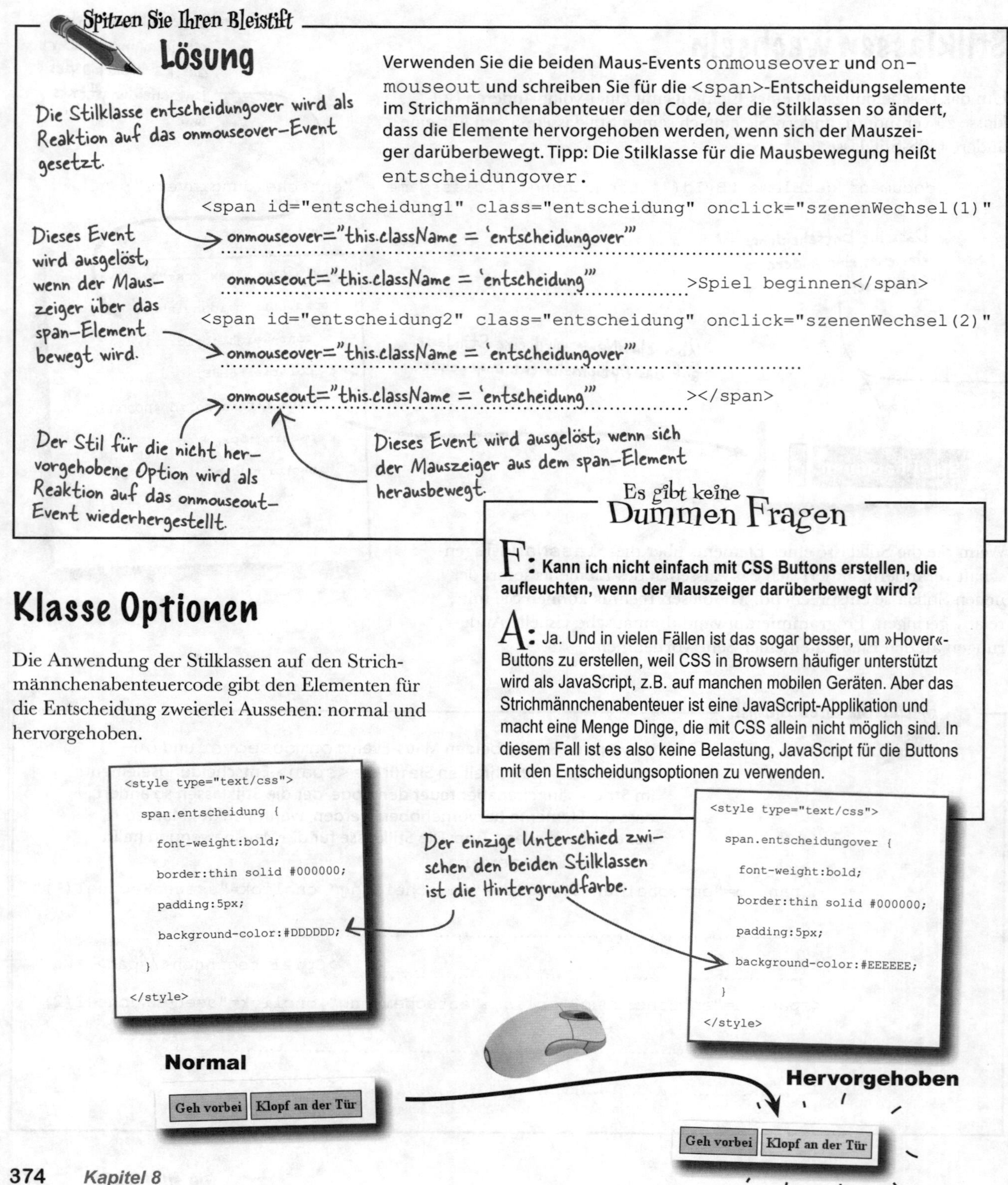

Spitzen Sie Ihren Bleistift
Lösung
Verwenden Sie die beiden Maus-Events onmouseover und onmouseout und schreiben Sie für die <span>-Entscheidungselemente im Strichmännchenabenteuer den Code, der die Stilklassen so ändert, dass die Elemente hervorgehoben werden, wenn sich der Mauszeiger darüberbewegt. Tipp: Die Stilklasse für die Mausbewegung heißt entscheidungover.
Die Stilklasse entscheidungover wird als Reaktion auf das onmouseover-Event gesetzt.
<span id="entscheidung1" class="entscheidung" onclick="szenenWechsel(1)"
onmouseover="this.className = 'entscheidungover'"
onmouseout="this.className = 'entscheidung'" >Spiel beginnen</span>
Dieses Event wird ausgelöst, wenn der Mauszeiger über das span-Element bewegt wird.
<span id="entscheidung2" class="entscheidung" onclick="szenenWechsel(2)"
onmouseover="this.className = 'entscheidungover'"
onmouseout="this.className = 'entscheidung'" ></span>
Der Stil für die nicht hervorgehobene Option wird als Reaktion auf das onmouseout-Event wiederhergestellt.
Dieses Event wird ausgelöst, wenn sich der Mauszeiger aus dem span-Element herausbewegt.
Es gibt keine Dummen Fragen
F: Kann ich nicht einfach mit CSS Buttons erstellen, die aufleuchten, wenn der Mauszeiger darüberbewegt wird?
A: Ja. Und in vielen Fällen ist das sogar besser, um »Hover«-Buttons zu erstellen, weil CSS in Browsern häufiger unterstützt wird als JavaScript, z.B. auf manchen mobilen Geräten. Aber das Strichmännchenabenteuer ist eine JavaScript-Applikation und macht eine Menge Dinge, die mit CSS allein nicht möglich sind. In diesem Fall ist es also keine Belastung, JavaScript für die Buttons mit den Entscheidungsoptionen zu verwenden.
Klasse Optionen
Die Anwendung der Stilklassen auf den Strichmännchenabenteuercode gibt den Elementen für die Entscheidung zweierlei Aussehen: normal und hervorgehoben.
<style type="text/css">
span.entscheidung {
font-weight:bold;
border:thin solid #000000;
padding:5px;
background-color:#DDDDDD;
}
</style>
Der einzige Unterschied zwischen den beiden Stilklassen ist die Hintergrundfarbe.
<style type="text/css">
span.entscheidungover {
font-weight:bold;
border:thin solid #000000;
padding:5px;
background-color:#EEEEEE;
}
</style>
Normal
Geh vorbei
Klopf an der Tür
Hervorgehoben
Geh vorbei
Klopf an der Tür

Testen Sie die gestylten Abenteueroptionen

Die Benutzeroberfläche des Strichmännchenabenteuers ist nun weiter verbessert dank der Fähigkeit des DOM, die Stilklasse eines Elements bei Bedarf zu ändern. Ellie findet ihr Skript ziemlich gut.

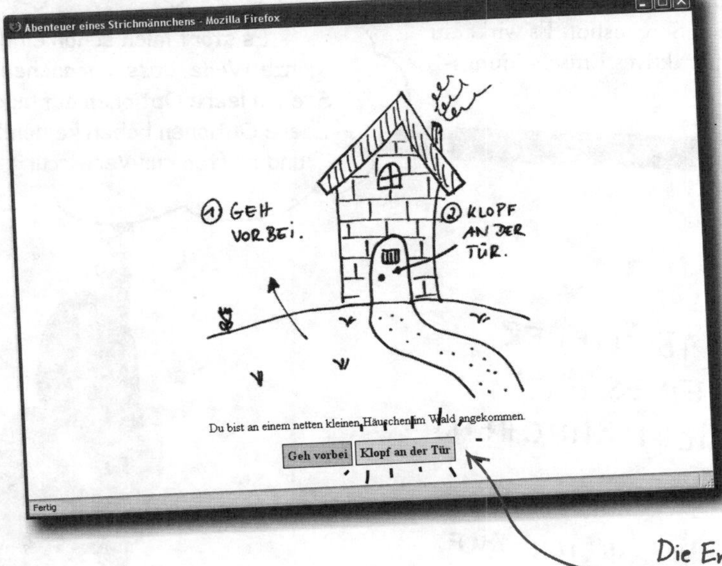

Die Entscheidungselemente leuchten jetzt auf, wenn sich der Mauszeiger darüberbewegt.

Es gibt keine Dummen Fragen

F: Ich erinnere mich nicht an die Events `onmouseover` und `onmouseout`. Sind das Standard-Events?

A: Ja. Es gibt eine Menge Standard-Events in JavaScript, die wir noch nicht erforscht haben. Aber bei Events geht es darum, dass Sie darauf reagieren können, auch wenn Sie nicht notwendigerweise alles über sie wissen. Bei den beiden Maus-Events sind die Namen alles, was Sie wissen müssen, um zu verstehen, dass der eine abgefeuert wird, wenn sich der Mauszeiger **über** einem Element befindet, und der andere, wenn sich der Mauszeiger von dem Element **weg**bewegt.

F: Warum war es nicht notwendig, `getElementById()` in dem Code zu verwenden, der die Stilklasse der Entscheidungselemente festlegt?

A: Jedes Element in JavaScript ist ein Objekt, und im HTML-Code für ein Element haben wir über das `this`-Schlüsselwort Zugriff auf dieses Objekt. Im Code für das Strichmännchenabenteuer referenziert das `this`-Schlüsselwort also das Knotenobjekt für das `span`-Element. Und das ist dasselbe Objekt, das über die `className`-Eigenschaft auf seine Stilklasse zugreift. Also brauchen wir für den Wechsel der Stilklasse nur `this.className` festzulegen.

F: Stilklassen sind cool, aber ich würde gern nur eine Stileigenschaft ändern. Geht das?

A: Wow, was für eine Intuition! Es gibt ein hartnäckiges Problem im Strichmännchenabenteuer, das Ellie unbedingt lösen will. Und rein zufällig geht es dabei darum, mit JavaScript und dem DOM Stileigenschaften einzeln zu manipulieren ...

Missratene Optionen: der leere Button

Es gab sie schon die ganze Zeit über, und Ellie hat sich damit arrangiert. Aber jetzt ist es an der Zeit, sich der Eigenartigkeit der leeren Entscheidungsoptionen im Strichmännchenabenteuer anzunehmen. In manchen Szenen werden beide Entscheidungselemente angezeigt, obwohl es nur eine gangbare Option gibt, wie im folgenden Screenshot. Es wirkt ein bisschen verwirrend auf den Spieler, ein interaktives Entscheidungselement ohne Information zu sehen.

Es stört mich schon eine ganze Weile, dass in manchen Szenen leere Optionen auftauchen. Leere Optionen haben keinen Sinn und stiften nur Verwirrung.

Abenteuer eines Strichmännchens - Mozilla Firefox

DIE ABENTEUER EINES STRICHMÄNNCHENS

KLICK AUF EINEN BUTTON, UM ZU SPIELEN...

Spiel beginnen

Fertig

Das leere Entscheidungselement ist seltsam und verwirrend.

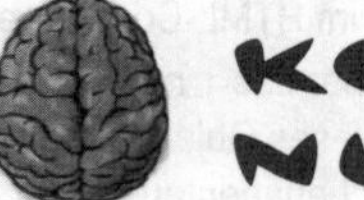

KOPF-NUSS

In welchen anderen Szenen gibt es das Problem mit den leeren Optionen? Welche Möglichkeiten haben wir, das zu beheben?

Stil-Styling à la carte

Manchmal ist es zu viel, die ganze Stilklasse eines Elements zu ändern. Für die Fälle, in denen ein bisschen mehr Granularität erwünscht ist, gibt es das `style`-Objekt. Das `style`-Objekt ist als Eigenschaft eines Knotenobjekts zugänglich und bietet Zugriff auf einzelne Stile als Eigenschaften. Die Stileigenschaft `visibility` kann verwendet werden, um Elemente ein- und auszublenden. Im HTML für das Strichmännchenabenteuer kann das Element mit der zweiten Option anfangs mit diesem Code versteckt werden:

Die style-Eigenschaft eines Knotens bietet Zugriff auf einzelne Stileigenschaften.

```
<span id="entscheidung2" class="entscheidung" onclick="szenenWechsel(2)"
  onmouseover="this.className = 'entscheidungover'"
  onmouseout="this.className = 'entscheidung'"
  style="visibility:hidden"></span>
```

Anschließend müssen wir die Stileigenschaft `visibility` nur auf `visible` oder `hidden` setzen, um das Element ein- oder auszublenden.

```
document.getElementById("entscheidung2").style.visibility = "visible";

document.getElementById("entscheidung2").style.visibility = "hidden";
```

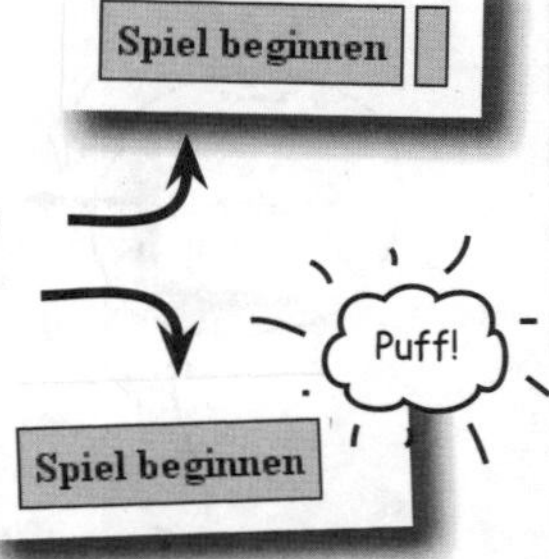

Spitzen Sie Ihren Bleistift

In manchen Szenen im Strichmännchenabenteuer muss die Sichtbarkeit des zweiten Optionselements beim Wechseln zu einer neuen Szene geändert werden. Kringeln Sie diese Szenen ein und vermerken Sie die Entscheidung, für die die zweite Option ein- oder ausgeblendet werden muss.

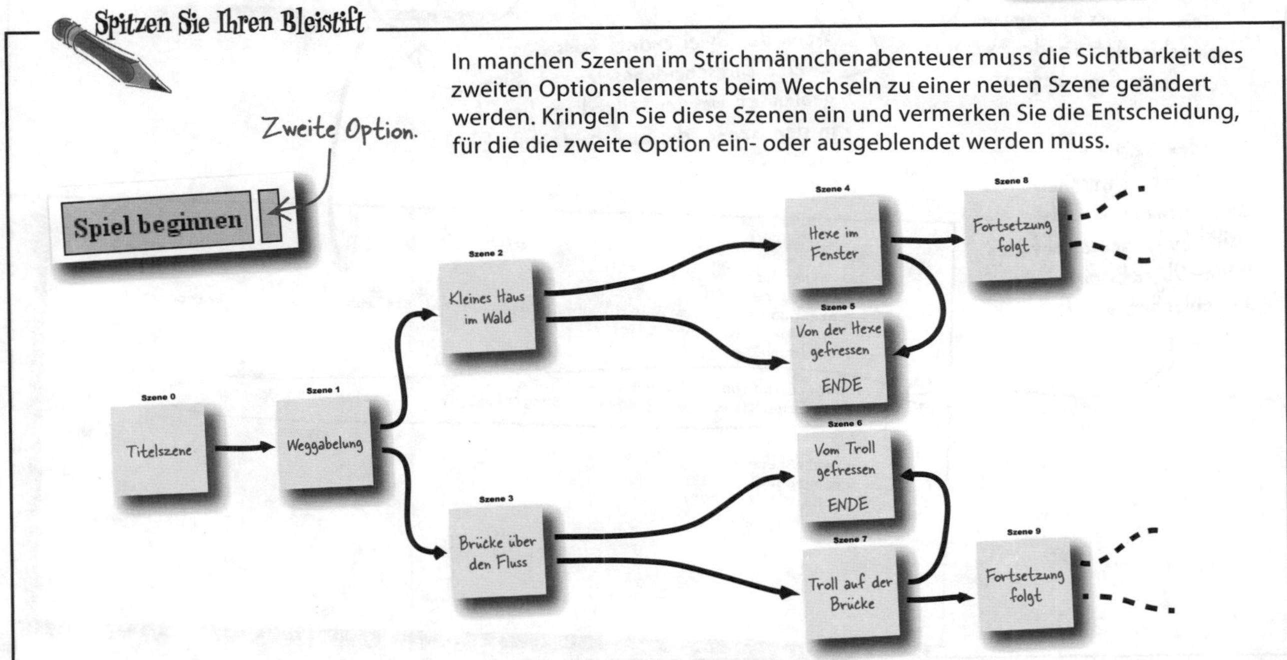

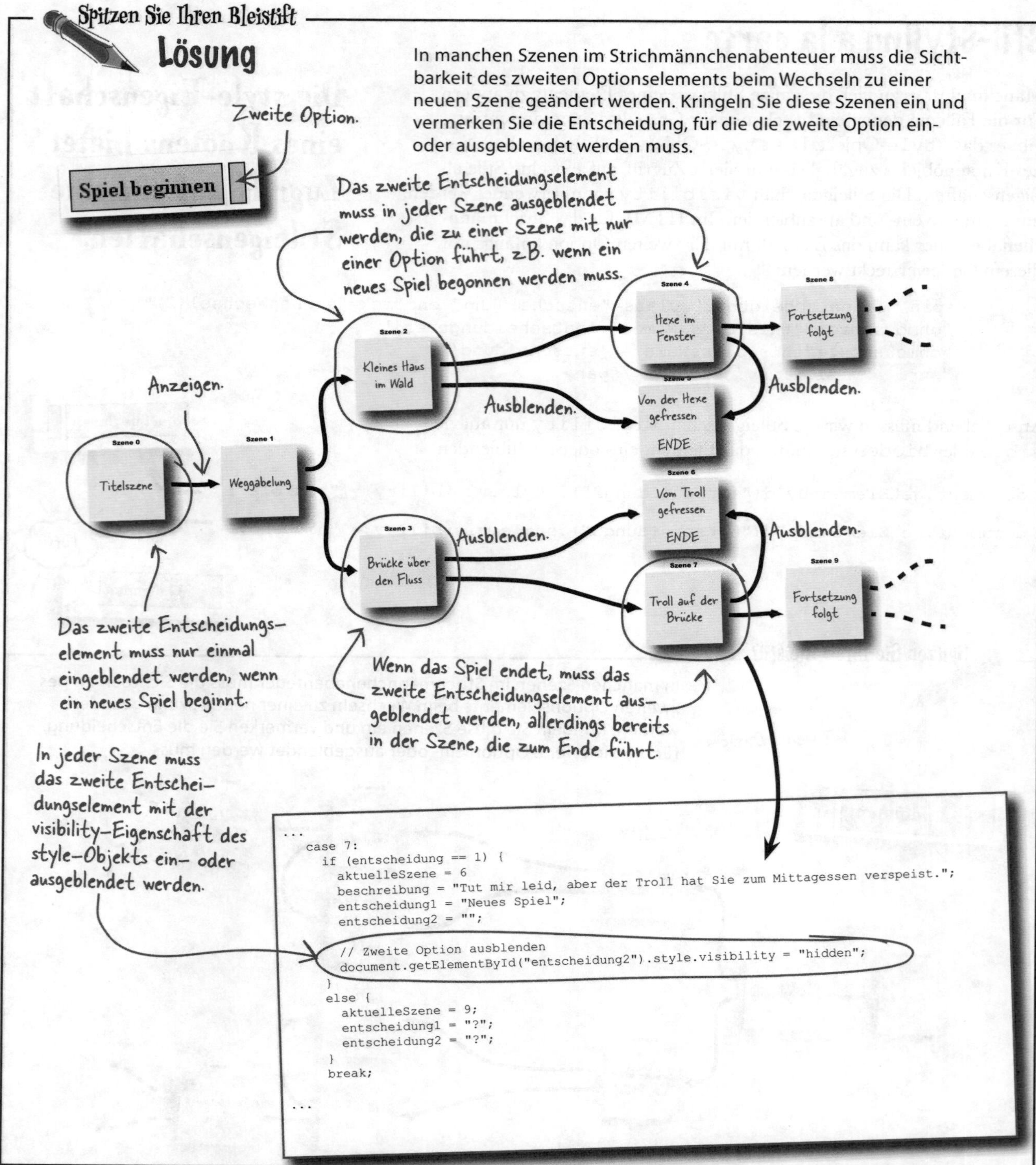


```
...
case 7:
  if (entscheidung == 1) {
    aktuelleSzene = 6
    beschreibung = "Tut mir leid, aber der Troll hat Sie zum Mittagessen verspeist.";
    entscheidung1 = "Neues Spiel";
    entscheidung2 = "";

    // Zweite Option ausblenden
    document.getElementById("entscheidung2").style.visibility = "hidden";
  }
  else {
    aktuelleSzene = 9;
    entscheidung1 = "?";
    entscheidung2 = "?";
  }
  break;

...
```

Punkt für Punkt

- Die `className`-Eigenschaft eines Knotens bringt große Veränderungen, indem sie die **ganze Stilklasse** des Knotens ändert.
- Die Knoteneigenschaft `style` macht kleine Stiländerungen, indem sie Zugriff auf **einzelne Stileigenschaften** eines Knoten bietet.
- Eine CSS-Stilklasse hat nichts mit einer JavaScript-Klasse zu tun – das sind zwei völlig unterschiedliche Dinge.
- Elemente auf einer Seite können mit der Stileigenschaft `visibility` des Elementobjekts dynamisch ein- und ausgeblendet werden.

Die Stileigenschaft display erzielt einen ähnlichen Ein-/Ausblendeffekt, wenn Sie sie auf display:none (ausblenden) oder display:block (einblenden) setzen.

Keine falschen Optionen mehr

Durch Manipulation einzelner Stile mit dem DOM kann das zweite Entscheidungselement wahlweise ein- und ausgeblendet werden. Das Ergebnis ist eine wesentlich sinnvollere Benutzeroberfläche, da die leeren Entscheidungselemente jetzt verschwunden sind.

Das zweite Entscheidungselement wird jetzt ausgeblendet, wenn wir es nicht brauchen, zB. in der Titelszene.

Mehr Optionen, mehr Komplexität

Ellie malt sich aus, wie die Story des Strichmännchenabenteuers mit allen möglichen interessanten neuen Szenen und Entscheidungen sprunghaft wächst. Das DOM bietet Möglichkeiten, die Komplexität einer viel tiefer greifenden Strichmännchenabenteuererzählung zu verwalten.

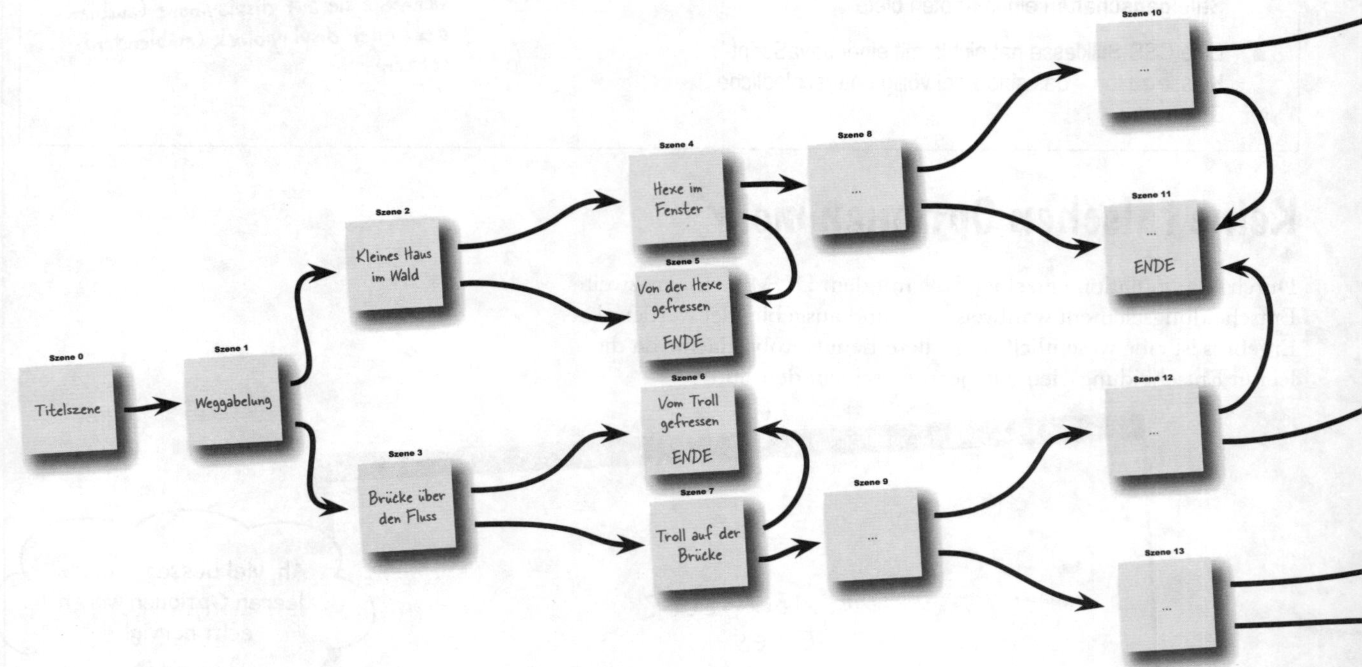

Mehr Abenteuer = größerer Entscheidungsbaum!

* Die neueste Version des Strichmännchenabenteuers ist online und wartet auf Ihre Hilfe als Programmierer. Laden Sie den Code unter http://examples.oreilly.de/german_examples/hfjavascriptger herunter, falls Sie es nicht schon getan haben.

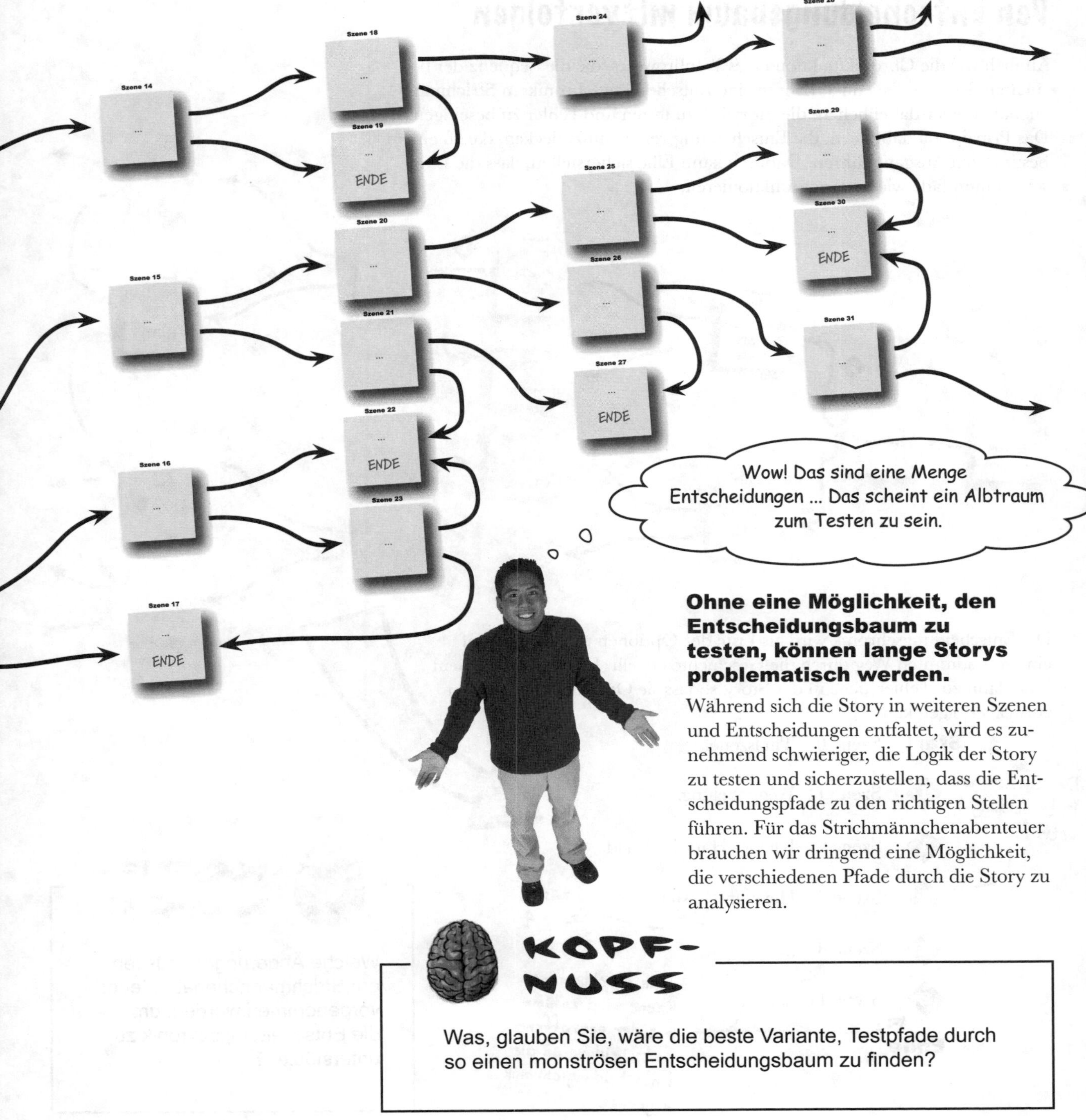

Ohne eine Möglichkeit, den Entscheidungsbaum zu testen, können lange Storys problematisch werden.

Während sich die Story in weiteren Szenen und Entscheidungen entfaltet, wird es zunehmend schwieriger, die Logik der Story zu testen und sicherzustellen, dass die Entscheidungspfade zu den richtigen Stellen führen. Für das Strichmännchenabenteuer brauchen wir dringend eine Möglichkeit, die verschiedenen Pfade durch die Story zu analysieren.

KOPF-NUSS

Was, glauben Sie, wäre die beste Variante, Testpfade durch so einen monströsen Entscheidungsbaum zu finden?

Den Entscheidungsbaum mitverfolgen

Ähnlich wie die Chronikfunktion eines Webbrowsers, die die Sequenz der besuchten Seiten aufzeichnet, könnte eine Entscheidungschronik im Strichmännchenabenteuer dabei helfen, die Storyline zu testen und Fehler zu beseitigen. Das Prinzip soll dabei sein, die Entscheidungsreihen aufzudecken, die zu einem bestimmten Ausgang führen. Dadurch kann Ellie sicherstellen, dass die Entscheidungspfade wie erwartet funktionieren.

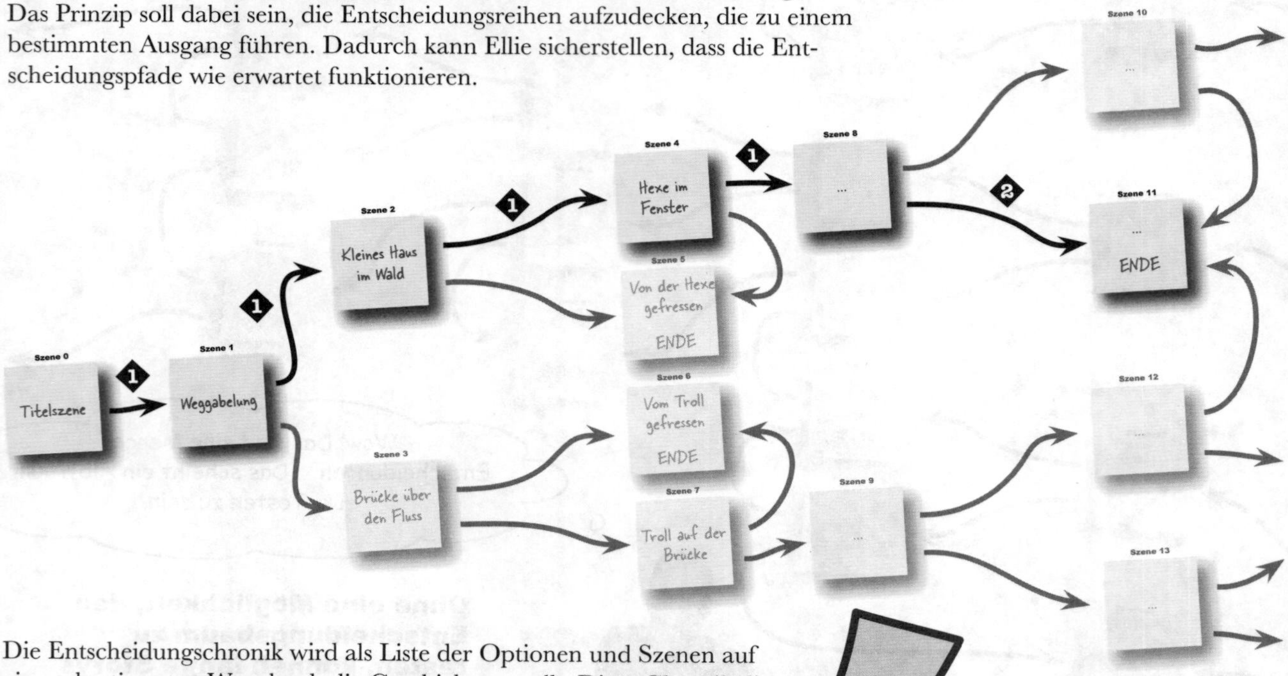

Szene 0: Titelszene
Szene 1: Weggabelung
Szene 2: Kleines Haus im Wald
Szene 3: Brücke über den Fluss
Szene 4: Hexe im Fenster
Szene 5: Von der Hexe gefressen – ENDE
Szene 6: Vom Troll gefressen – ENDE
Szene 7: Troll auf der Brücke
Szene 8: …
Szene 9: …
Szene 10: …
Szene 11: … ENDE
Szene 12: …
Szene 13: …

Die Entscheidungschronik wird als Liste der Optionen und Szenen auf einem bestimmten Weg durch die Geschichte erstellt. Diese Chronik dient Ellie dann zur Fehlersuche in der Story, sodass sie Optionen und Szenen zurückverfolgen kann.

Start Szene 0 – Titelszene.

1 Szene 1 – Weggabelung.

1 Szene 2 – Kleines Haus im Wald.

1 Szene 4 – Hexe im Fenster.

1 Szene 8 – …

2 Szene 11 – …

Ende

Der Spieler hat Entscheidung 1 getroffen … … was zu Szene 4 führt.

Jede durchlaufene Szene wird zusammen mit der getroffenen Entscheidung an die Entscheidungschronik angefügt.

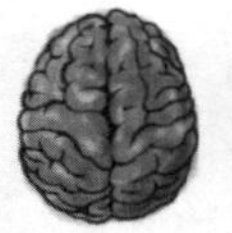

KOPF-NUSS

Welche Änderungen müssen am Strichmännchenabenteuer vorgenommen werden, um die Entscheidungschronik zu unterstützen?

Die Entscheidungschronik in HTML

Aus HTML-Perspektive ist der Code für die Entscheidungschronik nicht so fürchterlich komplex: Ein div-Element und ein Textabsatz pro Entscheidung ist alles, was wir brauchen.

```
<div id="chronik">
  <p>Entscheidung 1 -> Szene 1 : Weggabelung.</p>
  <p>Entscheidung 1 -> Szene 2 : Kleines Haus im Wald.</p>
  <p>Entscheidung 1 -> Szene 4 : Hexe im Fenster.</p>
  ...
</div>
```

Jedes p-Element enthält eine Entscheidung in der Entscheidungschronik.

Bleibt nur noch, den JavaScript-Code zu schreiben, der mit dem DOM die Entscheidungschronik als Sammlung von Knoten generiert.

Eine Entscheidungschronikfunktion kann im Strichmännchenabenteuer ein sehr nützliches Tool zur Fehlersuche sein.

Das ist verrückt. Man kann doch nicht einfach so neue Absätze erstellen, oder?

Das DOM kann jedes HTML-Element nach Belieben erstellen, Textabsätze eingeschlossen.

Das können Sie wirklich. Das erfordert eine weitere Methode des document-Objekts, `createElement()`, die jedes beliebige HTML-Element erstellen kann. Der Plan ist, ein neues Containerelement mit `createElement()` zu erstellen und dann Textinhalt hinzuzufügen, indem wir mit `createTextNode()` Textknoten als Kinder erzeugen. Das Ergebnis ist ein vollkommen neuer Ast mit Knoten am Knotenbaum der Seite.

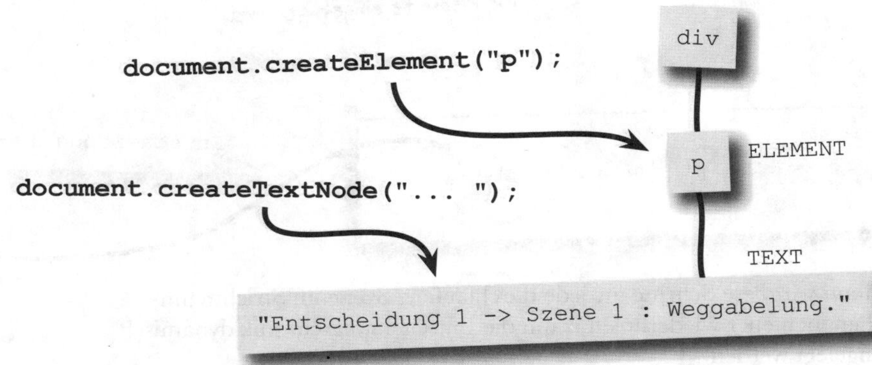

HTML-Code fabrizieren

Um ein neues Element mit der `createElement()`-Methode zu erzeugen, brauchen Sie lediglich den Namen des Tags. Für ein Absatz-Element (`p`) müssen Sie die Methode also nur mit dem Argument `"p"` aufrufen und sicherstellen, dass Sie das neu erzeugte Element nicht verlieren.

Wir starten mit unserem neuen p-Element, das zunächst in der Luft hängt.

```
var entscheidungsElem = document.createElement("p");
```

p

An diesem Punkt haben wir ein neues Absatz-Element ohne Inhalt, das auch noch nicht Teil einer Seite ist. Um den Textinhalt hinzuzufügen, erstellen Sie einen Textknoten und fügen ihn als Kind an den neuen `p`-Knoten an.

```
entscheidungsElem.appendChild(
   document.createTextNode("Entscheidung 1 -> Szene 1 : Weggabelung."));
```

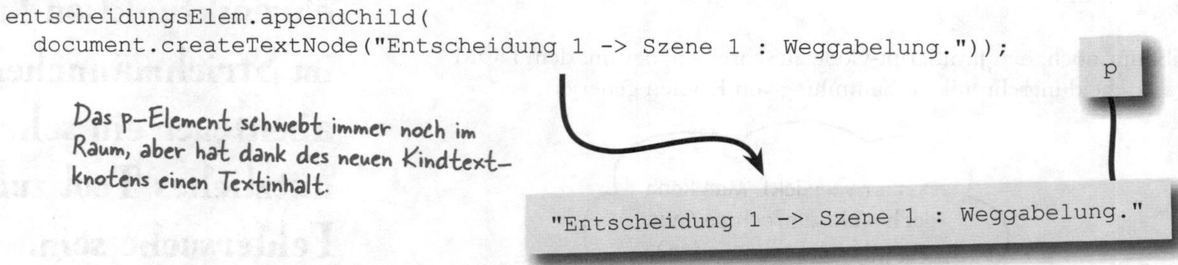

Der letzte Schritt besteht darin, das neue Absatz-Element in der Seite als Kind des `div`-Elements für die Chronik hinzuzufügen.

```
document.getElementById("chronik").appendChild(entscheidungsElem);
```

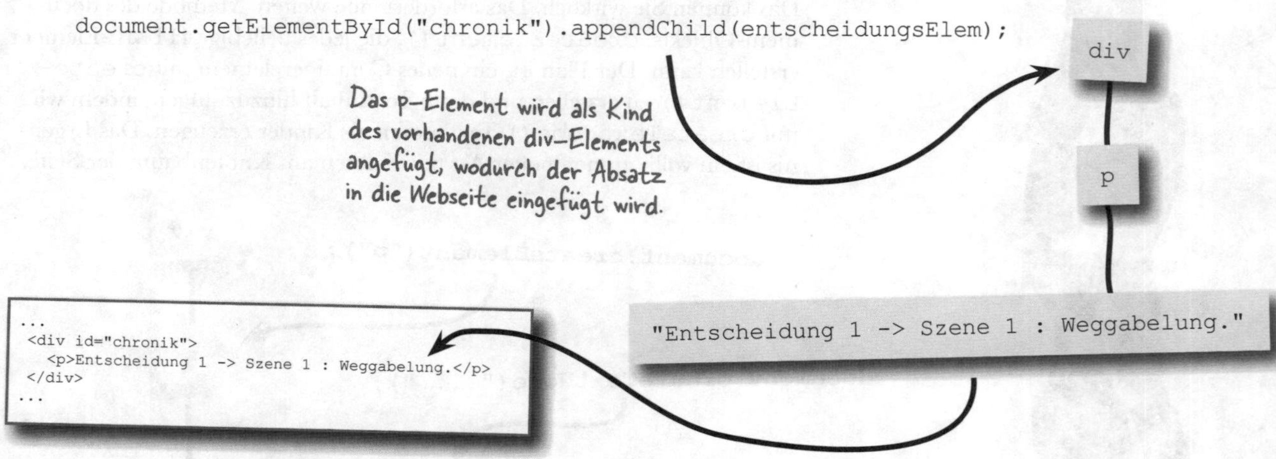


```
...
<div id="chronik">
   <p>Entscheidung 1 -> Szene 1 : Weggabelung.</p>
</div>
...
```

Wenn wir diese Schritte für jede durchlaufene Szene im Strichmännchenabenteuer wiederholen, kann die Entscheidungschronik dynamisch angelegt werden.

Punkt für Punkt

- Mit der `createElement()`-Methode des `document`-Objekts kann ein beliebiges HTML-Element erstellt werden.
- Um Textinhalt einem Element hinzuzufügen, muss ein Textknoten erstellt und als Kind an das Element angefügt werden.
- Durch vorsichtiges Hinzufügen und Entfernen von Knoten im DOM-Baum kann eine Webseite nach Belieben zerlegt und wieder zusammengefügt werden.

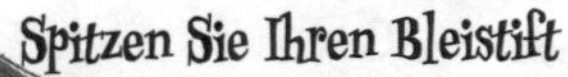

Fügen Sie den Code zur `szenenWechsel()`-Funktion hinzu, um die Entscheidungschronikfunktion im Strichmännchenabenteuer zu unterstützen. Tipp: Sie müssen ein neues Absatz-Element mit einem Textknoten als Kind zum Chronik-Element hinzufügen, wenn die aktuelle Szene nicht Szene 0 ist, und die Entscheidungschronik löschen, wenn Szene 0 die aktuelle Szene ist.

```
function szenenWechsel(entscheidung) {
  ...
  // Chronik der Entscheidungen aktualisieren
  ................................................................
  ................................................................
  ................................................................
  ................................................................
  ................................................................
  ................................................................
  ................................................................
  ................................................................
  ................................................................
  ................................................................
  ................................................................
  ................................................................
  ................................................................
}
```

Fügen Sie den Code zur `szenenWechsel()`-Funktion hinzu, um die Entscheidungschronikfunktion im Strichmännchenabenteuer zu unterstützen. Tipp: Sie müssen ein neues Absatz-Element mit einem Textknoten als Kind zum Chronik-Element hinzufügen, wenn die aktuelle Szene nicht Szene 0 ist, und die Entscheidungschronik löschen, wenn Szene 0 die aktuelle Szene ist.

```
function szenenWechsel(entscheidung) {
  ...
  // Chronik der Entscheidungen aktualisieren
  var chronik = document.getElementById("chronik");
  if (aktuelleSzene != 0) {
    // Aktuelle Entscheidung zur Chronik hinzufügen
    var entscheidungsElem = document.createElement("p");
    entscheidungsElem.appendChild(document.createTextNode("Entscheidung " + entscheidung +
      " -> Szene " + aktuelleSzene + " : " + beschreibung));
    chronik.appendChild(entscheidungsElem);
  }
  else {
    // Entscheidungschronik löschen
    while (chronik.firstChild)
      chronik.removeChild(chronik.firstChild);
  }
}
```

Den neuen Textknoten an das neue Absatz-Element anfügen.

In der szenenWechsel()-Funktion gibt es bereits eine lokale Variable namens entscheidung, also muss diese Variable anders heißen.

Das Chronik-div anhand der ID abrufen.

Das Absatz-Element an das div anfügen, um es in die Seite einzufügen.

Neuen Textknoten mit der Information für die Entscheidungschronik erstellen.

Das Chronik-div leeren, indem alle Kinder gelöscht werden.

Die Abenteuergeschichte mitverfolgen

Die Entscheidungschronik im Strichmännchenabenteuer macht es nun möglich, die Logik sorgfältig mitzuverfolgen, während sich die Geschichte entwickelt.

Ein langer, seltsamer Trip ...

Es ist Zeit, Ihre kreativen Muskeln spielen zu lassen und die Story des Strichmännchenabenteuers so zu erweitern, dass es auch etwas mit der Entscheidungschronik zu debuggen gibt. Ihr Strichmännchen ist abenteuerlustig!

Träumen Sie Ihre ganz persönliche Fortsetzung der Story für das Strichmännchenabenteuer zusammen und fügen Sie den Code hinzu, um sie in die Applikation einzuarbeiten und dann online als interaktives Abenteuer anzubieten.

Es gibt keine Lösung zu dieser Übung ... Genießen Sie es einfach, von weiteren Abenteuern zu träumen!

JavaScript-Kreuzworträtsel

Nehmen Sie sich einen Augenblick Zeit für ein kleines Kreuzwortabenteuer, bevor Sie sich zu tief ins Schreiben der Strichmännchenstory stürzen!

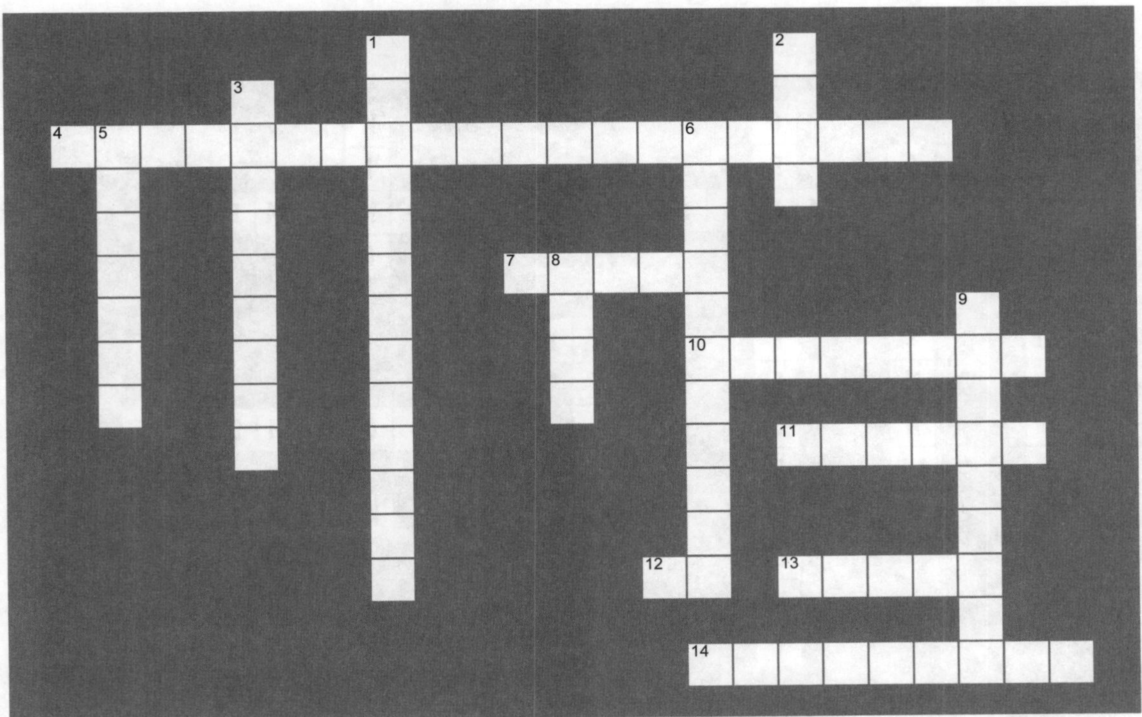

Waagerecht

4. Rufen Sie diese Methode auf, um alle Elemente eines bestimmten Typs abzurufen, z.B. div.
7. Mit dieser Eigenschaft können Sie auf einzelne Stileigenschaften eines Elements zugreifen.
10. Der oberste Knoten in einem DOM-Baum.
11. Ein Blatt im DOM-Baum von Webseiteninhalten.
12. Legen Sie dieses Attribut eines HTML-Tags fest, um es für JavaScript zugänglich zu machen.
13. Eine plumpe Art, eine Online-Story zu erzählen.
14. Eigenschaft eines Knotenobjekts, um seinen Wert abzurufen.

Senkrecht

1. Rufen Sie diese Methode auf, um ein HTML-Element zu erstellen.
2. Einen Knoten, der im DOM-Baum unterhalb eines anderen Knotens steht, nennt man ein ....
3. Dient dazu, die Stilklasse eines Elements festzulegen.
5. DOM-Knotentyp, der einem HTML-Tag entspricht.
6. Verwenden Sie diese Methode, um einen Knoten als Kind zu einem anderen Knoten hinzuzufügen.
8. Dieser Knotentyp enthält Textinhalt.
9. Eine nicht-standardkonforme Möglichkeit, den Inhalt eines HTML-Elements zu ändern.

JavaScript-Kreuzworträtsel, Lösung

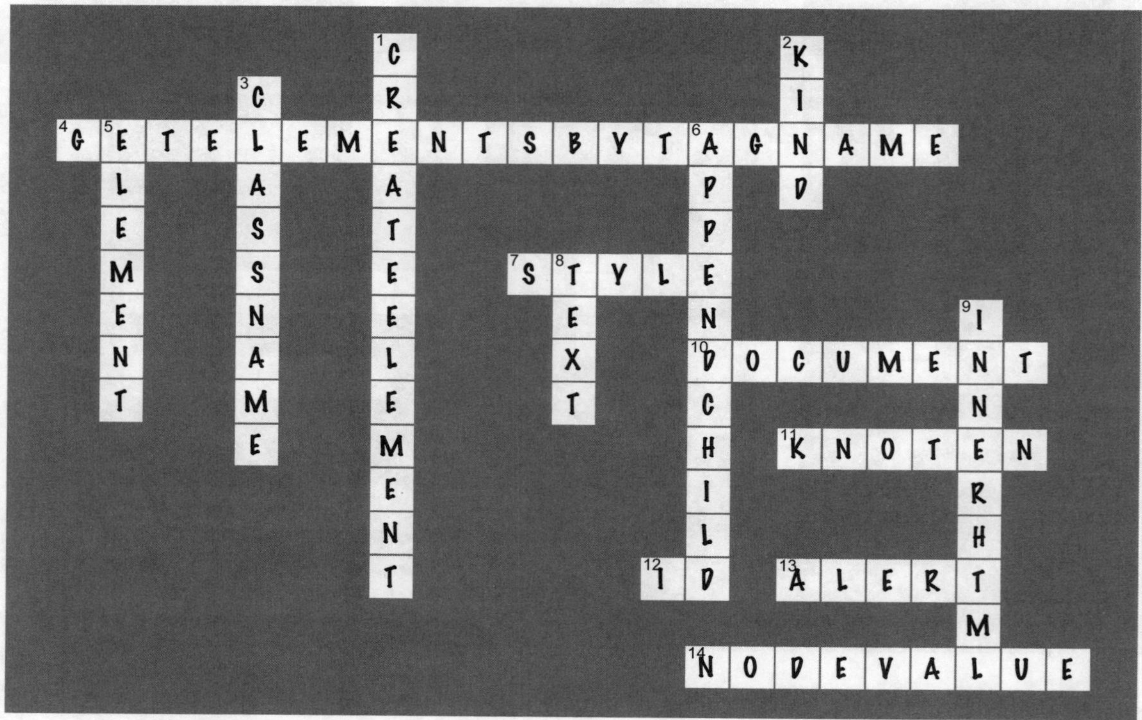

Seitenfalter

Falten Sie die Seite vertikal so, dass die beiden Gehirne zusammenkommen und das Rätsel lösen.

Was ist das DOM wirklich?

Zwei Welten begegnen sich!

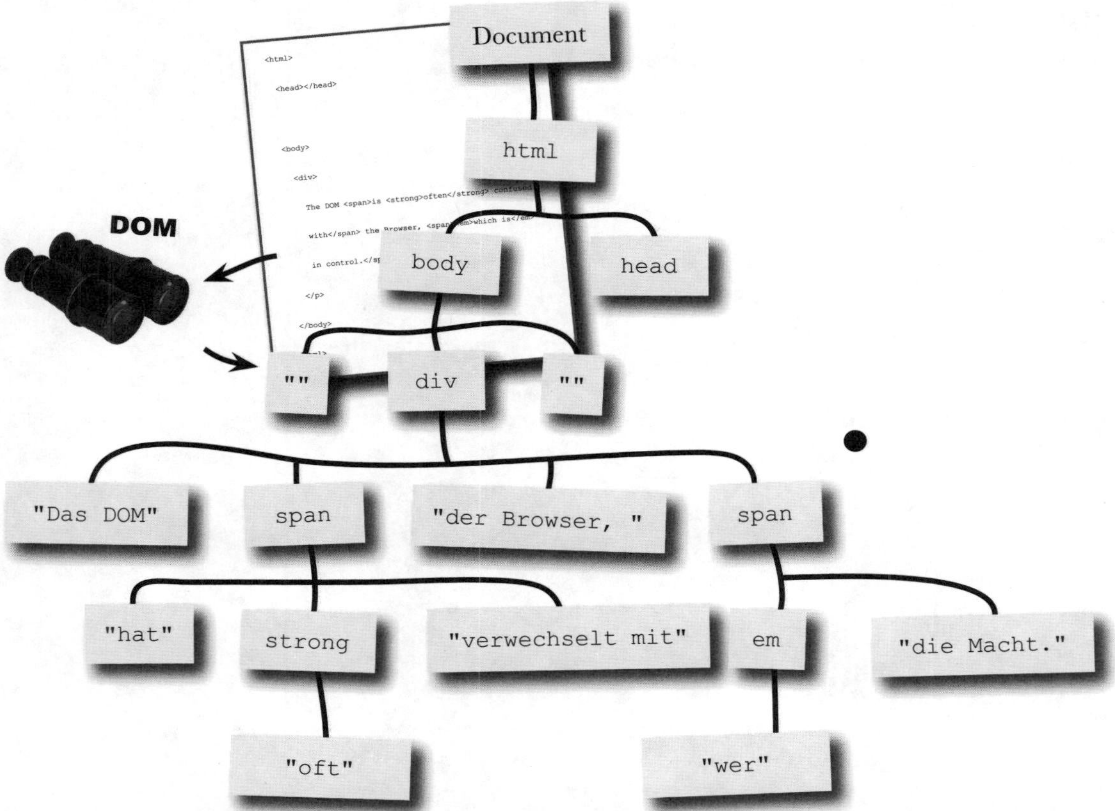

DOM

Document
html
body
head
""
div
""
"Das DOM"
span
"der Browser, "
span
"hat"
strong
"verwechselt mit"
em
"die Macht."
"oft"
"wer"

Ein JavaScript-Programmierer muss aufpassen, sich mit dem DOM nicht zu verrennen. Es ist sehr nützlich, um auf HTML-Tags zuzugreifen. Aber wenn Sie ein Manipulierer werden, vergraulen Sie die Knoten!

9 Daten zum Leben erwecken

Objekte als Frankensteindaten

JavaScript-Objekte sind nicht halb so grausig, wie der liebe Doktor Sie glauben macht. Aber sie sind insofern interessant, als sie verschiedene Teile der JavaScript-Sprache kombinieren, sodass sie zusammen mächtiger sind als die Einzelteile. **Objekte kombinieren Daten mit Aktionen** und schaffen so einen neuen **Datentyp**, der sehr viel »lebendiger« ist als die Daten, die Sie bisher gesehen haben. Dabei entstehen ***Arrays, die sich selbst sortieren können***, ***Strings, die sich selbst durchsuchen***, und Skripten, die haarig werden und den Mond anheulen! Okay, Letzteres vielleicht nicht, aber Sie verstehen, worauf wir hinauswollen ...

Party mit JavaScript-Unterstützung

Es gibt eine Party, und Sie sind für die Einladungen zuständig. Die erste Frage ist also, welche Informationen in die perfekte Partyeinladung gehören.

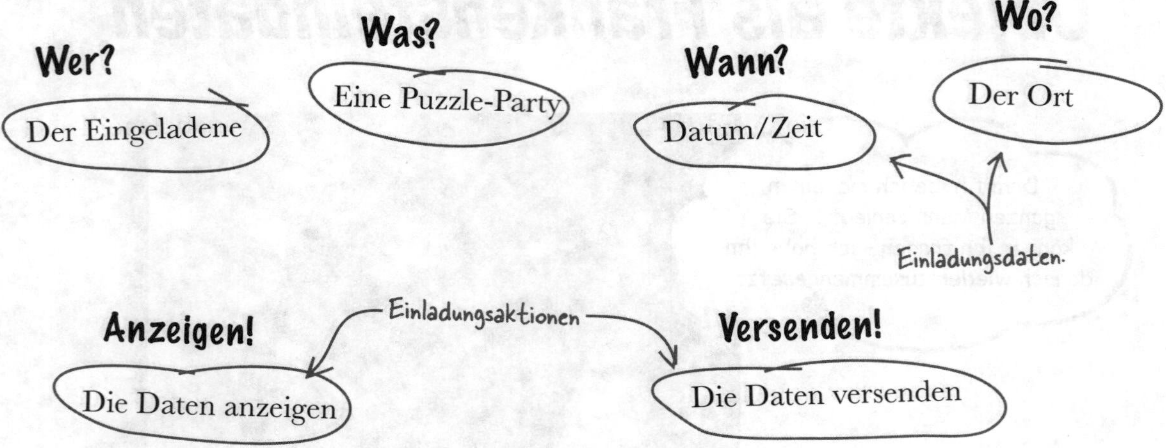

Eine Partyeinladung in JavaScript würde die Daten als Variablen und die Aktionen als Funktionen modellieren. Das Problem ist nur, dass wir in der realen Welt nicht wirklich die Möglichkeit haben, Daten und Aktionen voneinander zu trennen.

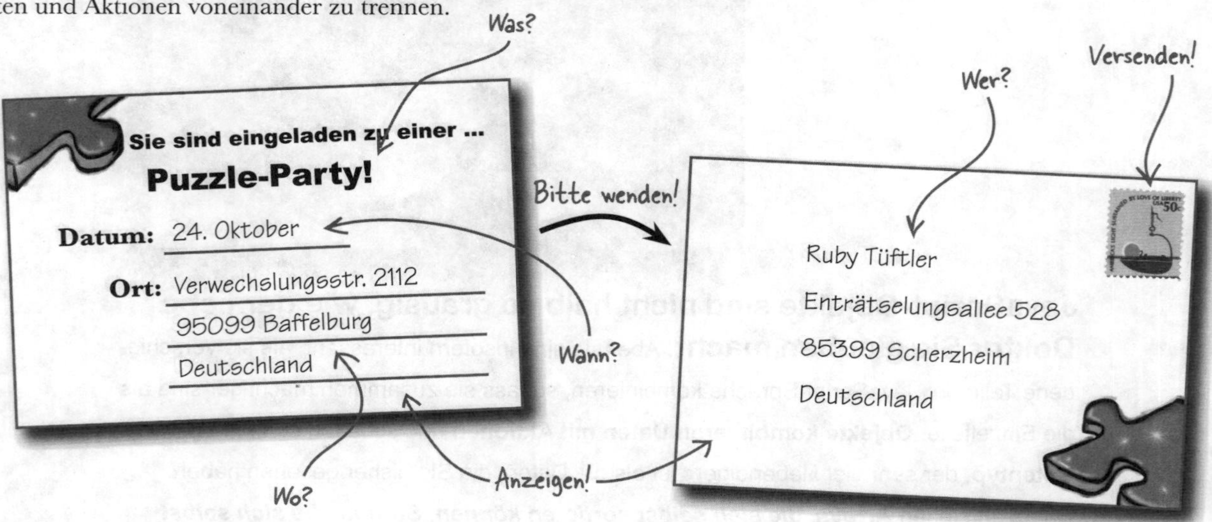

In der realen Welt kombiniert die Einladungskarte die Daten und Aktionen in einer Einheit, einem Objekt.

Daten + Aktionen = Objekt

Sie müssen in JavaScript mit Daten und Aktionen nicht immer separat arbeiten. JavaScript-**Objekte** kombinieren beides in einer vollkommen einzigartigen Struktur, die sowohl Daten **speichert** als auch mit diesen Daten **arbeitet**. Mit dieser Funktionalität kann JavaScript den Ansatz aus der realen Welt auf Skripten übertragen. Sie können Objekte also als »Dinge« betrachten anstatt als getrennte Daten und Aktionen.

Wenn Sie sich die Partyeinladung als JavaScript-Objekt vorstellen, kommt Folgendes dabei heraus:

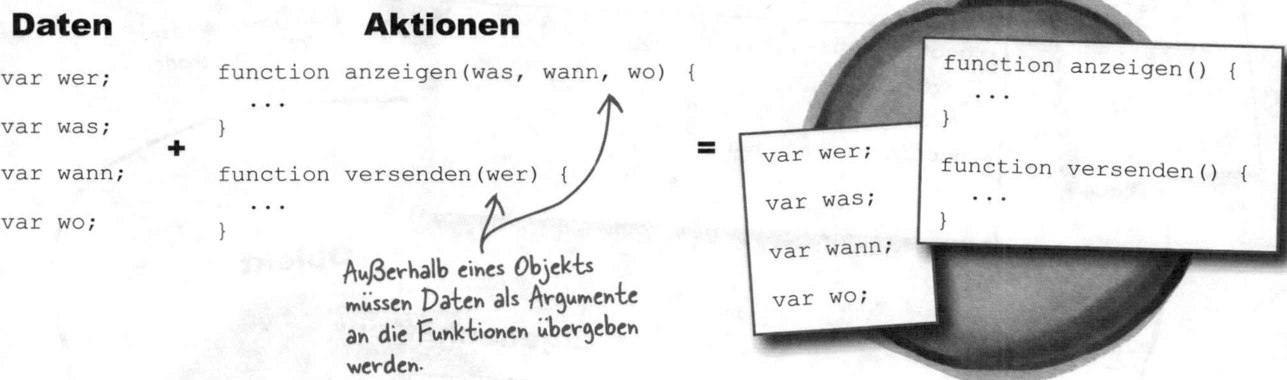

Innerhalb des Einladungsobjekts koexistieren die Daten und Funktionen und sind wesentlich enger miteinander verbunden als außerhalb des Objekts. Genauer gesagt, können Funktionen innerhalb eines Objekts auf die Variablen im Objekt zugreifen, ohne dass die Variablen als Argumente übergeben werden müssen.

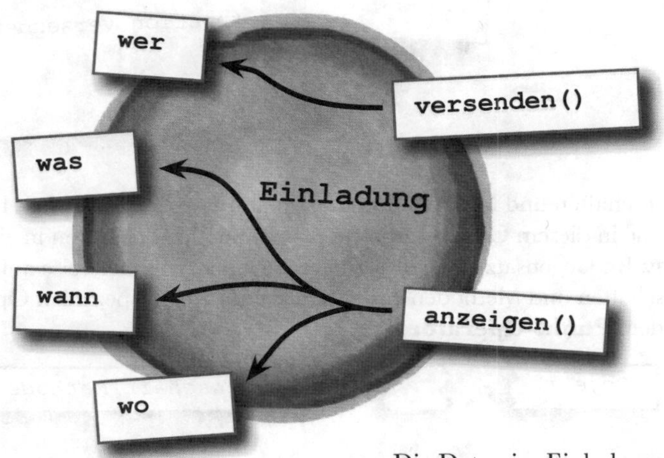

Objekte verknüpfen Variablen und Funktionen in einem Container.

Die Daten im Einladungsobjekt sind für die Funktionen zugänglich, aber vor der Außenwelt versteckt. Das Objekt dient also als Container, der Daten speichert **und** sie mit dem Code verknüpft, der sie verarbeitet.

Ein Objekt ist Eigentümer seiner Daten

Wenn Variablen und Funktionen in einem Objekt platziert werden, werden sie als **Mitglieder des Objekts** bezeichnet. Genauer gesagt, bezeichnet man die Variablen als **Eigenschaften** des Objekts und die Funktionen als **Methoden** des Objekts. Beide speichern weiterhin Daten und verarbeiten diese Daten, sie tun es aber nur im Kontext eines bestimmten Objekts.

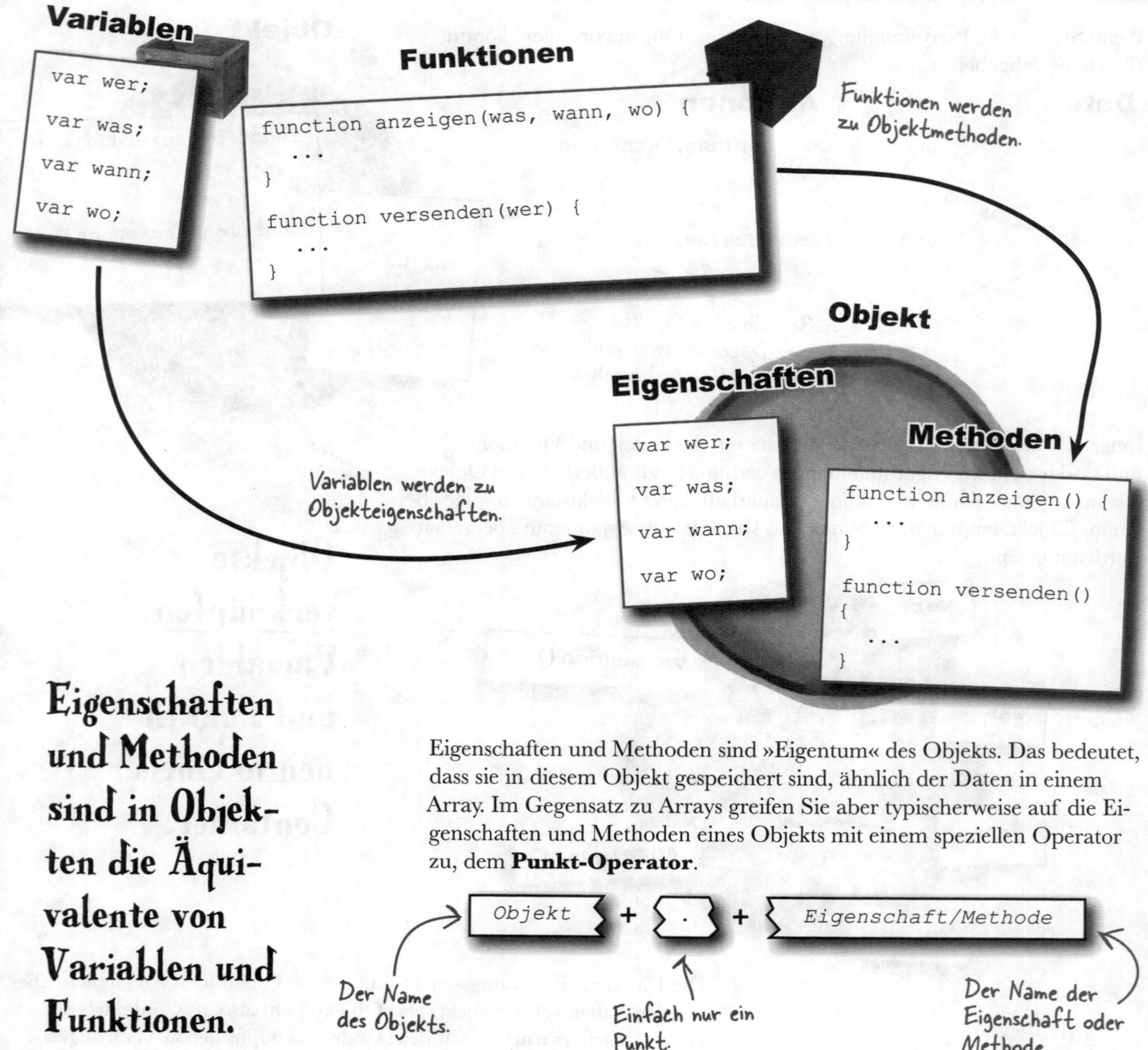

Eigenschaften und Methoden sind in Objekten die Äquivalente von Variablen und Funktionen.

Eigenschaften und Methoden sind »Eigentum« des Objekts. Das bedeutet, dass sie in diesem Objekt gespeichert sind, ähnlich der Daten in einem Array. Im Gegensatz zu Arrays greifen Sie aber typischerweise auf die Eigenschaften und Methoden eines Objekts mit einem speziellen Operator zu, dem **Punkt-Operator**.

```
Objekt + . + Eigenschaft/Methode
```

Der Name des Objekts.

Einfach nur ein Punkt.

Der Name der Eigenschaft oder Methode.

Objektmitglieder mit einem Punkt referenzieren

Der Punkt-Operator stellt einen Verweis zwischen einer Eigenschaft oder Methode und dem Objekt her, zu dem sie gehört. Ungefähr so, wie Ihnen der Vorname einer Person sagt, wer **sie** ist, und der Familienname angibt, zu welcher **Familie** sie gehört. Dasselbe gilt für Objekte: Der Name der Eigenschaft sagt Ihnen, um welche Eigenschaft es geht, und der **Objektname** gibt an, zu welchem Objekt die Eigenschaft gehört. Und der Punkt-Operator verbindet die beiden.

Der Punkt-Operator referenziert eine Eigenschaft oder Methode eines Objekts.

Jetzt können wir endlich die Daten für ein JavaScript-Einladungsobjekt zusammenstellen – mit Eigenschaften und dem Punkt-Operator:

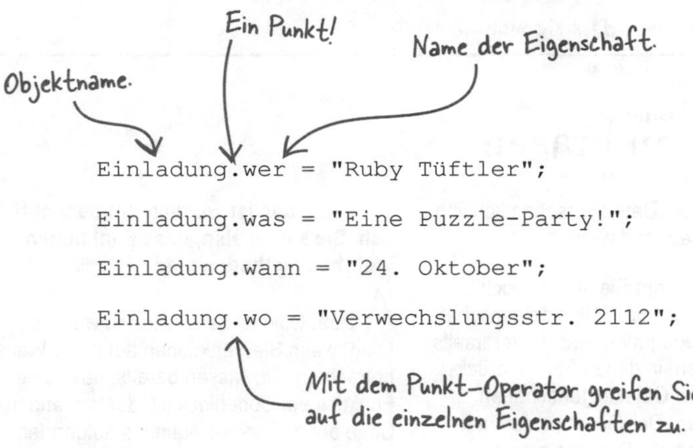

Beachten Sie, dass Sie an eine Methode nichts übergeben müssen, um die Daten zu verwenden, da die Daten und die Aktionen alle Teil desselben Objekts sind. Das macht es ziemlich leicht, eine Aktion des Einladungsobjekts aufzurufen:

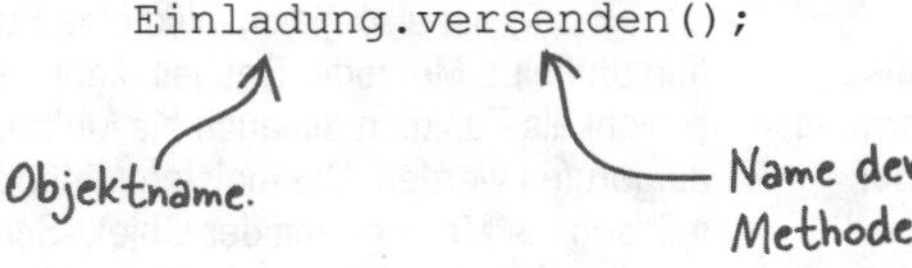

Auf der Partyeinladung fehlt eine `uAwg`-Eigenschaft, über die die geladenen Gäste mitteilen können, ob sie zur Party kommen oder nicht. Schreiben Sie den Code, um die `uAwg`-Eigenschaft der Einladung für Ruby Tüftler hinzuzufügen (sie will kommen), und rufen Sie anschließend die Methode `uAwgAbschicken()` auf, um die Antwort abzusenden.

....

....

Lösungen zu den Übungen

Auf der Partyeinladung fehlt eine `uAwg`-Eigenschaft, über die die geladenen Gäste mitteilen können, ob sie zur Party kommen oder nicht. Schreiben Sie den Code, um die `uAwg`-Eigenschaft der Einladung für Ruby Tüftler hinzuzufügen (sie will kommen), und rufen Sie anschließend die Methode `uAwgAbschicken()` auf, um die Antwort abzusenden.

```
Einladung.uAwg = "ich komme";
Einladung.uAwgAbschicken();
```

Der Punkt-Operator referenziert die Eigenschaft und die Methode des Einladungsobjekts.

Das könnte auch eine Boolesche Eigenschaft sein, wobei true bedeutet, dass die Person kommt, und false, dass sie nicht kommt.

Es gibt keine Dummen Fragen

F: Was genau ist ein Objekt? Hat es einen Datentyp?

A: Ja, Objekte haben einen Datentyp. Ein Objekt ist eine Sammlung von Eigenschaften und Methoden. Genauer gesagt, **sind** Objekte ein Datentyp. Andere Datentypen, die Sie kennengelernt haben, sind Zahlen, Text und Boolesche Werte. Diese nennt man *primitive* Datentypen, weil sie eine einzelne Information abbilden. Objekte gelten als *komplexe* Datentypen, weil sie mehrere Daten umfassen. Sie können den Typ »Objekt« als vierten Datentyp der Liste der primitiven Typen hinzufügen, die Sie bereits kennen (Zahl, String und Boolescher Wert). Jedes Objekt, das Sie erstellen, und jedes integrierte JavaScript-Objekt, das Sie verwenden, gehört zum Datentyp »Objekt«.

F: Könnte ich nicht einfach globale Variablen und Funktionen anstelle von Objekteigenschaften und -methoden verwenden? Funktionen können doch wunderbar auf globale Variablen zugreifen, oder?

A: Ja, das können sie. Problematisch ist dabei aber, dass auch jeder andere Code auf die globalen Variablen zugreifen kann und Sie immer den Datenzugriff auf den Code beschränken sollten, der die Daten auch wirklich benötigt. Auf diese Weise wird verhindert, dass die Daten versehentlich von anderem Code geändert werden.

Leider lässt JavaScript Sie derzeit noch nicht verhindern, dass auf Objekteigenschaften von außen zugegriffen wird. Andererseits gibt es Situationen, in denen Sie ausdrücklich von außen auf Objekteigenschaften zugreifen möchten. Der Gedanke dahinter ist jedenfalls, dass Sie Daten in einem Objekt platzieren, um sie logisch dem Objekt zuzuordnen. Daten, die an ein Objekt gebunden sind, verfügen über mehr Kontext und Bedeutung als Daten, die frei in einem Skript treiben (z.B. globale Variablen).

F: Ich habe die Objekt-Schreibweise mit dem Punkt-Operator schon mehrmals gesehen. Habe ich die ganze Zeit über Objekte verwendet?

A: Ja. Sie werden sehen, dass es in der Tat ziemlich schwierig ist, JavaScript ohne Objekte zu verwenden. Das liegt daran, dass JavaScript selbst nur eine große Sammlung von Objekten ist. Technisch gesehen, ist z.B. die `alert()`-Funktion eine Methode des `window`-Objekts, d.h., sie könnte auch als `window.alert()` aufgerufen werden. Das `window`-Objekt stellt das Browserfenster dar, muss aber nicht explizit als Objekt referenziert werden, daher kommen Sie auch mit `alert()` alleine aus.

F: Hm, das ist wirklich unübersichtlich. Sie sagen also, dass Funktionen in Wahrheit Methoden sind?

A: Ja. Obwohl es verwirrend werden kann, wenn Sie Funktionen auf diese Weise betrachten. Sie wissen bereits, dass eine Funktion ein Codeblock ist, der von anderem Code anhand seines Namens aufgerufen werden kann. Eine Methode ist lediglich eine Funktion, die in ein Objekt geschrieben wurde. Verwirrend wird es, wenn Sie erkennen, dass im Prinzip jede Funktion zu einem Objekt gehört.

`alert()` ist also gleichzeitig eine Funktion und eine Methode. Deshalb kann sie sowohl als Funktion als auch als Methode aufgerufen werden. Die meisten Methoden müssen als Methode mit der Objekt-Schreibweise aufgerufen werden. In Wahrheit gehört jede JavaScript-Funktion zu einem Objekt und ist somit eine Methode. In vielen Fällen ist dieses Objekt das `window`-Objekt des Browsers. Da es als Standardobjekt verwendet wird, wenn Sie bei einem Methodenaufruf kein Objekt angeben, wie z.B. bei `alert()`, dürfen Sie diese Methoden auch als Funktionen verstehen. Ihre Zugehörigkeit zum `window`-Objekt ist eher zufällig, da es keine logische Verbindung zu diesem Objekt gibt.

Punkt für Punkt

- Objekte sind eine besondere Art von **Datenstruktur**, die Daten mit **Code kombinieren, der die Daten verarbeitet**.
- Praktisch gesehen, besteht ein Objekt einfach nur aus Variablen und Funktionen, die in **einer Struktur** kombiniert sind.
- Wenn Variablen in einem Objekt platziert werden, heißen sie **Eigenschaften**, Funktionen dagegen heißen dann **Methoden**.
- Eigenschaften und Methoden werden referenziert, indem Sie den Namen des **Objekts** gefolgt von einem **Punkt** und dem **Namen** der Eigenschaft oder Methode angeben.

Ein Blog für Würfeltüftler

Der Empfänger der Partyeinladung ist Ruby, eine enthusiastische Würfeltüftlerin, die es kaum erwarten kann, mit anderen Puzzlefreunden zusammenzukommen. Aber Ruby hat mehr vor, als nur auf Partys zu gehen – sie möchte einen Blog einrichten, in dem sie ihre Würfelleidenschaft mit der Welt teilen kann. Sie ist bereit, ihre Kubistenweisheiten auf YouCube zu teilen!

Ich habe gehört, dass Objekte meinen Code pflegeleichter machen, falls ich etwas ändern muss. Das lässt mir mehr Zeit für meine Würfelpuzzles!

Ruby hat gehört, dass JavaScript benutzerdefinierte Objekte unterstützt, wodurch sie stabileren und letztlich wartungsfreundlicheren Code erstellen kann. Sie hat außerdem gehört, dass viele Blogs irgendwann fad werden, weil die Blogger die Nase voll davon haben, sie zu pflegen. Also möchte Ruby mit ihrem Blog richtig anfangen und YouCube als **objektorientiertes** Skript mit benutzerdefinierten Objekten erstellen, damit sie auch in der weiteren Rätselzukunft noch gut damit fährt.

Objektorientierter YouCube = Mehr Zeit für Würfel!

YouCube dekonstruieren

Ruby hat ein handschriftliches Tagebuch und dazu genügend Blogs gelesen, um zu wissen, dass ihrer aus Datum und Text bestehen wird. Allerdings weiß sie noch nicht, wie sie die Daten mit JavaScript speichern soll. Was sie allerdings weiß, ist, dass sie überhaupt keine Lust mehr dazu hat, ihr Würfeltagebuch (bald ein Blog) von Hand zu führen!

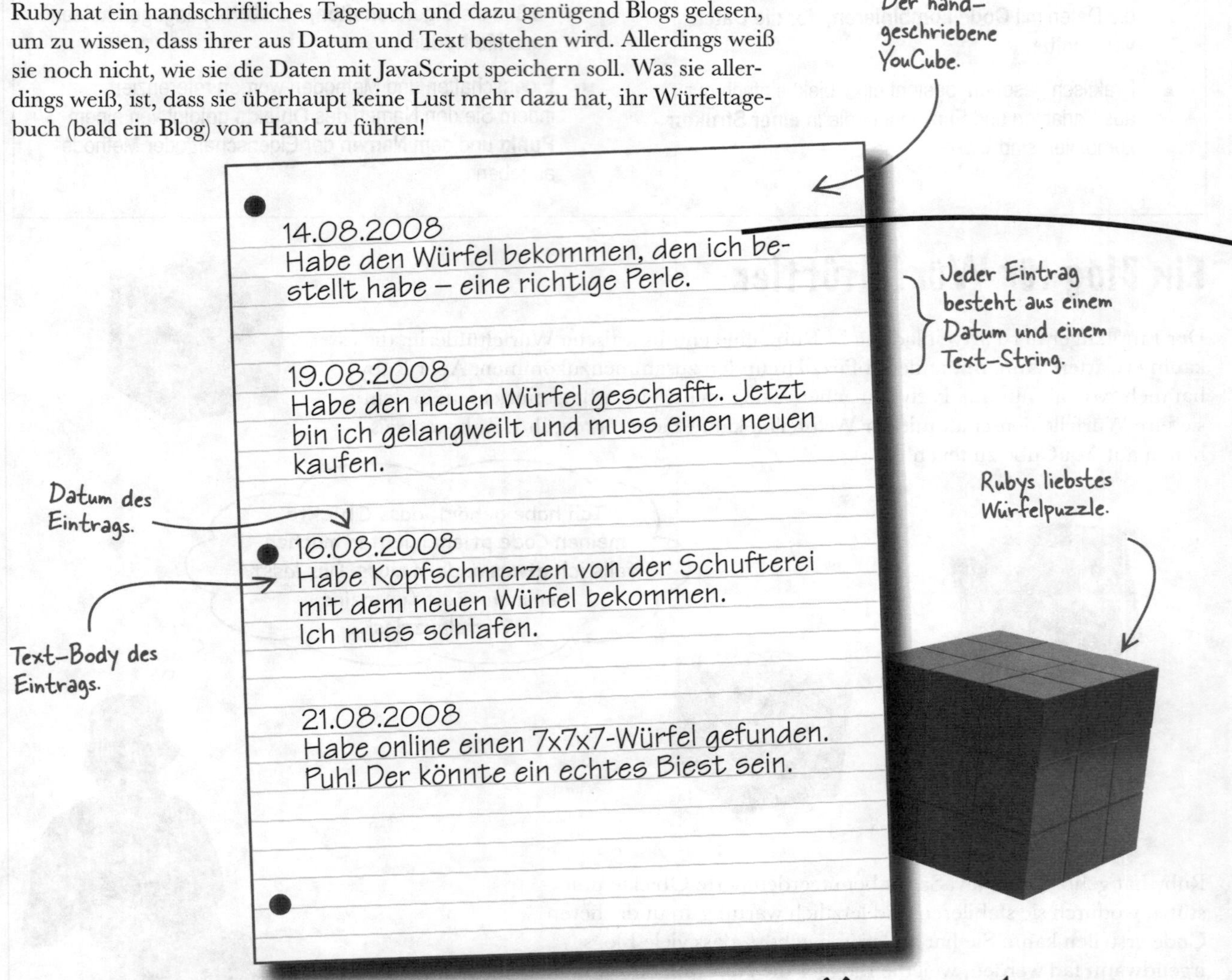

Ruby braucht dringend eine einfache Möglichkeit, um beliebig viele Informationspaare (Datum + Text) zu speichern. Das klingt verdammt stark nach genau dem, was JavaScript-Objekte zu bieten haben ... mehrere Informationen in einer einzelnen Einheit zu kombinieren.

Blog-Datum + Blog-Body = Blog-Objekt

Mit einem benutzerdefinierten Objekt können die beiden Blog-Daten in einer Einheit kombiniert werden.

Benutzerdefinierte Objekte erweitern JavaScript

Die JavaScript-Sprache umfasst eine Menge praktischer Standardobjekte, von denen wir noch einige in diesem Kapitel erforschen werden. Aber so nützlich all diese Objekte auch sein mögen, es gibt Zeiten, in denen sie einfach nicht ausreichen. Der YouCube-Blog ist ein gutes Beispiel für deren Grenzen, da er ein Datenspeicherungsproblem mit sich bringt, das mit den JavaScript-Datentypen nicht gelöst werden kann ... ein benutzerdefiniertes Objekt ist gefragt.

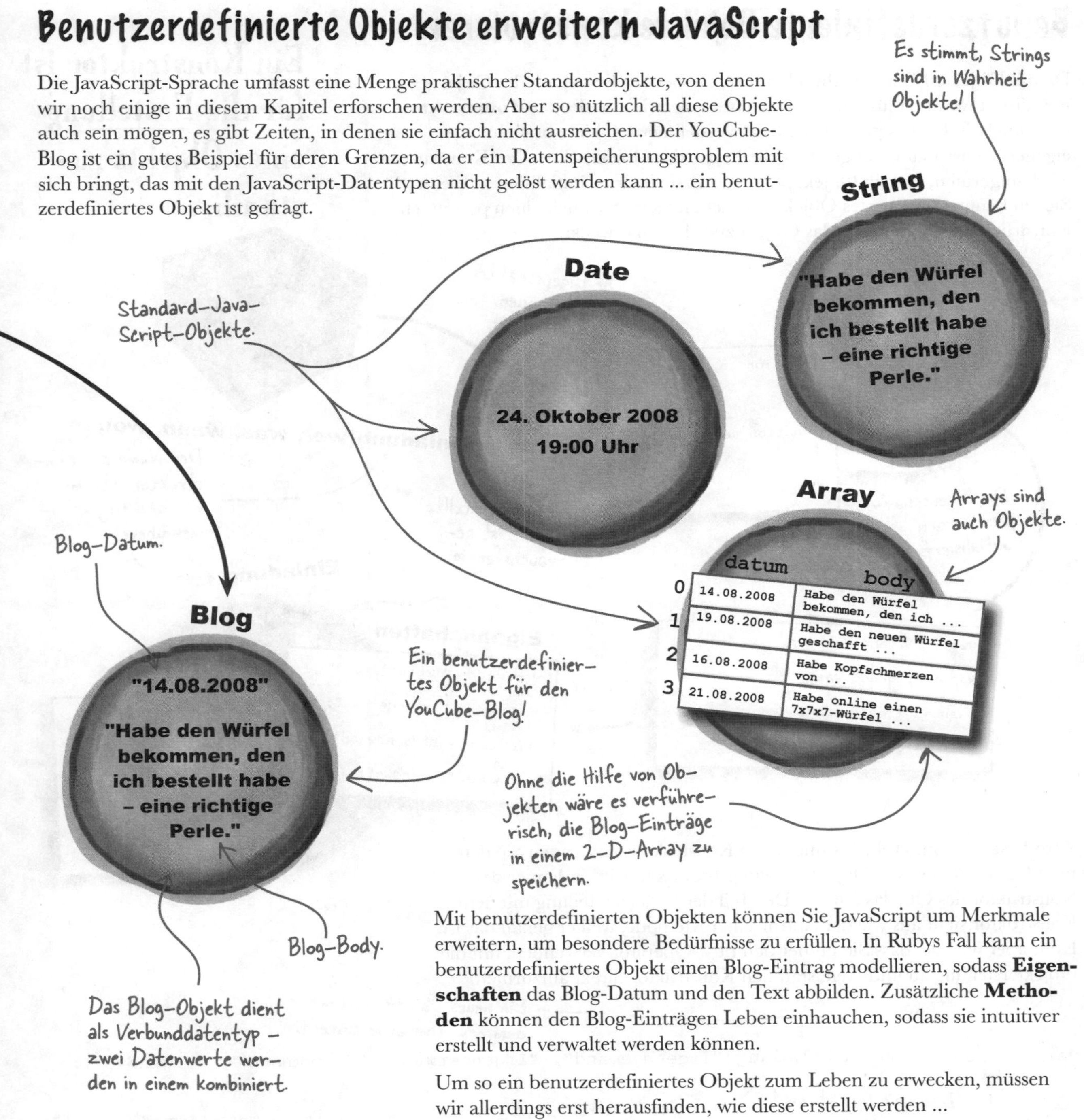

Mit benutzerdefinierten Objekten können Sie JavaScript um Merkmale erweitern, um besondere Bedürfnisse zu erfüllen. In Rubys Fall kann ein benutzerdefiniertes Objekt einen Blog-Eintrag modellieren, sodass **Eigenschaften** das Blog-Datum und den Text abbilden. Zusätzliche **Methoden** können den Blog-Einträgen Leben einhauchen, sodass sie intuitiver erstellt und verwaltet werden können.

Um so ein benutzerdefiniertes Objekt zum Leben zu erwecken, müssen wir allerdings erst herausfinden, wie diese erstellt werden ...

Benutzerdefinierte Objekte konstruieren

Da mit Objekten Daten verbunden sind, die bei der Erstellung des Objekts initialisiert werden müssen, muss eine besondere Methode, der **Konstruktor**, das Objekt in Gang setzen. Jedes benutzerdefinierte Objekt braucht einen eigenen Konstruktor, der genau so heißt wie das Objekt selbst. Der Konstruktor wird aufgerufen, um ein Objekt bei seiner Erstellung zu initialisieren. Wenn Sie ein benutzerdefiniertes Objekt erstellen, müssen Sie auch einen passenden Konstruktor schreiben, der das Objekt zum Leben erweckt.

Ein Konstruktor ist für die Erstellung eines Objekts zuständig.

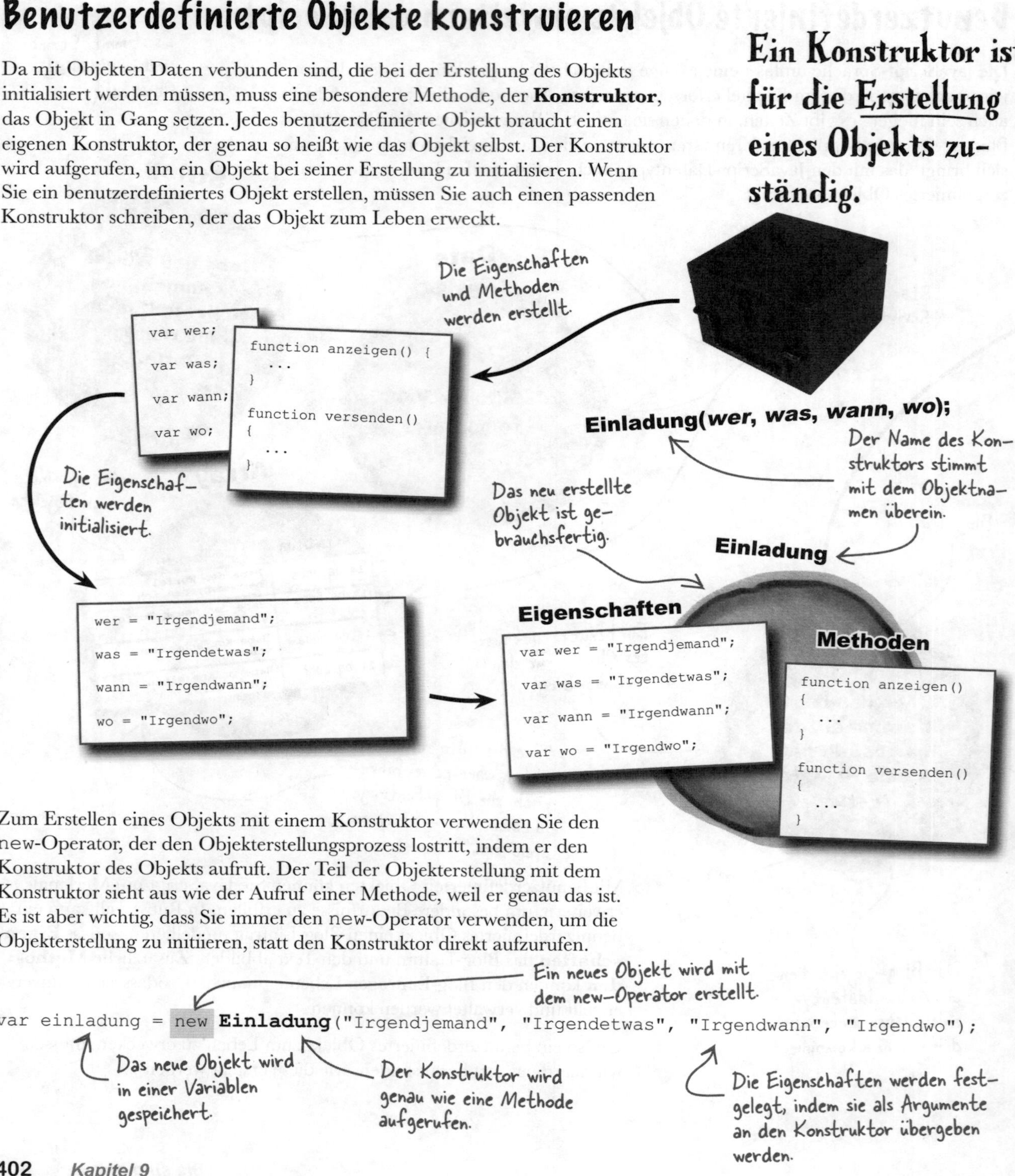

Zum Erstellen eines Objekts mit einem Konstruktor verwenden Sie den new-Operator, der den Objekterstellungsprozess lostritt, indem er den Konstruktor des Objekts aufruft. Der Teil der Objekterstellung mit dem Konstruktor sieht aus wie der Aufruf einer Methode, weil er genau das ist. Es ist aber wichtig, dass Sie immer den new-Operator verwenden, um die Objekterstellung zu initiieren, statt den Konstruktor direkt aufzurufen.

```
var einladung = new Einladung("Irgendjemand", "Irgendetwas", "Irgendwann", "Irgendwo");
```

Was gehört in einen Konstruktor?

Ein Großteil der Aufgabe eines Konstruktors besteht darin, die Eigenschaften eines Objekts und deren Anfangswerte einzurichten. Zum Erstellen einer Eigenschaft in einem Konstruktor verwenden Sie das JavaScript-Schlüsselwort `this`. Das `this`-Schlüsselwort legt gleichzeitig die Zugehörigkeit der Eigenschaft zum Objekt sowie ihren Anfangswert fest. Das Wort bewirkt buchstäblich, was es bedeutet – Sie erstellen eine Eigenschaft, die zu »diesem« Objekt gehört, und keine lokale Variable innerhalb des Konstruktors.

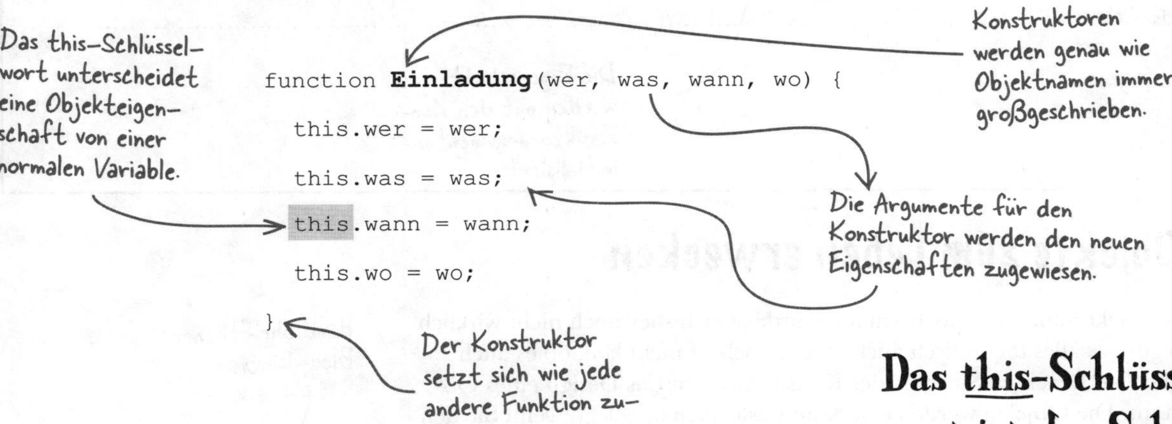

Objekteigenschaften werden in einem Konstruktor über die Objektschreibweise (mit dem Punkt-Operator) mit dem `this`-Schlüsselwort erstellt und initialisiert. Ohne das `this`-Schlüsselwort wüsste der Konstruktor nicht, dass Sie Objekteigenschaften erstellen. Das Ergebnis dieses Konstruktors ist die Erstellung der vier Eigenschaften, denen die vier als Konstruktorargumente übergebenen Werte zugewiesen werden.

Das this-Schlüsselwort ist der Schlüssel zum Erstellen von Objekteigenschaften innerhalb eines Konstruktors.

Spitzen Sie Ihren Bleistift

Schreiben Sie einen Konstruktor für das `Blog`-Objekt, der die Eigenschaften für das Datum und den Text-Body eines Blog-Eintrags erstellt und initialisiert.

....

....

....

....

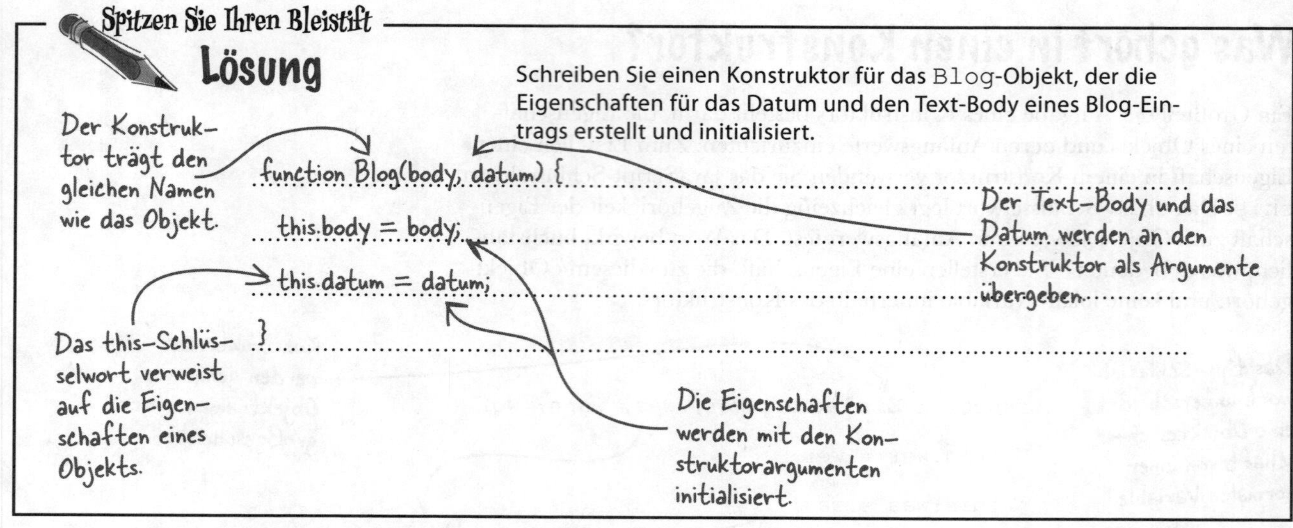

Blog-Objekte zum Leben erwecken

Das `Blog`-Objekt nimmt bereits Form an, wurde aber bisher noch nicht wirklich erstellt. So gut das alles theoretisch auch klingt, noch ist nicht klar, ob es auch praxistauglich ist. Beachten Sie, dass der Konstruktor nur das Design eines Objekts bestimmt. Die Objekte werden erst dann tatsächlich angelegt, wenn Sie den new-Operator verwenden, der das Objekt durch Aufruf des Konstruktors erstellt. Legen wir los und erstellen wir ein echtes, lebendiges `Blog`-Objekt.

Verfolgen Sie die Beispiele mit, die Sie unter http://examples.oreilly.de/german_examples/hfjavascriptger herunterladen können.

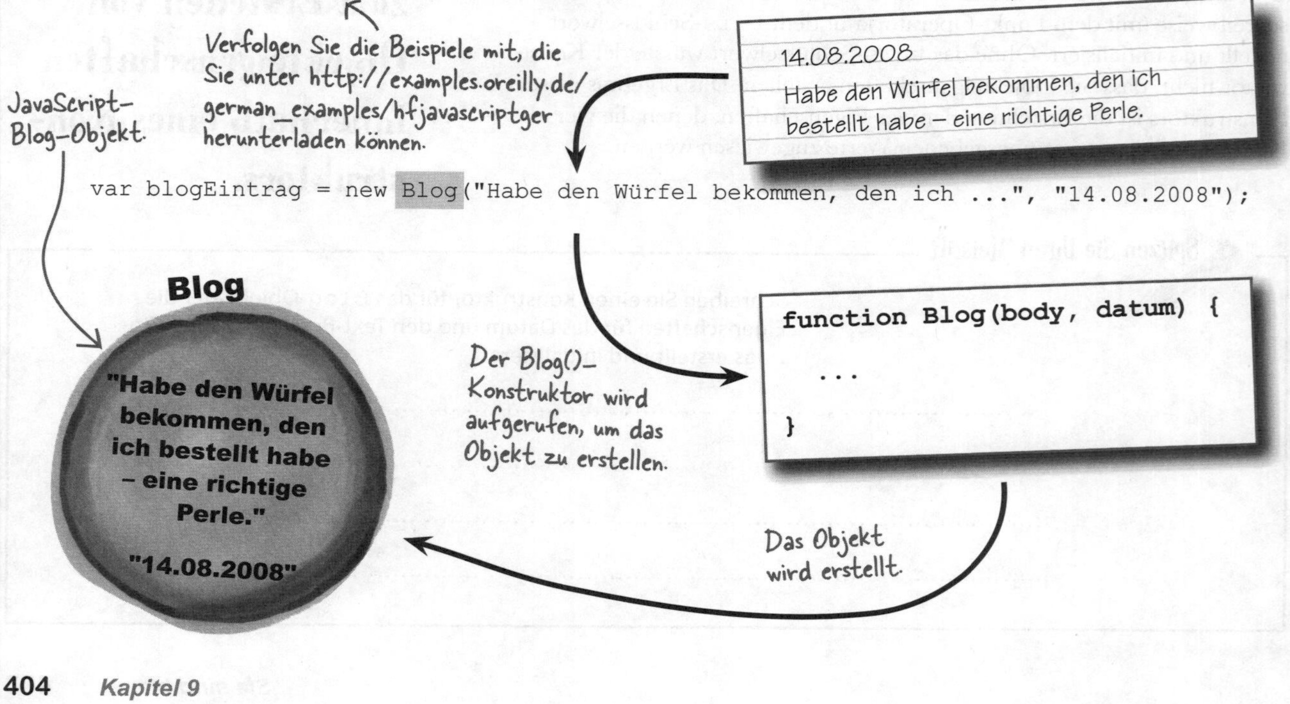

Handschriftlicher Blog-Eintrag.

14.08.2008
Habe den Würfel bekommen, den ich bestellt habe – eine richtige Perle.

JavaScript-Blog-Objekt.

```
var blogEintrag = new Blog("Habe den Würfel bekommen, den ich ...", "14.08.2008");
```

Blog

"Habe den Würfel bekommen, den ich bestellt habe – eine richtige Perle."

"14.08.2008"

Der Blog()-Konstruktor wird aufgerufen, um das Objekt zu erstellen.

```
function Blog(body, datum) {
    ...
}
```

Das Objekt wird erstellt.

Es gibt keine Dummen Fragen

F: Ich finde die Objekterstellung verwirrend. Erstellt der `new`-Operator das Objekt oder der Konstruktor?

A: Beide zusammen! Der `new`-Operator ist dafür verantwortlich, die Objekterstellung anzustoßen, und eine seiner Hauptaufgaben besteht darin, den Konstruktor aufzurufen. Wenn Sie einen Konstruktor wie eine Funktion ohne den `new`-Operator aufrufen, wird kein Objekt erstellt, und der `new`-Operator ist ohne den Konstruktor sinnlos.

F: Braucht jedes benutzerdefinierte Objekt einen Konstruktor?

A: Ja. Das liegt daran, dass der Konstruktor für die Erstellung der Objekteigenschaften verantwortlich ist. Ohne einen Konstruktor gäbe es also keine Eigenschaften. Und ohne Eigenschaften hätten Sie kein sinnvolles Objekt.Es gibt eine Ausnahme von dieser Regel für Konstruktoren. Sie gilt für rein organisatorische Objekte, die einfach aus einer Sammlung von Methoden bestehen und ohne Objekteigenschaften auskommen. In diesem Fall ist es technisch möglich, auf einen Konstruktor zu verzichten. Aber beachten Sie, dass ein solches Objekt nicht gerade ein glänzendes Beispiel für objektorientierte Programmiertechniken ist, da es sich nur um eine Sammlung verwandter Funktionen handelt. Dennoch verwendet JavaScript selbst ein solches organisatorisches Objekt, um mathematische Funktionen zu gruppieren, wie Sie später in diesem Kapitel erfahren werden.

F: Was genau ist `this`?

A: `this` ist ein JavaScript-Schlüsselwort, mit dem Sie auf ein Objekt verweisen. Genauer gesagt, verweist `this` innerhalb eines Objekts auf das Objekt **selbst**. Ja, das klingt ziemlich seltsam und ein bisschen schizophren. Aber wenn sich Ihr Gehirn einmal daran gewöhnt hat, ergibt es Sinn. Ein Beispiel aus der realen Welt: Was wäre, wenn Sie Ihre Uhr in einem Raum voller Menschen verlieren würden? Wenn sie jemand findet und die Uhr hochhält, würden Sie wahrscheinlich rufen: »Das ist meine!« Sie verwenden »meine«, um auf Sie selbst zu verweisen. Noch wichtiger: »Meine« stellt klar, dass Sie der Eigentümer der Uhr sind. `this` funktioniert genau so – es stellt die **Objektzugehörigkeit** klar. Also bedeutet `this.datum`, dass die Eigenschaft `datum` zu dem Objekt gehört, in dem der Code steht.

Spitzen Sie Ihren Bleistift

14.08.2008
Habe den Würfel bekommen, den ich bestellt habe – eine richtige Perle.

19.08.2008
Habe den neuen Würfel geschafft. Jetzt bin ich gelangweilt und muss einen neuen kaufen.

16.08.2008
Habe Kopfschmerzen von der Schufterei mit dem neuen Würfel bekommen.
Ich muss schlafen.

21.08.2008
Habe online einen 7x7x7-Würfel gefunden. Puh! Der könnte ein echtes Biest sein.

Erstellen Sie ein Array von `Blog`-Objekten in einer Variablen namens `blog`, die mit den Blog-Einträgen im YouCube-Blog initialisiert wird. Es reicht, wenn Sie für jeden Eintrag nur die ersten paar Wörter des Text-Bodys schreiben.

```
var blog =
  [ ...........................................................
  .............................................................
  .............................................................
  ....................................................... ];
```

Lösung

Erstellen Sie ein Array von `Blog`-Objekten in einer Variablen namens `blog`, die mit den Blog-Einträgen im YouCube-Blog initialisiert wird. Es reicht, wenn Sie für jeden Eintrag nur die ersten paar Wörter des Text-Bodys schreiben.

14.08.2008
Habe den Würfel bekommen, den ich bestellt habe – eine richtige Perle.

19.08.2008
Habe den neuen Würfel geschafft. Jetzt bin ich gelangweilt und muss einen neuen kaufen.

16.08.2008
Habe Kopfschmerzen von der Schufterei mit dem neuen Würfel bekommen. Ich muss schlafen.

21.08.2008
Habe online einen 7x7x7-Würfel gefunden. Puh! Der könnte ein echtes Biest sein.

```
var blog =
[
  new Blog("Habe den Würfel bekommen, den ich ...", "14.08.2008"),
  new Blog("Habe den neuen Würfel geschafft ...", "19.08.2008"),
  new Blog("Habe Kopfschmerzen von der Schufterei ...", "16.08.2008"),
  new Blog("Habe online einen 7x7x7-Würfel ...", "21.08.2008")  ];
```

Jeder Blog-Eintrag wird als Blog-Objekt mit eigenem Text-Body und Datum erstellt.

YouCube 1.0

Das Array mit den `Blog`-Objekten, kombiniert mit etwas JavaScript-Code zum Anzeigen der Blog-Daten, ergibt eine erste Version von YouCube. Ruby weiß, dass ihre Arbeit noch nicht getan ist, aber der Blog funktioniert bereits, und sie ist zufrieden mit den ersten Ergebnissen.

Die in den Blog-Objekten gespeicherten Daten werden auf der YouCube-Seite hübsch dargestellt.

YouCube - Der Blog für Würfeltüftler - Mozilla Firefox

YouCube - Der Blog für Würfeltüftler

14.08.2008
Habe den Würfel bekommen, den ich bestellt habe — eine richtige Perle.

19.08.2008
Habe den neuen Würfel geschafft. Jetzt bin ich gelangweilt und muss einen neuen kaufen.

16.08.2008
Habe Kopfschmerzen von der Schufterei mit dem neuen Würfel bekommen. Ich muss schlafen.

21.08.2008
Habe online einen 7x7x7-Würfel gefunden. Puh! Der könnte ein echtes Biest sein.

Alle Blog-Einträge anzeigen

Fertig

Werfen wir einen Blick auf den Code, der die `Blog`-Objekte zum Leben erweckt und YouCube 1.0 Wirklichkeit werden lässt ...

```
<html>
  <head>
    <title>YouCube - Der Blog für Würfeltüftler</title>

    <script type="text/javascript">
      // Konstruktor des Blog-Objekts
      function Blog(body, datum) {
        // Eigenschaften zuweisen
        this.body = body;
        this.datum = datum;
      }

      // Globales Array mit Blog-Einträgen
      var blog = [ new Blog("Habe den Würfel bekommen, den ich bestellt habe ...", "14.08.2008"),
                   new Blog("Habe den neuen Würfel geschafft. Jetzt bin ich ...", "19.08.2008"),
                   new Blog("Habe Kopfschmerzen von der Schufterei mit dem ...", "16.08.2008"),
                   new Blog("Habe online einen 7x7x7-Würfel gefunden. Puh ...", "21.08.2008") ];

      // Liste der Blog-Einträge anzeigen
      function blogAnzeigen(anzEintraege) {
        // Anzahl der Einträge falls nötig anpassen, sodass alle angezeigt werden
        if (!anzEintraege)
          anzEintraege = blog.length;

        // Blog-Einträge anzeigen
        var i = 0, blogText = "";
        while (i < blog.length && i < anzEintraege) {
          // Für jeden zweiten Eintrag grauen Hintergrund verwenden
          if (i % 2 == 0)
            blogText += "<p style='background-color:#EEEEEE'>";
          else
            blogText += "<p>";

          // Formatierten HTML-Code für den Eintrag generieren
          blogText += "<strong>" + blog[i].datum + "</strong><br />" + blog[i].body + "</p>";

          i++;
        }

        // HTML-Code für den Blog auf der Seite festlegen
        document.getElementById("blog").innerHTML = blogText;
      }
    </script>
  </head>

  <body onload="blogAnzeigen(5);">
    <h3>YouCube - Der Blog für Würfeltüftler</h3>
    <img src="wuerfel.png" alt="YouCube" />
    <div id="blog"></div>
    <input type="button" id="alleanzeigen" value="Alle Blog-Einträge anzeigen"
      onclick="blogAnzeigen();" />
  </body>
</html>
```

Der Blog()-Konstruktor erstellt die beiden Blog-Eigenschaften.

Das Array mit den Blog-Objekten.

Die Funktion blogAnzeigen() schreibt die Blog-Einträge in das div »blog« auf der Seite.

Wenn die Anzahl der anzuzeigenden Blog-Einträge nicht als Argument übergeben wurde, werden alle Einträge angezeigt.

Hintergrundfarbe der Blog-Einträge abwechseln, sodass sie leichter lesbar sind.

Formatierten Code für den Blog-Eintrag des div »blog« festlegen.

Das div »blog«, das zunächst leer ist, dann aber mit den formatierten Blog-Daten aufgefüllt wird.

Alle Blog-Einträge anzeigen, wenn auf den Button geklickt wird.

Es gibt keine Dummen Fragen

F: Warum brauchen wir in YouCube den Button Alle Blog-Einträge anzeigen?

A: Im Moment ist der Button im Blog nicht nötig, da es nur insgesamt vier Blog-Einträge gibt. Aber wenn der Blog wächst, wird es immer wichtiger, die Anzahl der anfangs auf der YouCube-Hauptseite angezeigten Einträge zu begrenzen, sodass die Besucher nicht überrollt werden. Daher zeigt der Blog-Code standardmäßig nur die ersten fünf Einträge. Der Button Alle Blog-Einträge anzeigen übergeht dieses Standardverhalten und zeigt alle Blog-Einträge an.

F: Warum verwenden wir `innerHTML` zum Anzeigen der Blog-Einträge anstatt DOM-Methoden?

A: Obwohl die DOM-Methoden sicherlich hinsichtlich der Konformität mit Webstandards vorzuziehen sind, sind sie ziemlich unhandlich, wenn es darum geht, stark formatierten HTML-Code dynamisch zu generieren. Das liegt daran, dass jedes Container-Tag wie `<p>` oder `<strong>` als Elternknoten mit Kindknoten für ihren Inhalt erstellt werden muss. `innerHTML` bietet in diesem Fall gewaltigen Komfort und vereinfacht den YouCube-Code wesentlich.

F: Warum hat das `Blog`-Objekt keine Methoden?

A: Sie sind ehrgeizig, das ist gut! In Wirklichkeit gibt es noch eine Menge anderer Dinge in YouCube zu tun, bevor die `Blog`-Methoden Priorität erhalten. Aber keine Sorge, Methoden sind definitiv Teil des langfristigen Plans für YouCube. Methoden sind ein wichtiger Bestandteil jedes gut durchdachten Objekts, und das `Blog`-Objekt macht da keine Ausnahme.

Ein unordentlicher Blog

YouCube 1.0 sieht gut aus, aber ist nicht ohne Fehler. Ruby ist aufgefallen, dass die Blog-Einträge in der falschen Reihenfolge auftauchen – sie sollten mit der neuesten Post oben angezeigt werden. Im Moment werden sie einfach in der Reihenfolge angezeigt, in der sie gespeichert wurden. Aber wir können uns nicht darauf verlassen, dass dies auch der chronologischen Reihenfolge entspricht.

Die neuesten Blog-Einträge sollten zuerst angezeigt werden.

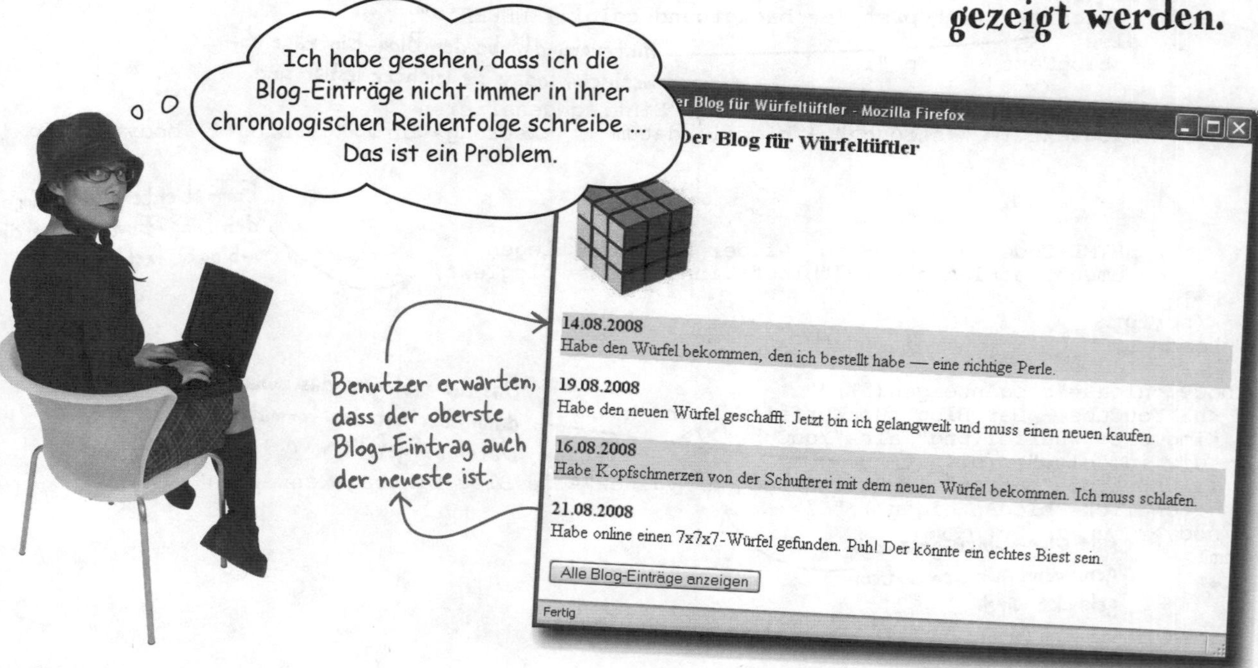

Sortierungsbedarf

Ruby sieht die Lösung für das Problem mit der Blog-Reihenfolge darin, das Blog-Array anhand des Datums zu sortieren. Da JavaScript Schleifen und Vergleiche unterstützt, sollte es möglich sein, die Blog-Einträge zu durchlaufen, die Daten miteinander zu vergleichen und sie in umgekehrt chronologischer Reihenfolge zu sortieren (die neuesten Einträge zuerst).

Diese Blog-Einträge müssen vertauscht werden, da der zweite neuer ist.

Blog
"Habe den Würfel bekommen, den ich bestellt habe – eine richtige Perle."
"14.08.2008"

Blog
"Habe den neuen Würfel geschafft..."
"19.08.2008"

Blog
"Habe Kopfschmerzen von der Schufterei..."
"16.08.2008"

Blog
"Habe online einen 7x7x7-Würfel gefunden. Puh ..."
"21.08.2008"

Dieser Blog-Eintrag sollte ganz oben stehen, da es der neueste ist.

1. Durchlaufe das Blog-Array.
2. Vergleiche das Datum jedes `Blog`-Objekts mit dem nächsten.
3. Wenn der nächste Blog-Eintrag neuer ist als der aktuelle, vertausche sie.

Diese Lösung für die Sortierung des Blogs hat ihre Vorzüge und klingt so, als könnte sie funktionieren – vorausgesetzt, wir haben Erfolg damit, die Blog-Daten zu vergleichen.

Moment mal! Wie sollen wir die Daten vergleichen und herausfinden, welcher Eintrag der neueste ist, wenn sie als Strings gespeichert werden?

Ein Datum in einem String ist kein echtes Datum.

Rubys Sortierungsstrategie für den Blog hat einen ernsthaften Haken, da ein in einem String gespeichertes Datum keinen Schimmer von Zeit hat. Anders ausgedrückt, gibt es keine Möglichkeit, die Strings `"14.08.2008"` und `"19.08.2008"` zu vergleichen und das neuere Datum zu ermitteln, da es nur Strings sind. Obwohl wir Strings vergleichen können, kann dabei nicht das besondere Format eines Datums berücksichtigt und somit auch nicht Tag, Monat und Jahr des Datums verglichen werden.

Bevor wir uns also ernsthafte Gedanken über die Sortierung der Blog-Einträge anhand ihres Datums machen können, müssen wir nochmals überdenken, wie die Daten im Blog gespeichert werden.

Ein JavaScript-Objekt für das Datum

Ruby braucht eine Möglichkeit, ein Datum so zu speichern, dass es mit anderen Daten verglichen werden kann. Das Datum muss also **verstehen**, dass es ein Datum ist, und sich auch entsprechend **verhalten**. Moment, das klingt ganz nach einem Objekt! Richtig, wie sich herausstellt, bietet JavaScript auch das integrierte `Date`-Objekt, das genau das sein könnte, was Ruby braucht.

Das Datum des ersten Blog-Eintrags.

Date

14. August 2008

Methoden, die die Datumsdaten festlegen.

`setMonth()`

`setYear()`

Methoden, die die Datumsdaten lesen.

`getDate()`

`getDay()`

`getFullYear()`

Das integrierte Date-Objekt gibt einen bestimmten Moment an.

Das `Date`-Objekt ist standardmäßig Bestandteil von JavaScript und bildet einen bestimmten Augenblick ab, auf die Millisekunde genau. Obwohl das `Date`-Objekt intern Eigenschaften verwendet, sind diese für Sie als Benutzer des Objekts unsichtbar. Sie arbeiten mit dem `Date`-Objekt nur über seine Methoden.

Ähnlich wie das `Blog`-Objekt erstellen Sie ein neues `Date`-Objekt mit dem `new`-Operator. Dieses Beispiel erstellt ein `Date`-Objekt mit dem aktuellen Datum und der aktuellen Uhrzeit:

Das neu erstellte Date-Objekt wird in einer Variablen gespeichert.

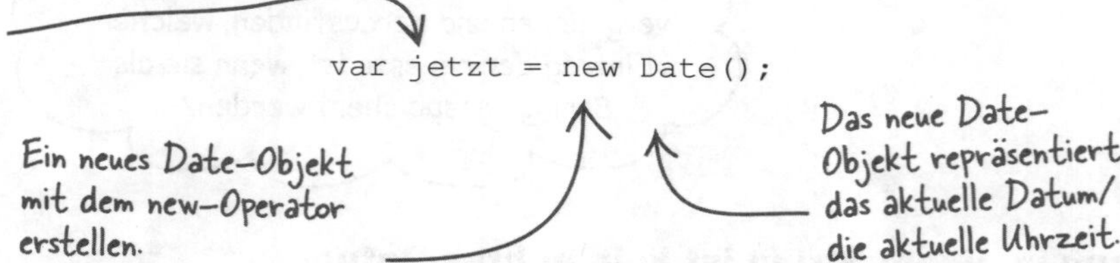


```
var jetzt = new Date();
```

Innerhalb des Date-Objekts wird die Zeit in Millisekunden ausgedrückt.

Das `Date`-Objekt wird erstellt und mit dem aktuellen Datum und der aktuellen Uhrzeit initialisiert. Beachten Sie, dass die Syntax zum Erstellen eines `Date`-Objekts dem Aufruf einer Funktion oder Methode sehr ähnlich ist. Das liegt daran, dass Sie in Wahrheit den Konstruktor des `Date`-Objekts aufrufen. Sie können dem `Date()`-Konstruktor auch ein String-Argument übergeben, um ein anderes als das aktuelle Datum anzugeben. Dabei ist zu beachten, dass der Konstruktor nur Strings in bestimmten Formaten erkennt. Die einfachste Variante ist dabei das amerikanische Datumsformat MM/TT/JJJJ. Dieses `Date`-Objekt repräsentiert z.B. das Datum des ersten YouCube-Blog-Eintrags:

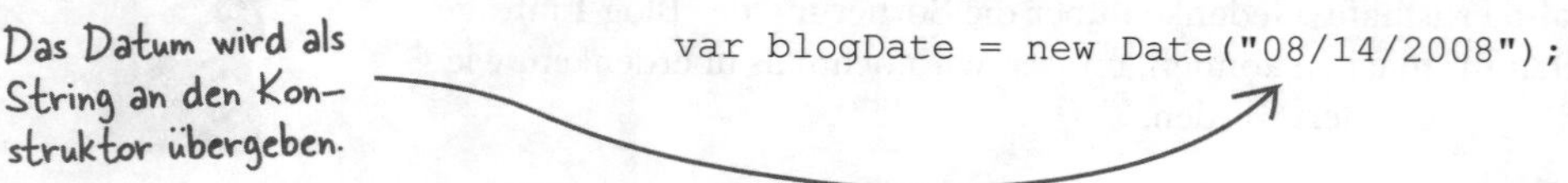


```
var blogDate = new Date("08/14/2008");
```

Zeit berechnen

Eines der beeindruckendsten Merkmale von Objekten ist, dass sie sich von Natur aus selbst manipulieren können. Stellen Sie sich beispielsweise vor, wie verzwickt es wäre, wenn Sie selbst die Anzahl Tage zwischen zwei Daten berechnen müssten. Sie müssten ein Datum irgendwie in die Anzahl Tage in Abhängigkeit zu einem Referenzdatum konvertieren und dabei auch Schaltjahre berücksichtigen. Oder Sie lassen das `Date`-Objekt einfach die Arbeit für Sie machen ... Schauen Sie sich die folgende Funktion an, die diese Schwerstarbeit mit ein paar `Date`-Objekten erledigt:

Die Funktion erwartet zwei Date-Objekte als Argumente.

Von Millisekunden in Sekunden in Minuten in Stunden in Tage konvertieren.

```
function berechneTageDazwischen(datum1, datum2) {
  var tageDazwischen = (datum2 - datum1) / (1000 * 60 * 60 * 24);
  return Math.round(tageDazwischen);
}
```

Das Ergebnis runden und zurückgeben ... round() ist eine Methode des Math-Objekts, das wir später in diesem Kapitel ansehen werden.

Einfach, aber mächtig. Das ist der Code, die die ganze Arbeit erledigt!

berechneTageDazwischen(*datum1, datum2*);

Die Funktion enthüllt die Leistungsfähigkeit des `Date`-Objekts in einer einfachen Codezeile – einer Subtraktion. Die ganze komplexe Berechnung des Datumsunterschieds zwischen zwei Daten ist bequemerweise im `Date`-Objekt versteckt. Wir kümmern uns nur um das Ergebnis der Subtraktion, das ist die Anzahl Millisekunden zwischen den beiden Daten. Die Millisekunden in Tage konvertieren, das Ergebnis runden, und fertig ist eine praktische kleine Funktion, die wir jederzeit verwenden können, wenn wir den Abstand zwischen zwei Daten wissen müssen.

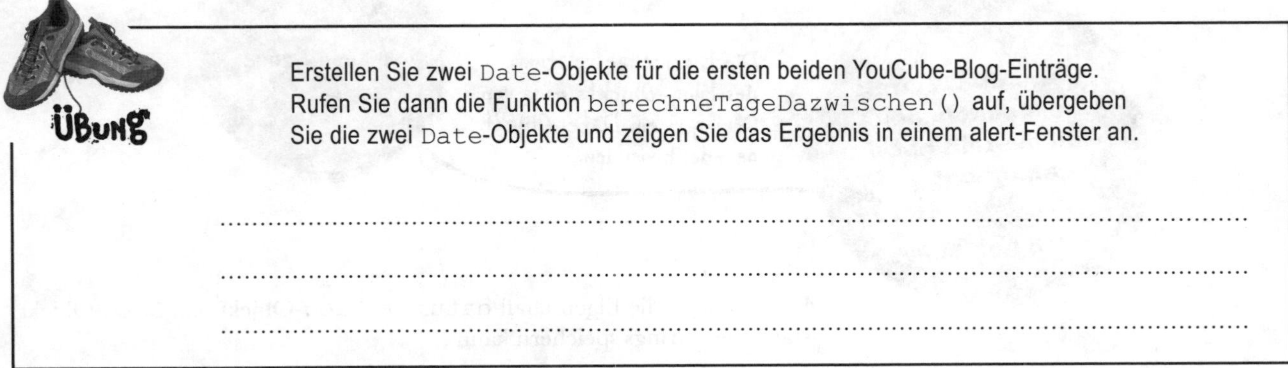

Erstellen Sie zwei `Date`-Objekte für die ersten beiden YouCube-Blog-Einträge. Rufen Sie dann die Funktion `berechneTageDazwischen()` auf, übergeben Sie die zwei `Date`-Objekte und zeigen Sie das Ergebnis in einem alert-Fenster an.

....

....

....

Lösungen zu den Übungen

Erstellen Sie zwei `Date`-Objekte für die ersten beiden YouCube-Blog-Einträge. Rufen Sie dann die Funktion `berechneTageDazwischen()` auf, übergeben Sie die zwei `Date`-Objekte und zeigen Sie das Ergebnis in einem alert-Fenster an.

Date-Objekte für die beiden Blog-Einträge erstellen.

Das Datum wird im Format MM/TT/JJJJ angegeben: zweistelliger Monat, zweistelliger Tag und vierstelliges Jahr. Als Trennzeichen verwenden wir Schrägstriche.

```
var blogDatum1 = new Date("08/14/2008");
var blogDatum2 = new Date("08/19/2008");
alert("Zwischen den beiden Daten liegen " + berechneTageDazwischen(blogDatum1, blogDatum2) + " Tage.");
```

Die Funktion liefert die Differenz zurück.

Die beiden Date-Objekte als Argumente an die Funktion übergeben.

Zwischen den beiden Daten liegen 5 Tage.

OK

Das Blog-Datum überdenken

Es ist zwar toll, dass JavaScript ein `Date`-Objekt bietet, mit dem ein Datum intelligent manipuliert werden kann, aber das YouCube-`Blog`-Objekt speichert die Daten immer noch als Strings und nicht als `Date`-Objekte. Um die Funktionalität des `Date`-Objekts zu nutzen, müssen wir den Blog so ändern, dass die Datumswerte als `Date`-Objekte gespeichert werden.

Fragt sich, ob die Eigenschaft `datum` des `Blog`-Objekts ein `Date`-Objekt statt eines Strings speichern kann ...

Ein Objekt in einem Objekt

Das Blog-Objekt ist ein gutes Beispiel dafür, wie Objekte oft andere Objekte **enthalten**. Die beiden Eigenschaften des Blog-Objekts sind übrigens bereits Objekte – beide Eigenschaften sind String-Objekte. String-Objekte wirken nicht wirklich wie Objekte, weil sie als **Objektliterale** erstellt werden, indem einfach die Zeichenfolge zugewiesen wird. Date-Objekte sind nicht so flexibel und müssen mit dem new-Operator erstellt werden.

Um die Blog-Eigenschaft datum als Date-Objekt anzulegen, müssen wir beim Erstellen des Blog-Objekts mit dem new-Operator ein neues Date anlegen. Sollte das albtraumhaft klingen, müsste der folgende Code Ihre Angst lindern:

Das String-Literal erstellt automatisch ein String-Objekt.

Das Blog-Objekt wird mit dem new-Operator erstellt.

```
var blogEintrag = new Blog("Nichts Neues außer dem Wetter.",
  new Date("10/31/2008"));
```

Wir erstellen ein Date-Objekt und übergeben es an den Blog()-Konstruktor, ebenfalls mit dem new-Operator.

Dieser Code zeigt, wie ein YouCube-Blog-Eintrag als Objekt erstellt wird, das zwei andere Objekte enthält (ein String-Objekt und ein Date-Objekt). Natürlich müssen wir immer noch ein Array mit Blog-Objekten anlegen, um alle YouCube-Blog-Einträge erfolgreich abzubilden.

Der new-Operator erstellt Objekte mithilfe von Konstruktoren.

Spitzen Sie Ihren Bleistift

Schreiben Sie den Code zum Erstellen des Arrays mit den YouCube-Blog-Objekten neu, sodass jedes Datum ein Date-Objekt ist. Sie können den Text-Body kürzen.

....

....

....

....

Spitzen Sie Ihren Bleistift Lösung

Schreiben Sie den Code zum Erstellen des Arrays mit den YouCube-`Blog`-Objekten neu, sodass jedes Datum ein `Date`-Objekt ist. Sie können den Text-Body kürzen.

Die einzelnen Blog-Einträge werden weiterhin als Blog-Objekte angelegt.

```
var Blog = [ new Blog("Habe den Würfel bekommen, den ich bestellt habe ...", new Date("08/14/2008")),
  new Blog("Habe den neuen Würfel geschafft ...", new Date("08/19/2008")),
  new Blog("Habe Kopfschmerzen von der Schufterei ...", new Date("08/16/2008")),
  new Blog("Habe online einen 7x7x7-Würfel ...", new Date("08/21/2008")) ];
```

String-Literale sind optimal für den Text-Body der Blog-Einträge.

Das Datum für die Blog-Objekte wird als Date-Objekt erstellt.

Es gibt keine Dummen Fragen

F: Warum wird das Datum in einem `Date`-Objekt in Millisekunden gespeichert?

A: Das `Date`-Objekt repräsentiert einen Moment auf der Zeitachse. Wenn Sie den Pause-Button des Universums anklicken könnten, könnten Sie einen Augenblick der Zeit einfrieren. Aber ohne einen Bezugspunkt könnten Sie niemandem sagen, wann dieser Augenblick war. Also wählen Sie den 1. Januar 1970 als den entscheidenden Referenzpunkt für Ihren Augenblick. Als Nächstes brauchen Sie von diesem Offset ausgehend eine Maßeinheit. Vielleicht sind es 38 Jahre, 8 Monate, 14 Tage, 3 Stunden, 29 Minuten und 11 Sekunden. Aber es ist mühsam, den Zeitverlauf so anzugeben. Viel einfacher ist es, bei einer einzelnen Maßeinheit zu bleiben, und zwar einer, die die kleinsten Zeitbruchteile abbilden kann. Wie wäre es also mit Millisekunden? Damit haben wir anstelle dieser ganzen verschiedenen Zeiteinheiten 1.218.702.551.000 Millisekunden. Ja-ha, das sind eine Menge Millisekunden, aber große Zahlen sind für JavaScript kein Problem.

F: Muss ich mir für die Verwendung von `Date`-Objekten Sorgen wegen der Konvertierung zu Millisekunden machen?

A: Kommt drauf an. Das `Date`-Objekt enthält mehrere Methoden zum Extrahieren wichtiger Teile eines Datums, um den direkten Kontakt mit Millisekunden zu vermeiden. Wenn Sie aber die **Differenz** zwischen zwei Daten ermitteln möchten, werden die Millisekunden sicher ins Spiel kommen.

Punkt für Punkt

- Das Standard-JavaScript-Objekt `Date` repräsentiert einen **Augenblick**, der in Millisekunden angegeben wird.
- Das `Date`-Objekt enthält mehrere Methoden für den Zugriff auf die verschiedenen Teile des Datums und der Uhrzeit.
- Das `Date`-Objekt ist intelligent genug, ein Datum mathematisch zu manipulieren und Datumswerte miteinander zu vergleichen.
- Wie die meisten Objekte außer `String` erstellen Sie ein `Date`-Objekt mit dem `new`-Operator.

Date ist nicht brauchbar … für Menschen

Nachdem nun die datum-Eigenschaft des Blog-Objekts in ein Date-Objekt geändert ist, kann Ruby ihre Aufmerksamkeit wieder der Sortierung der Blog-Einträge widmen. Nun, fast. Anscheinend hat sie ein neues Problem eingeschleust, da die Daten der Blog-Einträge jetzt extrem kryptisch sind. Ruby vermutet, dass die Benutzer sich nicht wirklich für die Zeitzone jedes Eintrags interessieren, die wahrscheinlich eher vom Spaß mit YouCube ablenkt. Die Einführung der `Date`-Objekte in YouCube muss also genauer untersucht werden!

Das Blog-Datum ist ganz schön chaotisch … eine Informationsflut!

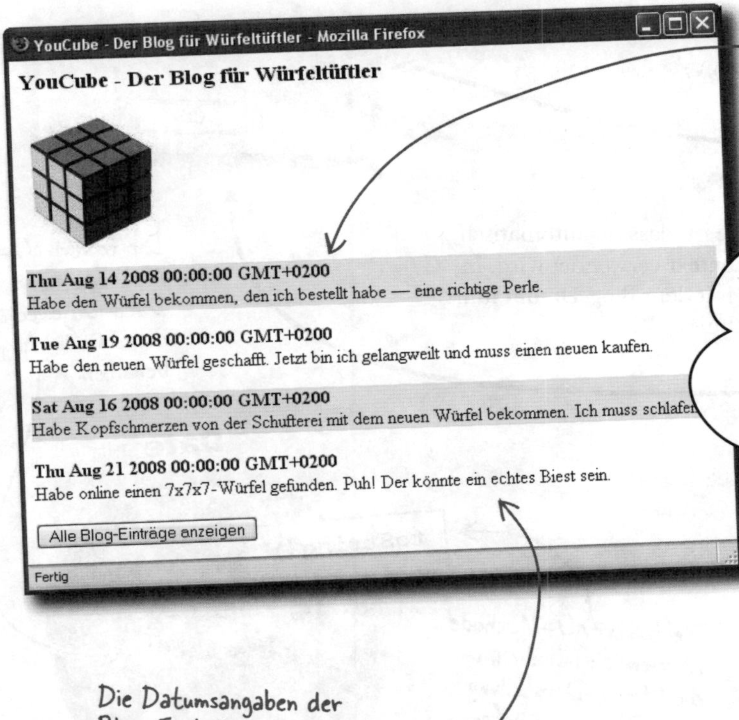

Der Wechsel auf Date-Objekte war ursprünglich sinnvoll, aber jetzt sieht das Blog-Datum grauenhaft aus. Ich kann mich gar nicht erinnern, dass ich Code zum Formatieren des Datums geschrieben habe.

Die Datumsangaben der Blog-Einträge sehen nicht nur schlecht aus, sie erscheinen auch immer noch in der falschen Reihenfolge … Och nöö!

Ruby ist ein bisschen verwirrt wegen der kryptischen Datumswerte in YouCube. Sie kann sich auch nicht erinnern, irgendwelchen Code für die Anzeige geschrieben zu haben. Sie hat lediglich die Datums-Strings in `Date`-Objekte geändert. Haben sich böse JavaScript-Mächte verschworen, um ihre Daten hässlich zu machen?

Objekte zu Text konvertieren

Glücklicherweise sind keine bösen Mächte für die YouCube-Daten verantwortlich. In Wahrheit sind sehr natürliche Kräfte von JavaScript-Objekten für die Datumsformatierung zuständig – die Daten haben sich selbst formatiert! Das funktioniert so: Jedes JavaScript-Objekt hat eine Methode namens `toString()`, die versucht, eine Textdarstellung des Objekts zu bieten. Das kryptische Datum ist die Ausgabe der **standardmäßigen** `toString()`-Methode des `Date`-Objekts.

```
var blogDatum = new Date("08/14/2008");
alert(blogDatum.toString());
```

Das Raffinierte an der `toString()`-Methode ist, dass sie automatisch ins Spiel kommt, wenn ein Objekt in einem Kontext verwendet wird, in dem ein String erwartet wird. Der alert-Code mit dem Blog-Datum führt beispielsweise so geschrieben zum selben Ergebnis:

```
alert(blogDatum);
```

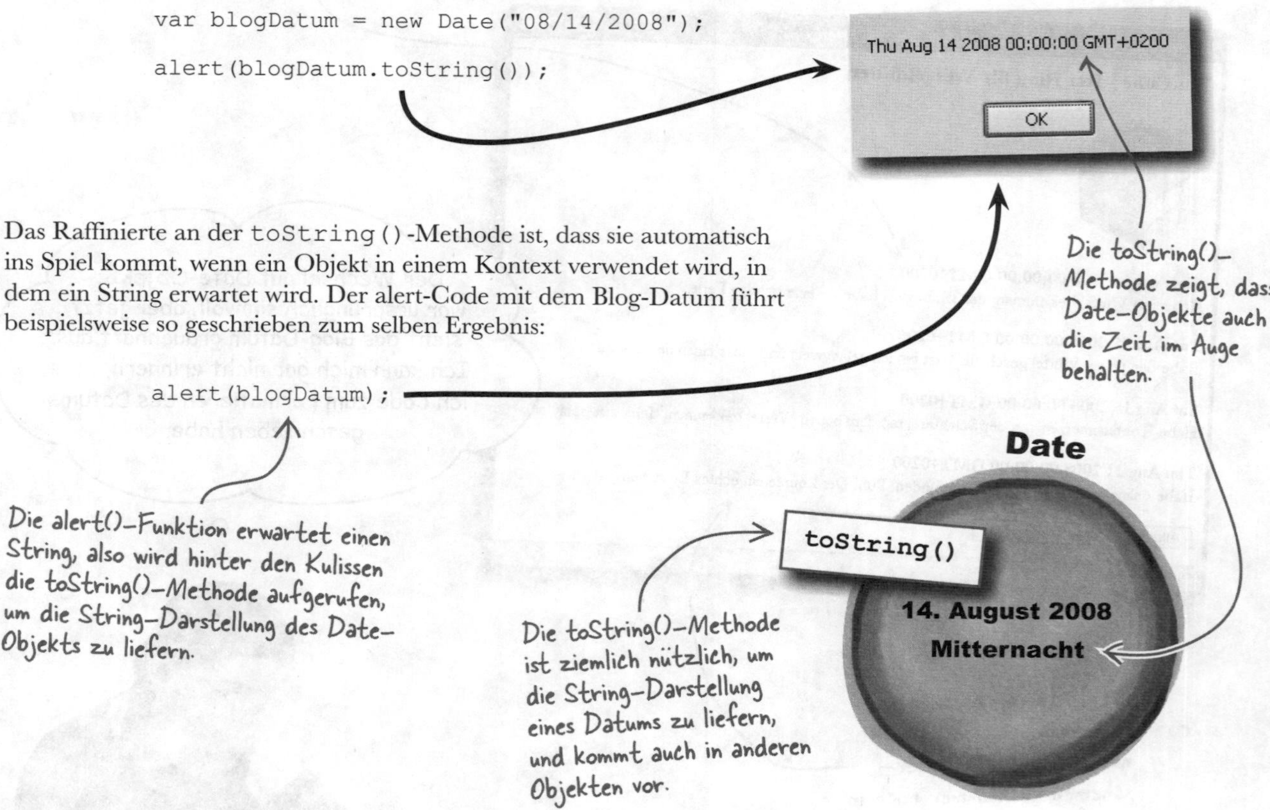

Die toString()-Methode liefert die String-Darstellung eines Objekts.

Da die `alert()`-Funktion einen String erwartet, ist das `Date`-Objekt so schlau und weiß, dass es eine String-Darstellung von sich selbst liefern muss. Also ruft es die `toString()`-Methode auf, um diese Aufgabe zu übernehmen.

Die Sache mit `toString()` wäre kein Problem, nur müssen die Daten in YouCube in einem leicht lesbaren Format angezeigt werden, z.B. *TT.MM.JJJJ*. Unterm Strich scheint die standardmäßige String-Darstellung des `Date`-Objekts für YouCube nicht vorteilhaft zu sein, die die `toString()`-Methode liefert.

Auf die Einzelteile eines Datums zugreifen

Ruby braucht eine Möglichkeit, das Datumsformat anzupassen. Der Schlüssel zum Formatieren eines `Date`-Objekts liegt darin, auf die einzelnen Teile des Datums zugreifen zu können, also auf Tag, Monat und Jahr. Dann können wir das Datum in jedem beliebigen Format zusammensetzen. Glücklicherweise verfügt das `Date`-Objekt über Methoden, um auf diese Informationen zuzugreifen.

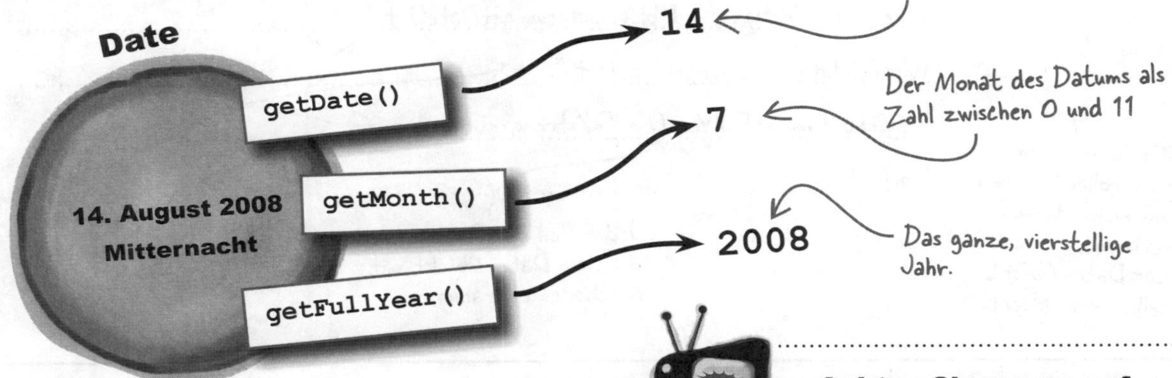

Das `Date`-Objekt unterstützt eine Menge weiterer Methoden für den Zugriff auf Datum und Uhrzeit eines `Date`-Objekts. Diese drei Methoden sind aber schon alles, was wir brauchen, um das YouCube-Blog-Datum in Form zu bringen.

Aufgepasst

Achten Sie genau auf die Rückgabewerte der Date-Methoden.

Die getMonth()-Methode liefert den Monat als Zahl zwischen 0 (Januar) und 11 (Dezember), während getDate() den Tag des Monats zwischen 1 und 31 zurückgibt.

Spitzen Sie Ihren Bleistift

Lösen Sie das Problem mit dem kryptischen YouCube-Blog-Datum und schreiben Sie den Code neu, der die Blog-Einträge formatiert und in der Variablen `blogText` speichert. Achten Sie darauf, dass das Blog-Datum als *TT.MM.JJJJ* formatiert wird. Hier ist die ursprüngliche Fassung des Codes:

```
blogText += "<strong>" + blog[i].datum + "</strong><br />" + blog[i].body + "</p>";
```

....

....

....

....

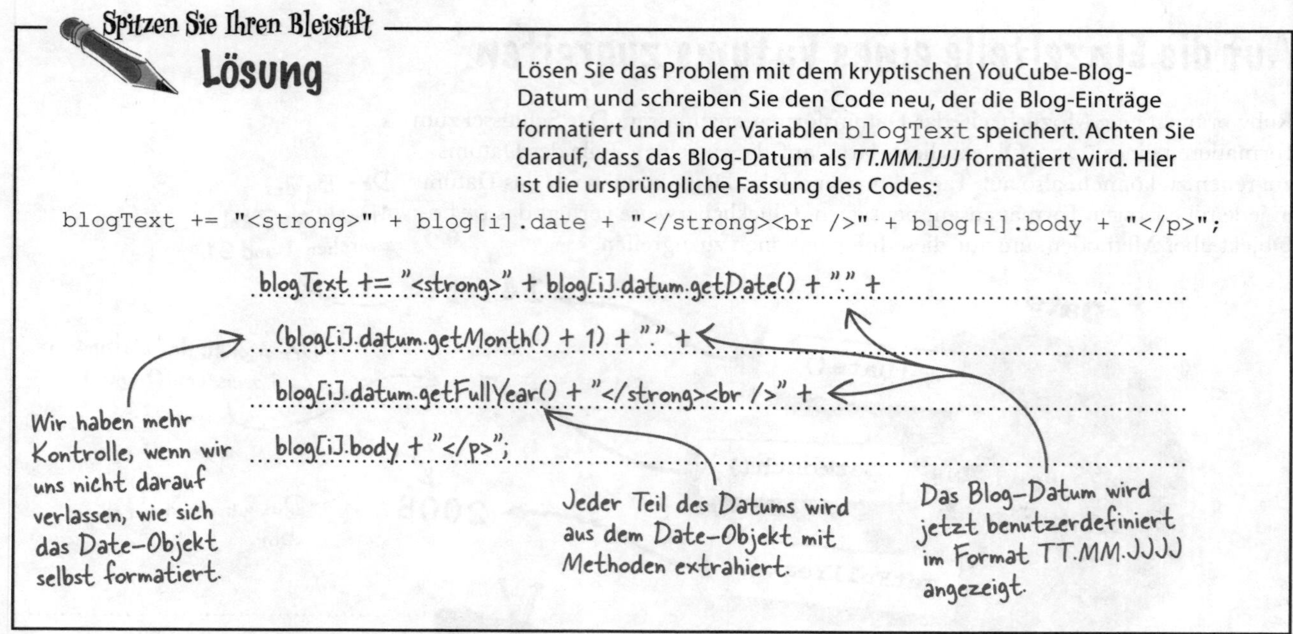

Spitzen Sie Ihren Bleistift

Lösung

Lösen Sie das Problem mit dem kryptischen YouCube-Blog-Datum und schreiben Sie den Code neu, der die Blog-Einträge formatiert und in der Variablen `blogText` speichert. Achten Sie darauf, dass das Blog-Datum als *TT.MM.JJJJ* formatiert wird. Hier ist die ursprüngliche Fassung des Codes:

```
blogText += "<strong>" + blog[i].date + "</strong><br />" + blog[i].body + "</p>";
```

```
blogText += "<strong>" + blog[i].datum.getDate() + "." +
(blog[i].datum.getMonth() + 1) + "." +
blog[i].datum.getFullYear() + "</strong><br />" +
blog[i].body + "</p>";
```


Date macht die Sortierung leicht

Nachdem die Blog-Datumswerte jetzt erfolgreich in `Date`-Objekte konvertiert sind, die für die Sortierung besser geeignet sind als Strings, können wir uns wieder der Blog-Reihenfolge widmen. Das Problem ist, dass die Blog-Einträge zurzeit in der Reihenfolge angezeigt werden, in der sie im `Blog`-Array gespeichert sind, also nicht notwendigerweise chronologisch. Die meisten Blogs werden in umgekehrt chronologischer Reihenfolge angezeigt, sodass die neuesten Einträge in der Liste als erste angezeigt werden. Da wir das wissen, können wir die ursprüngliche Blog-Sortierungsstrategie wieder aufgreifen:

Date: 14. August 2008 < Date: 19. August 2008

Jetzt haben wir Date-Objekte, die miteinander verglichen werden können.

1. Durchlaufe das Blog-Array.
2. Vergleiche das `Date`-Objekt in jedem `Blog`-Objekt mit dem nächsten.
3. Wenn der nächste Blog-Eintrag neuer ist als der aktuelle, vertausche sie.

Auch wenn der Teil unserer Strategie mit dem Datumsvergleich sicherlich mithilfe des `Date`-Objekts weniger beängstigend wirkt, erfordert der restliche Plan trotzdem eine ganze Menge benutzerdefinierten Codes. Eine Sequenz von Daten zu sortieren klingt nach einer eher alltäglichen Programmieraufgabe, die bestimmt schon oft gelöst wurde. Sie hassen es, das Rad neu zu erfinden ...

Wäre es nicht traumhaft, wenn es in JavaScript eine integrierte Sortierfunktion gäbe, die uns die Plackerei beim Sortieren einer Datensequenz abnimmt?

Arrays als Objekte

Könnte es sein, dass ein Array die Fähigkeit hat, sich selbst zu sortieren? Wenn sich ein Datum selbst in einen String verwandeln kann, ist es doch nicht so weit hergeholt, dass sich ein Array selbst sortieren kann. Damit dies möglich ist, müsste ein Array aber ein Objekt sein, sodass die Sortierung in einer Methode stattfindet. Und so ist es auch. Erinnern Sie sich an diesen Code aus dem Mandango-Skript?

Ein Array ist wirklich ein Objekt.

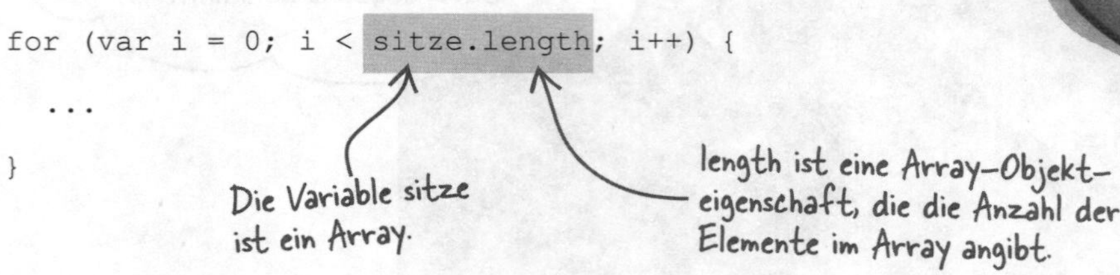

Jetzt ist die Katze aus dem Sack: Arrays sind Objekte. Aber bedeutet das auch, dass sie sich selbst sortieren können? Arrays haben nicht nur Eigenschaften wie z.B. `length`, sie haben auch Methoden, die Leben in die Array-Daten bringen. Und ja, es gibt eine Methode namens `sort()`, die die Daten in einem Array sortiert. Schauen wir, wie das funktioniert:

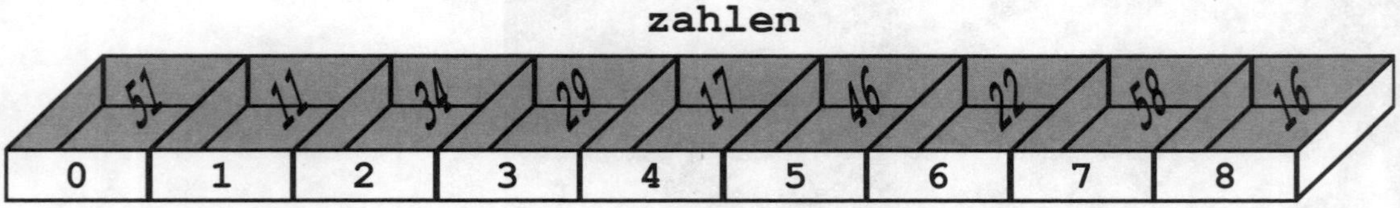

zahlen

0	1	2	3	4	5	6	7	8
51	11	34	29	17	46	22	58	16

Ein Array mit Zahlen.

```
var zahlen = [ 51, 11, 34, 29, 17, 46, 22, 58, 16 ];
zahlen.sort();
```

Sortiert das Array numerisch in aufsteigender Reihenfolge.

`sort()`

Die `sort()`-Methode ändert die Reihenfolge der Elemente im Array. Die standardmäßige Sortierung erfolgt in aufsteigender Reihenfolge, sodass das Array `zahlen` so aussieht:

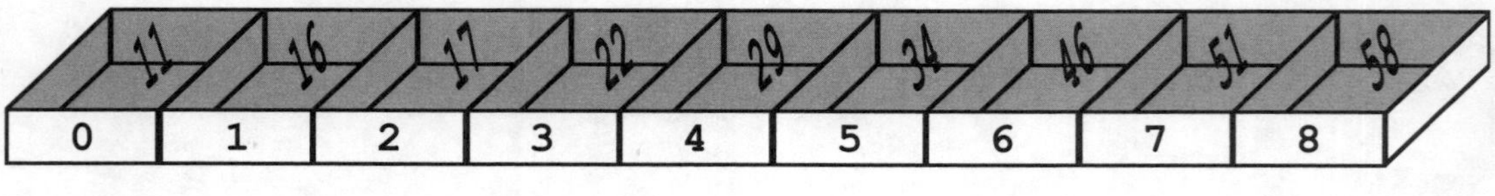

0	1	2	3	4	5	6	7	8
11	16	17	22	29	34	46	51	58

Arrays benutzerdefiniert sortieren

Das Standardverhalten der `sort()`-Methode des `Array`-Objekts reicht oft nicht aus. Die gute Nachricht ist, dass das Sortierverhalten durch eine **Vergleichsfunktion** bestimmt wird, die von `sort()` aufgerufen wird, um den Vergleich jedes zu sortierenden Elements in einem Array vorzunehmen. Sie können die Sortierreihenfolge fein abstimmen, indem Sie Ihre eigene Version dieser Vergleichsfunktion erstellen. Hier ein Beispiel dafür, wie die Funktion typischerweise aussieht:

```
function vergleich(x, y) {
  return x - y;
}
```

Die beiden Argumente sind die beiden Array-Elemente, die für die Sortierung verglichen werden.

Der Rückgabewert bestimmt, ob x und y im Array bleiben, wo sie sind, oder y vor x einsortiert wird.

Der Rückgabewert der Funktion `vergleich()` ist eine Zahl, die die aus dem Vergleich von `x` mit `y` ermittelte Sortierreihenfolge angibt.

vergleich(x, y)

< 0
x vor y einsortieren.

0
Nicht sortieren – x und y bleiben, wo sie sind.

> 0
y vor x einsortieren.

Ihre benutzerdefinierte Funktion `vergleich()` wird in den Sortiervergleich des Arrays eingespeist, wenn Sie die `sort()`-Methode aufrufen – übergeben Sie der Methode einfach eine Referenz auf die `vergleich()`-Funktion.

```
zahlen.sort(vergleich);
```

Die Array-Sortierung wird jetzt von der benutzerdefinierten Funktion vergleich() gesteuert.

Spitzen Sie Ihren Bleistift

Schreiben Sie den Code für eine benutzerdefinierte Vergleichsfunktion namens `vergleich()`, die die Einträge des YouCube-Blog-Arrays in umgekehrt chronologischer Reihenfolge sortiert (neueste zuerst). Tipp: `Date`-Objekte können mit einem Minuszeichen voneinander subtrahiert werden.

....

....

....

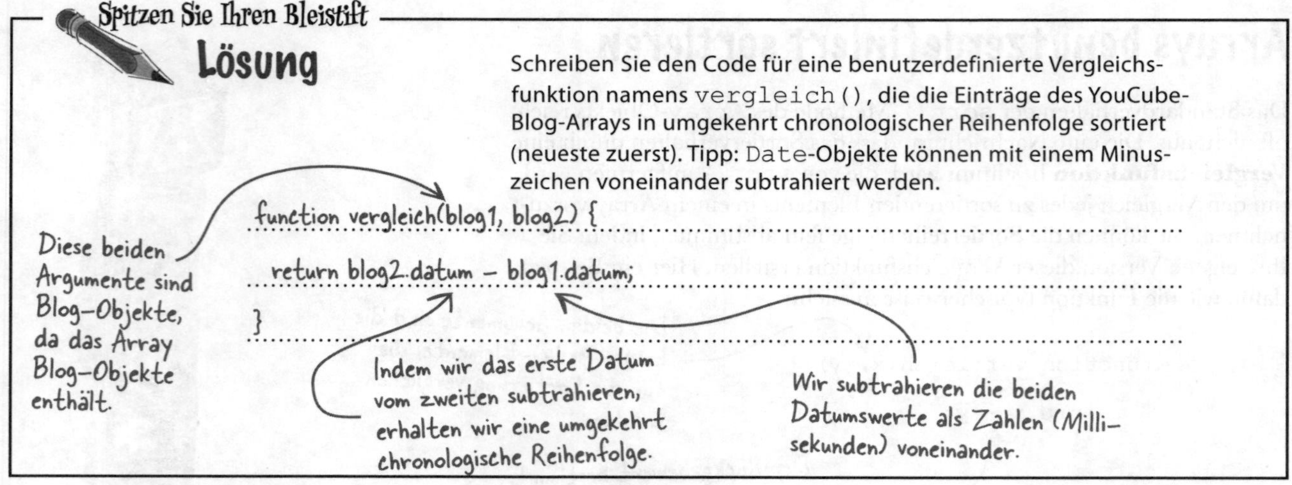

Sortieren leicht gemacht mit Funktionsliteralen

Wenn Sie die Rolle der Vergleichsfunktion für die Array-Sortierung genau betrachten, wird sie nur von der `sort()`-Methode verwendet und sonst gar nicht. Da sie sonst nie vom YouCube-Skriptcode aufgerufen wird, gibt es keinen Grund, sie als benannte Funktion zu definieren.

Erinnern Sie sich noch an die Funktionsliterale aus dem Thermostat in Kapitel 6? Die `vergleich()`-Funktion ist ihrer Verwendung nach ein ausgezeichneter Kandidat für ein Funktionsliteral. Die YouCube-Blog-Sortierung kann sogar vereinfacht werden, indem wir die Funktion `vergleich()` in ein Funktionsliteral verwandeln, das direkt an die `sort()`-Methode übergeben wird.

```
blog.sort(function(blog1, blog2) {
  return blog2.datum - blog1.datum;
});
```

Das Funktionsliteral wird direkt an die sort()-Methode des Arrays übergeben.

Als inbrünstige Tüftlerin ist Ruby eine Effizienz-Fanatikerin. Und in diesem Fall geht es darum, eine unnötige benannte Funktion zu eliminieren, die nur ein Handlanger der `sort()`-Methode ist. Ruby ist so erpicht auf Effizienz, dass sie nicht einmal einsieht, warum die Vergleichsfunktion drei Codezeilen braucht. Obwohl die Organisation des JavaScript-Codes sich nicht auf die Ausführung auswirkt, ist das Funktionsliteral einfach genug, um es sinnvollerweise in eine einzige Codezeile schrumpfen zu lassen.

Das Funktionsliteral wird in eine einzige Codezeile gepackt.

```
blog.sort(function(blog1, blog2) { return blog2.datum - blog1.datum; });
```

Es gibt keine Dummen Fragen

F: Hat jedes Objekt eine `toString()`-Methode?

A: Ja. Selbst wenn Sie ein benutzerdefiniertes Objekt erstellen und keine `toString()`-Methode hinzufügen, zeigt JavaScript zumindest an, dass es ein Objekt ist, wenn Sie es in einem Kontext verwenden, in dem ein String erwartet wird. Zugegeben, der String wird nicht sehr aussagekräftig sein. Aber es liegt an Ihnen, eine `toString()`-Methode für Ihre benutzerdefinierten Objekte bereitzustellen, wenn Sie über das Objekt etwas aussagen möchten.

F: Wie funktioniert der Vergleich für die Sortierung der `Date`-Objekte?

A: Ziel einer Vergleichsfunktion für die Sortierung ist es, eine Zahl zurückzugeben, deren Wert die Sortierung der beiden Argumente steuert. Beim Vergleich von Datumswerten möchten Sie, dass das neuere Datum zuerst einsortiert wird. Das neuere Datum ist das größere, also werden neuere Datumswerte vor den älteren einsortiert, wenn Sie das erste Datum vom zweiten subtrahieren. Das bedeutet, dass das zweite Datum vor dem ersten eingeordnet wird, wenn es größer ist (das Ergebnis ist größer 0).

F: Woher weiß die `Array.sort()`-Methode, ob sie eine benutzerdefinierte Vergleichsfunktion verwenden soll oder einen Standardvergleich?

A: Die Entscheidung wird danach getroffen, ob ein Argument an die `sort()`-Funktion übergeben wird oder nicht. Wird kein Argument angegeben, geht die Methode vom Standardsortiervergleich aus. Wird ein Argument angegeben, wird es als Funktionsreferenz interpretiert und als Vergleichsgrundlage für die zu sortierenden Elemente verwendet. Die Funktionsreferenz für den Vergleich ist also ein **optionales** Argument.

Ruby und ihre Würfel sind glücklich

Der YouCube-Blog kommt jetzt Rubys Vision eines Würfelpuzzle-Blogs ziemlich nahe, der all ihre kubistischen Gedanken mit dem Universum teilt.

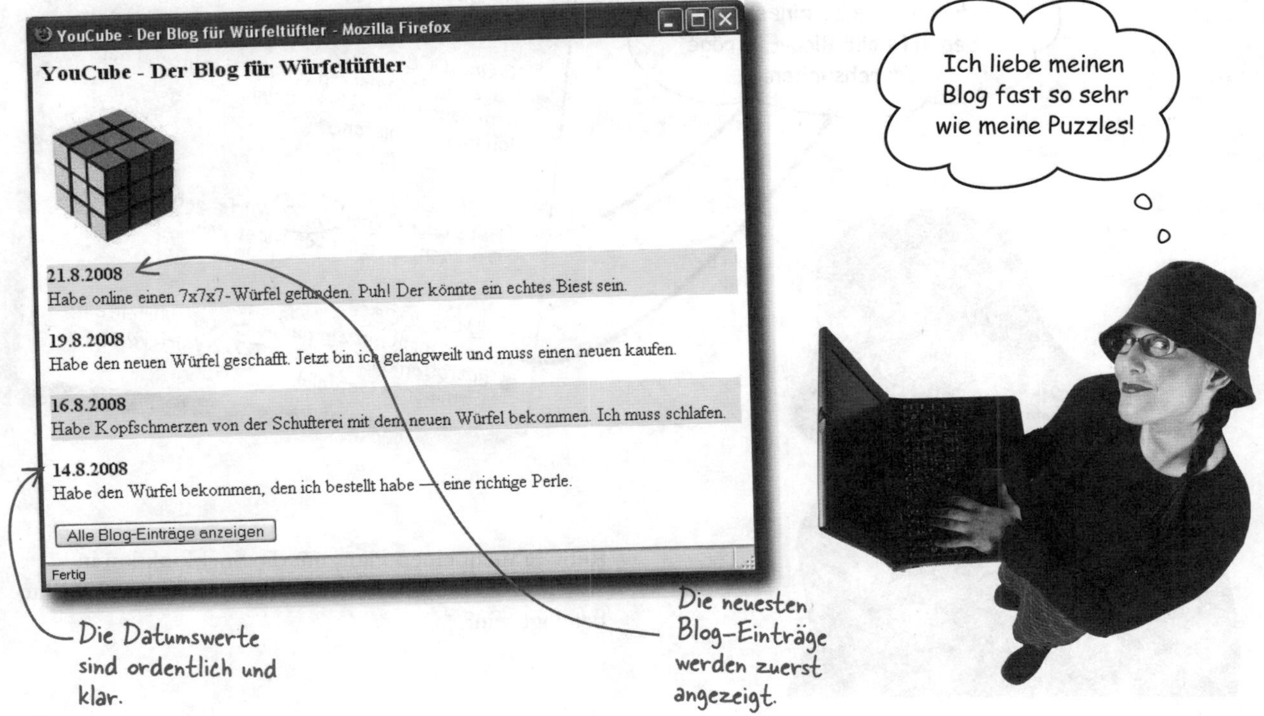

Suchen wäre nett

YouCube läuft ziemlich rund, aber mehrere User haben um eine Suchfunktion gebeten, mit der sie alle Blog-Einträge durchsuchen können. Da Ruby plant, irgendwann ganz viele Blog-Einträge zu haben, denkt sie auch, dass das eine ziemlich praktische Funktion wäre, vor allem auf lange Sicht.

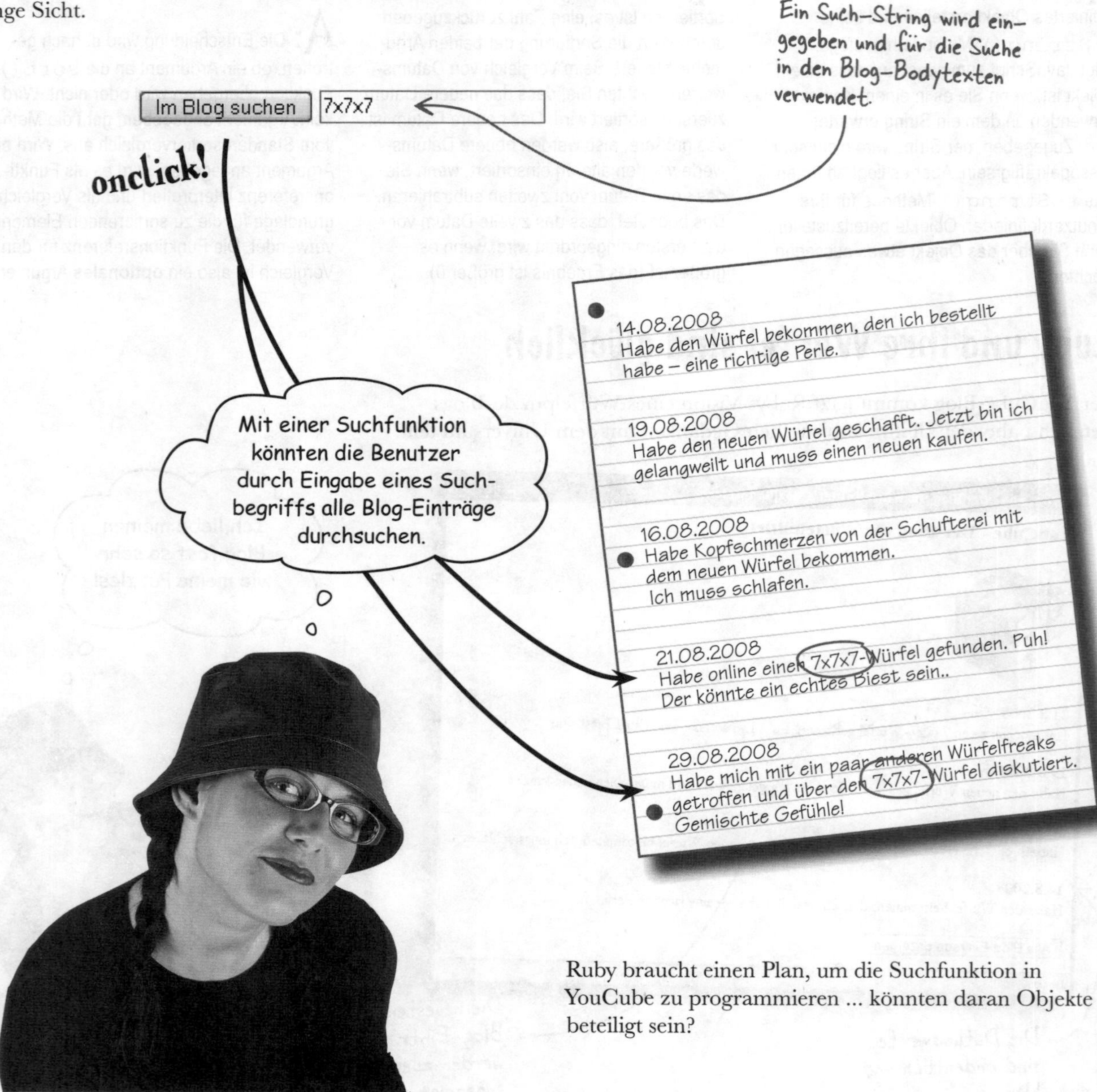

Ruby braucht einen Plan, um die Suchfunktion in YouCube zu programmieren ... könnten daran Objekte beteiligt sein?

Das Blog-Array durchsuchen

Für die Suchfunktion in YouCube muss jeder Eintrag im Blog-Array durchlaufen und in jedem Blog-Eintrag nach dem passenden Text gesucht werden.

KOPF-NUSS

Wie könnten Sie es anstellen, in den YouCube-Blog-Einträgen nach einer Zeichenfolge zu suchen?

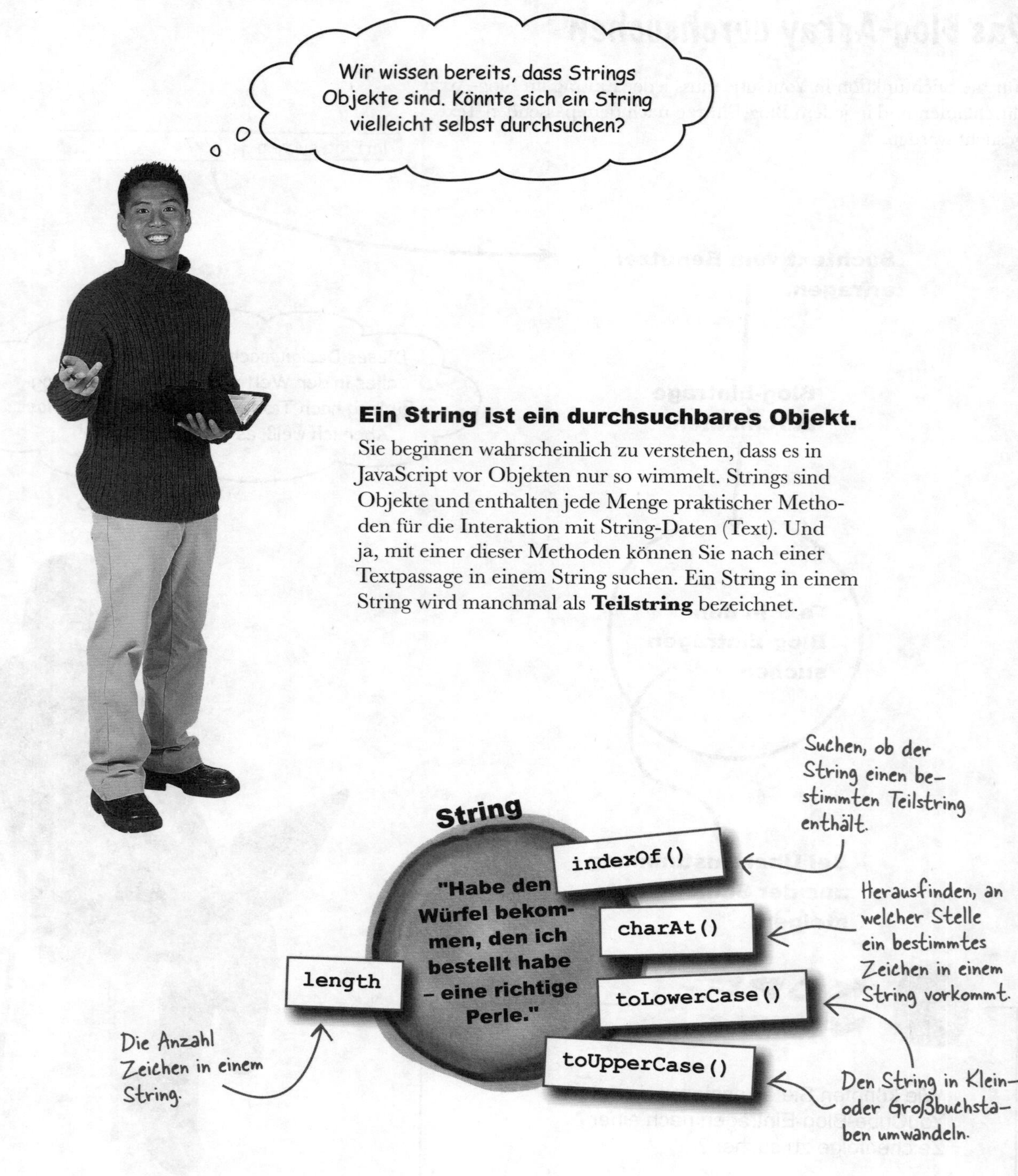

Ein String ist ein durchsuchbares Objekt.

Sie beginnen wahrscheinlich zu verstehen, dass es in JavaScript vor Objekten nur so wimmelt. Strings sind Objekte und enthalten jede Menge praktischer Methoden für die Interaktion mit String-Daten (Text). Und ja, mit einer dieser Methoden können Sie nach einer Textpassage in einem String suchen. Ein String in einem String wird manchmal als **Teilstring** bezeichnet.

In Strings suchen: indexOf()

Mit der `indexOf()`-Methode können Sie nach einem Text-String suchen, einem Teilstring in einem `String`-Objekt. Der Teilstring wird als Argument an die `indexOf()`-Methode übergeben – da Sie eine Methode des `String`-Objekts aufrufen, müssen Sie sonst nichts übergeben. Die `indexOf()`-Methode gibt den Index zurück, an dem der Teilstring steht, oder –1, wenn es keine Übereinstimmung gibt.

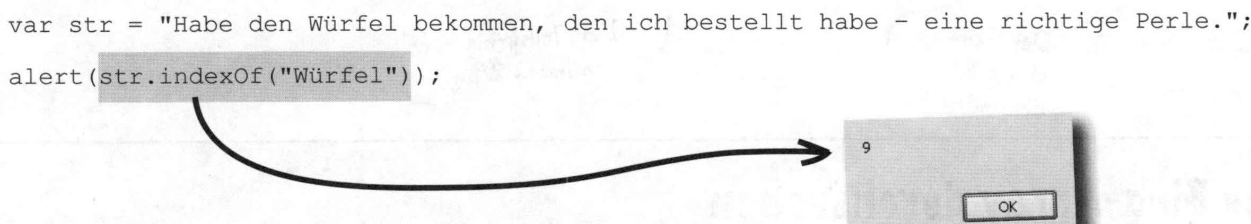

```
var str = "Habe den Würfel bekommen, den ich bestellt habe - eine richtige Perle.";
alert(str.indexOf("Würfel"));
```


Um zu verstehen, woher die Zahl 9 in diesem Beispiel kommt, müssen Sie den String wie ein Array einzelner Zeichen betrachten.

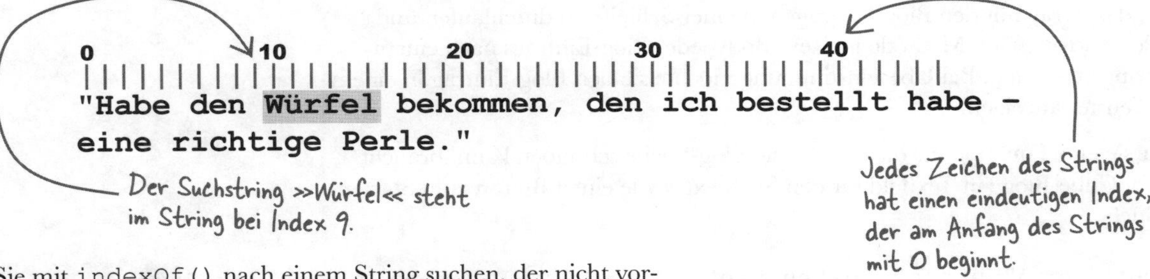

Wenn Sie mit `indexOf()` nach einem String suchen, der nicht vorkommt, liefert die Methode als Ergebnis –1.

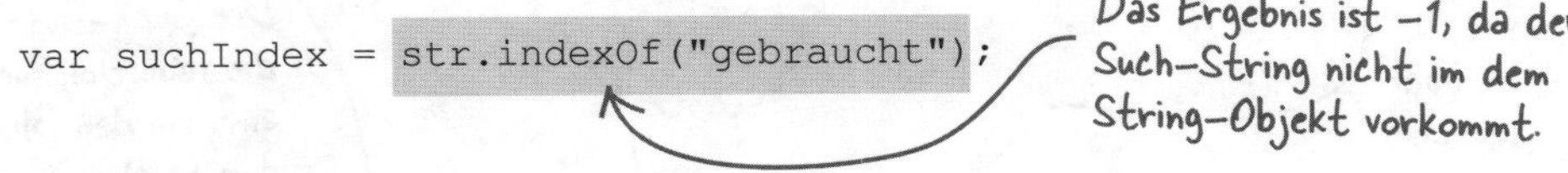

```
var suchIndex = str.indexOf("gebraucht");
```

Hier sehen Sie eines von Rubys Lieblingsrätseln. Ermitteln Sie den Index jedes Vorkommens von »würfel« im Rätsel-String.

"ein kubist würfelte mit zwei würfeln und erhielt acht. war er kubaner?"

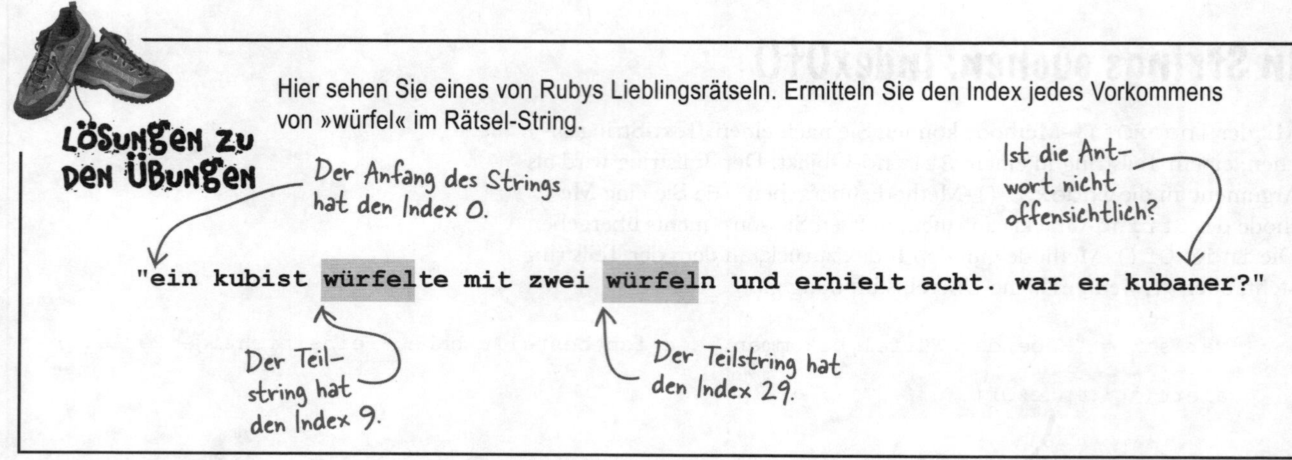

Das Blog-Array durchsuchen

Die String-Suche ist dank der `indexOf()`-Methode des `String`-Objekts nicht allzu kompliziert, aber Ruby muss schließlich den ganzen Blog durchsuchen. Sie plant, das Array mit den Blog-Einträgen in einer Schleife zu durchlaufen und mit der `indexOf()`-Methode im Text-Body jedes Blog-Eintrags nach einem Teilstring zu suchen. Bei Übereinstimmung möchte sie den Blog-Eintrag in einem alert-Fenster anzeigen.

Bevor sie eine Funktion für die eigentliche Blog-Suche schreiben kann, braucht der YouCube-Blog ein Textfeld für den Suchtext sowie einen Button zum Starten der Suche.

```
<input type="button" id="suchen" value="Im Blog suchen" onclick="sucheBlog();" />
<input type="text" id="suchtext" name="suchtext" value="" />
```

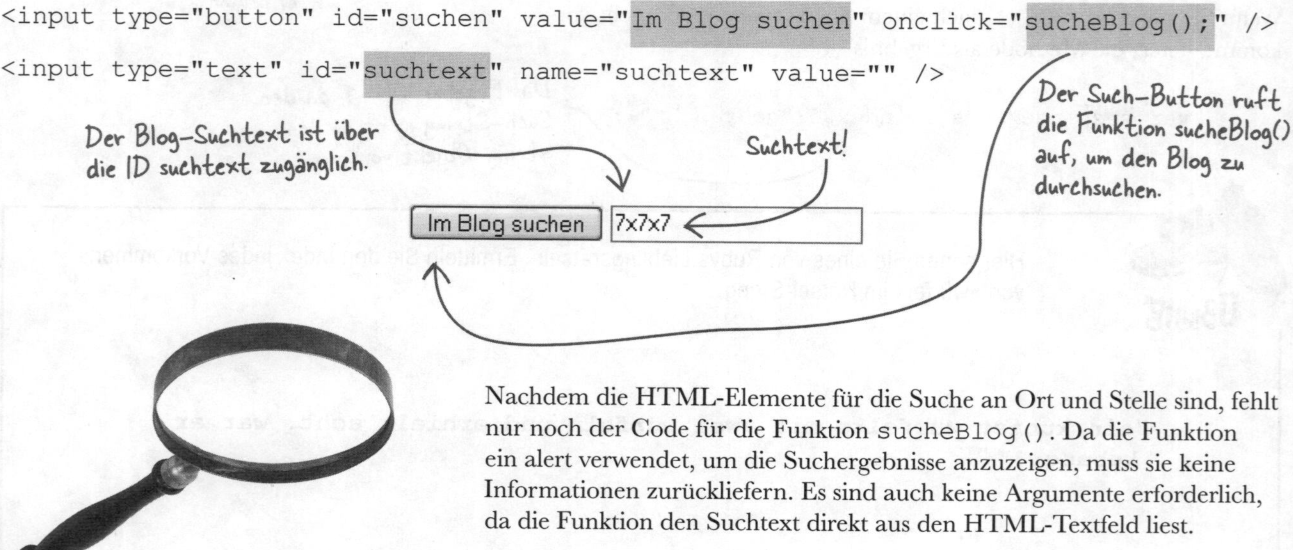

Nachdem die HTML-Elemente für die Suche an Ort und Stelle sind, fehlt nur noch der Code für die Funktion `sucheBlog()`. Da die Funktion ein alert verwendet, um die Suchergebnisse anzuzeigen, muss sie keine Informationen zurückliefern. Es sind auch keine Argumente erforderlich, da die Funktion den Suchtext direkt aus den HTML-Textfeld liest.

JavaScript-Magneten

Die YouCube-Funktion `sucheBlog()` ist dafür zuständig, das Array mit den Blog-Einträgen zu durchlaufen und nach dem gesuchten Text in einem Blog-Body zu suchen. Helfen Sie Ruby dabei, die Funktion mithilfe der Magneten fertigzustellen. Tipp: Das übereinstimmende Suchergebnis soll mit dem zugehörigen Datum im Format *TT.MM.JJJJ* in eckigen Klammern angezeigt werden, gefolgt vom Text des Blog-Bodys.

```
function sucheBlog() {
  var .................. = document.getElementById(" .................. ").value;
  für (var i = 0; i < .................... ; i++) {
    // Prüfen, ob der Blog-Eintrag den Suchtext enthält
    if (blog[i]. ............ .toLowerCase().indexOf(suchText.toLowerCase()) != -1) {
      alert("[" + blog[i].datum.getDate() + "." +
        (blog[i]. ............ . .................... + ....... ) + "." + blog[i]. .............. .getFullYear() + "] " +
        blog[i]. ............ );
      break;
    }
  }

  // Meldung anzeigen, wenn der Suchtext nicht gefunden wurde
  if (i == ........................)
    alert("Es wurden keine Blog-Einträge gefunden, die den Suchtext enthalten.");
}
```

datum

suchText

blog.length

1

suchtext

body

getMonth()

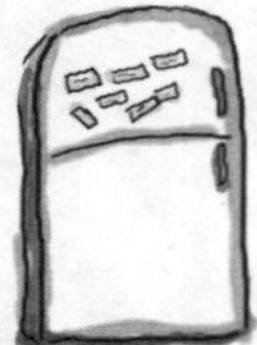

JavaScript-Magneten, Lösung

Die YouCube-Funktion `sucheBlog()` ist dafür zuständig, das Array mit den Blog-Einträgen zu durchlaufen und nach dem gesuchten Text in einem Blog-Body zu suchen. Helfen Sie Ruby dabei, die Funktion mithilfe der Magneten fertigzustellen. Tipp: Das übereinstimmende Suchergebnis soll mit dem zugehörigen Datum im Format *TT.MM.JJJJ* in eckigen Klammern angezeigt werden, gefolgt vom Text des Blog-Bodys.

Zunächst den Suchtext aus dem HTML-Textfeld lesen.

```
function sucheBlog() {
  var suchText = document.getElementById("suchtext").value;
  für (var i = 0; i < blog.length ; i++) {
    // Prüfen, ob der Blog-Eintrag den Suchtext enthält
    if (blog[i].body.toLowerCase().indexOf(suchText.toLowerCase()) != -1) {
      alert("[" + blog[i].datum.getDate() + "." +
        (blog[i].datum.getMonth() + 1) + "." + blog[i].datum.getFullYear() + "] " +
        blog[i].body);
      break;
    }
  }

  // Meldung anzeigen, wenn der Suchtext nicht gefunden wurde
  if (i == blog.length)
    alert("Es wurden keine Blog-Einträge gefunden, die den Suchtext enthalten.");
}
```

Wenn i gleich blog.length, hat die Schleife alle Blog-Einträge durchlaufen, ohne eine Übereinstimmung zu finden.

Der übereinstimmende Blog-Eintrag wird ins Format TT.MM.JJJJ in eckigen Klammern gebracht, gefolgt vom Text-Body.

Suchen geht jetzt auch!

YouCube 2.0 verfügt jetzt über eine Suchfunktion, die stark auf den integrierten Suchfunktionen des `String`-Objekts aufbaut. Ein ausgezeichnetes Beispiel dafür, wie Objekte Daten aktiv werden lassen. In diesem Fall wird ein Text-String (reine Daten) zu einer Einheit, die ein gewisses Verhalten an den Tag legt (sie kann sich selbst durchsuchen) – und, was noch wichtiger ist, es Ruby erspart, ihre eigene Suchroutine zu erfinden, sodass sie sich auf das Schreiben ihres Blogs konzentrieren kann.

Ruby ist begeistert von der neuen Blog-Funktion. Aber sie ist nun mal nicht die Frau, die sich auf ihren Lorbeeren ausruht. Sie hat bereits YouCube 3.0 im Sinn ...

Es gibt keine Dummen Fragen

F: Ich verstehe immer noch nicht, warum jeder String ein Objekt ist. Ist das wirklich so?

A: Ja. Jeder einzelne String in JavaScript ist ein Objekt. Wenn Sie in JavaScript-Code Ihren Namen in Anführungszeichen setzen, z.B. `"Ruby"`, erstellen Sie ein Objekt. Es mag übertrieben erscheinen, dass JavaScript jeden String als Objekt behandelt. Dennoch hat es den Vorteil, dass jeder String die Fähigkeit besitzt, nützliche Dinge zu tun – die eigene Länge zu wissen, in sich selbst nach Teilstrings zu suchen usw.

F: Ich verstehe, dass Strings Objekte sind, aber mit den ganzen Zeichenindizes scheinen sie auch Arrays ziemlich ähnlich zu sein. Ist ein String auch ein Array?

A: Nein. Ein String ist definitiv kein Array. Aber es stimmt, dass viele `String`-Methoden String-Daten verarbeiten, als wäre er ein Array mit einzelnen Zeichen. So beginnen die Zeichen in einem String z.B. mit dem Index 0 und zählen mit jedem einzelnen Zeichen aufwärts, während Sie sich durch den String bewegen. Aber Sie können auf ein Zeichen in einem String nicht wie bei einem Array mit eckigen Klammern zugreifen (`[]`). Wenngleich es hilfreich sein kann, sich die Zeichen in einem String wie die Elemente in einem Array vorzustellen, arbeiten Sie mit einem `String`-Objekt jedoch nicht auf die gleiche Art wie mit einem `Array`-Objekt.

F: Könnte die Funktion `sucheBlog()` auch `charAt()` statt `indexOf()` für die Blog-Suche verwenden?

A: Nein. Die `charAt()`-Methode sucht nur ein einzelnes Zeichen, was bei der Suche nach einer Textphrase im Blog nicht sehr hilfreich wäre. Die `indexOf()`-Methode sucht nach einem String, nicht nur nach einem einzelnen Zeichen, und ist daher in diesem Fall das am besten geeignete Werkzeug.

F: Ist es auch möglich, einen String nach mehr als einmal vorkommenden Teilstrings zu durchsuchen?

A: Ja. Die `indexOf()`-Methode sucht standardmäßig den ersten vorkommenden Teilstring. Aber Sie können ein zweites, optionales Argument übergeben, das `indexOf()` mitteilt, wo die Suche beginnen soll. Sagen wir, Sie suchen den String »würfel« und haben bei Index 9 einen Treffer erzielt. Dann können Sie `indexOf()` erneut aufrufen und als zweites Argument 9 übergeben, wodurch die Suche erst ab Index 10 beginnt. Der allgemeine Ansatz besteht also darin, der `indexOf()`-Methode den vorherigen Suchindex zu übergeben und die Suche durch den gesamten String fortzusetzen.

F: Welchen Sinn haben die beiden Aufrufe von `toLowerCase()` in der Funktion `sucheBlog()`?

A: Gute Frage! Die Antwort hat mit der Groß-/Kleinschreibung bei der Textsuche im Blog zu tun. Wenn Leute den Blog nach dem Wort »Würfel« durchsuchen, wollen sie sicher alle Treffer für das Wort erhalten, einschließlich »Würfel«, »würfel«, »WÜRFEL« und sämtlicher anderen Variationen der Schreibweise. Ein einfacher Ausweg aus dieser Misere ist es, sowohl den gesuchten Teilstring als auch den Blog-Body-Text komplett in Klein- oder Großbuchstaben umzuwandeln. Die Funktion `sucheBlog()` verwendet zwar `toLowerCase()`, aber die `toUpperCase()`-Methode würde genauso funktionieren. Es geht also darum, die Groß-/Kleinschreibung vollständig aus der Suche auszuschließen.

Punkt für Punkt

- Die `toString()`-Methode dient dazu, ein beliebiges Objekt für die Textdarstellung zu konvertieren.
- Arrays und Strings sind einfach nur Objekte, die sich für ihre Methoden und die Datenspeicherung auf die standardmäßigen `Array`- und `String`-Objekte in JavaScript stützen.
- Mit der `sort()`-Methode des `Array`-Objekts kann ein Array in beliebiger Reihenfolge sortiert werden.
- Die `indexOf()`-Methode des `String`-Objekts sucht nach einem String in einem anderen String und gibt den Index der Position zurück, an dem der String gefunden wird.

Ein zufälliger YouCube

Auf der nicht enden wollenden Mission, das Interesse der Benutzer für ihren Blog aufrechtzuerhalten, ist Ruby noch eine Erweitung für YouCube eingefallen, von der sie glaubt, dass sie ihren Würfel-Mitstreitern gefallen wird. Sie will einen Zufalls-Button hinzufügen, mit dem sich die Besucher einen zufällig ausgewählten Blog-Eintrag anzeigen lassen können.

KOPF-NUSS

Wie könnten Sie vorgehen, um einen YouCube-Blog-Eintrag zufällig auszuwählen?

Math ist ein organisatorisches Objekt

Um Ruby dabei zu helfen, die Zufallsfunktion in YouCube einzufügen, brauchen wir dringend eine Möglichkeit, Zufallszahlen zu erzeugen. Dafür verwenden wir ein integriertes JavaScript-Objekt, das nicht ganz so »lebendig« ist wie einige andere Objekte, die wir kennen. Das Standardobjekt `Math` kann Zufallszahlen erzeugen und ist insofern einzigartig, als es keine sich ändernden Daten enthält und auch keine Methoden, die interne Daten verarbeiten.

Math

round() – Fließkommazahl zu einer Ganzzahl runden.

floor() – Fließkommazahl zu einer Ganzzahl ABRUNDEN.

ceiling() – Fließkommazahl zu einer Ganzzahl AUFRUNDEN.

random() – Zufallszahl zwischen 0 und 1 erzeugen.

PI – Die mathematische Konstante: 3.14.

Das `Math`-Objekt ist ein **organisatorisches Objekt**. Das bedeutet, dass es einfach eine Sammlung mathematischer Hilfsmethoden und Konstanten enthält. Es gibt keine Variablen, d.h., das `Math`-Objekt hat keinen Zustand – Sie können darin nichts speichern. Die einzigen Daten, die es enthält, sind einige Konstanten, z.B. `PI` (3.14). Die Methoden im `Math`-Objekt sind allerdings ziemlich praktisch. Die `random()`-Methode erzeugt z.B. eine zufällige Fließkommazahl zwischen 0 und 1.

Das Math-Objekt ist ein organisatorisches Objekt, das mathematische Methoden und Konstanten beherbergt.

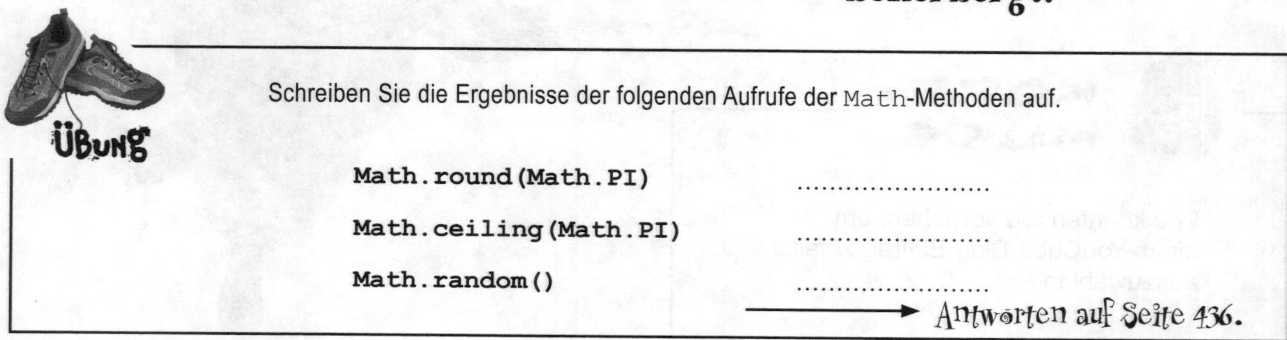

Schreiben Sie die Ergebnisse der folgenden Aufrufe der `Math`-Methoden auf.

```
Math.round(Math.PI)        ......................
Math.ceiling(Math.PI)      ......................
Math.random()              ......................
```

Antworten auf Seite 436.

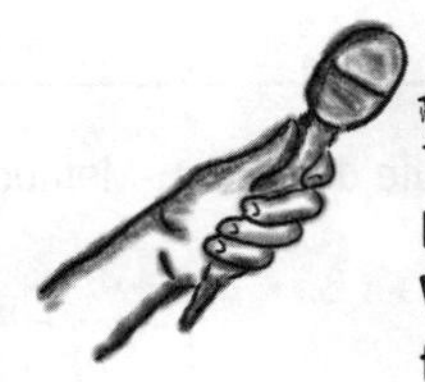

Das Math-Objekt im Gespräch

Interview der Woche: Wenn mathematische Funktionen aufeinanderprallen

Von Kopf bis Fuß: Jetzt bin ich wirklich verwirrt. Sie sind ein Objekt, aber ich habe gehört, dass Sie nicht wirklich etwas anderes tun, als ein paar mathematische Methoden und Konstanten zur Verfügung zu stellen. Ich dachte, der Sinn von Objekten besteht darin, Daten aktiv zu machen. Sie wissen schon, ein paar Daten verpacken und dann mit einigen Methoden coole Sachen damit anstellen.

Math: Das ist das, was die konventionelle JavaScript-Weisheit die Leute glauben lässt. Aber nicht alle Objekte sind dafür verantwortlich, Daten zum Leben zu erwecken. Es ist absolut akzeptabel, wenn ein Objekt eine rein organisatorische Rolle spielt wie ich.

Von Kopf bis Fuß: Aber könnten diese ganzen mathematischen Methoden nicht einfach als Standardfunktionen erstellt werden?

Math: Ja, sie könnten. Aber Sie vergessen, dass die JavaScript-Sprache aus Objekten besteht. In Wahrheit gibt es also keine »Standardfunktion«.

Von Kopf bis Fuß: Aber ich kann Funktionen außerhalb eines Objekts erstellen, und sie funktionieren wunderbar.

Math: Richtig, aber in Wirklichkeit sind alle Funktionen Methoden, weil sie zu irgendeinem Objekt gehören, auch wenn es versteckt ist. Das erklärt, warum es keine »Standardfunktionen« gibt.

Von Kopf bis Fuß: Aha, verstehe. Das macht es schon sinnvoller, dass Sie diese mathematischen Methoden enthalten.

Math: Und nur weil ich keine internen Daten habe, die von meinen Methoden manipuliert werden, heißt das noch lange nicht, dass ich keine wichtige Rolle als Objekt spiele.

Von Kopf bis Fuß: Wie meinen Sie das?

Math: Stellen Sie sich eine Gruppe von Menschen vor, die ein gemeinsames Interesse haben, z.B. Würfelpuzzles. Oft organisieren sich solche Menschen in Gruppen, damit sie sich über ihre Interessen austauschen können. Mathematische Methoden sind nun mal nicht genauso gesellig wie Menschen und profitieren deshalb von der Organisation, die ich biete.

Von Kopf bis Fuß: Sie meinen, weil sie alle ein gemeinsames Interesse haben.

Math: Ja! Und dieses Interesse ist die Erledigung mathematischer Aufgaben, z.B. das Runden von Zahlen, trigonometrische Berechnungen und Zufallszahlen.

Von Kopf bis Fuß: Sie haben Zufallszahlen erwähnt. Ich habe gehört, dass Ihre Zahlen nicht wirklich zufällig sind. Ist das wahr oder nur ein Gerücht?

Math: Ich muss zugeben, dass sie nicht wirklich zufällig sind. Das trifft auf die meisten computergenerierten Zufallszahlen zu. Meine Zufallszahlen sind »pseudozufällig«, was in den meisten Fällen ausreicht.

Von Kopf bis Fuß: Pseudozufällig, ist das wie pseudowissenschaftlich ... oder Pseudocode?

Math: Äh, ja und nein. Nein, überhaupt nicht pseudowissenschaftlich. Und ja, ein bisschen wie Pseudocode, weil Pseudocode das Prinzip von Code repräsentieren soll, ohne Code zu sein. Pseudozufallszahlen nähern sich dem Zufall an, ohne wirklich zufällig zu sein.

Von Kopf bis Fuß: Also kann ich darauf vertrauen, dass Pseudozufallszahlen für die meisten JavaScript-Applikationen zufällig genug sind?

Math: Ja, das ist gut gesagt: »zufällig genug«. Sie würden wahrscheinlich keine Pseudozufallszahlen für die nationale Sicherheit verwenden wollen, aber sie sind wunderbar dafür geeignet, Alltagsskripten mit ein bisschen Zufälligkeit zu würzen.

Von Kopf bis Fuß: Verstehe. Vielen Dank für Ihre Zeit ... und Ihre Aufrichtigkeit über Zufallszahlen.

Math: Gerne ... Sie wissen ja: Ich kann nicht lügen.

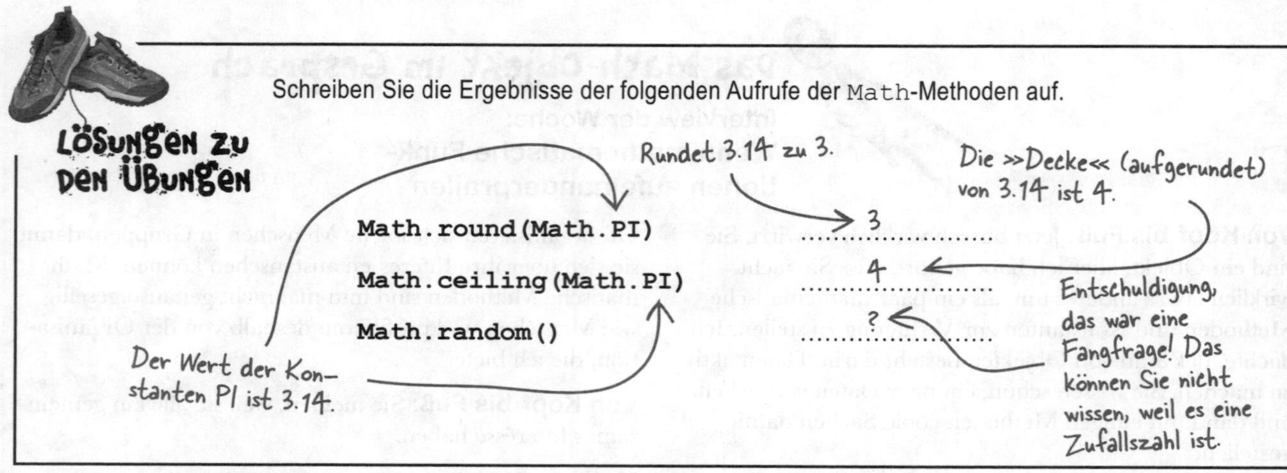

Zufallszahlen mit Math.random

Pseudozufall hin oder her, die von der `random()`-Methode des `Math`-Objekts generierten Zufallszahlen sind in Applikationen extrem nützlich, die wie YouCube Daten aus einer Sammlung zufällig auswählen möchten. Problematisch ist nur, dass `random()` eine Zufallszahl zwischen 0 und 1 liefert. Ruby braucht aber eine Zufallszahl zwischen 0 und dem Ende des Blog-Arrays. Genauer gesagt, muss sie einen zufälligen Blog-Index erzeugen.

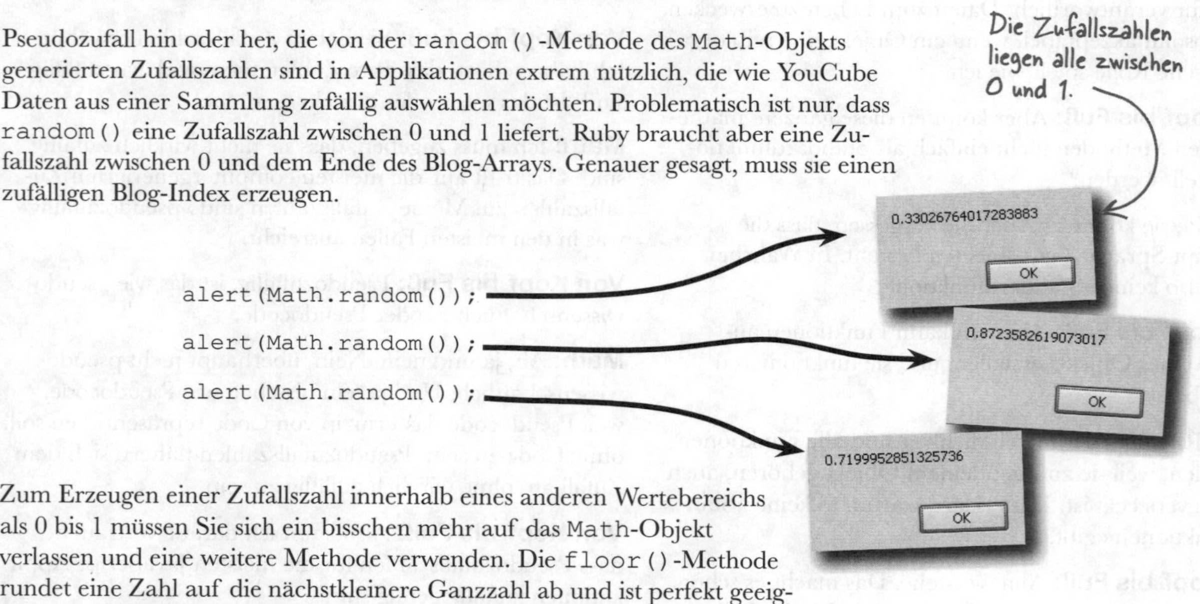

Zum Erzeugen einer Zufallszahl innerhalb eines anderen Wertebereichs als 0 bis 1 müssen Sie sich ein bisschen mehr auf das `Math`-Objekt verlassen und eine weitere Methode verwenden. Die `floor()`-Methode rundet eine Zahl auf die nächstkleinere Ganzzahl ab und ist perfekt geeignet, um ganzzahlige Zufallszahlen in einem bestimmten Wertebereich zu generieren.

```
var einsBisSechs = Math.floor(Math.random() * 6) + 1;
```

0 – 5

1 – 6

Es gibt keine Dummen Fragen

F: Warum müssen wir kein `Math`-Objekt erzeugen, bevor wir es verwenden?

A: Ah, eine sehr aufmerksame Frage, die ein sehr wichtiges Konzept von Objekten betrifft. Da das `Math`-Objekt keine Daten enthält, die sich ändern können, sogenannte Instanzdaten, gibt es auch keine Notwendigkeit, ein Objekt zu erzeugen. Bedenken Sie, dass das `Math`-Objekt einfach eine Sammlung statischer Methoden und Konstanten ist. Also existiert alles bereits, was es im `Math`-Objekt gibt – es **muss** nichts erstellt werden. Das wird in Kapitel 10 viel klarer, wenn Sie Näheres über Objektinstanzen und Klassen lernen.

F: Was ist der Unterschied zwischen den Methoden `round()` und `floor()` des `Math`-Objekts?

A: Die `round()`-Methode rundet eine Zahl ihren Dezimalstellen entsprechend auf oder ab. `Math.round(11.375)` ergibt z.B. 11, während `Math.round(11.625)` 12 ergibt. Die `floor()`-Methode ignoriert dagegen die Dezimalstellen und rundet immer ab. Sie können sich die `floor()`-Methode so vorstellen, dass der Dezimalteil einfach abgeschnitten wird.

F: Was kann das `Math`-Objekt sonst noch?

A: Eine Menge Dinge. Zwei praktische Methoden, die wir bisher noch nicht gebraucht haben, sind `min()` und `max()`, die zwei Zahlen vergleichen und die kleinere oder größere von den beiden zurückgeben. `abs()` ist eine weitere nützliche `Math`-Methode, sie gibt eine positive Zahl zurück, egal was für eine Zahl Sie ihr übergeben.

Freak-Futter

Sollten Sie eines Tages an einer JavaScript-Applikation arbeiten und verzweifelt sein, weil Sie echte Zufallszahlen brauchen, schauen Sie bei *http://random.org* vorbei und lernen, wie Sie das Reich der Pseudozufallszahlen hinter sich lassen können.

Spitzen Sie Ihren Bleistift

Schreiben Sie den Code für eine `zufallsBlog()`-Funktion, die einen Blog-Eintrag zufällig auswählt und in einem alert-Fenster anzeigt. Tipp: Der Blog-Eintrag im alert-Fenster kann genauso wie das Suchergebnis in `sucheBlog()` formatiert werden.

....

....

....

....

....

....

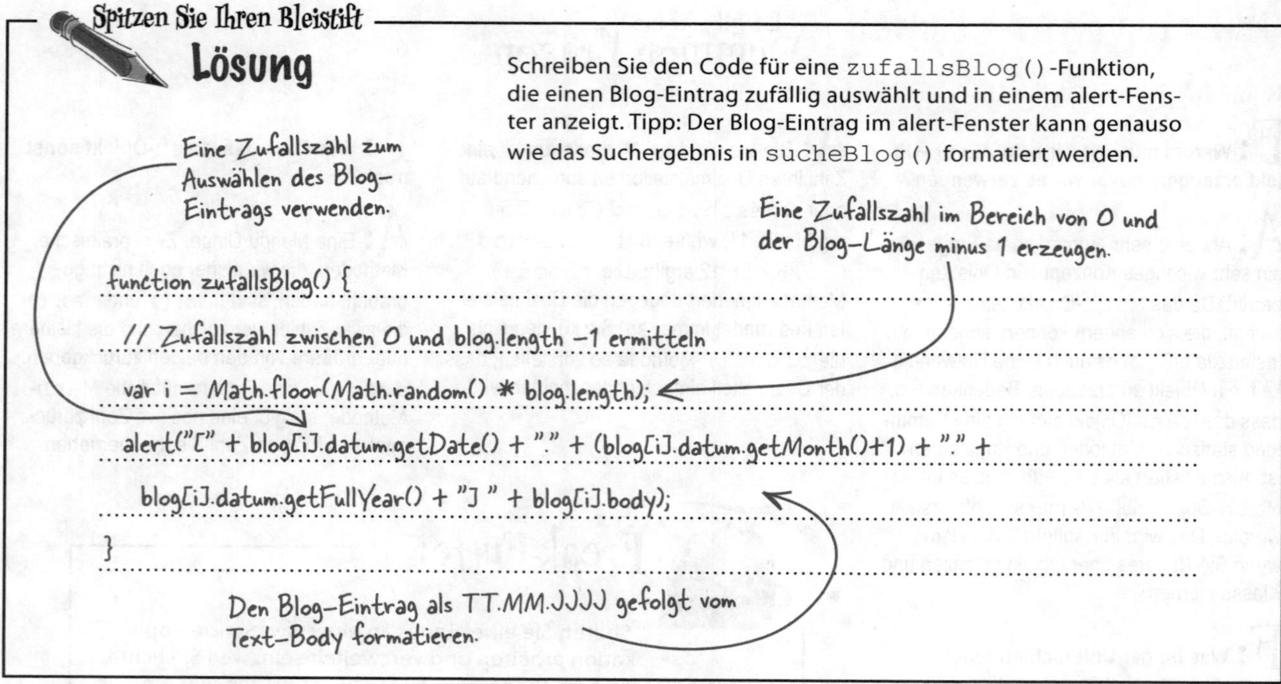

Zufällig, aber noch nicht vollwertig

Rubys Blog unterstützt jetzt eine Zufalls-Blog-Suchfunktion, mit der sie sehr zufrieden ist. Die Benutzer können den YouCube-Blog jetzt mit einer gesunden Portion Faszination ansehen, weil sie nicht wissen, welchen Eintrag sie erhalten.

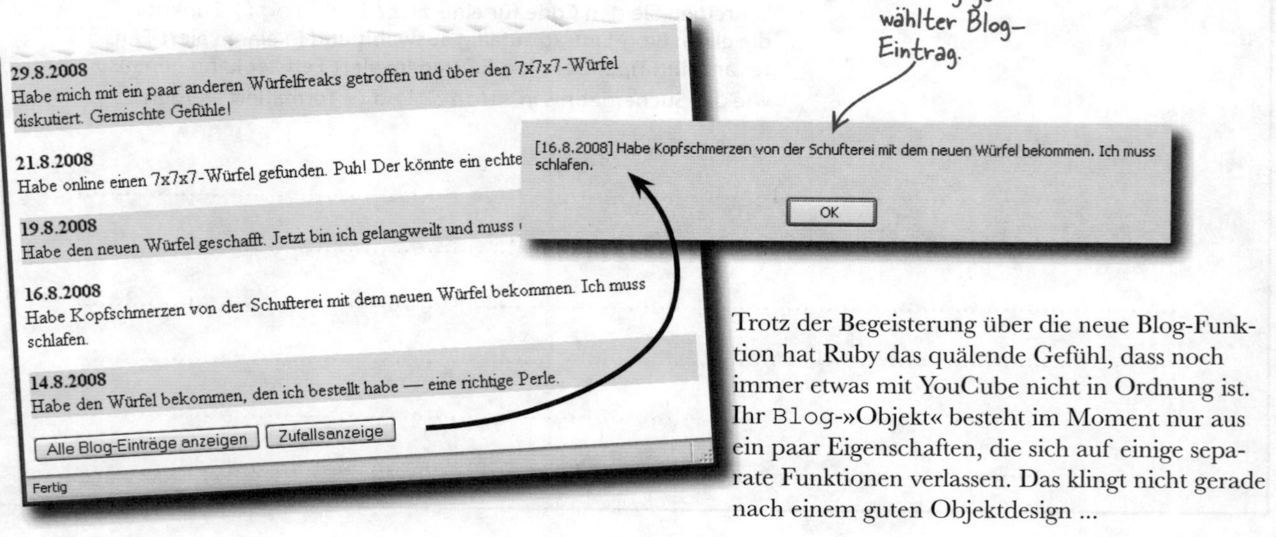

Trotz der Begeisterung über die neue Blog-Funktion hat Ruby das quälende Gefühl, dass noch immer etwas mit YouCube nicht in Ordnung ist. Ihr Blog-»Objekt« besteht im Moment nur aus ein paar Eigenschaften, die sich auf einige separate Funktionen verlassen. Das klingt nicht gerade nach einem guten Objektdesign ...

Objekt sucht Aktionen

Rubys Intuition bezüglich des YouCube-Objekts trifft den Nagel auf den Kopf. Das Verhalten des Objekts lässt zu wünschen übrig und könnte eine ernsthafte Restrukturierung vertragen, sodass Blog-spezifische Aufgaben von Methoden erledigt werden. Ruby braucht Methoden, die ein bisschen **Aktion** in das Blog-Objekt bringen!

Spitzen Sie Ihren Bleistift

Studieren Sie den YouCube-Code und kreisen Sie die Codestellen ein, von denen Sie glauben, dass sie in Blog-Methoden gehören. Geben Sie jeder Methode einen Namen.

```
function blogAnzeigen(anzEintraege) {
  // Zuerst Blog in umgekehrt chronologischer Reihenfolge sortieren
  blog.sort(function(blog1, blog2) { return blog2.datum - blog1.datum; });

  // Anzahl der Einträge falls nötig anpassen, sodass alle angezeigt werden
  if (!anzEintraege)
    anzEintraege = blog.length;

  // Blog-Einträge anzeigen
  var i = 0, blogText = "";
  while (i < blog.length && i < anzEintraege) {
    // Für jeden zweiten Eintrag grauen Hintergrund verwenden
    if (i % 2 == 0)
      blogText += "<p style='background-color:#EEEEEE'>";
    else
      blogText += "<p>";

    // Formatierten HTML-Code für den Eintrag generieren
    blogText += "<strong>" + blog[i].datum.getDate() + "." +
      (blog[i].datum.getMonth() + 1) + "." +
      blog[i].datum.getFullYear() + "</strong><br />" +
      blog[i].body + "</p>";

    i++;
  }

  // HTML-Code für den Blog auf der Seite festlegen
  document.getElementById("blog").innerHTML = blogText;
}

function sucheBlog() {
  var suchText = document.getElementById("suchtext").value;
  for (var i = 0; i < blog.length; i++) {
    // Prüfen, ob Blog-Eintrag den Suchtext enthält
    if (blog[i].body.toLowerCase().indexOf(suchText.toLowerCase()) != -1) {
      alert("[" + blog[i].datum.getDate() + "." + (blog[i].datum.getMonth()+1) + "." +
        blog[i].datum.getFullYear() + "] " + blog[i].body);
      break;
    }
  }

  // Meldung anzeigen, wenn der Suchtext nicht gefunden wurde
  if (i == blog.length)
    alert("Es wurden keine Blog-Einträge gefunden, die den Suchtext enthalten.");
}

function zufallsBlog() {
  // Zufallszahl zwischen 0 und blog.length -1 ermitteln
  var i = Math.floor(Math.random() * blog.length);
  alert("[" + blog[i].datum.getDate() + "." + (blog[i].datum.getMonth()+1) + "." +
    blog[i].datum.getFullYear() + "] " + blog[i].body);
}
```

Studieren Sie den YouCube-Code und kreisen Sie die Codestellen ein, von denen Sie glauben, dass sie in Blog-Methoden gehören. Geben Sie jeder Methode einen Namen.

```
function blogAnzeigen(anzEintraege) {
  // Zuerst Blog in umgekehrt chronologischer Reihenfolge sortieren
  blog.sort(function(blog1, blog2) { return blog2.datum - blog1.datum; });

  // Anzahl der Einträge falls nötig anpassen, sodass alle angezeigt werden
  if (!anzEintraege)
    anzEintraege = blog.length;

  // Blog-Einträge anzeigen
  var i = 0, blogText = "";
  while (i < blog.length && i < anzEintraege) {
    // Für jeden zweiten Eintrag grauen Hintergrund verwenden
    if (i % 2 == 0)
      blogText += "<p style='background-color:#EEEEEE'>";
    else
      blogText += "<p>";

    // Formatierten HTML-Code für den Eintrag generieren
    blogText += "<strong>" + blog[i].datum.getDate() + "." +
      (blog[i].datum.getMonth() + 1) + "." +
      blog[i].datum.getFullYear() + "</strong><br />" +
      blog[i].body + "</p>";

    i++;
  }

  // HTML-Code für den Blog auf der Seite festlegen
  document.getElementById("blog").innerHTML = blogText;
}

function sucheBlog() {
  var suchText = document.getElementById("suchtext").value;
  for (var i = 0; i < blog.length; i++) {
    // Prüfen, ob Blog-Eintrag den Suchtext enthält
    if (blog[i].body.toLowerCase().indexOf(suchText.toLowerCase()) != -1) {
      alert("[" + blog[i].datum.getDate() + "." + (blog[i].datum.getMonth()+1) + "." +
        blog[i].datum.getFullYear() + "] " + blog[i].body);
      break;
    }
  }

  // Meldung anzeigen, wenn der Suchtext nicht gefunden wurde
  if (i == blog.length)
    alert("Es wurden keine Blog-Einträge gefunden, die den Suchtext enthalten.");
}

function zufallsBlog() {
  // Zufallszahl zwischen 0 und blog.length - 1 ermitteln
  var i = Math.floor(Math.random() * blog.length);
  alert("[" + blog[i].datum.getDate() + "." + (blog[i].datum.getMonth()+1) + "." +
    blog[i].datum.getFullYear() + "] " + blog[i].body);
}
```

Blog-Eintrag zu formatiertem HTML konvertieren – Blog.toHTML().

Blog.toHTML()
Blog-Eintrag zu formatiertem HTML-Code konvertieren, was anderem Code, der einen sauber formatierten Blog anzeigen möchte, eine schwere Last abnimmt.

Blog.enthaeltText()
Nicht viel Code, aber trotzdem eine Methode wert, da ein Blog-Eintrag fähig sein sollte, seinen eigenen Body nach Text zu durchsuchen.

Blog.toString()
Konvertiert einen Blog-Eintrag zu einem String, was immer dann sinnvoll ist, wenn das Datum in eckigen Klammern mit dem Text-Body daneben angezeigt wird.

Es gibt keine Dummen Fragen

F: Woher weiß ich, welcher Skriptcode in eine Methode gehört?

A: Nun, Sie müssen sich einfach vor Augen halten, was eine Methode idealerweise macht: Aktionen auf Grundlage des Zustands (der Daten) eines Objekts ausführen. Um die Methoden für ein Objekt zu ermitteln, müssen Sie herausfinden, was das Objekt genau macht und was es machen soll. Dann konzentrieren Sie sich darauf, das Objekt so zu gestalten, dass es diese Dinge selbst tun kann.

So ist es beispielsweise sinnvoll, dass sich das `Blog`-Objekt selbst in einen String oder formatierten HTML-Code verwandeln kann, da diese beiden Aktionen Zugriff auf interne Blog-Daten erfordern. Auch die Suche nach einem bestimmten Text in einem Blog-Eintrag ist eine Aktion, die in das `Blog`-Objekt gehört und deshalb eine absolut sinnvolle Methode ergibt.

F: Welche Aktion sollte das Blog-Objekt z.B. nicht ausführen?

A: Eine Aktion, die weit außerhalb des Bereichs des `Blog`-Objekts liegt, wäre z.B., die Liste der Blog-Einträge zu durchsuchen oder anzuzeigen. Das liegt daran, dass das `Blog`-Objekt einen einzelnen Blog-Eintrag abbildet. Darum besteht das Blog-Array auch aus mehreren **einzelnen** `Blog`-Objekten. Insofern braucht sich ein einzelnes `Blog`-Objekt nicht um die Sammlung der `Blog`-Objekte insgesamt zu kümmern. Stattdessen sollte sich ein einzelnes `Blog`-Objekt um seine eigenen Angelegenheiten kümmern, also nur mit seinem eigenen Datum und Text-Body zur Tat schreiten.

Eine Funktion zur Methode machen

Nachdem wir die Teile des YouCube-Codes isoliert haben, die als Methoden für das `Blog`-Objekt geeignet sind, sehen wir uns jetzt näher an, wie wir eine davon zu einer `Blog`-Methode machen: die Methode `enthaeltText()`, die für die Suche nach einem Teilstring im Body eines Blog-Eintrags zuständig ist. Um den Code in eine Methode zu verlegen, muss zunächst einmal direkt mit der `body`-Eigenschaft des `Blog`-Objekts gearbeitet werden statt mit der lokalen Variablen in der Funktion `sucheBlog()`. Diese Schritte veranschaulichen den Vorgang:

1. Die Methode deklarieren, falls nötig mit einer Argumentliste, z.B. das Suchtext-Argument für `enthaeltText()`.
2. Den vorhandenen Code in die neue Methode verschieben.
3. Den Code entsprechend ändern, sodass die Objekteigenschaften verwendet werden, z.B. `this.body` in der `enthaeltText()`-Methode.

Spitzen Sie Ihren Bleistift

Schreiben Sie den Code für die Methode `enthaeltText()` des `Blog`-Objekts. Sie wird im `Blog()`-Konstruktor erstellt, indem Sie `this.enthaeltText` ein Funktionsliteral zuweisen.

....

....

....

Spitzen Sie Ihren Bleistift

Lösung

Schreiben Sie den Code für die Methode `enthaeltText()` des `Blog`-Objekts. Sie wird im `Blog()`-Konstruktor erstellt, indem Sie `this.enthaeltText` ein Funktionsliteral zuweisen.

Wir erstellen die Methode, indem wir der Referenz auf die Methode das Funktionsliteral zuweisen.

```
this.enthaeltText = function(text) {
  return (this.body.toLowerCase().indexOf(text.toLowerCase()) != -1);
};
```

Mit dem this-Schlüsselwort wird eine Methode ähnlich wie Eigenschaften angelegt.

Der Code in der Methode greift mit dem this-Schlüsselwort direkt auf die Objekteigenschaft zu.

Die Enthüllung des funkelnden neuen Blog-Objekts

Hey, ich habe mich ganz schön gemausert!

Die anderen beiden Blog-Methoden schließen sich der `enthaeltText()`-Methode in einer neuen Version des `Blog`-Objekts an, die über Eigenschaften **und** Verhaltensweisen verfügt.

```
function Blog(body, datum) {
  // Eigenschaften zuweisen
  this.body = body;
  this.datum = datum;

  // Liefert die String-Darstellung eines Blog-Eintrags
  this.toString = function() {
    return "[" + this.datum.getDate() + "." + (this.datum.getMonth() + 1) + "." +
      this.datum.getFullYear() + "] " + this.body;
  };

  // Liefert eine formatierte HTML-Version des Blog-Eintrags
  this.toHTML = function(hervorheben) {
    // Grauer Hintergrund als Hervorhebung, falls gewünscht
    var blogHTML = "";
    blogHTML += hervorheben ? "<p style='background-color:#EEEEEE'>" : "<p>";

    // Formatierten HTML-Code für den Eintrag generieren
    blogHTML += "<strong>" + this.datum.getDate() + "." +
    (this.datum.getMonth() + 1) + "." + this.datum.getFullYear() +
    "</strong><br />" + this.body + "</p>";
    return blogHTML;
  };

  // Prüfen, ob der Blog-Body einen bestimmten String enthält
  this.enthaeltText = function(text) {
    return (this.body.toLowerCase().indexOf(text.toLowerCase()) != -1);
  };
}
```

Die Eigenschaften erstellen und initialisieren.

Die toString()-Methode gibt den Blog-Eintrag als Text-String formatiert zurück.

Die toHTML()-Methode gibt den Blog-Eintrag als hübsch formatierten HTML-Code zurück.

Die Methode enthaeltText() liefert true, wenn der Text-Body den Such-String enthält, ansonsten false.

Was haben Objekte für YouCube zu bieten?

Das neue Blog-Objekt vereinfacht das YouCube-Skript.

Die wahren Vorzüge objektorientierter Programmierung werden erst enthüllt, wenn Sie die neue Version des `Blog`-Objekts (unter *http://examples.oreilly.de/german_examples/hfjavascriptger*) in das YouCube-Skript eingestöpselt haben. Nachdem mehrere wichtige Blog-spezifische Aufgaben an `Blog`-Methoden delegiert wurden, ist der Skriptcode wesentlich einfacher.

```
// Liste der Blog-Einträge anzeigen
function blogAnzeigen(anzEintraege) {
  // Zuerst Blog in umgekehrt chronologischer Reihenfolge sortieren
  blog.sort(function(blog1, blog2) { return blog2.datum - blog1.datum; });

  // Anzahl der Einträge falls nötig anpassen, sodass alle angezeigt werden
  if (!anzEintraege)
    anzEintraege = blog.length;

  // Blog-Einträge anzeigen
  var i = 0, blogListHTML = "";
  while (i < blog.length && i < anzEintraege) {
    blogListHTML += blog[i].toHTML(i % 2 == 0);
    i++;
  }

  // HTML-Code für den Blog auf der Seite festlegen
  document.getElementById("blog").innerHTML = blogListHTML;
}

// Liste der Blog-Einträge nach Text durchsuchen
function sucheBlog() {
  var suchText = document.getElementById("suchtext").value;
  for (var i = 0; i < blog.length; i++) {
    // Prüfen, ob der Blog-Eintrag den Suchtext enthält
    if (blog[i].enthaeltText(suchText)) {
      alert(blog[i]);
      break;
    }
  }

  // Meldung anzeigen, wenn der Suchtext nicht gefunden wurde
  if (i == blog.length)
    alert("Es wurden keine Blog-Einträge gefunden, die den Suchtext enthalten.");
}

// Zufällig ausgewählten Blog-Eintrag anzeigen
function zufallsBlog() {
  // Zufallszahl zwischen 0 und blog.length -1 ermitteln
  var i = Math.floor(Math.random() * blog.length);
  alert(blog[i]);
}
```

Die toHTML()-Methode trägt die volle Verantwortung für die Formatierung eines Blog-Eintrags als HTML-Code.

Die Methode enthaeltText() übernimmt die Suche nach einem Teilstring in einem Blog-Eintrag.

Die toString()-Methode kommt etwas subtiler zum Einsatz. Sie wird automatisch aufgerufen, wenn ein Blog-Eintrag in einem Kontext verwendet wird, in dem ein String erwartet wird.

YouCube 3.0!

Es war ein ganz schönes Unterfangen, aber Ruby hat YouCube 3.0 offiziell für so gut genug befunden, dass sie sich eine Pause gönnen und sich wieder den Puzzles widmen kann. Sie freut sich auch schon darauf, sich Zeit für die Vorbereitung auf diese Party zu nehmen, zu der sie eingeladen ist ...

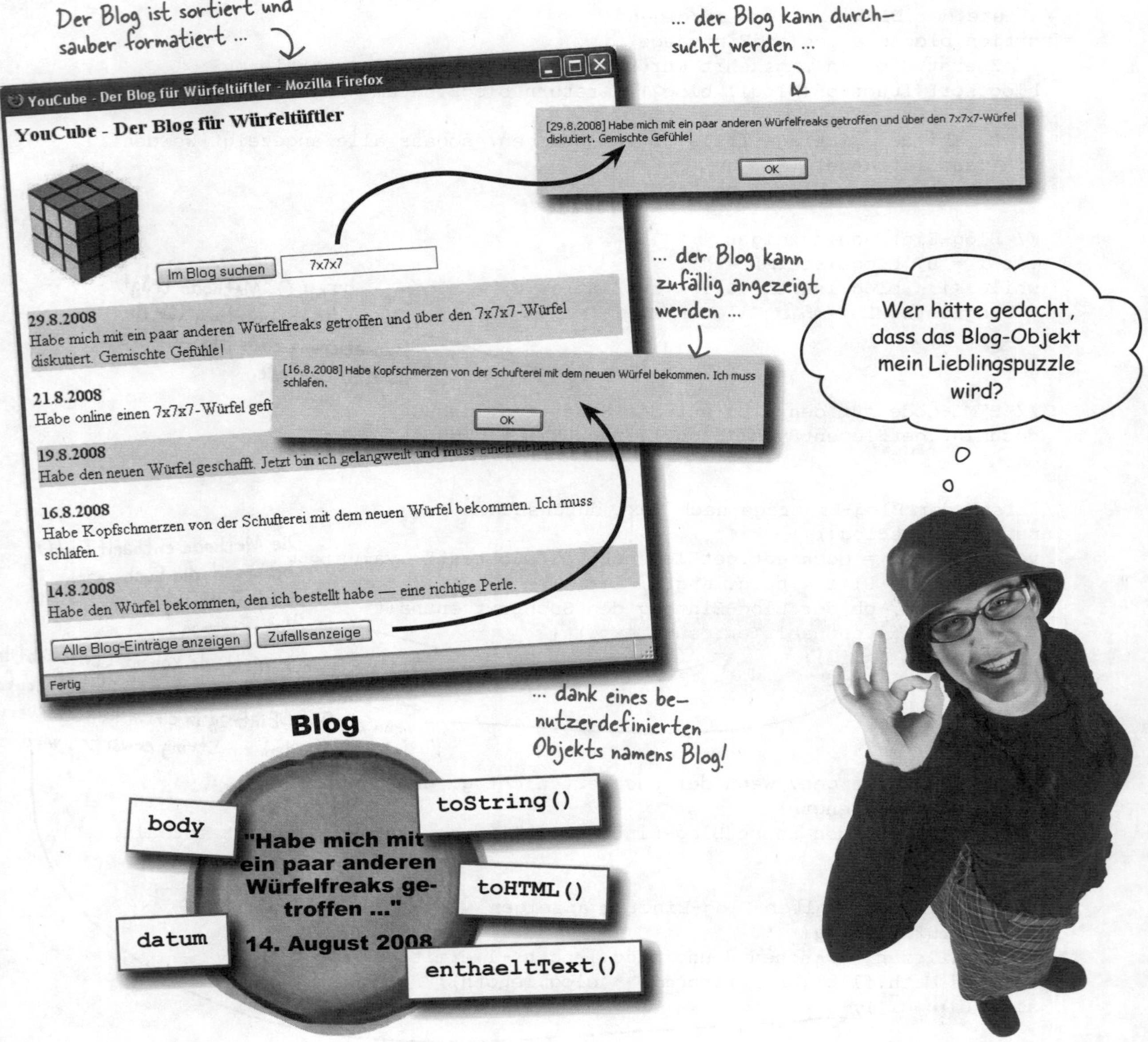

JavaScript-Kreuzworträtsel

Ruby hat während des gesamten Kapitels über darauf gewartet ... ein Puzzle! Kein Würfelpuzzle, sondern ein Kreuzworträtsel. Man kann nicht alles haben.

Waagerecht

5. Mit Methoden können Objekte ...... vornehmen.
7. Ein Datenwert in einem Objekt.
8. Eine Math-Methode zum Abrunden einer Zahl.
12. Wenn Sie eine Funktion in ein Objekt verlegen, wird sie eine ....
13. Dort werden Objekteigenschaften erzeugt.
14. Mit dieser String-Methode suchen Sie nach einer Zeichenfolge.

Senkrecht

1. Das verwenden Sie für den Zugriff auf Mitglieder eines Objekts.
2. Rufen Sie diese Methode auf, um die Reihenfolge der Elemente in einem Array zu ändern.
3. Rubys Heimatort.
4. JavaScript-Arrays und -Strings sind in Wirklichkeit ....
6. Fast zufällig.
9. Dank dieses Objekts können Sie mit der Zeit arbeiten.
10. In einem Objekt werden ..... als Eigenschaften gespeichert.
11. Diese Methode wandelt jedes Objekt in einen String um.

JavaScript-Kreuzworträtsel, Lösung

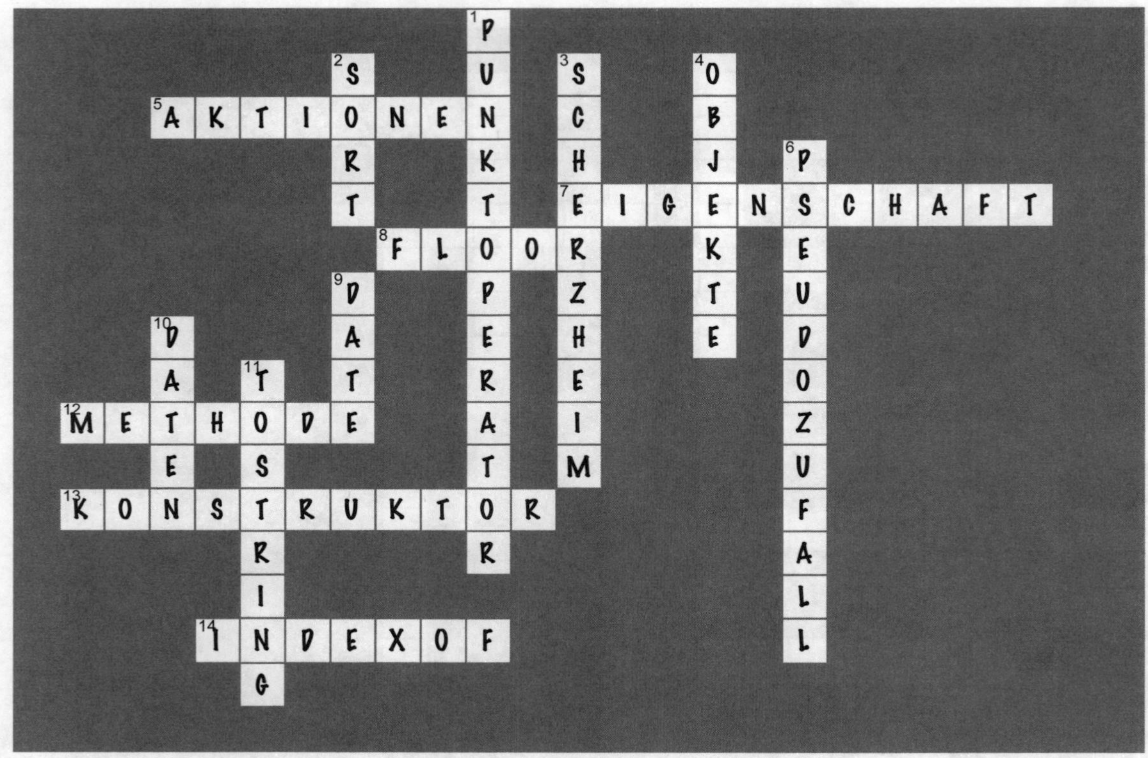

Seitenfalter

Falten Sie die Seite vertikal so, dass die beiden Gehirne zusammenkommen und das Rätsel lösen.

Was können JavaScript-Objekte für Daten tun?

Zwei Welten begegnen sich!

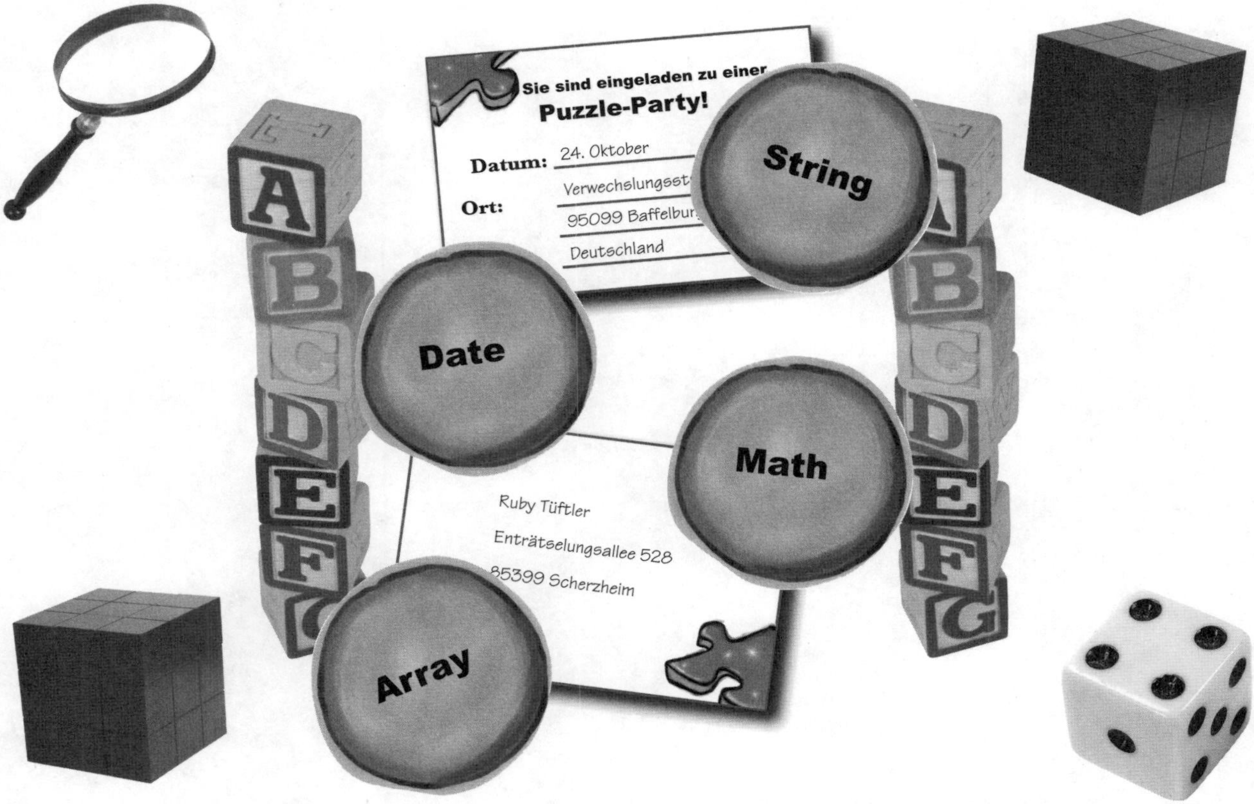

Sie sind eingeladen zu einer
Puzzle-Party!
Datum: 24. Oktober
Ort: Verwechslungsst
95099 Baffelbur
Deutschland

String

Date

Math

Ruby Tüftler
Enträtselungsallee 528
85399 Scherzheim

Array

Suchen Sie, was Sie wollen. Aber es ist sehr unwahrscheinlich, dass Sie etwas Besseres als ein JavaScript-Objekt finden, um Ihre Daten zu sortieren und zu analysieren. Selbst das Randomisieren von Zahlen ist damit kein Problem.

10 Benutzerdefinierte Objekte erstellen

Jedem das Seine mit benutzerdefinierten Objekten

Handeln Sie jetzt, ohne Mittelsmann, es gibt eine Geld-zurück-Garantie, und das für nur einen Euro ... Wenn Sie jetzt bestellen, können Sie es genau so haben, wie Sie möchten.

Wenn es so einfach wäre, hätten wir das Angebot dieses Herrn angenommen. JavaScript gewährt keine Geld-zurück-Garantie, aber Sie können definitiv machen, was Sie wollen. Benutzerdefinierte Objekte sind das JavaScript-Äquivalent eines entkoffeinierten, großen, dreifachen, extra heißen, extra feinen, marmorierten Mocca macchiato ohne Sahne und ohne Schaum. Das nennen wir einen benutzerdefinierten Kaffee! Und mit benutzerdefinierten JavaScript-Objekten können Sie Code brühen, der genau das macht, was Sie wollen, während Sie die Vorteile von Eigenschaften und Methoden genießen. Das Resultat ist wiederverwendbarer, objektorientierter Code, der die JavaScript-Sprache effektiv erweitert ... extra für Sie!

Die YouCube-Blog-Methoden überarbeiten

Als wir letztes Mal bei Ruby waren, war sie ganz begeistert davon, einen objektgestützten Blog zum Schreiben über ihre Leidenschaft für Würfelpuzzles erstellt zu haben. Ruby hat mit dem `Blog`-Objekt, das den YouCube-Blog antreibt, gute Arbeit geleistet. Dennoch hat sie, ohne es zu wissen, einige entscheidende Möglichkeiten ausgelassen, die Prinzipien der objektorientierten Programmierung auf YouCube anzuwenden. Außerdem hat sie die verschiedenen Möglichkeiten, das `Blog`-Objekt effizienter, besser organisiert und damit in Zukunft wartungsfreundlicher zu gestalten, nicht ganz erforscht.

Rubys letzter Kniff am `Blog`-Objekt umfasste die Erstellung dreier Methoden für mehrere Blog-spezifische Aufgaben.

Sie können die aktuelle Version der Dateien unter http://examples.oreilly.de/german_examples/hfjavascriptger herunterladen.

Der YouCube-Blog funktioniert, aber ist immer noch kein Stern am Himmel des objektorientierten Programmdesigns.

Blog

body

datum

"Habe mich mit ein paar anderen Würfelfreaks getroffen ..."

29. August 2008

toString()

toHTML()

enthaeltText()

Die drei Blog-Methoden übernehmen mehrere Aufgaben, die sinnvollerweise innerhalb eines Blog-Eintrags erledigt werden.

Mir gefallen die Blog-Methoden so.

```
ction Blog(body, datum) {
Eigenschaften zuweisen
s.body = body;
datum = datum;

iefert die String-Darstellung eines Blog-Eintrags
this.toString = function() {
  return "[" + this.datum.getDate() + "." + (this.datum.getMonth() + 1) + "." +
    this.datum.getFullYear() + "] " + this.body;
};

// Liefert eine formatierte HTML-Version des Blog-Eintrags
this.toHTML = function(hervorheben) {
  // Grauer Hintergrund als Hervorhebung, falls gewünscht
  var blogHTML = "";
  blogHTML += hervorheben ? "<p style='background-color:#EEEEEE'>" : "<p>";

  // Formatierten HTML-Code für den Eintrag generieren
  blogHTML += "<strong>" + this.datum.getDate() + "." + (this.datum.getMonth() + 1) + "." +
    this.datum.getFullYear() + "</strong><br />" + this.body + "</p>";
  return blogHTML;
};

// Prüfen, ob der Blog-Body einen bestimmten String enthält
this.enthaeltText = function(text) {
  return (this.body.toLowerCase().indexOf(text.toLowerCase()) != -1);
};
}
```

Oberflächlich sehen die YouCube-Methoden gut aus, aber es gibt ein kleines Problem ...

Zu viele Methoden

Ähnlich wie die Blog-Eigenschaften werden auch die Methoden im `Blog`-Objekt innerhalb des Konstruktors mit dem `this`-Schlüsselwort erstellt. Dieser Ansatz funktioniert, führt aber dazu, dass für jedes erstellte `Blog`-Objekt eine neue Kopie der Methoden angelegt wird. Wenn es im Blog also sechs Einträge gibt, existieren je sechs Kopien der drei `Blog`-Methoden.

Wollen Sie damit sagen, dass der Blog()-Konstruktor drei Methoden für jedes Blog-Objekt anlegt? Ist das keine Verschwendung?

Blog
"Habe Kopfschmerzen von der Schufterei mit dem neuen Würfel bekommen ..."
16. August 2008
toHTML()
toString()
enthaeltText()

Blog
"Habe mich mit ein paar anderen Würfelfreaks getroffen ..."
29. August 2008
toHTML()
toString()
enthaeltText()

Blog
"Habe online einen 7x7x7-Würfel gefunden ..."
21. August 2008
toHTML()
toString()
enthaeltText()

Jedes Blog-Objekt erhält seine eigenen Kopien der Blog-Methoden.

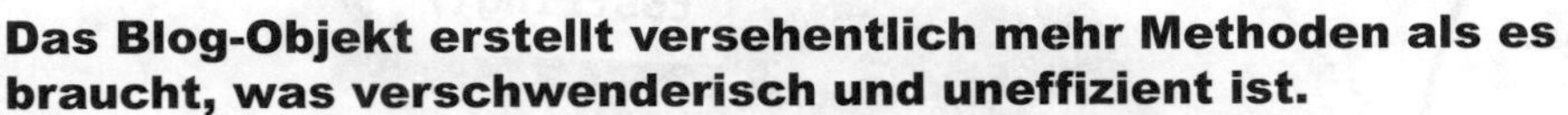

Das Blog-Objekt erstellt versehentlich mehr Methoden als es braucht, was verschwenderisch und uneffizient ist.

Stimmt, der `Blog()`-Konstruktor erstellt die drei Methoden jedes Mal, wenn ein neues Objekt angelegt wird. Das heißt, jedes `Blog`-Objekt hat eine eigene Kopie jeder einzelnen Methode. Im Gegensatz zu Eigenschaften, die für jedes Objekt eindeutige Daten speichern müssen, sollten Methoden von den Objekten **gemeinsam** genutzt werden. Gelungener wäre das Design, wenn sich alle `Blog`-Objekte eine einzelne Kopie jeder Methode teilten. Dadurch wird verhindert, dass sich das Skript mit unnötigen Methoden aufbläht, wenn im Lauf der Zeit große Mengen von Blog-Einträgen (= Objekten!) hinzugefügt werden.

Wie könnten Sie das `Blog`-Objekt so neu gestalten, dass der Methodencode nicht für jedes neue Objekt vervielfältigt wird?

Klassen und Instanzen

Das Problem der doppelten Methoden ist auf ein extrem wichtiges Konzept bei JavaScript-Objekten zurückzuführen: den Unterschied zwischen der **Klasse** eines Objekts und der **Instanz** eines Objekts. Eine Klasse ist eine Objektbeschreibung, eine Vorlage, die skizziert, woraus ein Objekt besteht. Eine Instanz ist ein tatsächliches Objekt, das aus einer Klasse erstellt wurde. In Begriffen der realen Welt gedacht, ist eine Klasse die Blaupause eines Hauses, während das Objekt das Haus selbst ist. Und ähnlich wie bei JavaScript-Objekten können Sie viele Haus-Instanzen nach einer einzigen Klasse (Blaupause) bauen.

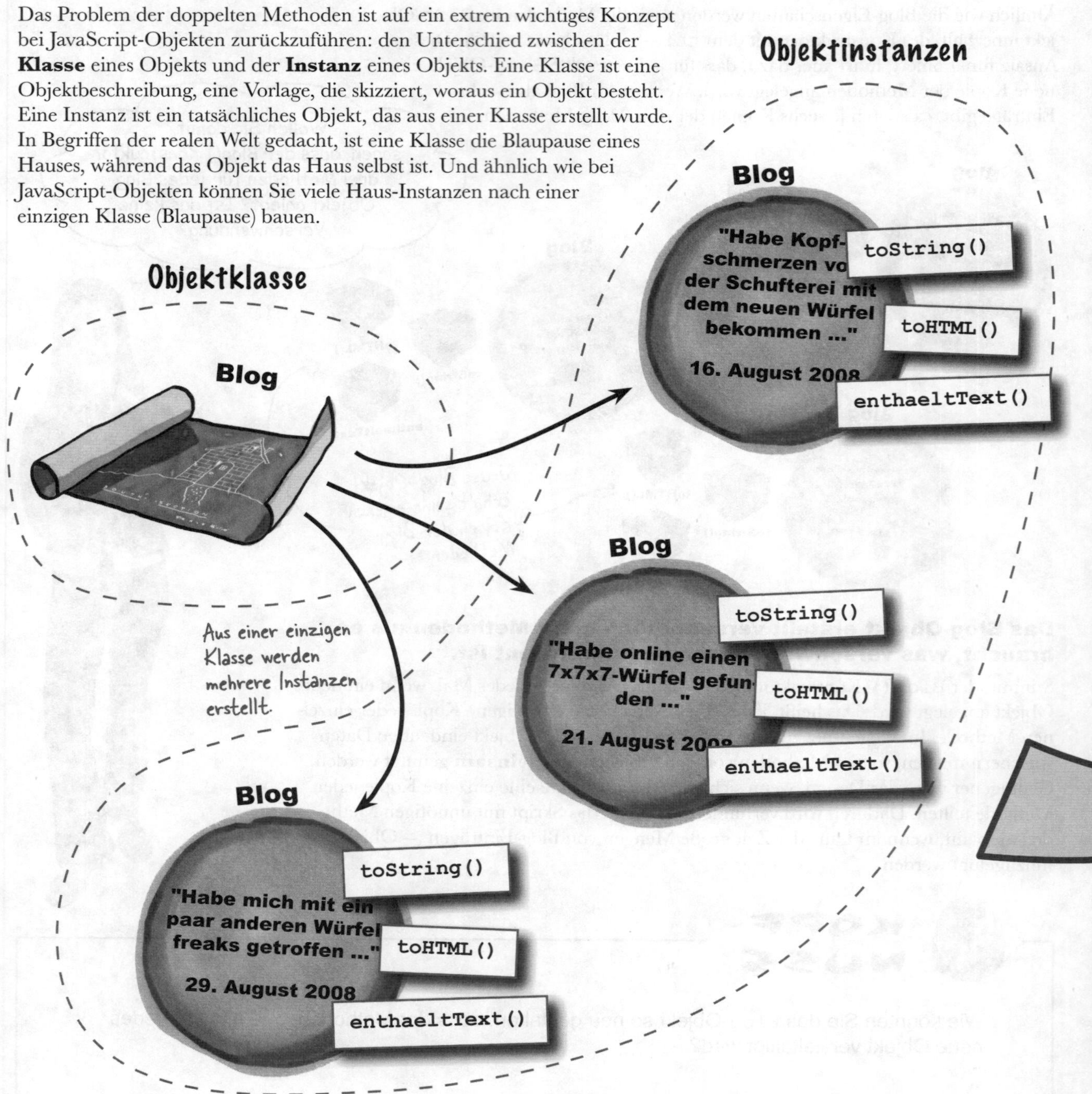

Instanzen werden aus Klassen erstellt

Eine Klasse beschreibt die Eigenschaften und Methoden eines Objekt, während eine Instanz reale Daten in den Eigenschaften ablegt und sie zum Leben erweckt. Jede Instanz erhält ihre eigenen Kopien der Eigenschaften, anhand deren Instanzen eindeutig voneinander unterschieden werden können.

Eine Objektklasse ist eine Vorlage, eine Objektinstanz ist dagegen das, was aus dieser Vorlage erstellt wird.

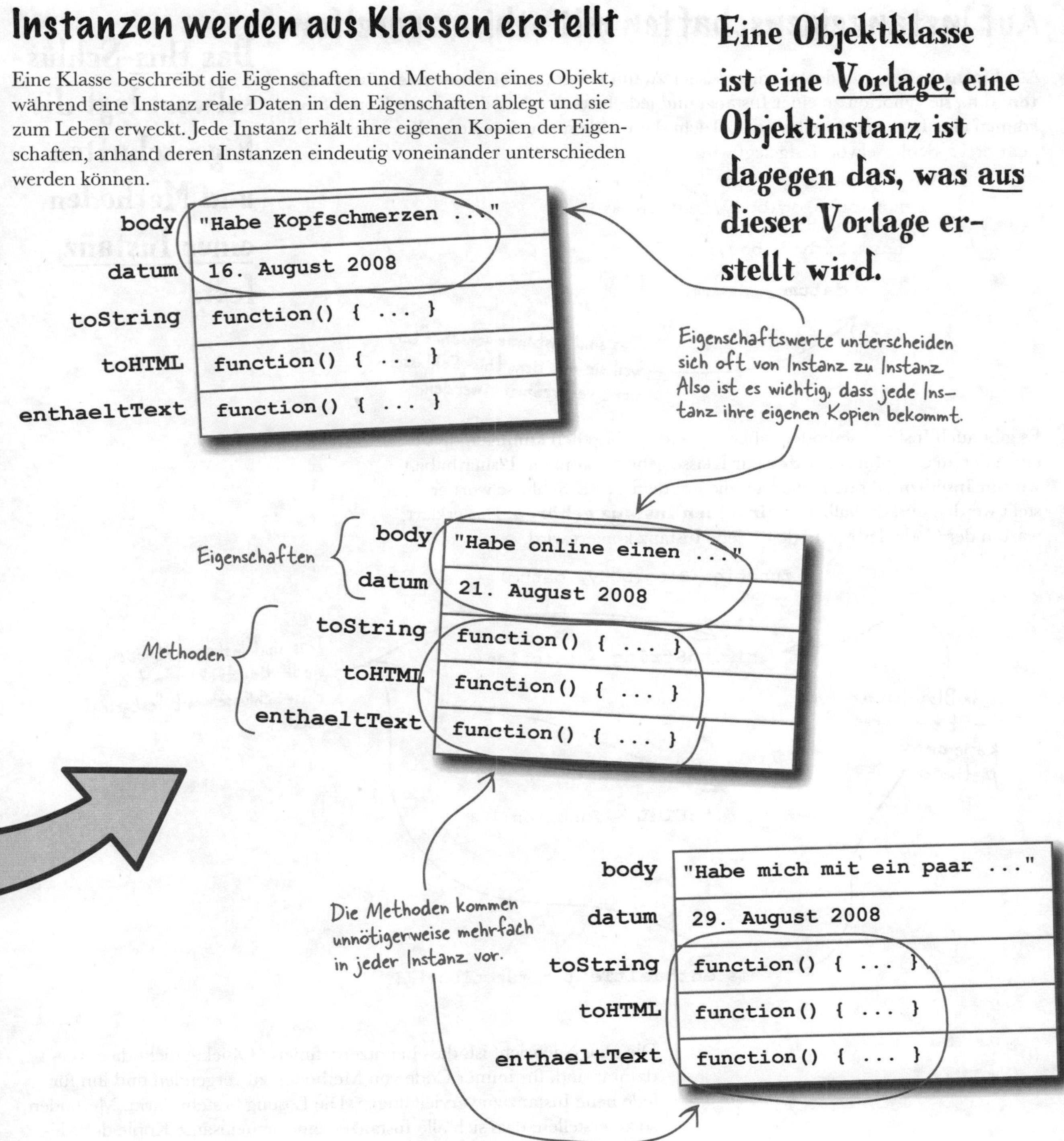

Auf Instanzeigenschaften mit »this« zugreifen

Das this-Schlüsselwort legt die Eigenschaften und Methoden einer Instanz fest.

Alle Eigenschaften, mit denen wir es bisher zu tun hatten, waren **Instanzeigenschaften**, d.h., sie gehörten zu einer Instanz, und jede Instanz erhält ihre eigene Kopie. Sie können eine Instanzeigenschaft ganz leicht daran erkennen, dass sie im Konstruktor mit dem `this`-Schlüsselwort festgelegt wird.

```
function Blog(body, datum) {
  this.body = body;
  this.datum = datum ;
  ...
}
```

Das sind Instanzeigenschaften, weil sie mit dem this-Schlüsselwort referenziert werden.

Es gibt auch Instanzmethoden, aber die sind ein bisschen kniffliger, da sie entweder zu einer Instanz **oder** zur Klasse gehören können. Bisher haben wir nur Instanzmethoden angelegt, die mit dem `this`-Schlüsselwort erstellt werden und deshalb **zur einzelnen Instanz gehören**. Das erklärt, warum der Code der Methode für jede Instanz kopiert wird.

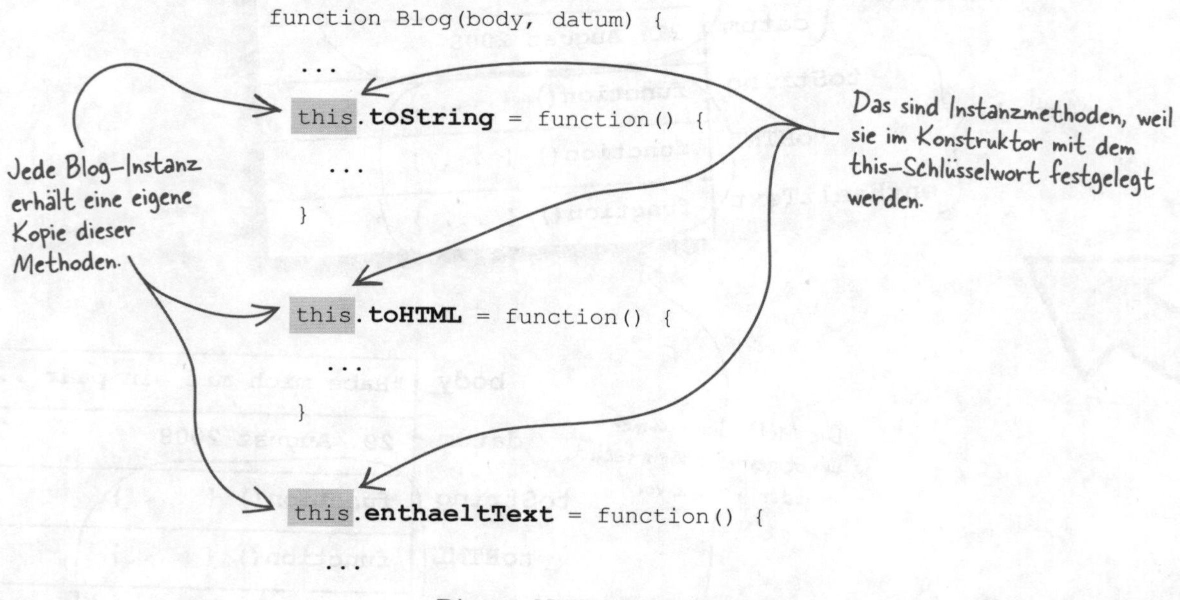

Die gute Nachricht ist, dass benutzerdefinierte Objekte nicht dazu verdammt sind, für immer Code von Methoden zu vergeuden und ihn für jede neue Instanz zu vervielfältigen. Die Lösung besteht darin, Methoden so zu erstellen, dass sich alle Instanzen eine gemeinsame Kopie des Methodencodes teilen.

Ein Eigentümer, mehrfache Ausführung: klasseneigene Methoden

Es gibt eine andere Art von Instanzmethoden, die nur zur Klasse selbst gehören, d.h., es gibt nur eine Kopie, die sich **alle** Instanzen teilen. Solche **klasseneigenen** Instanzmethoden sind wesentlich effizienter, als in jeder einzelnen Instanz eine Kopie jeder Methode zu speichern.

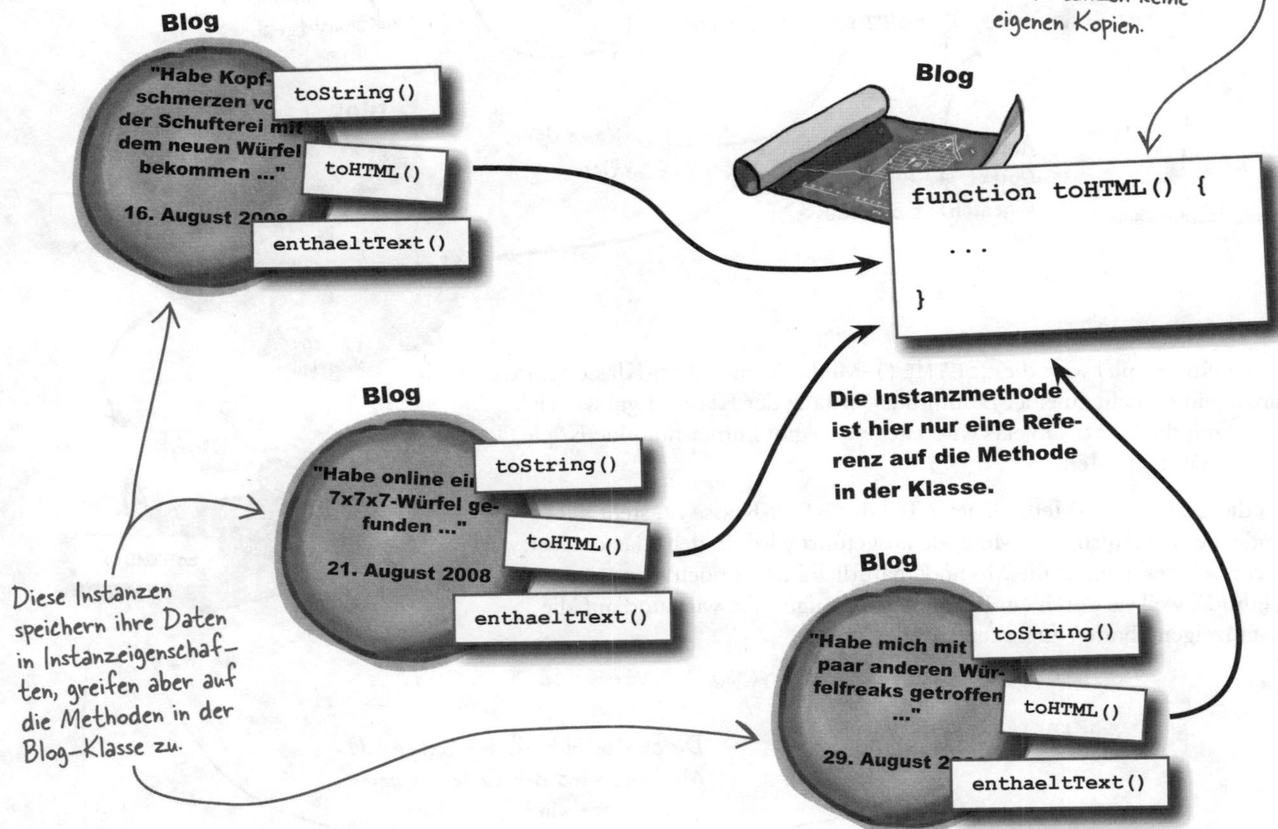

Wenn eine Methode mit der Klasse verknüpft ist, haben alle Instanzen der Klasse Zugriff darauf und brauchen deshalb keine eigenen Kopien. Das ist viel effizienter, vor allem wenn Sie bedenken, wie viel Platz die Kopien der Methoden in einer Applikation einnehmen, die viele Objektinstanzen erzeugt. Im Fall von YouCube würden drei Methoden (`toString()`, `toHTML()` und `enthaeltText()`) für jeden neu erstellten Blog-Eintrag unnötigerweise vervielfältigt.

Natürlich brauchen wir noch einen Mechanismus, um eine Methode mit der Klasse statt mit den einzelnen Instanzen zu verknüpfen ...

Wenn eine Methode in der Klasse gespeichert wird, können sich alle Instanzen eine Kopie teilen.

Arbeiten Sie mit Prototypen auf Klassenebene

Klassen werden in JavaScript dank eines versteckten Objekts namens `prototype` ermöglicht, das in jedem Objekt als Eigenschaft existiert. Mit dem `prototype`-Objekt können Sie Eigenschaften und Methoden festlegen, die zur **Klasse gehören** statt zur Instanz. Im Fall von Methoden stellen Sie mit dem `prototype`-Objekt die Zugehörigkeit einer Methode zu einer **Klasse** her.

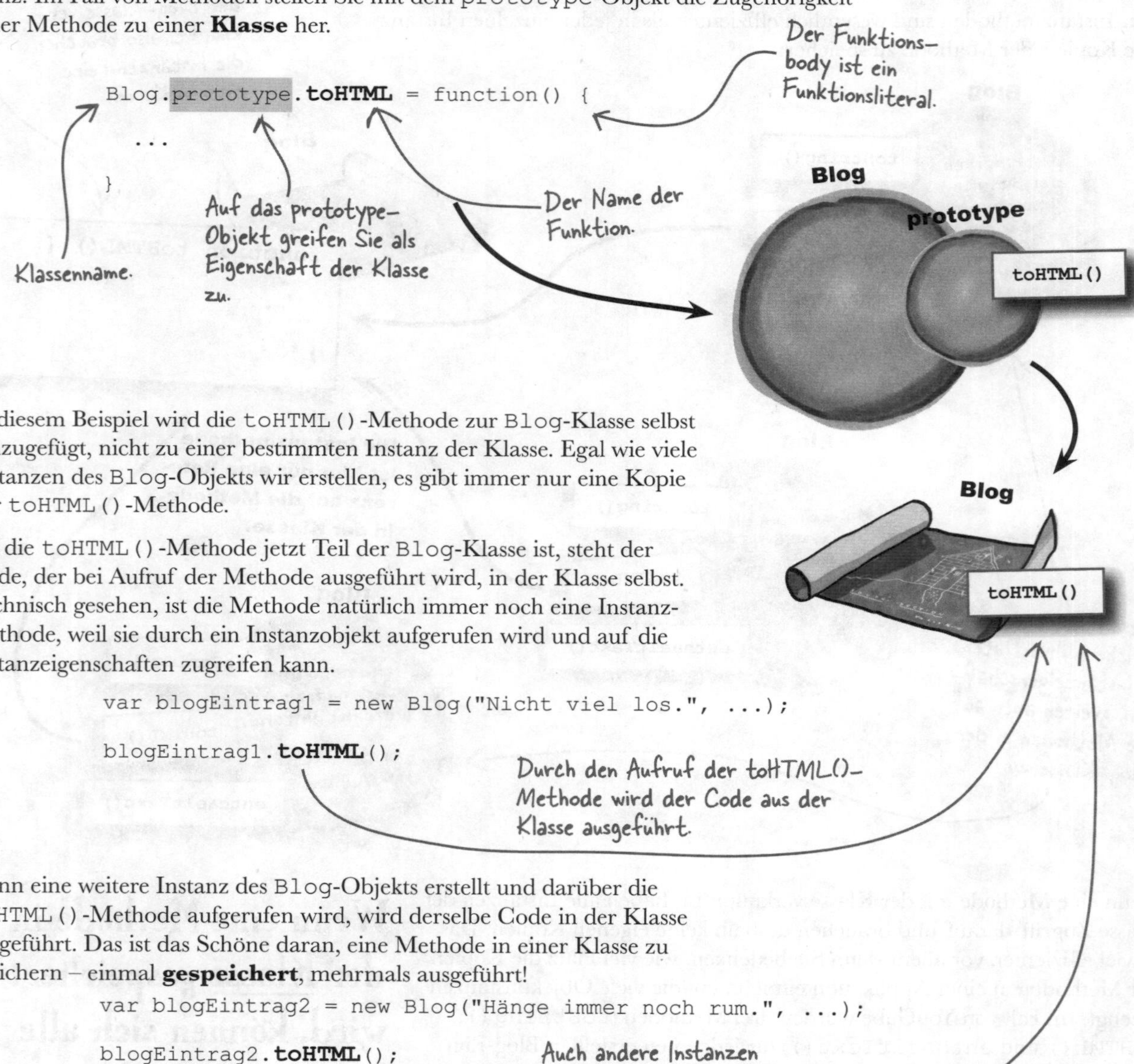

In diesem Beispiel wird die `toHTML()`-Methode zur `Blog`-Klasse selbst hinzugefügt, nicht zu einer bestimmten Instanz der Klasse. Egal wie viele Instanzen des `Blog`-Objekts wir erstellen, es gibt immer nur eine Kopie der `toHTML()`-Methode.

Da die `toHTML()`-Methode jetzt Teil der `Blog`-Klasse ist, steht der Code, der bei Aufruf der Methode ausgeführt wird, in der Klasse selbst. Technisch gesehen, ist die Methode natürlich immer noch eine Instanzmethode, weil sie durch ein Instanzobjekt aufgerufen wird und auf die Instanzeigenschaften zugreifen kann.

```
var blogEintrag1 = new Blog("Nicht viel los.", ...);

blogEintrag1.toHTML();
```

Durch den Aufruf der toHTML()-Methode wird der Code aus der Klasse ausgeführt.

Wenn eine weitere Instanz des `Blog`-Objekts erstellt und darüber die `toHTML()`-Methode aufgerufen wird, wird derselbe Code in der Klasse ausgeführt. Das ist das Schöne daran, eine Methode in einer Klasse zu speichern – einmal **gespeichert**, mehrmals ausgeführt!

```
var blogEintrag2 = new Blog("Hänge immer noch rum.", ...);

blogEintrag2.toHTML();
```

Auch andere Instanzen teilen sich dieselbe Methode in der Klasse.

Klassen, Prototypen und YouCube

Ruby ist überwältigt von dem ganzen Gerede von Klassen und Prototypen. Aber ihr gesunder Menschenverstand sagt ihr, dass YouCube davon profitieren könnte, genauer über die Speicherung der `Blog`-Methoden mithilfe des `prototype`-Objekts nachzudenken.

Wow, die Blog-Methoden mit dem prototype-Objekt zu speichern könnte den YouCube-Code viel effizienter machen.

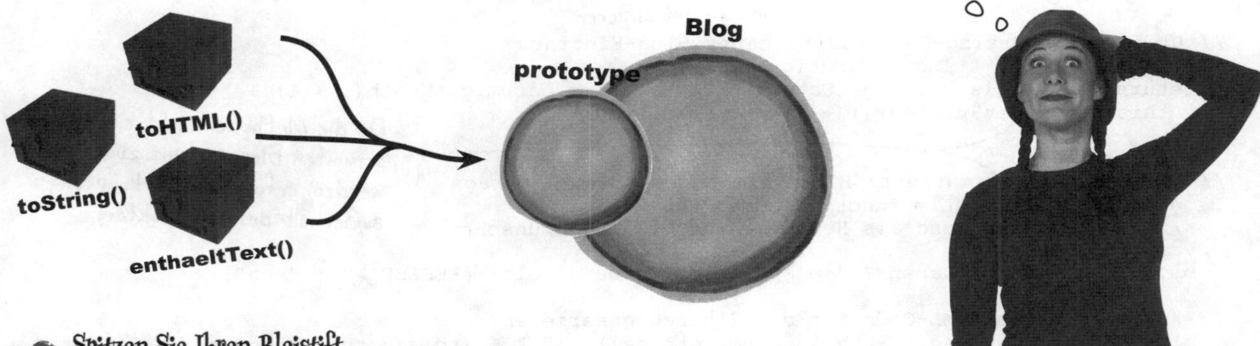

Spitzen Sie Ihren Bleistift

Der `Blog`-Code verwendet jetzt das `prototype`-Objekt zum Speichern der Methoden, sodass sie zur Klasse gehören. Machen Sie Anmerkungen zum Code und erklären Sie, was geschieht.

```
function Blog(body, datum) {
  // Eigenschaften zuweisen
  this.body = body;
  this.datum = datum;
}

// Liefert die String-Darstellung eines Blog-Eintrags
Blog.prototype.toString = function() {
  return "[" + this.datum.getDate() + "." + (this.datum.getMonth() + 1) + "." +
    this.datum.getFullYear() + "] " + this.body;
};

// Liefert eine formatierte HTML-Version des Blog-Eintrags
Blog.prototype.toHTML = function(hervorheben) {
  // Grauer Hintergrund als Hervorhebung, falls gewünscht
  var blogHTML = "";
  blogHTML += hervorheben ? "<p style='background-color:#EEEEEE'>" : "<p>";

  // Formatierten HTML-Code für den Eintrag generieren
  blogHTML += "<strong>" + this.datum.getDate() + "." + (this.datum.getMonth() + 1) + "." +
    this.datum.getFullYear() + "</strong><br />" + this.body + "</p>";
  return blogHTML;
};

// Prüfen, ob der Blog-Body einen bestimmten String enthält
Blog.prototype.enthaeltText = function(text) {
  return (this.body.toLowerCase().indexOf(text.toLowerCase()) != -1);
};
```

Lösung

Der Blog-Code verwendet jetzt das prototype-Objekt zum Speichern der Methoden, sodass sie zur Klasse gehören. Machen Sie Anmerkungen zum Code und erklären Sie, was geschieht.

```
function Blog(body, datum) {
  // Eigenschaften zuweisen
  this.body = body;
  this.datum = datum;
}

// Liefert die String-Darstellung eines Blog-Eintrags
Blog.prototype.toString = function() {
  return "[" + this.datum.getDate() + "." + (this.datum.getMonth() + 1) + "." +
    this.datum.getFullYear() + "] " + this.body;
};

// Liefert eine formatierte HTML-Version des Blog-Eintrags
Blog.prototype.toHTML = function(hervorheben) {
  // Grauer Hintergrund als Hervorhebung, falls gewünscht
  var blogHTML = "";
  blogHTML += hervorheben ? "<p style='background-color:#EEEEEE'>" : "<p>";

  // Formatierten HTML-Code für den Eintrag generieren
  blogHTML += "<strong>" + this.datum.getDate() + "." + (this.datum.getMonth() +1) + "." +
    this.datum.getFullYear() + "</strong><br />" + this.body + "</p>";
  return blogHTML;
};

// Prüfen, ob der Blog-Body einen bestimmten String enthält
Blog.prototype.enthaeltText = function(text) {
  return (this.body.toLowerCase().indexOf(text.toLowerCase()) != -1);
};
```

Jetzt konzentriert sich der Konstruktor darauf, die Eigenschaften zu erstellen und zu initialisieren.

Da die Methoden nicht einer bestimmten Blog-Instanz zugewiesen werden, erfolgt die Verknüpfung außerhalb des Konstruktors.

Jede Methode wird im prototype-Objekt festgelegt, nicht mit dem this-Schlüsselwort im Blog()-Konstruktor.

Effizienteres YouCube

Der YouCube-Blog verwendet jetzt dank des Objekt-Prototypings **klasseneigene Methoden**, um nutzlosen Code zu vermeiden. Egal wie viele Blog-Instanzen erstellt werden, es wird nur eine Kopie der Methoden angefertigt, da diese jetzt in der Klasse residieren. Das Coole daran ist, dass sich im YouCube-Skript an der Verwendung des Blog-Objekts nichts geändert hat.

Blog-Instanzen rufen die Methoden in der Klasse auf.

Die Blog-Klasse.

Blog

toString()

toHTML()

enthaeltText()

alert(blog[0]);

blog[2].toHTML();

blog[3].enthaeltText("cube");

Punkt für Punkt

- Eine Klasse ist die **Beschreibung** eines Objekts, während eine Instanz ein **tatsächliches** Objekt ist, das auf Grundlage dieser Beschreibung erstellt wurde.
- Eine Klasse skizziert die Eigenschaften und Methoden eines Objekts, während eine Instanz reale Daten in den Eigenschaften ablegt und den Methoden etwas zu verarbeiten gibt.
- Das `this`-Schlüsselwort wird verwendet, um auf eine Instanz von ihrem **eigenen Code** aus zuzugreifen.
- Mit dem `prototype`-Objekt können Methoden in einer **Klasse** gespeichert werden, damit Instanzen nicht unnötigerweise Code kopieren müssen.

Es gibt keine Dummen Fragen

F: Ich habe das mit den Klassen und Instanzen immer noch nicht wirklich verstanden. Worum geht es da?

A: Das Prinzip einer Klasse ist es, Objekte leichter erstellen und wiederverwenden zu können. Sie können auch den ganzen Tag Einwegobjekte als Objektliterale erstellen und damit kein Problem haben, außer dass Sie unnötigerweise eine Menge Energie verschwenden. Verschwendung deshalb, weil Sie Ihre Arbeit vervielfachen. Wie ein Architekt, der darauf besteht, jedes Mal die Pläne für das gleiche Haus zu zeichnen, wenn er es noch mal bauen möchte.

Warum also keine Vorlage bauen, mit der Sie so viele Instanzen erstellen können, wie Sie möchten, und das mit viel weniger Aufwand? Genau da kommen Klassen ins Spiel – erstellen Sie eine Klasse und erstellen Sie damit so viele Instanzen, wie Sie brauchen.

F: Okay, also erleichtern es Klassen, einander ähnliche Objekte zu erstellen. Aber was haben `this` und `prototype` damit zu tun?

A: Mit dem `this`-Schlüsselwort können Sie von den Methoden einer Instanz aus auf die Instanz selbst zugreifen. Es dient in erster Linie dem Zugriff auf Instanzeigenschaften. Wenn Sie also innerhalb einer Methode auf eine Eigenschaft `x` zugreifen möchten, schreiben Sie einfach `this.x`. Wenn Sie nur `x` schreiben, weiß der Code nicht, dass Sie auf eine Eigenschaft der Instanz zugreifen möchten, sondern hält `x` für eine Variable. Deshalb müssen Sie in Konstruktoren `this` verwenden, um Eigenschaften zu erstellen und zu initialisieren.

`prototype` ist eine ganz andere Sache, die einen Mechanismus bietet, um Klassen zu erstellen. Im Gegensatz zu anderen Programmiersprachen wie C++ und Java unterstützt JavaScript keine Klassen als feste Bestandteile der Sprache. Stattdessen verwendet JavaScript Prototypen, um Klassen zu simulieren. Das Endergebnis ist ähnlich, aber in JavaScript müssen Sie das `prototype`-Objekt manipulieren, um Klassen zu erstellen. Dieses Objekt taucht als »versteckte« Eigenschaft jedes JavaScript-Objekts auf. Indem Sie eine Eigenschaft oder Methode im `prototype`-Objekt speichern, machen Sie es als Teil einer Klasse zugänglich statt nur als Teil einer Instanz.

F: Wo tauchen Konstruktoren in der Gleichung auf?

A: Konstruktoren sind ein äußerst wichtiger Teil beim Erstellen von JavaScript-Klassen, weil Sie für das Anlegen der Objektinstanzen verantwortlich sind. Stellen Sie sich den Konstruktor und den Prototyp als die beiden Hauptteile des JavaScript-Klassenpuzzles vor. Konstruktoren kümmern sich darum, alles für die Instanzen vorzu bereiten, während sich die Prototypen auf Klassenebene um alles kümmern. Beide arbeiten zusammen, um Ihnen einige ziemlich coole Dinge zu ermöglichen. Denn es gibt triftige Gründe dafür, einige Mitglieder auf Instanz- und einige andere auf Klassenebene unterzubringen. Wir werden das Thema in diesem Kapitel weiter erforschen.

F: Ich bin etwas verwirrt von der Namenskonvention für Objekte. Manchmal wird ein Objekt großgeschrieben, manchmal in kleinem camelCase. Habe ich eine Regel verpasst?

A: Die einzige Regel ist, dass Klassennamen groß geschrieben werden, Instanznamen dagegen in kleinem camelCase. Das liegt daran, dass eine Instanz in Wahrheit nur eine Variable ist und für Variablenbezeichner kleines camelCase verwendet wird. Diese Inkonsistenz rührt in erster Linie daher, dass wir den Begriff »Objekt« ziemlich locker gehandhabt haben. Genauer gesagt, müssen Klassen wie z.B. `Blog` großgeschrieben werden, Instanzen wie z.B. `blogEintrag` oder `blog[0]` dagegen in kleinem camelCase.

Diese Namenskonvention ist sinnvoll, wenn Sie an die anderen Standardobjekte zurückdenken, die wir verwendet haben. Sie können das aktuelle Datum/die aktuelle Uhrzeit in einer Variablen (Instanz) namens `jetzt` speichern, die aber aus dem `Date`-Objekt (Klasse) erstellt wird.

Den Blog signieren

Ruby mag die Effizienz und die organisatorischen Verbesserungen, die die objektorientierte Programmierung, oder kurz OOP, für YouCube gebracht hat. Aber sie will mehr, als nur den Code hinter den Kulissen zu verbessern ... Sie möchte eine neue Funktionalität hinzufügen.

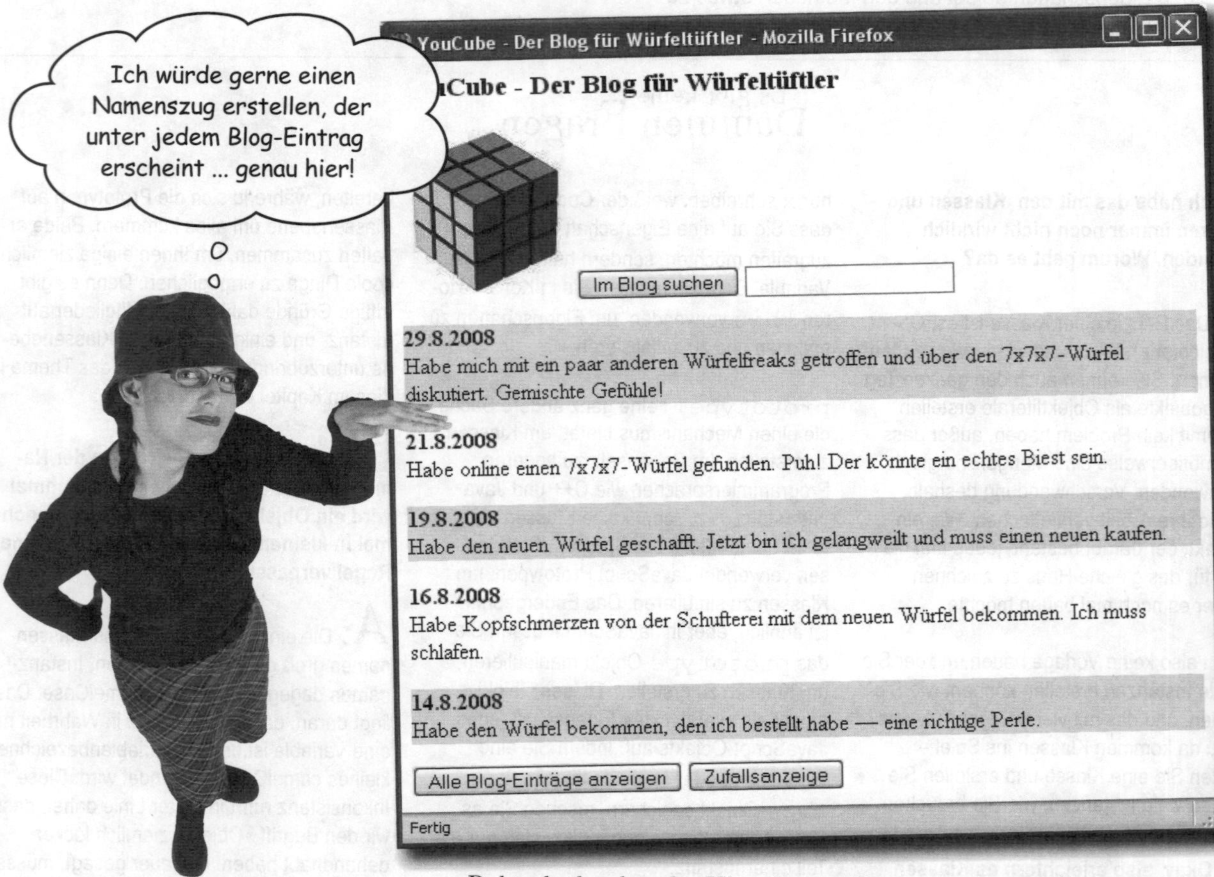

Ich würde gerne einen Namenszug erstellen, der unter jedem Blog-Eintrag erscheint ... genau hier!

YouCube - Der Blog für Würfeltüftler - Mozilla Firefox

YouCube - Der Blog für Würfeltüftler

Im Blog suchen

29.8.2008
Habe mich mit ein paar anderen Würfelfreaks getroffen und über den 7x7x7-Würfel diskutiert. Gemischte Gefühle!

21.8.2008
Habe online einen 7x7x7-Würfel gefunden. Puh! Der könnte ein echtes Biest sein.

19.8.2008
Habe den neuen Würfel geschafft. Jetzt bin ich gelangweilt und muss einen neuen kaufen.

16.8.2008
Habe Kopfschmerzen von der Schufterei mit dem neuen Würfel bekommen. Ich muss schlafen.

14.8.2008
Habe den Würfel bekommen, den ich bestellt habe — eine richtige Perle.

Alle Blog-Einträge anzeigen | Zufallsanzeige

Fertig

Ruby glaubt, dass das Hinzufügen einer `namenszug`-Eigenschaft zur `Blog`-Klasse schon ausreichen könnte. Dann bräuchte sie die Eigenschaft einfach im Konstruktor festzulegen und mit jedem Blog-Eintrag anzuzeigen ... Problem gelöst!

KOPF-NUSS

Soll Ruby den Namenszug als Instanzeigenschaft anlegen? Können Sie sich Gründe vorstellen, warum das vielleicht keine so gute Idee ist?

Es gibt keine Dummen Fragen

F: Da taucht immer dieser Begriff »objektorientiert« auf. Was bedeutet er?

A: Das Wort **objektorientiert** wird in Programmiererkreisen schrecklich oft gebraucht (und missbraucht) und kann für verschiedene Menschen sehr unterschiedliche Bedeutungen haben. Im Allgemeinen wird in der objektorientierten Programmierung (OOP) Software aus Objekten erstellt, so wie z.B. das `Date`-Objekt in der `datum`-Eigenschaft der YouCube-Blog-Einträge verwendet wird.

Die meisten Programmierer verbinden mit OOP den intensiven Gebrauch von Objekten innerhalb eines Programms. Zumindest in der Theorie kann ein wirklich objektorientiertes Programm in eine Sammlung von Objekten aufgegliedert werden, die miteinander interagieren. Es gibt jedoch Puristen der Objektorientierung, die argumentieren, dass JavaScript überhaupt nicht als OOP-Sprache geeignet sei. Sparen Sie sich die Energie und vermeiden Sie diese Diskussion. Es gibt stichhaltige Argumente auf beiden Seiten, aber unterm Strich gewinnt dabei niemand.

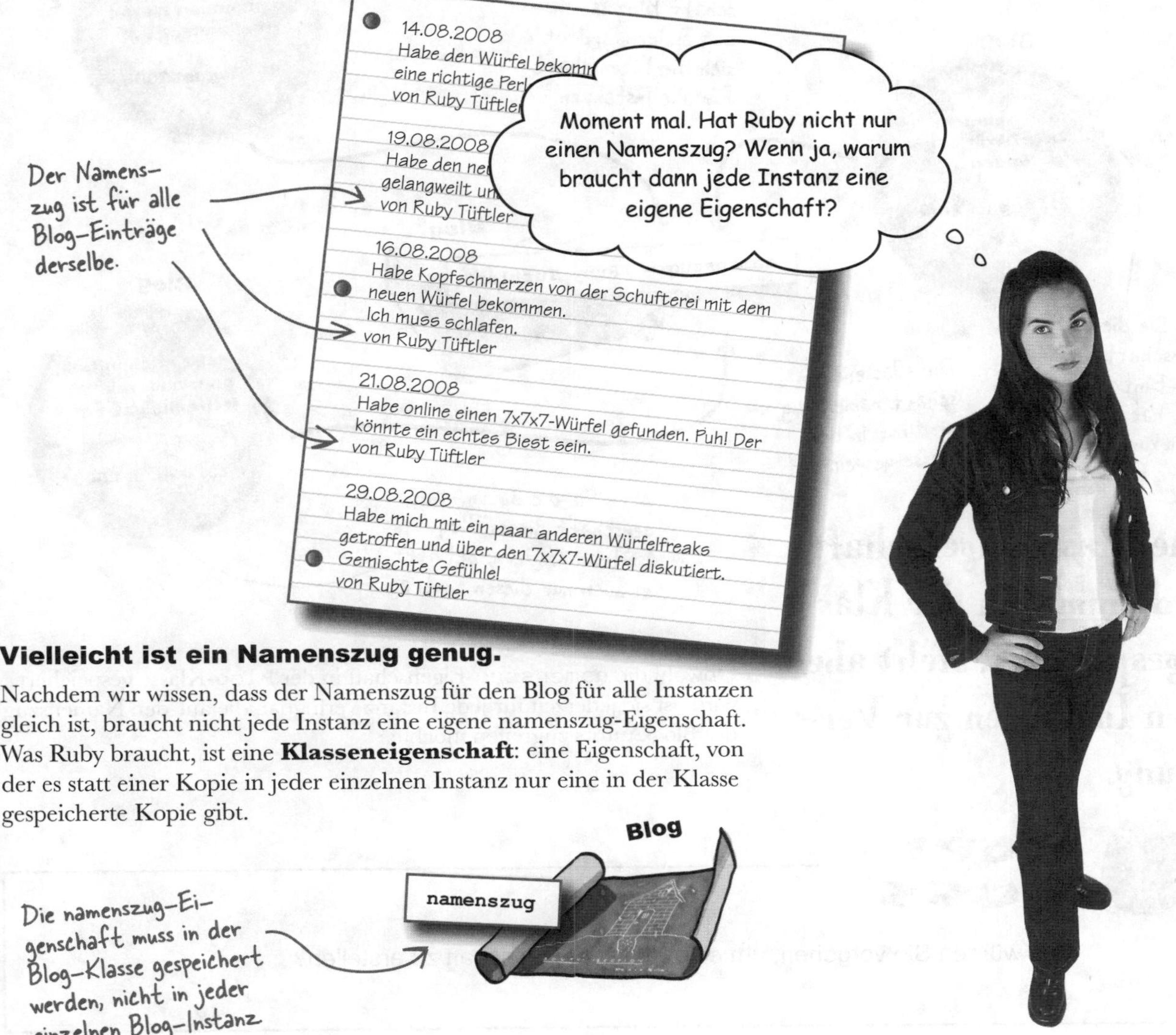

Vielleicht ist ein Namenszug genug.

Nachdem wir wissen, dass der Namenszug für den Blog für alle Instanzen gleich ist, braucht nicht jede Instanz eine eigene namenszug-Eigenschaft. Was Ruby braucht, ist eine **Klasseneigenschaft**: eine Eigenschaft, von der es statt einer Kopie in jeder einzelnen Instanz nur eine in der Klasse gespeicherte Kopie gibt.

Klasseneigenschaften werden auch geteilt

Klasseneigenschaften sind klasseneigenen Instanzmethoden insofern sehr ähnlich, als sie zur Klasse gehören und nur eine **einzelne Kopie** davon existiert, die allen Instanzen zur Verfügung steht. In mancher Hinsicht ist das im Fall von Daten bedeutsamer, weil das heißt, dass die Eigenschaft nur **einen Wert** hat, den sich alle Instanzen teilen. Genau das sucht Ruby für die `namenszug`-Eigenschaft, weil es nur einen Namenszug für den gesamten YouCube-Blog gibt.

Jede Instanz speichert ihre eigenen Instanzeigenschaften.

Blog

"Habe Kopfschmerzen von der Schufterei mit dem neuen Würfel bekommen ..."

16. August 2008

Wenn Sie die Eigenschaft Blog.namenszug ändern, ändert sich die Eigenschaft für alle Instanzen.

Blog

"Habe online einen 7x7x7-Würfel gefunden ..."

21. August 2008

Blog

`namenszug = "Ruby Tüftler"`

Blog

"Habe mich mit ein paar anderen Würfelfreaks getroffen ..."

29. August 2008

Wenn Sie die body-Eigenschaft dieses Blog-Eintrags ändern, hat das keine Auswirkungen auf andere Einträge.

Die Klasseneigenschaft namenszug wird nur in der Klasse gespeichert.

Wenn Sie die datum-Eigenschaft dieses Blog-Eintrags ändern, betrifft es auch nur diesen Eintrag.

Eine Klasseneigenschaft wird <u>einmal</u> in der Klasse gespeichert, steht aber allen Instanzen zur Verfügung.

Obwohl die `namenszug`-Eigenschaft in der `Blog`-Klasse gespeichert wird, ist sie jederzeit für jede Instanz verfügbar, die auf den Namenszug des Blog-Autors zugreifen möchte.

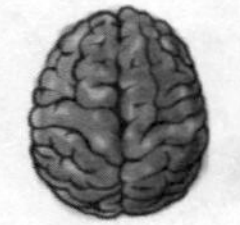

KOPF-NUSS

Wie würden Sie vorgehen, um eine Klasseneigenschaft zu erstellen?

Klasseneigenschaften erstellen mit prototype

Entgegen dem ganzen Gerede darüber, wo eine Klasseneigenschaft gespeichert wird und welche radikalen Veränderungen sie in unser Leben bringt, ist das Erstellen einer Klasseneigenschaft überraschend schlicht. Es bedarf nur einer einzigen Codezeile:

```
Blog.prototype.namenszug = "Ruby Tüftler";
```

Die Klasseneigenschaft ist über die Objekt-(Punkt-)Schreibweise zugänglich.

Die Blog-Klasse wird zuerst angegeben, gefolgt vom prototype-Objekt.

Sie haben es bereits vermutet: Klasseneigenschaften werden im prototype-Objekt gespeichert.

Klasseneigenschaften müssen nicht initialisiert werden, aber in diesem Fall ist es durchaus sinnvoll, da der Blog-Autor bereits bekannt ist.

Eines der interessantesten Dinge an diesem Code können Sie am Code selbst gar nicht richtig erkennen – der Code steht nicht im Konstruktor wie der Code, der Instanzeigenschaften anlegt. Das liegt daran, dass Konstruktoren Instanzen zum Leben erwecken und deshalb keine Klasseneigenschaften erstellen können. Stattdessen müssen Klasseneigenschaften außerhalb des Konstruktors definiert werden.

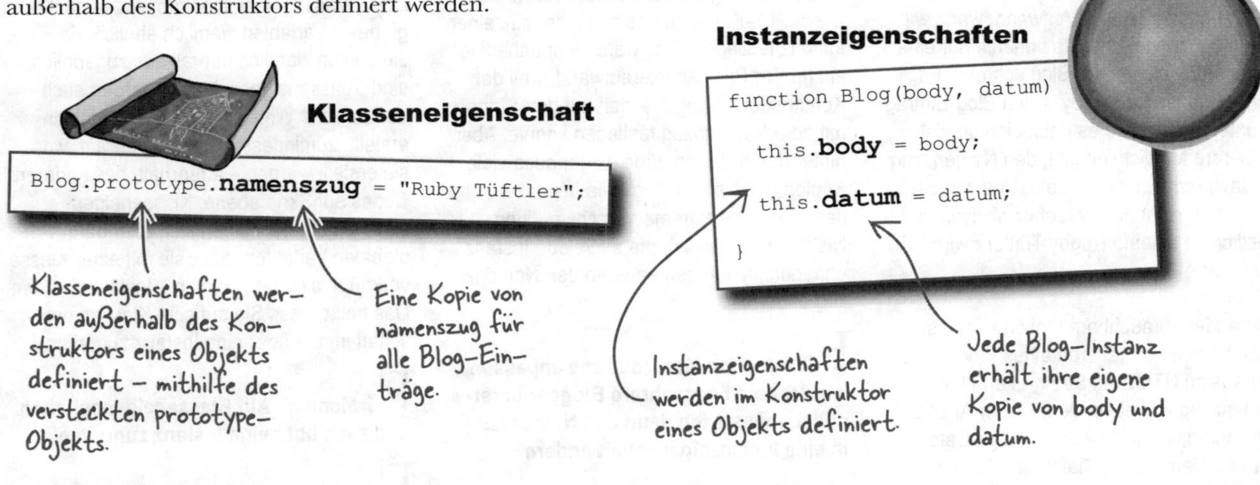

Spitzen Sie Ihren Bleistift

Schreiben Sie den Code, um die namenszug-Eigenschaft in einem alert-Fenster anzuzeigen. Tipp: Gehen Sie davon aus, dass der Code in einer Blog-Methode steht.

....

Schreiben Sie den Code, um die `namenszug`-Eigenschaft in einem alert-Fenster anzuzeigen. Tipp: Gehen Sie davon aus, dass der Code in einer `Blog`-Methode steht.

```
alert(this.namenszug);
```

Es gibt keine Dummen Fragen

F: Warum muss der Namenszug für YouCube überhaupt in einer Eigenschaft abgespeichert werden? Könnte er nicht einfach als Teil des Body-Texts für jeden Eintrag eingegeben werden?

A: Es ist sicherlich möglich, einen Namenszug in jeden Blog-Eintrag als Teil des Body-Texts einzuschließen. Aber das kostet unnötig Zeit und Aufwand, wenn wir davon ausgehen, dass es ohnehin nur eine Person gibt, die in dem Blog schreibt. Es wäre ermüdend für Ruby, jeden Blog-Eintrag zu unterzeichnen, wo es doch eine so viel sauberere Möglichkeit gibt, den Namenszug mit JavaScript zu behandeln. Und wer weiß, ob sie sich nicht aus Versehen vertippt und plötzlich zu einem »Rugby Tüftler« wird? Gar nicht gut!

Eine andere brauchbare Option wäre es, einfach beim Formatieren eines Blog-Eintrags zu HTML ein String-Literal für den Namenszug zu verwenden. Dieser Ansatz funktioniert, vergräbt aber wichtige Daten, hier den Namenszug, tief in den Formatierungscode des Blogs, wo sie schwierig aufzuspüren und zu pflegen sind. Indem wir den Namenszug in einer Klasseneigenschaft ablegen, ist er leicht zugänglich und deshalb für den Blogger viel leichter zu identifizieren und zu ändern.

F: Inwiefern würde sich die Erstellung eines Blog-Eintrags ändern, wenn der Namenszug eine Instanzeigenschaft wäre?

A: Bedenken Sie, dass jede Instanz eines Objekts eine eigene Garnitur Instanzeigenschaften erhält, die im Konstruktor initialisiert werden. Wenn die namenszug-Eigenschaft eine Instanzeigenschaft wäre, müsste der `Blog()`-Konstruktor sie in jeder einzelnen Instanz festlegen. Das wäre nicht unbedingt ein großer Programmieraufwand, weil der Konstruktor die Eigenschaft auf den String mit dem Namenszug festlegen könnte. Aber hinter den Kulissen gäbe es genauso viele Kopien des Namenszugs wie Instanzen, und das wäre eine extreme Verschwendung. Nicht nur das, es könnte auch jede Instanz unabhängig von den anderen den Namenszug ändern.

F: Wenn ich also YouCube anpassen würde, damit es mehrere Blogger unterstützt, müsste ich dann den Namenszug in eine Instanzeigenschaft ändern?

A: Ja, und das wäre eine gute Idee, denn in einem Szenario mit mehreren Bloggern besteht auch die Möglichkeit, dass jede Instanz einen anderen Wert haben **muss**. Die beste Lösung wäre dann wahrscheinlich, ein Argument zum `Blog()`-Konstruktor hinzuzufügen, mit dem man den Namenszug-String übergeben kann. Anschließend wird die Instanzeigenschaft `namenszug` mit diesem String initialisiert. Anders gesagt, würde die `namenszug`-Eigenschaft dann genauso behandelt wie die anderen `Blog`-Instanzeigenschaften.

F: Klasseneigenschaften scheinen ähnlich wie globale Variablen zu funktionieren. Wo ist der Unterschied?

A: Klasseneigenschaften sind tatsächlich globalen Variablen ziemlich ähnlich, da sie von so ziemlich überall aus zugänglich sind. Klasseneigenschaften werden auch auf ähnliche Weise wie globale Variablen erstellt, zumindest im Hinblick darauf, wo sie erstellt werden – außerhalb des anderen Codes auf Skriptebene. Klasseneigenschaften unterscheiden sich aber darin von globalen Variablen, dass sie mit einer Klasse verknüpft sind und somit mit Instanzobjekten. Das heißt, dass Sie auf eine Klasseneigenschaft immer über eine Instanz zugreifen.

F: Moment. Auf Klasseneigenschaften *muss* ich über eine Instanz zugreifen?

F: Obwohl Klasseneigenschaften mit dem `prototype`-Objekt erstellt werden, das sie in der Klasse speichert, müssen Sie über Instanzen darauf zugreifen. Auf eine Klasseneigenschaft wird also genau wie auf eine Instanzeigenschaft mit dem `this`-Schlüsselwort und der Objekt-(Punkt-)Schreibweise zugegriffen. Der Unterschied besteht wirklich nur darin, wo die Eigenschaft gespeichert wird – in der Klasse (Klasseneigenschaft) oder in einer bestimmten Instanz (Instanzeigenschaft).

Unterschrieben und abgeliefert

Nachdem die `namenszug`-Klasseneigenschaft erstellt, initialisiert und gebrauchsfertig ist, ist Ruby bereit, sie in Aktion zu erleben. Ein Blick zurück zum Code, der einen Blog-Eintrag für die Anzeige im Browser formatiert, zeigt, wie der Namenszug in der `toHTML()`-Methode in die Darstellung der Blog-Einträge einfließt.

Die toHTML()-Methode formatiert den Namenszug jetzt als Teil des Blog-Eintrags.

```
Blog.prototype.toHTML = function(hervorheben) {
  // Grauer Hintergrund als Hervorhebung, falls gewünscht
  var blogHTML = "";
  blogHTML += hervorheben ? "<p style='background-color:#EEEEEE'>" : "<p>";

  // Formatierten HTML-Code für den Eintrag generieren
  blogHTML += "<strong>" + this.datum.getDate() + "." + (this.datum.getMonth() + 1) + "." +
    this.datum.getFullYear() + "</strong><br />" + this.body + "<br /><em>" + this.namenszug +
    "</em></p>";
  return blogHTML;
};
```

Die Klasseneigenschaft namenszug wird wie eine normale Instanzeigenschaft referenziert.

Rubys Namenszug erscheint als Teil jedes Blog-Eintrags.

Jetzt ist es kein Geheimnis mehr, wer die ganzen Blog-Einträge schreibt.

1.9.2008
Habe den furchterregenden 7x7x7-Würfel schon bestellt und eine mentale Übungskur begonnen, um mich darauf vorzubereiten.
von Ruby Tüftler

29.8.2008
Habe mich mit ein paar anderen Würfelfreaks getroffen und über den 7x7x7-Würfel diskutiert. Gemischte Gefühle!
von Ruby Tüftler

21.8.2008
Habe online einen 7x7x7-Würfel gefunden. Puh! Der könnte ein echtes Biest sein.
von Ruby Tüftler

19.8.2008
Habe den neuen Würfel geschafft. Jetzt bin ich gelangweilt und muss einen neuen kaufen.
von Ruby Tüftler

Ruby hat mit OOP-Techniken die JavaScript-Sprache erweitert, indem sie die Klasseneigenschaft namenszug zur `Blog`-Klasse hinzugefügt hat. Wichtiger für sie ist natürlich, dass sie den YouCube-Blog dadurch einen Tick persönlicher gemacht hat.

Kamingespräche

Heute Abend: **Instanz- und Klasseneigenschaft sprechen über Datenzugehörigkeit und Geheimgesellschaften**

Instanzeigenschaft:

Du bist also der andere Typ, von dem ich gehört habe. Ich muss schon sagen, ich weiß nicht, was du hier willst. Ich leiste exzellente Arbeit, damit Objektinstanzen eindeutig sind und ihre eigenen Eigenschaftswerte im Auge behalten können.

Klasseneigenschaft:

Ich bin mir sicher, dass du das machst, und das ist eine bewundernswerte Sache. Aber wusstest du, dass Instanzen sich manchmal gar nicht die Mühe machen wollen, mit ihren Daten auf dem Laufenden zu bleiben?

Instanzeigenschaft:

Schwer zu glauben. Erzähl weiter ...

Klasseneigenschaft:

Nun, in manchen Situationen teilen sich Instanzen gemeinsame Daten. Ein bisschen so wie ein geheimes Händeschütteln in einem geheimen Klub. Jede Person in dem Klub kennt den Handschlag, aber es ist ein klubweiter Handschlag. Wenn ein Mädel im Klub ihren eigenen geheimen Handschlag erfindet, macht das alles kaputt. Dann muss irgendein anderes Mädchen das mit ihrem Handschlag übertrumpfen, und ehe du dich versiehst, kennt keiner mehr den geheimen Handschlag, weil es plötzlich viele davon gibt.

Instanzeigenschaft:

Du meinst damit also, dass ich nicht die beste Möglichkeit wäre, einen geheimen Handschlag zu speichern?

Klasseneigenschaft:

Stimmt. Nichts für ungut, aber in diesem Fall brauchen die Klubmitglieder nur einen Handschlag, obwohl ihn alle Leute kennen müssen.

Instanzeigenschaft:

Verstehe. Aber was ist mit einem geheimen Kennwort? Kann ich das speichern?

Klasseneigenschaft:

Vielleicht. Wenn jeder ein eigenes geheimes Kennwort hat, dann ja. Dann wärst du perfekt zum Speichern der geheimen Kennwörter.

Instanzeigenschaft:

Klasse! Lass uns anfangen. Ich mache einen geheimen Klub auf, und wir bekommen jeder unser eigenes Kennwort.

Klasseneigenschaft:

Aber du kennst den geheimen Handschlag nicht ... gotcha!

Instanzeigenschaft:

Der ist gut! Wie geht der? Wirklich, ich meine es ernst ...

Doppelter Code ist tabu

Ruby ist wieder am Start. Weil sie sich nie auf ihren Lorbeeren ausruht, hat sie sich entschieden, die Effizienz des YouCube-Codes weiter zu verbessern. Sie hat doppelten Formatierungscode entdeckt, der ihrer Überzeugung nach mit cleverer Anwendung der OOP-Prinzipien beseitigt werden kann.

Dieser Code scheint unnötig doppelt zu sein. Wie kann ich ihn beseitigen?

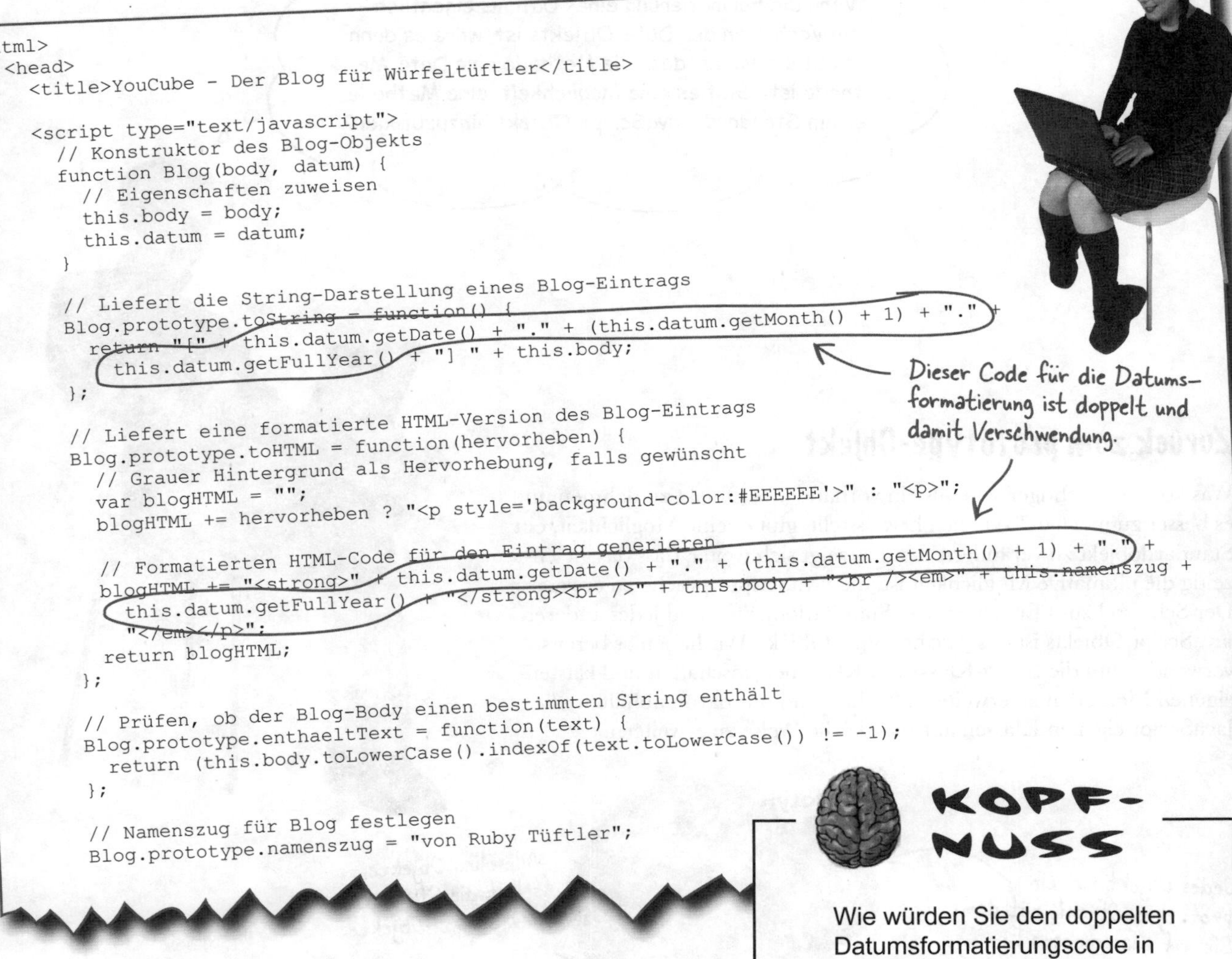

```
<html>
  <head>
    <title>YouCube - Der Blog für Würfeltüftler</title>

    <script type="text/javascript">
      // Konstruktor des Blog-Objekts
      function Blog(body, datum) {
        // Eigenschaften zuweisen
        this.body = body;
        this.datum = datum;
      }

      // Liefert die String-Darstellung eines Blog-Eintrags
      Blog.prototype.toString = function() {
        return "[" + this.datum.getDate() + "." + (this.datum.getMonth() + 1) + "." +
          this.datum.getFullYear() + "] " + this.body;
      };

      // Liefert eine formatierte HTML-Version des Blog-Eintrags
      Blog.prototype.toHTML = function(hervorheben) {
        // Grauer Hintergrund als Hervorhebung, falls gewünscht
        var blogHTML = "";
        blogHTML += hervorheben ? "<p style='background-color:#EEEEEE'>" : "<p>";

        // Formatierten HTML-Code für den Eintrag generieren
        blogHTML += "<strong>" + this.datum.getDate() + "." + (this.datum.getMonth() + 1) + "." +
          this.datum.getFullYear() + "</strong><br />" + this.body + "<br /><em>" + this.namenszug +
          "</em></p>";
        return blogHTML;
      };

      // Prüfen, ob der Blog-Body einen bestimmten String enthält
      Blog.prototype.enthaeltText = function(text) {
        return (this.body.toLowerCase().indexOf(text.toLowerCase()) != -1);
      };

      // Namenszug für Blog festlegen
      Blog.prototype.namenszug = "von Ruby Tüftler";
```


KOPF-NUSS

Wie würden Sie den doppelten Datumsformatierungscode in YouCube beseitigen?

Eine Methode zur Datumsformatierung

Ruby glaubt, eine Methode zur Datumsformatierung im `Blog`-Objekt wäre eine gute Lösung für den doppelten Datumsformatierungscode. Um den Code mehrfach verwenden zu können, muss er in eine Funktion oder Methode verschoben werden. Und da könnte sie sich ebenso gut für eine Methode entscheiden, da das `Blog`-Objekt schließlich im Rahmen der Formatierung eines Blog-Eintrags für die Formatierung des Datums zuständig sei. Oder doch nicht?

Wenn die Formatierung eines Datums eigentlich ein Verhalten des Date-Objekts ist, wäre es dann nicht sinnvoller, dass die Methode eine Date-Methode ist? Gibt es eine Möglichkeit, eine Methode einem Standard-JavaScript-Objekt hinzuzufügen?

Zurück zum prototype-Objekt

Was könnte mächtiger sein, als ein vorhandenes Objekt zu nehmen und es besser zu machen? Wie sich herausstellt, gibt es eine Möglichkeit, ein Standardobjekt zu verändern. Und es zeigt sich weiter, dass das gleichzeitig die ultimative Möglichkeit ist, die JavaScript-Sprache zu erweitern. Der Schlüssel zum Erweitern von Standardobjekten und jedes anderen JavaScript-Objekts ist das `prototype`-Objekt. Wir haben es bereits verwendet, um die `Blog`-Klasse mit Klasseneigenschaften und klasseneigenen Methoden zu erweitern. Nichts kann uns davon abhalten, die JavaScript-eigenen Klassen auf die gleiche Weise zu erweitern.

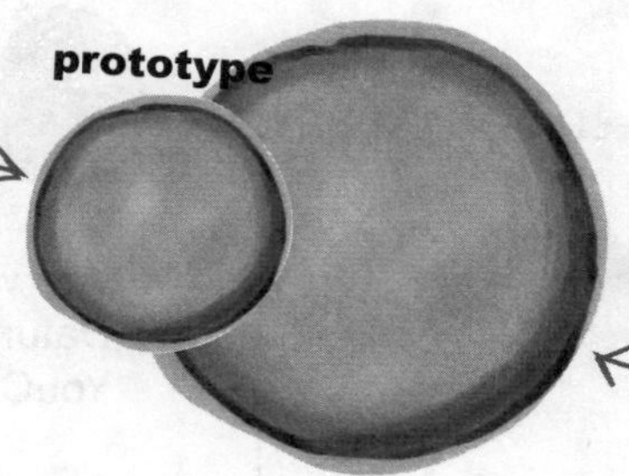

Standardobjekte erweitern

Mit dem prototype-Objekt können Sie JavaScript-eigene Objekte erweitern.

Der Schlüssel zum Erweitern eines Objekts liegt im `prototype`-Objekt, und jedes Objekt in JavaScript hat eines. Also können Sie jedes beliebige Objekt erweitern, indem Sie Eigenschaften und Methoden seinem `prototype`-Objekt hinzufügen, wodurch Klasseneigenschaften und klasseneigene Methoden definiert werden. Im Fall von JavaScript-eigenen Objekten führt das Hinzufügen von Eigenschaften oder Methoden zum `prototype`-Objekt dazu, dass alle neuen Instanzen dieses Objekts Zugriff auf diese Eigenschaften oder Methoden haben.

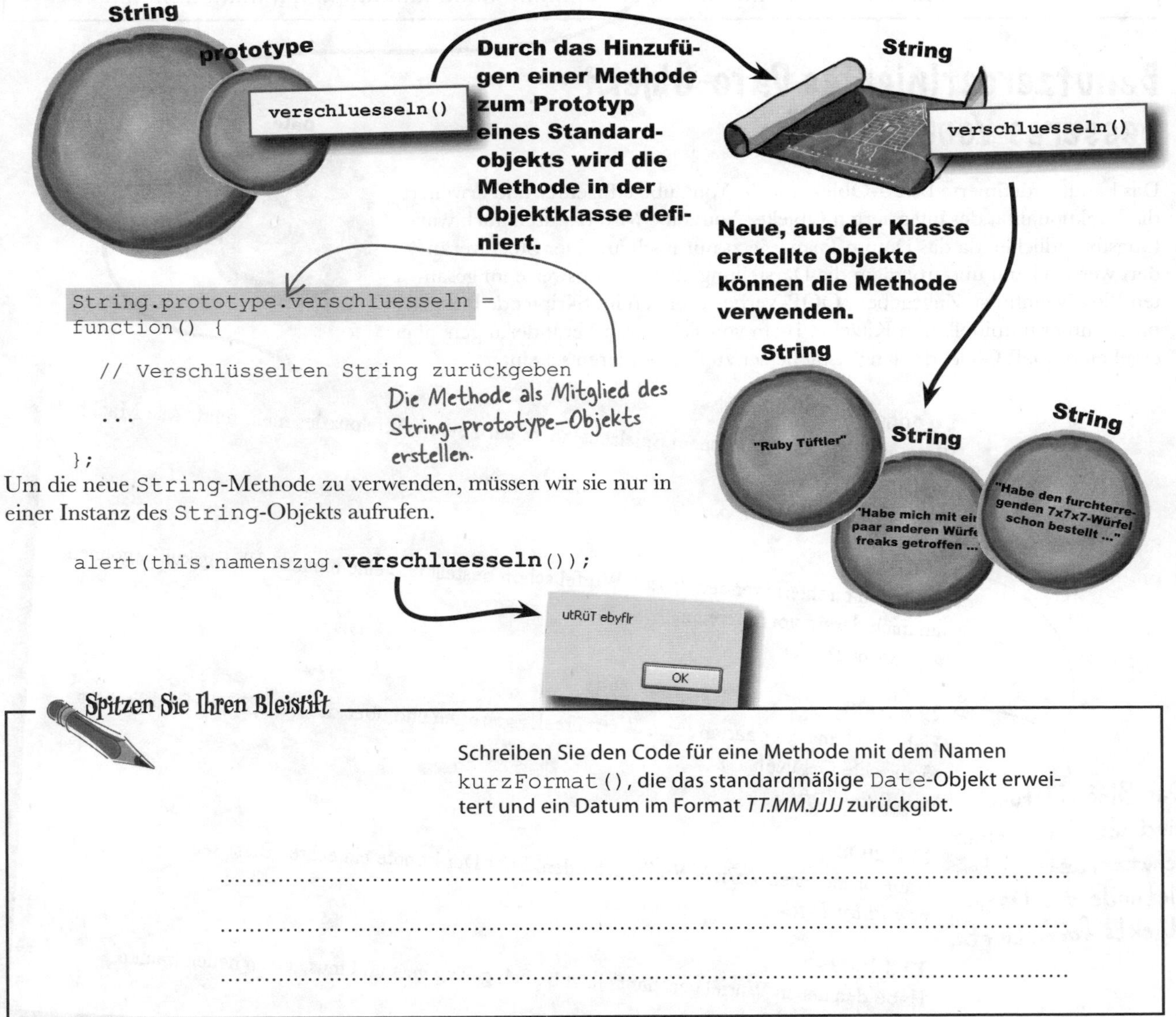


```
String.prototype.verschluesseln =
function() {

  // Verschlüsselten String zurückgeben
  ...

};
```

Um die neue `String`-Methode zu verwenden, müssen wir sie nur in einer Instanz des `String`-Objekts aufrufen.

```
alert(this.namenszug.verschluesseln());
```

Spitzen Sie Ihren Bleistift

Schreiben Sie den Code für eine Methode mit dem Namen `kurzFormat()`, die das standardmäßige `Date`-Objekt erweitert und ein Datum im Format *TT.MM.JJJJ* zurückgibt.

....

....

....

Spitzen Sie Ihren Bleistift

Lösung

Schreiben Sie den Code für eine Methode mit dem Namen `kurzFormat()`, die das standardmäßige `Date`-Objekt erweitert und ein Datum im Format *TT.MM.JJJJ* zurückgibt.

Die Methode wird zum Prototyp des Date-Objekts hinzugefügt.

```
Date.prototype.kurzFormat = function() {
  return (this.getDate() + "." + (this.getMonth() + 1) + "." + this.getFullYear();
};
```

Benutzerdefiniertes Date-Objekt = besseres YouCube

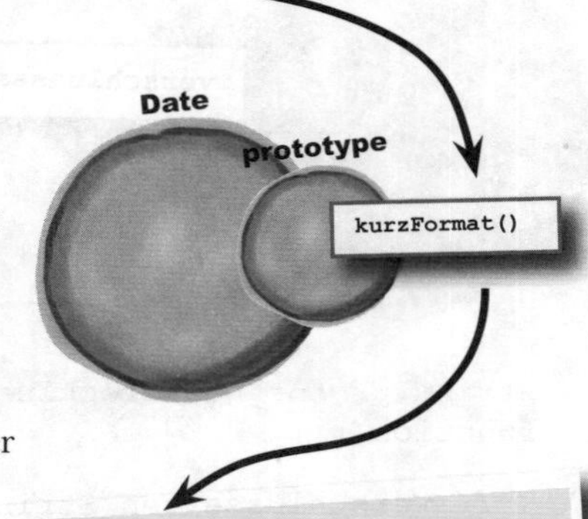

Das benutzerdefinierte `Date`-Objekt macht YouCube effizienter und erweitert die Funktionalität des integrierten Objekts. YouCube wird dadurch auch wartungsfreundlicher, da das Datumsformat jetzt nur noch an einer Stelle verändert werden kann und trotzdem die Darstellung aller Datumswerte im gesamten Blog beeinflusst. Zugegeben, OOP-Verbesserungen im Skriptcode bringen nicht immer unmittelbaren Kitzel in Form von sichtbaren Veränderungen, aber ergeben oftmals Code, der langfristig besser zu funktionieren scheint.

3.9.2008
War auf einer Demo vor einem Spielzeugladen, der keine Würfelpuzzles mehr führt. Alle Macht den Tüftlern!
von Ruby Tüftler

1.9.2008
Habe den furchterregenden 7x7x7-Würfel schon bestellt und eine mentale Übungskur begonnen, um mich darauf vorzubereiten.
von Ruby Tüftler

29.8.2008
Habe mich mit ein paar anderen Würfelfreaks getroffen und über den 7x7x7-Würfel diskutiert. Gemischte Gefühle!
von Ruby Tüftler

21.8.2008
Habe online einen 7x7x7-Würfel gefunden. Puh! Der könnte ein echtes Biest sein.
von Ruby Tüftler

19.8.2008
Habe den neuen Würfel geschafft. Jetzt bin ich gelangweilt und muss einen neuen kaufen.
von Ruby Tüftler

Das Blog-Datum wird jetzt mit einer benutzerdefinierten Methode des Date-Objekts formatiert.

Klassen können ihre eigenen Methoden haben

Die benutzerdefinierte `kurzFormat()`-Methode des `Date`-Objekts ist eine **klasseneigene Instanzmethode**. Das bedeutet, dass sie auf die Instanzeigenschaften zugreifen kann, obwohl sie zur Klasse gehört. Dadurch kann die Methode das in einer bestimmten Instanz gespeicherte Datum formatieren. Es ist auch möglich, eine **Klassenmethode** zu definieren, eine Methode, die zu einer Klasse gehört und **nicht** auf Instanzeigenschaften zugreifen kann. Klassenmethoden können aber auf Klasseneigenschaften zugreifen, z.B. auf die Eigenschaft `namenszug` in der `Blog`-Klasse.

Klassenmethoden gehören zu einer Klasse und können nur auf Klasseneigenschaften zugreifen.

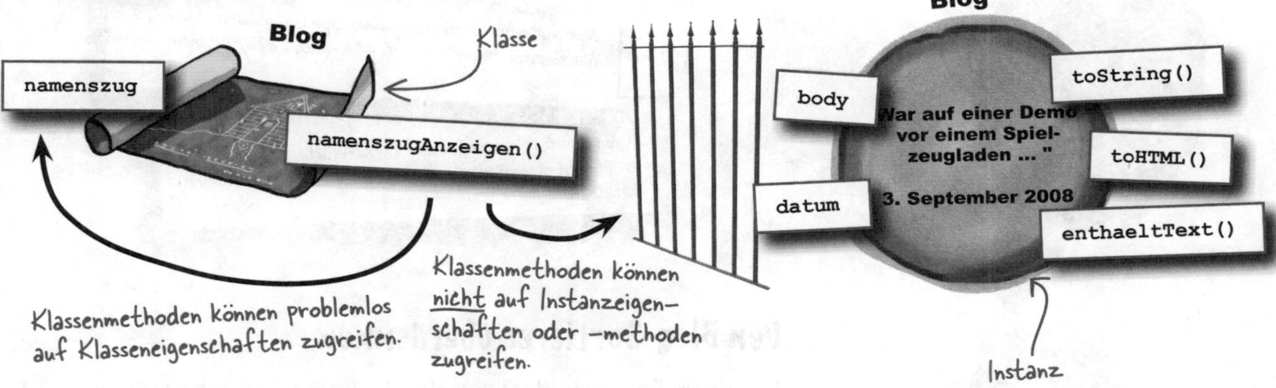

Zum Definieren einer Klassenmethode wird die Methode für die Klasse **ohne** das `prototype`-Objekt festgelegt – weisen Sie die Methode der Klasse einfach mit dem Klassennamen und der Objektschreibweise zu.

Um von einer Klassenmethode auf eine Klasseneigenschaft zuzugreifen, müssen Sie über die prototype-Eigenschaft gehen.

```
Blog.namenszugAnzeigen = function() {
  alert("Dieser Blog wurde erstellt von " + Blog.prototype.namenszug + ".");
};
```

Da namenszug eine Klasseneigenschaft ist, hat die Klassenmethode darauf Zugriff.

Da Klassenmethoden mit keiner Instanz verknüpft sind, können Sie sie einfach über den Klassennamen aufrufen. Das bedeutet nicht, dass eine Instanz eine Klassenmethode nicht aufrufen kann, aber sie muss das auch über den Klassennamen tun.

```
Blog.namenszugAnzeigen();
```

Der Klassenname ist der Schlüssel zum Aufruf der Klassenmethode.

Können Sie sich vorstellen, dass es in YouCube Code gibt, der eine sinnvolle Klassenmethode von `Blog` ergeben würde?

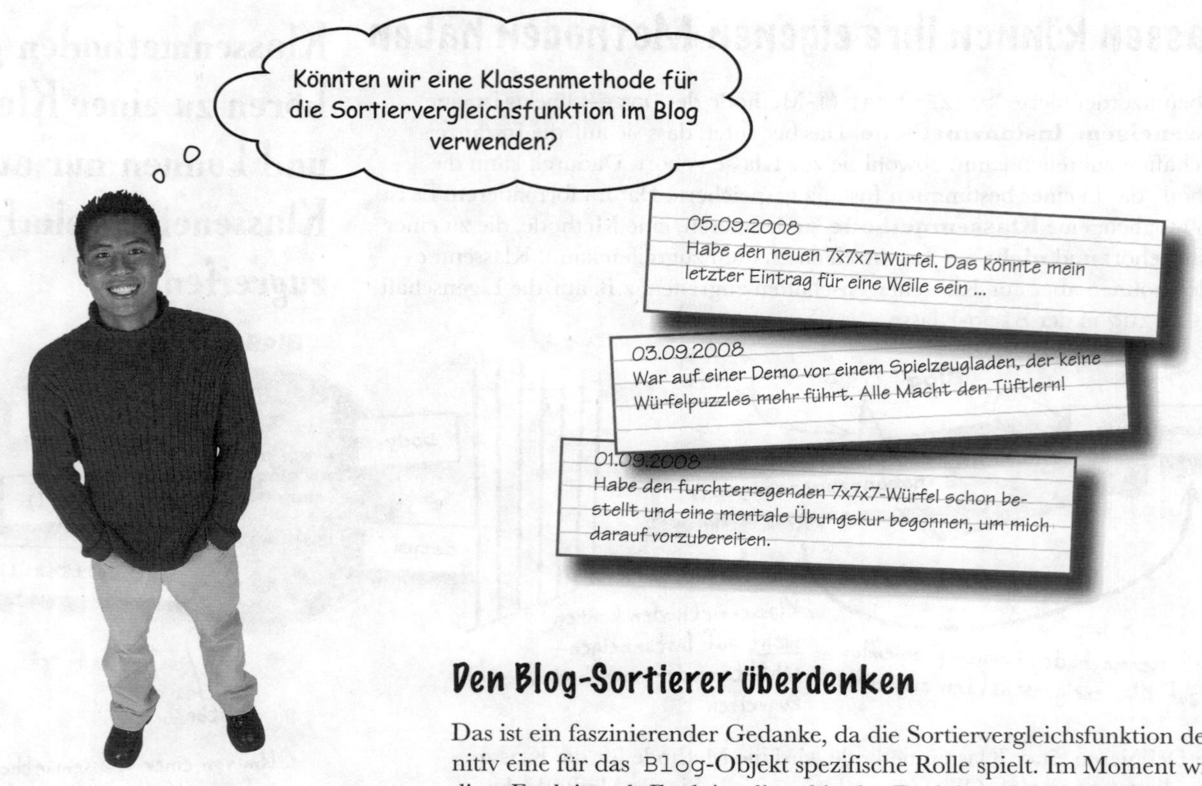

Den Blog-Sortierer überdenken

Das ist ein faszinierender Gedanke, da die Sortiervergleichsfunktion definitiv eine für das `Blog`-Objekt spezifische Rolle spielt. Im Moment wird diese Funktion als Funktionsliteral in der Funktion `blogAnzeigen()` definiert, genau da, wo sie gebraucht wird.

```
function blogAnzeigen(anzEintraege) {
  // Zuerst Blog in umgekehrt chronologischer Reihenfolge sortieren
  blog.sort(function(blog1, blog2) { return blog2.datum - blog1.datum; });
  ...
}
```

Die Blog-Sortierung findet in der Funktion blogAnzeigen() statt, die kein Teil des Blog-Objekts ist.

Es könnte möglich sein, den Sortiervergleichscode in eine Klassenmethode zu verlegen.

Eines der grundlegenden Konzepte der OOP ist es, die Funktionalität eines Objekts im Objekt selbst zu **kapseln**. Das bedeutet, dass Aufgaben, die ein Objekt selbst erledigen kann, nicht von Code außerhalb des Objekts übernommen werden. In diesem Fall kann der Vergleich der Blog-Einträge für die Sortierung auch im Objekt geschehen statt in der Funktion `blogAnzeigen()`. Aber kann der Vergleichscode in einer Klassenmethode der `Blog`-Klasse untergebracht werden? Um diese Frage zu beantworten, müssen wir herauszufinden, ob die Methode auf Instanzdaten oder -methoden zugreifen muss. Das wäre ein großes Problem, da Klassenmethoden in einer Instanz auf nichts zugreifen können.

Die Sortiervergleichsfunktion untersuchen

Es gibt nur eine Möglichkeit herauszufinden, ob das funktioniert. Wir müssen die Funktion zerlegen und sehen, was sie genau macht. So sieht der Code des Funktionsliterals für den Sortiervergleich wie eine normale Funktion formatiert aus:

```
function(blog1, blog2) {

  return blog2.date - blog1.date;

}
```

Die beiden Blog-Instanzen werden der Funktion als Argumente übergeben.

Der Sortiervergleich geschieht durch Subtraktion der beiden Argumente.

Obwohl die Funktion direkt mit Blog-Instanzen hantiert, werden diese als Argumente übergeben. Das ist etwas anderes als der Versuch, auf eine Eigenschaft oder Methode **innerhalb** einer Instanz mit dem `this`-Schlüsselwort zuzugreifen – was einer Klassenmethode ja nicht möglich ist. Die Sortiervergleichsfunktion muss auf nichts innerhalb einer Instanz zugreifen und ist daher der perfekte Kandidat für eine Klassenmethode.

Genau genommen benötigt die Sortiervergleichsfunktion nicht einmal Klasseneigenschaften, obwohl sie gegebenenfalls darauf zugreifen könnte, da Klassenmethoden Zugriff auf Klasseneigenschaften haben.

Instanz

Blog

Habe den neuen 7x7x7-Würfel. Das könnte mein letzter Eintrag für eine Weile sein ...

body

datum

tember 5th, 20

toString()

toHTML()

enthaeltText()

Eine Klassenmethode kann falls nötig auf Klasseneigenschaften zugreifen.

Klasse.

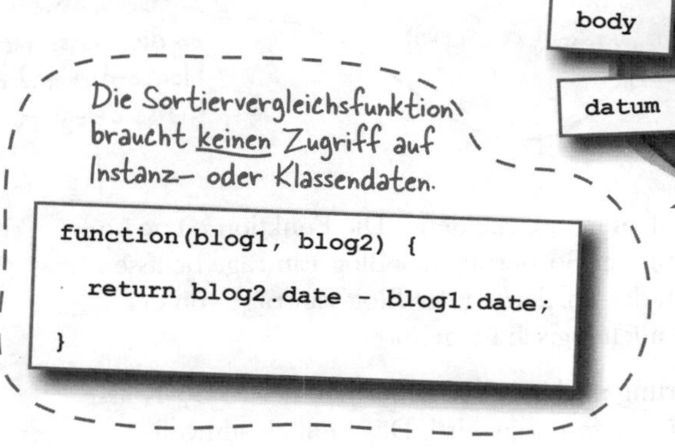

Wenn die Sortiervergleichsfunktion auf eine Instanz zugreifen müsste, könnte sie keine Klassenmethode sein.

Spitzen Sie Ihren Bleistift

Schreiben Sie die Sortiervergleichsfunktion des YouCube-Blogs als Klassenmethode des `Blog`-Objekts und geben Sie ihr den Namen `blogSortierer()`.

....

....

....

Spitzen Sie Ihren Bleistift

Lösung

Schreiben Sie die Sortiervergleichsfunktion des YouCube-Blogs als Klassenmethode des `Blog`-Objekts und geben Sie ihr den Namen `blogSortierer()`.

```
Blog.blogSortierer = function(blog1, blog2) {
  return blog2.date - blog1.date;
};
```

Die Sortiervergleichsmethode ist jetzt eine Klassenmethode des Blog-Objekts und heißt blogSortierer().

Klassenmethoden aufrufen

Der Vorteil daran, die Blog-Sortiervergleichsfunktion als `Blog`-Methode unterzubringen, wird etwas leichter erkennbar, wenn Sie sehen, wie die Methode im Code aufgerufen wird.

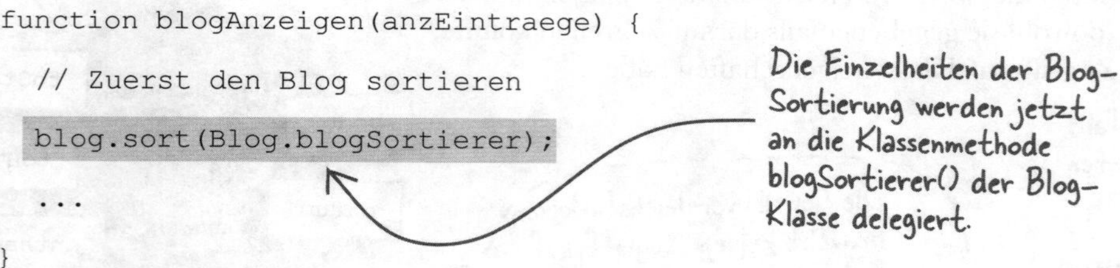

```
function blogAnzeigen(anzEintraege) {
  // Zuerst den Blog sortieren
  blog.sort(Blog.blogSortierer);
  ...
}
```


Die Schönheit dieses Codes ist subtil, aber entscheidend. Die Funktion `blogAnzeigen()` muss sich nicht mehr mit der Sortierung der Blog-Einträge befassen. Stattdessen werden die Einzelheiten der Sortierung der Blog-Einträge von der `Blog`-Klasse übernommen, wo sie auch logisch hingehören.

Das Tolle daran ist, dass die Sortierung nach wie vor außerhalb der `Blog`-Klasse in der Funktion `blogAnzeigen()` angestoßen wird. Das ist auch sinnvoll, da die Sortierung eine ganze Sammlung von Blog-Instanzen betrifft. Aber die Einzelheiten der Sortierung in Bezug auf einzelne Blog-Einträge liegt im Zuständigkeitsbereich der `Blog`-Klasse. Gutes OOP-Design erfordert oft eine sorgfältige Instrumentierung von Objekten sowie des umliegenden Codes.

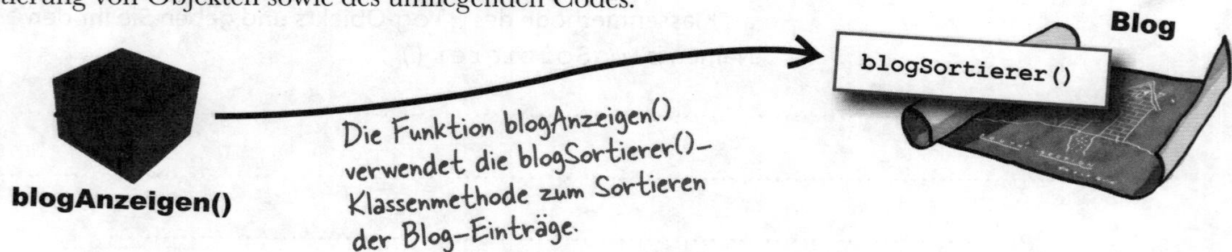

Ein Bild sagt mehr als tausend Blog-Worte

Ruby ist immer noch begeistert von den OOP-Verbesserungen in YouCube, aber sie weiß auch, dass die Benutzer nicht unbedingt ihren Enthusiasmus teilen. Schließlich wirken sich die OOP-Verbesserungen nicht gerade dramatisch auf den Bedienkomfort aus. Sie hat beschlossen, dass es an der Zeit ist, dem Blog spürbar mehr Appeal zu verpassen!

Ruby möchte, dass jeder einzelne Blog-Eintrag ein optionales Bild unterstützt, das zusammen mit dem Datum und dem Text-Body angezeigt wird. Da nicht alle Blog-Einträge Bilder brauchen, ist es wichtig, dass das Bild optional ist. So bleiben auch die vorhandenen Blog-Einträge intakt, die sie bereits geschrieben hat.

Wie könnten Sie das `Blog`-Objekt in YouCube ändern, damit es Bilder unterstützt?

Bilder in YouCube einbauen

Für die Bildunterstützung im YouCube-Blog müssen wir herausfinden, wie wir ein Bild so in das `Blog`-Objekt einfügen, dass es die vorhandene Funktionalität des Objekts nicht beeinträchtigt. Das wirft zwei entscheidende Designfragen auf:

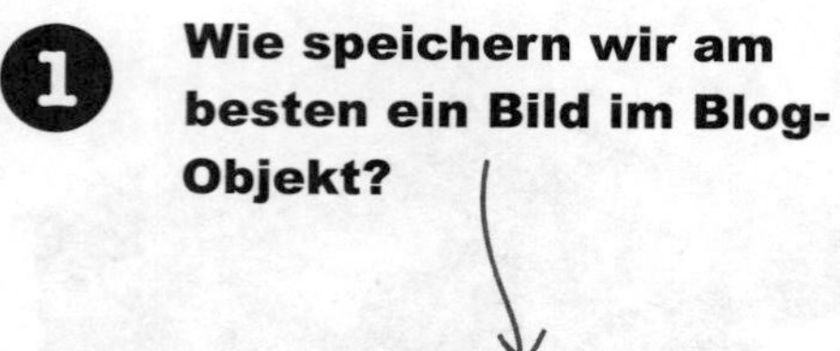

2 Wie kann das Blog-Bild in YouCube eingefügt werden, aber optional sein?

Unabhängig davon, wie das Blog-Bild gespeichert wird, wissen wir, dass es letztendlich in ein HTML-`<img>`-Tag eingespeist und so auf der YouCube-Webseite angezeigt wird.

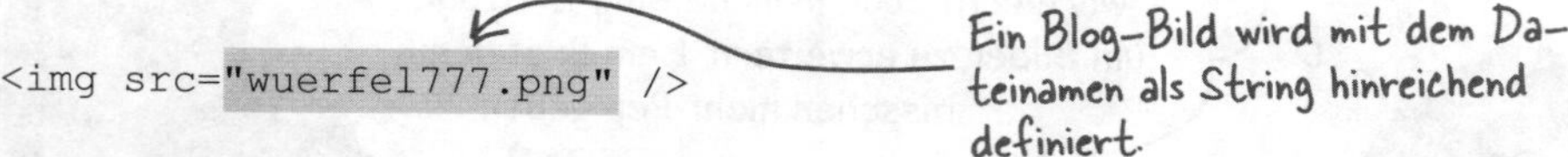

```
<img src="wuerfel777.png" />
```

Ein Blog-Bild wird mit dem Dateinamen als String hinreichend definiert.

Dieser Code zeigt, dass ein Bild einfach nur ein String ist, zumindest was den Blog angeht. Klar, der String referenziert letztendlich eine Bilddatei, die irgendwo auf einem Webserver gespeichert ist. Aber aus Sicht des `Blog`-Objekts ist es ein String.

Was das Blog-Objekt angeht, ist ein Bild einfach nur ein String.

Also können wir ein Bild dem `Blog`-Objekt einfach als Eigenschaft hinzufügen, die ähnlich der `body`-Eigenschaft einen String speichert.

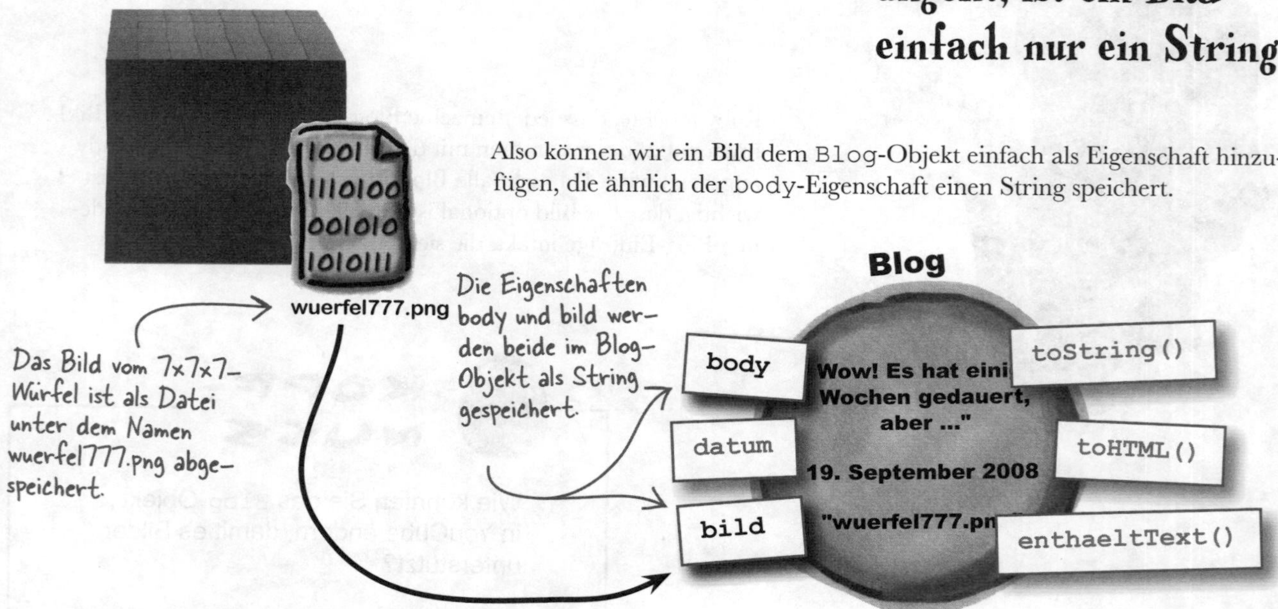

Ein optionales Blog-Bild

Also speichern wir das Blog-Bild im `Blog`-Objekt als String-Eigenschaft namens `bild`. Bleibt die Frage, wie diese Eigenschaft als rein optionales Merkmal zum Blog hinzugefügt werden kann. Diese Frage führt letztlich wieder zum Konstruktor zurück, da das Objekt dort erstellt und initialisiert wird. Sicher muss irgendein besonderer Code in den Konstruktor kommen, der die Tatsache berücksichtigt, dass die Eigenschaft optional ist.

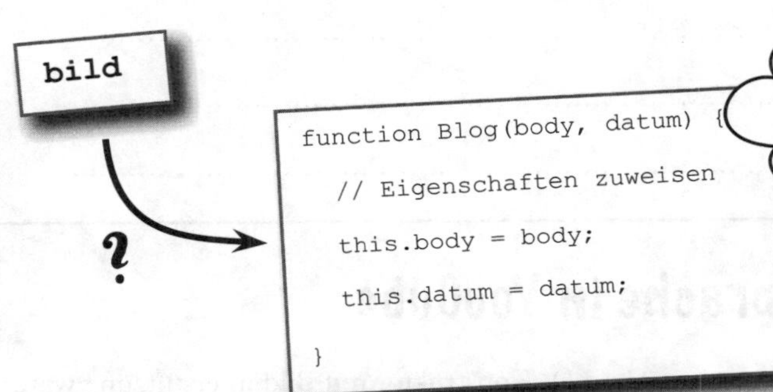

Ich bin mir da nicht so sicher. Was passiert, wenn wir ein Argument nicht an den Konstruktor übergeben? Wird die Eigenschaft dann nicht einfach null?

Fehlende Funktionsargumente werden null.

Wenn ein Argument nicht an eine Funktion, Methode oder einen Konstruktor übergeben wird, nimmt es für jeden Code, der es verwenden möchte, den Wert `null` an. Und im Fall des Konstruktors bedeutet das konkret, dass die Eigenschaft, die zu einem fehlenden Argument gehört, den Wert `null` erhält. Das muss nicht notwendigerweise schlecht sein. Der Trick besteht darin, dass das optionale Konstruktorargument am Ende der Argumentliste steht, sodass es ausgelassen werden kann, ohne die anderen Argumente durcheinanderzubringen. Diese Technik funktioniert mit jeder Funktion oder Methode und ist für das `bild`-Argument des `Blog()`-Konstruktors besonders praktisch.

Spitzen Sie Ihren Bleistift

Schreiben Sie den YouCube-`Blog()`-Konstruktor so neu, dass er die neue bild-Eigenschaft zum Speichern des Bilds für einen Blog-Eintrag unterstützt.

....

....

....

....

....

....

Spitzen Sie Ihren Bleistift
Lösung

Schreiben Sie den YouCube-`Blog()`-Konstruktor so neu, dass er die neue bild-Eigenschaft zum Speichern des Bilds für einen Blog-Eintrag unterstützt.

```
function Blog(body, datum, bild) {
    // Eigenschaften zuweisen
    this.body = body;
    this.datum = datum;
    this.bild = bild;
}
```

Das bild-Argument wird als letztes Argument dem Konstruktor hinzugefügt.

Die bild-Eigenschaft wird erstellt und mit dem Argument bild initialisiert.

Es gibt keine Dummen Fragen

F: Ist es wichtig, dass das `bild`-Argument als letztes in der Argumentliste des `Blog()`-Konstruktors steht?

A: Ja. Das liegt daran, dass das Bild optionaler Teil eines Blog-Eintrags ist. Entscheidend ist dabei, wie Sie Argumente an Funktionen übergeben, vor allem was optionale Argumente angeht. Wenn eine Funktion zwei Argumente hat, können Sie entweder beide Argumente, nur das erste Argument oder kein Argument übergeben. Es gibt keine Möglichkeit, **nur** das zweite Argument zu übergeben.

Wenn es also um optionale Argumente geht, gestalten Sie sie so, dass sie am Ende der Argumentliste stehen. Stufen Sie die Argumente in Hinblick auf ihre Wichtigkeit ein, sodass die wichtigen Argumente zuerst kommen. Weniger wichtige Argumente, die eher optional sind, sollten am Ende der Argumentliste stehen. Weil das `bild`-Argument für den `Blog()` optional ist, muss es als letztes Argument in der Liste auftauchen, da es leicht weggelassen werden kann.

Bildersprache in YouCube

Der funkelnagelneue `Blog()`-Konstruktor mit Bildunterstützung wäre nicht sonderlich nützlich ohne Blog-Einträge, die davon Gebrauch machen. Zum Erstellen eines Blog-Eintrags mit Bild müssen folgende zwei Dinge geschehen:

1. Legen Sie die Blog-Bilddatei in dasselbe Verzeichnis des Webservers wie die YouCube-Webseite.

2. Erstellen Sie den neuen Blog-Eintrag als `Blog`-Objekt im YouCube-Skriptcode.

Blog

" Wow! Es hat einige Wochen gedauert, aber ..."

...eptember 2008

...erfel777.png"

19.09.2008
Wow! Es hat einige Wochen gedauert, aber ich habe den neuen Würfel endlich geschafft!

Die beiden Schritte ergeben den folgenden Code, der erfolgreich einen neuen Blog-Eintrag erstellt und einen `bild`-String als letztes Argument an den `Blog()`-Konstruktor übergibt:

```
new Blog("Wow! Es hat einige Wochen gedauert, aber ich habe den neuen Würfel " +
  "endlich geschafft!", new Date("19.09.2008"), "wuerfel777.png")
```

Das Blog-Bild wird als letztes Argument des Blog()-Konstruktors übergeben.

Das Blog-Bild anzeigen

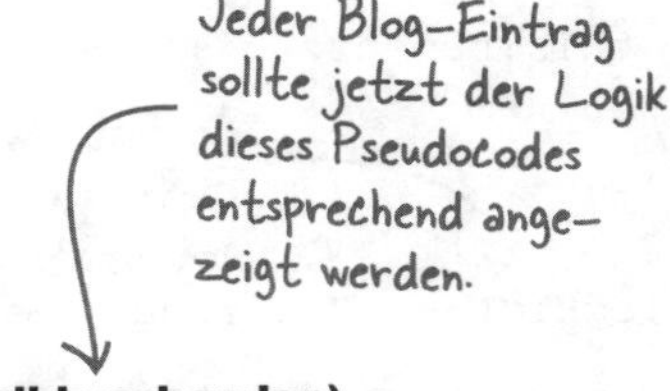

Nachdem nun ein Blog-Eintrag mit einem Bild erstellt wurde, gibt es eine letzte Amtshandlung für die Bilderweiterung für YouCube. Dieses ganze Gerede von Konstruktoren und optionalen Argumenten ergibt keinen Sinn, wenn der Code für die Anzeige eines Blog-Eintrags die neue `bild`-Eigenschaft nicht auch berücksichtigt.

Dieser Code steht in der `toHTML()`-Methode. Wir wissen bereits, dass diese Methode für die Formatierung des Blogs als HTML-Code zuständig ist. Allerdings muss sie jetzt auch berücksichtigen, ob die `bild`-Eigenschaft einen sinnvollen Inhalt hat oder nicht. Worum es wirklich geht, ist, dass es jetzt zwei verschiedene Möglichkeiten gibt, einen Blog-Eintrag anzuzeigen: mit oder ohne Bild. Und das Vorhandensein eines Bilds entscheidet darüber, wie der Blog dargestellt wird.

If (bild vorhanden)

Blog-Eintrag mit Bild anzeigen

Else

Blog-Eintrag ohne Bild anzeigen

Spitzen Sie Ihren Bleistift

In der `toHTML()`-Methode des `Blog`-Objekts fehlt der Code, mit dem optionale Bilder angezeigt werden können. Schreiben Sie den fehlenden Code und notieren Sie, was er macht.

```
if ( ........................ ) {
  blogHTML += "<strong>" + this.datum.kurzFormat() +
    "</strong><br /><table><tr><td><img src='" + this.bild +
    "'/></td><td style='vertical-align:top'>" + this.body + "</td></tr></table><em>" +
    this.namenszug + "</em></p>";
}
else {
  blogHTML += "<strong>" + this.datum.kurzFormat() + "</strong><br />" + this.body +
    "<br /><em>" + this.namenszug + "</em></p>";
}
```

Spitzen Sie Ihren Bleistift
Lösung

In der `toHTML()`-Methode des `Blog`-Objekts fehlt der Code, mit dem optionale Bilder angezeigt werden können. Schreiben Sie den fehlenden Code und notieren Sie, was er macht.

```
if ( this.bild ) {
  blogHTML += "<strong>" + this.datum.kurzFormat() +
    "</strong><br /><table><tr><td><img src='" + this.bild +
    "'/></td><td style='vertical-align:top'>" + this.body + "</td></tr></table><em>" +
    this.namenszug + "</em></p>";
}
else {
  blogHTML += "<strong>" + this.datum.kurzFormat() + "</strong><br />" + this.body +
    "<br /><em>" + this.namenszug + "</em></p>";
}
```

Wenn die bild-Eigenschaft tatsächlich ein Bild enthält, ergibt die Testbedingung true, und das Bild wird angezeigt.

Ansonsten wird der Blog-Eintrag wie immer ohne Bild angezeigt.

Ein objektgetriebener YouCube

Ruby ist ekstatisch. Ihr Blog ist dank der Objekte rasant gewachsen und stellt jetzt eine schicke neue Bildfunktion zur Schau, von der sie weiß, dass ihre Besucher sie schlichtweg lieben werden.

JavaScript-Kreuzworträtsel

Sie kennen das Spiel ... Felder und Wörter. Füllen Sie sie aus!

Waagerecht

4. Der Namenszug in YouCube ist eine .....
5. Vorlage zum Erstellen von Instanzen eines Objekts.
9. Software, die mit Objekten entworfen wird, nennt man .....
10. Ein Schlüsselwort, das auf ein Objekt innerhalb seines eigenen Codes verweist.
11. Wenn ein Datenwert in einem Objekt untergebracht wird, nennt man das eine ....

Senkrecht

1. Der Sortiervergleichscode für den Blog in YouCube ist eine .....
2. Funktion in einem Objekt.
3. Operator zum Erstellen von Objektinstanzen.
6. Ein reales Objekt mit eigenen Daten.
7. Jedes Objekt enthält ein solches vertecktes Objekt.
8. Die Objektschreibweise verwendet das für den Zugriff auf Eigenschaften und Methoden.

JavaScript-Kreuzworträtsel, Lösung

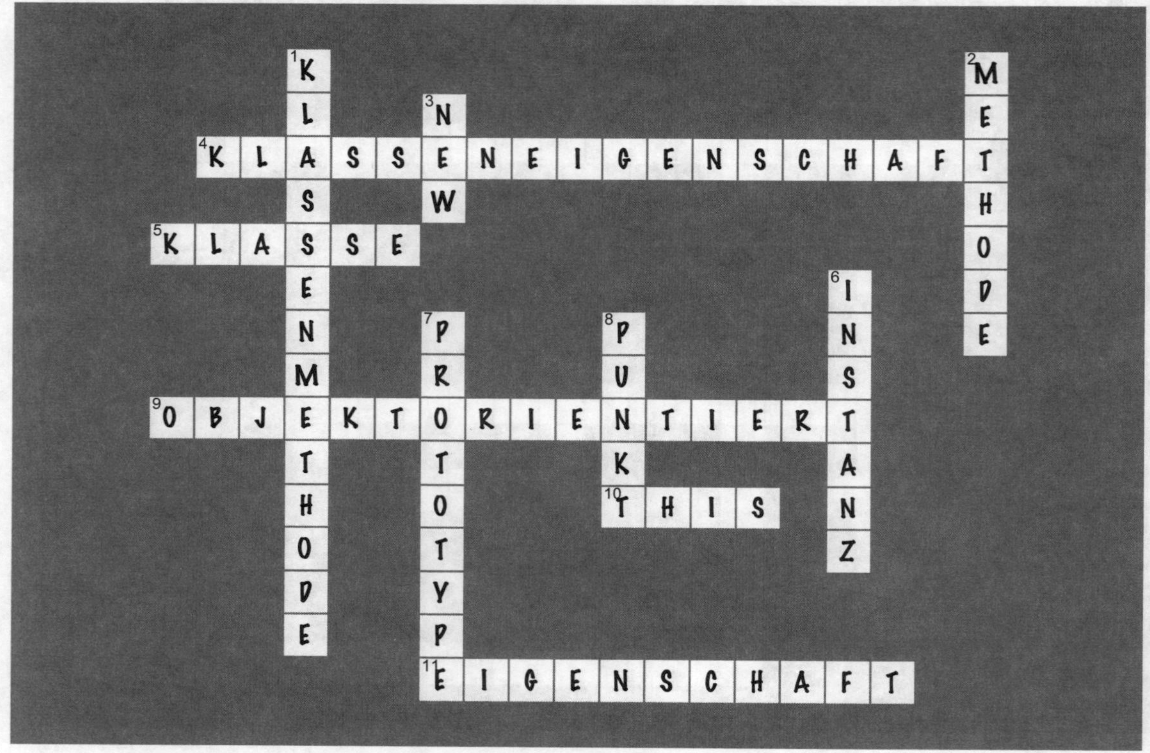

Seitenfalter

Falten Sie die Seite vertikal so, dass die beiden Gehirne zusammenkommen und das Rätsel lösen.

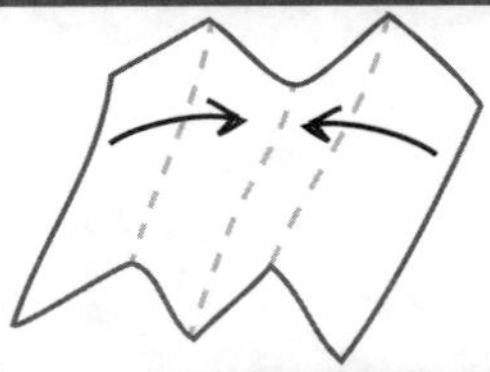

Was bringen Objekte Skripten bei?

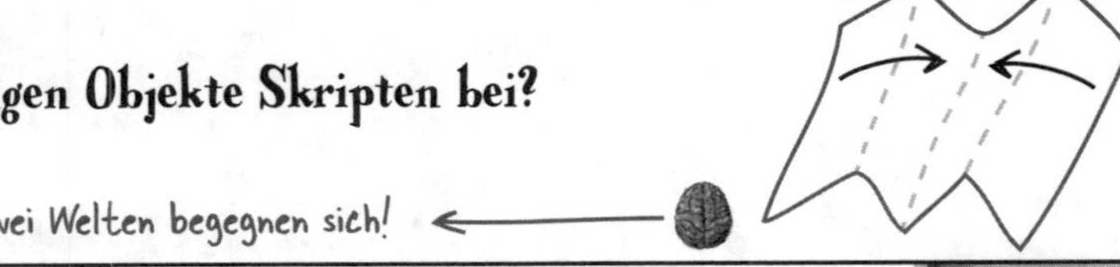

Wer

Was

namenszug

anzeigen()

wo

Bild fehlt

versenden()

wann

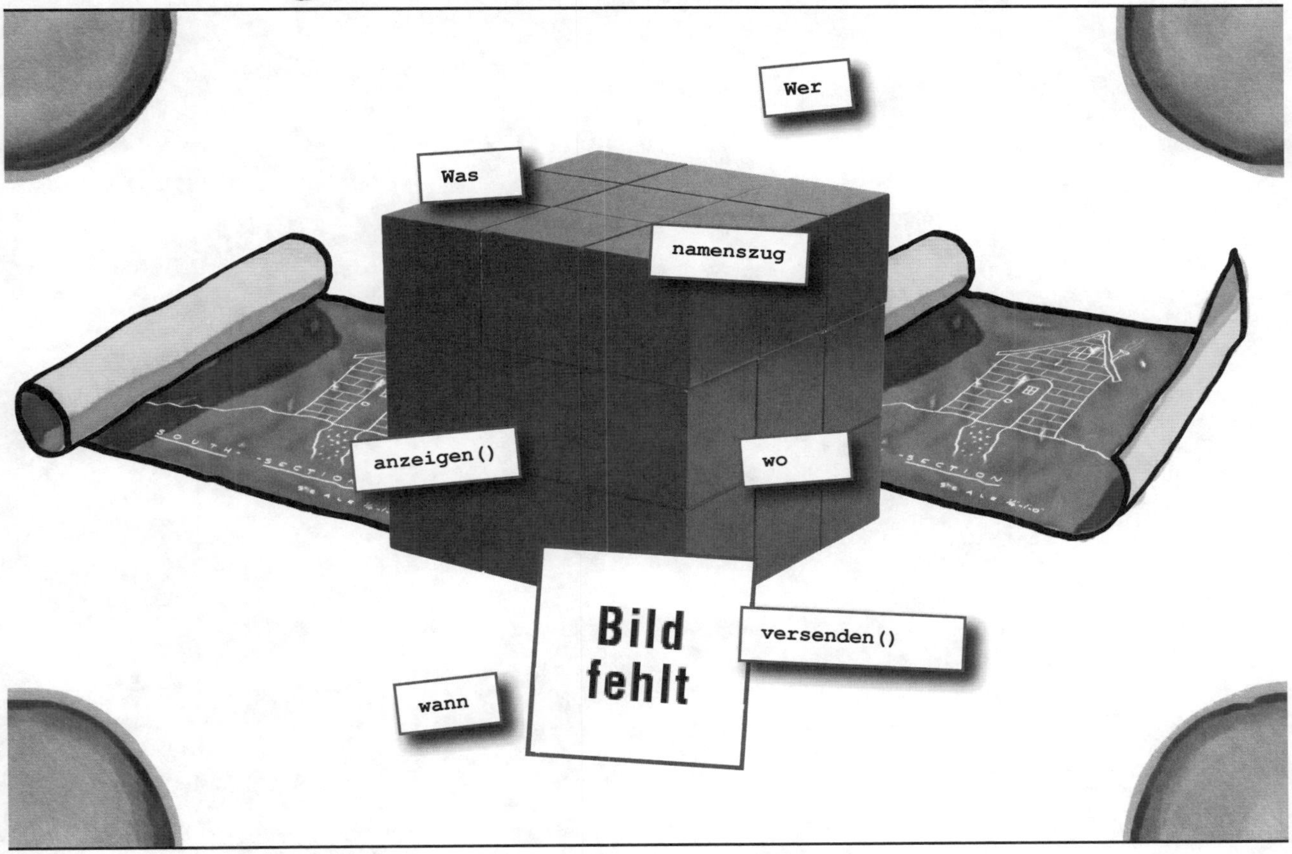

Objekte machen viele coole Dinge.
Und manche Objekte haben mehr Klasse
als andere. Dadurch fällt die Wahl
auch nicht gerade leichter.
Aber letztlich ist die Antwort klar.

11 Bugs zur Strecke bringen

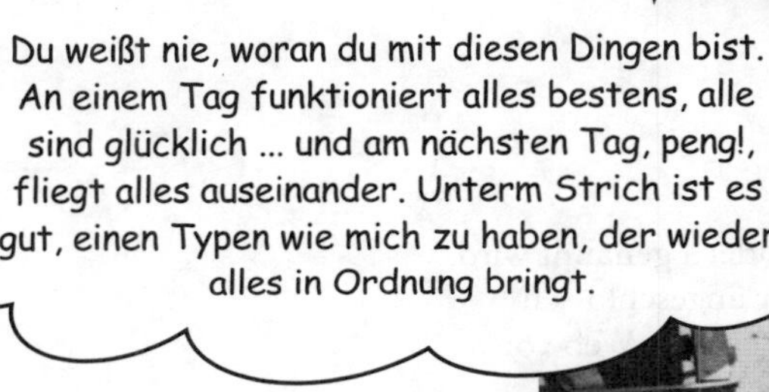

Selbst die besten JavaScript-Pläne gehen manchmal schief.

Wenn das passiert – und das wird es –, dürfen Sie keine Panik bekommen. Die besten JavaScript-Entwickler sind nicht die, die keine Fehler machen ... das sind die Lügner. Nein, die besten JavaScript-Entwickler sind diejenigen, die die von ihnen gemachten **Bugs erfolgreich aufspüren und ausmerzen**. Noch wichtiger ist es, dass erstklassige JavaScript-Bug-Bekämpfer **gute Programmiergewohnheiten entwickeln**, wodurch selbst die hinterhältigsten und miesesten Bugs minimiert werden. ***Ein bisschen Prävention kann Sie weit bringen.*** Aber Bugs kommen nun mal vor, und Sie brauchen ein ganzes Arsenal von Waffen, um sie zu bekämpfen!

Debugging in der realen Welt

Es ist eine schockierende Tatsache im Leben von Snacks ... Ein Schokoriegel kann bis zu 60 Teile von Käfern enthalten. So erschreckend dieser Informationshappen auch sein mag, so gibt es keinen Grund, Käfer, also Bugs, in JavaScript-Code zu fürchten. Denn JavaScript-Code kann strenger kontrolliert werden als Schokoladenverarbeitungsequipment. Es gibt sogar eine Spezialeinheit, die sich nur mit der Entfernung von JavaScript-Bugs beschäftigt.

Es ist das Bug-Sonderkommando, oder BSK, wie es von Insidern genannt wird. Uwe hat sich dem BSK erst kürzlich als JavaScript-Ermittler angeschlossen und brennt darauf, sich selbst zu beweisen und dabei zu helfen, das Web von JavaScript-Bugs zu befreien.

Uwe, JavaScript-Ermittler beim BSK und ehemaliger Schoko-Liebhaber.

Ein käferverseuchter Schokoriegel ... igitt!

Uwe trennen mehrere Fälle von seinem Erfolg, die dringend seiner Aufmerksamkeit bedürfen. Er muss erst die schwarze Kunst des JavaScript-Debuggings meistern, bevor er die Karriereleiter hinaufsteigen und ein ausgewachsener JavaScript-Detektiv werden kann.

Freak-Futter

Laut der »Amerikanischen Bundesbehörde zur Überwachung von Nahrungs- und Arzneimitteln« sind bis zu 60 Insekten-»Fragmente« in einem Schokoriegel zulässig. Im Gegensatz zur realen Welt haben die Leute vom BSK eine Nulltoleranz-Richtlinie, wenn es um JavaScript-Bugs geht, und die sollten Sie auch haben.

Der fehlerhafte IQ-Rechner

Der erste Fall auf Uwes Schreibtisch ist ein IQ-Rechner-Skript, das Teil einer Seite ist, die den durchschnittlichen IQ aus einem Array von IQs errechnet und anschließend Benutzer mit ähnlichen Ergebnissen in Gruppen zusammenfasst. Das Skript erhält ein Array von Zahlen, berechnet den Durchschnitt und zeigt das durchschnittliche Auffassungsvermögen an.

Die Dateien für Uwe gibt es unter http://examples.oreilly.de/german_examples/hfjavascriptger.

Uwe wurde darüber informiert, dass dieses Skript ziemlich fehlerhaft sei. Leider hat er keine weitere Information erhalten außer »es funktioniert nicht«.

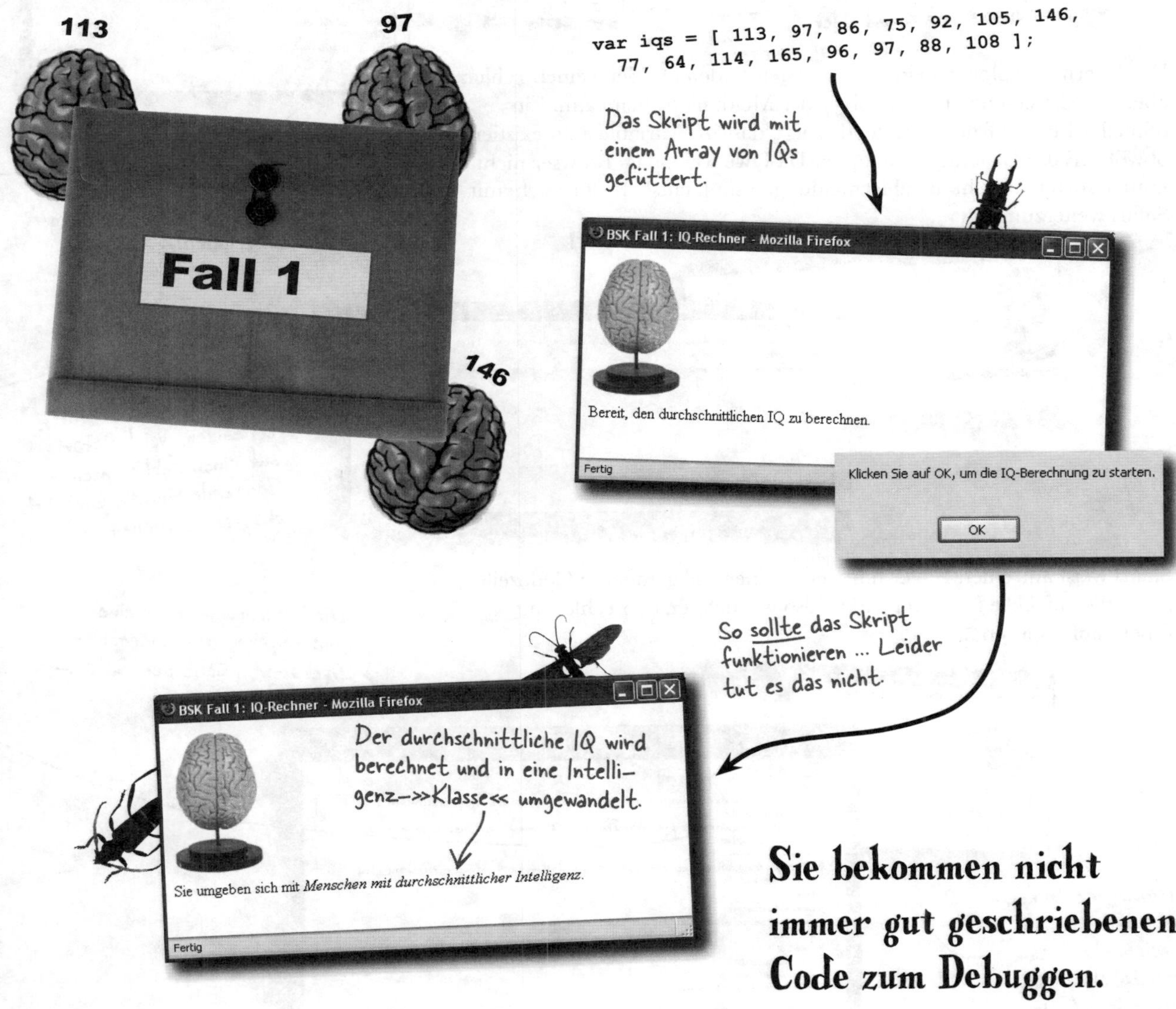

Sie bekommen nicht immer gut geschriebenen Code zum Debuggen.

Versuchen Sie verschiedene Browser

Internet Explorer

Uwe vermutet, Licht in die Sache zu bekommen, wenn er das problematische Skript auf verschiedenen Browsern ausprobierte. Er beginnt mit dem Internet Explorer ...

Ein Doppelklick auf das gelbe Zeichen unten links im IE öffnet ein Fenster mit dem Fehler.

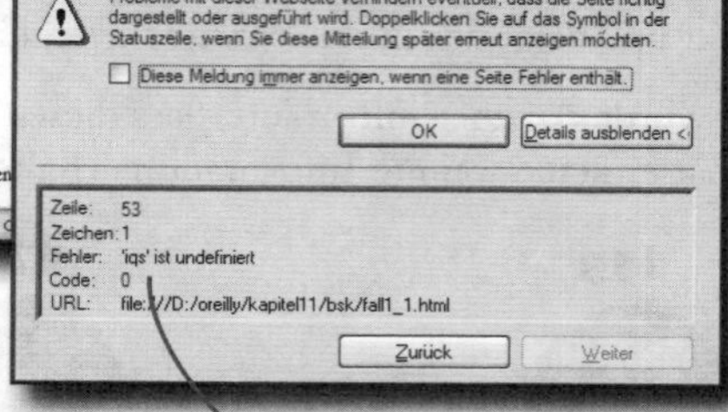

Der Internet Explorer meldet beim ersten Laden der Seite einen Fehler, aber Uwe ist sich nicht sicher, ob er der Meldung trauen kann. Ein schneller Blick auf den Skriptcode zeigt, dass die Variable `iqs` existiert, obwohl IE das Gegenteil behauptet. Da Uwe weiß, dass Browser nicht immer korrekt mit ihren Fehlermeldungen sind, entschließt er sich, mit Safari weiterzumachen ...

Die Variable iqs wird im Code definiert, die Fehlermeldung von IE ergibt keinen Sinn.

Safari

Wenn Sie die Codezeilen von 1 beginnend herunterzählen, weist Safari auf einen Fehler in einer Codezeile hin, die zunächst okay zu sein scheint.

Safari weist auf einen Fehler hin, der in einer völlig anderen Codezeile steht, die auf Uwe fehlerfrei wirkt. Also versucht er, den Fehler mit Opera aufzuspüren ...

Die Zeilennummer ist eine andere, aber der Codefehler in Opera entspricht dem Safari-Fehler.

Opera

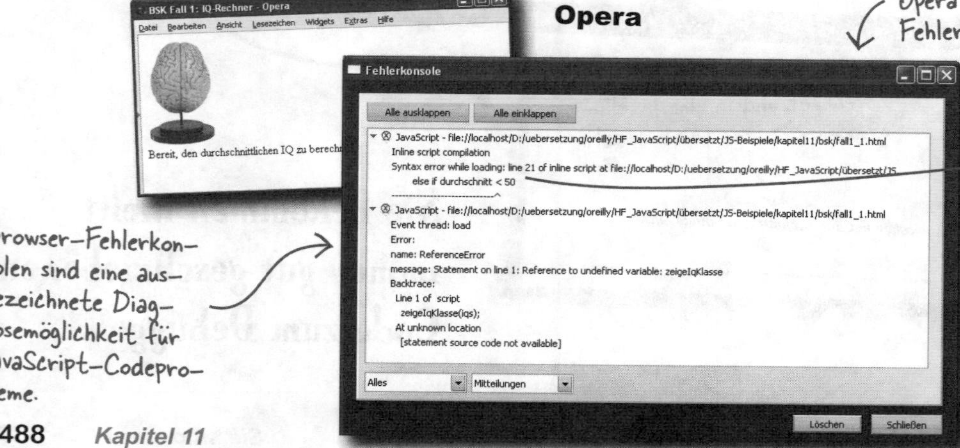

Browser-Fehlerkonsolen sind eine ausgezeichnete Diagnosemöglichkeit für JavaScript-Codeprobleme.

Etwas ist seltsam. Opera erwähnt eine andere Zeilennummer, bezieht sich aber eindeutig auf dieselbe Codezeile wie Safari – gute Nachrichten für Uwe. Aber er sieht immer noch nicht, was an dem Code falsch sein soll. Also startet er noch einen Versuch ... mit Firefox.

Firefox ist sehr hilfreich, um den Bug zu lokalisieren.

Firefox gibt auch noch mal die Zeilennummer mit dem problematischen Code an.

Firefox

BSK Fall 1: IQ-Rechner - Mozilla Firefox

Bereit, den durchschnittlichen IQ zu berechnen.

Fehler-Konsole

Alle | Fehler | Warnungen | Mitteilungen | Löschen

Evaluieren

missing (before condition
file:///D:/oreilly/kapitel11/bsk/fall1_1.html
Zeile: 25

```
else if durchschnitt < 50 {
```

Zeile: 1

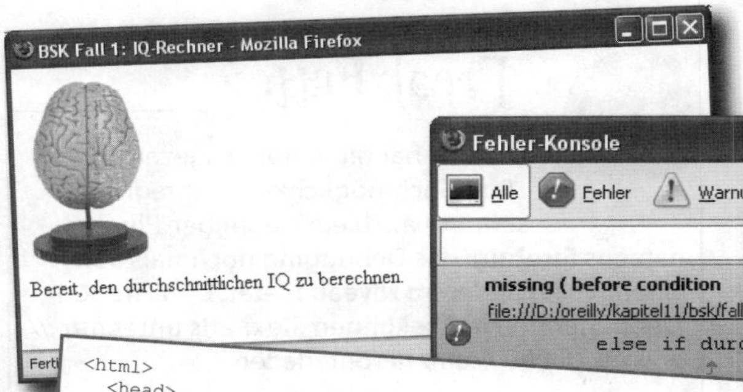

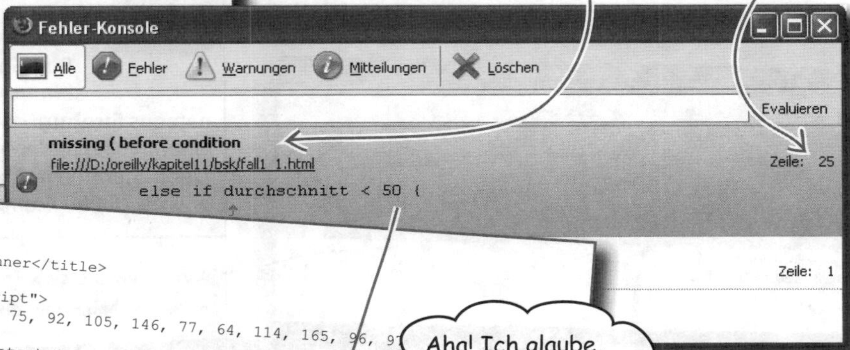

```
<html>
  <head>
    <title>BSK Fall 1: IQ-Rechner</title>

    <script type="text/javascript">
      var iqs = [ 113, 97, 86, 75, 92, 105, 146, 77, 64, 114, 165, 96, 91

      function zeigeIqKlasse(daten) {
        alert("Klicken Sie auf OK, um die IQ-Berechnung zu starten.");
        document.getElementById("ausgabe").innerHTML = "Sie umgeben sich
          berechneIqKlasse(daten) + "</em>.";
      }

      function berechneIqKlasse(daten) {
        // Durchschnittlichen IQ berechnen
        var durchschnitt = 0;
        for (var i = 0; i < daten.length; i++) {
          durchschnitt += daten[i];
        durchschnitt = Math.floor(durchschnitt / daten.length);

        // Klasse des durchschnittlichen IQ zurückgeben
        if (durchschnitt < 20) {
          return "Menschen, die ihren Fernseher abschaffen sollten";
        }
        else if durchschnitt < 50 {
          return "Menschen, die wirklich ein paar Bücher aufschlagen sollten";
        }
        else if (durchschnitt < 70) {
          return "Menschen, die ein paar Bücher aufschlagen sollten";
        }
        else if (durchschnit < 81) {
          return "Menschen, die sich über Gehirntraining Gedanken machen sollten";
        }
        else if (durchschnitt < 91) {
          return "Menschen, die man als stumpf bezeichnen könnte";
        }
        else if (durchschnitt < 111) {
          return "Menschen mit durchschnittlicher Intelligenz";
        }
        else if (durchschnitt < 121) {
          return "Menschen mit überdurchschnittlicher Intelligen
        }
        else if (durchschnitt < 141) {
          return "Menschen mit mehr als überdurchschnittliche
        }
        else {
          return "Genies";
        }
      }
    </script>
  </head>

  <body onload="zeigeIqKlasse(iqs);">
    <img src="gehirn.png" alt="gehirn" />
    <br />
    <div id="ausgabe">Bereit, den durchschnittlichen IQ zu berechnen.</div>
  </body>
</html>
```

Firefox bestätigt, dass diese Zeile die Ursache für den Fehler ist.

Aha! Ich glaube, ich sehe das Problem.

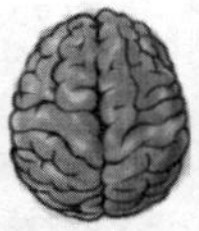

KOPF-NUSS

Welchen Codefehler hat Uwe mithilfe seiner Armee von Webbrowsern entdeckt?

Firefox zu Hilfe

Nachdem Firefox den Bug so spezifisch beschreibt, beschließt Uwe, mit Firefox ein bisschen tiefer zu graben. Er klickt auf den Link in der Firefox-Fehler-Konsole und wird genau zur verdächtigen Codezeile geführt.

Firefox ist allgemein als der beste Browser zum Debuggen bekannt, zumindest im Moment.

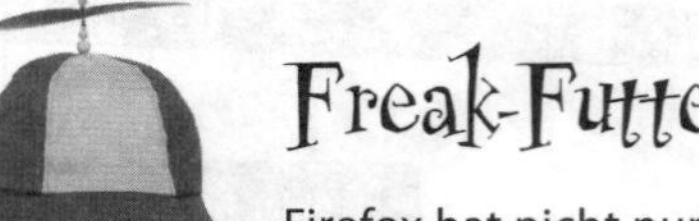

Freak-Futter

Firefox hat nicht nur ausgezeichnete Bug-Suchmöglichkeiten integriert, sondern auch ein Debugger-Plug-in namens **Firebug**, das Debugging nochmals auf einem völlig anderem Niveau bietet. Den Firebug-Debugger für Firefox können Sie gratis unter *http://www.getfirebug.com/* herunterladen.

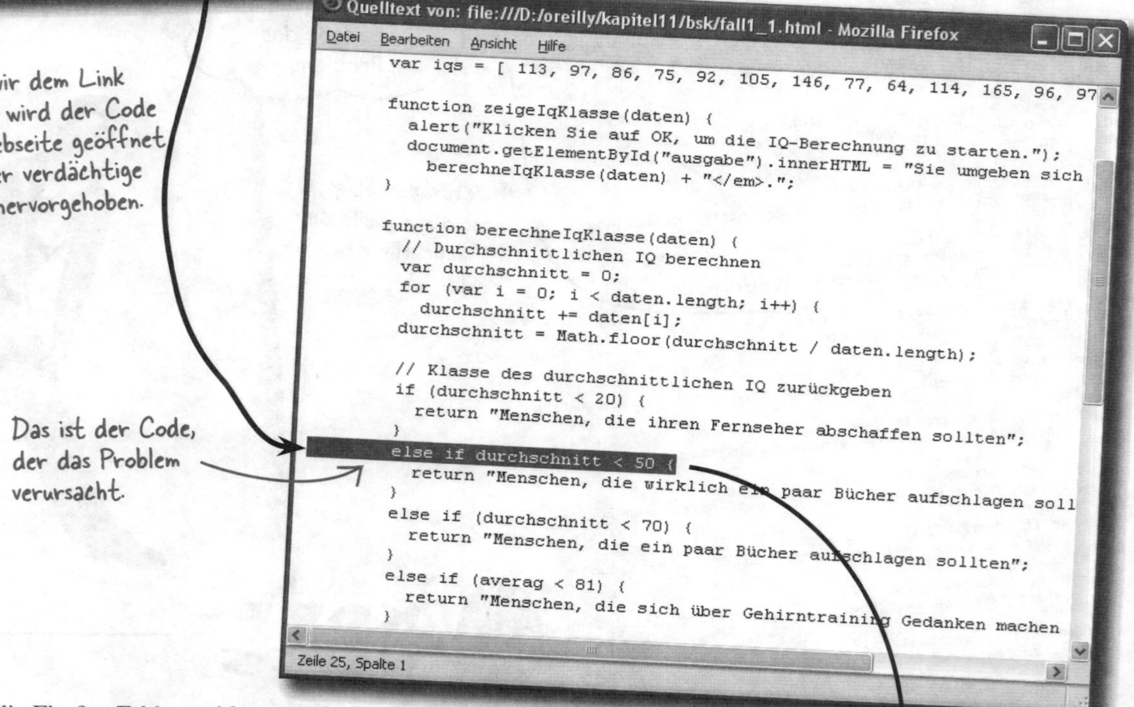

Als Uwe die Firefox-Fehlermeldung analysiert, stellt er fest, dass Safari mit der Zeilennummer (25) recht hatte. Firefox zeigt den Code in Zeile 25 hervorgehoben an. Außerdem erklärt Firefox genau, was an dem Code falsch ist. Ein einfaches Problem, aber trügerisch leicht zu übersehen.

```
else if durchschnitt < 50 {
```

Bei der if-Anweisung fehlen die Klammern um die Testbedingung herum.

Es gibt keine Dummen Fragen

F: Ich schaffe es nicht, die Fehlerkonsole in meinem Browser anzuzeigen. Wie öffne ich sie?

A: Leider funktioniert das bei jedem Browser anders, und bei manchen ist es eine Herausforderung, die JavaScript-Fehlerkonsole zu finden. In Safari auf dem Mac kann man die Fehlerkonsole z.B. nur über das Debug-Menü erreichen, das standardmäßig deaktiviert ist. Sie müssen den folgenden Befehl im Terminal ausführen (schreiben Sie ihn in eine Zeile, ohne Zeilenvorschub), um die Einstellungen zu ändern und das Debug-Menü zu aktivieren:

```
defaults write com.apple.Safari
IncludeDebugMenu 1
```

Sehen Sie in der Dokumentation Ihres Browsers nach, wie Sie die Fehlerkonsole öffnen und Skriptfehler anzeigen lassen können. In Firefox können Sie die Fehlerkonsole öffnen, indem Sie im Menü Extras »Fehler-Konsole« wählen.

F: Was ist das Besondere an Firefox?

A: Die Entwickler von Firefox haben ausgezeichnete Arbeit geleistet, was das Anzeigen von Fehlern betrifft. Firefox überragt andere Browser schlichtweg, wenn es darum geht, Skriptfehler aufzudecken und Sie in die richtige Richtung zu weisen, um sie zu finden. Das soll nicht heißen, dass andere Browser nicht aufholen und in Zukunft darin besser sein können. Aber Firefox hat sich einfach als sehr fähiger Browser für das Debuggen von Seiten mit JavaScript-Code erwiesen.

F: Von welchem Fehler spricht der Internet Explorer da?

A: Das ist nicht wirklich nachvollziehbar. Das liegt daran, dass der Fehler, den Internet Explorer meldet, damit zu tun hat, dass der Skriptcode eine Eigenschaft nicht lädt. Und das ist wiederum das Ergebnis eines Fehlers, auf den der JavaScript-Interpreter stößt. Wir wissen, dass der Code nicht richtig geladen wird, da die `iqs`-Variable als »undefiniert« gemeldet wird, obwohl sie eindeutig im Code erstellt wird. Die einzige Möglichkeit für dieses Problem kann also sein, dass ein anderer Fehler irgendwie verhindert, dass das Skript vollständig geladen wird.

Und damit drängt sich die Frage auf: Gibt es einen anderen Fehler im Skript, und was bedeutet »undefiniert« wirklich?

Gut gelaunt debuggen

Uwe ist begeistert, dass er den Bug im IQ-Rechner-Skript so schnell gefunden hat. Und nach dieser simplen Codekorrektur rechnet er damit, gemütlich den Job zu meistern und in Kürze BSK-Detektiv zu werden.

```
else if (durchschnitt < 50) {
```

Die Testbedingung in Klammern gesetzt, und der Bug im IQ-Rechner ist gelöst.

Ist es möglich, dass Uwe eine verfrühte Dosis übertriebenes Selbstvertrauen abbekommen hat? Er muss erst das frisch reparierte Skript testen, bevor er sich den Rest des Tages freinimmt ...

Der gemeldete Fehler ist nicht immer die Ursache des Bugs

Leider ist Uwe noch nicht mit dem IQ-Rechner fertig, weil Firefox immer noch meckert, diesmal über ein völlig anderes Problem. Er ist zwar versucht, wieder bei der bisherigen Taktik zu bleiben und der Einschätzung von Firefox zu vertrauen. Aber diesmal hat Uwe Zweifel über die Richtigkeit der Fehlermeldung.

```
<html>
  <head>
    <title>BSK Fall 1: IQ-Rechner</title>

    <script type="text/javascript">
      var iqs = [ 113, 97, 86, 75, 92, 105, 146, 77, 64, 114, 165, 96, 97, 88, 108 ];

      function zeigeIqKlasse(daten) {
        alert("Klicken Sie auf OK, um die IQ-Berechnung zu starten.");
        document.getElementById("ausgabe").innerHTML = "Sie umgeben sich mit <em>" +
          berechneIqKlasse(daten) + "</em>.";
      }

      function berechneIqKlasse(daten) {
        // Durchschnittlichen IQ berechnen
        var durchschnitt = (
        for (var i = 0; i <
          durchschnitt += da
        durchschnitt = Math.

        // Klasse des durchs
        if (durchschnitt < 2
          return "Menschen, d
        }
        else if (durchschnitt
          return "Menschen, d
        }
        else if (durchschnitt
          return "Menschen, d
        }
        else if (durchschnit <
          return "Menschen, di
        }
        else if (durchschnitt
          return "Menschen, di
        }
        else if (durchschnitt
          return "Menschen mit
        }
        else if (durchschnitt < 121) {
          return "Menschen mit überdurc
        }
        else if (durchschnitt < 141) {
          return "Menschen mit mehr als über
        }
        else {
          return "Genies";
        }
      }
    </script>
  </head>

  <body onload="zeigeIqKlasse(iqs);">
    <img src="gehirn.png" alt="gehirn" />
    <br />
    <div id="ausgabe">Bereit, den durchschnittlichen IQ zu berechnen.</div>
  </body>
</html>
```

Fehler-Konsole

Alle | Fehler | Warnungen | Mitteilungen | Löschen

Evaluieren

missing } after function body
file:///D:/oreilly/kapitel11/bsk/fall1_2.html — Zeile: 50

zeigeIqKlasse is not defined
file:///D:/oreilly/kapitel11/bsk/fall1_2.html — Zeile: 1

Das ist die Klammer, über die sich Firefox beschwert.

Diese Klammer der Funktion stimmt genau mit der von Firefox erwähnten Klammer überein. Also ist mit den Klammern der Funktion alles in Ordnung.

Auch diesmal wieder: Ein Bug nach dem anderen. Diesen ignorieren wir für den Moment.

Ich glaube, Ihr magischer Debugger hat Mist gebaut. Die Klammern um die Funktion in diesem Code sind wunderbar.

Sie können dem Browser nicht immer trauen.

Stimmt, die Klammern um die Funktion sind okay. So gut er oft auch sein mag, bei diesem Bug scheint Firefox den falschen Baum hinaufzubellen. Allerdings ist der Hinweis auf eine fehlende geschweifte Klammer ein guter Grund, die Klammern im Code genauer unter die Lupe zu nehmen.

Spielen Sie JavaScript-Interpreter

Ihre Aufgabe ist es, JavaScript-Interpreter zu spielen und die Spur der geschweiften Klammern im Code zu verfolgen, um herauszufinden, was schiefgelaufen ist.

```
<html>
  <head>
    <title>BSK Fall 1: IQ-Rechner</title>

    <script type="text/javascript">
      var iqs = [ 113, 97, 86, 75, 92, 105, 146, 77, 64, 114, 165, 96, 97, 88, 108 ];

      function zeigeIqKlasse(daten) {
        alert("Klicken Sie auf OK, um die IQ-Berechnung zu starten.");
        document.getElementById("ausgabe").innerHTML = "Sie umgeben sich mit <em>" +
          berechneIqKlasse(daten) + "</em>.";
      }

      function berechneIqKlasse(daten) {
        // Durchschnittlichen IQ berechnen
        var durchschnitt = 0;
        for (var i = 0; i < daten.length; i++) {
          durchschnitt += daten[i];
        durchschnitt = Math.floor(durchschnitt / daten.length);

        // Klasse des durchschnittlichen IQ zurückgeben
        if (durchschnitt < 20) {
          return "Menschen, die ihren Fernseher abschaffen sollten";
        }
        else if (durchschnitt < 50) {
          return "Menschen, die wirklich ein paar Bücher aufschlagen sollten";
        }
        else if (durchschnitt < 70) {
          return "Menschen, die ein paar Bücher aufschlagen sollten";
        }
        else if (durchschnit < 81) {
          return "Menschen, die sich über Gehirntraining Gedanken machen sollten";
        }
        else if (durchschnitt < 91) {
          return "Menschen, die man als stumpf bezeichnen könnte";
        }
        else if (durchschnitt < 111) {
          return "Menschen mit durchschnittlicher Intelligenz";
        }
        else if (durchschnitt < 121) {
          return "Menschen mit überdurchschnittlicher Intelligenz";
        }
        else if (durchschnitt < 141) {
          return "Menschen mit mehr als überdurchschnittlicher Intelligenz";
        }
        else {
          return "Genies";
        }
      }
    </script>
  </head>

  <body onload="zeigeIqKlasse(iqs);">
    <img src="gehirn.png" alt="gehirn" />
    <br />
    <div id="ausgabe">Bereit, den durchschnittlichen IQ zu berechnen.</div>
  </body>
</html>
```

Spielen Sie JavaScript-Interpreter

Ihre Aufgabe ist es, JavaScript-Interpreter zu spielen und die Spur der geschweiften Klammern im Code zu verfolgen, um herauszufinden, was schiefgelaufen ist.

```
<html>
  <head>
    <title>BSK Fall 1: IQ-Rechner</title>

    <script type="text/javascript">
      var iqs = [ 113, 97, 86, 75, 92, 105, 146, 77, 64, 114, 165, 96, 97, 88, 108 ];

      function zeigeIqKlasse(daten) {
        alert("Klicken Sie auf OK, um die IQ-Berechnung zu starten.");
        document.getElementById("ausgabe").innerHTML = "Sie umgeben sich mit <em>" +
          berechneIqKlasse(daten) + "</em>.";
      }

      function berechneIqKlasse(daten) {
        // Durchschnittlichen IQ berechnen
        var durchschnitt = 0;
        for (var i = 0; i < daten.length; i++) {
          durchschnitt += daten[i];
        durchschnitt = Math.floor(durchschnitt / daten.length);

        // Klasse des durchschnittlichen IQ zurückgeben
        if (durchschnitt < 20) {
          return "Menschen, die ihren Fernseher abschaffen sollten";
        }
        else if (durchschnitt < 50) {
          return "Menschen, die wirklich ein paar Bücher aufschlagen sollten";
        }
        else if (durchschnitt < 70) {
          return "Menschen, die ein paar Bücher aufschlagen sollten";
        }
        else if (durchschnit < 81) {
          return "Menschen, die sich über Gehirntraining Gedanken machen sollten";
        }
        else if (durchschnitt < 91) {
          return "Menschen, die man als stumpf bezeichnen könnte";
        }
        else if (durchschnitt < 111) {
          return "Menschen mit durchschnittlicher Intelligenz";
        }
        else if (durchschnitt < 121) {
          return "Menschen mit überdurchschnittlicher Intelligenz";
        }
        else if (durchschnitt < 141) {
          return "Menschen mit mehr als überdurchschnittlicher Intelligenz";
        }
        else {
          return "Genies";
        }
      }
    </script>
  </head>

  <body onload="zeigeIqKlasse(iqs);">
    <img src="gehirn.png" alt="gehirn" />
    <br />
    <div id="ausgabe">Bereit, den durchschnittlichen IQ zu berechnen.</div>
  </body>
</html>
```

Die fehlende schließende Klammer gehört hierhin und sollte die Addition zur Variablen durchschnitt einschließen.

Die schließende Klammer zu dieser öffnenden Klammer fehlt!

DAS EINFÜGEN DER FEHLENDEN GESCHWEIFTEN KLAMMER BESEITIGT DEN BUG.

Sie könnten auch die öffnende Klammer der for-Schleife löschen, da die Schleife nur eine einzelne Codezeile ausführt. Allerdings machen die Klammern deutlicher, welcher Code in der Schleife ausgeführt wird.

Nicht passende oder fehlende geschweifte Klammern sind ein häufiger JavaScript-Bug, der mit Liebe zum Detail verhindert werden kann.

~~Wild gewordene~~ Undefinierte Variablen

Uwe ist keine Pause vergönnt, da die Flut von Bugs im IQ-Rechner kein Ende nimmt. Jetzt meldet Firefox, dass eine Variable »nicht definiert« ist. Das klingt irgendwie nach dem vermeintlichen Fehler, den der Internet Explorer vorhin gemeldet hat – mit dem Unterschied, dass die undefinierte Variable `durchschnit` heißt, nicht `iqs`.

Beachten Sie, dass der zweite Fehler jetzt verschwunden ist. Manchmal wird durch das Beheben eines Bugs automatisch mehr als ein Fehler beseitigt.

```
else if (durchschnit < 81) {
  return "Menschen, die sich über Gehirntraining Gedanken machen
    sollten";
}
```

Spitzen Sie Ihren Bleistift

Schreiben Sie auf, was Ihrer Meinung nach »undefiniert« im Kontext des neuesten Bugs in Uwes Untersuchung bedeutet.

....

....

....

....

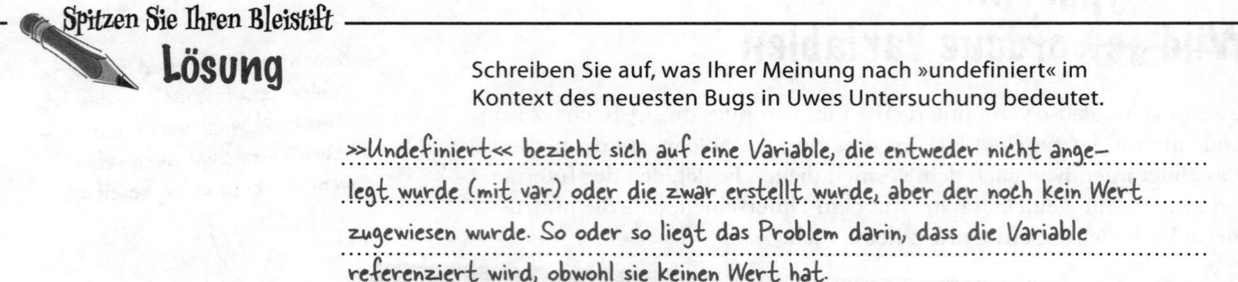

Spitzen Sie Ihren Bleistift – Lösung

Schreiben Sie auf, was Ihrer Meinung nach »undefiniert« im Kontext des neuesten Bugs in Uwes Untersuchung bedeutet.

»Undefiniert« bezieht sich auf eine Variable, die entweder nicht angelegt wurde (mit var) oder die zwar erstellt wurde, aber der noch kein Wert zugewiesen wurde. So oder so liegt das Problem darin, dass die Variable referenziert wird, obwohl sie keinen Wert hat.

Manchmal sind es die einfachen Dinge

In diesem Fall bezieht sich »undefiniert« definitiv auf eine Variable, die verwendet wird, ohne erstellt worden zu sein. Obwohl es diesmal versehentlich geschieht. Der Grund dafür, dass die Variable undefiniert ist, ist ein Tippfehler, der dazu führt, dass der JavaScript-Interpreter von einer völlig neuen Variablen ausgeht.

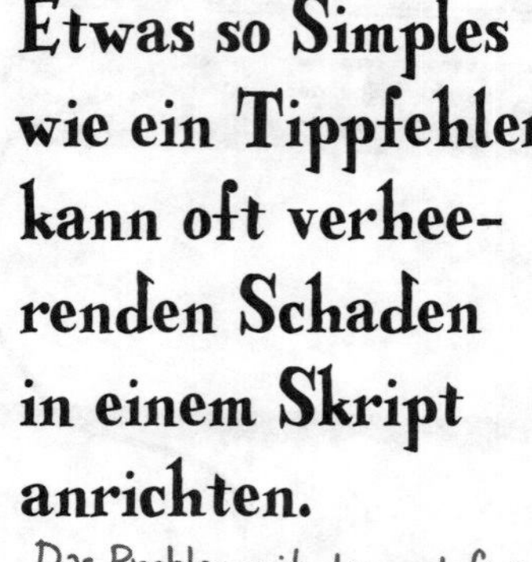

Etwas so Simples wie ein Tippfehler kann oft verheerenden Schaden in einem Skript anrichten.

```
function berechneIqKlasse(daten) {
  // Durchschnittlichen IQ berechnen
  var durchschnitt = 0;
  for (var i = 0; i < daten.length; i++) {
    durchschnitt += daten[i];
  durchschnitt = Math.floor(durchschnitt / daten.length);

  // Klasse des durchschnittlichen IQ zurückgeben
  if (durchschnitt < 20) {
    return "Menschen, die ihren Fernseher abschaffen sollten";
  }
  else if (durchschnitt < 50) {
    return "Menschen, die wirklich ein paar Bücher aufschlagen sollten";
  }
  else if (durchschnitt < 70) {
    return "Menschen, die ein paar Bücher aufschlagen sollten";
  }
  else if (durchschnit < 81) {
    return "Menschen, die sich über Gehirntraining Gedanken machen sollten";
  }
  else if (durchschnitt < 91) {
    return "Menschen, die man als stumpf bezeichnen könnte";
  }
  else if (durchschnitt < 111) {
    return "Menschen mit durchschnittlicher Intelligenz";
  }
  else if (durchschnitt < 121) {
    return "Menschen mit überdurchschnittlicher Intelligenz";
  }
  else if (durchschnit
    return "...als ...schnittlicher Intelligenz";
```

Einen Tippfehler zu diagnostizieren ist der schwierige Teil ... ihn zu beseitigen ist leicht.

Das Problem mit der undefinierten Variablen ist gelöst, wenn wir die Variable richtig schreiben.

```
else if (durchschnitt < 81) {
  return "Menschen, die sich über
    Gehirntraining Gedanken machen sollten";
}
```

durchschnit != durchschnitt

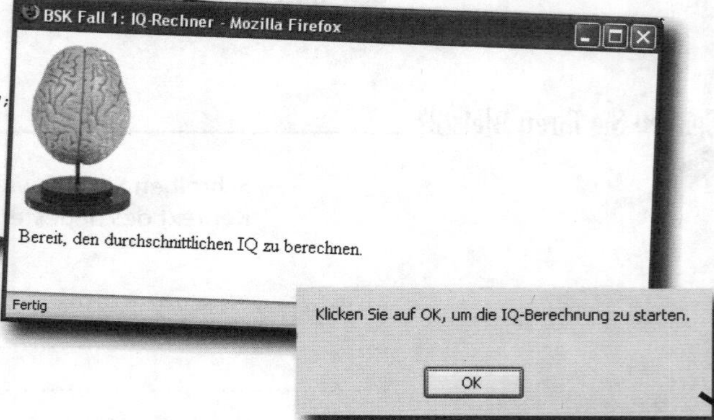

BSK Fall 1: IQ-Rechner - Mozilla Firefox

Bereit, den durchschnittlichen IQ zu berechnen.

Fertig

Klicken Sie auf OK, um die IQ-Berechnung zu starten.

OK

Es gibt keine Dummen Fragen

F: Gibt es einen Unterschied zwischen »undefiniert« und »nicht definiert«?

A: Nein. Beides bedeutet genau dasselbe. Manche Browser verwenden den einen Begriff, andere den anderen. Sie können die beiden Formulierungen als austauschbar betrachten.

F: Okay. Gibt es einen Unterschied zwischen »undefiniert« und `null`?

A: Das ist ein bisschen verzwickter. Ja, auf einer sehr technischen Ebene gibt es einen Unterschied zwischen »undefiniert« und `null`, aber keinen Grund, sich Sorgen zu machen. Im Gegensatz zu `null` ist »undefiniert« kein Wert, den Sie jemals auch nur in Gedanken einer Variablen zuweisen sollten. Es gibt einen Datentyp `undefined`, den Variablen automatisch annehmen, wenn ihnen noch ein Wert zugewiesen werden muss. Andererseits werden Variablen nie automatisch auf `null` gesetzt. Manchmal ist es allerdings eine gute Idee, Variablen mit `null` zu initialisieren, um klarzustellen, dass ein Objekt noch nicht erstellt wurde. Lassen wir diese spezifischen technischen Details einmal beiseite. In erster Linie müssen Sie über »undefined« und `null` wissen, dass beide in einem Booleschen Kontext `false` ergeben, z.B. in der Testbedingung einer `if`-Anweisung. Deshalb wird oft vor dem Zugriff auf die Mitglieder eines Objekts mit Code wie `if (someObject)` überprüft, ob es erstellt wurde.

F: Ich verstehe immer noch nicht, wie ein Tippfehler die Variable `durchschnitt` »undefined« machen konnte. Wie konnte das geschehen?

A: Obwohl bereits eine Variable mit dem Namen `durchschnitt` erstellt und initialisiert wurde, kann JavaScript keine Verbindung zwischen `durchschnit` und `durchschnitt` herstellen, nur weil sie **ungefähr** gleich heißen. Für JavaScript könnte die Variable `durchschnit` genauso gut `shazbot` oder `lederhosen` heißen. JavaScript interpretiert sie also als völlig neue Variable. Und da dieser neuen Variablen erst noch ein Wert zugewiesen werden muss, ist es problematisch, diese Variable in einer `if` Anweisung mit etwas zu vergleichen. So als würden Sie eine Filmkritik schreiben, bevor Sie sich entschieden haben, welchen Film Sie ansehen.

F: Machen Sie Witze? Ich vertippe mich ständig in meiner Textverarbeitung, und dadurch geht auch nicht alles kaputt. Warum ist JavaScript so empfindlich?

A: Atmen Sie tief durch und prägen Sie sich diese fünf äußerst wichtigen und aufschlussreichen Worte ein: FINDEN SIE SICH DAMIT AB. Wir schreiben keine Skripten für Menschen, sondern für Maschinen. Und Maschinen sind alles andere als nachsichtig, egal in welcher Sprache Sie Ihre Skripten schreiben. Ein einzelner Buchstabe an der falschen Stelle kann ein Skript ins Jenseits befördern. Es gibt ein bisschen Flexibilität mit dem Whitespace (Leerzeichen und Zeilenvorschübe) um den JavaScript-Code herum, aber der Code selbst muss genau stimmen.

Mit Intelligenzzahlen zaubern

Nachdem der Tippfehler-Bug unter Kontrolle ist, funktioniert das IQ-Rechner-Skript jetzt richtig; es berechnet den Durchschnitts-IQ aus einem Array und zeigt das Ergebnis als Textkategorie an. Uwe kann den Fall abschließen und sich im Ruhm eines gut erledigten Jobs sonnen. Fragt sich nur, wie lange ...

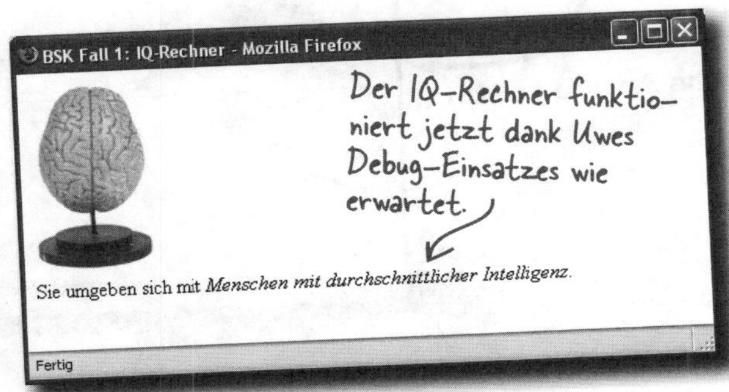

Punkt für Punkt

- Obwohl Browser eine Fehlerkonsole mit Informationen über JavaScript-Fehler bieten, können Sie nicht immer darauf vertrauen, dass sie auch absolut korrekt arbeiten.
- Auch wenn Browser oft nur lückenhafte Fehlerinformationen bieten, so geben sie dennoch normalerweise wertvolle **Hinweise** dazu, wo Sie das Problem finden können.
- Geschweifte Klammern, die Codeblöcke einfassen, sind eine häufig auftretende Ursache von Bugs. **Achten Sie** sorgfältig darauf, dass öffnende und schließende Klammern immer übereinstimmen.
- Einfache Tippfehler sind schnell gemacht, aber nicht immer leicht zu finden – überprüfen Sie stets die Schreibweise von Bezeichnern.

Der Fall mit den Radioanrufer-Bugs

Uwe hatte kaum Zeit, seinen ersten abgeschlossenen Fall zu feiern, da landet schon der nächste Fall auf seinem Schreibtisch. Darin geht es um ein Skript, das eingehende Anrufe beim Gewinnspiel eines Radiosenders verarbeitet, bei dem der soundsovielte Anrufer gewinnt. Das Skript soll die Anrufe zählen und nach einer bestimmten Anzahl von Anrufen, z.B. nach sieben, den Gewinner bestimmen.

Die Ermittlungen sind eröffnet

Uwe glaubt, es könne sich lohnen, einen kurzen Blick auf den Code zu werfen (gibt's unter *http://examples.oreilly.de/german_examples/hfjavascriptger*) und ein Gefühl dafür zu bekommen, bevor er die Radioanruf-Seite in einem Browser startet. Vielleicht springt ihm etwas ins Auge, das ganz offensichtlich falsch ist. Oder vielleicht versteht er wenigstens, wie der Code funktionieren **soll**.

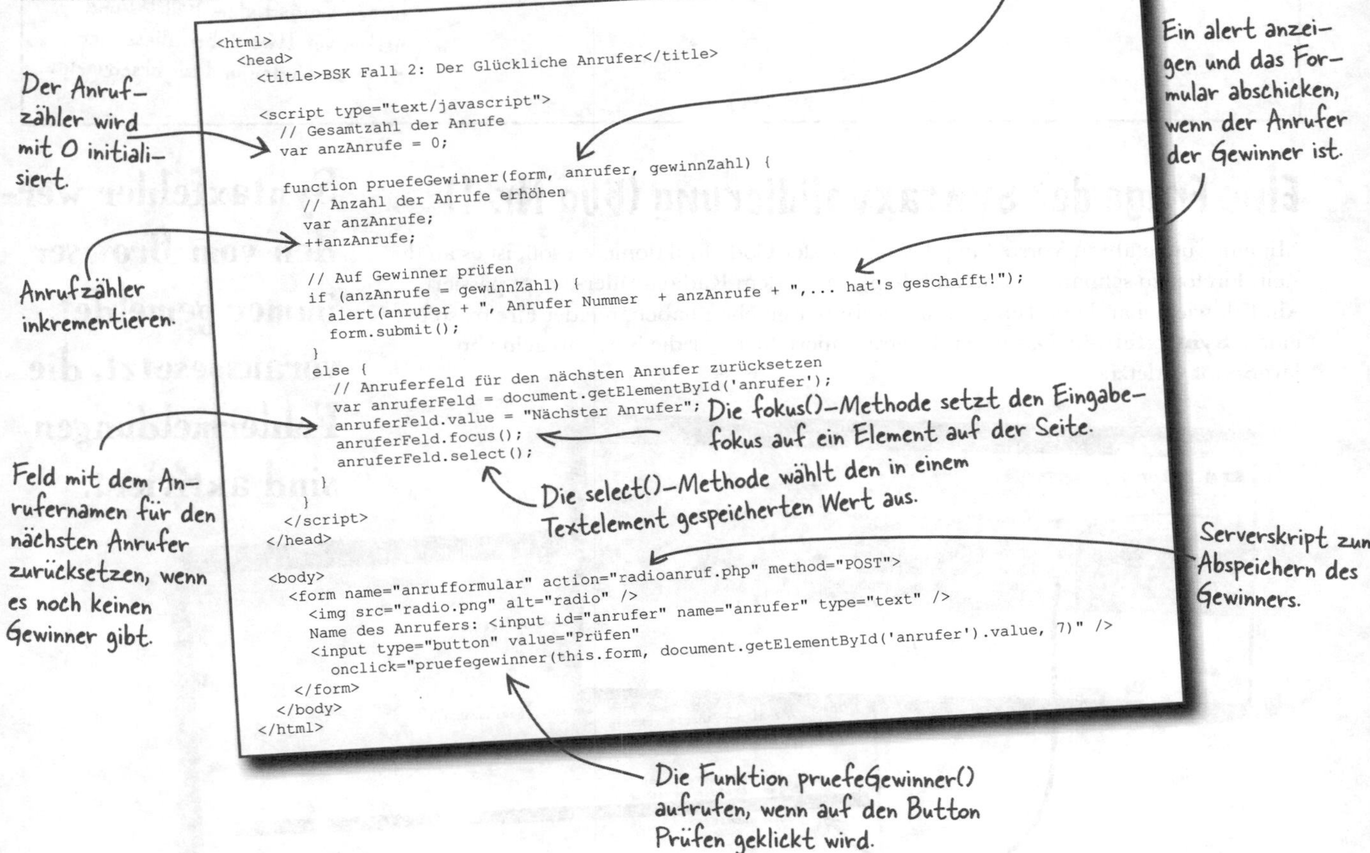


```
<html>
  <head>
    <title>BSK Fall 2: Der Glückliche Anrufer</title>

    <script type="text/javascript">
      // Gesamtzahl der Anrufe
      var anzAnrufe = 0;

      function pruefeGewinner(form, anrufer, gewinnZahl) {
        // Anzahl der Anrufe erhöhen
        var anzAnrufe;
        ++anzAnrufe;

        // Auf Gewinner prüfen
        if (anzAnrufe = gewinnZahl) {
          alert(anrufer + ", Anrufer Nummer  + anzAnrufe + ",... hat's geschafft!");
          form.submit();
        }
        else {
          // Anruferfeld für den nächsten Anrufer zurücksetzen
          var anruferFeld = document.getElementById('anrufer');
          anruferFeld.value = "Nächster Anrufer";
          anruferFeld.focus();
          anruferFeld.select();
        }
      }
    </script>
  </head>

  <body>
    <form name="anrufformular" action="radioanruf.php" method="POST">
      <img src="radio.png" alt="radio" />
      Name des Anrufers: <input id="anrufer" name="anrufer" type="text" />
      <input type="button" value="Prüfen"
        onclick="pruefegewinner(this.form, document.getElementById('anrufer').value, 7)" />
    </form>
  </body>
</html>
```

Spitzen Sie Ihren Bleistift

Helfen Sie Uwe beim Einstieg in den Fall, indem Sie die Anzahl der Bugs einkreisen, die Sie im Skriptcode für das Radiogewinnspiel vermuten.

keiner **einer** **zwei** **drei** **vier** **fünf**

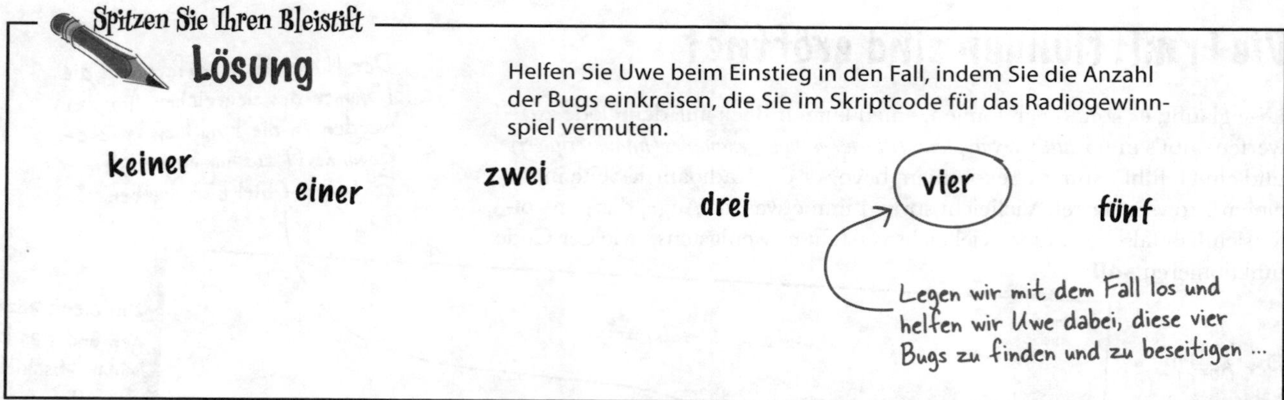

Eine Frage der Syntaxvalidierung (Bug Nr. 1)

Mit einer ungefähren Vorstellung davon, wie der Code funktionieren soll, ist es an der Zeit, Firefox zu schnappen und zu sehen, was in dem Radioanrufer-Skript passiert. Ähnlich wie bei anderen Fehlern, die wir bisher gesehen haben, meldet Firefox sofort einen **Syntaxfehler**. Das ist ein Programmierfehler, der die Sprachregeln von JavaScript verletzt.

Syntaxfehler werden vom Browser immer gemeldet, vorausgesetzt, die Fehlermeldungen sind aktiviert.

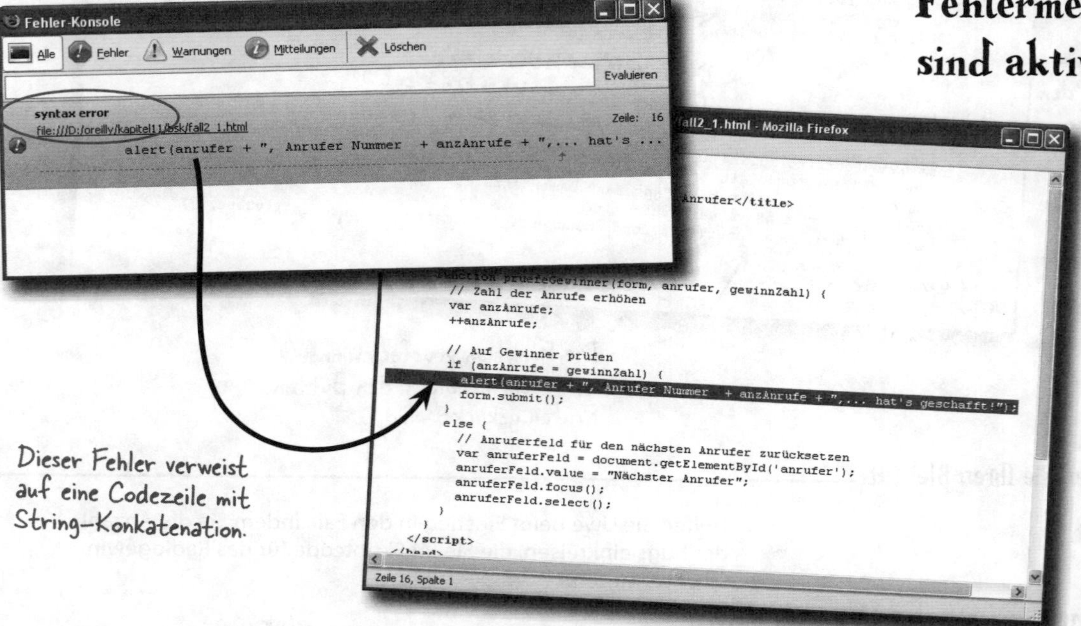

Auf Syntaxfehler wird im Browser immer irgendwie hingewiesen – vorausgesetzt, die Fehlermeldungen sind im Browser aktiviert. Das gibt uns eine äußerst wichtige Starthilfe zum Auffinden von Fehlern.

Vorsicht mit den Strings

Firefox hat eine Codezeile mit einer String-Konkatenation genau lokalisiert – ein Hinweis, diese Codezeile sehr sorgfältig zu analysieren. Der Code ruft die `alert()`-Funktion mit mehreren String-Literalen auf, die mit den Variablen `anrufer` und `anzAnrufe` konkateniert werden.

```
if (anzAnrufe = gewinnZahl)
  alert(anrufer + ", Anrufer Nummer  + anzAnrufe + ",... hat's geschafft!");
```

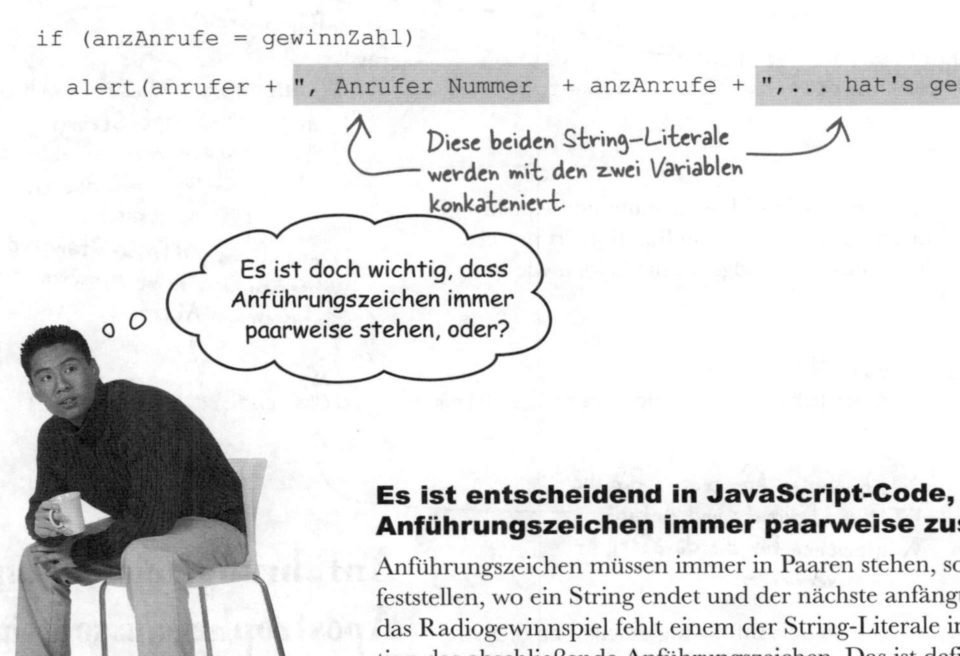

Es ist entscheidend in JavaScript-Code, dass Anführungszeichen immer paarweise zusammenpassen.

Anführungszeichen müssen immer in Paaren stehen, sonst kann JavaScript nicht feststellen, wo ein String endet und der nächste anfängt. Im Fall des Codes für das Radiogewinnspiel fehlt einem der String-Literale in der String-Konkatenation das abschließende Anführungszeichen. Das ist definitiv ein Syntaxfehler, da JavaScript darüber im Unklaren gelassen wird, wo der String endet.

Ergänzen Sie einfach das fehlende Anführungszeichen am Ende des Strings, um den Bug zu beheben:

```
if (anzAnrufe = gewinnZahl)
  alert(anrufer + ", Anrufer Nummer  + anzAnrufe + ",... hat's geschafft!");
```

```
if (anzAnrufe = gewinnZahl)
  alert(anrufer + ", Anrufer Nummer " + anzAnrufe + ",... hat's geschafft!");
```

DIE REPARATUR DER ANFÜHRUNGSZEICHEN DES STRINGS VERNICHTET DIESEN BUG.

Anführungszeichen, Apostrophe und Konsistenz

Fehlende Anführungszeichen sind nur die halbe Wahrheit, wenn es um das Aufspüren von Anführungszeichenfehlern in Strings geht. JavaScript und HTML unterstützen gleichermaßen Anführungszeichen und Apostrophe zum Einfassen von Strings (JavaScript) und Attributen (HTML). Daher ist es von entscheidender Wichtigkeit, beide konsistent einzusetzen.

Alle HTML-Attribute werden mit Anführungszeichen eingefasst.

```
<input type="button" value="Prüfen"
  onclick="pruefegewinner(this.form, document.getElementById('anrufer').value, 7)" />
```

JavaScript-Strings werden innerhalb eines Attributs mit Apostrophen eingefasst.

Dieser Ansatz mit Anführungszeichen für HTML-Attribute und Apostrophen für JavaScript-Strings innerhalb von Attributen funktioniert perfekt und ist eine gute Idee. In HTML ist es auch möglich, die beiden wie im folgenden Code zu vertauschen:

Der moderne XHTML-Standard für Webseiten lässt keine Apostrophe zum Einfassen von Attributen zu.

```
<input type='button' value='Prüfen'
  onclick='pruefegewinner(this.form, document.getElementById("anrufer").value, 7)' />
```

Jetzt werden Apostrophe für die HTML-Attribute und Anführungszeichen für die JavaScript-Strings verwendet.

Das Prinzip ist, für einen Typ von Code bei Anführungszeichen zu bleiben und Apostrophe für den anderen Typ zu verwenden. Und da die moderne Version von HTML, XHTML, Anführungszeichen für Attribute verlangt, ist es sinnvoll, für Attribute bei Anführungszeichen und für JavaScript-Strings in Attributen bei Apostrophen zu bleiben.

Anführungszeichen und Apostrophe müssen für JavaScript-Strings in HTML-Attributen abgewechselt werden.

Ein Problem taucht allerdings auf, wenn Sie ausgerechnet ein Anführungszeichen oder ein Apostroph brauchen, aber sich bereits für eines von beiden als String-Begrenzungszeichen entschieden haben. Sehen Sie sich den folgenden Code an:

```
alert('Jetzt wird's spannend!');
```

Funktioniert dieser Code?

Was ist, wenn Sie ein Anführungszeichen oder ein Apostroph in einem String benötigen, der mit genau diesem Zeichen eingefasst ist?

Wenn ein Anführungszeichen kein Anführungszeichen ist, verwenden Sie Escape-Zeichen

Es ist ein häufiger Bug, dass Anführungszeichen oder Apostrophe als Zeichen in einem String verwendet, aber als String-Begrenzung interpretiert werden. Der alert-Code, den wir gerade gesehen haben, ist also ein Syntaxfehler, weil der JavaScript-Interpreter nicht erkennen kann, welche Apostrophe Begrenzungszeichen und welche richtige Apostrophe sind. Glücklicherweise gibt es eine einfache Möglichkeit zu deklarieren, wenn ein Zeichen ein »echtes« Zeichen ist. Bei einem sogenannten **Escape-Zeichen** geht es darum, dem Zeichen, das Sie verwenden möchten, einen Backslash (****) voranzustellen.

```
alert('Jetzt wird\'s spannend!');
```

Mit Escape-Zeichen werden Literalzeichen in Strings angegeben.

Jetzt ist das Apostroph escapet, und JavaScript weiß ohne Zweifel, dass wir wirklich ein Apostroph in dem String verwenden und nicht nur das Ende des Strings deklarieren möchten. Natürlich hätten wir dem Escape-Zeichen auch ein Schnippchen schlagen können, indem wir Anführungszeichen als String-Begrenzung verwenden:

```
alert("Jetzt wird's spannend!");
```

Kein Escape-Zeichen nötig.

Das funktioniert wunderbar, aber was ist mit diesem Code:

```
alert("Sie sagten "Du hast's geschafft!"");
```

Der String enthält explizite Anführungszeichen und einen expliziten Apostroph, also müssen wir escapen. In einem solchen Szenario ist es normalerweise sicherer, alle Literalzeichen zu escapen, auch wenn es beim Apostroph nicht unbedingt nötig ist.

```
alert("Sie sagten \"Du hast\'s geschafft!\"");
```

Escape nicht notwendig, aber eine gute Idee.

ÜBUNG

Bringen Sie die Anführungszeichen und Apostrophe in den folgenden Codeschnipseln überall dort mit Escape-Zeichen in Ordnung, wo es möglich ist.

```
var meldung = 'Hey, sie hat's geschafft!';
```

....

```
var antwort = "Sie sagte "Ich kann's nicht glauben.""
```

....

```
<input type="button" value="gewinner" onclick="gibPreis("Ruby");" />
```

....

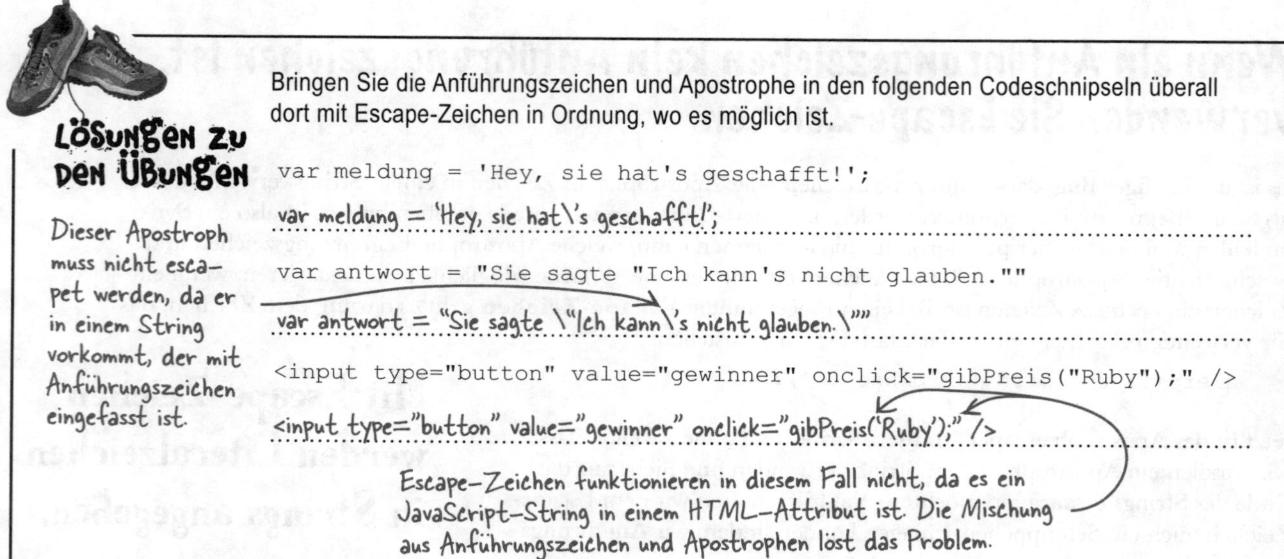

Nicht nur Variablen können undefiniert sein (Bug Nr. 2)

Ein Bug ist beseitigt, aber Uwe weiß, dass seine Arbeit noch nicht abgeschlossen ist. Das Skript für das Radiogewinnspiel startet jetzt ohne Fehler. Aber ein Klick auf den Button Prüfen bei Eingabe eines Anrufers genügt, um ein weiteres Problem aufzudecken. Und dieses scheint mit der Funktion `pruefeGewinner()` zusammenzuhängen.

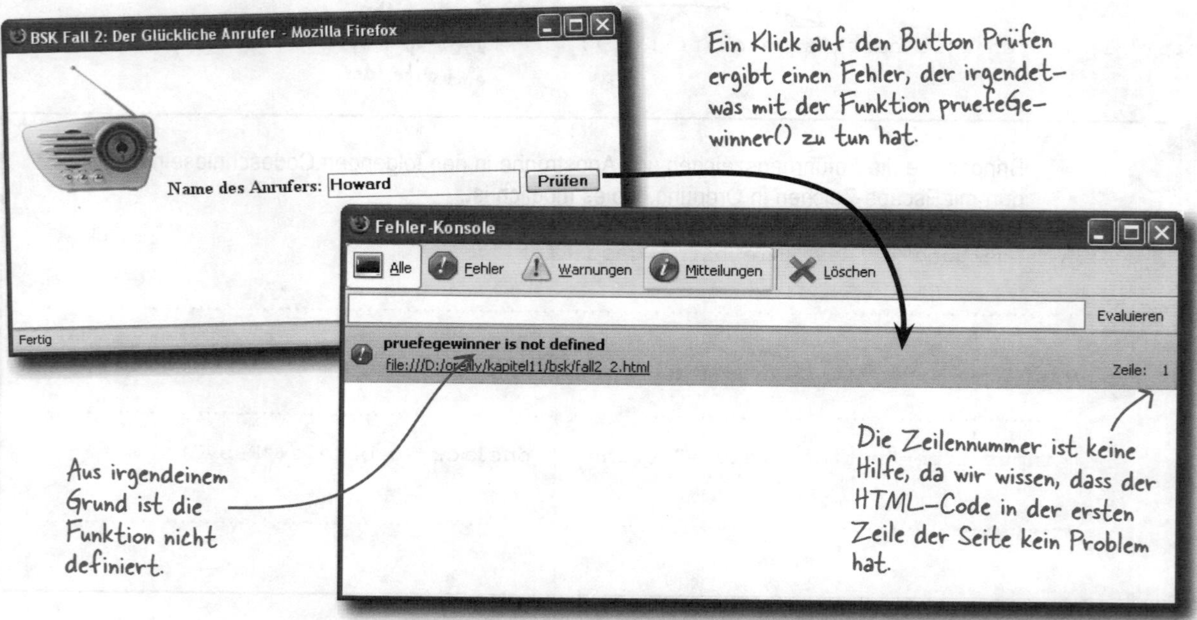

Die üblichen Verdächtigen: die Checkliste

Mit etwas Debug-Erfahrung in der Tasche entschließt sich Uwe, seine neu gebastelte Checkliste mit häufig vorkommenden JavaScript-Fehlern durchzugehen. Vielleicht stimmt dieser Bug mit einem der Bugs überein, denen er bereits begegnet ist.

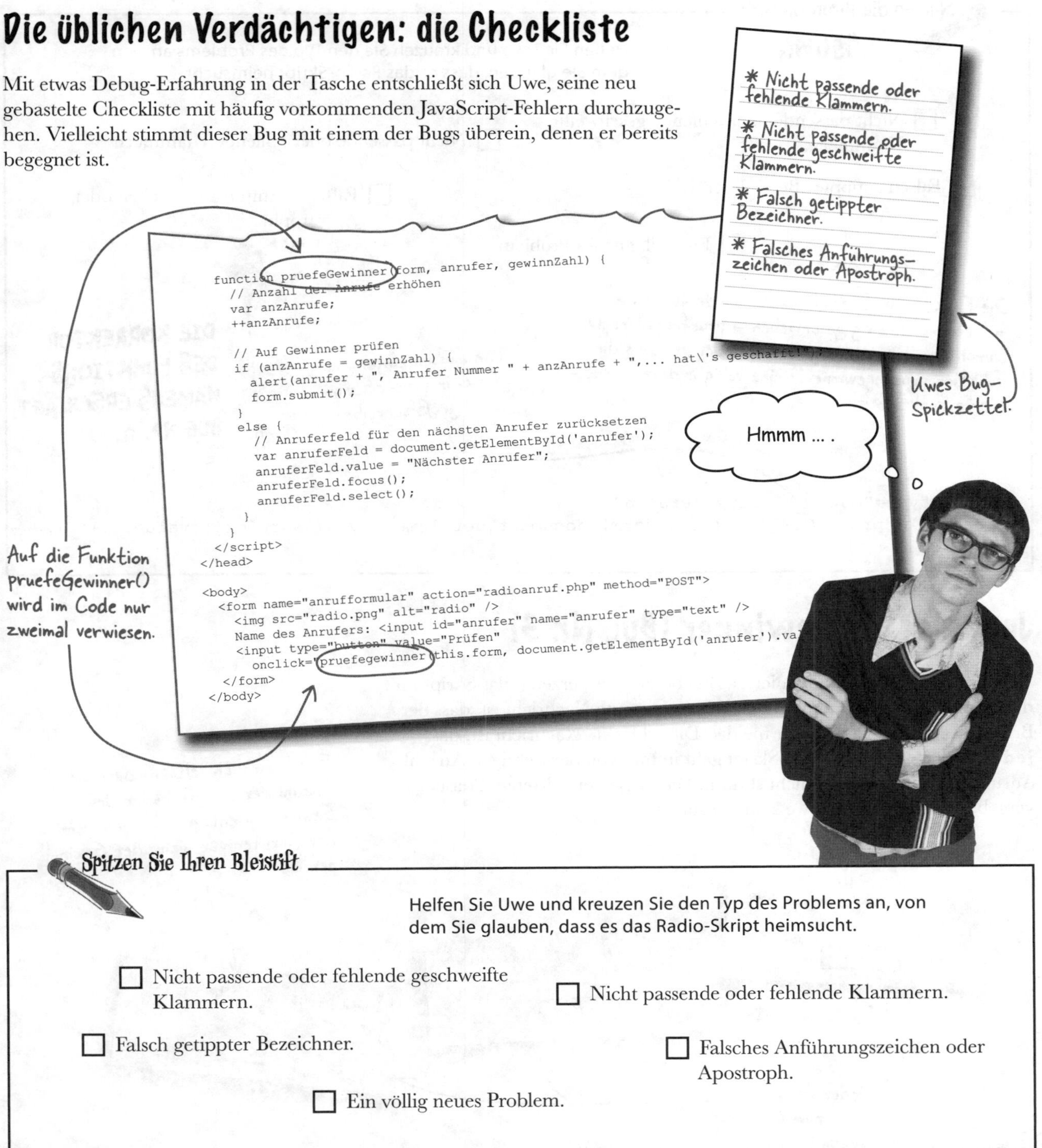


```
function pruefeGewinner(form, anrufer, gewinnZahl) {
  // Anzahl der Anrufe erhöhen
  var anzAnrufe;
  ++anzAnrufe;

  // Auf Gewinner prüfen
  if (anzAnrufe = gewinnZahl) {
    alert(anrufer + ", Anrufer Nummer " + anzAnrufe + ",... hat\'s geschafft!");
    form.submit();
  }
  else {
    // Anruferfeld für den nächsten Anrufer zurücksetzen
    var anruferFeld = document.getElementById('anrufer');
    anruferFeld.value = "Nächster Anrufer";
    anruferFeld.focus();
    anruferFeld.select();
  }
}
</script>
</head>

<body>
  <form name="anrufformular" action="radioanruf.php" method="POST">
    <img src="radio.png" alt="radio" />
    Name des Anrufers: <input id="anrufer" name="anrufer" type="text" />
    <input type="button" value="Prüfen"
      onclick="pruefegewinner(this.form, document.getElementById('anrufer').va
  </form>
</body>
```

Spitzen Sie Ihren Bleistift

Helfen Sie Uwe und kreuzen Sie den Typ des Problems an, von dem Sie glauben, dass es das Radio-Skript heimsucht.

- ☐ Nicht passende oder fehlende geschweifte Klammern.
- ☐ Nicht passende oder fehlende Klammern.
- ☐ Falsch getippter Bezeichner.
- ☐ Falsches Anführungszeichen oder Apostroph.
- ☐ Ein völlig neues Problem.

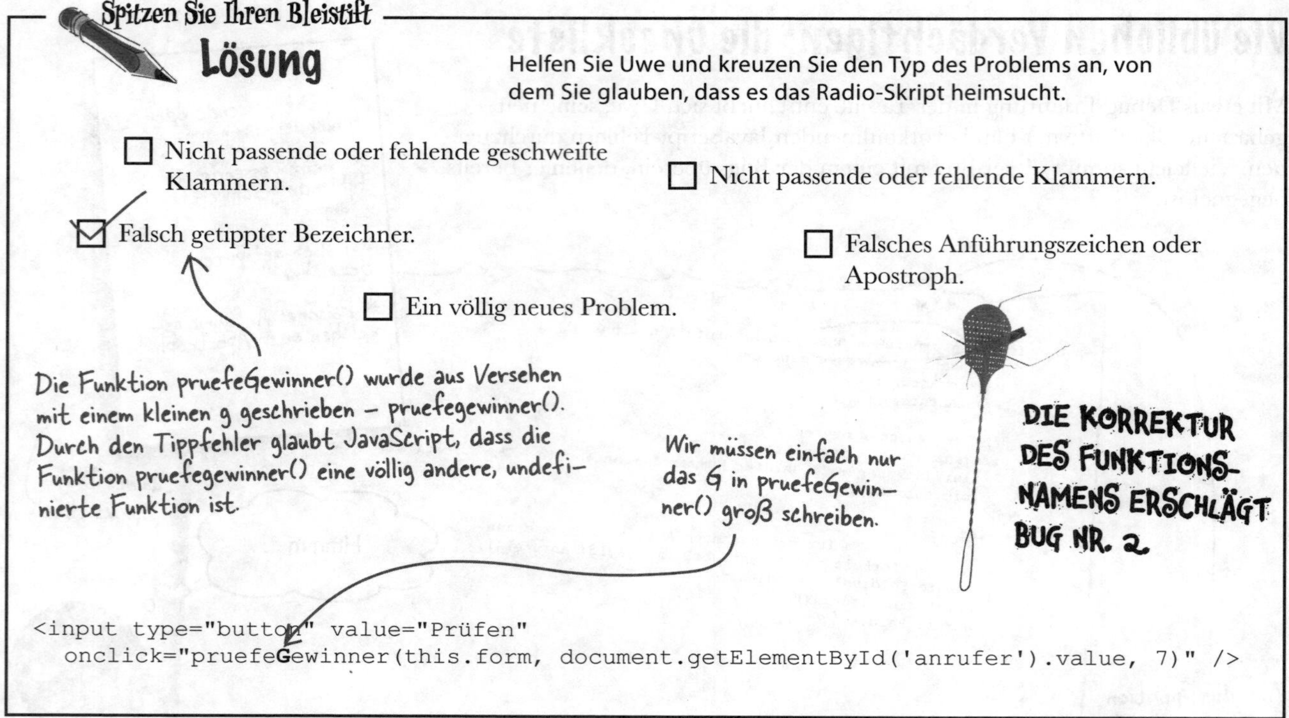


```
<input type="button" value="Prüfen"
  onclick="pruefeGewinner(this.form, document.getElementById('anrufer').value, 7)" />
```

Jeder ist ein Gewinner (Bug Nr. 3)

Nachdem der lästige »undefinierte« Bug beseitigt ist, erzeugt das Skript für das Radiogewinnspiel immer noch Fehler. Die gute Nachricht ist, dass der Browser keine Probleme mehr meldet. Die schlechte Nachricht ist, dass **jeder** Anrufer gewinnt – das Skript geht immer von der richtigen Anzahl Anrufe aus, auch wenn es nicht stimmt. Da müssen eine Menge Preise vergeben werden, wenn Uwe keine Lösung findet!

Es ist wirklich seltsam, dass die Anzahl der Anrufe immer der Gewinnzahl entspricht, auch wenn der Anrufer gar nicht der Gewinner ist.

Ellie, Anrufer Nummer 7,… hat's geschafft!
OK

Jason, Anrufer Nummer 7,… hat's geschafft!
OK

Ruby, Anrufer Nummer 7,… hat's geschafft!
OK

Jeder Anrufer wird zum Gewinner erklärt.

Debuggen mit alert-Fenstern

Wir wissen, dass der Test für den Gewinner erfolgt, indem die Variable `anzAnrufe` mit dem Argument `gewinnZahl` der Funktion `pruefe-Gewinner()` verglichen wird. Aber dieser Code scheint okay zu sein ... Wir brauchen eine Möglichkeit, ein bisschen genauer nachzusehen, was mit der Variablen `anzAnrufe` passiert.

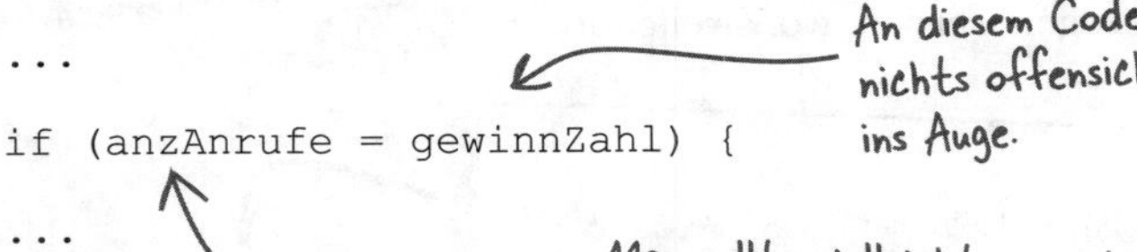

```
...
if (anzAnrufe = gewinnZahl) {
...
```

An diesem Code springt uns nichts offensichtlich Falsches ins Auge.

Man sollte vielleicht versuchen, den Wert von anzAnrufe mitzuverfolgen, um festzustellen, wie er sich bis zu dieser Codestelle verändert.

Gibt es eine Möglichkeit, den Wert einer Variablen an verschiedenen Stellen eines Skripts anzusehen?

alert-Fenster sind sehr praktisch, um einen schnellen Blick auf den Wert einer Variablen zu werfen.

alert-Fenster können als Debug-Überwachungsfenster dienen.

Es stellt sich heraus, dass alert-Fenster nicht nur Pop-up-Informationen für Endbenutzer anzeigen können. Sie können auch für die Entwicklung von JavaScript-Code nützlich sein – als temporäres Überwachungsfenster für Variablen. Nicht nur das, mit alerts können Sie auch herausfinden, ob ein bestimmter Codeabschnitt wie erwartet aufgerufen wird. In diesem Fall verwenden wir alert, um die Variable `anzAnrufe` im Auge zu behalten.

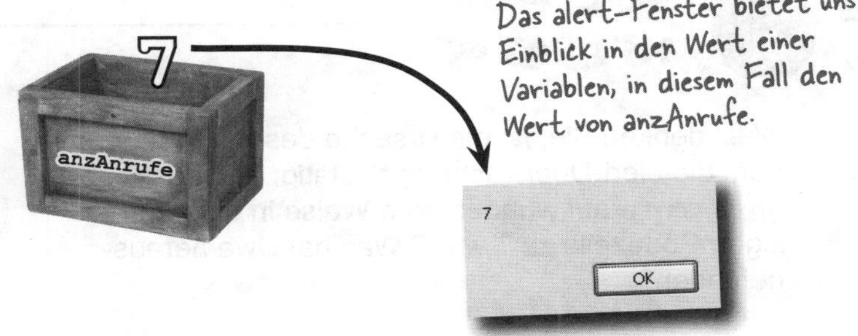

Variablen beobachten mit alert

Eine **Überwachung** ist ein Debug-Begriff, der sich auf die kontinuierliche Beobachtung einer Variablen während der Programmausführung bezieht. Ein alert-Fenster stellt eine primitive Überwachungsmöglichkeit dar, die zwar keine kontinuierliche Ansicht einer Variablen bietet, aber trotzdem sehr hilfreich sein kann. Ein alert-Fenster kann überall im JavaScript-Code zur Beobachtung herangezogen werden, wo Zweifel über eine Variable bestehen.

```
alert(anzAnrufe);
if (anzAnrufe = gewinnZahl) {
  alert(anrufer + ", Anrufer Nummer " + anzAnrufe + ",... hat\'s geschafft!");();
}
```

Etwas stimmt nicht ... anzAnrufe sollte die Anzahl der bisherigen Anrufe enthalten.

NaN

OK

Uwe erkennt, dass das Skript für das Radiogewinnspiel irgendwie `anzAnrufe` und `gewinnZahl` als gleich ansieht, obwohl `anzAnrufe` unmittelbar vor der `if`-Anweisung als `NaN` erscheint. Und es ist verwirrend genug, dass `anzAnrufe` überhaupt als `NaN` angezeigt wird. Uwe verschiebt das alert unmittelbar nach die `if`-Anweisung, um zu sehen, ob sich dadurch etwas ändert.

```
if (anzAnrufe = gewinnZahl) {
  alert(anzAnrufe);
  alert(anrufer + ", Anrufer Nummer " + anzAnrufe + ",... hat\'s geschafft!");
  form.submit();
}
```

7

OK

Die Variable anzAnrufe zeigt unmittelbar nach der if-Testbedingung den Wert 7.

Was, denken Sie, ist die Ursache des Bugs, nachdem die alert-Überwachung bestätigt hat, dass `anzAnrufe` auf wundersame Weise in einer einzigen Codezeile zu 7 wird? Was hat Uwe herausgefunden?

Debuggen mit alert

Interview der Woche: alert über seine Verachtung gegenüber Bugs

Von Kopf bis Fuß: Ich gebe zu, dass ich recht Durchwachsenes über Sie gehört habe. Die Leute sagen, Sie könnten wirklich nerven. Trotzdem habe ich auch gehört, dass Sie der beste Freund des Debuggers sein können. Würden Sie für uns beleuchten, wer genau alert ist?

alert: Die Ersteren, von denen Sie gesprochen haben, sind bloß verrückt. Ich bin wundervoll. Ich bin so hübsch einfach – geben Sie mir Informationen und bumm! Ich poppe auf und zeige sie an. Das war's schon. Was ist so schlecht daran?

Von Kopf bis Fuß: Ich denke, der »Pop-up«-Teil. Pop-ups haben in letzter Zeit einen schlechten Ruf mit all dieser lächerlichen Werbung, die überall aufpoppt.

alert: Oh, verstehe. Ja, ich verstehe, dass das wirklich nerven kann. Aber Sie können einem Hammer auch nicht die Schuld für einen dämlichen Tischler geben, der nichts damit anzufangen weiß. Verstehen Sie, was ich meine?

Von Kopf bis Fuß: Sie meinen also, dass all die schlechten Dinge, die ich über Sie gehört habe, daher kommen, dass Sie missbraucht werden?

alert: Ganz genau. Wie gesagt, ich mache einfach, was man mir sagt. Wenn Sie mich anweisen x-mal mit bescheuerter Werbung aufzutauchen, mache ich das. Ich sage nicht, dass ich es mag, aber ich habe da keine Wahl. Ich dachte, Sie fragen mich über meinen Beitrag zur Welt des Debuggings.

Von Kopf bis Fuß: Oh, tut mir leid. Ja, ich habe einige wirklich gute Dinge über Sie gehört. Darüber, wie Sie JavaScript-Entwicklern dabei helfen, Bugs in ihrem Code aufzuspüren. Wie machen Sie das?

alert: Das ist wirklich ganz einfach. Sagen wir mal, es gibt eine Variable, bei der es drunter und drüber geht, die einen sinnlosen Wert erhält. Der Programmierer dreht durch, Überdosis Koffein – Sie wissen schon. Und er versucht verzweifelt, an verschiedenen Stellen des Skripts einen Blick auf die Variable zu werfen, um zu sehen, wie sie sich verändert. Also bittet er mich, aufzupoppen und die Variable anzuzeigen.

Von Kopf bis Fuß: Aber wie können Sie die Wertänderungen der Variablen an den verschiedenen Stellen des Skripts anzeigen? Das klingt kompliziert.

alert: Überhaupt nicht. Sie rufen mich einfach mehrmals auf, an jeder Stelle des Skripts ein Aufruf.

Von Kopf bis Fuß: Verstehe. Hatten Sie jemals Schwierigkeiten als Debug-Tool?

alert: Nun, ich muss zugeben, dass ich nicht so geeignet dafür bin, Debug-Informationen anzuzeigen, wenn ein Codesegment etliche Male ausgeführt wird, in einer Schleife.

Von Kopf bis Fuß: Warum?

alert: Na ja, bedenken Sie, dass ich ein Pop-up-Fenster bin. Ich muss also immer weggeklickt werden. Wenn ich oft auftauche, gibt das eine Menge Klicks.

Von Kopf bis Fuß: Klingt verständlich. Ich habe auch gehört, dass Sie praktisch sind, wenn es keine Daten zum Ansehen gibt.

alert: Oh ja. Es gibt viele Situationen, in denen nicht klar ist, ob und wann ein Codeteil aufgerufen wird. Ein kurzer Aufruf an mich im Code, und Sie wissen, ob der Code wirklich aufgerufen wird. Dann bin ich eine Art Alarm, der Sie darüber informiert, ob der Code aufgerufen wird.

Von Kopf bis Fuß: Und Sie sagen, dass Sie in all diesen Debug-Szenarios nur temporär sind?

alert: Oh, absolut. Und das stört mich auch nicht. Ich habe ja auch durchaus eine dauerhafte Rolle – das Debugging mache ich nur nebenbei als kleinen Dienst an der Öffentlichkeit.

Von Kopf bis Fuß: Vielen Dank, dass Sie sich die Zeit genommen haben, Ihre Rolle in der Bug-Ermittlung zu erklären. Ich freue mich darauf, Sie wiederzusehen.

Falsche Logik ist erlaubt, aber falsch

Uwe hat einen **Logikfehler** entdeckt, einen Fehler, der nach den Regeln JavaScripts absolut legal ist, aber etwas völlig anderes macht als beabsichtigt. In diesem Fall wird = anstatt == verwendet, wodurch `gewinnZahl` der Variablen `anzAnrufe` **zugewiesen** wird, statt die beiden zu **vergleichen**. Subtil? Ja, aber problematisch.

Der Code, der bisher okay ausgesehen »hat«, stellt sich als subtiler Bug heraus, der schwer zu entdecken ist.

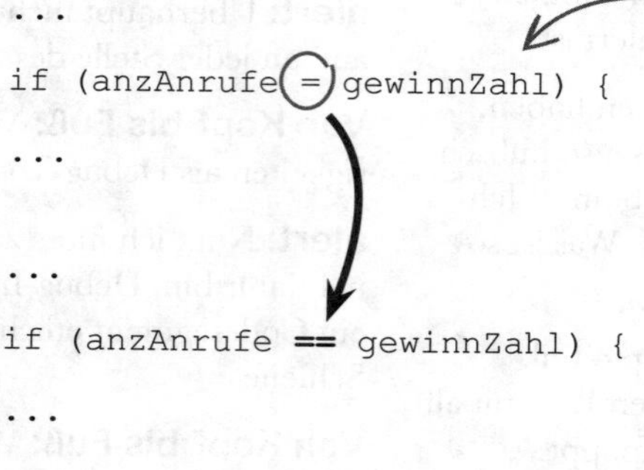

= DURCH == ERSETZEN, UND BUG NR. 3 IST PULVERISIERT.

Das wahre Problem an diesem Fehler ist, dass er den Browser nicht zum Stolpern bringt und keinen Fehler erzeugt wie ein Syntaxfehler. Der JavaScript-Interpreter beschwert sich nicht, weil eine Zuweisung den zugewiesenen Wert »zurückgibt«. In diesem Fall `gewinnZahl`, die in der `if`-Testbedingung automatisch zu `true` (nicht 0) konvertiert wird. Anders ausgedrückt, ist der Code absolut zulässig, obwohl er nicht das macht, was wir wollen.

Logikfehler fliegen gern unterhalb des Radars.

Das Schmerzhafte an Logikfehlern ist, dass sie sich oft nicht so zeigen wie Syntaxfehler. Obwohl ein Skriptfehler in einem Browser etwas ernüchternd wirken mag, ist es Glück im Unglück, weil solche Bugs für Sie ermittelt werden. Logikfehler verletzen keine Syntaxregeln von JavaScript, daher sind sie oft schwieriger zu entdecken.

Andererseits ergeben Logikfehler manchmal Skriptfehler **während** der Ausführung eines Skripts. Wenn ein Logikfehler z.B. dazu führt, dass eine Variable nicht initialisiert wird, kommt es zu einem »undefined«-Fehler, wenn das Skript versucht, die Variable zu referenzieren. Insofern erspart Ihnen ein logischer Fehler manchmal die Mühe einer erschöpfenden Bug-Jagd.

Punkt für Punkt

- Syntaxfehler werden von Code verursacht, der die Sprachregeln von JavaScript verletzt, und normalerweise vom JavaScript-Interpreter abgefangen.
- Strings müssen sorgfältig in Anführungszeichen oder Apostrophe eingeschlossen werden.
- Anführungszeichen und Apostrophe müssen in HTML-Event-Handler-Attributen mit JavaScript-Code gemischt verwendet werden (und in passenden Paaren).
- alert-Fenster bieten eine primitive, aber nützliche Möglichkeit, Variablen in einem Skript zu beobachten.
- Es ist ein häufig vorkommender Fehler, eine Testbedingung versehentlich mit = statt mit == zu schreiben.

Es gibt keine Dummen Fragen

F: Werden Escape-Zeichen nur für Anführungszeichen und Apostrophe verwendet?

A: Nein, JavaScript unterstützt mehrere Escape-Zeichen. Sie können z.B. `\t` verwenden, um einen Tabulator in einen String einzufügen. Auf ähnliche Weise wird eine neue Zeile durch das Escape-Zeichen `\n` repräsentiert. Und ein Backslash muss mit `\\` escapet werden.

Escape-Zeichen können auch wirkungsvoll für die Formatierung von Text in einem alert-Fenster verwendet werden. Mit `\t` und `\n` können Sie Text mit Tabulatoren ausrichten und den Textfluss in neue Zeilen steuern.

F: Woher kommt die Beschränkung von Escape-Zeichen in HTML-Attributen?

A: Die Beschränkung kommt daher, dass HTML-Attribute nicht den Regeln von JavaScript gehorchen, zumindest nicht, wenn es um die Begrenzungszeichen eines Attributwerts geht. Während es in Ordnung ist, ein Zeichen in einem JavaScript-String zu escapen, der in ein HTML-Attribut eingefasst ist, darf dasselbe Zeichen nicht zum Einfassen des Attributs verwendet werden.

Sollte das immer noch verwirrend sein, stellen Sie sich das folgendermaßen vor: HTML sieht ein Attribut einfach als Wert, der zwischen Anführungszeichen oder Apostrophen steht. Sonst nichts. Mit welchem Begrenzungszeichen Sie also das Attribut auch beginnen, HTML geht immer davon aus, dass das nächste solche Zeichen, auf das es stößt, den Attributwert entsprechend abschließt. Das liegt daran, dass HTML keine JavaScript-Escape-Zeichen im Attributwert kennt.

Escape-Zeichen funktionieren trotzdem in einem HTML-Attribut, vorausgesetzt, sie kollidieren nicht mit dem Zeichen, das das Attribut einfasst. Das liegt daran, dass der Attributwert irgendwann als JavaScript-Code interpretiert wird, zumindest bei einem Event-Handler-Attribut.

F: Gibt es keine schicken Debugger für JavaScript, die eine genauere Kontrolle über den Debug-Vorgang bieten?

A: Ja, es gibt einige. Und es ist gar keine schlechte Idee, sie alle unter die Lupe zu nehmen und einen auszuprobieren. Sie sollten aber verinnerlichen, dass gute Programmiergewohnheiten in Verbindung mit den Debug-Techniken aus diesem Kapitel Ihnen weitgehend dabei helfen werden, fehlerfreie Skripten zu erstellen.

F: Was genau passiert, wenn JavaScript-Code versucht, eine undefinierte Variable oder Funktion zu referenzieren?

A: Bedenken Sie, dass eine undefinierte Variable eine Variable ist, die entweder nicht erstellt oder zwar erstellt, aber mit keinem Wert belegt wurde. In beiden Fällen ist der in der Variablen gespeicherte Wert unbekannt, oder, genau genommen, undefiniert. Der Versuch, diesen Wert zu lesen und damit etwas Sinnvolles anzufangen, ergibt keinen Sinn, und JavaScript erzeugt einen Fehler.

Eine ähnliche Situation entsteht mit Funktionen, wenn eine Funktion aufgerufen wird, aber der JavaScript-Interpreter keine Funktion dieses Namens finden kann. Die Funktion ist undefiniert, also ist es sinnlos, sie aufzurufen – es gibt nichts zum Aufrufen. Und wieder sieht JavaScript das als Fehler, da es keine sinnvolle Möglichkeit gibt, den Code auszuführen

F: Warum wird die Variable anzAnrufe vor der `if`-Testbedingung im Radio-Skript `NaN`?

A: Das wissen wir noch nicht. Obwohl es uns zeigt, dass etwas im Skriptcode noch nicht stimmt. Wir müssen also weitere Bugs aufspüren ...

Fireside Chats

Heute Abend: **Syntaxfehler und Logikfehler verbindet die Liebe zu schlechten Skripten**

Syntaxfehler:

Hey, ich habe von dir gehört. Und zwar, dass du ziemlich raffiniert bist. Aber ich frage mich, ob du ein richtig schlecht geschriebenes Skript genauso genießt wie ich?

Logikfehler:

Oh ja. Es gibt nichts Besseres als ein Skript, das an der Oberfläche richtig aussieht, aber kurz darunter alle möglichen seltsamen Probleme macht.

Syntaxfehler:

Da gebe ich dir nicht recht. Ich mag Skripten, die offensichtlich eine unabwendbare Katastrophe sind. Darin bin ich nicht zu schlagen. Verstreu einige von mir in einem Skript, und der Browser wird garantiert vor Schmerzen jaulen.

Logikfehler:

Wo ist da der Spaß? Jeder weiß doch, dass ein Überraschungsangriff viel wirksamer ist. Du weißt schon. Lulle sie ein, damit sie denken, alles sei okay. Und dann zeig ganz langsam mal hier und dort ein kleines Problem. Wenn du gut bist, fragen sie sich sogar, ob ihr Browser richtig funktioniert.

Syntaxfehler:

Ich weiß deine verschrobene Sichtweise zu schätzen. Aber das Problem ist, dass du trotzdem zulässt, dass ein Skript ausgeführt wird. Für mich hat das keinen Zweck, ich möchte das Skript zum Stillstand bringen.

Logikfehler:

Da hast du recht. Es ist eine Schande, dass ich keine gute Möglichkeit gefunden habe, mich dadurch zu zeigen, dass ich ein Skript so stoppe wie du. Oder noch besser, den Browser mit einer großen Rauchwolke abstürzen lasse. Das wäre cool!

Syntaxfehler:

Das wäre es. Aber der Schaden, den wir anrichten können, ist leider ziemlich begrenzt. Klar macht es Spaß, eine Seite zu versauen und dafür zu sorgen, dass sie nicht richtig funktioniert. Aber ich hasse es, dass wir zu nichts anderem Zugang haben. Mann, was könnte ich für einen Spaß mit einer Festplatte voller wichtiger Daten haben!

Logikfehler:

Das wäre Wahnsinn. Bist du sicher, dass wir da nicht rankommen?

Syntaxfehler:

Logikfehler:

Nee, der JavaScript-Interpreter hat uns ganz schön fest unter Verschluss.

Nun, wir können trotzdem jede Menge Spaß haben. Hab ich dir von meinem kleinen Trick mit = und == erzählt?

Nein, wie funktioniert er?

Der ist klasse. Der Programmierer will == tippen, um zwei Werte zu vergleichen, aber schreibt aus Versehen = und nimmt stattdessen eine Zuweisung vor. Das ist urkomisch, weil die stundenlang suchen, ohne das Problem zu finden. Und der JavaScript-Interpreter ist kein bisschen schlauer, weil der Code trotzdem technisch in Ordnung ist.

Wie kommst du damit durch?

Oh, ich hab eine Menge davon. Ich wandle auf einem schmalen Grat, auf dem ich im Rahmen der Gesetze bleibe, aber trotzdem eine Menge Ärger machen kann.

Ich hab auch einen ähnlich guten, bei dem die Leute vergessen, jede JavaScript-Anweisung mit einem Semikolon zu beenden. Das Tolle ist, dass der Interpreter es durchgehen lässt, wenn die Anweisungen in eigenen Zeilen stehen. Aber irgendwann versucht irgendein eingebildeter Programmierer, den Code zu »optimieren« und die Anweisungen in einer Zeile zu kombinieren. Und dann tauche ich auf. Das funktioniert immer – ich hab immer gut was zu lachen!

Das erinnert mich an einen anderen, den ich erzählen muss. Ich liebe es, wenn Leute die Argumente einer Funktion ändern, nachdem sie die Funktion geschrieben haben. Funktioniert immer – sie vergessen, alle Aufrufe dieser Funktion zu ändern, die ja mit den neuen Argumenten aktualisiert werden müssen. Wenn alles gut geht, merkt der Interpreter nichts, und sie erhalten unerwartete Ergebnisse durch falsche Argumente.

Das gefällt mir. Denn wenn der Interpreter es doch merkt, dann komme ich und erschrecke sie mit einem Fehler. Hey, ich merke, dass wir über eine Zusammenarbeit nachdenken sollten. Ich glaube, zusammen könnten wir mehr Schaden anrichten.

Du hast recht, lass uns anfangen.

Ich bin direkt hinter dir!

Alles Verlierer! (Bug Nr. 4)

Uwe merkt langsam, dass das Debugging nicht so einfach ist, wie er gedacht hat. Nachdem der Logikfehler in der `if`-Anweisung behoben ist, erklärt das Skript jetzt überhaupt niemanden mehr zum Gewinner. Erst hat jeder gewonnen, und jetzt gibt es nur noch Verlierer. Das Selbstbewusstsein einiger Leute wird darunter definitiv leiden, wenn Uwe das nicht schnell in Ordnung bringt.

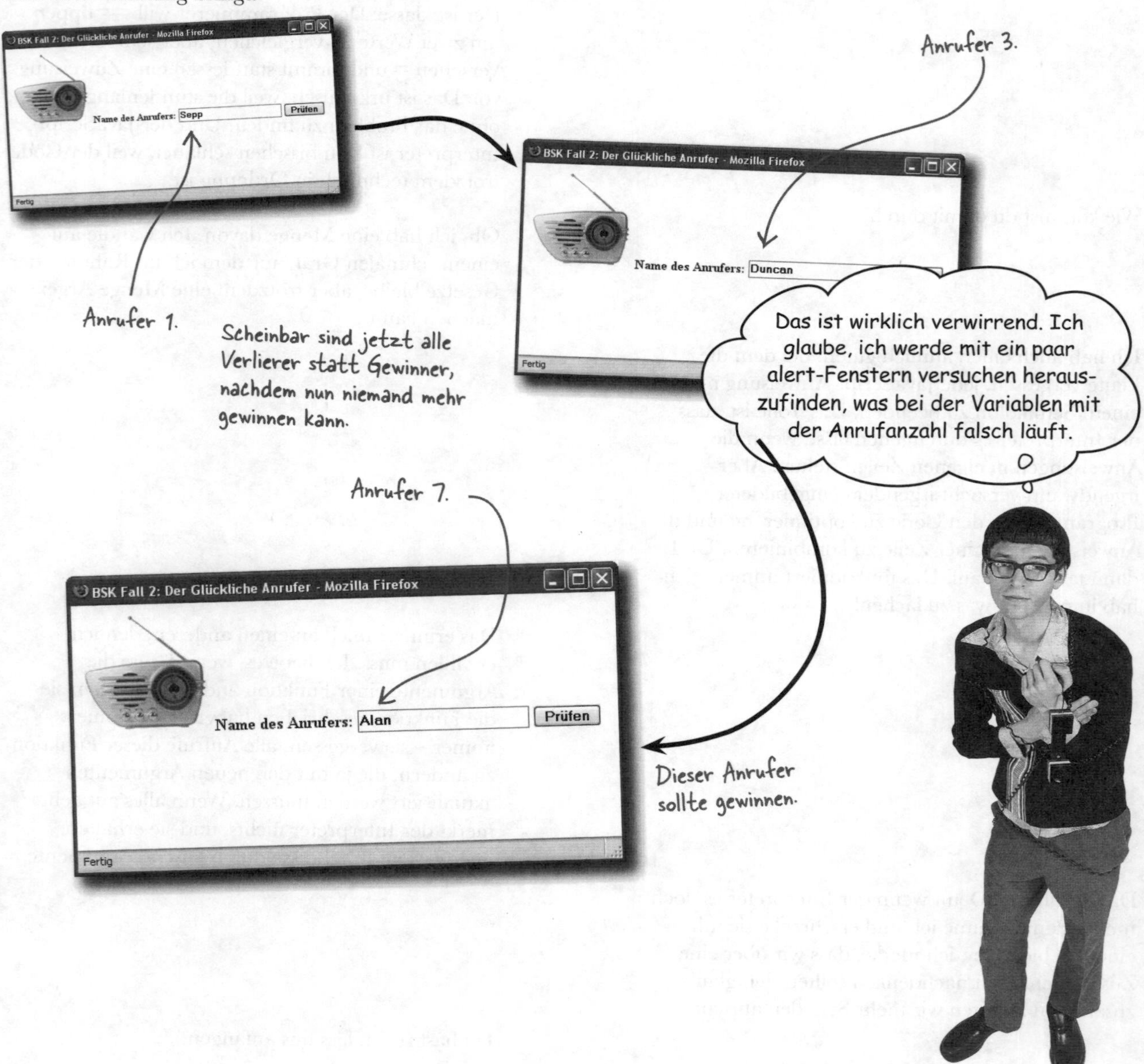

Von lästigen alerts überflutet

Uwe versucht, mit alerts die Variable `anzAnrufe` zu überwachen und herauszufinden, was vor sich geht. Er bekommt allerdings das Problem, dass er auf dem Weg zum siebten Anrufer durch so viele alert-Fenster waten muss, dass es ganz schön nervtötend ist. Er hat es mit mehreren alerts an mehreren Codestellen versucht, ist aber mit so vielen weniger als hilfreichen Pop-up-Fenstern überfordert und weiß nicht, wo er anfangen soll...

Der Nachteil von alerts als Überwachungsfenster ist, dass es mit Code, der wiederholt wird, ganz schön nervig werden kann.

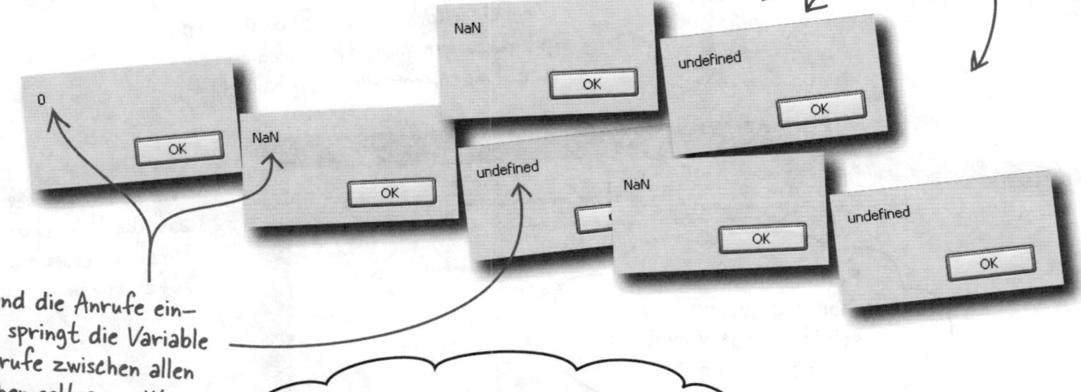

Während die Anrufe eingehen, springt die Variable anzAnrufe zwischen allen möglichen seltsamen Werten hin und her.

Wäre es nicht traumhaft, wenn es eine Möglichkeit gäbe, Variablen ohne Pop-up-Fenster zu überwachen ...

Debug-Konsolen der Browser können helfen

Die meisten Browser verfügen über eine Debug-Konsole, eine **Fehlerkonsole**, die für die Anzeige von Fehlern zuständig ist, die in einem Skript auftreten. Fehlerkonsolen sind sehr nützlich, um herauszufinden, wann etwas in einem Skript schiefläuft, und in vielen Fällen zu diagnostizieren, was das genau ist. Insbesondere Firefox hat bewiesen, dass er über eine hervorragende Fehlerkonsole verfügt.

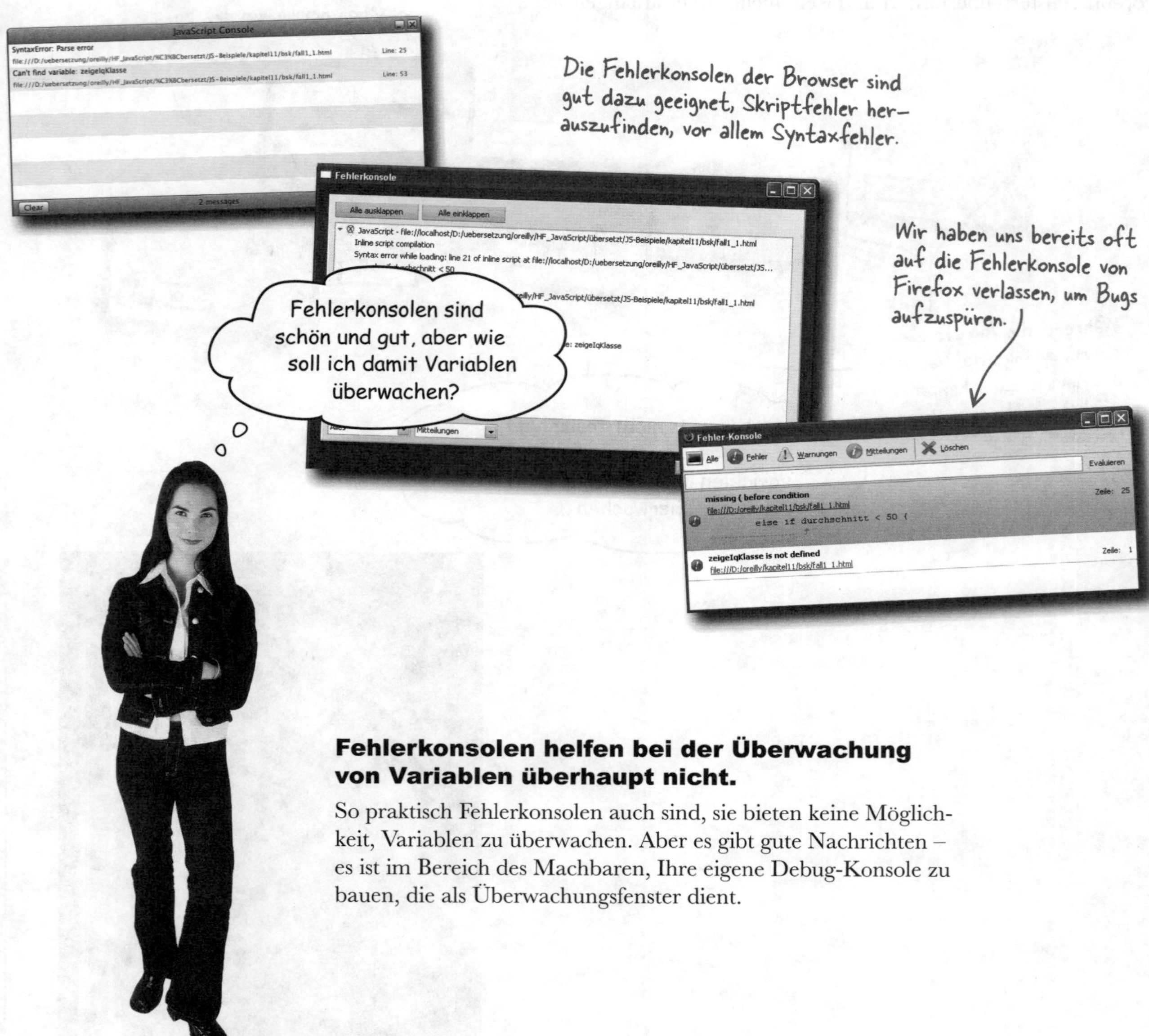

Fehlerkonsolen helfen bei der Überwachung von Variablen überhaupt nicht.

So praktisch Fehlerkonsolen auch sind, sie bieten keine Möglichkeit, Variablen zu überwachen. Aber es gibt gute Nachrichten – es ist im Bereich des Machbaren, Ihre eigene Debug-Konsole zu bauen, die als Überwachungsfenster dient.

Eine benutzerdefinierte Debug-Konsole bauen

Die Vorstellung einer benutzerdefinierten Debug-Konsole mag zunächst einschüchternd klingen, aber sie muss ja lediglich Text anzeigen. Der Schlüssel dazu ist, dass die Konsole die Informationen direkt auf der Seite anzeigen muss, nicht in einem alert-Fenster. Ein separates Pop-up-Fenster wäre eine Möglichkeit, solange der Benutzer nicht auf OK klicken muss. Aber es ist einfacher und genauso wirkungsvoll, wenn die Debug-Meldungen direkt auf der Seite angezeigt werden.

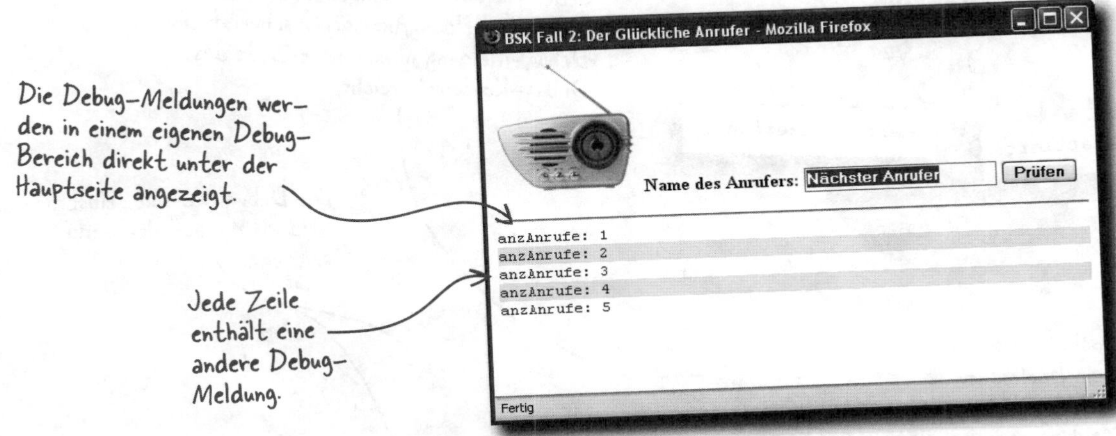

Spitzen Sie Ihren Bleistift

Überlegen Sie sich ein Design für eine JavaScript-Debug-Konsole, mit der Uwe Debug-Meldungen in einer Liste in einem dynamisch erzeugten Bereich der Seite anzeigen kann. Skizzieren Sie die erforderlichen Komponenten des Designs und wie sie zusammenpassen. Denken Sie dabei auch an ein benutzerdefiniertes JavaScript-Objekt für die Debug-Konsole.

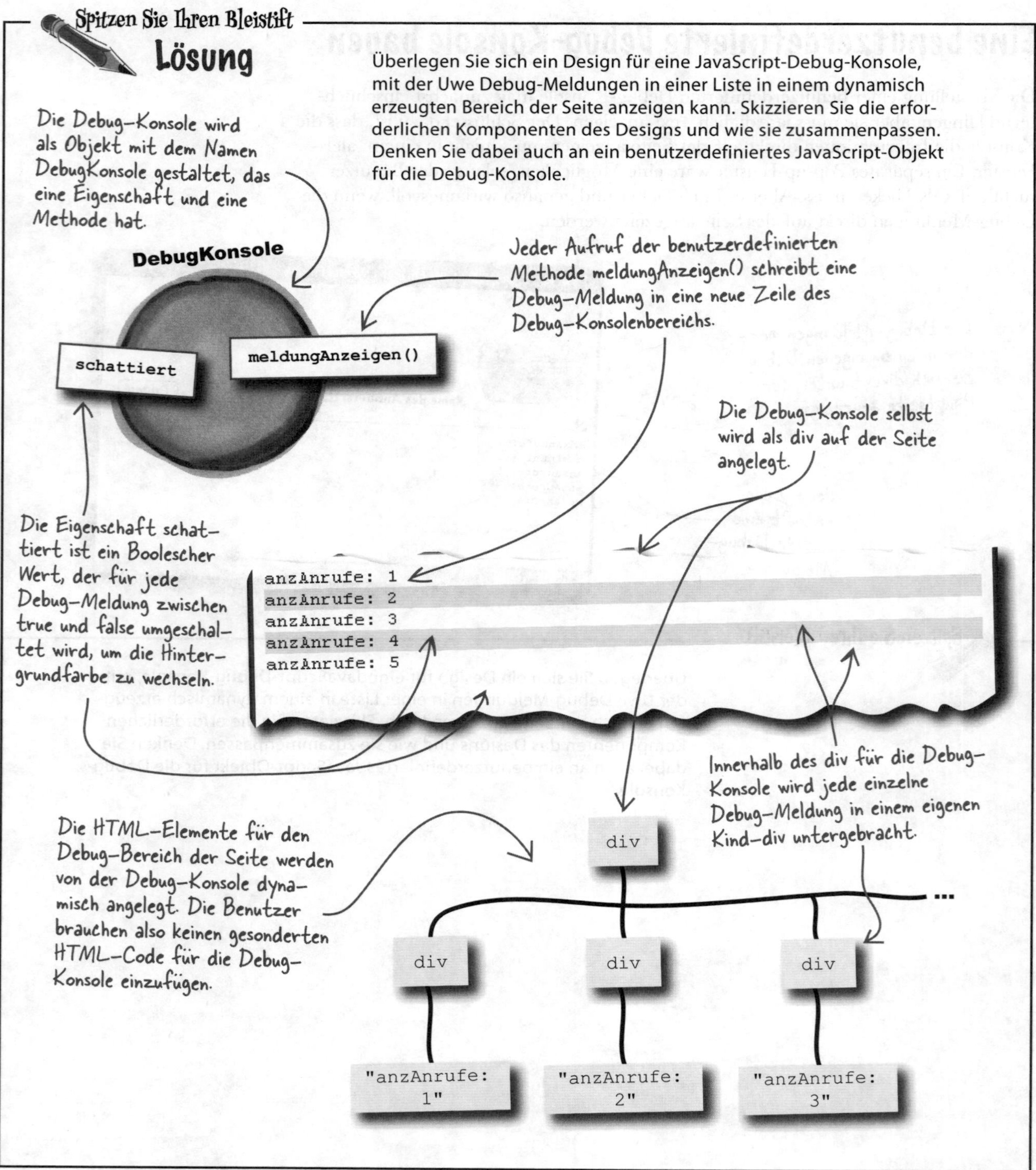
Spitzen Sie Ihren Bleistift
Lösung
Überlegen Sie sich ein Design für eine JavaScript-Debug-Konsole, mit der Uwe Debug-Meldungen in einer Liste in einem dynamisch erzeugten Bereich der Seite anzeigen kann. Skizzieren Sie die erforderlichen Komponenten des Designs und wie sie zusammenpassen. Denken Sie dabei auch an ein benutzerdefiniertes JavaScript-Objekt für die Debug-Konsole.
Die Debug-Konsole wird als Objekt mit dem Namen DebugKonsole gestaltet, das eine Eigenschaft und eine Methode hat.
DebugKonsole
schattiert
meldungAnzeigen()
Jeder Aufruf der benutzerdefinierten Methode meldungAnzeigen() schreibt eine Debug-Meldung in eine neue Zeile des Debug-Konsolenbereichs.
Die Debug-Konsole selbst wird als div auf der Seite angelegt.
Die Eigenschaft schattiert ist ein Boolescher Wert, der für jede Debug-Meldung zwischen true und false umgeschaltet wird, um die Hintergrundfarbe zu wechseln.
anzAnrufe: 1
anzAnrufe: 2
anzAnrufe: 3
anzAnrufe: 4
anzAnrufe: 5
Innerhalb des div für die Debug-Konsole wird jede einzelne Debug-Meldung in einem eigenen Kind-div untergebracht.
Die HTML-Elemente für den Debug-Bereich der Seite werden von der Debug-Konsole dynamisch angelegt. Die Benutzer brauchen also keinen gesonderten HTML-Code für die Debug-Konsole einzufügen.
div
div
div
div
...
"anzAnrufe: 1"
"anzAnrufe: 2"
"anzAnrufe: 3"

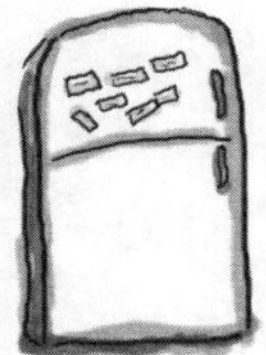

JavaScript-Magneten

Im Code für die Debug-Konsole fehlen einige Teile. Füllen Sie die Lücken mit den Code-Magneten, um das Objekt `DebugKonsole` fertigzustellen.

```
function DebugKonsole() {
  // Bereich für Debug-Konsole erstellen

  var konsolenElem = document.______________(_______);

  konsolenElem.id = "debug";
  konsolenElem.style.fontFamily = "monospace";
  konsolenElem.style.color = "#333333";

  document.body.____________(konsolenElem);

  konsolenElem.____________(document.______________("hr"));


  // Eigenschaft für wechselnde Hintergrundfarbe erstellen

  this.________ = false;

}

DebugKonsole.prototype.meldungAnzeigen = function(meldung) {
  // Meldung erstellen
  var meldungsElement = document.createElement("div");

  meldungsElement.appendChild(document.______________(meldung));

  meldungsElement.style.backgroundColor = this.schattiert ? "#EEEEEE" : "#FFFFFF";

  var konsolenElem = document.getElementById(_________);

  konsolenElem.appendChild(____________);

  // Eigenschaft für wechselnde Hintergrundfarbe umschalten

  this.schattiert = ____this.schattiert;

}
```

`"div"` `meldungsElement` `"debug"` `!` `schattiert` `appendChild` `createElement` `createTextNode`

JavaScript-Magneten, Lösung

Im Code für die Debug-Konsole fehlen einige Teile. Füllen Sie die Lücken mit den Code-Magneten, um das Objekt DebugKonsole fertigzustellen.

```
function DebugKonsole() {
  // Bereich für Debug-Konsole erstellen

  var konsolenElem = document. createElement ( "div" );

  konsolenElem.id = "debug";
  konsolenElem.style.fontFamily = "monospace";
  konsolenElem.style.color = "#333333";

  document.body. appendChild (konsolenElem);

  konsolenElem. appendChild (document. createElement ("hr"));

  // Eigenschaft für wechselnde Hintergrundfarbe erstellen

  this. schattiert = false;

}

DebugKonsole.prototype.meldungAnzeigen = function(meldung) {
  // Meldung erstellen
  var meldungsElement = document.createElement("div");

  meldungsElement.appendChild(document. createTextNode (meldung));

  meldungsElement.style.backgroundColor = this.schattiert ? "#EEEEEE" : "#FFFFFF";

  var konsolenElem = document.getElementById( "debug" );

  konsolenElem.appendChild( meldungsElement );

  // Eigenschaft für wechselnde Hintergrundfarbe umschalten

  this.schattiert = ! this.schattiert;

}
```

Das div für die Debug-Konsole wird an den Dokument-Body angefügt, d.h., es wird an das Ende der Seite angehängt.

Das erste Kindelement in der Debug-Konsole ist eine horizontale Linie, um die Konsolenmeldungen vom Rest der Seite abzutrennen.

Die Hintergrundfarbe beginnt mit false, was anfangs einen weißen Hintergrund ergibt.

Eine Meldung wird zur Debug-Konsole als Kind-div hinzugefügt.

Die Hintergrundfarbe wechselt nach jeder Meldung, damit die Meldungen leichter zu lesen sind.

Debuggen Sie Ihren Debugger

Uwe kann es kaum erwarten, die neue Debug-Konsole zeigen zu lassen, was sie kann, und herauszufinden, was im Skript für das Radiogewinnspiel schiefläuft. Also importiert er die Datei **debug.js** in die Seite und erstellt im Head der Seite das DebugKonsole-Objekt.

```
<script type="text/javascript">
  // Globale Variable für Debug-Konsole
  var konsole = new DebugKonsole();
  ...
```

Dieser Code erstellt das DebugKonsole-Objekt als globale Variable im Head der Seite.

Leider laufen die Dinge nicht wie geplant. Als er zum ersten Mal versucht, die Debug-Konsole zu verwenden, muss Uwe feststellen, dass er seine Probleme verschlimmert und einen brandneuen Bug in die Debug-Konsole eingeschleust hat.

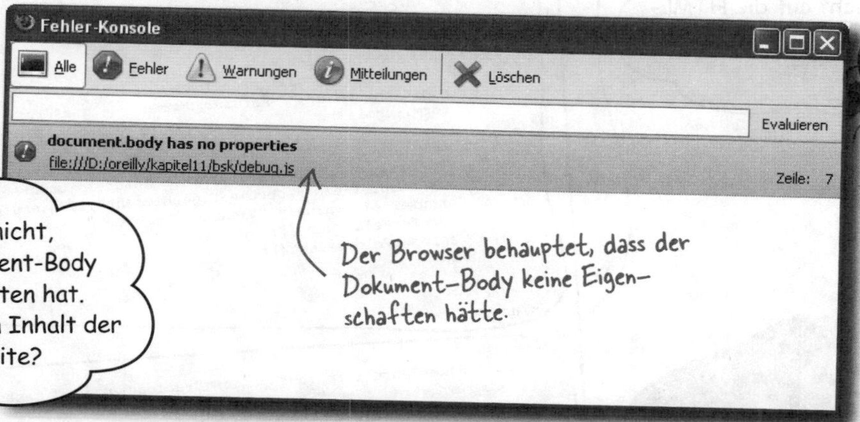

Fehler-Konsole
Alle | Fehler | Warnungen | Mitteilungen | Löschen
Evaluieren
document.body has no properties
file:///D:/oreilly/kapitel11/bsk/debug.js
Zeile: 7

Ich verstehe nicht, warum der Dokument-Body keine Eigenschaften hat. Enthält er nicht den Inhalt der gesamten Webseite?

Der Browser behauptet, dass der Dokument-Body keine Eigenschaften hätte.

Anscheinend wurde ein völlig neuer Bug in das Skript eingeführt... Pfui!

Die Codezeile, die den Fehler erzeugt, versucht lediglich, einen Kindknoten (div) zum Body des Dokuments hinzuzufügen, was kein Problem sein sollte.

```
document.body.appendChild(konsolenElem);
```

Etwas anderes ist nicht in Ordnung, obwohl es definitiv mit dem neuen DebugKonsole-Objekt zu tun hat.

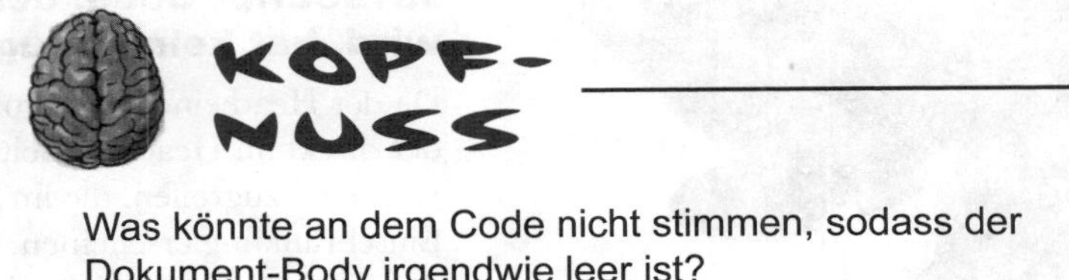

Was könnte an dem Code nicht stimmen, sodass der Dokument-Body irgendwie leer ist?

Auf die Seite warten

Das Problem mit der Debug-Konsole hängt mit dem Zeitpunkt zusammen, zu dem eine Seite geladen wird, und dem Zeitpunkt, ab dem Skriptcode Zugriff auf den Body der Seite hat.

Der Head der Seite wird vor dem Body geladen, also ist der Inhalt des Bodys zu dieser Zeit noch nicht verfügbar.

Die HTML-Elemente, die auf der Seite stehen, werden erst geladen, wenn der Body geladen wird... nach dem Head.

```
<html>
  <head>
    <title>BSK Fall 2: Der Glückliche Anrufer</title>

    <script type="text/javascript" src="debug.js"></script>

    <script type="text/javascript">
      // Globale Variable für Debug-Konsole
      var konsole = new DebugKonsole();

      // Gesamtzahl der Anrufe
      var anzAnrufe = 0;

      function pruefeGewinner(form, anrufer, gewinnZahl) {
        // Anzahl der Anrufe erhöhen
        var anzAnrufe;
        ++anzAnrufe;

        // Auf Gewinner prüfen
        if (anzAnrufe == gewinnZahl) {
          alert(anrufer + ", Anrufer Nummer " + anzAnrufe + ",... hat\'s geschafft!");
          form.submit();
        }
        else {
          // Anruferfeld für den nächsten Anrufer zurücksetzen
          var anruferFeld = document.getElementById('anrufer');
          anruferFeld.value = "Nächster Anrufer";
          anruferFeld.focus();
          anruferFeld.select();
        }
      }
    </script>
  </head>

  <body>
    <form name="anrufformular" action="radioanruf.php" method="POST">
      <img src="radio.png" alt="radio" />
      Name des Anrufers: <input id="anrufer" name="anrufer" type="text" />
      <input type="button" value="Prüfen"
        onclick="pruefeGewinner(this.form, document.getElementById('anrufer').value, 7)" />
    </form>
  </body>
</html>
```

JavaScript-Code, der im Head der Seite ausgeführt wird, hat keinen Zugriff auf den Inhalt der Webseite.

Da der Head einer Seite vor dem Body geladen wird, sollte Skriptcode, der direkt im Head der Seite ausgeführt wird, auf keinen Fall auf HTML-Elemente zugreifen, die im Body der Seite stehen. Das mag als seltsame Einschränkung erscheinen, ist aber durchaus sinnvoll, wenn Sie bedenken, dass typischerweise nicht viel Code im Head der Seite **ausgeführt** wird.

Nicht jeder Code im Head einer Seite wird auch im Head der Seite ausgeführt.

Code in eine Funktion zu schreiben, die im Head einer Seite steht, ist nicht dasselbe wie das Ausführen des Codes im Head der Seite: Funktionscode wird erst ausgeführt, wenn die Funktion aufgerufen wird. Aber Code, der nicht in einer Funktion steht, wird unmittelbar ausgeführt, wenn der Header geladen wird. Das ist der Code, der Probleme bereiten kann.

Das `DebugKonsole`-Objekt kann nicht direkt im Head der Seite erstellt werden, weil sein Konstruktor in hohem Maße auf den Inhalt im Body der Seite angewiesen ist.

Spitzen Sie Ihren Bleistift

Schreiben Sie auf, wann und wo Ihrer Meinung nach das `Debug-Konsole`-Objekt so erstellt werden kann, dass es sicher auf die Elemente der Seite zugreifen kann.

....

....

....

....

....

....

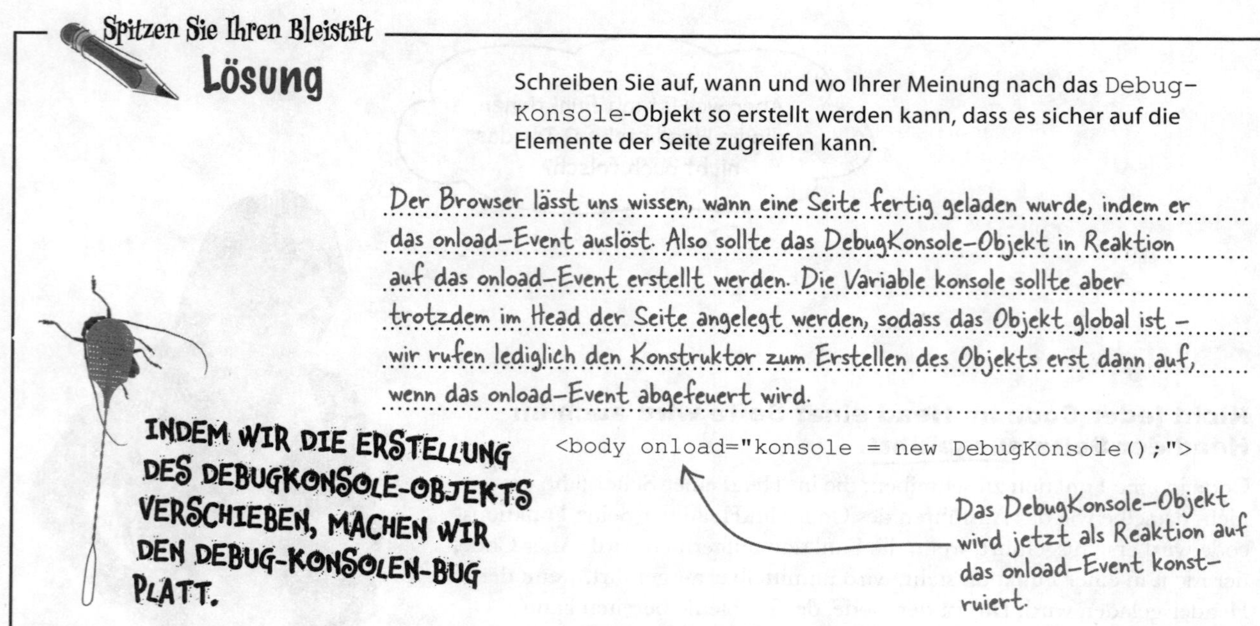

Schreiben Sie auf, wann und wo Ihrer Meinung nach das `DebugKonsole`-Objekt so erstellt werden kann, dass es sicher auf die Elemente der Seite zugreifen kann.

Der Browser lässt uns wissen, wann eine Seite fertig geladen wurde, indem er das onload-Event auslöst. Also sollte das DebugKonsole-Objekt in Reaktion auf das onload-Event erstellt werden. Die Variable konsole sollte aber trotzdem im Head der Seite angelegt werden, sodass das Objekt global ist – wir rufen lediglich den Konstruktor zum Erstellen des Objekts erst dann auf, wenn das onload-Event abgefeuert wird.

```
<body onload="konsole = new DebugKonsole();">
```

Das DebugKonsole-Objekt wird jetzt als Reaktion auf das onload-Event konstruiert.

Die allerlästigsten Fehler: Laufzeitfehler

Das Problem mit dem noch nicht geladenen Dokument-Body ist ein Beispiel für einen **Laufzeitfehler** – ein Fehler, der sein Gesicht nur unter bestimmten Bedingungen während der Ausführung eines Skripts zeigt. Manchmal tauchen Laufzeitfehler nur unter ganz bestimmten Umständen auf, z.B. bei bestimmten Benutzereingaben oder einer bestimmten Anzahl von Schleifeniterationen. Laufzeitfehler sind oft am schwierigsten zu finden, weil sie so schwer vorhersehbar sind. Manchmal ist es schon eine Herausforderung zu reproduzieren, wann jemand einen Laufzeitfehler erhält.

Laufzeitfehler treten nur aufgrund bestimmter Bedingungen auf, die während der Ausführung eines Skripts entstehen.

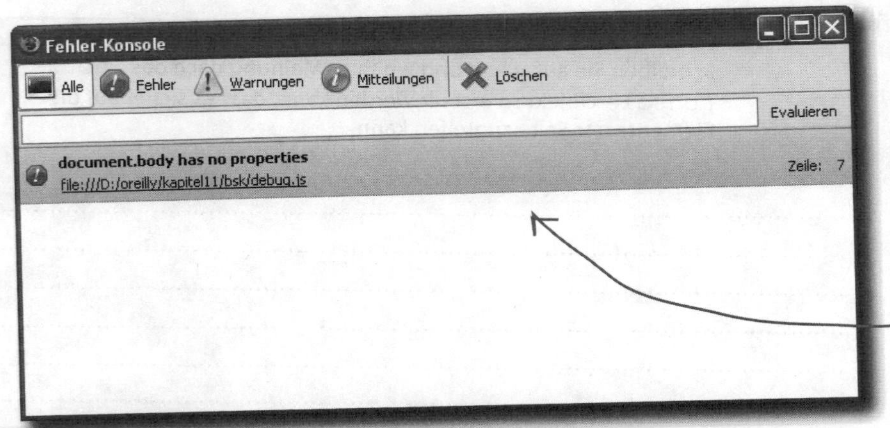

Der Bug mit der Debug-Konsole ist ein Laufzeitfehler, der bei dem Versuch entsteht, auf Daten zuzugreifen, bevor sie geladen wurden. Ein Problem, das nur entsteht, während ein Skript ausgeführt wird.

Die Bug-Dreierwette ein JavaScript

Neben dem Laufzeitfehler runden zwei weitere Fehler, die wir bereits kennengelernt haben, die Dreierwette der JavaScript-Bugs ab: Syntaxfehler, Logikfehler und Laufzeitfehler. Jede dieser Fehlerarten kann sich in jedem Skript manifestieren – und das oft gleichzeitig! Ihre Unterschiede zu verstehen ist entscheidend, um sie erfolgreich zu finden und auszurotten.

Syntaxfehler

Ein Fehler, der aus der Verletzung der Sprachregeln von JavaScript resultiert, d.h., der Code kann nicht im JavaScript-Interpreter ausgeführt werden.

Laufzeitfehler

Ein Fehler, der sich nur unter Laufzeitbedingungen zeigt, z.B. wenn der Benutzer bestimmte Daten in ein Formular eingibt, mit denen das Skript nicht umgehen kann, oder der Versuch, auf ein Objekt zuzugreifen, bevor es erstellt oder initialisiert wurde.

Logikfehler

Ein Fehler, der durch falsche Logik verursacht wird. Oft geht es dabei um Code, der eine Sache tun soll, aber versehentlich so programmiert wurde, dass er etwas anderes macht. Mancher Code mit Logikfehlern macht sogar genau das, was er soll. In diesem Fall hat der Programmierer seine Aufgabe von Anfang an falsch verstanden.

```
<html>
  <head>
    <title>BSK Fall 2: Der Glückliche Anrufer</title>

    <script type="text/javascript" src="debug.js"></script>

    <script type="text/javascript">
      // Globale Variable für Debug-Konsole
      var konsole = new DebugKonsole();

      // Gesamtzahl der Anrufe
      var anzAnrufe = 0;

      function pruefeGewinner(form, anrufer, gewinnZahl) {
        // Anzahl der Anrufe erhöhen
        var anzAnrufe;
        ++anzAnrufe;

        konsole.meldungAnzeigen("anzAnrufe: " + anzAnrufe);

        // Auf Gewinner prüfen
        if (anzAnrufe = gewinnZahl) {
          alert(anrufer + ", Anrufer Nummer " anzAnrufe + ",... hat\'s geschafft!");
          form.submit();
        }
        else {
```

ÜBUNG

Schreiben Sie für jede der folgenden Fehlerbeschreibungen den entsprechenden Fehlertyp auf.

Fehlende Klammern um die Testbedingung einer if-Anweisung. ....

Vergessen, eine Zählervariable mit 0 zu initialisieren. ....

Erstellen einer Schleife, die über das letzte Element eines Arrays hinaus ausgeführt wird. ....

Vergessen, eine Funktion mit einer geschweiften Klammer abzuschließen. ....

LÖSUNGEN ZU DEN ÜBUNGEN

Schreiben Sie für jede der folgenden Fehlerbeschreibungen den entsprechenden Fehlertyp auf.

Fehlende Klammern um die Testbedingung einer if-Anweisung.	Syntaxfehler
Vergessen, eine Zählervariable mit 0 zu initialisieren.	Logikfehler
Erstellen einer Schleife, die über das letzte Element eines Arrays hinaus ausgeführt wird.	Laufzeitfehler
Vergessen, eine Funktion mit einer geschweiften Klammer abzuschließen.	Syntaxfehler

Die Anzahl der Anrufe wird als »Not a Number« angezeigt. Das ist seltsam ...

Es ist keine Za-hal!

Nachdem die Debug-Konsole endlich läuft, können wir jetzt einen Blick auf die Variable `anzAnrufe` werfen, während die Anrufe eingehen, ohne die ganzen alerts durchgehen zu müssen. Wie sich herausstellt, ist ein altes Problem zum Ausruhen nach Hause gekommen, das Uwe bisher ignoriert hat. Die Variable `anzAnrufe` wird als `NaN` angezeigt, d.h., sie ist keine Zahl. Aber warum?

```
konsole.meldungAnzeigen("anzAnrufe: " + anzAnrufe);
```

Mit einer einzelnen Codezeile wird die Variable anzAnrufe überwacht.

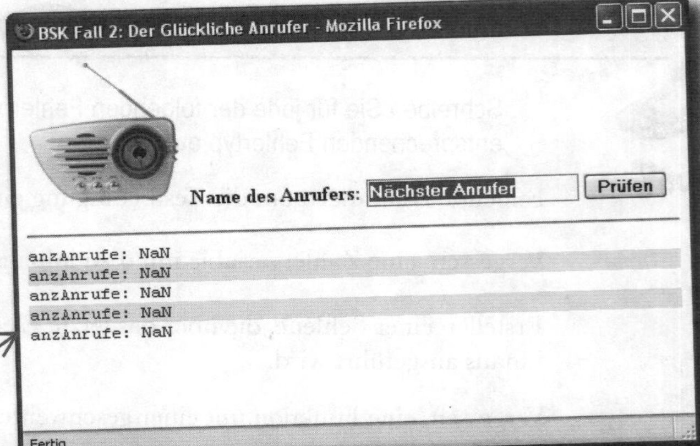

Wenigstens funktioniert die Debug-Konsole!

Wenn Überwachung nicht reicht

Manchmal bringt die Überwachung einer Variablen mehr Fragen als Antworten. Warum ist `anzAnrufe` keine Zahl? Warum wird sie nicht inkrementiert? Welchen Sinn hat diese Debug-Konsole, wenn sie nur bestätigt, was Sie bereits wissen ... dass es ein Problem gibt. Wie finden wir also heraus, was genau los ist?

Code zu entfernen ist eine ausgezeichnete Möglichkeit, ein Skript für die Bug-Jagd zu vereinfachen.

Beim Debugging von JavaScript ist manchmal weniger mehr. In diesem Fall ist es eine exzellente Idee, Code zu entfernen und zu beobachten, was passiert. Aber Code einfach zu löschen klingt nicht allzu verlockend, da der überwiegende Teil des Codes so bleiben soll, wie er ist, wenn Sie fertig sind. Wir brauchen eine Möglichkeit, Code zu **deaktivieren**, statt ihn wirklich zu entfernen.

Kommentare als vorübergehende Codedeaktivierung

Code in Kommentaren zu verstecken ist eine äußerst praktische Möglichkeit, ihn für das Debugging zu deaktivieren. So können Sie Code selektiv von der Ausführung des Skripts ausschließen, ohne ihn wirklich zu löschen. Stellen Sie sich das Auskommentieren von Code so vor, als würden Sie Codezeilen oder -blöcke nach Bedarf entfernen, um den Bug zu isolieren.

Kommentare sind äußerst nützlich, um Code vorübergehend zu deaktivieren.

```
function pruefeGewinner(form, anrufer, gewinnZahl) {
  konsole.meldungAnzeigen("anzAnrufe: " + anzAnrufe);

/*
   // Anzahl der Anrufe erhöhen
   var anzAnrufe;
   ++anzAnrufe;

   // Auf Gewinner prüfen
   if (anzAnrufe == gewinnZahl) {
     alert(anrufer + ", Anrufer Nummer " + anzAnrufe + ",... hat\'s geschafft!");
     form.submit();
   }
   else {
     // Anruferfeld für den nächsten Anrufer zurücksetzen
     var anruferFeld = document.getElementById('anrufer');
     anruferFeld.value = "Nächster Anrufer";
     anruferFeld.focus();
     anruferFeld.select();
   }
*/
}
```

Dieser mehrzeilige Kommentar deaktiviert alles in der Funktion außer dem Code, der die Debug-Meldung anzeigt.

Die Variable anzAnrufe ist jetzt 0, d.h., etwas in dem deaktivierten Code baut Mist.

KOPF-NUSS

Was, glauben Sie, passiert, wenn wir nur die Codezeile wieder einkommentieren, die die Anzahl der Anrufe inkrementiert?

Problem gelöst ... irgendwie

Indem wir auf einzeilige Kommentare umsteigen, können wir etwas wählerischer beim Deaktivieren des Codes sein. Wenn die Codezeile wieder hinzugefügt wird, die die Variable `anzAnrufe` inkrementiert, funktioniert `anzAnrufe`, wie sie soll. Also verursachen die übrigen deaktivierten Codezeilen das Problem.

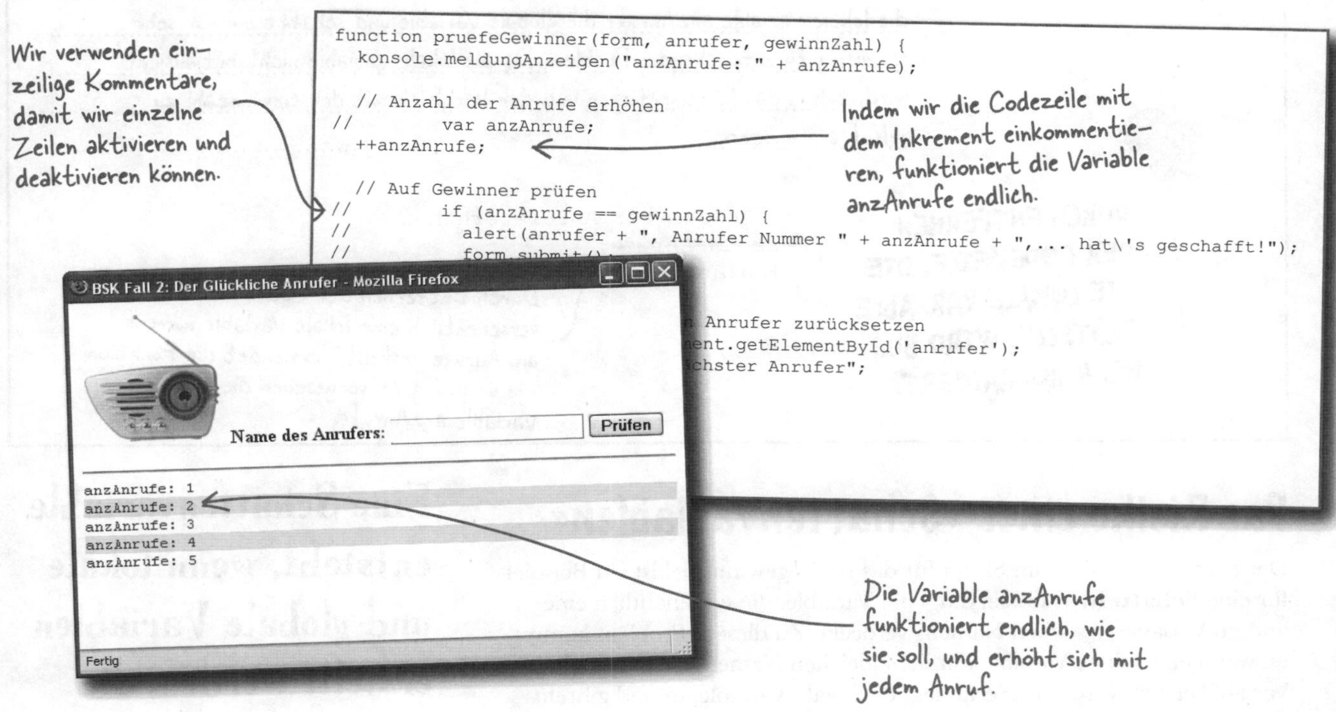

Spitzen Sie Ihren Bleistift

Schreiben Sie auf, was mit anzAnrufe schiefläuft und wie Sie den Bug beheben können.

....

....

....

....

....

....

Schreiben Sie auf, was mit anzAnrufe schiefläuft und wie Sie den Bug beheben können.

Eine andere Variable namens anzAnrufe wird versehentlich als lokale Variable in der Funktion pruefeGewinner() mit var erstellt. Also »überlagert« die lokale Variable anzAnrufe die globale Variable und schafft ein nur sehr schwierig zu entdeckendes Problem. Da die lokale Variable nicht initialisiert wird, führt das Inkrementieren und der Vergleich mit der Gewinnzahl zu »Not a Number«.

DURCH ENTFERNEN DER CODEZEILE, DIE DIE LOKALE VARIABLE ERSTELLT, WIRD BUG NR. 4 AUSRADIERT.

```
// Anzahl der Anrufe erhöhen
var anzAnrufe;
++anzAnrufe;
```

Durch Entfernen der Codezeile, die versehentlich eine lokale Variable namens anzAnrufe erstellt, verwendet die Funktion wie ursprünglich vorgesehen die globale Variable anzAnrufe.

Das Risiko einer »Schattenvariablen«

Der `anzAnrufe`-Bug im Skript für das Radiogewinnspiel ist ein Beispiel für eine **Schattenvariable**, d.h. eine Variable, die versehentlich eine andere Variable desselben Namens verdeckt. Zu diesem Problem kommt es, wenn eine lokale Variable mit dem gleichen Namen wie eine globale Variable erstellt wird. JavaScript legt die lokale Variable an und gibt ihr in dem lokalen Codeblock Vorrang. Somit werden jegliche Änderungen an der lokalen Variablen nicht auf die globale Variable übertragen. Die lokale Variable wirft praktisch einen Schatten auf die globale Variable, die dadurch vorübergehend für das Skript versteckt wird.

Eine Schattenvariable entsteht, wenn lokale und globale Variablen erstellt werden, die den gleichen Namen tragen ... gar nicht gut!

Globale Variable.

Lokale Variable.

5 anzAnrufe

0 anzAnrufe

Gleicher Name!

Globaler Code

```
++anzAnrufe;
```

Dieser Code inkrementiert die globale Variable, die somit den Wert 6 erhält.

Lokaler Code

```
++anzAnrufe;
```

Dieser Code inkrementiert die lokale Variable auf den Wert 1 – die globale Variable wird überschattet und bleibt unverändert.

Es gibt keine Dummen Fragen

F: Woher weiß ich, wie viel Code ich deaktivieren muss, wenn ich Code auskommentiere, um Bugs aufzuspüren?

A: Das ist eine Ermessensfrage, die Ihnen umso leichter fallen wird, je erfahrener Sie mit JavaScript-Debugging sind. Allerdings ist es nie falsch, weite Teile, wenn nicht sogar den ganzen Code, an einer problematischen Stelle eines Skripts zu deaktivieren. Und scheuen Sie sich nicht, denn ganzen Skriptcode auf einer Seite zu deaktivieren, wenn ein wirklich fieses Problem auftaucht. Denken Sie auch daran, Tags vorübergehend zu entfernen, die externen Code in die Seite mit einbeziehen.

Es gibt noch einen weiteren Ansatz, der funktionieren kann, wenn Sie einen Bug bereits auf einen bestimmten Codeabschnitt eingegrenzt haben. Dabei deaktivieren Sie immer nur eine Codezeile, bis der Bug verschwindet. Anstatt also alles zu deaktivieren und den Code schrittweise wieder zu aktivieren, bis der Bug **auftaucht**, deaktivieren Sie den Code Zeile für Zeile, bis der Bug **verschwindet**. Der erste Ansatz ist sicherer, wenn Sie keine Ahnung haben, wo der Fehler liegt. Der zweite Ansatz funktioniert besser, wenn Sie bereits bis zu einem gewissen Grad ermittelt haben, wo der Bug sitzt.

F: Was ist, wenn ich absichtlich eine Schattenvariable erstellen möchte? Ist das okay?

A: Das ist so, als würden Sie fragen: Ist es okay, wenn ich mir **absichtlich** ein Bein breche? Und die Antwort lautet Nein. Nur weil Sie absichtlich Schmerz und Leid über sich bringen, ist es noch lange nicht akzeptabel. Außerdem ist das Debuggen von Code, der perfekt laufen soll, schmerzhaft genug. Also sollten Sie den Risikofaktor nicht auch noch mit Absicht erhöhen. Die ernsthafte Antwort auf diese Frage ist, dass Schattenvariablen so viel Verwirrung und Geheimniskrämerei in JavaScript-Code bringen, dass sie unter allen Umständen vermieden werden sollten.

Fall abgeschlossen!

Mit einer gesunden Dosis Geduld und einiger Hilfe durch seine neuen Debug-Fähigkeiten hat Uwe den Fall abgeschlossen und eine Beförderung zum JavaScript-Detektiv beim Bug-Sonderkommando in der Tasche.

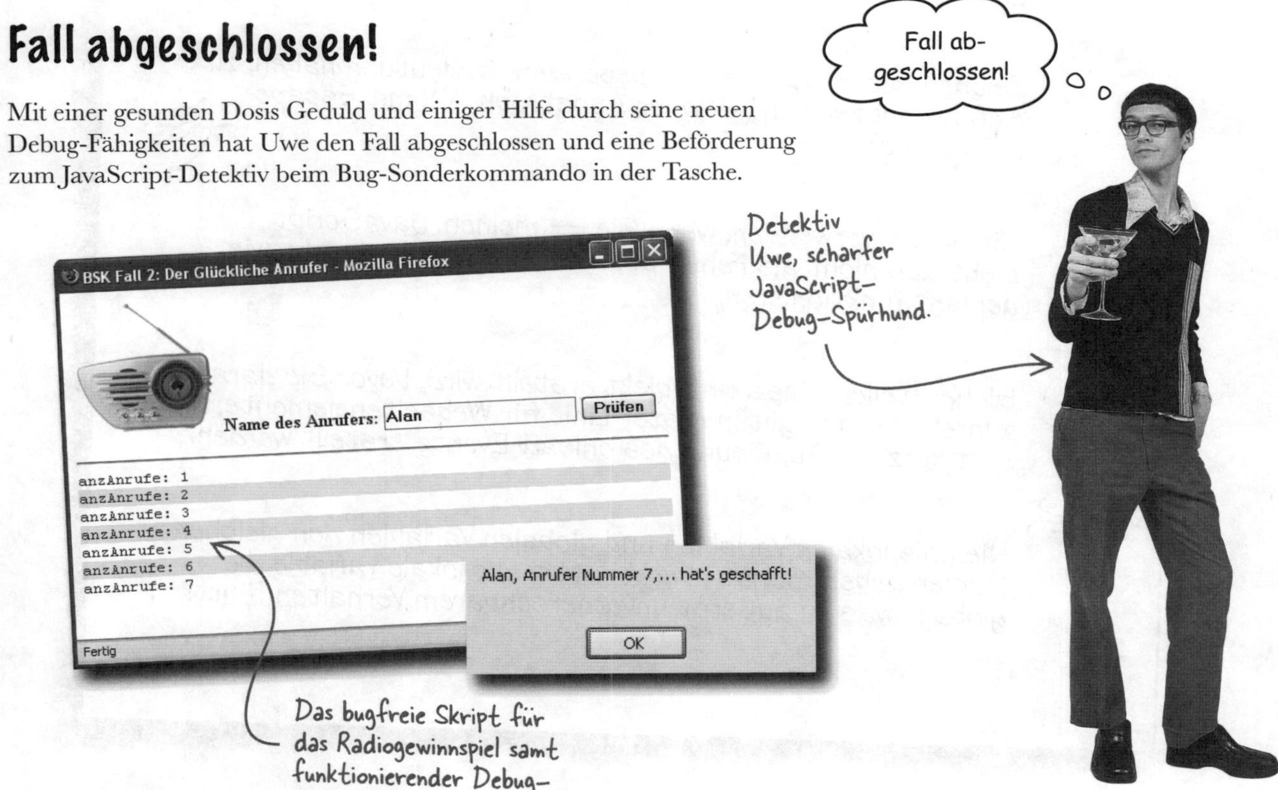

Uwes Bug-Beseitigungs-Checkliste

Sicherstellen, dass Klammern immer paarweise zusammenpassen.

Vergewissern, dass geschweifte Klammern um Codeblöcke herum immer paarweise existieren – sorgfältige Codeeinrückungen helfen dabei.

Unbedingt Tippfehler in Bezeichnernamen vermeiden! Sowohl Variablen als auch Funktionen bereiten große Schwierigkeiten, wenn ihre Namen nicht konsistent verwendet werden.

Anführungszeichen und Apostrophe konsistent verwenden und in HTML-Attributen falls nötig sorgfältig vermischen.

Zeichen, die in Strings eine besondere Bedeutung haben, z.B. Anführungszeichen (\") oder Apostroph (\'), mit Escape-Zeichen schreiben.

Niemals = verwenden, wenn Sie == meinen. JavaScript sieht das nicht als Fehler an, aber Ihr Code wird nicht wie geplant funktionieren.

Sicherstellen, dass ein Objekt erstellt wird, bevor Sie darauf zugreifen – das gilt in erster Linie für Webseitenelemente, die erst kurz vor Auslösung des onload-Events erstellt werden.

Niemals lokalen Variablen und globalen Variablen den gleichen Namen geben. Sonst überschattet die lokale Variable die globale, was zu äußerst unvorhersehbarem Verhalten führt.

JavaScript-Kreuzworträtsel

Versuchen Sie Ihr Glück mit diesem Rätsel, bevor Sie mit Ihrem neu erworbenen Respekt vor Bugs eine Ameisenfarm kaufen.

Waagerecht

3. Damit können Sie Code vorübergehend deaktivieren.
6. Eine Variable, der kein Wert zugewiesen wurde, ist ....
8. Als Browser die erste Wahl für das Debuggen von JavaScript.
10. Damit können Sie einen schnellen Blick auf eine Variable werfen.
12. Das spezielle Fenster, in dem Browser Fehler anzeigen.
13. Damit mischen Sie Apostrophe, wenn Sie JavaScript-Strings in HTML-Attributen verwenden.
14. Das benutzerdefinierte Objekt, das Uwe für die Bug-Bekämpfung erstellt hat.

Senkrecht

1. Maximale Anzahl der in einem Schokoriegel zulässigen Insektenfragmente.
2. Wenn Sie eine solche Klammer um einen Codeblock herum vergessen, bekommen Sie Schwierigkeiten.
4. Ein ..... -Fehler verletzt die Sprachregeln von JavaScript.
5. Damit fügen Sie Sonderzeichen in Strings ein.
7. Wenn Sie das in einen Variablennamen bringen, gibt es Schwierigkeiten.
9. Bei .... -Fehlern werden falsche Ergebnisse geliefert, obwohl der Code in JavaScript korrekt ist.
11. ..... -Fehler zeigen sich nur, während ein Skript ausgeführt wird.

JavaScript-Kreuzworträtsel, Lösung

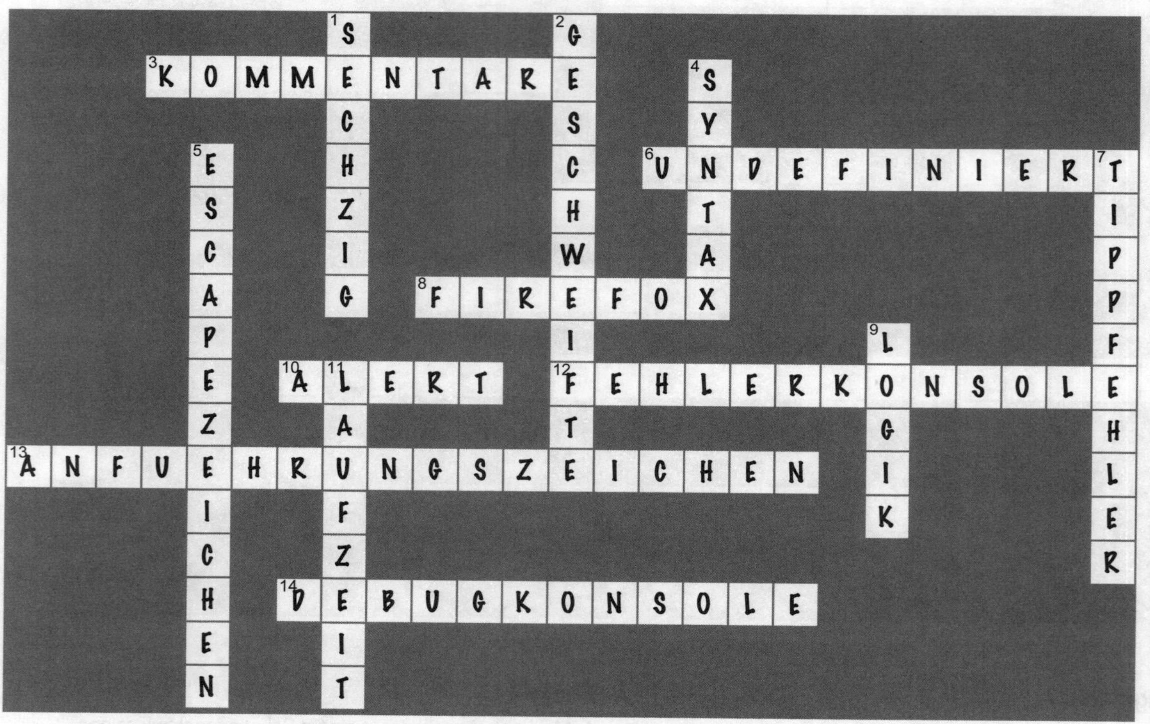

Seitenfalter

Falten Sie die Seite vertikal so, dass die beiden Gehirne zusammenkommen und das Rätsel lösen.

Was verdienen alle JavaScript-Bugs?

Zwei Welten begegnen sich!

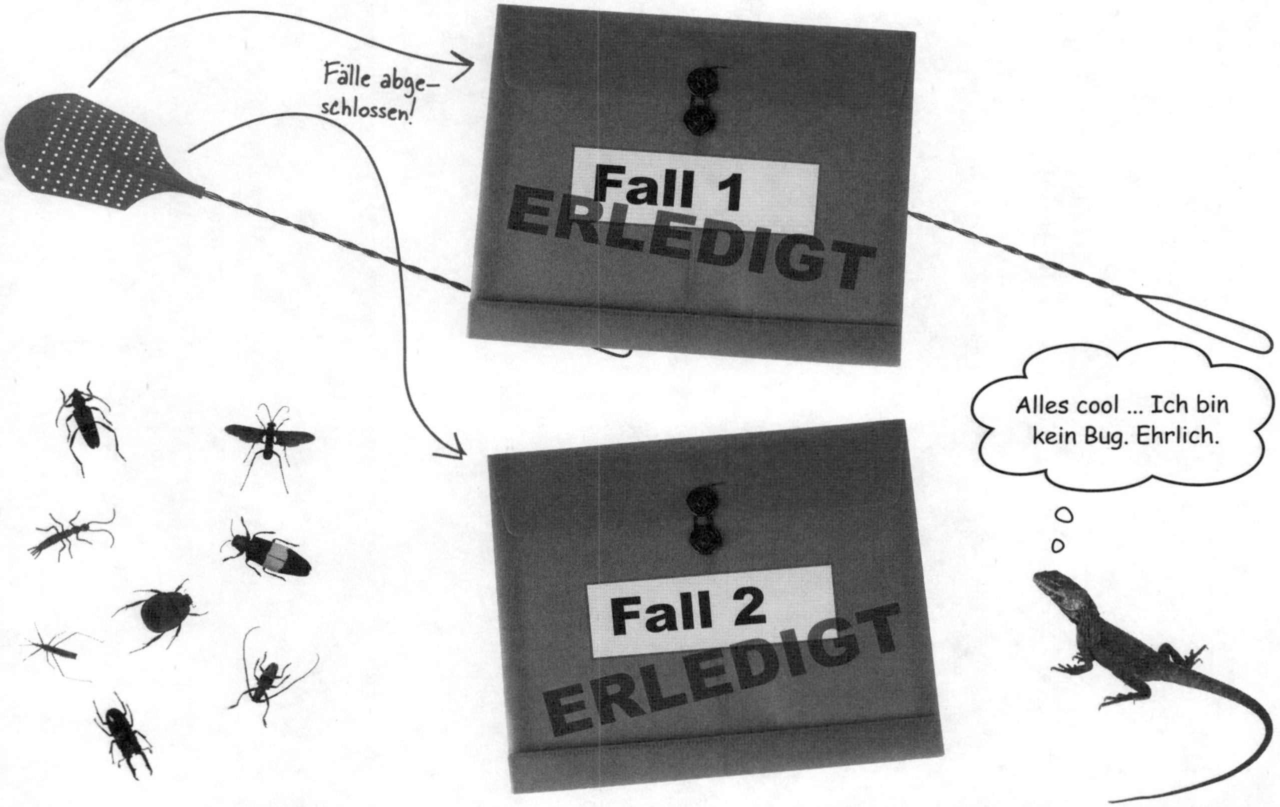

Fälle abgeschlossen!

Fall 1 ERLEDIGT

Fall 2 ERLEDIGT

Alles cool ... Ich bin kein Bug. Ehrlich.

Die andere Wange hinzuhalten ist ausgesprochen gefährlich, da das Ihre Bug-Toleranz strapaziert. Kopfschmerz und nicht lauffähiger Code ohne Erfolg wären das unerfreuliche Ergebnis.

12 Dynamische Daten

Empathische Webapplikationen

Das moderne Web ist ein sehr interaktiver Ort, an dem Seiten nach Lust und Laune des Benutzers reagieren sollen. Oder zumindest ist das der Traum vieler Webuser und Entwickler. JavaScript spielt dabei eine entscheidende Rolle mit einer Programmiertechnik namens **Ajax**, die einen Mechanismus bietet, mit dem der »Touch« von Webseiten dramatisch geändert werden kann. Mit Ajax verhalten sich Webseiten eher wie vollwertige Applikationen, da sie **Daten schnell und dynamisch laden und speichern** und damit **in Echtzeit auf den Benutzer eingehen können.** Und das ohne jede Seitenaktualisierung oder Browsertrickserei.

Sehnsucht nach dynamischen Daten

Erinnern Sie sich an Ruby, Würfelpuzzle-Fanatikerin und Blogger? Ruby liebt ihren JavaScript-getriebenen YouCube-Blog, aber sie ist frustriert, weil sie jedes Mal die HTML-Datei für die gesamte Seite bearbeiten muss, nur um ein paar neue Einträge hinzuzufügen. Sie würde die Blog-Einträge gern irgendwie vom HTML-Code der Blog-Seite trennen, damit sie sich freier auf den Inhalt konzentrieren kann.

Es sollte nicht nötig sein, die Webseite zu bearbeiten, um neue Blog-Einträge YouCube hinzuzufügen.

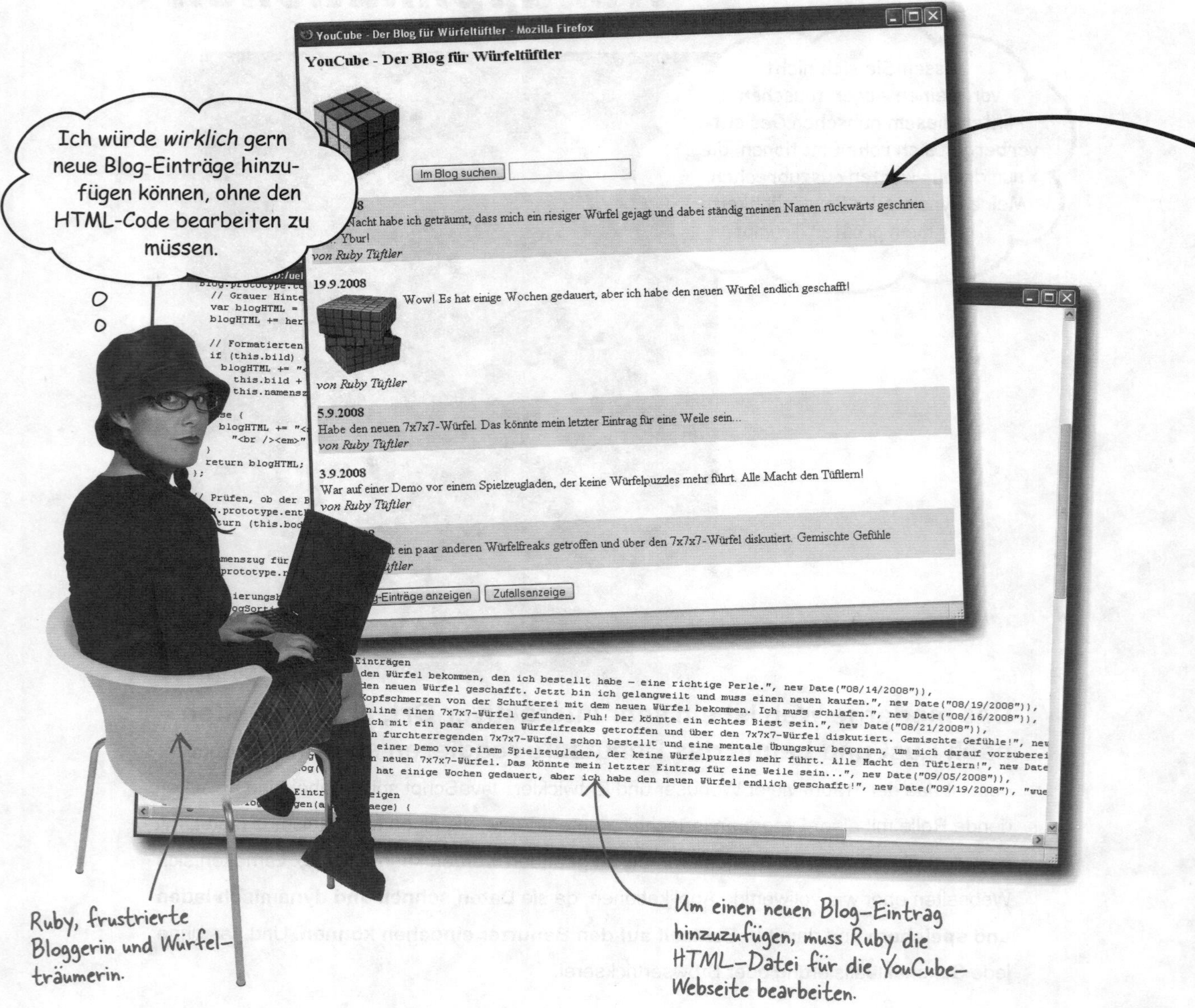

Ein datengetriebener YouCube

Rubys Dateien für die datengetriebenen Seiten gibt es unter http://examples.oreilly.de/german_examples/hfjavascriptger.

Da ist Ruby auf etwas gestoßen. Eine Version ihres Blogs, die den Inhalt von der Struktur der Webseite trennt, erfordert dynamische Daten – Daten, die dynamisch in die Seite gespeist werden, während die Seite vom Browser verarbeitet wird. Webseiten, die aus dynamischen Daten aufgebaut werden, werden als **datengetriebene** Seiten bezeichnet, weil die Seite wirklich nur eine Struktur definiert, die mit den Daten aufgefüllt wird. Anders ausgedrückt, die Daten sind für den Inhalt der Seite verantwortlich.

Die Blog-Daten werden in einer physisch separaten Datei gespeichert, die bearbeitet werden kann, ohne die Webseite anzurühren.

Blog-Daten

Webseite

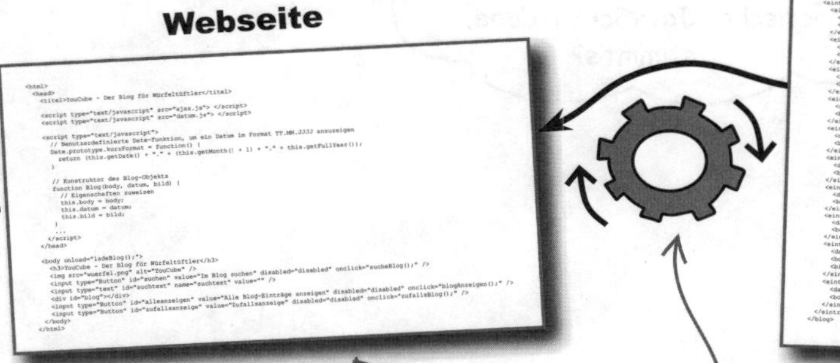

Die Webseite enthält HTML-Code für die Struktur der Seite plus JavaScript-Code, um die Blog-Daten dynamisch in die Seite einzuarbeiten.

JavaScript ist dafür verantwortlich, die Blog-Daten zu verarbeiten und in die endgültige HTML-Webseite zu integrieren.

Mithilfe von JavaScript werden die reinen Blog-Daten dynamisch mit dem HTML-Code zusammengeführt, um so die fertige YouCube-Seite zu erzeugen, die identisch mit dem Original ist. Aber die datengetriebene Seite wird aus verschiedenen Teilen zusammengefügt: aus der strukturellen Seite und den Blog-Daten. Da die Blog-Daten in einer eigenen Datei abgelegt werden, kann Ruby den Blog-Inhalt völlig unabhängig vom HTML-, CSS- und JavaScript-Code der Webseite manipulieren.

Die Blog-Einträge werden aus einer separaten Datei in die Blog-Seite eingespeist.

=

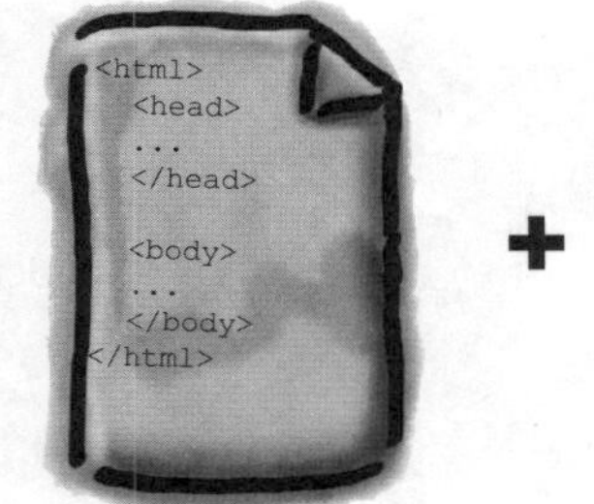

youcube.html

+

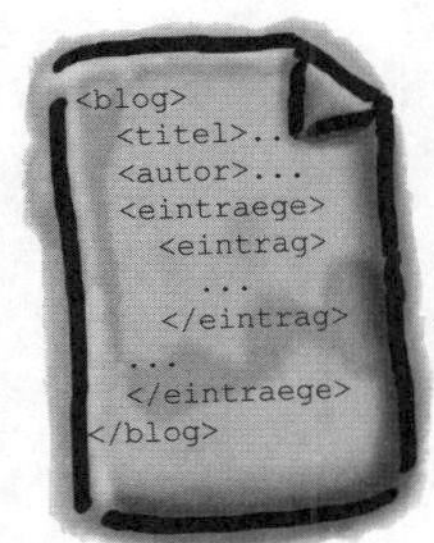

blog.xml

Ruby muss nur diese Datei bearbeiten, um ihren datengetriebenen Blog zu aktualisieren.

Dynamische Daten, das klingt ziemlich kompliziert. Ich wette, dafür braucht man eine Menge chaotischen JavaScript-Code, stimmt's?

Dynamische Daten erfordern anfangs ein bisschen mehr Programmierung, aber lohnen sich letzten Endes umso mehr.

Obwohl eine mit dynamischen Daten getriebene Seite zunächst auf jeden Fall zusätzliche Planung und Mehraufwand verlangt, zahlt es sich durch die schnelle und einfache Aktualisierung der Seiten auf lange Sicht in jedem Fall aus. Außerdem hat JavaScript die Unterstützung für dynamische Daten dank einer raffinierten, Ajax genannten Programmiertechnik bereits integriert.

Ajax ist Kommunikation pur

Ajax ermöglicht dynamische Daten durch kleine »Konversationen« zwischen dem Webbrowserclient und dem Webserver. Genauer gesagt, kann ein Skript den Server um Daten bitten, z.B. um eine Sammlung von Blog-Einträgen, und der Server liefert sie über Ajax. Das Skript nimmt dann die Blog-Daten und fügt sie dynamisch in die Seite ein.

Ajax ermöglicht es einer Webseite, dynamisch Daten von einem Webserver zu empfangen.

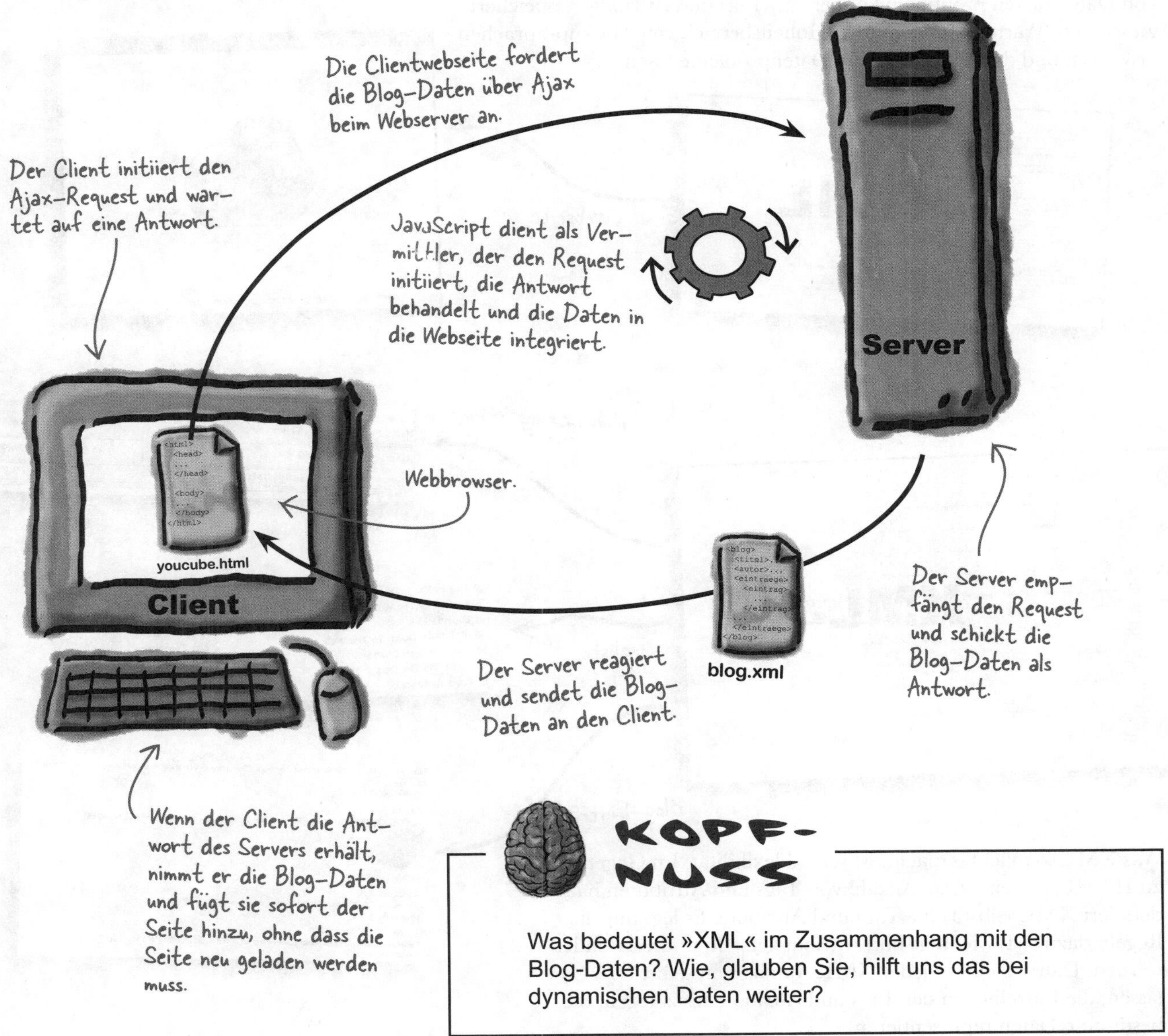

KOPF-NUSS

Was bedeutet »XML« im Zusammenhang mit den Blog-Daten? Wie, glauben Sie, hilft uns das bei dynamischen Daten weiter?

HTML für alle Fälle: XML

Das »ML« in HTML steht für Markup Language (**Markup-Sprache**) und bezieht sich auf die Tatsache, dass HTML Tags und Attribute verwendet, um Hypertext (das »HT«) zu erstellen. Genau wie HTML verwendet wird, um Hypertext-Webseiten zu erstellen, ist XML eine andere Markup-Sprache, die verwendet wird, um ... nun ja ... alles zu erstellen, was Sie möchten. »X« wie x-beliebig! Der Gedanke ist, dass alle möglichen Arten von Daten davon profitieren können, als Tags und Attribute gespeichert zu werden. Warum also nicht den Hoheitsbereich von Markup-Sprachen erweitern und damit auch andere Datenprobleme lösen?

XML ist eine Markup-Sprache zum Formatieren <u>beliebiger</u> Daten.

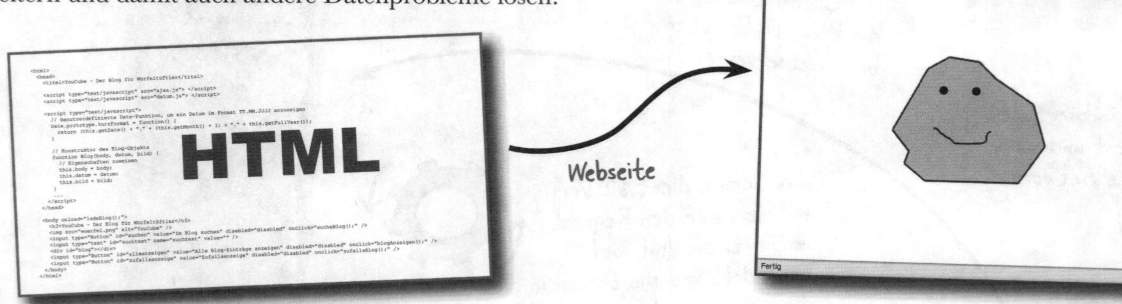

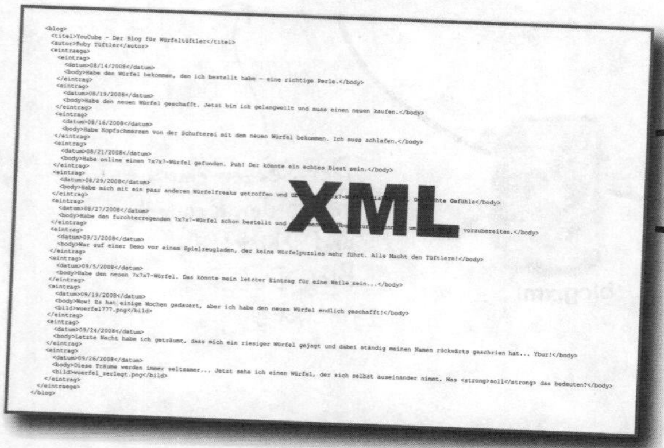

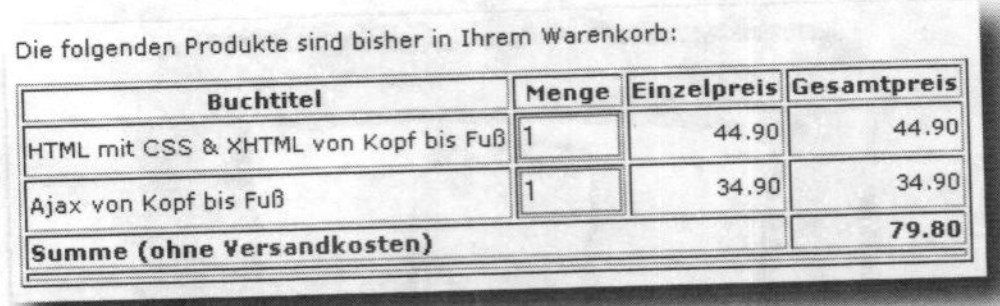

XML

Einkaufstransaktionen

Die folgenden Produkte sind bisher in Ihrem Warenkorb:

Buchtitel	Menge	Einzelpreis	Gesamtpreis
HTML mit CSS & XHTML von Kopf bis Fuß	1	44.90	44.90
Ajax von Kopf bis Fuß	1	34.90	34.90
Summe (ohne Versandkosten)			**79.80**

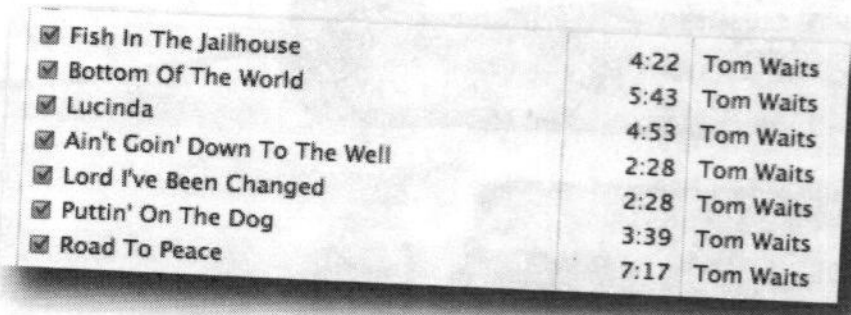

Songliste

Titel	Dauer	Interpret
Fish In The Jailhouse	4:22	Tom Waits
Bottom Of The World	5:43	Tom Waits
Lucinda	4:53	Tom Waits
Ain't Goin' Down To The Well	2:28	Tom Waits
Lord I've Been Changed	2:28	Tom Waits
Puttin' On The Dog	3:39	Tom Waits
Road To Peace	7:17	Tom Waits

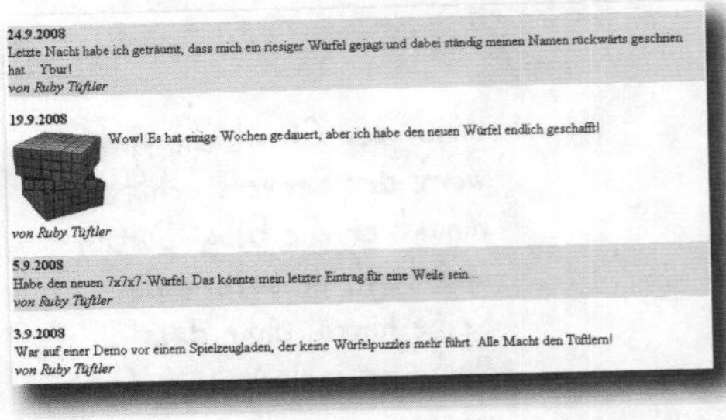

Blog-Einträge

24.9.2008
Letzte Nacht habe ich geträumt, dass mich ein riesiger Würfel gejagt und dabei ständig meinen Namen rückwärts geschrien hat... Ybur!
von Ruby Tüftler

19.9.2008
Wow! Es hat einige Wochen gedauert, aber ich habe den neuen Würfel endlich geschafft!
von Ruby Tüftler

5.9.2008
Habe den neuen 7x7x7-Würfel. Das könnte mein letzter Eintrag für eine Weile sein...
von Ruby Tüftler

3.9.2008
War auf einer Demo vor einem Spielzeugladen, der keine Würfelpuzzles mehr führt. Alle Macht den Tüftlern!
von Ruby Tüftler

Was XML so mächtig macht, ist seine Flexibilität. Im Gegensatz zu HTML, das eine feste Anzahl von Tags und Attributen hat, definiert XML selbst keine Tags und Attribute. Es legt nur die Regeln dazu fest, wie Tags und Attribute erstellt und verwendet werden. Daher bleibt es jeder XML-Applikation selbst überlassen, die Einzelheiten der Tags und Attribute festzulegen, die bestimmte Daten repräsentieren.

Mit XML können Sie IHRE Daten auf IHRE Art taggen

Das Schöne an XML ist, dass damit jeder zum Tag-Macher werden und mit ein wenig Tag- und Attribut-Alchemie eine vollkommen benutzerdefinierte Markup-Sprache für beliebige Zwecke zaubern kann. Es gibt jede Menge vorhandener XML-Sprachen, die bereits erstellt wurden, um viele verschiedene Probleme zu lösen. Und es ist gar keine schlechte Idee, eine davon zu verwenden, wenn sie Ihren Bedürfnissen entspricht. Aber es ist schwer, der Versuchung zu widerstehen, Ihre höchstpersönliche benutzerdefinierte Markup-Sprache selbst zu definieren.

Ähnlich wie HTML-Code besteht XML-Code aus einer Hierarchie von Elementen.

```
<film>
    <titel>Das Schimmern des Würfels</titel>
    <erscheinungsDatum>01/13/1989</erscheinungsDatum>
    <regisseur>Graeme Clifford</regisseur>
    <handlung>Ein Skateboarder untersucht den Mord an seinem Adoptivbruder.</handlung>
</film>
```

Jeder Aspekt des Films wird in einem eigenen eindeutigen Tag gespeichert.

Die Filmdetails stehen im <film>-Tag.

Obwohl Sie dieses Beispiel für benutzerdefinierte XML-Markup-Sprache nie gesehen haben, machen es die aussagekräftigen Tags möglich, die Daten zu entziffern. Noch besser, die Tags entsprechen sehr genau den gespeicherten Daten – es macht einfach Sinn, das Tag <regisseur> zu verwenden, wenn Sie den Regisseur eines Films speichern möchten!

ÜBUNG

Ordnen Sie die folgenden Tags den entsprechenden Beschreibungen zu und schreiben Sie neben die Beschreibung, ob es sich um ein HTML- oder ein XML-Tag handelt.

	Tag	Beschreibung
....	<itunes:author>	Fetter Text auf einer Webseite.
....	<span>	Titel eines Online-Newsfeeds.
....	<titel>	Eingabe-Steuerelement auf einer Webseite.
....	<strong>	Text, der in eine Ansage für Anrufer umgewandelt wird.
....	<input>	Der Künstler in einem iTunes-Podcast.
....	<ansage>	Inline-Inhalt auf einer Webseite.

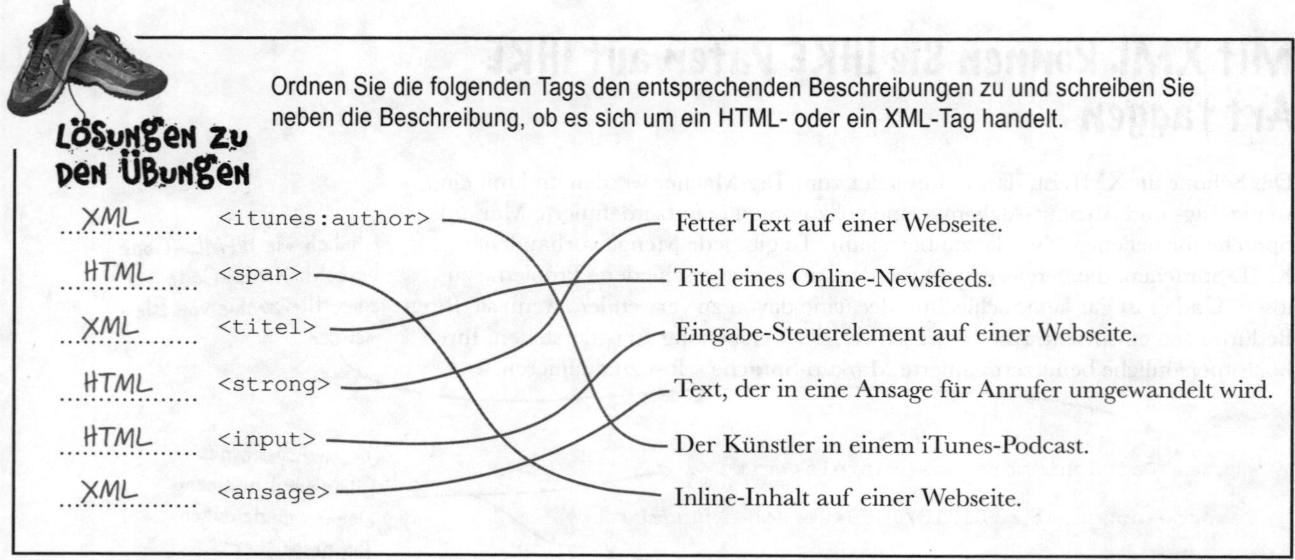

Lösungen zu den Übungen

Ordnen Sie die folgenden Tags den entsprechenden Beschreibungen zu und schreiben Sie neben die Beschreibung, ob es sich um ein HTML- oder ein XML-Tag handelt.

- XML <itunes:author>
- HTML <span>
- XML <titel>
- HTML <strong>
- HTML <input>
- XML <ansage>

- Fetter Text auf einer Webseite.
- Titel eines Online-Newsfeeds.
- Eingabe-Steuerelement auf einer Webseite.
- Text, der in eine Ansage für Anrufer umgewandelt wird.
- Der Künstler in einem iTunes-Podcast.
- Inline-Inhalt auf einer Webseite.

XML ist reiner Text

Ähnlich wie HTML sind XML-Daten **reiner Text**, d.h., es wird in einer normalen Textdatei abgespeichert. Allerdings werden XML-Dateien im Gegensatz zu HTML-Dateien mit der Dateiendung **.xml** statt .html oder .htm gespeichert.

XML-Daten werden typischerweise in Dateien mit der Dateiendung .xml gespeichert.

Also kann die datengetriebene Version von YouCube durch Bearbeiten eines XML-Dokuments aktualisiert werden ... cool!

XML

```
<blog>
  <titel>...
  <autor>...
  <eintraege>
    <eintrag>
      ...
    </eintrag>
  ...
  </eintraege>
</blog>
```

blog.xml

XML + HTML = XHTML

XML und HTML haben zwar unterschiedliche Dateiendungen, aber dafür eine äußerst wichtige Verbindung: XHTML. XHTML ist eine moderne Version von HTML, die den strengeren Regeln von XML folgt. So muss beispielsweise jedes öffnende Tag in einer XHTML-Webseite auch ein entsprechendes schließendes Tag haben. HTML geht schnell und locker mit seiner Syntax um, sodass Sie auch damit durchkommen, wenn Sie Tags wie <p> und </p> nicht paarweise verwenden. XHTML ist nicht so nachsichtig und verlangt, dass solche Tags immer in passenden Paaren vorkommen.

XHTML ist eine Art HTML, die die strengeren Syntaxregeln von XML einhält.

HTML

```
Das ist ein Text-Absatz in HTML.<p>
```

Das <p>-Tag wird in HTML-Code oft allein verwendet, um Anfang oder Ende eines Absatzes zu kennzeichnen.

XHTML

```
<p>Das ist ein Text-Absatz in XHTML.</p>
```

Tags mit Inhalt müssen in XHTML immer in übereinstimmenden Paaren vorkommen.

Ein weiterer wichtiger Unterschied zwischen HTML und XHTML betrifft leere Tags, z.B.
, die mit einem Leerzeichen und einem Schrägstrich am Ende geschrieben werden müssen, um anzuzeigen, dass es kein schließendes Tag gibt.

HTML

```
Das ist nur ein Satz.<br>
```

Das leere Zeichenumbruch-Tag wird in HTML oft ohne Schrägstrich geschrieben.

XHTML

```
Das ist nur ein Satz.<br />
```

In XHTML sind für alle leeren Tags Leerzeichen und Schrägstrich erforderlich.

Außerdem müssen in XHTML im Gegensatz zu HTML alle Attributwerte in Anführungszeichen eingefasst werden.

HTML

```
<a href=heim.html>Geh heim</a>
```

Der Attributwert steht ohne Anführungszeichen, das verletzt die Regeln von XHTML.

XHTML

```
<a href="heim.html">Geh heim</a>
```

Alle XHTML-Attributwerte müssen in Anführungszeichen stehen.

Zwar stillt XHTML nicht direkt Rubys unmittelbare Bedürfnisse, was das Modellieren der Blog-Daten in XML angeht. Jedoch beleuchtet es die wichtigsten Syntaxregeln von XML, die für alle XML-basierten Sprachen gelten, Rubys benutzerdefinierte Blog-Datensprache eingeschlossen.

Kamingespräche

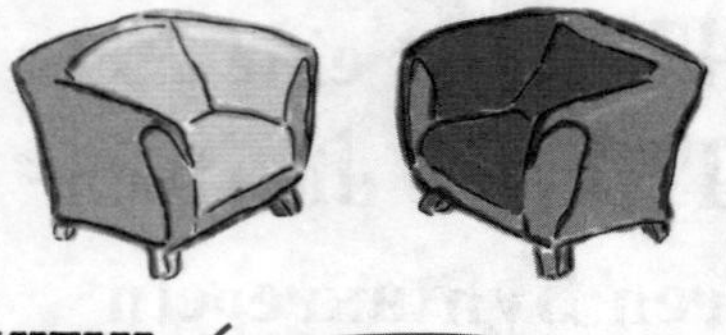

Heute Abend: **HTML und XML über Webdaten**

XHTML:

Weißt du, du hast wirklich alles sehr verwirrend für mich gemacht. Hier sitze ich nun, das Rückgrat des Web, und dank dir herrscht jetzt meinetwegen eine große Verwirrung unter den Leuten.

XML:

Es ist nicht meine Schuld, dass du einen Tunnelblick hast und immer nur an Webseiten denkst. Ich habe meinen Horizont erweitert und kann dadurch jede Art von Daten abbilden.

XHTML:

Aber ohne mich bist du immer noch nichts, weil Browser nur HTML-Code anzeigen. Die wissen gar nicht, was sie mit dir anfangen sollen.

XML:

Hey, ich bin ein geheimnisvoller Zeitgenosse. In Wahrheit bin ich ein Mann ohne Gesicht – reine Substanz und keinerlei Erscheinung. Dich brauche ich, wenn es an der Zeit ist, mich zu zeigen.

XHTML:

Wie ist das möglich? Wen interessieren Daten ohne Darstellung?

XML:

Wow, du kommst wirklich nicht viel raus, oder? Der Rest der Welt operiert meistens mit Daten, die nicht sichtbar sind. Banktransaktionen, Wahlen, Wetterverhältnisse, was auch immer.

XHTML:

Das ganze Zeug ist durch mich sichtbar – es steht alles direkt im Web.

XML:

Das stimmt. Aber was glaubst du, wie es gespeichert wird, bevor es in einen Webbrowser kommt? Nicht als Absätze und Tabellen, das kann ich dir sagen. All das wird oft mit mir gespeichert, weil ich viel Struktur und Kontext biete – ich mache Daten leicht zu verarbeiten.

XHTML:

Verstehe. Du meinst also, dass wir in Wahrheit zusammenarbeiten?

XML:

Absolut! Ich habe keine Ahnung, wie Daten aussehen. Stattdessen konzentriere ich mich darauf, was sie **bedeuten**. Solange die Menschen Browser verwenden, brauche ich weiterhin deine Hilfe, um die Daten anzuzeigen, die ich abbilde.

XHTML:

Das ist eine große Erleichterung!

XML und die YouCube-Blog-Daten

XHTML ist eine hervorragende Anwendung von XML, die die Struktur und Zuverlässigkeit von Webseiten rapide verbessert. Im Hinblick auf den YouCube-Blog braucht Ruby allerdings eine benutzerdefinierte XML-Sprache, die ihre besonderen Blog-Daten modelliert. Dafür müssen wir die verschiedenen für den Blog erforderlichen Daten auswerten und überlegen, wie sie in den Kontext hierarchischer XML-Tags passen.

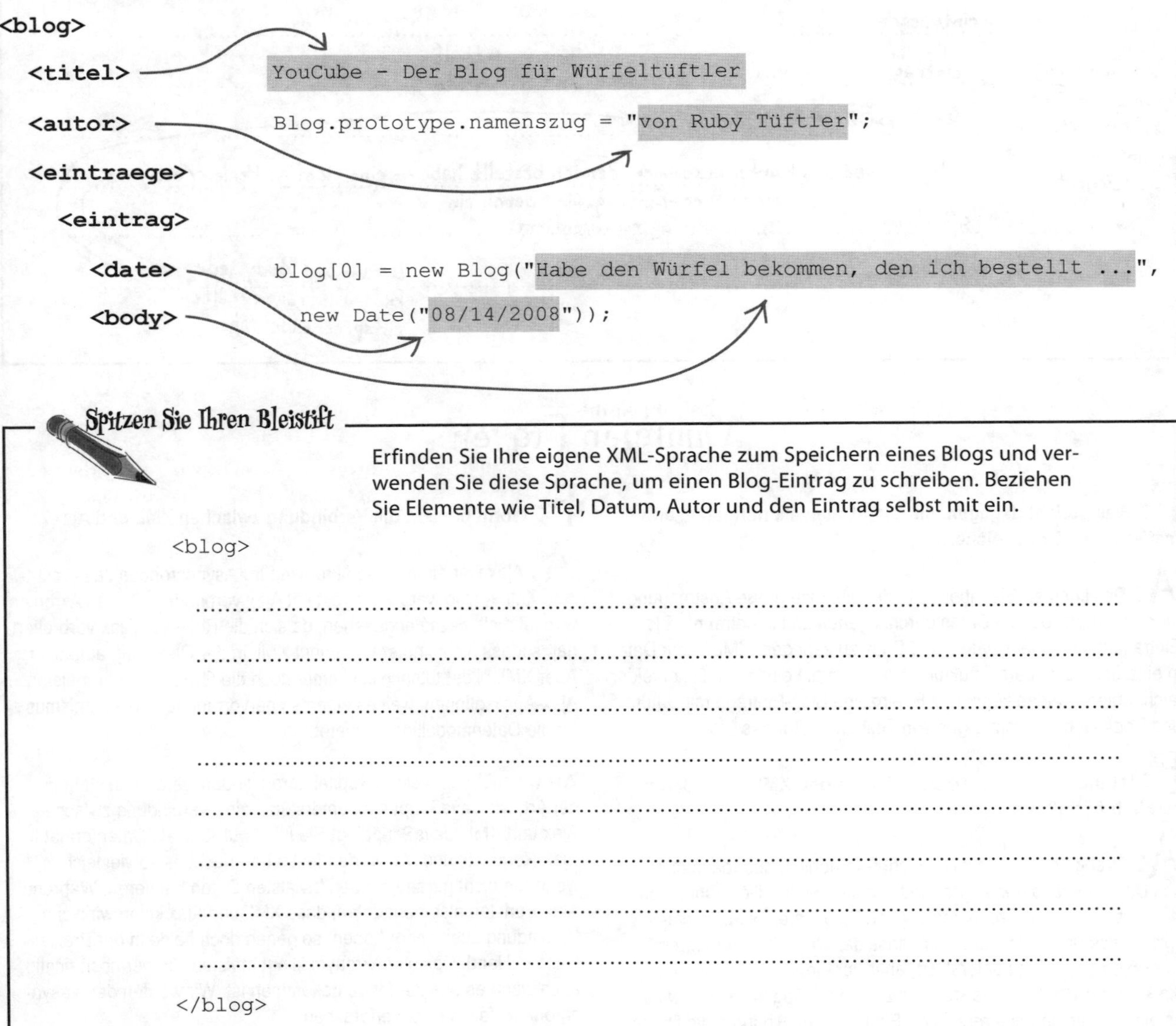

Spitzen Sie Ihren Bleistift

Erfinden Sie Ihre eigene XML-Sprache zum Speichern eines Blogs und verwenden Sie diese Sprache, um einen Blog-Eintrag zu schreiben. Beziehen Sie Elemente wie Titel, Datum, Autor und den Eintrag selbst mit ein.

```
<blog>
.....................................................
.....................................................
.....................................................
.....................................................
.....................................................
.....................................................
.....................................................
.....................................................
</blog>
```

Spitzen Sie Ihren Bleistift – Lösung

Erfinden Sie Ihre eigene XML-Sprache zum Speichern eines Blogs und verwenden Sie diese Sprache, um einen Blog-Eintrag zu schreiben. Beziehen Sie Elemente wie Titel, Datum, Autor und den Eintrag selbst mit ein.

```
<blog>
<titel>YouCube - Der Blog für Würfeltüftler</titel>
<autor>Ruby Tüftler</autor>
<eintraege>
  <eintrag>
    <datum>08/14/2008</datum>
    <body>Habe den Würfel bekommen, den ich bestellt habe — eine richtige Perle.</body>
  </eintrag>
</eintraege>
</blog>
```

Der gesamte Blog befindet sich im <blog>-Tag.

Das <titel>-Tag beherbergt den Blog-Titel.

Welches Tag enthält wohl den Blog-Autor?

Die Sammlung von Blog-Einträgen wird im <eintraege>-Tag gespeichert.

Jeder Blog-Eintrag wird durch ein <eintrag>-Tag repräsentiert.

Datum und Body jedes Blog-Eintrags erhalten entsprechende Tags.

Es gibt keine Dummen Fragen

F: Was spricht dagegen, die Blog-Daten als normalen, unformatierten Text zu speichern?

A: Das könnten Sie, aber es bedeutete eine große Anstrengung für den Skriptcode, die Daten durchzugehen und in getrennte Blog-Einträge mit eigenem Datum und Body zu zerlegen. XML bringt Daten in eine überschaubare Struktur, sodass Sie die einzelnen Datenfelder leicht unterscheiden können, z.B. einzelne Blog-Einträge mit Datum und Body, ganz zu schweigen von Titel und Autor des Blogs.

F: Ist das `<eintraege>`-Tag in den XML-Blog-Daten wirklich nötig?

A: Streng genommen ist es nicht erforderlich, aber es macht das Datenformat strukturierter und leichter verständlich. Ohne das `<eintraege>`-Tag in den vorigen Blog-Daten wäre es beispielsweise unmöglich zu sehen, dass das Blog-Format mehrere `<eintrag>`-Tags unterstützt, aber nur ein `<titel>`- und ein `<autor>`-Tag. Das `<eintraege>`-Tag impliziert, dass es eine Sammlung mehrerer Blog-Einträge gibt, wodurch die Daten mehr Struktur haben und ihre Verwendung offensichtlich ist.

F: Worin besteht die Verbindung zwischen XML und Ajax?

A: Ajax war einmal das Akronym für »**A**synchronous **J**avaScript **A**nd **X**ML«, also war XML direkt mit Ajax verbunden. Dieses Akronym wird jetzt als passé angesehen, da sich die Rolle von Ajax verbreitert hat, sodass nicht immer unbedingt XML in der Gleichung auftaucht. Aber XML bildet tatsächlich immer noch die Grundlage der meisten Ajax-Applikationen, weil es einen so hervorragenden Mechanismus für die Datenmodellierung bietet.

Wie wir später in diesem Kapitel herausfinden werden, besteht in der Art, wie JavaScript Ajax unterstützt, eine Verbindung zwischen Ajax und XML. JavaScript legt Sie nicht auf XML als Datenformat für Ajax-Requests und -Antworten fest, aber macht es so viel leichter, wenn Sie nicht gerade mit den trivialsten Daten hantieren. Während Ajax-Puristen also behaupten, dass XML und Ajax keine wirkliche Verbindung zueinander haben, so gehen doch beide in der Praxis Hand in Hand. Das alte Akronym klingt meistens immer noch richtig, auch wenn es aus der Mode gekommen ist. Wir werden den »asynchronen« Teil in Kürze erforschen.

XML allein ist nicht dynamisch, aber es arbeitet sehr gut mit Ajax und dem DOM zusammen.

XML ist das am häufigsten mit Ajax verwendete Datenformat und damit zwangsläufig der richtige Kandidat zum Abbilden der Blog-Daten, die zwischen Server und Client in der datengetriebenen Version von YouCube hin- und hergeschickt werden. Die in hohem Maße strukturierte Natur von XML macht es so ideal zum Hin- und Herbewegen von Daten.

Und XMLs Ähnlichkeit mit HTML (XHTML) ermöglicht den Zugriff auf XML-Daten als Baum von Knoten mit dem DOM. Das bedeutet, dass Sie JavaScript-Code schreiben können, der einen Baum von XML-Knoten durchläuft, sorgfältig die gewünschten Daten isoliert und sie dann dynamisch in eine Webseite integriert. Das und noch mehr machen XML zu einer ausgezeichneten Datenspeicherungsmöglichkeit für dynamische, datengetriebene Seiten.

YouCube mit Ajax koppeln

Mit einem funkelnagelneuen XML-Blog-Dokument zur Hand ist Ruby bereit, es mithilfe von Ajax dynamisch in die YouCube-Seite zu laden.

Ajax umkreist das Prinzip von **Requests** (engl. Anforderung) und **Antworten** als Mittel für die Datenkommunikation zwischen dem Clientbrowser und dem Server.

3

Der Server erstellt eine Antwort für den Browser, indem er die Daten aus der Blog-Datei zusammenpackt.

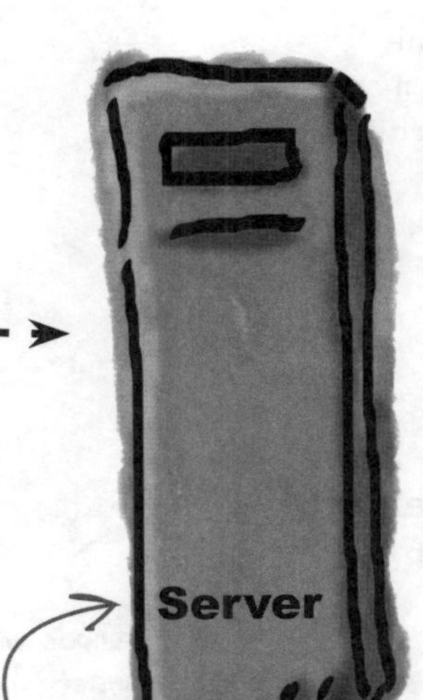

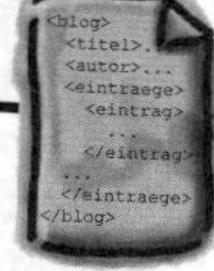

blog.xml

Alle Inhalte der XML-Blog-Datei werden in der Ajax-Antwort zurückgeliefert.

Die Antwort

Manchmal ist ein serverseitiges Skript (nicht JavaScript) erforderlich, um die Ajax-Requests zu verarbeiten und die Antwortdaten vorzubereiten.

4

Der Browser entpackt die XML-Daten aus der Antwort und integriert sie sorgfältig in die Webseite.

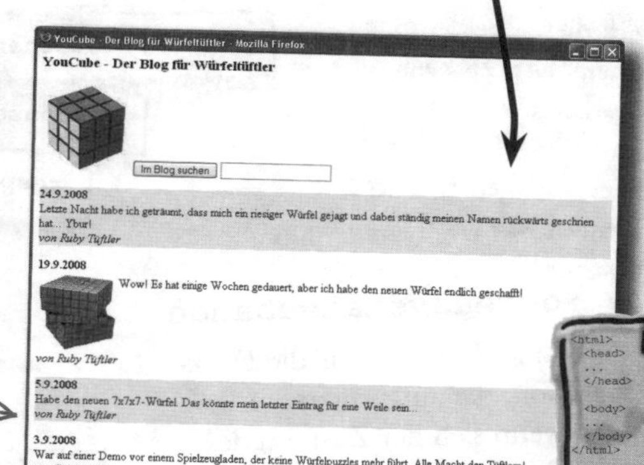

youcube.html

Sobald die XML-Daten in den HTML-Code der Webseite integriert sind, können sie im Browser angezeigt werden.

Der JavaScript-Code zum Erstellen des Ajax-Requests und zum Behandeln der Antwort wird in der Webseite ausgeführt.

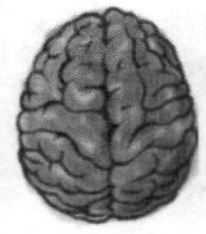

KOPF-NUSS

Welche Art von JavaScript-Code ist Ihrer Meinung nach für die Arbeit mit Ajax-Requests und -Antworten zuständig?

JavaScript zur Rettung von Ajax: XMLHttpRequest

JavaScript beinhaltet ein integriertes Objekt namens `XMLHttpRequest`, das zum Initiieren von Ajax-Requests und zum Behandeln von Ajax-Antworten verwendet werden kann. Dieses Objekt ist ziemlich komplex und enthält mehrere verschiedene Methoden und Eigenschaften, die zusammen Ajax unterstützen.

Es gibt einige andere Methoden und Eigenschaften im XMLHttpRequest-Objekt, aber das hier sind die wichtigsten.

`readyState`

Der numerische Zustand des Requests: 0 (nicht initialisiert), 1 (offen), 2 (gesendet), 3 (empfängt) oder 4 (geladen).

`status`

Der HTTP-Statuscode des Requests, z.B. 404 (nicht gefunden) oder 200 (okay).

Mit diesen beiden Eigenschaften kann ermittelt werden, ob der Ajax-Request mit einer gültigen Antwort beendet wurde.

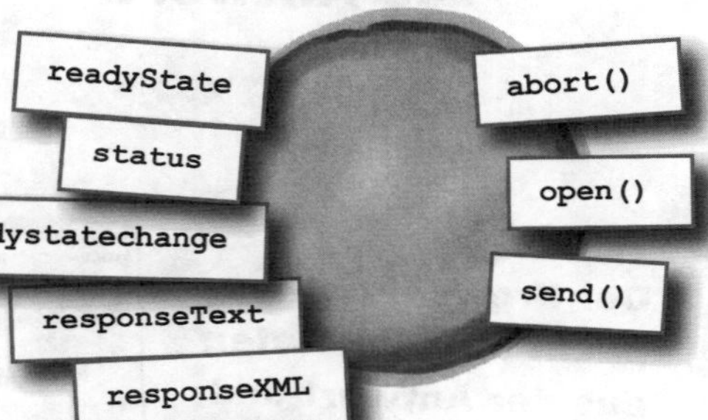

`abort()`

Request abbrechen.

Diese Methode wird nur verwendet, wenn der Ajax-Request abgebrochen werden muss.

`open()`

Request durch Angabe von Typ, URL usw. vorbereiten.

`send()`

Request zur Verarbeitung an den Server senden.

Diese beiden Methoden arbeiten zusammen, um einen Ajax-Request vorzubereiten und an den Server zu senden.

`onreadystatechange`

Eine Referenz auf die Funktion, die aufgerufen wird, wenn sich der Zustand des Requests ändert.

Diese Eigenschaft ist insofern einzigartig, als sie eine Referenz auf den benutzerdefinierten Event-Handler enthält, der aufgerufen wird, wenn sich der Zustand des Ajax-Requests ändert – in dieser Event-Handler-Funktion wird die Antwort verarbeitet.

`responseText`

Die vom Server zurückgelieferten Antwortdaten als String mit reinem Text.

`responseXML`

Die vom Server zurückgelieferten Antwortdaten als Objekt mit einem Baum von XML-Knoten.

Diese beiden Eigenschaften speichern die vom Server zurückgelieferten Daten in der Ajax-Antwort.

XMLHttpRequest ist ziemlich komplex

Der `XMLHttpRequest` ist unglaublich mächtig und auch erstaunlich flexibel. Aber mit dieser Macht und Flexibilität kommt auch **Komplexität**, d.h., auch die einfachsten Ajax-Requests erfordern eine gute Portion JavaScript-Code. Das liegt zum Teil an Browserinkonsistenzen, aber auch daran, dass die ganzen verfügbaren Optionen für die Feinabstimmung des Verhaltens des Objekts verwirrend sein können, wenn Sie einfach nur einige Daten dynamisch bewegen möchten.

Das XMLHttpRequest-Objekt ist mächtig, aber auch etwas nervig zu verwenden.

Nur um ein `XMLHttpRequest`-Objekt zu erstellen, das mit einer Vielzahl von Browsern funktioniert, ist beispielsweise der folgende Code erforderlich:

```
var request = null;
if (window.XMLHttpRequest) {
  try {
    request = new XMLHttpRequest();
  } catch(e) {
    request = null;
  }
// Jetzt die Version mit ActiveX (IE) versuchen
} else if (window.ActiveXObject) {
  try {
    request = new ActiveXObject("Msxml2.XMLHTTP");
  // Für ältere Versionen von IE mit dem älteren
  // ActiveX-Objekt versuchen
  } catch(e) {
    try {
      request = new ActiveXObject("Microsoft.XMLHTTP");
    } catch(e) {
      request = null;
    }
  }
}
```

Der Code muss verschiedene Ansätze versuchen, um ein XMLHttpRequest-Objekt zu erstellen, weil es von manchen Browsern (IE) anders unterstützt wird.

Die try-catch-Anweisung ist ein fortgeschrittener Mechanismus zur Fehlerbehandlung in JavaScript, über den ein Skript elegant mit Laufzeitfehlern umgehen kann.

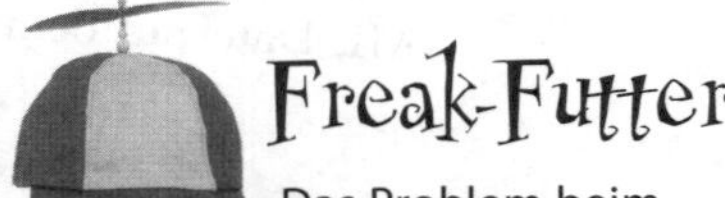

Freak-Futter

Das Problem beim Erstellen des `XMLHttpRequest`-Objekts ist, dass Browser ihre eigenen Implementierungen des Objekts bereitstellen müssen. Die gute Nachricht ist, dass die Methoden und Eigenschaften in allen Browsern konsistent sind – nur bei der Objekterstellung müssen die unterschiedlichen Browser berücksichtigt werden.

Nachdem das `XMLHttpRequest`-Objekt erstellt wurde, muss die Request-Handler-Funktion festgelegt und der Request geöffnet werden.

```
request.onreadystatechange = handler;
request.open(typ, url, true); // immer asynchron (true)
```

Das ist die benutzerdefinierte Funktion, die aufgerufen wird, wenn der Server auf den Request reagiert.

Das Öffnen des Requests macht ihn zum Senden fertig und legt auch den Typ des Requests fest (GET oder POST).

Beim Öffnen eines Requests müssen Sie den Typ (`"GET"` oder `"POST"`), die Server-URL und außerdem angeben, ob der Request asynchron ist. Ein **asynchroner Request** wird im Hintergrund durchgeführt, ohne dass das Skript warten muss, also sind so ziemlich alle Ajax-Requests asynchron.

Von Get und Post

Der **Typ** eines Ajax-Requests ist sehr wichtig und spiegelt nicht nur wider, was an den Server gesendet wird, sondern auch das **Ziel** des Requests. Ein Request-Typ, auch als Request-**Methode** bekannt, ist GET. Er wird in erster Linie verwendet, um Daten vom Server abzurufen, ohne etwas auf dem Server selbst zu bewirken. Bei dem anderen Request-Typ, POST, werden ebenfalls Daten an den Server gesendet, wodurch sich aber üblicherweise als Antwort auf die gesendeten Daten auch der Zustand des Servers verändert.

Die beiden mit Ajax verwendeten Request-Typen sind GET und POST, dieselben wie beim Übermitteln von HTML-Formularen.

GET

Wird verwendet, um Daten abzurufen, ohne etwas auf dem Server zu ändern. Kleine Datenmengen können, falls nötig, trotzdem in der URL an den Server gesendet werden. GET ist perfekt dafür geeignet, die Blog-Daten aus einer XML-Datei auf dem Server abzurufen.

POST

Wird verwendet, um Daten an den Server zu senden, die eine Zustandsänderung des Servers verursachen, z.B. die Speicherung von Daten in einer Datenbank. Es können auch Daten in einer Antwort zurückgegeben werden. POST ist ideal für Aufgaben wie das dynamische Hinzufügen eines neuen Blog-Eintrags zum Blog mithilfe eines Webformulars.

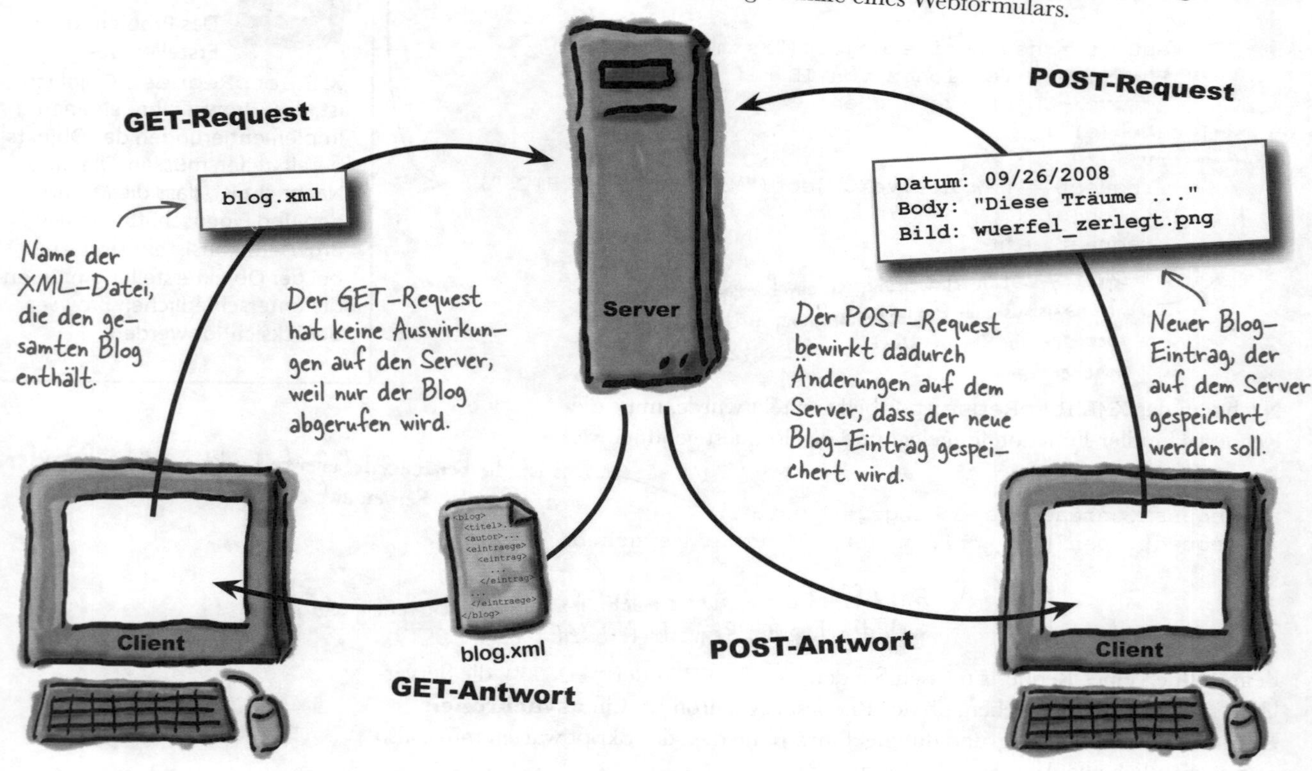

GET oder POST? Requests mit XMLHttpRequest

Nachdem wir uns für einen Request-Typ entschieden und festgelegt haben, wann der Request geöffnet werden soll, wird es Zeit, den Request zur Verarbeitung an den Server zu senden. Der Code zum Übermitteln eines Requests hängt davon ab, ob es sich um einen GET- oder einen POST-Request handelt

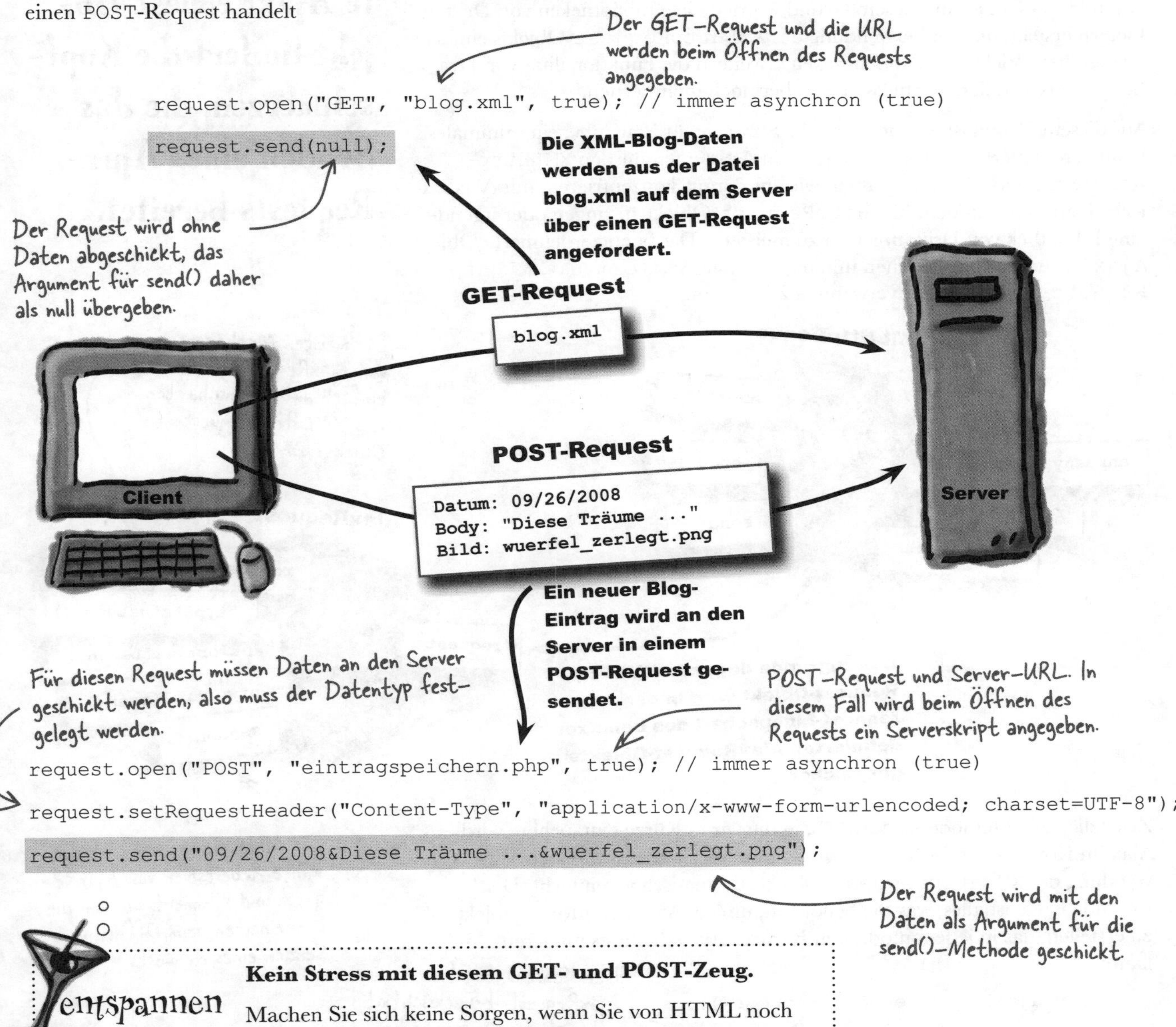

Entspannen Sie sich

Kein Stress mit diesem GET- und POST-Zeug.

Machen Sie sich keine Sorgen, wenn Sie von HTML noch keine Erfahrung mit GET und POST mitbringen. Sie werden mehr Sinn ergeben, wenn ihre Rolle in YouCube klar ist.

XMLHttpRequest weniger nervig

Obwohl das XMLHttpRequest-Objekt unglaublich mächtig ist, kommt es mit einer ziemlich steilen Lernkurve daher, wie Sie sicher schon bemerkt haben. Nicht nur das, jede Ajax-Applikation erfordert auch eine gewisse Menge an »Standard«- Code. Aus diesem Grund wurden viele Bibliotheken von Drittanbietern erstellt, um die Verwendung des XMLHttpRequest-Objekts einfacher zu gestalten. Viele dieser Bibliotheken erweitern die Funktionalität von JavaScript. Das ist toll, dafür müssen Sie aber noch mehr lernen.

Aus diesem Grund ist es eine hilfreiche Strategie für YouCube, ein minimales benutzerdefiniertes Objekt als bequemen Assistenten für den XMLHttpRequest zu erstellen. So können wir uns darauf konzentrieren, mit Ajax **zu arbeiten**, statt mit dem XMLHttpRequest-Objekt zu ringen oder irgendeine Bibliothek von Drittanbietern zu meistern. Das benutzerdefinierte Objekt AjaxRequest verfolgt einen minimalistischen Ansatz, um das XMLHttpRequest-Objekt leichter verwenden zu können.

Das benutzerdefinierte AjaxRequest-Objekt lindert die Kopfschmerzen, die das Senden eines Ajax-Requests bereitet.

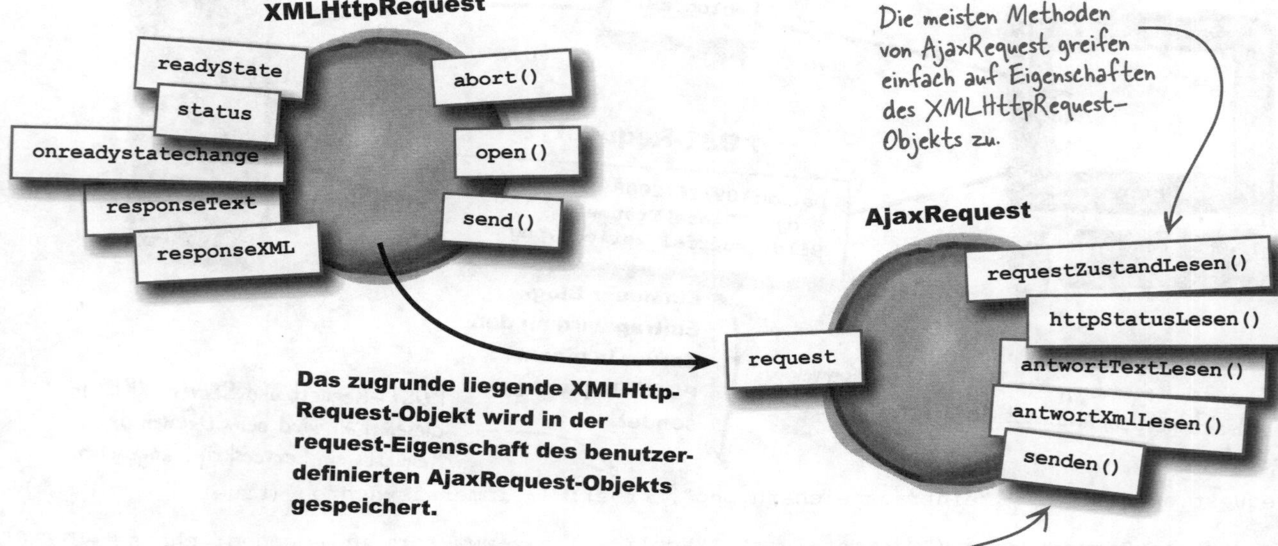

Zusätzlich zur Methode senden(), in die wir in Kürze eintauchen, wird Ajax im Konstruktor für AjaxRequest im Vergleich zur direkten Verwendung des XMLHttpRequest-Objekts dramatisch vereinfacht. Der folgende Code ist alles, was Sie benötigen, um ein AjaxRequest-Objekt zu erstellen, das in jedem modernen Browser Ajax-Requests initiieren kann:

```
var ajaxReq = new AjaxRequest();
```

Der Konstruktor für AjaxRequests berücksichtigt automatisch alle Feinheiten zum Erstellen des zugrund liegenden XMLHttpRequest-Objekts.

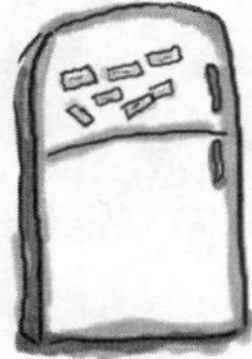

JavaScript-Magneten

Das benutzerdefinierte `AjaxRequest`-Objekt verpackt das Standard-`XMLHttpRequest`-Objekt und bietet so eine wesentlich einfachere Schnittstelle zum Senden von Ajax-Requests und zum Verarbeiten der Antworten. Leider fehlen in der Methode `senden()` des `AjaxRequest`-Objekts einige entscheidende Codestellen. Vervollständigen Sie den Code der Methode mit den Magneten.

```
AjaxRequest.prototype.senden = function(typ, url, handler, postDatentyp, postDaten) {
  if (this.request != null) {
    // Früheren Request beenden
    this.request.abort();

    // Dummy-Parameter anhängen, um Browser-Caching zu verhindern
    url += "?dummy=" + new Date().getTime();

    try {

      this.request.onreadystatechange = ......................;

      this.request.open(................,............, true); // immer asynchron (true)

      if (typ.toLowerCase() == "get") {
        // GET-Request senden - ohne Daten
        this.request.send(...............);

      } else {
        // POST-Request senden, das letzte Argument sind die Daten

        this.request.setRequestHeader("Content-Type",.............................);

        this.request.send(........................);

      }
    } catch(e) {
      alert("Ajax-Fehler bei der Kommunikation mit dem Server.\n" + "Details: " + e);
    }
  }
}
```

JavaScript-Magneten, Lösung

Das benutzerdefinierte `AjaxRequest`-Objekt verpackt das Standard-`XMLHttpRequest`-Objekt und bietet so eine wesentlich einfachere Schnittstelle zum Senden von Ajax-Requests und zum Verarbeiten der Antworten. Leider fehlen in der Methode `senden()` des `AjaxRequest`-Objekts einige entscheidende Codestellen. Vervollständigen Sie den Code der Methode mit den Magneten.

Die Methode senden() sendet einen Ajax-Request mit den in den Argumenten angegebenen Details.

```
AjaxRequest.prototype.senden = function(typ, url, handler, postDatentyp, postDaten) {
  if (this.request != null) {
    // Früheren Request beenden
    this.request.abort();

    // Dummy-Parameter anhängen, um Browser-Caching zu verhindern
    url += "?dummy=" + new Date().getTime();

    try {

      this.request.onreadystatechange = handler ;

      this.request.open( typ , url , true); // immer asynchron (true)

      if (typ.toLowerCase() == "get") {
        // GET-Request senden - ohne Daten

        this.request.send( null );

      } else {
        // POST-Request senden, das letzte Argument sind die Daten

        this.request.setRequestHeader("Content-Type", postDatenTyp );

        this.request.send( postDaten );

      }
    } catch(e) {
      alert("Ajax-Fehler bei der Kommunikation mit dem Server.\n" + "Details: " + e);
    }
  }
}
```

Die benutzerdefinierte Funktion handler wird aufgerufen, um die Antwort des Servers auf den Request zu verarbeiten.

Das Argument typ für senden() entscheidet, ob es sich um einen GET- oder POST-Request handelt.

Nur bei einem POST-Request werden Daten an den Server gesendet.

Dieser Code wird zusammen mit dem Konstruktor und den anderen Ajax-Request-Methoden in der externen JavaScript-Datei ajax.js gespeichert.

```
var x;
var y;

function doX()
  ...
}

function doY()
  ...
}
```

ajax.js

Sinnvolle Ajax-Requests

Das benutzerdefinierte `AjaxRequest`-Objekt besteht aus einem Konstruktor und mehreren Methoden, von denen eine besonders nützlich ist. Mit der Methode `senden()` wird der Ajax-Request in nur einem Aufruf vorbereitet und an den Server geschickt. Alle Ajax-Requests, die mit `senden()` abgeschickt werden, sind entweder `GET`- oder `POST`-Requests, die den Requests zur Übermittlung von HTML-Formularen entsprechen. Der Unterschied liegt darin, dass ein Ajax-Request kein vollständiges Neuladen der Seite erfordert.

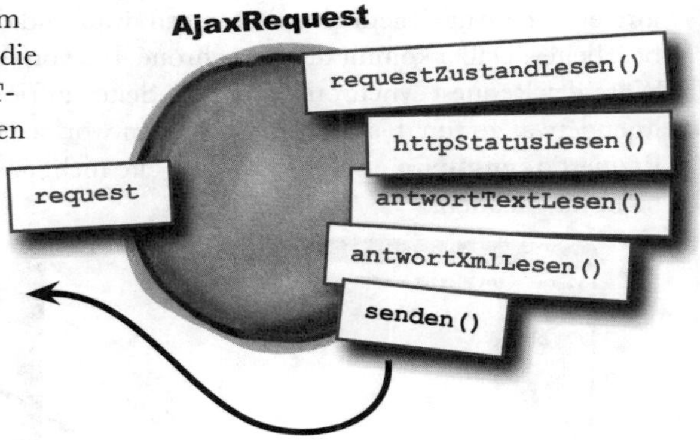

AjaxRequest

request

requestZustandLesen()

httpStatusLesen()

antwortTextLesen()

antwortXmlLesen()

senden()

`senden(typ, url, handler, postDatentyp, postDaten)`

`typ`

Typ des Requests, GET oder POST.

`url`

Die URL des Servers (blog.xml in YouCube). Bei Bedarf können auch Daten in die URL gepackt werden.

`handler`

Die Callback-Funktion zum Verarbeiten der Antwort.

`postDatenTyp`

Typ der zu sendenden Daten (nur für POST, nicht nötig für GET).

`postDaten`

Die zu sendenden Daten (nur für POST, nicht nötig für GET). POST-Daten können in mehreren verschiedenen Formaten übermittelt werden.

Alle Ajax-Requests benötigen die gleichen Informationen, auch wenn für `GET`-Requests die letzten beiden optionalen Argumente wegfallen. Also sind die ersten drei Argumente für `senden()` die wichtigsten und für die einfachsten Ajax-Requests bereits ausreichend. Der folgende Aufruf von `senden()` verwendet z.B. die ersten drei Argumente, um XML-Daten aus einer Datei mit dem Namen filme.xml von Server anzufordern (`GET`):

Der Request-Typ.

Die URL der angeforderten Datendatei.

```
ajaxReq.send("GET", "filme.xml", requestHandeln);
```

Dieser Code geht davon aus, dass wir bereits ein AjaxRequest-Objekt angelegt und in der Variablen ajaxReq gespeichert haben.

Die benutzerdefinierte Funktion, die aufgerufen wird, um die Antwort auf den Request zu verarbeiten.

Entspannen Sie sich

Keine Panik bei der Behandlung von Requests.

Wir kommen noch früh genug zum A und O der Verarbeitung von Ajax-Requests mit benutzerdefiniertem JavaScript-Code. Merken Sie sich im Augenblick nur, dass für einen Request eine **benutzerdefinierte Request-Handler-Funktion** angegeben werden muss, die aufgerufen wird, wenn ein Request abgeschlossen ist.

Jetzt sind Sie am ~~Ball~~ Request

Wenn mit der Methode `senden()` des `AjaxRequest`-Objekts ein Ajax-Request an den Server gesendet wird, kann sich die Webseite um ihre eigenen Angelegenheiten kümmern, während der Server den Request bearbeitet. Dabei kommt der asynchrone Teil von Ajax zur Geltung. Wäre der Request synchron, würde die Seite einfrieren und wäre unfähig, irgendetwas zu tun, bis der Server eine Antwort zurückgibt. Aber da der Request **asynchron** erfolgt, wird die Seite nicht an- und der Benutzer nicht hingehalten.

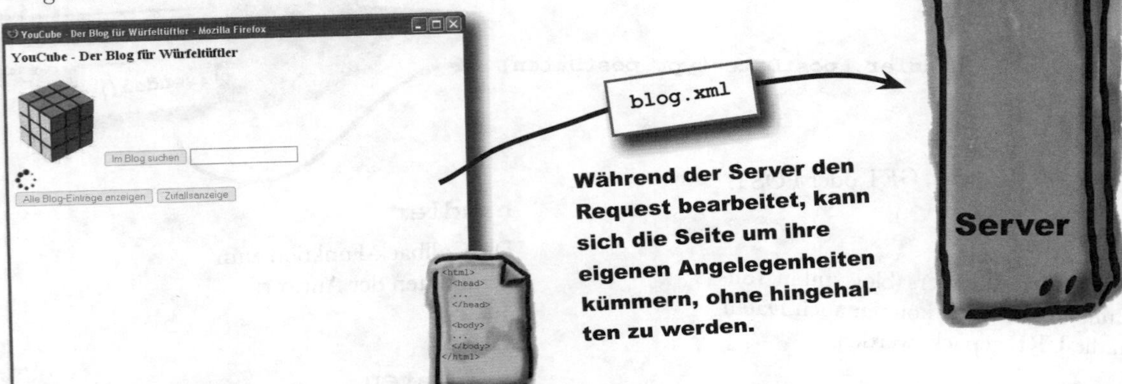

Nur weil die Seite während der Bearbeitung des Requests nicht einfriert, bedeutet dies natürlich nicht notwendigerweise, dass der Benutzer auch tatsächlich etwas Produktives damit tun kann. Das hängt immer von der jeweiligen Seite ab. Bei YouCube ist die erfolgreiche Anzeige des Blogs vollkommen davon abhängig, dass die Blog-Daten in einer Ajax-Antwort vom Server geliefert werden. In diesem Fall ist das Erlebnis der Benutzer untrennbar mit der Ajax-Antwort verknüpft.

Bei einem asynchronen Ajax-Request friert die Seite nicht ein, während sie auf die Verarbeitung des Requests durch den Server wartet.

Punkt für Punkt

- Das `XMLHttpRequest`-Objekt ist das **Standard**-Objekt zum Ausführen von Ajax-Requests, seine Verwendung kann aber unübersichtlich werden.
- Das **benutzerdefinierte** `AjaxRequest`-Objekt ist eine bequeme Möglichkeit, Ajax zu verwenden, ohne direkt mit `XMLHttpRequest` zu tun zu haben.
- Ajax-Requests haben immer einen von zwei Typen, `GET` oder `POST`. Dieser richtet sich danach, welche Daten an den Server gesendet werden und ob sich die Daten auf den Server auswirken.
- Die Methode `senden()` des `AjaxRequest`-Objekts ist der Schlüssel zum Öffnen und Abschicken von Ajax-Requests.

Es gibt keine Dummen Fragen

F: Ist das `AjaxRequest`-Objekt erforderlich, um Ajax-Requests durchzuführen?

A: Nein. Es ist absolut in Ordnung, das `XMLHttpRequest`-Objekt direkt zu verwenden, um Ajax-Requests abzusetzen und ihre Antworten zu verarbeiten. Aber warum sollten Sie, wenn es dank des `AjaxRequest`-Objekts eine viel einfachere Möglichkeit gibt? Das `AjaxRequest`-Objekt macht nichts Weltbewegendes – es ist einfach ein bequemes Objekt, das Ihnen hilft, die Verwendung von Ajax zu vereinfachen, indem es den »geschäftigen Teil« beim Zusammenstellen von Ajax-Requests übernimmt.

F: Inwiefern unterscheiden sich Ajax-Requests/-Antworten von HTTP-Requests/Antworten?

A: HTTP-Requests und -Antworten werden von Webbrowsern verwendet, um HTML-Webseiten von Webservern abzurufen. Ajax-Requests und -Antworten sind ihren HTTP-Gegenstücken sehr ähnlich, abgesehen von einigen entscheidenden Unterschieden: Die Ajax-Varianten können jederzeit durchgeführt werden und umfassen nicht notwendigerweise die Lieferung von HTML-Daten. Einer der großen Vorzüge von Ajax ist, dass damit **beliebige** Daten angefordert werden können.

Das Besondere ist, dass Ajax beliebige Daten verarbeiten kann, aber auch die Größe der Daten ist von entscheidender Bedeutung. Ajax ist nicht darauf beschränkt, eine ganze Seite oder ein ganzes Dokument auf einmal zu verarbeiten. Ajax ist vielmehr auf die Lieferung kleiner Datenhappen ausgerichtet. Dadurch kann sich eine Seite mit Ajax selbst dynamisch verändern, indem sie kleine Dateneinheiten anfordert und integriert. Und das geschieht alles, ohne dass die Seite jemals neu geladen werden muss.

F: Also ermöglicht es Ajax, eine Webseite Stück für Stück zusammenzusetzen?

A: Ja! Das ist der entscheidende Gedanke hinter Ajax. Aber es geht um mehr, als nur eine Seite aus Einzelteilen zusammenzusetzen. Es geht auch um den **Zeitpunkt**, zu dem diese Zusammenstellung erfolgt. Ajax-Requests und -Antworten finden in Echtzeit statt, oft sogar ohne dass die Verwendung der Seite eingeschränkt wird. Anders ausgedrückt: Die Benutzer werden nicht gezwungen, darauf zu warten, bis eine ganze Seite neu geladen wird, wenn lediglich ein kleiner Abschnitt der Seite aktualisiert werden muss. Der Seitenabschnitt kann »im Hintergund« geladen werden, während der Benutzer weiterliest und mit anderen Teilen der Seite interagiert.

F: Was haben `GET` und `POST` damit zu tun?

A: `GET` und `POST` legen im Einzelnen fest, wie ein Ajax-Request vom Server behandelt wird. Beiden ist aber gemeinsam, dass jederzeit Daten beliebigen Typs dynamisch angefordert werden können – alle Vorteile von Ajax gelten für beide Request-Typen. Der Hauptunterschied zwischen `GET` und `POST` zeigt sich darin, ob sich der Zustand des Servers anhand der Daten ändert, z.B. die Daten in einer Datenbank gespeichert werden. Falls ja, ist `POST` am Zug. Ansonsten entscheiden Sie sich für `GET`.

Ordnen Sie jedem Stück Ajax-Code zu, was es macht.

`XMLHttpRequest`	Ruft Daten ab, ohne etwas auf dem Server zu verändern.
`GET`	Übermittelt einen Ajax-Request an den Server und erhält eine Antwort.
`send()`	Sendet Daten an den Server und bewirkt dabei Veränderungen.
`AjaxRequest`	Das JavaScript-Standard-Objekt, das Ajax möglich macht.
`POST`	Das benutzerdefinierte Objekt, das Ajax-Requests und -Antworten einfacher macht.

Ordnen Sie jedem Stück Ajax-Code zu, was es macht.

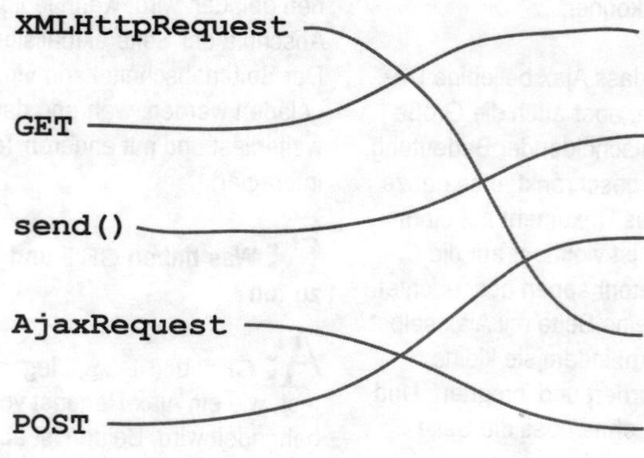

Ruft Daten ab, ohne etwas auf dem Server zu verändern.

Übermittelt einen Ajax-Request an den Server und erhält eine Antwort.

Sendet Daten an den Server und bewirkt dabei Veränderungen.

Das JavaScript-Standard-Objekt, das Ajax möglich macht.

Benutzerdefiniertes Objekt, das Ajax-Requests und -Antworten einfacher macht.

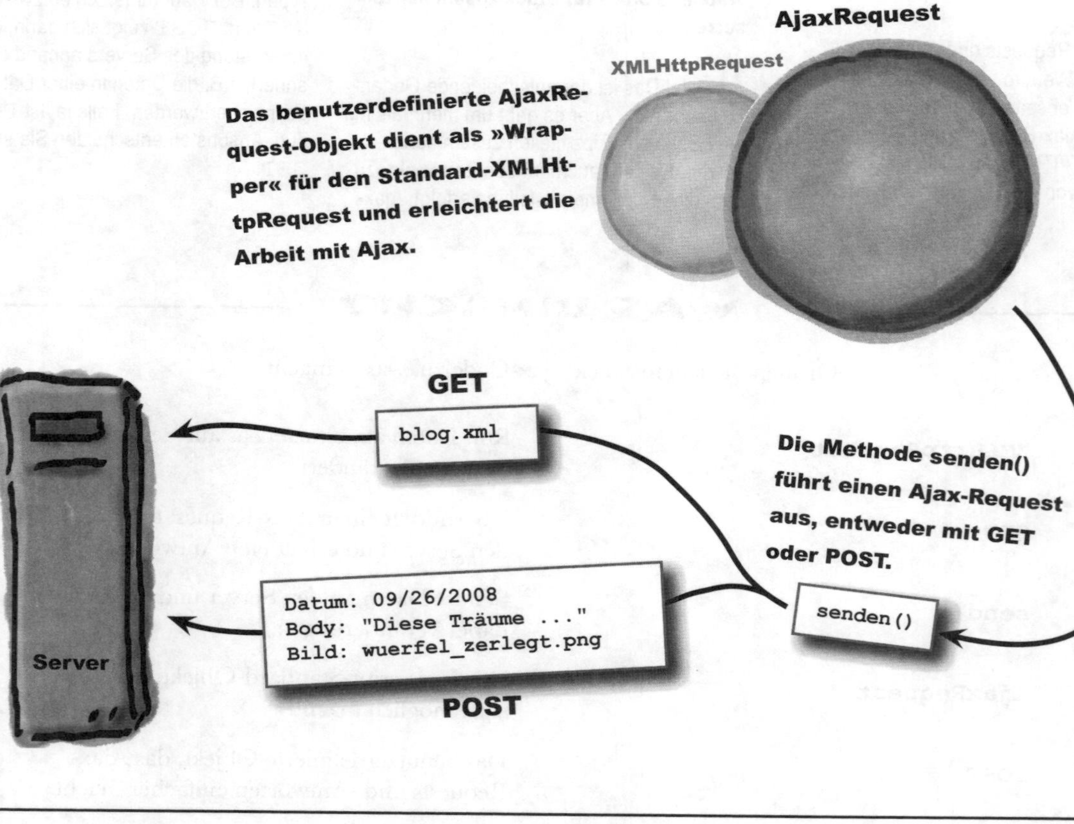

AjaxRequest

XMLHttpRequest

Das benutzerdefinierte AjaxRequest-Objekt dient als »Wrapper« für den Standard-XMLHttpRequest und erleichtert die Arbeit mit Ajax.

GET

`blog.xml`

Die Methode senden() führt einen Ajax-Request aus, entweder mit GET oder POST.

```
Datum: 09/26/2008
Body: "Diese Träume ..."
Bild: wuerfel_zerlegt.png
```

`senden()`

Server

POST

Interaktive Seiten beginnen mit einem Request-Objekt

Unabhängig davon, wie Ajax verwendet wird oder auf welche Art von Daten damit zugriffen werden soll, beginnt die Datenkommunikation mit Ajax immer mit einem Request. Also besteht Rubys erste Aufgabe bei der Umstellung von YouCube auf eine datengetriebene Applikation darin, einen Ajax-Request für die XML-Datei mit den Blog-Daten abzusetzen.

Spitzen Sie Ihren Bleistift

Schreiben Sie den Code, um ein `AjaxRequest`-Objekt zu erstellen, und übermitteln Sie damit einen Request für die XML-Blog-Daten.

....

....

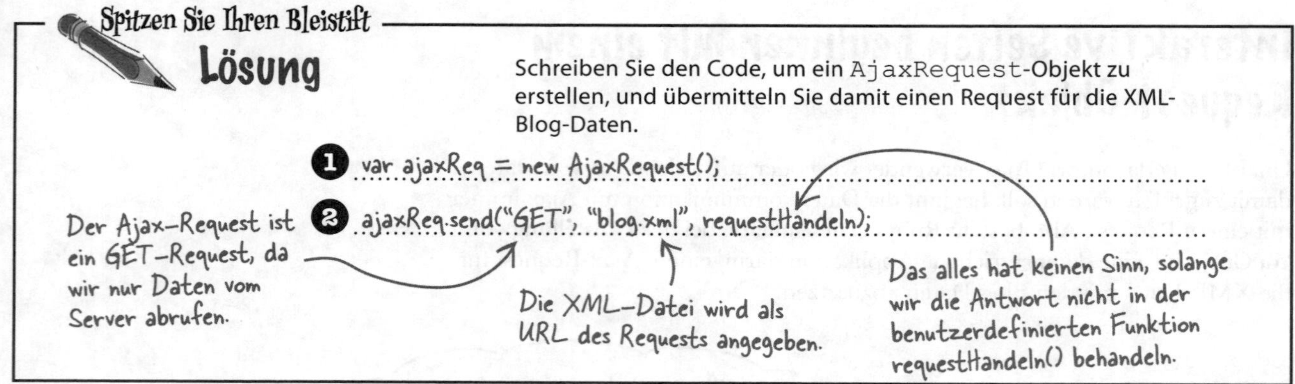

Ruf mich, wenn du fertig bist

Das Clientskript behandelt die Antwort auf einen Ajax-Request mit einer benutzerdefinierten Callback-Funktion.

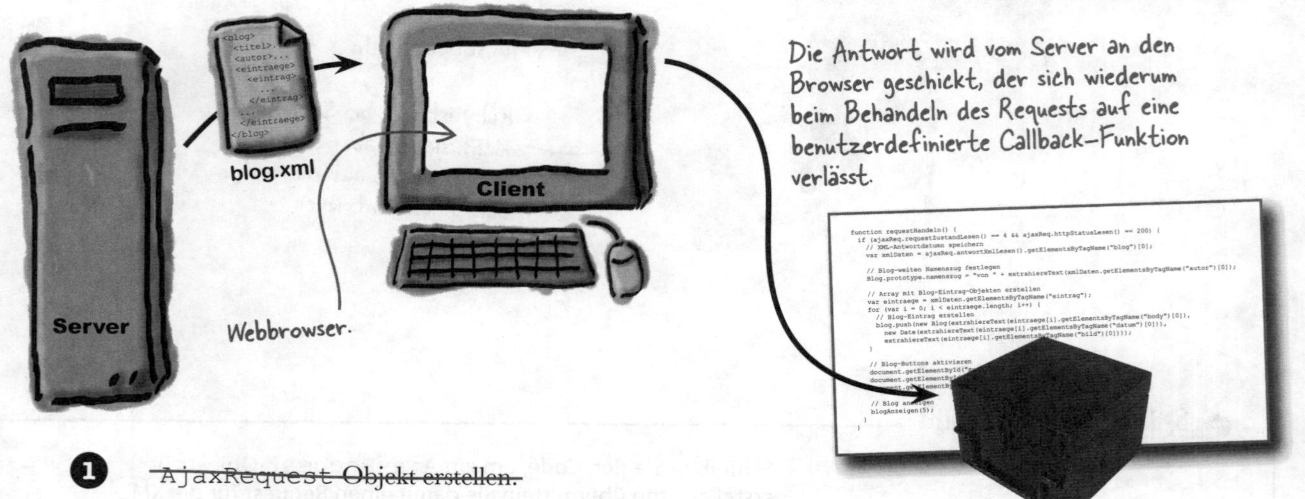

Sobald ein Ajax-Request gesendet wurde, ändert sich die Rolle des Browsers – er wartet nicht auf eine Antwort vom Server. Nachdem Ajax-Requests typischerweise **asynchron** durchgeführt werden, kann der Benutzer weiterhin mit der Seite interagieren, während der Browser im Hintergrund auf die Antwort wartet. Anders gesagt, hält der Ajax-Request die Seite nicht hin, während der Request auf dem Server verarbeitet wird. Sobald der Request auf dem Server fertig bearbeitet ist, wird die zugehörige Antwort in JavaScript-Code mit einer Callback-Funktion behandelt, dem **Request-Handler**.

Server

blog.xml

Client

Webbrowser.

Die Antwort wird vom Server an den Browser geschickt, der sich wiederum beim Behandeln des Requests auf eine benutzerdefinierte Callback-Funktion verlässt.

`requestHandeln();`

1. ~~AjaxRequest-Objekt erstellen.~~
2. ~~GET-Request durchführen, um die Datei blog.xml vom Server abzurufen.~~
3. Request behandeln.

Die Callback-Funktion requestHandeln() ist vollkommen benutzerdefiniert und muss vom Skript geliefert werden.

Antworten behandeln ... nahtlos

Die benutzerdefinierte Request-Handler-Callback-Funktion `requestHandeln()` wird in diesem Fall aufgerufen, sobald der Ajax-Request abgeschlossen ist. Zusätzlich zur Aufgabe, zu signalisieren, dass ein Request erfolgreich abgeschlossen wurde, wird diese Funktion auf Grundlage der vom Server zurückgelieferten Antwortdaten aktiv.

Ich verstehe, dass der Request-Handler aufgerufen wird, sich um die Ajax-Antwort zu kümmern, aber wie greift er auf die Antwortdaten zu?

Methoden des AjaxRequest-Objekts haben Zugriff auf die Ajax-Antwortdaten.

Die Request-Handler-Funktion bietet über zwei Methoden des `Ajax-Request`-Objekts, `antwortTextLesen()` und `antwortXmlLesen()`, Zugriff auf die in einer Ajax-Antwort zurückgelieferten Daten.

AjaxRequest

`request`

`requestZustandLesen()`

`httpStatusLesen()`

`antwortTextLesen()`

`antwortXmlLesen()`

`senden()`

`antwortTextLesen()`

Die Daten einer Ajax-Antwort als reinen Text abfragen.

`antwortXmlLesen()`

Die Daten einer Ajax-Antwort als strukturierten XML-Code abfragen.

Es hat immer nur eine dieser beiden Methoden Zugriff auf brauchbare Daten einer bestimmten Antwort, d.h., das Datenformat entscheidet darüber, welche Methode verwendet werden soll. Sind die Antwortdaten XML, sollten Sie `antwortXmlLesen()` verwenden, da `antwortTextLesen()` in diesem Fall keine sinnvollen Daten liefert. Für den Fall, dass die Daten nicht als strukturierter XML-Code, sondern als reiner Text geliefert werden, ist es entsprechend umgekehrt.

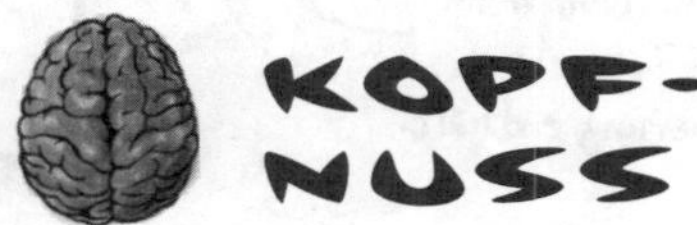

Sie wissen, dass XML-Code sehr ähnlich strukturiert ist wie HTML-Code. Wie können Sie auf die XML-Blog-Daten im Request-Handler zugreifen?

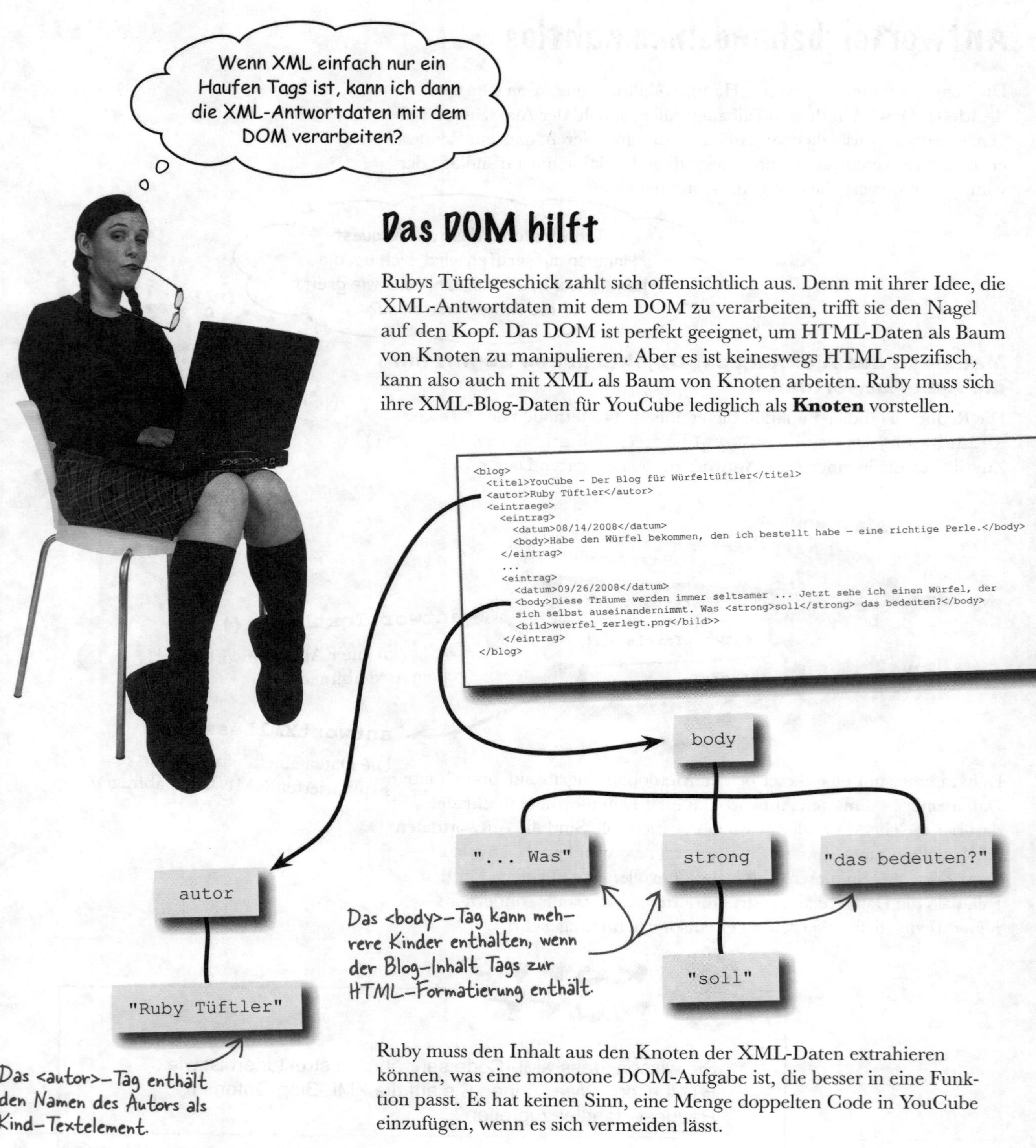

Das DOM hilft

Rubys Tüftelgeschick zahlt sich offensichtlich aus. Denn mit ihrer Idee, die XML-Antwortdaten mit dem DOM zu verarbeiten, trifft sie den Nagel auf den Kopf. Das DOM ist perfekt geeignet, um HTML-Daten als Baum von Knoten zu manipulieren. Aber es ist keineswegs HTML-spezifisch, kann also auch mit XML als Baum von Knoten arbeiten. Ruby muss sich ihre XML-Blog-Daten für YouCube lediglich als **Knoten** vorstellen.

```
<blog>
  <titel>YouCube - Der Blog für Würfeltüftler</titel>
  <autor>Ruby Tüftler</autor>
  <eintraege>
    <eintrag>
      <datum>08/14/2008</datum>
      <body>Habe den Würfel bekommen, den ich bestellt habe – eine richtige Perle.</body>
    </eintrag>
    ...
    <eintrag>
      <datum>09/26/2008</datum>
      <body>Diese Träume werden immer seltsamer ... Jetzt sehe ich einen Würfel, der
      sich selbst auseinandernimmt. Was <strong>soll</strong> das bedeuten?</body>
      <bild>wuerfel_zerlegt.png</bild>>
    </eintrag>
</blog>
```

Ruby muss den Inhalt aus den Knoten der XML-Daten extrahieren können, was eine monotone DOM-Aufgabe ist, die besser in eine Funktion passt. Es hat keinen Sinn, eine Menge doppelten Code in YouCube einzufügen, wenn es sich vermeiden lässt.

Die Funktion extrahiereText() unter der Lupe

Die benutzerdefinierte Funktion `extrahiereText()` übernimmt die Schufterei, sich in ein Element (Knoten) im DOM-Baum zu bohren und seinen gesamten Inhalt herauszuziehen.

```
function extrahiereText(elem) {
  var text = "";
  if (elem) {
    if (elem.childNodes) {
      for (var i = 0; i < elem.childNodes.length; i++) {
        var kind = elem.childNodes[i];
        if (kind.nodeValue)
          text += kind.nodeValue;
        else {
          if (kind.childNodes[0])
            if (kind.childNodes[0].nodeValue)
              text += kind.childNodes[0].nodeValue;
        }
      }
    }
  }
  return text;
}
```

Das Argument elem enthält das Element, dessen Inhalt extrahiert werden soll.

Alle Kindknoten des Elements durchlaufen.

Inhalt des Kinds der Variablen text hinzufügen.

Wenn der Kindknoten weitere Kindknoten enthält, nur den Textinhalt des ersten lesen und weitermachen.

Variable text zurückgeben, die den gesamten Inhalt des Kindelements enthält.

Spitzen Sie Ihren Bleistift

Schreiben Sie den Code, um den Namenszug des YouCube-Blogs mit dem Namen zu belegen, der im XML-Tag <autor> gespeichert ist. Gehen Sie davon aus, dass die XML-Antwortdaten bereits in einer Variablen namens `xmlDaten` abgelegt sind.

....

Spitzen Sie Ihren Bleistift Lösung

Schreiben Sie den Code, um den Namenszug des YouCube-Blogs mit dem Namen zu belegen, der im XML-Tag `<autor>` gespeichert ist. Gehen Sie davon aus, dass die XML-Antwortdaten bereits in einer Variablen namens `xmlDaten` abgelegt sind.

```
Blog.prototype.namenszug = "von " + extrahiereText(xmlDaten.getElementsByTagName("autor")[0]);
```

Der Namenszug ist eine Klasseneigenschaft, also muss er über das prototype-Objekt des Blogs festgelegt werden.

Benutzen Sie die benutzerdefinierte Hilfsfunktion extrahiereText(), um den Textinhalt aus dem <autor>-Tag zu extrahieren.

Es dürfte nur ein <autor>-Tag in den XML-Daten geben, also lesen wir einfach das erste aus.

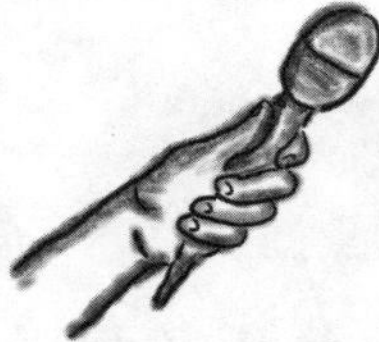

Mit Ajax umgehen

Interview der Woche: Der Ajax-Request-Handler requestHandeln() gesteht

Von Kopf bis Fuß: Wir haben gehört, dass Sie ziemlich gut darin sind, auf Ajax-Requests zu reagieren. Worum geht es dabei?

requestHandeln(): Wenn ein Ajax-Request stattfindet, werde ich angetippt, um die Antwort zu behandeln, die oft vom Server gesendete Daten enthält. Meine Aufgabe ist es, zunächst sicherzustellen, dass der Request erfolgreich auf dem Server durchgeführt wurde. Falls ja, wühle ich mich durch die Daten und kümmere mich darum, sie falls nötig in die Webseite zu integrieren.

Von Kopf bis Fuß: Also werden Sie aufgerufen, wenn ein Request fertiggestellt ist?

requestHandeln(): Oh ja. Genau genommen werde ich mehrmals während des Request-Prozesses aufgerufen, aber meistens sind die Leute nur daran interessiert, mich ganz am Ende etwas machen zu lassen.

Von Kopf bis Fuß: Verstehe. Und woher wissen Sie, wann es so weit ist?

requestHandeln(): Nun, das AjaxRequest-Objekt verfügt über einige Methoden, die ich aufrufen kann, um Zustand und Status des Requests zu überprüfen und sicherzustellen, dass er ohne Probleme durchgeführt wurde.

Von Kopf bis Fuß: Woher wisssen Sie, was Sie tun müssen, wenn es so weit ist?

requestHandeln(): Nun, das liegt nicht in meiner Hand. Bedenken Sie, dass ich eine benutzerdefinierte Funktion und damit in jeder Applikation anders bin.

Von Kopf bis Fuß: Warum das?

requestHandeln(): Weil unterschiedliche Applikationen Antwortdaten auf unterschiedliche Weise verwenden – absolut anwendungsspezifisch. Das gilt auch für mich.

Von Kopf bis Fuß: Moment mal, Sie meinen, dass Sie für jede Applikation von jemandem neu geschrieben werden müssen?

requestHandeln(): Stimmt. Und das ist auch sinnvoll so. Eine Warenkorb-Applikation wird ihre Ajax-Antworten anders verarbeiten als z.B. ein Blog. Ajax stellt sicher, dass ich aufgerufen werde, sobald der Server den Request abgeschlossen hat, von da an läuft alles vollkommen benutzerdefiniert ab.

Von Kopf bis Fuß: Also ist die Erstellung eines benutzerdefinierten Request-Handlers Teil des Aufbaus einer Ajax-gestützten Webseite?

requestHandeln(): Absolut. Dort findet die eigentliche Arbeit in einer Ajax-Applikation statt.

Von Kopf bis Fuß: Das war sehr aufschlussreich, ich danke Ihnen.

requestHandeln(): Ich antworte immer gern.

SPIELEN Sie JavaScript-Kommentator

Ihre Aufgabe ist es, JavaScript-Kommentator zu spielen und viele Anmerkungen zu machen, die erklären, was in der Funktion requestHandeln() genau geschieht. 7 ist eine magische Zahl – gibt es 7 Dinge, die einen Request erfolgreich machen?

```
function requestHandeln() {
  if (ajaxReq.requestZustandLesen() == 4 && ajaxReq.httpStatusLesen() == 200) {
    // XML-Antwortdatumn speichern
    var xmlDaten = ajaxReq.antwortXmlLesen().getElementsByTagName("blog")[0];

    // Blog-weiten Namenszug festlegen
    Blog.prototype.namenszug = "von " + extrahiereText(xmlDaten.getElementsByTagName("autor")[0]);

    // Array mit Blog-Eintrag-Objekten erstellen
    var eintraege = xmlDaten.getElementsByTagName("eintrag");
    for (var i = 0; i < eintraege.length; i++) {
      // Blog-Eintrag erstellen
      blog.push(new Blog(extrahiereText(eintraege[i].getElementsByTagName("body")[0]),
        new Date(extrahiereText(eintraege[i].getElementsByTagName("datum")[0])),
        extrahiereText(eintraege[i].getElementsByTagName("bild")[0])));
    }

    // Blog anzeigen
    blogAnzeigen(5);
  }
}
```

SPIELEN Sie JavaScript-Kommentator, Lösung

Ihre Aufgabe ist es, JavaScript-Kommentator zu spielen und viele Anmerkungen zu machen, die erklären, was in der Funktion requestHandeln() genau geschieht. 7 ist eine magische Zahl - gibt es 7 Dinge, die einen Request erfolgreich machen?

Durch Überprüfung von Zustand und Status sicherstellen, dass der Ajax-Request erfolgreich abgeschlossen wurde.

Es gibt nur ein <blog>-Tag in den XML-Daten, also nehmen wir das erste Element in dem von getElementsByTagName() zurückgelieferten Array.

Blog-Namenszug mit dem Inhalt des <autor>-Tags belegen.

```
function requestHandeln() {
  if (ajaxReq.requestZustandLesen() == 4 && ajaxReq.httpStatusLesen() == 200) {
    // XML-Antwortdatumn speichern
    var xmlDaten = ajaxReq.antwortXmlLesen().getElementsByTagName("blog")[0];

    // Blog-weiten Namenszug festlegen
    Blog.prototype.namenszug = "von " + extrahiereText(xmlDaten.getElementsByTagName("autor")[0]);

    // Array mit Blog-Eintrag-Objekten erstellen
    var eintraege = xmlDaten.getElementsByTagName("eintrag");
    for (var i = 0; i < eintraege.length; i++) {
      // Blog-Eintrag erstellen
      blog.push(new Blog(extrahiereText(eintraege[i].getElementsByTagName("body")[0]),
        new Date(extrahiereText(eintraege[i].getElementsByTagName("datum")[0])),
        extrahiereText(eintraege[i].getElementsByTagName("bild")[0])));
    }

    // Blog anzeigen
    blogAnzeigen(5);
  }
}
```

Alle eintrag-Elemente mit den Blog-Einträgen abrufen. Wir brauchen nicht das eintraege-Element abzurufen, wenn wir auf jeden Eintrag direkt zugreifen können.

Neues Blog-Objekt für den Eintrag anlegen und am Ende des Arrays mit der push()-Methode des Array-Objekts anfügen.

Funktion blogAnzeigen() aufrufen, um die neuesten fünf Blog-Einträge auf der Seite anzuzeigen.

1. ~~AjaxRequest Objekt erstellen.~~
2. ~~GET Request durchführen, um die Datei blog.xml vom Server abzurufen.~~
3. ~~Request behandeln.~~ ← Erledigt!

YouCube wird datengetrieben

Die neueste Version der YouCube-Dateien gibt's unter http://examples.oreilly.de/german_examples/hfjavascriptger.

Ruby ist begeistert von den Ajax-Veränderungen an YouCube (das spart ihr tonnenweise Zeit). Aber Sorgen um die Benutzerfreundlichkeit nagen an ihr. Was geschieht auf der Seite, während die Blog-Daten geladen werden?

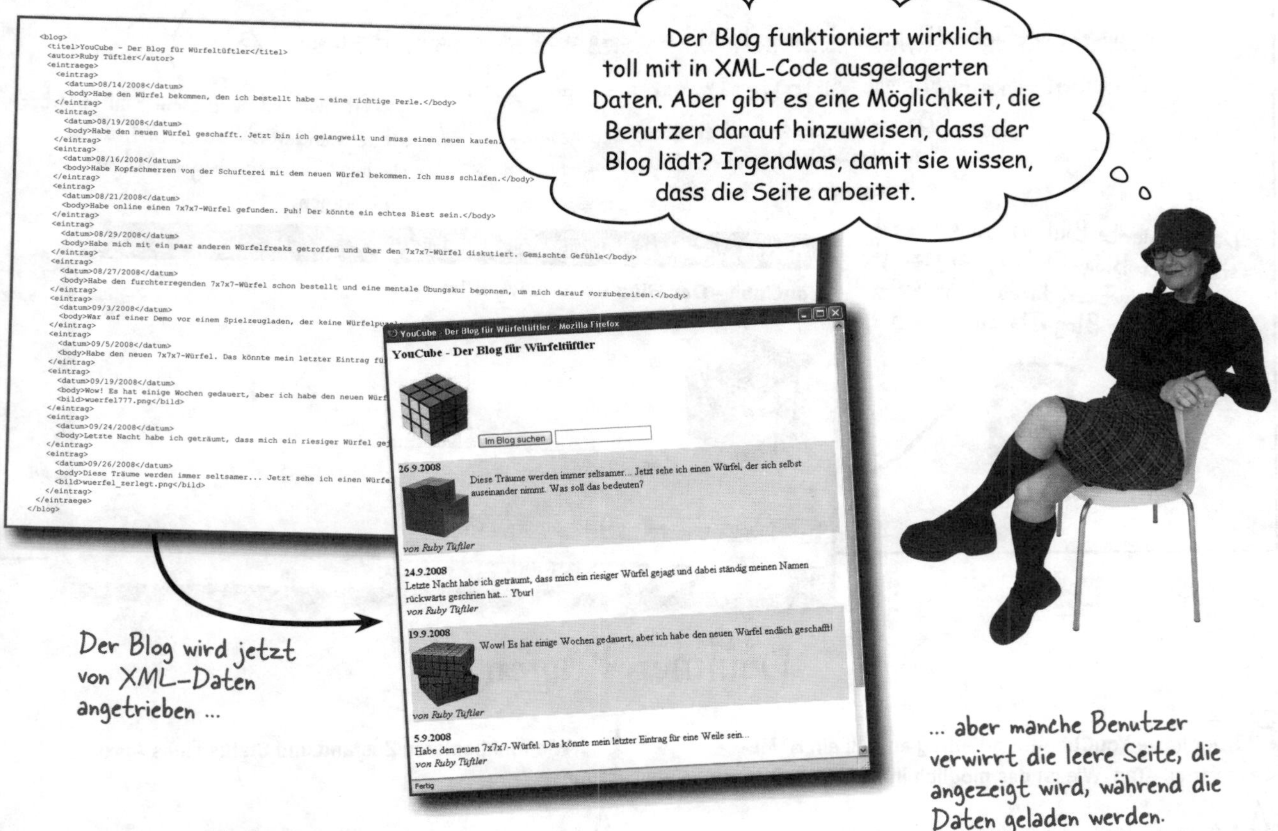

Spitzen Sie Ihren Bleistift

Schreiben Sie die fehlende Codezeile in der Funktion `ladeBlog()`, die ein »Warte«-Bild mit dem Namen warten.gif anzeigt, während die Blog-Daten geladen werden.
Tipp: Verwenden Sie das Haupt-`div` für den Blog mit der ID `"blog"`.

```
function ladeBlog() {
  ........................................................................

  ajaxReq.senden("GET", "blog.xml", requestHandeln);
}
```

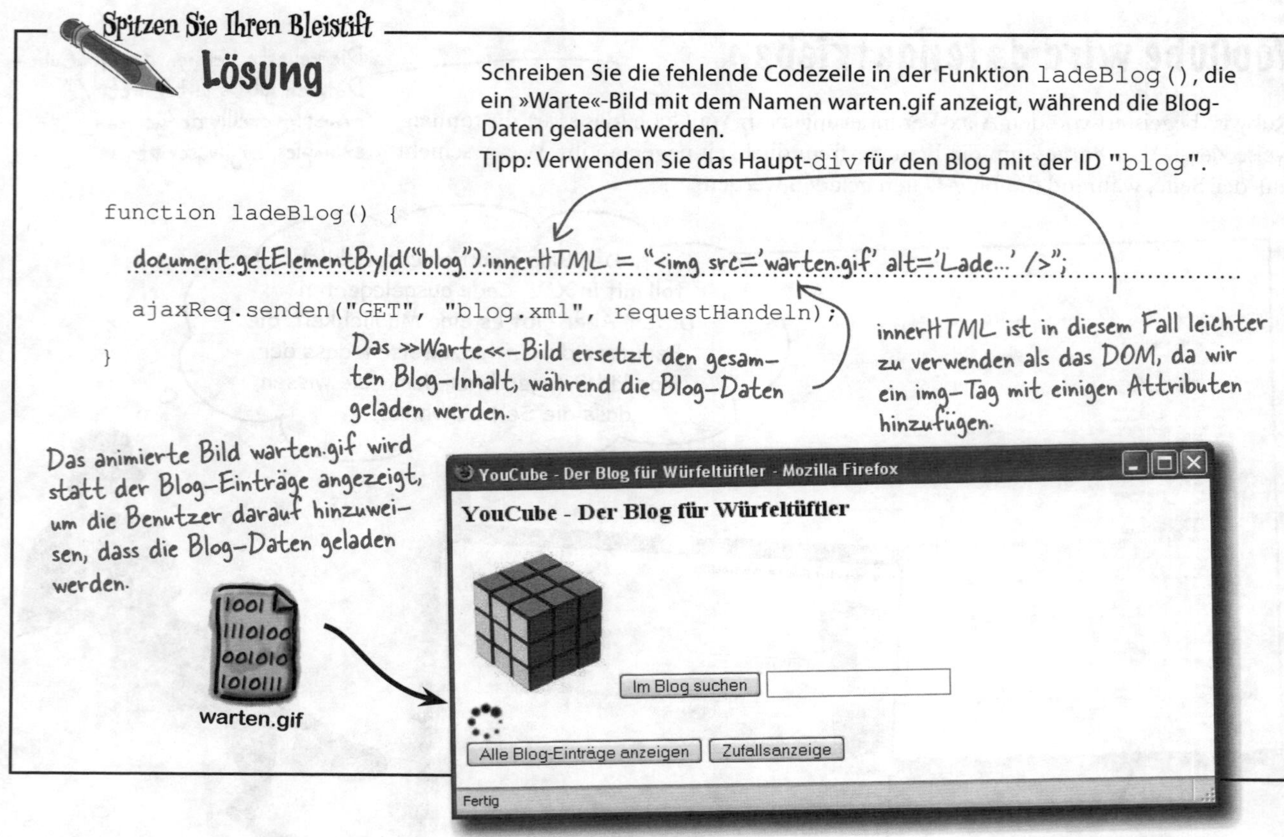

Es gibt keine Dummen Fragen

F: Der letzte YouCube-Blog-Eintrag enthält ein HTML-`<strong>`-Tag. Wie ist das möglich in XML-Code?

A: Bedenken Sie, dass XML-Code beliebige Arten von Daten repräsentieren kann. Nachdem wir wissen, dass der Body eines Blog-Eintrags in eine Webseite eingespeist wird, ist es technisch möglich, HTML-Tags mit einzufügen, die die Darstellung des Bodys auf der Seite beeinflussen. Anders ausgedrückt, kann der Inhalt eines bestimmten Blog-Eintrags HTML-Tags enthalten, die als spezielle Formatierungsknoten im XML-Code mit übergeben werden. Das sind ziemlich vertrackte Aussichten, da wir die HTML-Formatierungsknoten eigentlich rekonstruieren müssten, wenn wir die XML-Daten in die Seite integrieren. Stattdessen entscheidet sich der YouCube-Code aber dafür, einfach nur den Textinhalt aus den HTML-Tags herauszuziehen und die Formatierung wegzulassen. Ruby kann beliebige HTML-Formatierungstags Blog-Inhalten hinzufügen, evtl. für künftige YouCube-Versionen, aber für die Formatierung werden sie ignoriert. Ihr Text bleibt glücklicherweise erhalten.

F: Wie funktionieren Zustand und Status eines Ajax-Requests?

A: Die beiden Eigenschaften kommen letztendlich vom `XML-HttpRequest`-Objekt. Ihre Aufgabe ist es, den **Zustand** des Requests zu überwachen, z.B. (0) uninitialisiert oder (4) geladen, wie auch den **Status** des Requests, z.B. 404 (nicht gefunden) oder 200 (okay). Es ist natürlich möglich, diese Eigenschaften genauer mitzuverfolgen, aber das ist nicht nötig. Sie müssen lediglich wissen, dass ein Ajax-Request erfolgreich abgeschlossen wurde, wenn der Zustand 4 (geladen) und der Status 200 (okay) ist. Darum wird die Funktion `requestHandeln()` nur aktiv, wenn diese beiden Bedingungen erfüllt sind.

Gestörte Buttons

Die Ajax-Wartungsarbeiten an YouCube wurden in erster Linie hinter den Kulissen vorgenommen, vor den Blicken der YouCube-User verborgen. Trotzdem tritt offensichtlich ein Problem mit der Benutzeroberfläche zutage. Genauer gesagt, scheinen die Buttons auf der Seite nicht ganz so zu funktionieren, wie sie sollten.

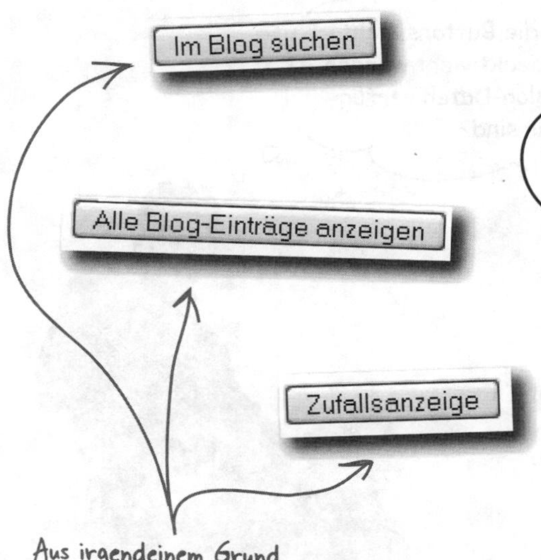

Aus irgendeinem Grund funktionieren die Buttons nicht immer, und der Blog ist nicht sichtbar, wenn das passiert.

Die Benutzer berichten, dass die Buttons manchmal nicht funktionieren. Sie klicken darauf, aber es passiert nichts. Nicht nur das, der Blog ist auch nicht sichtbar, wenn die Buttons nicht richtig funktionieren. Was ist da los?

Ruby ist ruhig, aber sie muss diesem Problem auf den Grund gehen.

Kaputte Buttons = unglückliche User

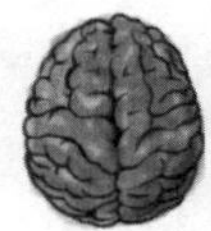

KOPF-NUSS

Warum funktionieren die Blog-Buttons nicht? An welcher Stelle des Ladens der Seite tritt das Problem Ihrer Meinung nach auf?

Die Buttons brauchen Daten

Das Problem mit den YouCube-Buttons ist, dass sie nur anwendbar sind, wenn Blog-Daten verfügbar sind. Und da die Blog-Daten jetzt aus einer externen XML-Datei geladen werden, gibt es eine normalerweise sehr kurze Zeitspanne, in der die Seite keine Daten hat. Während dieser Zeit haben die Buttons überhaupt keinen Sinn und verwirren die Benutzer nur.

Die Buttons zu deaktivieren ist eine ausgezeichnete Lösung.

Eine einfache und elegante Lösung für das Button-Problem ist die Deaktivierung der Buttons, während die Blog-Daten geladen werden. Da der Ajax-Request zum Laden der Blog-Daten abgeschickt wird, wenn die Seite zum ersten Mal geladen wird, können die Buttons anfangs deaktiviert sein und dann in der Funktion `requestHandeln()` aktiviert werden, wenn wir wissen, dass der Ajax-Request abgeschlossen ist.

Zum Deaktivieren verwenden wir das Attribut `disabled` des `<input>`-Tags. Dieses Attribut muss im HTML-Code auf `"disabled"` gesetzt werden, um einen Button zu **deaktivieren**. Umgekehrt muss es in JavaScript-Code auf `false` gesetzt werden, um ein Button-Element zu **aktivieren**.

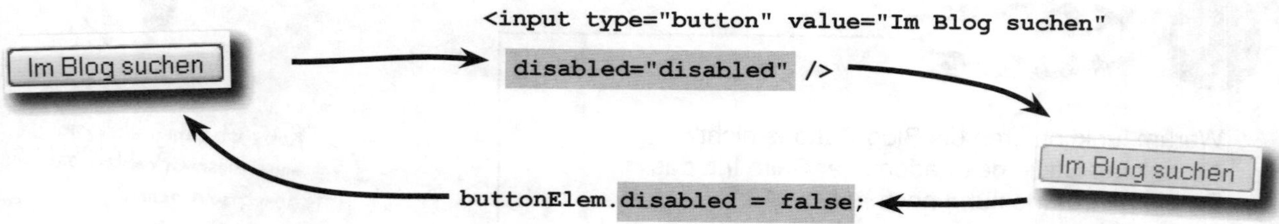

JavaScript-Magneten

Vervollständigen Sie den Code in der YouCube-Seite mit den Magneten so, dass die Blog-Buttons deaktiviert sind, bis die Blog-Daten fertig geladen sind. Sie müssen einige der Magneten mehrmals verwenden.

```
<html>
  <head>
    <titel>YouCube - Der Blog für Würfeltüftler</titel>

    <script type="text/javascript" src="ajax.js"> </script>
    <script type="text/javascript" src="datum.js"> </script>

    <script type="text/javascript">
      ...
      function requestHandeln() {
        if (ajaxReq.requestZustandLesen() == 4 && ajaxReq.httpStatusLesen() == 200) {
          ...
          // Blog-Buttons aktivieren

          document.getElementById(....................).....................= ...............;

          document.getElementById(.....................). ....................= ...............;

          document.getElementById(........................).......................= ...............;

          ...
        }
      }
      ...
    </script>
  </head>

  <body onload="ladeBlog();">
    <h3>YouCube - Der Blog für Würfeltüftler</h3>
    <img src="wuerfel.png" alt="YouCube" />
    <input type="button" id="suchen" value="Im Blog suchen"

      .....................= .......................  onclick="sucheBlog();" />

    <input type="text" id="suchtext" name="suchtext" value="" />
    <div id="blog"></div>
    <input type="button" id="alleanzeigen" value="Alle Blog-Einträge anzeigen"

      .....................= .......................  onclick="blogAnzeigen();" />

    <input type="button" id="zufallsanzeige" value="Zufallsanzeige"

      .....................= .......................  onclick="zufallsBlog();" />

  </body>
</html>
```

true

"suchen"

"zufallsanzeige"

disabled

false

"alleanzeigen"

"disabled"

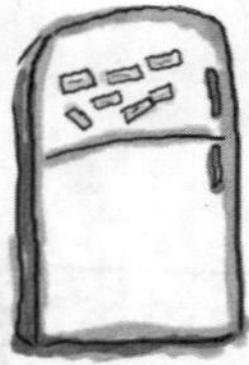

JavaScript-Magneten, Lösung

Vervollständigen Sie den Code in der YouCube-Seite mit den Magneten so, dass die Blog-Buttons deaktiviert sind, bis die Blog-Daten fertig geladen sind. Sie müssen einige der Magneten mehrmals verwenden.

```
<html>
  <head>
    <titel>YouCube - Der Blog für Würfeltüftler</titel>

    <script type="text/javascript" src="ajax.js"> </script>
    <script type="text/javascript" src="datum.js"> </script>

    <script type="text/javascript">
      ...
      function requestHandeln() {
        if (ajaxReq.requestZustandLesen() == 4 && ajaxReq.httpStatusLesen() == 200) {
          ...
          // Blog-Buttons aktivieren

          document.getElementById( "suchen" ).disabled = false ;

          document.getElementById("alleanzeigen").disabled = false ;

          document.getElementById("zufallsanzeige").disabled = false ;

          ...
        }
      }
      ...
    </script>
  </head>

  <body onload="ladeBlog();">
    <h3>YouCube - Der Blog für Würfeltüftler</h3>
    <img src="wuerfel.png" alt="YouCube" />
    <input type="button" id="suchen" value="Im Blog suchen"
      disabled = "disabled"  onclick="sucheBlog();" />
    <input type="text" id="suchtext" name="suchtext" value="" />
    <div id="blog"></div>
    <input type="button" id="alleanzeigen" value="Alle Blog-Einträge anzeigen"
      disabled = "disabled"  onclick="blogAnzeigen();" />
    <input type="button" id="zufallsanzeige" value="Zufallsanzeige"
      disabled = "disabled"  onclick="zufallsBlog();" />
  </body>
</html>
```

Zeitsparende, webbasierte Blog-Einträge

YouCube wird jetzt von dynamischen Daten angetrieben, aber Ruby muss die Früchte erst noch vollständig ernten. Die wahren Vorteile dynamischer Daten in YouCube wird sie erst genießen können, wenn sie die Möglichkeit hat, Blog-Einträge mit einer **webbasierten Oberfläche** hinzuzufügen. Statt eine XML-Datei zu bearbeiten, um den Blog zu erweitern, möchte sie neue Einträge auf einer Webseite eingeben und auf dem Server speichern lassen.

Ich habe die Nase voll davon, Dateien zu bearbeiten und per FTP auf den Server zu schicken, nur um meinen Blog zu aktualisieren. Ich möchte YouCube komfortabel mit meinem Browser aktualisieren!

Code bearbeiten + Dateien hochladen = kein Spaß!

Ruby malt sich eine Webseite nur für sie selbst aus, mit der sie neue Blog-Einträge veröffentlichen kann, indem sie einfach ein Formular ausfüllt. Sie wäre immer nur einen Klick von der Aktualisierung ihres Blogs entfernt und bräuchte dafür lediglich einen Browser. Keinen Texteditor, keinen FTP-Client, nur ihren Würfeltüftlerenthusiasmus.

Die neue Seite zum Hinzufügen von Blog-Einträgen verwendet drei Formularfelder für die drei Datenwerte eines Blog-Eintrags.

Wie könnten Sie mit Ajax über eine webbasierte Benutzeroberfläche XML-Blog-Einträge hinzufügen?

Blog-Daten schreiben

In der Welt von Ajax können Sie sich das Hinzufügen von Blog-Einträgen als Ajax-`POST`-Request vorstellen, der die Daten des neuen Blog-Eintrags an den Server sendet. Anschließend schreibt der Server die Daten als neuen Blog-Eintrag in die Datei `blog.xml`. Die Ajax-Antwort hat in diesem Fall nichts zu tun, da es nichts zurückzuliefern gibt.

Moment mal! Wie wird der neue Blog-Eintrag genau in die Datei blog.xml auf dem Server geschrieben? Ich dachte, JavaScript kann keine Dateien *schreiben*. Und JavaScript ist doch eine **Client**-Technologie, oder?

JavaScript ist nicht die Lösung, um in eine Datei auf dem Server zu schreiben.

JavaScript ist keine Option, um in die Datei blog.xml auf dem Server zu schreiben. Sie können JavaScript-Code nicht mal auf dem Server ausführen. Das liegt daran, dass JavaScript als Client-Technologie nur zum Ausführen im Webbrowser gedacht ist. In diesem Fall hilft uns JavaScript nicht weiter, weil wir in eine Datei auf dem Server schreiben müssen. Das ist kein ungewöhnliches Problem, deshalb werden serverseitige Technologien oft in Verbindung mit JavaScript verwendet.

Was wir brauchen, ist eine JavaScript-ähnliche Technologie, aber nur für Aufgaben auf dem Server. Es gibt mehrere Optionen, aber eine kommt uns in den Sinn, die nicht allzu kompliziert ist und sehr gut mit XML -Daten funktioniert ...

PHP hilft ... zumindest diesmal

Eine Skriptsprache namens PHP bietet alles, was wir brauchen, um Blog-Daten in eine XML-Datei auf dem Server zu schreiben. Die Aufgabe besteht darin, die XML-Datei zu lesen, anschließend den neuen Blog-Eintrag den vorhandenen Einträgen hinzuzufügen und dann alle Blog-Einträge wieder in die Originaldatei zu schreiben. Womit wir wieder an dem Punkt angelangt sind, dass wir die Daten für den neuen Blog-Eintrag auf dem Server als Ajax-Request vom Clientbrowser empfangen müssen.

PHP ist eine Skript-Technologie, die Aufgaben auf dem Server durchführen kann.

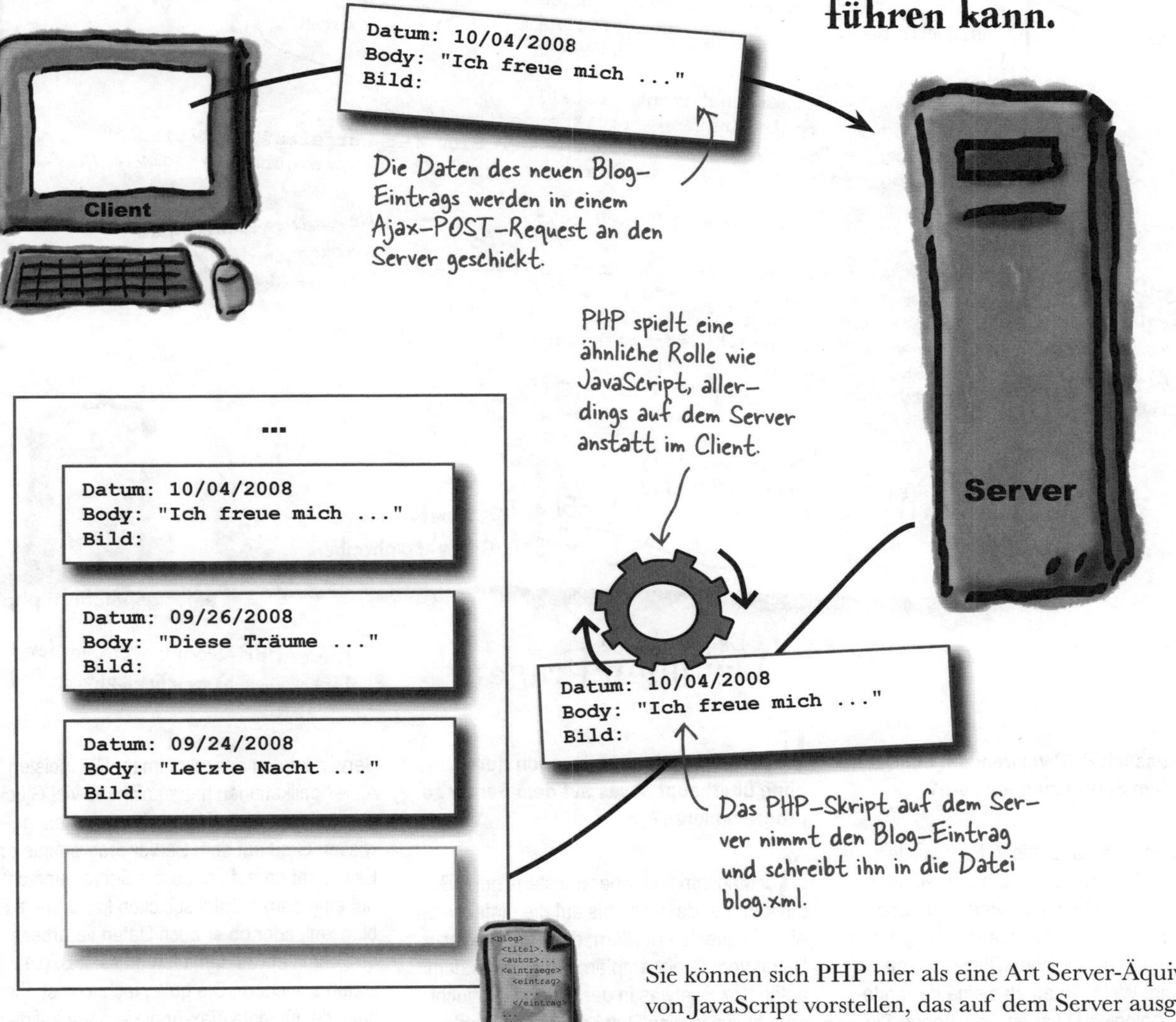

Sie können sich PHP hier als eine Art Server-Äquivalent von JavaScript vorstellen, das auf dem Server ausgeführt wird und benutzerdefinierte Aufgaben erledigen kann ... z.B. einen Blog-Eintrag als XML Daten in eine Datei schreiben!

Auf der Serverseite von YouCube übernimmt ein PHP-Skript die Einzelheiten zum Hinzufügen eines neuen Blog-Eintrags zu den XML-Blog-Daten, die in der Datei blog.xml gespeichert werden.

Die rohen XML-Daten in die Variable $rawBlog laden.

```
<?php
$filename = "blog.xml";

if (file_exists($filename)) {
  // Blog-Einträge aus XML-Datei laden
  $rawBlog = file_get_contents($filename);
}
else {
  // Neues leeres XML-Dokument erstellen
  $rawBlog = "<?xml version=\"1.0\" encoding=\"utf-8\" ?>";
  $rawBlog .= "<blog><titel>YouCube - Der Blog für Würfeltüftler</titel>";
  $rawBlog .= "<autor>Ruby Tüftler</autor><eintraege></eintraege></blog>";
}
$xml = new SimpleXmlElement($rawBlog);

// Neuen Blog-Eintrag als Kindknoten hinzufügen
$entry = $xml->eintraege->addChild("eintrag");
$entry->addChild("datum", $_REQUEST["datum"]);
$entry->addChild("body", stripslashes($_REQUEST["body"]));
if ($_REQUEST["bild"] != "")
  $entry->addChild("bild", $_REQUEST["bild"]);

// Ganzen Blog in die Datei schreiben
$file = fopen($filename, 'w');
fwrite($file, $xml->asXML());
fclose($file);
?>
```

Prüfen, ob die Blog-Datei existiert.

Neues leeres XML-Blog-Dokument erstellen, wenn die Blog-Datei nicht existiert.

Rohe Blog-Daten in eine XML-Datenstruktur konvertieren, einem DOM-Baum in JavaScript sehr ähnlich.

Neuen Blog-Eintrag als Kindknoten der XML-Datenstruktur hinzufügen.

Blog-Datei mit den neuen Blog-Daten überschreiben.

eintragspeichern.php

Dieses PHP-Skript steht in der Datei eintragspeichern.php.

Es gibt keine Dummen Fragen

F: Muss ich PHP verwenden, um Dateien auf dem Server zu speichern?

A: Nein, überhaupt nicht. Es gibt alle möglichen Technologien zum Schreiben von Serverskripten. Da gibt es Perl (CGI) und Java-Servlets, um nur einige zu nennen. Und diese können die gleichen Dinge tun, die PHP kann. Wenn Ihnen also eine der anderen Technologien lieber ist, verwenden Sie auf jeden Fall diese für die serverseitigen Komponenten Ihrer Ajax-Applikationen.

F: Komme ich mit Ajax auch durch, ohne überhaupt etwas auf dem Server zu programmieren?

A: Manchmal ja, aber meistens nein. Bedenken Sie, dass alle bis auf die einfachsten Ajax-Requests erfordern, dass der Server Daten vom Client empfängt und etwas damit anfängt, z.B. etwas in der Datenbank sucht oder etwas in eine Datei oder Datenbank schreibt. Die Hauptseite des YouCube-Blogs ist ein gutes Beispiel für einen Ajax-Request, der einfach genug ist, um ohne jegliche Serverskripten auszukommen. Die meisten Ajax-Applikationen haben nicht so viel Glück, also müssen Sie meistens bis zu einem gewissen Grad auf dem Server programmieren. Es kommt darauf an, ob der Server einfach nur eine ganze Datei schicken kann, wie z.B. blog.xml, oder ob er auch Daten verarbeiten und damit etwas damit tun muss, z.B. die Daten speichern. Die gute Nachricht ist aber, dass die für viele Ajax-Applikationen auf dem Server benötigten Skripten ziemlich einfach und meistens auch zu schaffen sind, ohne ein Meister der Serverskript-Technologie zu sein.

PHP hat auch Bedürfnisse

Im Gegensatz zu JavaScript, das moderne Browser von sich aus unterstützen, ist es keine abgemachte Sache, dass PHP auf dem Server unterstützt wird. Die Frage nach PHP an Ihren Systemadministrator oder Webhosting-Provider lohnt sich also durchaus, bevor Sie PHP-Dateien auf Ihren Webserver stellen. Falls nein, müssen Sie alles dafür tun, dass es installiert wird, oder möglichst einen anderen Webserver finden. Das PHP-Skript für YouCube funktioniert einfach nicht, wenn PHP nicht auf dem Server unterstützt wird.

Die Ausführung eines PHP-Skripts kann ein paar Kniffe auf Ihrem Webserver erfordern.

Server

PHP

Stellen Sie sicher, dass Ihr Webserver PHP unterstützt.

Selbst wenn nicht, könnten Sie es vielleicht installieren oder einen Administrator dazu überreden. Sie brauchen es definitiv für Ajax!

Die PHP-Unterstützung auf Ihrem Webserver ist die erste Hürde. Die zweite besteht darin herauszufinden, wohin die PHP-Dateien auf dem Server gehören. Oft ist es in Ordnung, die PHP-Dateien in dasselbe Verzeichnis wie Ihre HTML-Seiten und die externen JavaScript-Dateien zu legen. Manche PHP-Installationen sind allerdings wählerischer und verlangen, dass PHP-Skripten in einem speziellen Verzeichnis abgelegt werden. Auch das ist eine Frage, die Ihnen Ihr Systemadministrator beantworten kann.

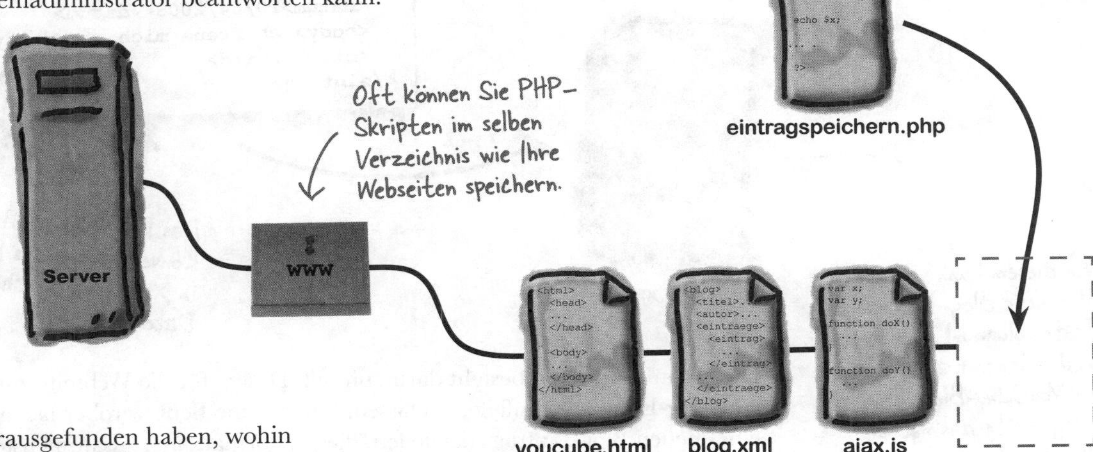

Sobald Sie herausgefunden haben, wohin die PHP-Datei auf Ihrem Webserver gehört, können Sie sie dorthin kopieren und die YouCube-Blog-Webseite weiter einrichten.

Das PHP-Skript mit Daten füttern

Nachdem PHP auf dem Server funktioniert und sich die PHP-Skriptdatei am rechten Ort befindet, können wir genauer untersuchen, was das PHP-Skript benötigt, um die Daten in eine XML-Datei auf dem Server zu schreiben. Das wird uns dabei helfen, zu einem Design für den Ajax-Request zu kommen, um den Server genau damit auszustatten, was er für seine Aufgabe braucht.

Die Daten werden über einen Ajax-Request in das PHP-Skript eingespeist.

Das PHP-Skript erwartet die Daten für einen neuen Blog-Eintrag, der, wie wir wissen, aus mindestens zwei, möglicherweise drei Informationen besteht.

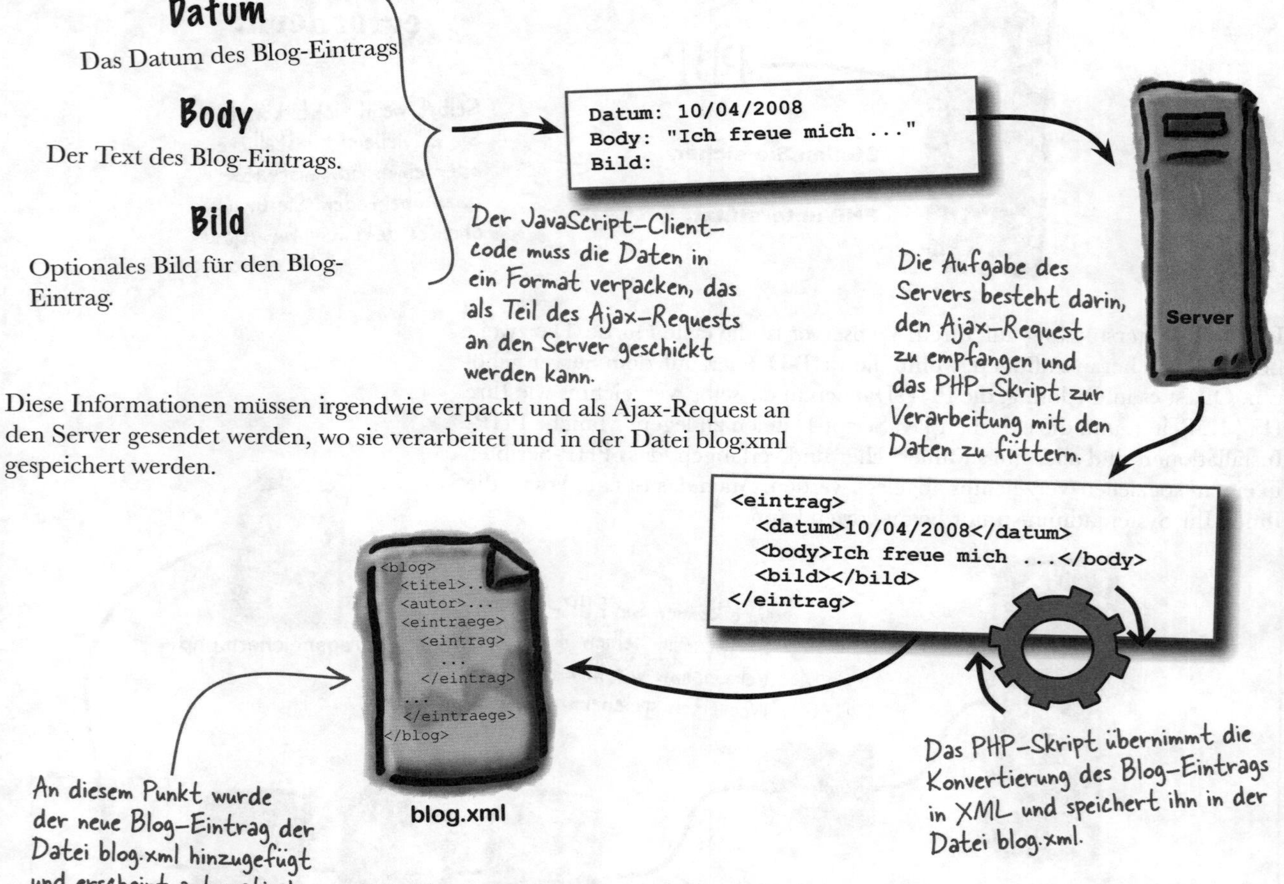

Diese Informationen müssen irgendwie verpackt und als Ajax-Request an den Server gesendet werden, wo sie verarbeitet und in der Datei blog.xml gespeichert werden.

Die Herausforderung besteht darin, uns ein Design für die Webseite zum Hinzufügen von Blog-Einträgen einfallen zu lassen. Sie soll eine Benutzeroberfläche zur Eingabe eines neuen Blog-Eintrags darstellen, diese Informationen zusammenstellen und in einem Ajax-Request an den Server schicken. Die gute Nachricht ist, dass wir nicht wirklich auf den Request reagieren müssen, außer vielleicht zu bestätigen, dass der neue Blog-Eintrag erfolgreich gespeichert wurde.

Spitzen Sie Ihren Bleistift

Skizzieren Sie das Design für die Webseite zum Hinzufügen von YouCube-Blog-Einträgen. Vergewissern Sie sich, dass Sie genau darstellen, wie der Ajax-Request und die Antwort im Datenfluss berücksichtigt werden müssen.

Spitzen Sie Ihren Bleistift

Lösung

Skizzieren Sie das Design für die Webseite zum Hinzufügen von YouCube-Blog-Einträgen. Vergewissern Sie sich, dass Sie genau darstellen, wie der Ajax-Request und die Antwort im Datenfluss berücksichtigt werden müssen.

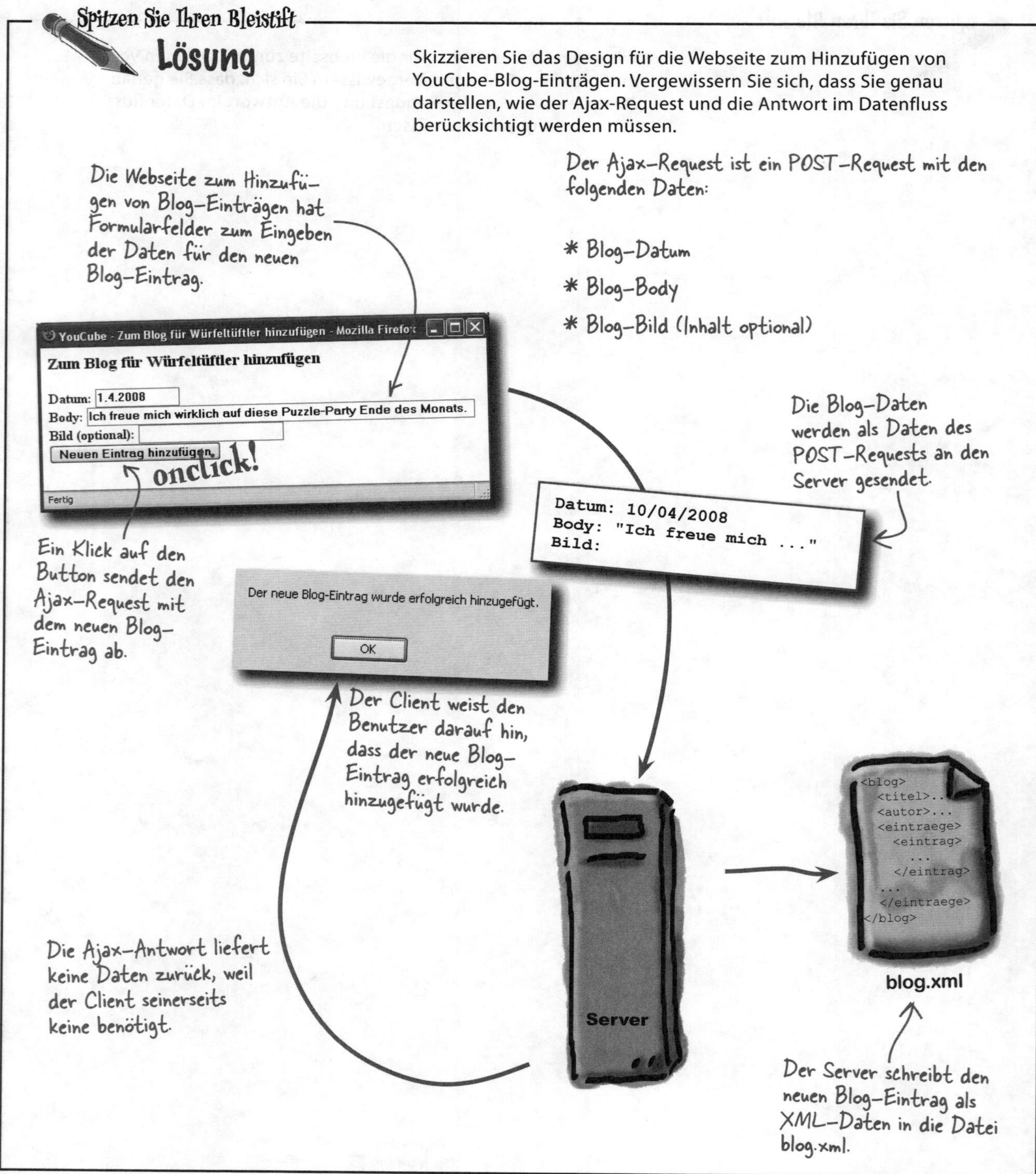

Hochladen: Blog-Daten an den Server schicken

Ein Ajax-POST-Request ist etwas aufwendiger als ein GET-Request, weil Daten an den Server gesendet werden müssen. Der POST-Request unterstützt zwar verschiedene Möglichkeiten, Daten für den Server zu verpacken, die bewährte Technik der **URL-Kodierung** erfüllt ihren Zweck aber wunderbar. Das ist dieselbe Technik, die der Browser verwendet, um Datenfelder in der URL einer Webseite an den Server zu übergeben. Die einzelnen Daten werden dabei mit einem kaufmännischen Und (&) voneinander getrennt.

```
Datum: 10/04/2008
Body: "Ich freue mich ... "
Bild:
```

```
"datum=10/04/2008&body=Ich freue mich ... &image="
```

Eine einzelne Dateneinheit besteht aus einem Name/Wert-Paar.

Jeder Datenwert wird von den anderen durch ein kaufmännisches Und getrennt.

Bei diesem Datenformat müssen Name und Wert jeder Dateneinheit durch ein Gleichheitszeichen (=) voneinander getrennt werden und jedes Name/Wert-Paar von den anderen Daten durch ein kaufmännisches Und (&). Dieses Format heißt URL-kodiert und hat einen eigenen Datentyp, der als Datentyp des Ajax-POST-Requests festgelegt wird.

```
"application/x-www-Formular-urlenCoded; charset=UTF-8"
```

Das ist der offizielle Datentyp URL-kodierter Daten, der als Teil des POST-Requests angegeben werden muss.

Nachdem die Daten für den Blog-Eintrag im URL-kodierten Format formatiert sind und der Datentyp des POST-Requests feststeht, sind wir so weit, den Request-Code zusammenzustellen und die Daten an den Server zu senden, damit sie in der Datei blog.xml gespeichert werden.

Übung

Verpacken Sie die folgenden Daten im URL-kodierten, für einen POST-Request geeigneten Format.

erscheinungsDatum: 01/13/1989

titel: Das Schimmern des Würfels

regisseur: Graeme Clifford

....

Verpacken Sie die folgenden Daten im URL-kodierten, für einen POST-Request geeigneten Format.

erscheinungsDatum: 01/13/1989

titel: Das Schimmern des Würfels

regisseur: Graeme Clifford

"titel=Das Schimmern des Würfels&erscheinungsDatum=01/13/1989®isseur=Graeme Clifford"

Es gibt keine Dummen Fragen

F: Wenn das Skript zum Hinzufügen von YouCube-Blog-Einträgen keine Daten aus dem Ajax-Request vom Server benötigt, warum behandeln wir den Request dann überhaupt?

A: Das liegt daran, dass es trotzdem sehr wichtig zu wissen ist, ob der Request abgeschlossen ist. Obwohl wir also keine Daten vom Server als Antwort auf den Request brauchen, müssen wir dennoch wissen, ob und wann der Request erfolgreich abgeschlossen wurde. Dadurch weiß das Skript, wann es das alert anzeigen muss, das den neu hinzugefügten Blog-Eintrag bestätigt.

F: Könnten wir für das Skript zum Hinzufügen von Blog-Einträgen auch einen GET-Request verwenden?

A: Technisch gesehen ja. Es ist möglich, mit einem GET-Request Daten an den Server zu schicken, aber Sie müssen sie direkt in der URL des Requests angeben. Das ist auch kein Problem – das Problem besteht darin, dass GET nicht für Situationen gedacht ist, in denen sich der Zustand des Servers ändert. Und in diesem Fall verändert sich der Zustand des Servers definitiv, da der neue Blog-Eintrag in die Datei blog.xml geschrieben wird. Also ist der POST-Request der richtige Ansatz, und sei es nur aus dem Grund, dass er den Zweck der Kommunikation mit dem Server klar erkennen lässt.

F: Der Server braucht Zeit, um den Ajax-Request zu verarbeiten und den Blog-Eintrag zu speichern. Ist es problematisch, wenn der Hinzufügen-Button nochmals angeklickt wird, bevor der Request abgeschlossen ist?

A: Ja, das ist ein Problem. Jeder Klick auf den Button bricht den aktuellen Ajax-Request ab und schickt einen neuen ab. Auch wenn das sogar die Absicht eines Benutzers sein könnte, der zweimal klickt, wäre die Benutzeroberfläche doch viel klarer, wenn die Option, auf den Button zu klicken, während der Verarbeitung des Requests einfach deaktiviert wäre. Also sollte der Code zum Hinzufügen eines neuen Blog-Eintrags den Hinzufügen-Button deaktivieren, während der Ajax-Request durchgeführt wird, und anschließend wieder aktivieren, wenn der Request abgeschlossen ist. Kleine Kniffe wie dieser können viel dazu beitragen, die Benutzeroberfläche einer JavaScript-Applikation intuitiver und einfacher zu gestalten und damit die Benutzer glücklicher zu machen.

F: Was geschieht mit den Leerzeichen in Blog-Daten, die zu einem URL-kodierten String formatiert werden? Das scheint manchmal Probleme mit URLs zu machen.

A: Die Leerzeichen machen in diesem Fall keine Schwierigkeiten, weil Ajax automatisch die Verarbeitung der Daten übernimmt und sicherstellt, dass sie in einem geeigneten Format zum Server gelangen.

F: Das Bild ist optional im Blog. Muss es immer an den Server übergeben werden, um einen neuen Blog-Eintrag hinzuzufügen?

A: Nein. Beachten Sie aber, dass es trotzdem nicht falsch ist, leere Daten zu schicken, also keinen Wert nach dem Gleichheitszeichen im URL-kodierten String stehen zu haben:

```
"datum=...&body=...&bild="
```

In diesem Beispiel wird das Datenfeld bild an den Server geschickt, obwohl es keine Daten enthält. Dabei kann das PHP-Skript auf dem Server glänzen, weil es schlau genug ist zu erkennen, dass das bild-Feld leer ist und der neue Blog-Eintrag daher kein Bild enthält.

Spitzen Sie Ihren Bleistift

Schreiben Sie die fehlenden Codezeilen für die Funktionen `blogEintragHinzufuegen()` und `requestHandeln()` in das Skript zum Hinzufügen von YouCube-Blog-Einträgen.

```
function blogEintragHinzufuegen() {
  // Button hinzufügen, deaktivieren und Status auf beschäftigt setzen

  .....................................................................

  .....................................................................


  // Daten des neuen Blog-Eintrags als Ajax-Request senden
  ajaxReq.senden("POST", "eintragspeichern.php", requestHandeln,
    "application/x-www-form-urlencoded; charset=UTF-8",

    .....................................................................

    .....................................................................

    .....................................................................);
}

function requestHandeln() {
  if (ajaxReq.requestZustandLesen() == 4 && ajaxReq.httpStatusLesen() == 200) {
    // Hinzufügen-Button aktivieren und Status löschen

    .....................................................................

    .....................................................................


    // Hinzufügen des neuen Blog-Eintrags bestätigen
    alert("Der neue Blog-Eintrag wurde erfolgreich hinzugefügt.");
  }
}
```

Spitzen Sie Ihren Bleistift
Lösung

Schreiben Sie die fehlenden Codezeilen für die Funktionen `blogEintragHinzufuegen()` und `requestHandeln()` in das Skript zum Hinzufügen von YouCube-Blog-Einträgen.

Der Hinzufügen-Button wird deaktiviert, während ein Blog-Eintrag auf dem Server gespeichert wird.

Der Statusbereich der Seite zeigt die Meldung »Füge hinzu ...« an, um dem Benutzer mitzuteilen, dass er auf etwas wartet.

```
function blogEintragHinzufuegen() {
  // Button hinzufügen, deaktivieren und Status auf beschäftigt setzen
  document.getElementById("hinzufuegen").disabled = true;
  document.getElementById("status").innerHTML = "Füge hinzu ... ";

  // Daten des neuen Blog-Eintrags als Ajax-Request senden
  ajaxReq.senden("POST", "eintragspeichern.php", requestHandeln,
    "application/x-www-form-urlencoded; charset=UTF-8",
    "datum=" + document.getElementById("datum").value +
    "&body=" + document.getElementById("body").value +
    "&bild=" + document.getElementById("bild").value          );
}
```

Das ist ein POST-Request.

Serverseitiges PHP-Skript zum Verarbeiten des Blog-Eintrags und zum Speichern in der Blog-Datei auf dem Server.

POST-Daten für den Request aus den Formularfeldern datum, body und bild zusammenstellen.

```
function requestHandeln() {
  if (ajaxReq.requestZustandLesen() == 4 && ajaxReq.httpStatusLesen() == 200) {
    // Hinzufügen-Button aktivieren und Status löschen
    document.getElementById("hinzufuegen").disabled = false;
    document.getElementById("status").innerHTML = "";

    // Hinzufügen des neuen Blog-Eintrags bestätigen
    alert("Der neue Blog-Eintrag wurde erfolgreich hinzugefügt.");
  }
}
```

Sicherstellen, dass der Request zum Speichern des Blogs erfolgreich abgeschlossen wurde.

Hinzufügen-Button aktivieren und Statusbereich löschen, nachdem der Blog-Eintrag fertig gespeichert ist.

Bloggen leicht gemacht

Ruby kann kaum glauben, was es für einen Unterschied macht, ihren Blog zu bearbeiten, ohne eine Datei zu öffnen, Code zu bearbeiten und die Datei auf den Server hochzuladen. Ihr Blog ist jetzt nicht nur wirklich datengetrieben, sie selbst ist auch noch viel inspirierter, neue Blog-Daten zu schreiben!

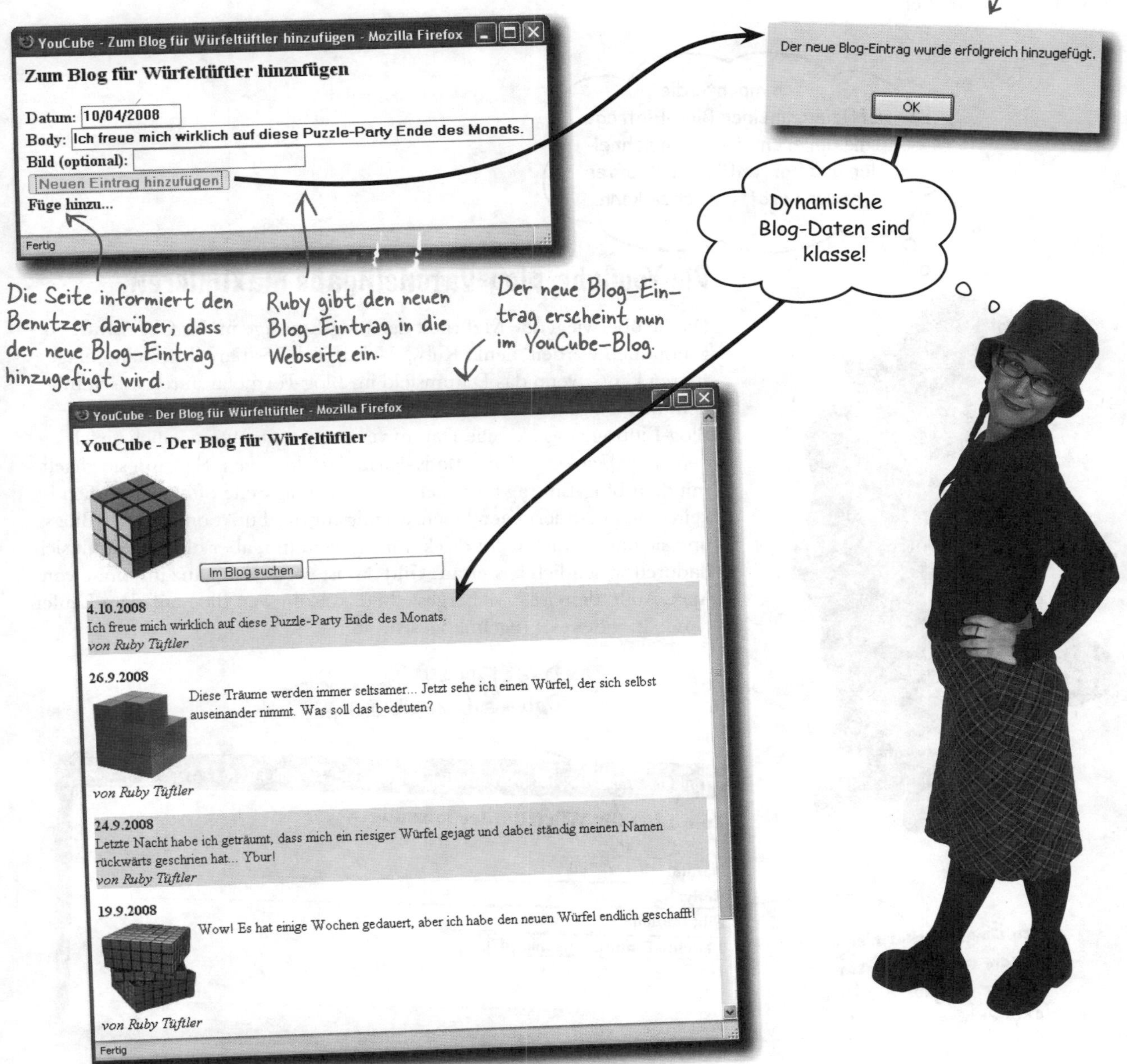

YouCube ... äh, benutzerfreundlicher machen

Ohne ernsthaftes Interesse an Details werden Sie keinen Würfeltüftler-Schwarzgurt dritten Grades bekommen. Also ist es auch nicht sonderlich überraschend, dass Ruby die Seite zum Hinzufügen von Blog-Einträgen absolut perfekt machen möchte. Und Ruby hat gelernt, dass Ajax-Applikationen für ihre Liebe zum Detail bekannt sind, wenn es um Bedienkomfort geht. Also möchte sie die Benutzerfreundlichkeit ihrer neuen Seite verbessern, sodass sie mit modernen Webseiten mithalten kann.

Ich möchte die Effizienz meiner Blog-Einträge maximieren, damit ich schneller und hoffentlich auch öfter etwas veröffentlichen kann.

Die YouCube-Blog-Dateneingabe maximieren

Da die überwiegende Mehrheit der Blog-Einträge in der Gegenwart vorgenommen werden, denkt Ruby, dass sie sich kostbare Tastenanschläge sparen kann, wenn das Datumsfeld im Blog-Formular automatisch mit dem heutigen Datum belegt wird. Und nachdem sie für die meisten Blog-Einträge das aktuelle Datum verwendet, möchte sie auch gleich den Eingabefokus auf das Body-Formularfeld setzen. So kann sie gleich mit dem Blog-Eintrag beginnen, sowie sich die Seite öffnet. Natürlich ist keine dieser Änderungen lebenswichtig für das Funktionieren des Blogs, und sie haben auch nicht direkt mit Ajax zu tun, aber die Seite fühlt sich dadurch wesentlich besser an. Und das ist wiederum ganz im Sinne von Ajax. Außerdem ist so sichergestellt, dass Ruby den Blog auf dem Laufenden hält, indem sie regelmäßig schreibt.

Dieses Feld mit dem aktuellen Datum autovervollständigen.

YouCube - Zum Blog für Würfeltüftler hinzufügen - Mozilla Firefox

Zum Blog für Würfeltüftler hinzufügen

Datum: 10/11/2008
Body:
Bild (optional):
Neuen Eintrag hinzufügen

Fertig

Den Eingabefokus hierhin setzen, damit Ruby sofort mit der Eingabe des Blog-Texts anfangen kann.

Felder für Benutzer autoausfüllen

Wie Sie sich erinnern, ist das Format zum Speichern des Datums im YouCube-Blog MM/TT/JJJJ. Also müssen wir das aktuelle Datum in dem automatisch ausgefüllten Datumsformularfeld in dieses Format bringen. Folglich brauchen wir Code, um das aktuelle Datum als MM/TT/JJJJ zu formatieren.

Wir haben bereits gelernt, wie wir ein Datum in ein benutzerdefiniertes Format bringen. Hier kommt wiederum eine Erweiterung des Standard-Date-Objekts, die die erforderliche Konvertierung vornimmt:

```
// Benutzerdefinierte Date-Funktion zur Anzeige des Datums im Format MM/TT/JJJJ
Date.prototype.usFormat = function() {
  return (this.getMonth() + 1) + "/" + this.getDate() + "/" + this.getFullYear();
}
```

Logisch zusammengehörenden Code an derselben Stelle zu platzieren ist immer eine gute Idee.

Und natürlich möchten wir Code, der logisch zusammengehört, nicht an zwei verschiedenen Stellen pflegen müssen. Es bietet sich also an, die neue Datumsformatierungsfunktion `usFormat()` zusammen mit der Funktion `kurzFormat()` so abzulegen, dass beide Seiten auf beide Funktionen zugreifen können. Und es gibt definitiv eine Möglichkeit, Code an einer Stelle zu speichern und ihn in jeder Seite zu verwenden, die ihn braucht.

KOPF-NUSS

Wie würden Sie die beiden Funktionen gemeinsam so speichern, dass beide YouCube-Seiten auf den Code zugreifen können?

Wiederkehrende Aufgaben? Wie wär's mit Funktionen?

Um JavaScript-Code zwischen mehreren Webseiten zu teilen, muss der Code in eine eigene Datei oder ein eigenes Modul ausgelagert werden. Anschließend muss diese Datei in jede einzelne Seite importiert werden. Wir haben das bereits mit dem `AjaxRequest`-Objekt getan, das in der Datei ajax.js gespeichert ist und mit der folgenden Codezeile importiert wird:

Der in externen Dateien gespeicherte JavaScript-Code wird mit dem guten alten <script>-Tag importiert.

Das src-Attribut des <script>-Tags wird auf den Namen der JavaScript-Datei festgelegt.

```
<script type="text/javascript" src="ajax.js"> </script>
```

Mit den Methoden `kurzFormat()` und `usFormat()` des `Date`-Objekts können wir ähnlich vorgehen, indem wir sie in eine Datei mit dem Namen datum.js schreiben und anschließend in die YouCube-Webseiten importieren.

```
// Benutzerdefinierte Date-Funktion zur Anzeige des Datums im Format TT.MM.JJJJ
Date.prototype.kurzFormat = function() {
  return this.getDate() + "." + (this.getMonth() + 1) + "." +  this.getFullYear();
}

// Benutzerdefinierte Date-Funktion zur Anzeige des Datums im Format MM/TT/JJJJ
Date.prototype.usFormat = function() {
  return (this.getMonth() + 1) + "/" + this.getDate() + "/" + this.getFullYear();
}
```

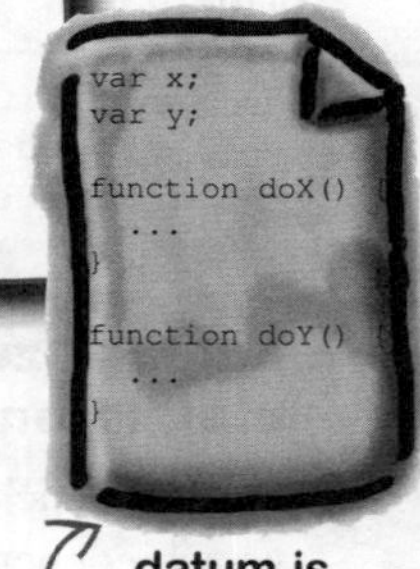

datum.js

Derselbe JavaScript-Code kann in zwei Dateien verwendet werden, da wir den Code in einer externen Datei gespeichert haben.

In den YouCube-Seiten können wir dann ein ähnliches `<script>`-Tag wie für den Ajax-Code verwenden, um den in datum.js gespeicherten Skriptcode zu importieren.

```
<script type="text/javascript" src="datum.js"> </script>
```

Der gesamte Inhalt der Datei datum.js wird mit einem einzigen <script>-Tag importiert.

Es ist fast immer eine gute Idee, wiederverwendbaren JavaScript-Code in einer eigenen Datei abzulegen, die an mehreren Stellen verwendet werden kann.

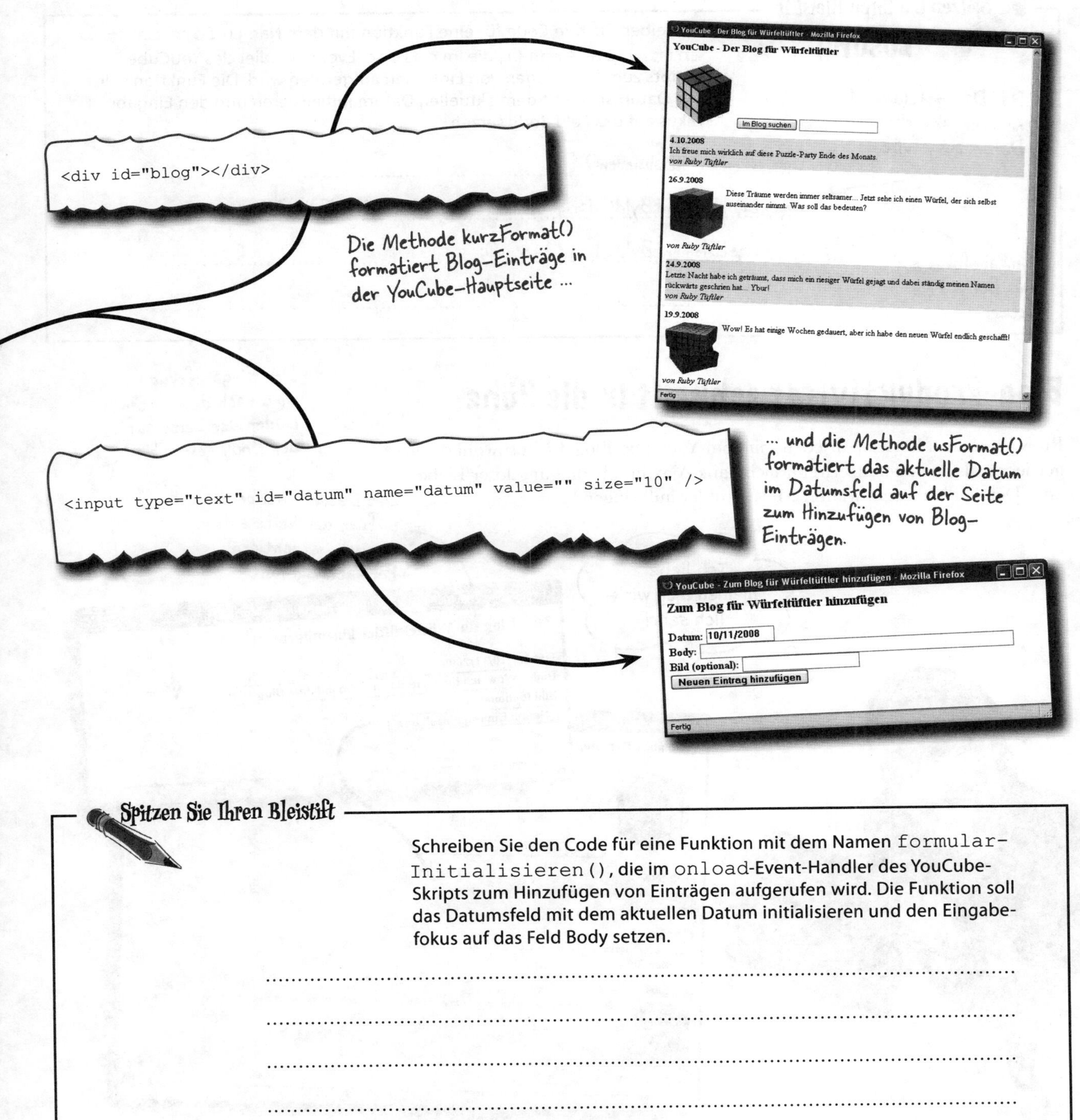

Spitzen Sie Ihren Bleistift

Schreiben Sie den Code für eine Funktion mit dem Namen `formularInitialisieren()`, die im `onload`-Event-Handler des YouCube-Skripts zum Hinzufügen von Einträgen aufgerufen wird. Die Funktion soll das Datumsfeld mit dem aktuellen Datum initialisieren und den Eingabefokus auf das Feld Body setzen.

....

....

....

....

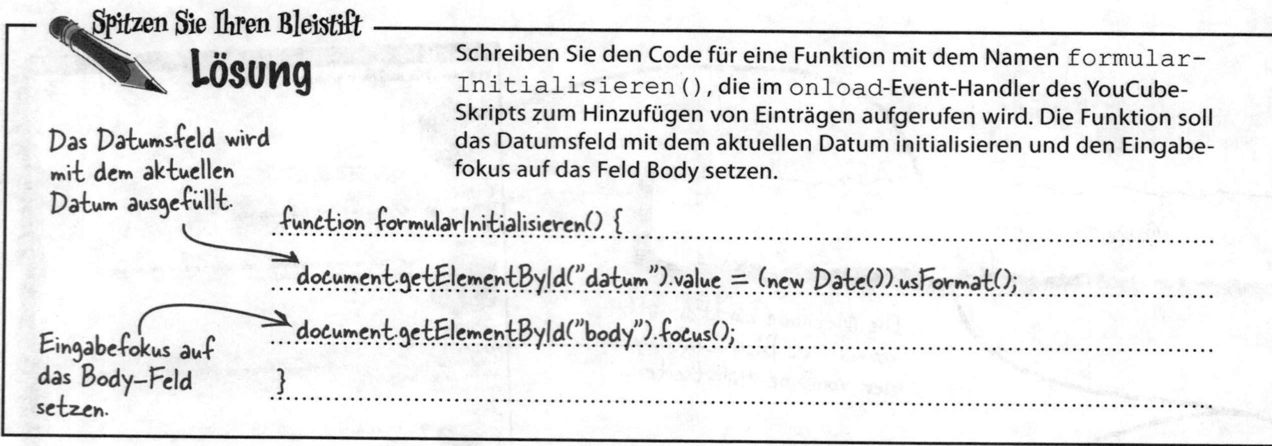

Spitzen Sie Ihren Bleistift – Lösung

Schreiben Sie den Code für eine Funktion mit dem Namen `formular-Initialisieren()`, die im `onload`-Event-Handler des YouCube-Skripts zum Hinzufügen von Einträgen aufgerufen wird. Die Funktion soll das Datumsfeld mit dem aktuellen Datum initialisieren und den Eingabefokus auf das Feld Body setzen.

```
function formularInitialisieren() {
  document.getElementById("datum").value = (new Date()).usFormat();
  document.getElementById("body").focus();
}
```

Das Datumsfeld wird mit dem aktuellen Datum ausgefüllt.

Eingabefokus auf das Body-Feld setzen.

Blog-Produktivität schnellt in die Höhe

Ruby ist endlich höchst zufrieden mit dem YouCube-Blog. Er ist sowohl datengetrieben als auch benutzerfreundlich dank Ajax und bedingungsloser Liebe zum Detail, die nur ein wahrer Meistertüftler aufbringen kann.

Der Eingabefokus wird nach dem ersten Laden der Seite auf den Body gesetzt.

Das Datum wird beim Öffnen der Seite automatisch im richtigen Format ausgefüllt.

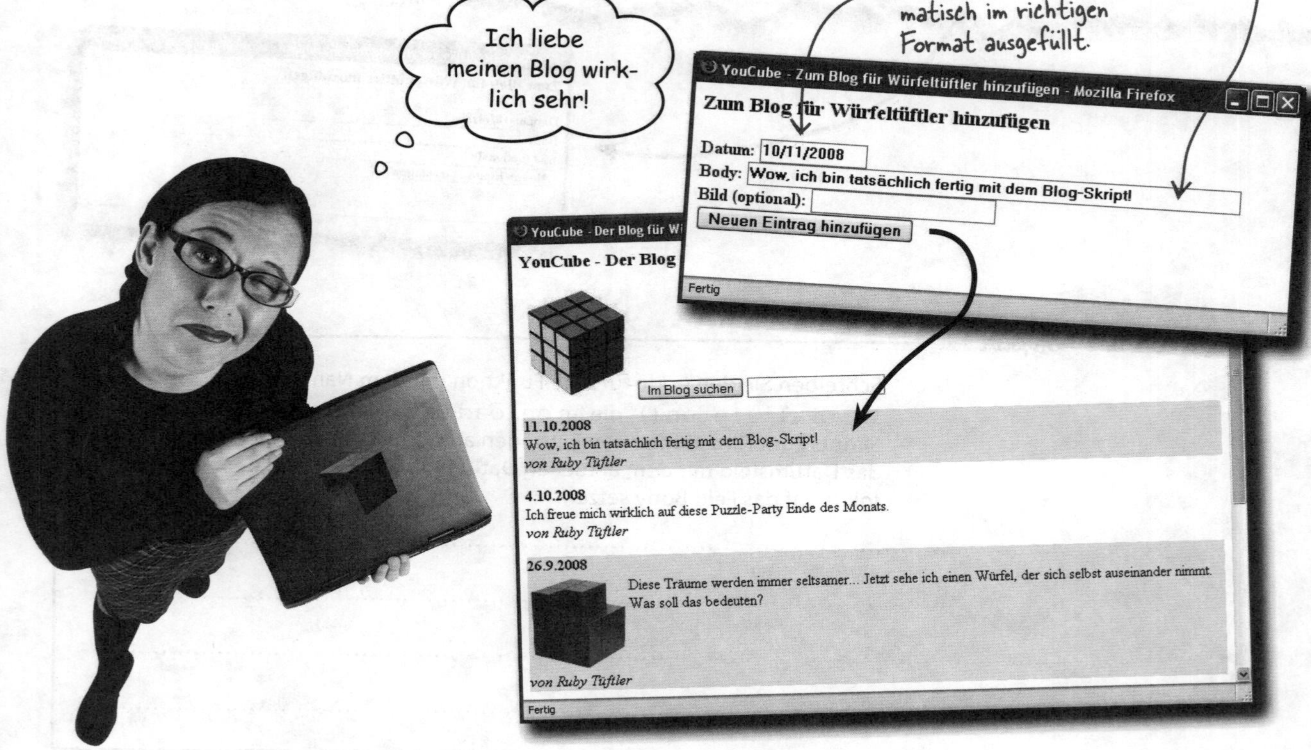

Ich liebe meinen Blog wirklich sehr!

YouCube - Zum Blog für Würfeltüftler hinzufügen - Mozilla Firefox
Zum Blog für Würfeltüftler hinzufügen
Datum: 10/11/2008
Body: Wow, ich bin tatsächlich fertig mit dem Blog-Skript!
Bild (optional):
Neuen Eintrag hinzufügen
Fertig

YouCube - Der Blog für Wi
YouCube - Der Blog
Im Blog suchen
11.10.2008
Wow, ich bin tatsächlich fertig mit dem Blog-Skript!
von Ruby Tüftler
4.10.2008
Ich freue mich wirklich auf diese Puzzle-Party Ende des Monats.
von Ruby Tüftler
26.9.2008
Diese Träume werden immer seltsamer... Jetzt sehe ich einen Würfel, der sich selbst auseinander nimmt. Was soll das bedeuten?
von Ruby Tüftler
Fertig

JavaScript-Kreuzworträtsel

Fühlen Sie sich dynamisch? Wie wär's mit ein paar Daten für diese dreiste Einstellung? Kreuzwortdaten, natürlich. Los, holen Sie sie!

Waagerecht

1. Die Methode des AjaxRequest-Objekts zum Abschicken eines Requests.
4. Das M in HTML steht für ....
6. Diese Art von Funktion wird aufgerufen, wenn ein Ajax-Request abgeschlossen ist.
8. Standard-JavaScript-Objekt für die Ajax-Funktionalität.
10. Das X in XML steht für .....
12. Requesttyp, der normalerweise eine Zustandsänderung auf dem Server bewirkt.
13. Reaktion des Servers auf einen Ajax-Request.

Senkrecht

2. Solche Daten machen Webseiten interessanter.
3. Das benutzerdefinierte Objekt zur einfacheren Verwendung von Ajax.
5. Mit dieser Technologie werden Webseiten viel interaktiver.
7. Eine Serverskripttechnologie, die JavaScript in Ajax-Applikationen ergänzt.
9. Damit bittet eine Ajax-Applikation den Server um Daten.
10. Macht <blog>, <autor> und <eintrag> möglich.
11. Requesttyp, der üblicherweise nur Daten vom Server anfordert.

JavaScript-Kreuzworträtsel, Lösung

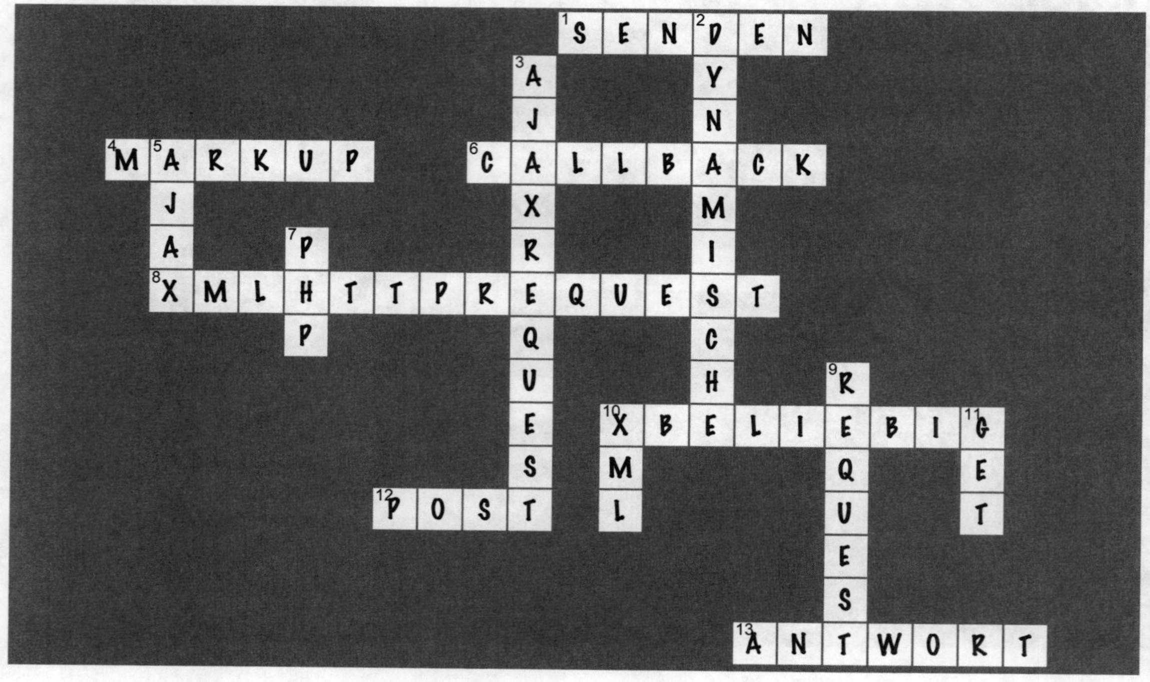

Seitenfalter

Falten Sie die Seite vertikal so, dass die beiden Gehirne zusammenkommen und das Rätsel lösen.

Was hat Ajax Ruby gebracht?

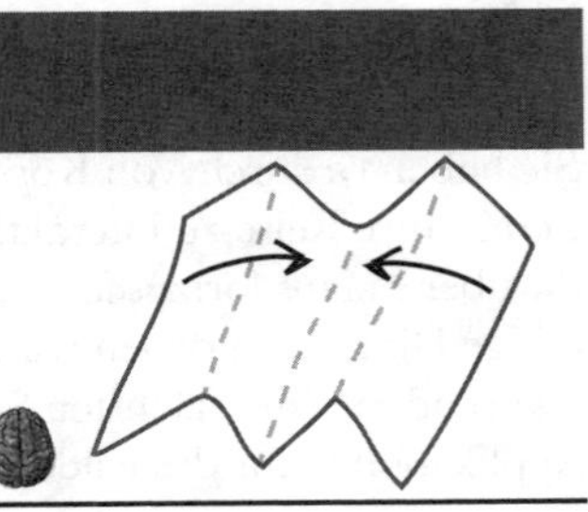

Zwei Welten begegnen sich!

AjaxRequest

Ich zerfalle, ich bin nur ein Haufen Einzelteile!

Dann machen wir dich eben wieder aufgeräumt und ganz.

Ajax hat Ruby so viel gegeben, dass es schwer ist, eine Sache zu nennen. Dynamische Daten zum einen, was den Blog für Würfel-Tüftler vereinfacht hat. Ruby kann Beiträge jederzeit ganz bequem schreiben.

Wie geht es jetzt weiter?

Sie haben es durch Von Kopf bis Fuß JavaScript geschafft und sind jetzt bereit, Ihre Reise zu interaktiven Benutzeroberflächen mit JavaScript und darüber hinaus fortzusetzen ... Aber wie geht es weiter? Im Folgenden einige Dinge, von denen wir glauben, dass sie Sie interessieren könnten, während Sie Ihre nächsten Schritte beim Bauen und Erstellen von Applikationen für das wilde World Wide Web machen.

Links oder rechts? Zeit für eine if/else-Anweisung.

BESUCHEN Sie das Von Kopf bis Fuß JavaScript-Forum

Außer sich vor Ausdrücken? Von Operatoren überfordert? Oder einfach nur gespannt darauf, Ihre jüngste JavaScript-Kreation mit der Von Kopf bis Fuß-Community zu teilen? Kehren Sie im Von-Kopf-bis Fuß-JavaScript-Forum ein (***http://www.headfirstlabs.com***) und schließen Sie sich einer Diskussion an ... oder fangen Sie eine neue an!

LESEN Sie noch ein Buch

Sie haben die Grundlagen drauf, also steigen Sie hinab in die Tiefen und Untiefen von fortgeschrittenen JavaScript-Techniken.

JavaScript – Das umfassende Referenzwerk

JavaScript & DHTML Cookbook

LERNEN auf anderen Seiten

Quirksmode ***www.quirksmode.org***

Leider haben verschiedene Browser manchmal ihre eigene Art, mit JavaScript umzugehen. Erfahren Sie die neuesten JavaScript-Browserinkonsistenzen bei Quirksmode.

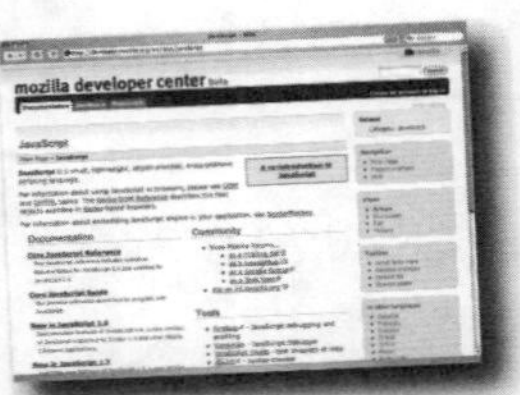

Mozilla JavaScript-Referenz
http://developer.mozilla.org/en/docs/JavaScript

Nicht mehr lange, und Sie bewegen sich jenseits der ausgetretenen Pfade und wollen mehr über die integrierten JavaScript-Objekte erfahren. Erforschen Sie die entlegensten Schlupfwinkel von JavaScript mit Mozillas Online-Referenz (derzeit leider nur Englisch).

Prototype JavaScript Framework ***http://www.prototypejs.org***

Interessiert an einer Drittanbieter-Bibliothek mit wiederverwendbarem Code, um JavaScript auf ein neues Niveau zu heben? Prototype ist eines der besten – und gratis dazu!

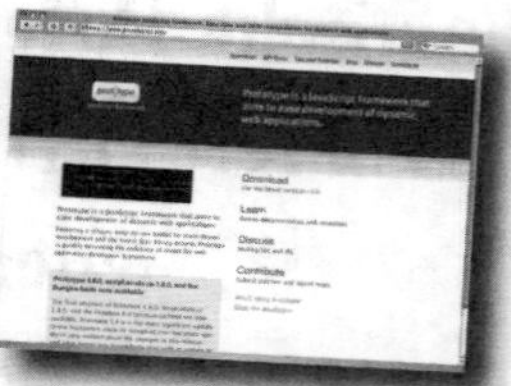

Index

Symbole

A

B

E

F

J

K

L

M

Q

R

T

U

V

W

X